훌륭한 저서 『도박   오락거리는 대중성과 공식
적 반감의 오랜 역사를 품고 있다. 슈워츠는 마치 이 책을 쓸 운명을 타고난 것처럼 보
인다. 그는 애틀랜틱시티에서 태어나 펜실베이니아대학에 입학하기 전까지 카지노 보
안팀에서 일했고, 이후 UCLA에서 미국 역사학으로 박사학위를 받았으며, 라스베이거
스 네바다대학 게임연구센터 소장으로 일했다. 이 방대한 연구의 끝자락에서, 당신은
도박에 대한 열망이 거의 보편적인 인간의 특성이고 모든 사회에서 발견되며 특히 엘
리트 집단에서 두드러지게 나타난다는 점에 동의하게 될 것이다. (…) 정말 재미있는
책이다. _『월스트리트저널』

도박하려는 인간의 충동에는 변함이 없지만, 도박하는 방식과 장소는 시간이 지나면
서 극적으로 변했다. 이 책에서 당신은 한 번도 들어본 적 없는 종류의 도박을 접할
것이고 카지노가 설립되기 전 사람들이 도박했던 장소들에 대해 알게 될 것이다. 이
책은 당신에게 잊지 못할 경험을 선사할 것이다. _『갬블링사이츠』

이 책은 인간의 도박 충동의 기원과 관련해 생각할 거리뿐 아니라 지난 수 세기에 걸
친 도박과 카지노 문화의 성장에 관한 매우 상세한 내용을 제공한다. (…) 몽상가, 장
사꾼, 범죄자, 모험가들의 흥미로운 이야기로 가득 찬 매력적인 책이다. 공간마다 사
람들을 유혹하는 놀 거리를 부지런히 가득 채워놓은 카지노처럼, 이 책의 각 페이지
는 인간의 도박 충동, 어떻게 카지노가 이 충동을 만족시키기 위한 좋은 장소가 되었
는지를 궁금해하는 이들에게 흥미로운 내용을 선사하고 있다. _『베팅벳페어』

도박을 제대로 이해한 한 남자가 쓴 스릴러 소설처럼 재미있으면서도 진지한 역사서.
_에런 브라운, 『레드블러디드 리스크』 저자

도박의 역사

ROLL THE BONES
the history of gambling

도박의 역사

카지노의 흥망성쇠가 드러내는
인간 욕망의 역사

데이비드 G. 슈워츠 지음 | 홍혜미·김용근·이혁구 옮김

CASINO EDITION

글항아리

카지노 에디션을 발간하며

무엇이 달라졌는가?

『도박의 역사』는 2005년 여름쯤 원고가 거의 완성되어 2006년에 초판이 발행되었다. 카지노 사업에 친숙한 사람이 그 책을 봤을 때, 부드럽게 표현해 그 이후로 많은 변화가 일어났음을 알 것이다. 그것이 이 책의 재판을 내게 된 주된 이유다. 이번에는 독자들이 흥미롭게 여길 만한 요소에 더 초점을 맞추고, 최근 역사를 이야기에 포함시켰다.

미국 독자가 읽을 때 가장 분명한 차이점은 경제 불황에 관한 내용일 것이다. 경제 불황은 게임 산업 지형에 많은 변화를 초래했다. 그중에서도 가장 중요한 점은 사람들이 기존에 생각하던 것처럼 도박 산업이 경기 침체에 끄떡없는 분야가 아니라는 갑작스러운 발견일 것이다. 국제적으로 또 다른 중요한 변화는, 아시아의 마카오와 싱가포르를 중심으로 하는 카지노 게임 산업 인기의 증가다.

개정판에는 이러한 변화가 반영되어 있다. 이 책은 주로 도박의 과거를 다루기에, 최근의 발전에 관한 내용이 반드시 내용 변경을 요구하는 사안은 아니었다. 그러나 몇몇 사례에서 더 확장된 관점이 필요하다는 점은 분명해졌다. 가령 개정판에는 뉴저지의 애틀랜틱시티에 관한 내용이 추가되었는데, 그 작업은 내 고향에 대한 향수 때문이 아니었다. 그것은 이 도시가 최근 겪고 있는 쇠락 일로의 변화가 역사적으로 중요할 뿐 아니라 기존 이야기에 필요한 살을 덧붙임으로써 더욱 활기 넘치는 서사를 보여줄 수 있기 때문이다.

이와 더불어 펜실베이니아와 같은 새로운 시장에 관한 내용과 마카오의 비교적 최근 동향, 싱가포르가 카지노 산업계에 출현했던 배경에 대한 설명도 추가로 기술했다.

라스베이거스도 이 시기에 더 많은 관심을 받고 있다. 나는 1941년경부터 1970년대까지 라스베이거스가 성장하는 과정을 다루었던 하나의 장을 10장 '태양의 도시'와 11장 '하늘 끝까지'로 나누었다. 이렇게 내용을 구분함으로써 라스베이거스에서 게임 산업이 발전하는 과정에서 조직폭력배의 역할을 더 깊이 있게 논의할 만한 텍스트 공간을 확보했다. 다른 사안들과 마찬가지로, 이것 역시 독자들의 피드백 덕분에 시작된 일이었다. 도박의 역사에 관해 이야기를 나눌 때마다 사람들이 첫 번째로 물었던 질문이 조직범죄단에 관한 내용이었던 것이다. 조직범죄단에 관한 내용을 주요 사안으로 다루어야겠다고 결정하는 데는 그리 오랜 시간이 걸리지 않았고, 따라서 내가 그동안 연구했던 내용의 많은 부분을 이 장에 포함시켰다. 어떤 방식으로든 조직범죄의 영향을 다루지 않고서는 라스베이거스의 카지노 발달사를 이야기하기란 불가능하다. 내가 이번에 추가한 내용을 통해 독자들이 도박의 역사를 이해하는 새로운 관점을 얻을 수 있기를 바란다.

초판이 출간된 이후 라스베이거스에서 가장 큰 뉴스거리는 미국에 불어 닥친 경기 침체였다. 경기 침체와 관련된 내용 또한 내 작업을 이끌어가는 비교적 큰 동력이 되었다. 2010년에 나는 경기 침체에 관한 연구를 기반으로 학술지 『게임법 리뷰와 경제학Gaming Law Review and Economics』에 논문을 게재했다. 이 논문은 1980년대 초 경제 불황이 라스베이거스에 미친 영향과 라스베이거스가 그 영향으로부터 어떻게 벗어났는지를 다루었다. 내 주요 관심사는 첫 번째 대규모 경제적 난관에 직면한 라스베이거스가 어떻게 그 어려움에 반응했는지를 알아보는 것이었다. 연구 결과는 꽤 놀라웠고, 그 시기에 대해 알고 있다고 생각했던 것들을 재고해야만 했다. 이와 관련된 내용도 이번 개정 작업에 포함되었다. 또한 비슷한 시기에 조직범죄단이 어떻게 네바다 게임 산업으로부터 밀려날 수밖에 없었는지에 관한 내용은 13장 '버거킹 혁명'으로 새롭게 구성되었다. 이 장은 라스베이거스 카지노에서 조직범죄단 세력이 쇠퇴한 내용으로 출발해, '태양의 도시'에서 시작된 새로운 이야기를 마무리지었다.

라스베이거스 스트립은 15장 '쇼 비즈니스 시대'에서 더욱 포괄적으로 다루었다. 이 장에서는 미라지 리조트와 몇몇 다른 혁신적인 조치를 취했던 운영업자들이 이 지역에 미쳤던 영향에 관한 내용을 추가했다.

17장 '카지노 도박의 재편'도 온전히 새롭게 추가된 장이다. 이 장에서는 2000년대 온라인 도박이 성행하기 시작했던 초기 내용과 같은 시기 뒷걸음질 쳤던 라스베이거스 카지노 산업의 성장세, 그리고 이에 대응하기 위한 그들의 노력을 다루었다.

초판을 읽은 사람이라면 이번 개정판이 좀더 읽기 쉽다는 점을 눈치챌 것이다. 이러한 변화는 초판 출간 뒤 독자들로부터 받았던 수많은 피드백과 비판을 반영한 결과다. 대부분의 독자는 여러 도박의 기원을 연대기로 다루는 것보다 카지노 게임에 초점을 맞춰주기를 원했다. 그래서 '카지노' 에디션을 만들기로 했다. 복권, 경마 등 다른 종류의 도박을 다루었던 초판의 몇 장은 아예 삭제해버렸다. 개정판에서는 유럽의 첫 번째 합법 카지노인 베네치아의 리도토로 뛰어들기 전에, 도박의 본질에 관한 간략한 배경 설명만을 기술했다.

그 결과 이 책은 현재와 과거의 사건들을 이해하는 더 나은 관점을 제공하는 더욱 흥미로운 책이 되었고, 나는 독자들이 그렇게 느껴주기를 진심으로 바라고 있다. 다른 많은 일도 그렇듯이, 저서에 새로운 내용을 추가한다거나 기존의 어떤 부분을 삭제하는 작업도 하나의 도박이다. 하지만 내가 그동안 도박에 대해 연구하면서 배운 점이 하나 있다면, 어쨌든 주사위 던지기를 두려워하지 말라는 점이다.

데이비드 G. 슈워츠
2012년 12월
라스베이거스, 네바다

주술사, 죽음의 땅에서 다시 일어서다

모든 것을 소생시키는 카지노의 마법

1637년 6월 5일, 청교도들이 행진을 시작했다. 코네티컷 리버밸리에서 이를 바라보는 피쿼트족의 눈에는 세상의 종말이 다가오고 있었다.

알곤킨어로 '피쿼트'는 '파괴자'라는 의미로 그들이 얼마나 공포스러운 존재였는지를 보여준다. 수 세기 전, 피쿼트족과 모히칸족은 허드슨 리버밸리에서 코네티컷으로 함께 이주했다가 나중에 두 전사 부족으로 갈라졌다. 모히칸족이나 내러갠싯족과 전쟁을 치르지 않을 때면, 피쿼트족은 주변 마을로부터 공물을 받아냈다. 마을에서는 피쿼트 또는 그들의 무시무시한 족장 사사쿠스의 이름만 들어도 두려움에 떨었다. 그러나 청교도들의 '대이주'로 매사추세츠만에서 이주민 인구가 원주민보다 많아지면서, 영국 식민주의자들은 피쿼트족이 위세를 떨치고 있던 지역을 점점 더 잠식해 들어가기 시작했다. 마지막 결전은 불가피했다.

계속되는 납치, 기습 공격, 근접전은 곧 피쿼트족과 영국인의 대대적인 전쟁으로 이어졌다. 수년 전만 해도 이 땅의 이주자는 첫 추수감사절에 꿩 고기와 사슴 고기를 새로 사귄 인디언 이웃과 나누며 축하하는 자리를 가졌다. 하지만 이제 오랜 우정은 영토 확장이라는 명목 아래 망각되고, 흉악스러움에서는 누구도 당해낼 자 없었던 피쿼트족에게 총구를 들이댄 영국군이 행진하기 시작했다.

초기에는 피쿼트족이 꽤 선전했으나 1637년 5월, 존 메이슨 장군이 이끌던 영국군은, 일찍이 범인디언 동맹군을 만들어 침략자들을 바다로 쓸어버리자는 피쿼트족의 제안을 거절했던 모히칸족 및 내러갠싯족과 연합했다. 합세한 이들은 피쿼트족에게 제대로 반격했고, 결국 전세를 뒤집어놓았다.

6월 운명의 그날, 메이슨 장군은 150명의 영국군과 운카스 족장 휘하에 있던 60명의 모히칸 전사를 이끌고 미스틱에서 방어 태세를 갖추고 있던 피쿼트족과 마주했다. 말뚝 울타리 너머로 머스킷총을 쏘던 영국군은 얼마 지나지 않아 아예 벽을 밀고 마을 안으로 들이닥치기 시작했다. 메이슨 장군은 "전부 태워버려!"라고 외치며 마을 안 천막에 불을 붙이고, 곧 마을로부터의 퇴로를 확보했다. 영국군과 인디언 연합군은 울타리를 둥글게 포위했다. 그들의 눈에는 순식간에 퍼져나가는 불꽃, 메이슨의 표현에 따르면 "적군의 극도로 놀란 표정과 우리 군사들의 환호하는 모습"이 스쳐 지나갔다. 덥고 건조한 아침 하늘 아래 불길은 걷잡을 수 없이 확산되었고, 곧 온 마을이 불에 활활 타올랐다. 영국군은 화재를 피해 달아나는 피쿼트족을 향해 무자비한 총격을 퍼부었고, 불타오르는 울타리를 겨우 벗어난 이들은 칼을 휘둘러 무참히 살해했다. 이 공격으로 피쿼트족 남녀와 아이 700명이 사망했다.

한 시간도 채 지나지 않아, 메이슨 장군은 피쿼트족 마을 대부분을 흔적도 없이 사라지게 만들었고, 이러한 모습을 보며 피쿼트족 전사들은 전의를 상실해버렸다. 이후 몇 달간, 식민주의자들과 인디언 연합군은 살아남은 피쿼트족을 끝까지 추적하여 붙잡고, 죽였다. 포로들은 주변 부족이나 영국인 가정 또는 저 멀리 남쪽의 카리브 지역까지 노예로 보내졌다. 모히칸족은 8월에 그 무시무시한 피쿼트 족장 사사쿠스의 머리를 잘라 하트퍼드에 있는 영국군에게 보내며 우정의 뜻을 표했다. 피쿼트족은 그렇게 스러져 갔다.

1638년 9월 21일 평화협정을 맺는 자리에서, 영국과 인디언 연합 세력은 피쿼트족이 추후 혹시라도 복수를 시도해서는 안 된다는 점에 동의했다. 승자는 살아남은 이들에게 피쿼트어 사용을 금지했고, 심지어 스스로가 피쿼트족임을 밝히지도 못하게 했다. 피쿼트족의 언어로 불렸던 강은 템스로 이름을 바꿨고, 피쿼트라는 동명의 마을에도 뉴런던이라는 새로운 이름을 부여했다. 한때 공물을 요구하며 위협하는 피쿼트족 전사들의 목소리가 울려 퍼지면 두려움에 떨었던 코네티컷 변방 지역 사람들은 더 이상 그럴 필요가 없었다.[1]

2004년 2월 6일. 잿더미를 딛고 새로운 왕국이 탄생했다.

유명 코미디언 크리스 록은 표 한 장에 최대 110달러까지 내고 공연을 보러 오는 관객을 위해 폭스 시어터 무대에 올랐다. 그가 공연하는 폭스 시어터는 1993년 전설적인 가수 프랭크 시나트라가 개장한 곳이다. 이날 록의 공연이 벌어진 극장은 거대한 폭스우즈 리조트 카지노의 일부분일 뿐이었다. 그곳에는 게임 테이블 350대에 슬롯머신 6400대를 보유한 여섯 개의 카지노가 모여 있었고, 세계에서 가장 큰 빙고장과 1400개의 객실, 24개의 식당(이름도 묘한 레인메이커[주술사] 카페도 포함), 컨벤션 센터, 4000석 규모의 공연장, 대회용 골프장도 있었다. 이 모든 것은 한때 고요한 숲이 우거진 코네티컷주의 레디어드와 다소 이질적인 정경을 만들어냈다.

경건한 삶을 고수했던 청교도인들은 과거 그들이 지배했던 대지에 쾌락과 방종을 위한 470만 평방피트 규모의 대단지가 들어선다는 사실을 알았다면 경악을 금치 못했을 것이다. 게다가 자신들이 역사에서 지우려고 했던 매샨터킷 피쿼트족이 그곳을 소유하고 있다는 것을 알면 한 번 더 놀랄 것이다. 대대적인 말살이 시행된 후 거의 4세기가 흘렀고, 사사쿠스의 후손들은 더 이상 공물을 받으러 이웃 마을에 전사를 보내지 않았다. 그러나 이제는 매일 4만 명의 방문객이 좋은 시간을 보내고 싶다는 명목으로 돈을 잃어주러 이 지역을 찾아왔으며, 슬롯머신 도박으로 6700만 달러라는 돈을 공물 대신 남기고 떠났다. 이 중에서 1650만 달러가 카지노 운영권을 특별히 허가해준 코네티컷주로 흘러 들어갔다.

피쿼트족은 그들의 존재 자체가 망각되던 그 시점에서부터 도저히 불가능해 보이는 여정을 따라 재기했다. 1683년 두 곳의 인디언 보호구역을 배정받은 그들은 이후 3세기 동안 급격하게 쇠락의 길을 걸었다. 1910년 즈음에는 레디어드 보호구역에서 살아남은 인디언은 고작 세 가구였고, 보호구역 규모는 200에이커에도 미치지 못했다. 그러나 1983년, 부족장 스킵 헤이워드는 인디언 인권 변호사 톰 투린의 도움을 받아 로널드 레이건 대통령이 행사한 거부권을 뒤집고 연방으로부터 승인을 받았다. 독립된 부족으로 인정받은 이 부족은 급조한 건물에서 1986년 고액의 빙고 게임을 제공하기 시작했다. 미약했던 시작(미약했던 기간은 그리 길지 않았다)은 얼마 지나지 않아 세계에서 가장 큰 수익을 내는 성대한 카지노 단지로 탈바꿈했다. 1992년에 코네티컷주와 협약을 체결한 뒤, 부족은 테이블 게임을 추가했고, 이듬해에 동전을 넣을 수 있는 슬롯머신까지 설치했다. 이후로 카지노는 주기적으로 확장을 거듭했고, 10년 전만 해도 상상조차 할 수 없었던 2번 도로가 교통 체증으로 꽉 막힌 광경을 만들어내기에 이르렀다. 대부분의 방문객은 뉴욕이나 뉴잉글랜드 사람이었지만, 아부다비, 타이완, 싱가포르에서도 신명나게 놀아보려는 관광객들이 매주 유입됐다. 폭스우즈는 뉴잉글랜드 숲에 우뚝 솟은 세계인을 위한 하나의 성城 같았다 — 폭스우즈를 건설하는 자금도 말레이시아 독점 카지노 겐팅 하일랜드의 소유주였던 거부 림고통으로부터 나온 것이었다.

카지노 엔터테인먼트 조달업자이자 또 다른 차원의 '공물'을 거둬들인 인디언은 피쿼트족만이 아니었다. 약 10마일 떨어진 언캐스빌에서(피쿼트족 사사쿠스의 머리를 영국군에게 보낸 운카스 족장의 이름을 따서 붙인 지명이었다) 피쿼트족의 원수 모히칸족도 거대한 도박 및 엔터테인먼트 복합단지를 운영했다. 1994년 협정에서 인디언 부족은 연간 8000만 달러 또는 슬롯머신 수익의 25퍼센트 중 더 많은 쪽의 금액을 주에 내겠다고 코네티컷주와 약속했다(결과적으로 항상 후자가 더 많았다). 이 협정으로 인디언 부족은 빈곤에서 벗어날 수 있었다. 일확천금을 바라는 수백만의 사람이 피쿼트족과 모히칸족의 울타리 안으로 모여들었고, 협정을 체결하자마자 주에서는 거의 20억 달러에 달하는 세수를 거둬들였다. 코네티컷주 인디언 부족에게는 돈과 힘이 모였다. 지난 수십 년 동안 '인디언의 친구'라고 자칭하는 이들이 인디언들을 미국 경제의 주류로 끌어들이기 위해 노력했지만 별 소득을 내지 못했다. 그러나 그들이 실패했던 그 과업에서 도박은 보란 듯이 성공을 거두었으며, 400년 동안 이어졌던 백인과 인디언의 관계를 역전시켰다.[2]

코네티컷 카지노 사례는 놀라운 이야기지만, 그렇게 특이한 것도 아니다. 많은 미국인은 '심각한 도박'이 라스베이거스나 애틀랜틱시티에 한정된 이야기라고 생각하지만, 사실상 도박은 곳곳에 산재해 있다. 다양한 카지노, 경기장, 빙고장과 거의 모든 주의 편의점에서 살 수 있는 복권 종류까지 늘어나면서 언제든 손쉽게 자신의 운을 시험해볼 수 있다. 도박은 여가의 의미를 넘어서서 하나의 큰 사업이다. 2011년 미국 카지노는 600억 달러 이상을 벌어들였다.

미국인이 '카지노'라는 단어를 들으면 가장 먼저 떠올리는 곳은 라스베이거스일 것이다. 그러나 중국의 특별행정구 마카오가 치고 올라온 2007년, 네바다주 사막 한가운데 자리 잡은 도박의 수도가 뿜내던 위풍당당한 기세도 한풀 꺾였다. 2011년 마카오는 네바다주 전체 카지노 총 수익의 세 배 이상을 창출해냈는데, 이는 미국 내 전체 상업 카지노(인디언 카지노 제외) 수익에 거의 맞먹는 금액이었다.3 마카오의 눈부신 성장과 혜성처럼 등장해 그 뒤를 잇고 있는 싱가포르의 존재는 아시아 카지노 산업 지배력의 확장 가능성과, 카지노 사업이 전 지구적 성격을 가지고 있음을 여실히 드러낸다.

하지만 많은 사람이 여전히 모르는 사실은 도박이 고대부터 널리 확산된 하나의 오락이라는 점에서 카지노가 세계적 차원의 역사를 보유하고 있다는 점이다. 도박과 도박자들은 과거에 흥미로운 방식으로, 때로는 놀라운 방식으로 역사에 족적을 남겼다. 확률 게임은 문명화와 더불어 수 세기 동안 진화해왔다. 목판화에서 인터넷까지 새로운 기술이 발달하면서, 사람들은 그 기술을 도박에 활용했다. 초기 수학과 통계학의 발달 목적 중 일부는 확률의 예측 불허함을 설명하려는 것이었다. 카드 게임은 영국의 셰익스피어 글로브 시어터 인근 마을에서부터 중국의 궁궐에서까지 찾아볼 수 있다. 버지니아 컴퍼니를 포함한 유럽 식민지 건설 회사들은 복권을 통해 자금을 마련했고, 게임용 카드에 세금을 매겼던 영국 인지세는 피식민지인들의 반란에 불을 붙였다. 독일 공국이 프로이센으로 통합되면서 독일 카지노는 강제로 폐장되고, 이로 인해 몬테카를로가 유럽의 카지노 도시로 떠올랐다. 네바다주의 현대적 카지노 산업은 경제 대공황의 그늘에서 탄생했고, 20세기 말 탈산업화 시대의 경제 불황은 뉴저지주 애틀랜틱시티에서 시작된 카지노 산업 확장의 원동력이 되었으며 그 여파는 이어지고 있다. 미국 카지노 회사들의 중국 진출 그리고 이 기업들이 미국보다는 중국적 특성을 띠게 되었다는 점은 변화하는 세계 경제의 흐름을 반영한다.

도박의 역사는 그 기원을 찾을 수 없을 정도로 오래되었다. 오랜 역사의 흐름 안에서 카지노는 말하자면 최신형 빈티지인 셈이다. 그러나 카지노의 이야기도 꽤 긴 시간 진행돼왔으며, 그 내용에서 우리는 오늘날을 위한 일종의 교훈을 얻을 수 있다. 스러져가는 것을 다시 일으키고, 하늘 높은 줄 모르고 치솟던 권세를 꺾어버리기도 하는 카지노의 힘은 그 매력이 얼마나 강력한지 보여준다. 정말로 카지노가 그런 역할을 했는지 알고 싶다면, 이 책을 한번 읽어보시라.

1장

리도토 혁명

상업적 형태의 카지노가 생겨나다

우리는 타고난 도박꾼이다

도박은 어디서부터 시작되었는가? 이야기꾼들은 옛날 옛적 교활한 신이나 영웅이 인간에게 도박을 가르쳐줬다고 이야기하기도 한다. 코요테나 거미와 같은 영리한 짐승들이 인간을 속이려 한 것이든, 포위 작전에 휘말린 왕이 자신의 부대를 단결시키기 위해 시작한 것이든, 도박이 발명된 순간은 누군가에게는 소중하면서도 동시에 저주스럽고 극적인 것이었으리라.

그러나 현대의 역사가들은 도박의 기원에 대해서 그처럼 단순한 설명을 할 수 없다. 그들의 이야기는 구석기의 어느 시점부터 사람들이 뼈를 굴려서 어느 쪽이 나오는가에 따라 행동했던 과거로 거슬러 올라간다. 정확하고 구체적인 시점을 제시하지 못하는 것이 이상한 일은 아니다. 하늘에 대한 기도, 음악, 농업, 약품, 돈 따위를 누가 발명해냈는지는 아무도 정확히 제시할 수 없다. 도박도 마찬가지다. 그것은 기록된 역사보다 오래되었다.

도박은 심지어 인류보다 앞선다. 벌에서부터 영장류에 이르기까지, 다양한 동물도 보상을 위해 위험을 감수한다. 2005년 듀크대학에서 수행한 연구에 따르면, 마카크원숭이는 더 '위험한' 선택과 '안전한' 선택 중 전자를 선호했는데, 더 '위험한' 선택을 했을 때 다양한 종류의 음료를 마실 수 있었기 때문이다.[1] 이러한 행동은 마치 도박과 닮았다. 흥미로운 사실은 나중에 원숭이가 위험한 선택을 했을 때 음료를 덜 제공해도 원숭이들은 더 위험한 쪽을 선호했다는 것이다. 큰 보상이 주어졌던 기억이 남아 있기에, 그 선택으로 인한 보상이 줄어들더라도 더 위험한 쪽을 계속 선택한 것이다. 잭폿을 좇는 인간의 행위는 그렇게 새로운 현상이 아니다.

우리 영장류 조상들의 비밀스러운 도박 행위가 무엇이었든지 간에, 인간은 오랫동안 타고난 도박꾼이었다. 오늘날 광산업이나 어업에 종사하는 것과 유사하게 수렵채집으로 먹고살던 시절에는 닥쳐올 위기를 생각하지 않을 수 없었다. 사냥에 성공해 점심을 먹을 수도 있지만, 반대로 점심으로 먹혀버릴 수도 있다. 모든 것은 불확실했고 불가사의했으며, 희망과 공포, 미신적인 것들이 뒤섞인 채로 다가왔다. 새로운 기술을 발견하면서 원시인은 자신의 환경을 조금 더 통제할 수 있게 되었지만, 그들은 여전히 기회라는 것에 매료되어 있었다. 50만 년도 더 전에 현대 인류의 조상들이 도구를 사용하기 시작했을 때, 그들은 미지의 것을 미리 시험하는 용도로 돌, 나무, 뼈를 썼다. 이것이 첫 번째 도박 기구들이다.

하지만 이러한 초기 '도박자'들은 즐거움을 위해 놀이했던 것이 아니다. 초기에 운을 시험했던 이들은 유흥이 아니라 종교적인 목적에서 그러한 행동을 했다. 점치는 행위의 목적은 초자연적·직관적 수단을 이용하여, 이성으로는 알 수 없는 정보와 미래를 알아내기 위한 것이었다. 창의성이 뛰어난 점쟁이는 임의의 결과를 만들어내는 수십 가지 도구를 제작했다. 그중 어떤 것들은 굉장히 지저분했다. 고대 그리스인과 에트루리아인이 좋아했던 창자점은 종교적으로 짐승을 도살하여 동물의 내장(특히 간)을 관찰하는 방식이었다. 좀 더 향기로운 방식도 있었다. 카리다오맨서Karydaomancer라 불렸던 점쟁이들은 코코넛 껍질을 이용해 미래를 예측했다. 오맨서Oomancer라 불렸던 이들은 달걀의 부서진 모양을 해석했다. 오맨서에게 점을 부탁했던 사람은 점을 보기 위해 깨트린 달걀로 오믈렛까지 만들어 먹으며 미래를 슬쩍 엿보았는지도 모르겠다. 코프로맨서Copromancer와 유로맨서Uromancer는 각각 대변과 소변을, 필로호도맨시Phyllorhodomancy는 장미 꽃잎을 살폈다. 우리에게 익히 알려진 찻잎을 읽거나 손금보기, 점성술, 타로점과 같은 방법도 있었다— 현대의 점술은 역설적이게도 한때 도박 게임이었던 것이다.[2]

　제비치기를 통한 점보기 방식(어떤 물체를 던지고 그 형태를 해석하는 것)은 다양한 의미의 차이를 허용한다. 사람들은 미래의 전조를 위해서라면 식물, 막대기, 돌, 뼈다귀 등 무엇이든 집어던지고 뭔가를 읽어냈다. 제비Lot를 던지는 클레로맨시Cleromancy는 처음에 신성한 의식에서 시작해, 이후 점점 더 쾌락을 가져다주는 주사위 던지기로 진화했을 것이다. 제비는 무엇으로든 만들 수 있었지만, 점점 더 작은 뼈로 만든 것을 선호하게 되었다. 거골距骨이라고 불렸던 복사뼈의 한 부분은 복사뼈 또는 종골踵骨(발꿈치뼈) 바로 위에 위치한다. 비록 오늘날 크랩스 게임을 하는 사람들이 주사위를 던지는 모습과 수메르 사제들이 희망에 가득 찬 신도들을 위해 '뼈를 던지는' 모습은 다르겠지만, 사람들은 임의의 결과를 만들어내기 위해 많은 동물(특히 가축으로 키우던 양이나 염소)의 뼈를 굴렸다.

　발목뼈는 오목한 부분과 볼록한 부분, 넓은 부분과 좁은 부분의 비대칭적인 네 면으로 이루어져 있다(둥근 두 면이 서로 딱 들어맞기는 불가능하다). 각 면은 별개의 결과를 의미했다. 미래를 예측하기 위해 뼈를 던지는 행위와 뼈를 던진 결과에 뭔가 가치 있는 것을 내거는 행위는 한 끗 차이였다. 점을 보는 행위와 도박 행위 사이의 경계는 불분명하다. 예컨대 한 사냥꾼은 뼈를 던지면서 동료들에게 "짧은 면이 나오면 남쪽으로 가고, 아니면 북쪽으로 간다"고 말했을 수도 있다. 하지만 사냥이 끝난 뒤에는 사냥한 동물의 고기 중 누가 더 많은 양을 가져갈 것인지를 두고 같은 행위를 했을 수

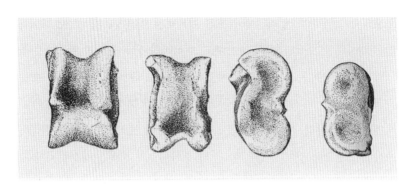

현대 주사위의 전신은 로마인들에게 복사뼈Tali라고 알려진 양의 지골跖骨 또는 복사뼈였다. 언제부턴가 사람들은 이 뼈와 지골을 합쳐서 복사뼈를 지골이라고 부르기도 했지만, 엄격히 말해서 그것들이 지골의 뼈대는 아니었다.

있다. 만약 뼈를 굴리는 행위가 신성한 존재의 의지에 기인한 것이라고 여겼다면, 그것은 점을 보는 것이다. 만약 사냥꾼이 자신에게 좋은 몫이 떨어지기를 기대하며 같은 행위를 했다면 그들은 도박을 한 것이다.

유럽, 지중해, 중동 지역에 걸친 초기 고고학적 유적지에서는 발목뼈와 각각 여러 색깔을 입힌 돌들(아마 점수를 세기 위한 도구였을 것이다)이 발견되었다.3 이러한 원시적인 주사위와 고대의 칩을 가지고 했던 것들이 크랩스 게임의 가장 초기 형태였을 수도 있다. 고대의 발목뼈가 비교적 편재해 있음은 이것이 뭔가 매일같이 사용할 수 있는 도구였음을 말해준다―소수의 사제 집단만 사용했다고 보기에는 너무 흔히 발견되는 물건인 것이다. 만약 매일 해야 하는 일을 결정하기 위해 사용하지 않았다면, 사람들이 이것을 유흥을 위해 사용했다고 보는 것이 가장 그럴듯한 설명이다.

고고학자들은 오늘날 이라크, 그중에서도 티그리스강과 유프라테스강 사이에 있는 지역에 위치했으며, 현대적 도시 사회가 기원한 메소포타미아에서 이미 7000년 전 첫 도심지가 건설되었음을 확인했다. 그들은 또한 메소포타미아 역사의 전 기간에 분포된 발목뼈를 발견해냈다. 메소포타미아인은 발목뼈를 도박하는 데 사용했고, 발목뼈의 볼록하고 좁은 면에는 1, 그냥 볼록한 면에는 3, 오목한 면에는 4, 오목하고 좁은 면에는 6이라는 숫자를 부여했다. 이러한 방식은 중동과 지중해 지방 전역의 표준이었다.[4]

메소포타미아의 점술가가 지골을 줄로 다듬어 표식을 새길 때, 현대적 주사위가 탄생한 것이다. 발목뼈로부터 주사위로의 진화는 상상하기가 그리 어렵지 않다. 4개의 면으로 된 발목뼈는 처음에는 육면체로 다듬어졌을 것이고, 더욱 임의적인 결과치를 만들어냈을 것이다. 그러나 뼈의 밀도와 구조의 다양성으로 인해 이 육면체 뼈는 불가피하게 고르게 굴러가지는 못했을 것이다. 따라서 이후에 사람들이 상아나 나무, 다른 재료들을 더욱 정직한 모양의 주사위로 만들게 되었다고 논리적으로 도출할 수 있다. 여섯 면을 가진 최초의 주사위는 그 기원이 약 3000년 전으로 거슬러 올라가며, 오늘날 이라크 북부 지역에서 발견되었다.

고대 아시아의 도박

동아시아 문화권에서는 세계 여느 나라 못지않게 도박을 높이 평가한다. 유럽과 북미를 포함한 세계 여러 지역에서 도박 행위의 빈도가 높았다면, 동아시아는 아마 더 꾸준히, 더 가치 있는 무언가를 내기에 거는, 가장 강도 높은 도박이 이루어지는 곳일 것이다. 카드놀이부터 키노 게임에 이르기까지, 아시아 문화는 오늘날 세계 도박 문화의 면면에 주요한 영향을 미쳤다.[5]

중국 도박은 그 전통이 유구하다. 고대 중국에서는 임의적 사건의 결과를 높이 평가했다. (기원전 1700년경부터 시작되는) 상商 왕조 때부터, 이미 그들은 주요 사안을 결정할 때 제사장에게 자문을 구했다. 중국인들은 에트루리아인들처럼 가축들의 배를 가르지는 않았고, 거북 등껍질이나 동물 뼈에 글자를 새긴 뒤, 반대편에 가열한 구리 쐐기를 갖다 대서 그것들이 갈라진 모양을 비교했다. 이 제사장들은, 결국 중국의 존경받는 학자 집단이 되었다.[6] 이러한 점은, 많은 사회에서 도박을 비난하지만, 뼈를 깨부수든 뭔가를 굴리든 간에 무작위 사건을 해석하고 이용할 줄 아는 사람들이 힘과 명예를 얻는다는 점을 증명한다.

(기원전 1000년경부터 시작되는) 주周나라 시대에는, 중국 문화와 도시가 번성했고, 도박은 일반적인 여가생활로 자리 잡았다. 대부분 중국 도시의 상업적 거리에서는 보석이나 의류, 식품을 하는 상점들뿐만 아니라 도박장도 운영되었다. 메추라기나 개똥지빠귀와 같은 새부터, 물고기나 귀뚜라미에 이르기까지, 동물들의 싸움에 대한 내기는 만연했다(귀뚜라미는 보통 때 얌전하지만, 상대에게 덤빌 때까지 깃털로 머리를 간지럽혀 사납게 만들곤 했다).[7] 흥미롭게도 요즘처럼 기계와 인터넷에서 도박하는 시대에도 이러한 전통은 유지되고 있다. 2004년 여름, 홍콩 카오룽 지역에서 귀뚜라미 싸움에 참여했던 115명의 사람이 체포되었는데, 당시 현장에서 몰수한 귀뚜라미는 200마리였고 그중에는 가격이 2만 달러에 이르는 것도 있었다.[8] 이런 도박판에 대한 연이은 급습은 이런 유의 스포츠가 쉽사리 없어지지 않는다는 것을 보여준다.

중국인들은 유럽보다 500년 전인 10세기경부터 일종의 로토를 즐겼다. 36마리 동물 게임Game of Thirty-Six Animals 또는 화회 로터리Hua-Hoey Lottery 라는 게임은 각각 36장의 카드에 서로 다른 동물을 그려서 무작위로 뽑는 것이었다.[9] 여러 베팅 방식이 있는 이 게임은 19세기까지 이어져 중국 왕조의 이민자들이 유럽과 미국으로 가지고 들어왔다(이 게임은 요즘도 인기 있는 브라질의 조고 도 비초Jogo do bichos 게임과 유사하다).

기원전 4세기에 중국 사람들은 운과 기술이 모두 필요한 포Po라는 보드 게임과 다른 여러 오락을 즐겨 했다. 중국인들은 더욱 새롭고 강력한 도박을 만들어내곤 했다. 기원전 200년경에는 닭싸움, 경마, 개싸움, 그 외에 다른 경기들도 일상적으로 벌어졌다. 기원전 115년까지 거슬러 올라가는 중국 고전 역사서인 『한서漢書』에는 젊고 부유한 국가 관리들의 불찰로, 운으로 결정되는 게임에 일반인들이 빠져들고 이로써 그들이 더욱 혼란스러워진다고 한탄하는 내용이 기록되어 있다.[10]

그러나 그런 말에 주의를 기울이는 사람은 거의 없었다. 이후 한 세기 동안 중국인들은 열성적으로 도박하고, 새로운 방식의 도박을 만들어냈다. 7세기경 중국인들은 서양식 주사위를 도입했고, 900년경에는 그 주사위들을 '구파이骨牌, Bone tablet(골패)'라고 부르는 도미노로 만들었다. 이 중국식 도미노의 한 세트는 21개의 숫자로 구성되어 있는데, 그중 11개의 숫자는 두 개씩 들어 있어 총 타일의 개수는 32개다. 이 명패의 재료는 상아였는데, 이때 안의 숫자는 붉은색과 검은색으로 표시되었고, 만약 명패가 흑단으로 만들어져 검은색이었다면 글씨는 빨강이나 흰색으로 그려 넣었다. 요즘의 파이가우Pai gow 게임과 같이, 참가자들은 각 패를 숫자에 따라 짝지었다. 게임에는 어떤 설명이 기술되어 있는 패들이 있었다. 내용을 해석하면 "10을 겨루다" "9와 하늘을 뒤집는다"와 같은 말인데, 이 시적인 표현을 번역하기는 어렵다.[11] 또한 중국인들은 마작과 판탄Fantan(조그맣고 둥근 모양의 패를 가지고 하는 게임), 복권, 빙고, 키노 게임의 전신이 될 만한 도박을 만들어냈다. 그러나 무엇보다 후대 도박꾼들은 중국인이 비교적 후기에 만들어낸 이 게임에 고마워해야 할 텐데, 그 게임은 바로 카드놀이다.[12]

이외에도 아시아권의 도박 문화는 광범위하다. 한국에는 여러 종류의 보드게임뿐 아니라 소싸움, 연鳶싸움, 고무래 넘어트리기 등의 게임이 있었다.

한국인들은 중국으로부터 도박을 받아들이기도 했다. 한국에는 호패胡牌라는 골패가 있었는데 중국에서 들여왔다는 의미에서 '호胡'자를 붙였다. 상대적으로 최근까지의 역사를 볼 때, 일본인들은 중국인이나 한국인보다는 도박을 덜 했던 편이다. 중국 북부의 몽골인들은 도박을 피하는 대신 육체 운동을 했다고 알려져 있다. 몽골로부터 서쪽에 있는 터키는 600년경 주사위를 받아들였고, 이는 중앙아시아에 주사위 도박의 확산을 촉진했다. 제비뽑기나 경주류 내기, '염소 싸움'으로 알려진 토착 게임에 베팅했던 카자흐스탄도 빼놓을 수 없다. 이 염소 싸움이라는 게임은 상당히 독특했는데, 말을 타고 참수된 염소의 머리를 들어올리려고 하는 참가자와 상대방으로부터 머리를 탈환하려는 또 다른 참가자 사이의 겨루기였다.[13] 이러한 방식의 게임은 자신의 운을 걸고 내기하는 사람들의 놀라운 창의력을 보여준다.

상업적 도박의 발명

일반 대중이 고정된 뱅크를 상대로 자유롭게 베팅하는 카지노는 상업적 도박 또는 수익을 내기 위해 전문가들이 운영하는 도박을 토대로 설립된 시설이다. 영어로 머캔틸 갬블링Mercantile gambling 또는 커머셜 갬블링Commercial gambling이라고 하는 상업적 도박은, 참가자들이 고정된 뱅크나 하우스가 아니라 서로에 대해 베팅하는 사교적 도박과는 대조된다. 카지노의 슬롯머신은 대표적인 상업적 도박의 사례이고, 화요일 저녁에 친구 집 방에 모여 하는 포커 게임은 전형적인 사교적 도박이다.

16세기 이탈리아에서 복권은 도박이라는 거대한 빙산의 일각이었다. 일군의 수학자가 도박의 확률을 계산하는 체계를 정교화하기 전부터, 약삭빠른 베네치아의 도박자들은 도박계에 혁명을 불러일으킬 만한 확률 이론을 현실에 적용하기 시작했다. 복권이 공익을 위한 기금 형성을 하거나 정부 프로그램의 비용을 부담하기로 약속하면서 사람들에게는 부자가 될 기회를 제공했던 것과 같이, 상업적 게임은 하우스 에지라는 비용을 지불하는 대신 사람들이 비인격적인 하우스를 상대로 하는 도박에 참여할 기회를 주었다.

상업적 도박의 발명과 현대적 은행의 발달은 여러 면에서 흡사하다. '뱅크 게임'의 발달이 도박에서 차지하는 중요성은 은행의 발달이 금융에서 차지하는 중요성만큼 크다. 은행권은 중국에서 7세기에 이미 통용되고 있기는 했지만, 유럽에서는 상업적 도박이 널리 확산되던 시기인 18세기까지 일반적으로 사용되지는 않았다. 투자자들이 합명회사와 투기사업을 실험할 즈음, 도박자들도 도박을 동등한 사람들 사이의 친목을 위한 오락이 아니라, 사업적 거래의 일환으로 보기 시작했다.

사교적 도박은 지루함을 해소하거나 특별한 순간을 즐기고 싶어하는 사람이라면 으레 할 수 있는 일이었다. 그랬기 때문에 고대 중국이나 로마 사회에서는 연말 휴가 기간에 사람들에게 도박을 허용했던 것이고, 스페인의 알폰소 10세나 지롤라모 카르다노와 같은 작가들도, 그 빈도가 지나치지 않고 허용된 규율 내에서만 진행될 수 있다면, 사교적 게임도 적절한 오락이 될 수 있다고 용인했던 것이다. 그러나 도박을 그러한 특별한 즐길거리가 아니라, 부와 여유를 단기간에 획득할 수 있는 수단으로 봤던 사람들은 늘 있었다. 가끔 하는 도박이 아니라 습관적으로 도박하기를 원했던 사람들은 승패와 관계없이 발생하는 무한정한 소득과 더 많은 자유 시간을 가진 사람이어야 했다. 도박을 통해서 생계를 유지하는 방법은 게임에서 엄청난 행운을 기대하거나, 연속으로 돈을 따지 못할 때의 가난을 당연한 것으로 받아들이고 또는 양심의 가책 따위는 느끼지 않고 들키지 않으면서 다른 사람을 속이는 것이었다.

상업적 도박의 발명은 도박이 허용된 곳에서 도박장을 운영하며 합법적으로 소득을 벌어들일 수 있는 경로로 이어졌다. 상업적 도박은 또한 참가자들을 사회성이라는 유대관계로부터 분리했다. 그들은 이제 언제든 원할 때마다 전문가들을 상대로 도박을 할 수 있게 되었다. 동시에 게임 자체도 변모했다. 규칙이 단순해지고 각 게임의 시간이 짧아지면서 더욱 직접적인 성격이 되었다. 사교적 도박을 하는 사람들은 친구들과 함께 트라폴라 Trappola(카드 게임의 일종 — 옮긴이) 게임을 하면서 느긋하게 몇 시간 즐기고 싶을 수도 있지만, 도박장에서 베팅을 기대하는 도박꾼들은 바셋Basset이나 파로Faro 게임에서 카드를 돌리거나, 룰렛 게임에서 바퀴를 돌리거나, 한 번의 주사위로 게임의 결과가 결정되는 것과 같이 빠른 속도를 원했다.

뱅크 게임의 도입과 전문 도박장의 성장으로 도박 마니아층이 유럽을 휩쓸었다. 국가마다 그 시기가 조금씩 다르기는 했지만, 1650년에서 1850년 사이 유럽 사회에서 도박장은 전례 없을 정도로 두드러지게 나타났다. 도박은 언제나 인류와 함께했지만, 이 시기만큼 보편적이고 일반적인 수준이었던 적은 없었다. 상업자본주의가 득세하면서 돈은 더욱 자유롭게 순환했고, 부의 축적도 어느 때보다 규모가 커졌다. 이 기간에 정부는 복권을 운영했으며, 모든 사회 계층의 사람들이 더 심하게 도박에 빠져들었다. 상업적 도박의 출현은 이미 도박을 주의 깊게 살피고 있던 정부에게 더 관심을 기울이도록 촉매 역할을 했다.

최초의 뱅크 게임은 독일에서 시작된 랜스커넷Lansquenet 게임이었는데, 이 게임의 이름은 하우스 오즈House odds(하우스 에지House edge 또는 하우스 어드밴티지House advantage라고도 한다. 도박을 운영할 때 도박장이 이길 수 있는 확률을 뜻한다 ─ 옮긴이)를 잘 알아차렸던 16세기 독일의 용병 기사의 이름에서 딴 것이다. 랜스커넷은 비교적 간단한 게임이다. 뱅커는 한 명 또는 다수의 참가자와 판돈을 맞추고, 한 장의 카드는 오른쪽에 다른 한 장은 왼쪽에 놓는다. 만약 그 카드들이 같은 모양으로 나온다면 뱅크가 자동으로 이긴다. 만약 같은 모양이 아니라면 딜러는 짝이 맞춰질 때까지 계속해서 카드를 꺼내놓는다. 만약 왼쪽의 카드와 일치하는 카드가 먼저 나온다면 뱅크가 이기고, 오른쪽 카드와 일치하는 카드가 먼저 나오면 참가자가 이긴다. 랜스커넷 게임의 뱅크 역할은 고정되어 있지 않았고, 참가자들 사이에서도 돌아가면서 할 수 있었다.[14] 시간이 흐르면서 뱅크 게임은 더욱 정교하게 변했고, 그 과정에서 가장 열성적인 나라는 이탈리아였다.

첫 번째 카지노의 등장

르네상스 이후의 이탈리아는 도박꾼들로 악명이 높았다(당시에 이탈리아는 하나의 국가가 아니었으며, 몇몇 공국과 도시국가의 집합체였다). 이탈리아반도 전역에 걸쳐서 사설 도박장과 술집 내에서의 도박은 매우 번성했다.

이탈리아인들은 도박에 열광했지만, 무엇보다 중요한 지점은 그들이 도박을 사업으로 전환시켰다는 것이다. 유럽에서 경제적, 사회적, 문화적으로 가장 발달했던 지역인 이탈리아 북부는 상업적 도박의 요람이었다. 베네치아는 이미 오랜 기간 도박의 메카였다. 14세기 말, 베네치아는 카드놀이의 중심지였으며, 복권이 베네치아에서 발명된 것은 아니지만, 16세기에도 복권이 만연했다. 특히 카니발 기간에는 베네치아의 모든 사람이 계급과 성별을 막론하고 도박에 빠져들었다. 비교적 가난한 사람들은 길이나 다리 위, 대광장, 와인숍 등 공공장소에서 카드놀이와 주사위 놀이를 즐겼다. 때때로 경찰의 습격으로 붙잡힌 도박꾼들은 벌금을 내거나 수감될 수도 있었지만, 도박하던 사람들은 경찰이 온다는 소식을 들어도 그다지 서둘러 도망가지 않고, 그저 자리를 뜰 뿐이었다. 귀족들은 더 세련된 곳에서 도박했다. 그들만의 파티에서 귀족들은 손님들에게 확률 게임을 선보였고, 정치적으로 연줄이 닿아 있는 귀족들의 도박 현장을 경찰이 급습하는 일은 매우 드물었다.[15]

도박을 금지하는 칙령은 16세기에 도박이 극적으로 변모하는 과정에서 아무런 제지도 하지 못했다. 1567년, 위험한 법안이 공표된다. 즉 귀족을 위한, 도박을 위한 장소인 리도티Ridotti에 관한 법률이었다. 리도토Ridotto라는 단어는 Ridùrre에서 파생된 것인데, 감소시키다, 닫다 또는 좀더 사적이고 비밀스럽게 만든다는 뜻이다. 일반적으로 리도토는 정부 고위 관료의 기밀 회의나 집 안에서 사적인 용도를 위해 마련한 비밀의 방과 같이 무엇이든 폐쇄된 어떤 것을 가리키는 말이 될 수 있다. 그러나 얼마 지나지 않아 이 단어는 도박과 춤, 좋은 음식과 떠도는 소문까지 얻을 수 있는, 어느 정도 사적인 공간을 의미하게 되었다. 악명 높은 리도토는 아직까지 귀족들 집의 한 부분으로 남아 있었다. 귀족이 아닌 일반인들이 편하게 모일 수 있는 장소는 여관이나 다른 공공장소들이었다.

17세기의 도박을 반대하는 법에는 리도티라는 공간의 변화가 반영되어 있다. 그곳은 더 이상 귀족들이 모여 허용된 범위 안에서 흥청망청 도박하고, 먹고 마시며 시간을 보내는 공간이 아니었다. 그곳에서 귀족들은 판돈의 일부를 내고 도박함으로써 직접 수익을 창출해냈다. 신성 모독죄 집행관들이 리도티를 소유한 귀족 및 게임을 실질적으로 운용한 고용된 직원을 모두 고발했다는 기록으로 미루어볼 때, 귀족들은 전문적인 딜러를 고용했던 것으로 보인다.

리도티에서 했던 게임 중 가장 비중이 컸던 것은 바세토Bassetto 또는 바셋이라는, 16세기 베네치아에서 발명된 게임이었다.[16] 특히 바셋은 딜러/뱅커와 게임 참가자 사이에 불평등을 전제로 한 뱅킹 게임이었다. 참가자는 카드가 플레이어 또는 딜러 중에서 어느 쪽으로 배분될 것인지 추측하는 주요 베팅에, 가능성은 낮지만 큰 보상이 주어지는 베팅도 추가로 해볼 수 있었다. 예컨대 참가자가 킹 카드에 베팅했는데, 덱에서 나온 카드 중 첫 번째 킹 카드가 플레이어 쪽으로 배분된다면, 그는 베팅한 금액의 세 배를 받을 수도 있고, 아니면 그 즉시 걸었던 원금을 포함해 이긴 돈 모두를 다시 걸 수 있었다. 후자를 선택했는데 킹이 또 한 번 플레이어로 배분된다면 원금의 일곱 배를 받을 수도 있었다. 이처럼 베팅해서 승리했다면 마찬가지 방식으로 세 번째도 할 수 있었고, 세 번을 모두 승리했다면 그는 원금의 30배를 받을 수 있었다. 이러한 베팅 방식은 파롤리Paroli라고 알려져 있다(이것이 영어 Parlay라는 단어의 기원이다). 확률상 그런 결과를 얻는 것은 매우 어렵지만, 더 큰 보상을 바라는 도박자들의 의지로 바셋은 매우 수익성 높은 게임이 되었다—그러니까, 뱅커가 결국 돈을 벌었다는 이야기다.

리도티는 번창했고, 이로써 도박 소굴을 없애려는 베네치아 종교재판소의 의지를 좌절시켰다. 시의회는 새로운 계획에 착수했는데, 도박을 합법화하여 적어도 카니발 기간에는 특별 지정된 한 구역에 제한해 도박을 합법화하는 것이었다. 이에 1638년, 마르코 단돌로가 소유한 4층짜리 건물인 산모이세성 안에 리도토가 개장됐다. 이곳이 바로 유럽 역사에서 처음 합법화된, 국가가 허용한 공공 도박장이었다—현대의 카지노 산업은 역사적으로 중요한 이 시설의 정통 후계자라고 볼 수 있다. 리도토의 개장은 수익을 위해 상업적 게임을 운영하던 도박자와 공공의 목적을 위해 도박을 합법화하고 세수를 증진시키려는 정부 사이의 역사적 연합을 전형적으로 보

여준다.[17]

리도토에 들어가면 두 개의 방이 있었는데, 한 곳에서는 정신을 자극하는 다과(커피, 차, 초콜릿)를 판매했고, 다른 데서는 치즈와 와인, 과일, 소시지 따위를 손님들에게 내놓았다. 이곳을 지나면 롱홀이라는 곳이었는데, 2층짜리 방으로 된 이곳의 천장화는 제롤라모 콜로나의 「덕의 승리The Triumph of Virtue」라는 그림이었다. 아마도 속임수를 쓰는 사람들에 대한 경고의 의미였을 것이다. 이 롱홀의 옆면을 따라 바르나보티 또는 바르나봇이라는 이름으로 불렸던, 극빈자로 전락한 귀족들이 카드를 돌리거나 직접 게임을 운영하는 바셋 게임 테이블이 있었다. 바르나봇들은 재정적으로 그리 넉넉지 않았음에도 귀족인 까닭에 봉급을 받는 일자리를 얻을 수 없었으며 세인트 바나바 교구에서 지원해주는 교부금으로 먹고살았다. 그들에게 리도토의 독점권을 부여하는 것은 공금으로 그들을 유지하는 비용을 최소화하기 위한 하나의 단계였다―이러한 모습이 바로 공익을 명분으로 내세운 도박의 초기 사례일 것이다. 베네치아 법률에 따르면 테이블에서 게임을 운영하는 바르나봇은 검정 가운을 걸치고 어깨까지 내려오는 가발을 써야 했다. 이 가난한 귀족들은 처음에는 스스로 뱅크가 될 만한 자금이 부족했지만, 때로 더 부유한 귀족이나 상인들이 바르나봇에게 월급을 주고 게임을 운영하게 하면서 나중에 이득의 대부분을 취하기도 했다.

롱홀을 빠져나가면 여섯 개의 작은 방이 있었는데, 그곳에서는 바셋, 비리비소Biribisso(룰렛 게임과 비슷한 가죽으로 만든 판 위에서 하는 게임으로, 프랑스인들은 비리비biribi라고도 불렀다), 그리고 지금은 그 게임의 형태가 알려지지 않은 이탈리아 카드 게임의 일종인 판필Panfil 게임을 했다. 롱홀에는 창문이 없었고, 천장에 걸려 있는 여섯 갈래 샹들리에와 시에서 특별히 정한 두 개의 촛불이 각 테이블에서 불빛을 밝히고 있을 뿐이었다. 귀족을 제외한 모든 도박자는 도박하는 동안 얼굴을 가리는 가면을 써야 했는데, 이는 합법 리도토가 모든 것이 허용되는 카니발의 분위기에 편승하는 것이었다. 리도토는 계절에 따라 아침 여덟 시에서 열 시 사이에 문을 열었고, 자정이 훨씬 넘은 시간까지 운영했다. 리도토 숭배자들은 한 번 입장하면 이튿날 아침에야 밖으로 나와서, 베네치아 사람들이 일하기 시작하는 아침의 밝은 햇빛에 적응하려고 눈을 찌푸리곤 했다.

적절한 복장(세 번 접힌 모자와 망토, 남성들의 가면)을 갖춘 사람이라면 누구나 리도토에 입장할 수 있었지만, 최소 베팅 금액이 높은 곳의 게임은 부유층에게 한정되었다. 남성과 여성 모두(특히 귀족 남성)는 냉정하고 침착한 태도를 보여야 했는데, 참가자든 뱅커든 많이 잃었다고 해서 실망감을 조금이라도 드러내거나, 반대로 승리했다고 해서 흥분을 보이는 것은 금지되어 있었다. 어쨌든 리도토는 귀족, 매춘부, 포주, 고리대금업자, 경찰 첩보원, 타락한 도박꾼들까지 베네치아 사회의 다양한 계층이 뒤섞인 흥분의 도가니였다. 가면으로 익명성이 보장된 카니발 분위기는 억제심을 감소시켰다. 결혼의 굴레를 벗어나 단 하룻밤의 사랑을 찾으려는 이들도 리도토로 왔다. 리도토 안에 있는 '한숨의 방'은 기다란 소파가 놓여 있는 어두컴컴한 방이었는데, 이 장소는 절망한 도박꾼들이 흐느끼는 곳이기도 했지만, 열정에 가득 찬 연인들을 위한 곳이기도 했다.

리도토에서 바르나봇과 베네치아 정부가 벌어들인 수익은 수년 동안 계속 증가했다. 이후 도시 지도자들의 주장에 힘입어 리도토는 1768년, 수녀원으로부터 몰수한 자금으로 규모를 확장했는데, 이 사건은 당시 '사회적 보수주의자'들의 분노를 불러일으키기도 했다. 산모이세의 리도토는 여전히 도박의 중심지로 남아 있었지만, 산카시아노 극장에서 두 번째 카지노가 개장됐다. 리도토는 시대의 흐름에 맞춰 시의적절하게 게임도 변경했다.

18세기 중반 즈음에는 이후 150년 동안 미국과 유럽에서 꾸준히 인기를 끌게 될 파로 게임이 등장하면서 바셋 게임의 인기는 시들해졌다.

파로 게임은 이집트 왕이 그려진 프랑스의 게임용 카드가 출시된 후 파라오 또는 파라온이라는 이름으로 알려졌다. 나중에 생겨난 전설과는 달리 이 게임은 이집트에서 시작된 것이 아니었으며, 바셋 게임의 변형이었다. 파로는 바셋 게임에서 통용되는 일반적 원칙을 토대로 하되—그 원칙이란 참가자가 자신이 이길 것이라고 생각하는 카드, 또는 카드들이 놓일 한 축을 선택하는 것을 말한다—모든 참가자가 베팅할 수 있는 설계라는 점에서 장점이 있었다(바셋에서는 베팅하려는 카드를 참가자가 자신의 덱으로부터 뽑아내야 했지만 파로 게임에서는 각각의 카드가 이미 테이블 위에 놓여 있고, 참가자는 적절한 한쪽을 선택해 베팅하기만 하면 되는 것이었다). 다른 규칙들도 변경되었다. 카드를 한 번 돌렸는데 페어가 된다면, 딜러가 베팅된 금액의 절반을 가져갔다. 참가자들은 뱅크나 질 것 같은 쪽 또는 동시에 여러 장의 카드에 베팅할 수도 있었다. 마지막으로 참가자들이 "Call the turn"이라는 것을 할 수 있었는데, 끝에서 두 번째 카드가 어떤 순서로 나올지 예측해보는 것이었다('혹Hock'이라고 불렸던 마지막 카드는 자동으로 버려지는 카드였다).[18]

베네치아, 죄악의 도시

바셋, 파로, 그외의 다른 게임을 실제로 하는지 여부와 관계없이, 수많은 부자와 악명 높은 사람들이 리도토의 전성기를 관전했다. 내기를 별로 즐기지 않는 사람들도 기회가 된다면 한 번쯤은 리도토를 방문했다. 도회지에서 야만스러운 귀족의 모습이라도 포착하길 기대했던 것일까? 당대의 명철한 철학자 장 자크 루소도 1744년 리도토를 방문했는데, 그는 그곳에서 인생의 처음이자 마지막으로 도박에 참여했다. 하지만 다른 사람들은 돈의 유혹에 빠져들었다. 모차르트 오페라(「피가로의 결혼」「여자는 다 그래」「돈 조반니」)의 대본작가로 잘 알려진 시인 로렌초 다폰테도 리도토에서 삶이 거의 망가졌다. 한 여성 바르나봇을 사랑하며 집착한 그는 절망스러운 수준까지 도박을 멈추지 않았다. 아주 가깝게 알고 지내던 사제가 도박 자금을 마련하기 위해 자신의 옷을 훔쳐서 팔아버리는 모습을 목격한 로렌초는 "도박도, 여자도, 베네치아도 이제 모두 끝이다"라고 맹세하고 새로운 삶을 위해 떠났는데, 말년에는 미국에 정착해 가난하게 살다가 죽었다.[19]

그 유명한 자코모 카사노바도 베네치아에 머무는 동안 리도토를 자주 찾았다. 악명 높은 도박자였던 그는 다른 수단으로 벌어들인 돈은 아꼈지만, 도박해서 딴 돈으로는 사치를 부렸고, 여자들에게 값비싼 선물을 사주었으며, 하인에게는 도를 넘어서는 관대함을 베풀었다. 카사노바는 운이 좋지 않을 때도 도박을 멈추지 못해 자신의 가장 큰 실수는 도박이라고 스스로 인정하기까지 했다. 그런데도 그는 도박으로 딴 돈이 '공짜'로 느껴졌기 때문에 굉장히 쉽게 소비해버렸다. 그는 리도토에서 로렌초 다폰테와 만난 적이 있어 서로 안면이 있는 사이였다. 그가 「돈 조반니」를 쓰는 데 카사노바가 일조했는지도 모를 일이다.[20]

리도토에서 멈출 수 없었던 건 로렌초 다폰테나 카사노바뿐만이 아니었다. 베네치아의 도박광들과 리도토의 하우스 어드밴티지의 조합은 애석한 결과로 이어졌다. 귀족들은 파산할 때까지 도박했다. 그들은 수 세대에 걸쳐 축적했던 부를 리도토에서 탕진했고, 고급스러운 가구와 예술품, 심지어 자신들의 성까지 도박 자금을 마련하기 위해 담보로 잡혔다.

귀족들의 급격한 빈곤화로 인한 걱정 때문이었는지 모르지만, 베네치아시의회는 결국 뭔가 조치를 취할 수밖에 없었다. 개혁주의자 바르나봇이었던 조르조 피사니는 베네치아 사회의 "경건한 마음과 건실한 규율, 적정한 행동을 지키기 위해" 리도토를 폐장하고 합법적인 공적 도박이라는 실험을 중단해야 한다고 동료들을 설득했다. 1774년 11월 27일, 720명의 찬성표와 21명의 반대표로 도박을 금지하는 법안이 결국 통과되었는데, 카사노바에 따르면 이는 의원들이 의도했던 결과는 아니었다. 의원들은 대부분의 다른 의원들이 금지법에 반대할 것이라고 생각했으며, 그런 가운데 자신이 찬성표를 던진다면 다른 사람에 비해 높은 도덕성을 과시할 수 있으리라 예상했던 것이다. 카사노바가 전하길, 투표 결과가 발표되었을 때 의원들은 어안이 벙벙한 표정으로 서로를 바라보며 자신들의 손으로 만들어낸 재난적 결과에 충격을 받을 수밖에 없었다.[21]

이렇게 해서 136년 만에 리도토는 폐장됐다. 프랑스의 한 도박자의 아내는 리도토가 문을 닫은 후 베네치아가 병적인 우울함에 빠져들었다고 기록했다. "고리대금업자는 불쾌한 표정으로 잔뜩 얼굴을 찡그린 채이고, 가게에서는 어떤 물건도 팔리지 않으며, 가면 제조업자들은 굶어 죽기 직전이다. 그리고 하루에 열 시간씩 카드를 놀리던 바르나봇들의 손은 바짝 말라 시들어가고 있다. 분명 어떤 나라도 악의 도움 없이는 유지하기 힘든 것이다."

그러나 리도토의 폐장은 베네치아 도박의 종말이 아니라, 또 다른 도박의 시작을 의미할 뿐이었다. 기존의 도박 중심지였던 산모이세로부터 도박은 100여 곳이 넘는 불법 리도티나 카시니Casini로 퍼져나갔다. 본래 카지노라는 곳은 작은 규모의 사람들이 모이는 조그만 공간, 클럽하우스를 의미했다. 카시니에 대한 언급은 17세기 초에 처음 등장하는데, 곧 소문과 도박의 거점이 되었다. 공공 도박장 리도토의 폐장은 이러한 소규모 클럽의 증가를 초래했다. 17세기 말이 되자, 베네치아 내 이런 장소들은 136개소에

이르렀다.[22]

18세기 유럽의 세련된 도시들에서 이러한 도박장들은 환영받았지만, 리도토의 영광스러운 날들보다 오래 이어지지는 못했다. 1797년 나폴레옹의 점령으로 베네치아는 오스트리아 제국으로 흡수되었으며, 이후 장기간의 쇠퇴가 시작되었다. 도시가 쇠락하고, 다른 유럽 공국에서 카지노라고 알려진 도박장을 합법화하면서 도박 문화도 시들해졌다. 이탈리아 정부가 20세기에 다시 베네치아의 카지노를 허가했다고 해서 카니발 시즌의 리도토 시대로 되돌아갈 수는 없었지만, 베네치아 도박과 뱅크 게임을 운영했던 도박장을 가리키는 보편적 명칭, 카지노라는 용어는 베네치아가 도박 역사에 미친 눈부신 영향을 상기시켜주는 하나의 단어로 남았다.

현대적 게임의 등장

카지노는 베네치아에서 탄생했지만, 룰렛, 바카라, 블랙잭처럼 요즘 카지노에서 인기 있는 게임들은 1650~1850년 유럽의 도박 열풍이 그들만의 독특한 풍으로 발현된 프랑스에서 시작되었다. 그 당시 프랑스 국왕은 도박을 허락했고, 베르사유 궁정의 삶에서도 도박은 없어서는 안 될 필수 요소였다. 이렇게 시작된 도박은 이후 전 국민의 집착으로까지 나아갔다.

프랑스인들이 미친 듯이 도박에 빠져들었던 것은 17세기였지만, 그 전부터 벌써 낮은 수준의 도박이 이뤄지고 있었다. 수 세기 동안 도박은 군인과 귀족이 여가 시간에 즐기는 오락이었으며, 특히 백년전쟁(1337~1453) 기간에 본래 확률 게임이었던 주사위가 성행했고, 전쟁 후반에는 카드놀이가 확산되었다. 샤를 6세(1380~1422년 재임, 미치광이 샤를 왕이라고도 알려져 있다) 재임 기간에 넬르 호텔은 도박을 하고 싶어하는 귀족을 위한 모임 장소가 되었다(다른 사람의 출입은 금지되어 있었다). 당시 한 시인은 이렇게 통탄했다. "얼마나 많은 훌륭한 귀족이 이곳에서 자신의 갑옷과 말, 돈과 지위를 탕진했던가―두렵구나, 저들의 어리석음이여!"

16세기 말 도박은 더욱 만연했고, 어리석은 사람들을 속여먹으려는 사람도 늘어났다. 앙리 3세(1574~1589년 재임)가 루브르에 도박장을 열었다는 소식을 들은 한 무리의 이탈리아 도박꾼들은 이곳의 출입권을 얻어냈고, 왕은 이들에게 3만 크라운이라는 엄청난 돈을 잃었다. 그러나 그가 통치할 당시 종교 전쟁과 적군에게 둘러싸인 프랑스의 분위기 때문에 도박은 크게 성행하지 못했고, 이후 그의 후계자 앙리 4세에 이르러서야 꽃피우게 되었다. 선왕善王이라고도 불리는 앙리 4세는 도박을 사랑했다. 도박 기술이 뛰어나다기보다 욕심이 많았던 앙리 4세는 자신이 게임에서 질 때면 몹시 불쾌해했다. 그 때문에 약삭빠른 딜러들이나 귀족들은 앙리 4세와 게임할 때면 그에게 일부러 져주는 경우가 많았다.

앙리 4세의 재임 기간에 게임 전문학교, 게임 아카데미Academies de Jeux라는 이름의 시설이 처음 등장했다. 그곳은 이름과 달리 고등교육 기관은 아니었고, 도박할 자금을 가지고 있는 사람이라면 소작농에서부터 귀족 공작에 이르기까지 누구나 받아들이는 게임하우스였다. 이러한 기관들은 회색 지대에 있었던 것으로 보인다. 치안 판사들은 금전적 이유로 이들에게 관용을 베풀어주긴 했지만(파리 한 곳에만 50여 군데가 있었다), 왕으로부터 공식적인 허가를 받지는 못했던 듯하다. 이 시설에서 리도토에서와 마찬가지로 뱅크 게임이 지배적이었는지, 아니면 그저 사람들이 모여 사교성 도박에 열중했는지는 분명치 않다. 어쨌든 그들의 전성기는 짧았다. 1610년 루이 13세의 왕위 등극과 함께 기존에 존재하던 도박 금지법들은 강화되었고, 이 시설들은 폐쇄되었다. 그래도 여전히 귀족들 사이의 은밀한 사적 도

박은 계속되었다.[23]

마자랭 추기경의 보위 아래 왕위에 오른 어린 루이 14세의 통치기는 프랑스 전제군주제의 최정점으로 기억되지만, 도박 또한 프랑스 전역에서 가장 극적으로 확대된 시기이기도 했다. 일각에서는 마자랭이 1648년 베르사유 궁전에서 프랑스 귀족들에게 도박을 소개했다고 주장하기도 한다. 그러나 사실, 프랑스 군주들은 그 전부터 도박과 친숙했다. 어떤 연대기 작가에 따르면 마자랭은 처음엔 때에 따라 도박이 될 수도, 되지 않을 수도 있는 카드놀이만 권장했다고 한다. 그러나 마자랭의 카드놀이 기술이 너무 뛰어난 나머지, 머지않아 큰 기술을 요하지 않는 확률 게임이 우위를 차지하게 되었고, 어느 주석가가 우려했던 것처럼, 이러한 게임의 증가는 귀족들의 몰락을 초래한다. 설상가상으로, 그들은 스스로 어리석음의 길로 빠져들었다. 도박이 유행하기 전 사람들은 독서를 통해 대화의 기술을 연마하기 위해 노력했지만, 도박을 알게 된 뒤로 독서는 뒷전이 되었다. 운동 선수들이 계속해서 다른 운동을 찾아다니듯, 남자들은 도박을 지속하며 "더욱 병약해지고, 점점 더 무식을 드러내고, 고상함과는 거리가 멀어졌으며 시간과 돈을 낭비했다". 여성들은 이전에 풍기던 비밀스러운 분위기를 잃었고 다른 남성들과 밤새도록 도박하느라 여념이 없었으며, 도박을 위해 돈을 빌린 다른 남자들에게 "매우 유순하고 순종적이었다".[24]

국왕이 공식적으로 도박을 허가하면서 프랑스 귀족사회에서 도박은 사회적으로 필요한 기술이 되었다. 명망 있는 이들은 사람들을 집에 초대할 때 파로나 비리비, 룰렛 게임의 전신인 호카Hoca와 같은 뱅크 게임으로 손님들을 '즐겁게' 대접하는 데 비용을 아끼지 않았다. 당대에 어떤 이는 사람들이 저녁 식사에 초대하기 전, 초대하려는 그 손님이 도박을 하는 사람인지 먼저 묻곤 한다고 불평하기도 했다.

한 기록에 따르면, 이 시기에 카드놀이는 군대에서 궁정으로, 궁정에서 도시로, 도시에서 시골 마을로 퍼져나갔다. 도박은 모든 프랑스인이 집착하는 대상이 되었다. 모든 사람이 한탕주의에 빠져들었고, 당대 소설이나 드라마의 가장 인기 있는 주제도 도박이었다. 마자랭의 적수들은 마자랭이 어린 태양왕을 계속 자신의 통제 아래 두고 적들을 파산시키기 위한 교활한 계략을 썼다고 주장했지만, 이러한 말이 무색할 정도로 궁정에서뿐 아니라 전 국민이 열정적으로 도박에 몰입했다. 1661년에 마자랭이 사망하고도 도박은 계속해서 스스로의 범위를 넓혀갔으며, 1715년 루이 16세가 사망한 후에도 그 입지는 흔들리지 않았다. 초기의 한 역사가가 기술한 바에 따르면, 당시 온 국민의 4분의 3은 카드와 주사위 생각밖에 없었다.[25]

공식적 차원에서 프랑스가 도박을 다루는 방식은 매우 계몽적이었다. 1643년부터 1777년까지, 서른두 가지 공식 법령에서는 도박을 범죄로 간주했으며 엄중하게 처벌해야 한다고 명시하고 있었다.[26] 그러나 무색하게도 도박은 계속 확산되었다. 루이 15세 섭정 당시, 왕실과 국가 재정은 도박꾼처럼 나라 경제를 운영했던 악명 높은 존 로가 맡고 있었고, 프랑스어로 매종 드 죄Maisons de jeux라 불렸던 공인된 도박장은 파리의 주요 도시 경관의 일부가 되었다. 이러한 도박장들은 표면적으로 "거래의 기술Jeux de commerce"이라 불렸던, 기술을 요하는 카드놀이만 제공함으로써 공식적인 금지를 피해갔다. 순수한 확률 게임Jeux de hazard도 매종 드 죄를 통해 퍼져나갔다. 사람들에게 인기 있었던 것은 바셋/파로, 비리비, 랜스커넷 게임이었다. 이들은 모두 뱅크 게임이었는데, 이는 도박장이 상업적 도박을 하는 도박꾼들에 의해 운영되었다는 점을 시사한다. 도박꾼들은 연중 두 번 있는 큰 축제 기간 내내 그리고 공간상으로는 외국 대사관 안에서까지 경찰 따위는 조금도 두려워하지 않고 도박판을 벌였다. 거기다 입구에서부터 화려한 불빛으로 자신들의 존재를 확실하게 알리는, 수백 개의 공공연한 불법 도박장도 운영되고 있었다. 거의 일 년에 한 번씩 도박을 금지하는 새로운 법안을 만들었던 것치고는 프랑스에서 도박장은 합법적이든 불법적이든 창궐했다.

프랑스는 이탈리아로부터 게임을 받아들였다. 호카 게임이 큰 인기를 누렸고, 바셋, 파로 그리고 궁극의 상업적 게임 복권도 마찬가지였다. 특히 상류층 사이에서는 사교적 게임과 함께 새로운 상업적 도박도 공존했다.[27]

부유한 파리 사람들은 얼마 지나지 않아 더 많은 도박장을 찾아냈다. 파리 및 근교에는 지옥Enfers이라 불렸던 새로운 도박장이 생겨났다. 사악한 이름에서 나타나듯이, '지옥'에서의 도박은 그 강도가 엄청났다. 어떤 연대기 작가는 말 그대로 지옥과 같은 그곳에서 한 귀족이 어떻게 자신의 검을 도박에 걸었는지, 그러한 관습 위반 행위가 당시 함께 도박장에 있던 뱅커와 다른 귀족들을 얼마나 질리게 만들었는지 묘사하기도 했다. 어떤 사람들은 봄철에 건강을 위해 휴양지로 떠나는 척하면서 실제로는 도박꾼들과 어울리기도 했다. 상인과 수공업자들이 게임 테이블 위에 황금을 쌓아 올리는 동시에 빵 한 덩어리 살 돈 없는 사람들조차 함께 도박에 참여했고, 어떤 농부는 수확한 작물을 도박으로 모두 날리기도 했다.[28]

1770년대에 이르러 정부는 무분별하게 확산되는 도박 문제를 완화하고 도박으로 발생하는 수익을 공공의 목적으로 전용하기 위해 두 가지 시도를 하게 된다. 첫 번째 시도는 1776년 국왕에 의해 설립된 카사노바 복권 협동조합이고, 두 번째는 그에 앞서 1775년부터 파리 경찰서장 앙투안 사르틴이 발전시킨 도박장 자격 심사 제도 및 세금법안이다. 그는 12개소의 도박장을 허가하고 그곳에서 납부된 세금으로 병원 운영을 지원했으며, 여성도 일주일에 두 번 도박장에 출입할 수 있도록 했다.[29] 그 후 범죄가 증가하고 사람들이 재산을 탕진하면서 3년 뒤쯤엔 이에 대한 진압이 시작되었지만, 도박에 대한 프랑스의 모순적인 태도는 계속되었고, 허가를 받든 받지 않았든 수많은 도박장은 줄기차게 운영되었다.

프랑스 혁명기의 카지노들

프랑스의 사회적, 경제적 상황이 어려워지고 정치적 긴장이 점차 높아지던 1780년대, 도박의 강도도 점점 올라갔다. 혹자는 1787년의 갑작스러운 정권 변화, 국내외 전쟁, 이어서 발생한 혁명 등의 우여곡절로 도박이 급격히 감소하지 않았을까 기대했을 것이다. 그러나 도박은 1793년부터 1797년까지 일시적으로 복권 발행이 중단된 것을 제외하고는 어떤 방해 공작에도 면역력을 갖춘 것처럼 지속되었다. 영국의 도덕주의자들 중에는 프랑스 혁명 이후 프랑스로부터 도망쳐 이주해온 이민자들이 도박의 열기를 전염시켜, 오히려 영국의 도박 지형에 강력한 영향을 미쳤다고 주장하는 사람도 있을 수 있다.

도박의 혁명이 발생한 궤적은 루브르 북쪽에 위치한 4층짜리 거대한 건물, 팔레 루아얄에서 그 흔적을 찾아볼 수 있다. 이곳은 본래 오를레앙 가문에서 대대로 상속되어온 거주지였다. 루이 필리프 조제프 1세가 1785년에 이곳을 물려받았을 때, 그의 사치스러운 생활 방식과 큰 베팅을 좋아하는 게임 방식은 그를 파산 지경으로 몰아넣었다. 자신의 지출을 줄이는 대신, 우리의 필리프 이갈리티(그를 부르는 다른 이름이었다)는 자신의 집을 상업의 중심지로 바꿔놓았다. 그는 건물 위층은 다른 사람에게 임대하는 아파트로 개조했고, 1층엔 180개의 상점을 열었다. 또한 지하와 2층 공간은 식당, 카페, 사교 모임을 위한 클럽 운영자들에게 임대했는데, 이 클럽에서는 확률 게임을 제공하기 시작했다. 곧 이곳에는 100개가 넘는 도박을 위한 공간이 자리 잡게 되었다.[30]

혁명이 발생하기 전까지 팔레 루아얄의 도박 열기는 뜨겁게 달아올랐다. 마리 앙투아네트는 파로 게임에 빠져 돈을 잃어가면서도 몇 주 동안이나 새벽까지 이곳에서 도박을 멈추지 못했다. 다른 귀족들도 이곳에서 도저히 상상조차 할 수 없는 돈을 잃어가며 자신들의 체면을 깎아먹었다. 자유주의자 필리프 1세는 중류층도 세련된 도박장인 자신의 궁정을 이용할 수 있도록 허락했다. 1793년 프랑스 왕가의 단두대 처형(필리프도 여기에 포함되어 있었다) 이후에도, 팔레 루아얄의 도박은 더 심해졌을 뿐이다. 관리국은 도박장을 다섯 곳으로 줄이는 데 성공했다. 새로운 정부는 이 남은 다섯 곳의 도박장을 공식적으로 허가한 적은 없지만, 그렇다고 해서 적극적으로 폐쇄하려 하지도 않았는데, 이렇게 함으로써 도박에 미친 파리 사람들의 폭주를 막을 안전밸브를 남겨둔 셈이었다.

사실인지 아닌지는 모르지만, 프랑스 혁명이 카드 게임 규칙에서 한 가지를 변경시켰다는 이야기도 회자되고 있다. 예전에는 왕이 그려진 카드가 가장 높은 카드였는데, 혁명 이후에는 에이스 카드를 가장 높은 카드로 쳐주었다는 것이다. 하지만 훨씬 초기에 있었던 브렐랑(브란)과 같은 카드 게임을 보면, 일부 프랑스 게임에서 에이스를 가장 높은 카드로 간주하는 방식은 이미 존재하고 있었다. 혁명이 카드 게임 규칙을 바꿨다기보다는, 에이스 카드 한 장이 세 장의 킹 카드를 제쳐버릴 수 있는 브렐랑과 같은 게임이 점점 축적되고 있었던 사회적 혼란을 대변했다고 보는 것이 더 적합할지 모른다. 혁명이 프랑스 카드 덱의 구성을 잠시 바꾸기는 했다. 프랑스가 1790년대에 공화국이 되면서, 킹과 퀸 그리고 그 가신家臣들이 그려진 카드는 구식으로 치부되었고, 기존에 궁정에서 사용되던 카드는 공화국의 추상적 가치를 나타내는 '자유'의 추상적 문양이나 볼테르와 같은 지식인의 초상화로 대체되었다. 그러나 도박자들이 고집스럽게 변화에 순응하지 않고 기존에 사용되던 왕족이 그려진 카드로 되돌아가면서, 이러한 변화는 일시적인 현상에 그쳤다.

혁명 이후 팔레 루아얄에 새로운 게임이 나타났다. 그것은 바로 룰렛이었는데, 이 게임은 호카와 비리비의 숫자에 롤리폴리(또는 롤렛Rowlet), 에이스 오브 하트, EO(Even and Odd, 홀짝) 등의 게임에서 쓰였던 영국식 휠을 접목시킨 것이었다.[31] 영국인들은 1720년부터 롤리폴리 게임을 하기 시작했는데, 몇 군데 구멍이 나 있으면서 수평으로 누워 있는 휠 위에서 작은 공을 굴려 하는 놀이였다. 여러 구멍 중 두 개는 자동으로 뱅커가 승리할 수 있는 구멍이었다. 비슷한 시기의 에이스 오브 하트는 파로와 같은 레이아웃, 카드가 휠에 그려진 것이 특징적이었다. 영국 의회가 1739년 롤리폴리와 에이스 오브 하트를 금지하자, 한 진취적인 도박꾼이 EO게임을 만들어 법의 규제를 피해갔는데, 이 게임은 바퀴 위에 40개의 구멍을 가지고 있었다. 17개의 구멍은 홀, 다른 17개의 구멍은 짝이 표기되어 있었으며, 2개의 구멍은 뱅크의 승리를 의미했다.

프랑스인들이 처음 롤리폴리나 룰렛 게임을 하기 시작할 때는 숫자가 적혀 있지 않은 영국 본토 방식으로 했다. 프랑스에서 1796년까지는 휠에 흰색과 검은색으로 칠해진 부분을 빨간색과 검은색으로 바꾼 것 외에는 달라진 것이 없었는데, 이후에 누군가 숫자가 적힌 공과 비리비 게임의 야외 버전에서 사용하는 더 작은 레이아웃(실내 버전은 숫자가 70개였지만 야외 버전은 36개였다)을 룰렛 휠과 혼합시켰다. 1796년 팔레 루아얄의 게임은 현대적 게임의 특징을 모두 갖추고 있었다. 스트레이트업 베팅, 색깔별 베팅(빨간색 또는 검은색), 홀짝 베팅, 기둥 베팅, 이외에도 다양한 스플릿과 베팅 조합이 있었다. 미국식 룰렛 게임처럼, '0'과 '00' 모두 있었는데, (엄밀하게 말하면 0은 짝수였지만) 홀/짝, 빨간색/검은색이 아닌 초록색으로 표기되어 있었다. 위태로웠던 혁명기에도 프랑스에는 창의력 넘치는 도박꾼들이 여전히 남아 있었으며, 혁명과 전쟁의 혼란도 룰렛 휠이 돌아가는 걸 멈추게 할 수는 없었다.

무적의 나폴레옹조차 도박을 멈출 수는 없었다. 합법이든 아니든 살롱의 운영은 계속되었으며, 성별을 불문하고 프랑스인들은 그곳에서 헤어나오지 못했다. 1806년에 나폴레옹은 명백한 합법 도박장을 만들었다. 그해 나폴레옹은 팔레 루아얄에서 모호하게 남아 있던 다섯 군데 도박장과, 이외에도 팔레 루아얄 인근 지역, 스파나 엑스레뱅과 같은 휴양지에 추가로 여섯 개의 도박장을 합법화했다.[32] 아이러니하게도 나폴레옹이 워털루 전쟁에서 패한 1815년, 전쟁에서 승리한 영국, 프로이센, 오스트리아, 러시아인들이 파리에 몰려들어 팔레 루아얄에서 자축하며 도박판에 뛰어든 덕에 팔레 루아얄은 어느 때보다 가장 높은 수익을 달성했다.

나폴레옹도 유명한 도박꾼이었으며, '21' 또는 블랙잭으로 알려진, 당시에는 비교적 신식 게임이었던 뱅테욍Vingt-et-un 게임을 선호했다. 21게임의 기원은 다소 불분명하지만, 프랑스에서 처음 나타난 것은 18세기 중반이었는데, 아마 1464년부터 존재했던 기존의 31게임에서 발전되었을 것이다.[33] 31게임의 규칙 또한 알려지지 않았으나, 크리비지Cribbage나 노디Noddy 게임과 유사하게, 31이라는 게임 이름처럼 여러 장의 카드를 뽑아 31에 가깝게 만드는 게임이었을 가능성이 있다. 21게임은 게임 규칙이 다소 바뀌면서 출현했는데, 변경된 규칙 아래서 에이스 카드는 1이나 11로 간주되었고, 21에 가까운 숫자를 만들게 되면서 게임 시간도 짧아졌다. 이 게임은 파로 게임만큼 인기가 높지는 않았다. 루이 15세의 정부 뒤바리 부인은 이 게임을 매우 좋아했지만, 1960년대 카운팅이 유명해지기 전까지 진가를 발휘하지는 못했다. 아마도 나폴레옹이 유배지에서 지내는 동안 이 게임이 그에게 다소 위안을 주었을지도 모른다. 위대한 나폴레옹 장군님이 게임을 하면서 자신만의 카운팅 시스템을 발전시켰을지, 그저 운에 굴복했을지를 알아보는 일은 하나의 흥미로운 작업이 될 수도 있을 것이다.

프랑스에서 도박은 1814년 부르봉 왕정복고 이후에도 이어졌다. 1818년에 있었던 조사에 따르면 아홉 곳의 합법적 도박장에서 스무 개의 게임 테이블이 운영되고 있었다. 이 중 절반은 룰렛, 일곱 개 테이블은 31게임 전용 테이블이었는데, 31게임은 아마도 블랙잭의 더 빠른 버전으로 확장된 방식이었을 가능성이 있다. 미국식 크랩스 게임이나 크랩스 게임의 조상 격인 해저드Hazard, 그리고 비리비 게임도 있었다. 이러한 합법적 도박장들은 국민의회에서 확률 게임을 '영구적으로' 금지시킨 1837년 12월 31일까지 운영되었다.[34] 그러나 이러한 금지법은 도박의 천국이었던 몬테카를로의 발전으로 이어진다. 프랑스는 자신들이 도박을 금지할 때에도 결국은 다른 방식으로 더욱 도박을 장려하는 꼴로 만들어버린 셈이다.

2장

치유를 원하는 사람들

도박을 위해 온천을 찾다

프랑스 혁명은 유럽 전역에 걸쳐 구체제를 몰락시켰다. 도박도 비슷한 길을 걷게 되었다. 프랑스의 도박 금지(1837)는 유럽 대륙에서 한 세기에 걸쳐 진행된 카지노 도박 감소의 전조였다. 서유럽의 산업화된 국가들은 사람들의 무분별한 도박으로 초래된 경제적 어려움에 더욱 민감하게 반응했고, 이어서 도박을 억제하기 시작했다. 하지만 이러한 탄압 아래서도 도박은 살아남았을 뿐만 아니라 더욱 번성하기까지 했는데, 도박이 융성했던 곳은 전혀 예측하지 못했던 장소, 바로 병약자를 위한 휴양지Health resorts였다.

원래 스파에 머물렀던 이들은 정말로 아픈 사람들이었다. 당시 의학 수준에서 '물 치료'는 그나마 여러 대안 중 가장 괜찮은 선택지였을 것이다. 하지만 시간이 갈수록 스파에서 시간을 보내는 일은 그 비용을 감당할 수 있는 부유한 사람들의 사회적 관습으로 자리 잡았다. 기존의 스파들이 대륙의 최신식 리조트가 되면서 사실상 사회적 지위가 있는 모든 사람은 리조트에서 여름을 보냈다. 하릴없이 시간을 보내며 지루해하던 건강한 휴양객들은 시간을 때우기 위해 열정적으로 도박을 했다. 한때 병으로 신체적인 고통을 받는 이들이 치유를 위해 모여들었던 스파는 넘쳐나는 부富를 격렬한 도박으로 해소하려는 사람들의 온상지가 되었다.

스파 안의 스파

휴양지이자 귀족적인 모임 장소로 최초의 찬사를 받았던 스파 지역은 역사적으로도 가장 오래된 곳이었다. 소규모 고급 주택가 캐니언 랜치에서부터 아파트 공동체 자쿠지에 이르기까지, 스파라는 이름은 몸에 좋은 물이 나는 곳이라면 어디든 붙여지는 이름이었다. 앞서 이야기한 가장 오래된 스파는 리에주에 있는 아르덴 언덕 초록 골짜기에 자리 잡고 있는데, 오늘날 동부 벨기에 지역이며, 고대로부터 이어져 내려오는 정통성을 자랑하는 곳이다. 일찍이 1세기에 대大플리니우스(로마의 정치가·박물학자·백과사전 편찬자 — 옮긴이)가 이곳에서 나는 거품 많은 물이 열을 내리고 감염병을 낫게 해준다며 찬사를 아끼지 않았던 것이다.

스파 유행의 시작은 16세기까지 거슬러 올라간다. 1559년에 길버트 림브로치 박사는『주로 스파 지역에서 볼 수 있는 아르덴 숲의 약산성 온천에 관하여』라는 책을 썼다. 길고 복잡한 제목에도 불구하고 이 책의 내용은 꽤 흥미로워 다양한 언어로 번역되었으며 유럽 전역에서 인기를 끌었다. 이 책은 유럽 사람들에게 스파에서 요양하는 행위에 대한 의료적 핑곗거리를 만들어주었다. 리에주의 프린스 비숍이 베풀었던 종교적 관용 덕분에 유럽 전역(특히 영국)에서 방문객들이 모여들면서, 당시 종교적 갈등이 극심했던 시기였음에도 리에주는 개신교와 가톨릭교도 모두를 위한 천국이 되었다.[1]

18세기 초, 끈질기고 독창적인 홍보 덕분에 스파는 휴양지로 자리 잡았다. 스파를 홍보하는 사람들은 그 주변의 노후하고 진흙투성이인 길조차 지역의 장점으로 홍보했다. 돌무더기 잔해로 엉망인 길을 헤치고 스파에 찾아오려는 방문객들을 대상으로 수제 지팡이와 커다란 신발을 판매하는 사업이 번창했다. 초창기 지역 상업을 이끌었던 주민들은 아마도 자신의 사업을 계속 유지하기 위해 일부러 그 길을 정비하지 않고 방치했을 것이다.

보통 방문객들은 아침 다섯 시에서 일곱 시 사이에 일어나, 신발을 신고 지팡이로 땅을 짚으며 터덜터덜 온천으로 향했다. 스파 장인들은 1부터 20까지 숫자를 새긴 작은 시계 모양의 계기판을 팔았다. 방문객들은 온천수를 마시고는 계기판을 이용해 자신이 물을 총 몇 잔이나 마셨는지 계산했다. 또한 물에 풍미를 더하는 오렌지 껍질이나 페퍼민트 같은 향신료를 작은 상자에 채워 만든 지역 특산물은 거의 모든 사람이 지니고 있었다.

건강에 좋다는 물이 가장 명물이긴 했지만, 다른 즐길거리도 얼마든지 있었다. 여기저기서 길을 거닐고 있는 악사들은 방문객들에게 세레나데를 불러주었다. 사람들은 곡예사, 저글러, 줄타기꾼, 복화술사, 마술사 등이 출연하는 서커스를 보면서 즐거운 시간을 보냈다. 팔이나 다리, 무릎이 없는 사람들이 자신들을 궁금하게 바라보는 사람들 앞에서 별도의 쇼를 선보이기도 했으며, 난쟁이, 장사, 그 외의 재주꾼들도 등장했다.[2]

이러한 휴양지의 장면들에서 도박은 빠지는 법이 없었다. 전문 도박사들이 온천 주변으로 모여들어 파로, 해저드, 비리비 게임과 같은 상업적 게임판을 열었다. 날씨가 좋을 땐 야외에서, 궂을 땐 실내에서 열린 도박장에서 전문 도박사들은 보양을 위해 온천을 찾아온 부유한 사람들을 상대로 여름휴가 기간에 엄청난 돈을 벌어들였다. 도박장으로 돈이 모여들자 덩달아 푼돈이라도 얻고 싶은 사람들도 모여들었다. 당시 도박장에는 떨어진 동전을 줍기 위해 왁스를 바른 지팡이를 가지고 돌아다니는 사람들, 동전을 주워오도록 개를 훈련해 데리고 다니는 사람들도 있었다고 전해진다.[3]

방문객들에게 더 품격 있는, 더 사적인 도박 시설을 제공하기 위해 바바리아의 프린스 비숍 장 테오도르 추기경은 1762년 리도테(리도토의 프랑스어 발음)라는 이름의 2층짜리 카지노 건설 계획을 발표했다. 독창성에 있어서는 다소 부족할지 모르나, 추기경은 확실히 멀리 내다볼 줄 아는 사람이었다. 그는 도박만 할 수 있는 시설이 아니라 무도회, 연주회, 연극 공연까지 여는 시설로 카지노를 계획했던 것이다. 1765년에 임시로 문을 열었던 이 시설은 4년 후 영구적 리도테로 정식 개장한다. 리도테의 홀은 왕궁과 맞먹을 만큼 멋있었다고 한다. 게임을 할 수 있는 두 개의 방이 있었을 뿐만 아니라 서재, 무도회장까지 갖춘 리도테는 방문객들에게 귀족적인 즐거움을 선사하는 화려한 시설이었다.[4]

스파에서 즐길 수 있는 도박과는 다른 방식의 도박을 개발하는 사람들도 나타나기 시작했다. 1773년에 라우준 공작과 브라니키 백작은 스파와 베르비에 사이에 위치한 경기장에서 경마 경기를 열기 시작했다. 그들은 영국기수클럽의 본거지인 뉴마켓에서 시행되고 있던 경마를 모델로 했다. 유럽 대륙에서 처음으로 시작된 이 경기 사업의 결과는 성공적이었다.[5]

어떤 도박 시설들은 리도테와 좀더 직접적으로 경쟁하기 시작했다. 1770년에 스파보다 더 높은 곳에서 그 주변 경관까지 한눈에 볼 수 있는 입지를 차지한 보 홀Vaux Hall이 개장했다. 우아한 무도회장과 두 개의 게임 살롱을 갖춘 보 홀은 그 화려함에 있어 리도테에 견줄 만했다(보 홀은 템스 가든을 따라 지은 이름으로 분명 영국 손님들을 유치하기 위함이었을 것이다). 리도테 소유주들은 독점권을 상실한 것에 대해 당연히 분노했고, 당시 프린스 비숍이었던 벨브루크의 프랑수아 백작에게 조치를 취해줄 것을 요구했다. 이에 백작은 솔로몬의 지혜인 듯 보이면서도 자신의 이익을 충족시킬 수 있는 칙령을 발표했다. 그 칙령은 오랜 기간 서로 반목했던 두 기업이 병합하여 총 이익금을 똑같이 반으로 나누되, 수익의 30퍼센트는 자신에게 바치라는 내용이었다.[6] 카지노 소유주들은 무거운 마음으로 카지노를 병합하고 매년 벨브루크 백작에게 공물을 바치는 수밖에 없었다.

일부 영국인 방문객들은 1765년에 영국 클럽English Club을 따로 만들었다. 비록 클럽이 일반 대중에게 개방된 건 아니었지만, 리도테와 보 홀 소유주들은 그들에게 와야 할 수익이 클럽으로 빠져나가는 것에 분노했고, 프린스 비숍에게 클럽을 진압해달라고 지속적으로 청원을 넣었다. 이러한 항의에도 불구하고 영국인 클럽은 거의 20년 동안이나 운영되었다. 이 클럽은 당시 막 번창하기 시작했던 런던 웨스트엔드의 신사 클럽을 모방한 것이었다.[7]

1785년 8월 13일, 엄청난 화재로 리도테 건물의 한쪽이 유실되는 일이 발생한다. 그러나 리도테 건물의 손실은 재앙의 시작일 뿐이었다. 불길은 바람을 타고 먼저 동남쪽으로 향했고, 50여 채의 집을 불태웠으며 이로 인해 세 사람이 죽고 엄청난 피해를 발생시켰다.[8] 사람들에게 이러한 화재는 도박을 불허하는 신성한 힘의 영향으로 보이기도 했지만, 리도테는 금방 운영을 재개했고 무너진 건물도 재빨리 복구되었다.

스파의 카지노는 거만한 크루피에Croupier(게임 딜러를 의미하는 프랑스어—옮긴이)들과 그들이 끌어들이는 도박꾼 무리로 유명했다. 1784년 한 비평가는 크루피에들이 '대장' '경찰관' '경기병'과 같은 웅장한 모습으로 치장했지만, 그러한 겉모습에 어울리지 않는 상스럽고 무례한 방식으로 게임을 진행한다고 썼다. 종종 사기꾼들이 조작된 주사위나 카드를 가지고 와서 게임하기도 했는데, 보통 카지노 측에 큰 손실이 발생하기 전에 발각되었다. 그럼에도 1779년, 커다란 스캔들이 한 차례 있었다. 카지노 종사자 중 한 명이 특별한 표식이 있는 카드를 사용해 게임을 진행했고 그로 인해 공모자들이 엄청난 돈을 따서 도주했다. 리도테 관리자들은 이 사실을 발견하고 분노했으나, 해당 직원이 이사 중 한 명의 친척이라는 것을 알고 금방 화를 가라앉혔다. 카지노는 그를 고발하거나 해고하지도 않았고, 공모자들만을 질책했으며 그를 직위 해제시키는 정도에서 마무리되었다.[9]

19세기 트랑테카랑트 게임을 하는 장면. 이 게임은 룰렛에 이어 오랫동안 유럽에서 두 번째로 인기 있는 게임이었다.

1789년쯤에는 파로, 해저드, 비리비와 같은 게임들이 대부분 룰렛과 트랑테카랑트Trente-et-quarante 게임으로 대체되었다. 트랑테카랑트라는 게임은 프랑스에서 '적과 흑Rouge et noir'이라는 이름으로 1650년경부터 이미 존재했지만 1780년대에 와서야 스파에서 유명해졌다. '30과 40'이라는 뜻의 이 게임은 비교적 간단한 것으로, 네 번의 베팅만 가능하고, 하우스 어드밴티지가 매우 약해 상업적 게임으로서는 가장 균형 잡힌 게임이었다. 이 게임은 전성기에도 프랑스 이외의 국가에서는 잘 알려지지 않았으며, 미국에서는 합법적이든 불법적이든 카지노에서 상용화되지 않았다.

트랑테카랑트 게임의 규칙은 다음과 같다. 먼저 참가자들이 빨강Rouge, 검정Noir, 색깔Coleur, 반대Inverse 네 곳에 베팅을 실시한다. 그러면 크루피에가 일반적인 52장의 카드 여섯 덱을 섞어 넣은 슈에서 카드를 뽑아 검은색과 빨간색으로 표시된 곳에 두 줄로 늘어놓는다. 킹, 퀸, 잭 카드는 10점으로, 나머지 카드는 액면가로 계산된다. 두 줄 모두 30이 넘으면 게임이 끝난다. 크루피에는 두 줄 가운데 30에 더 가까운 숫자가 나온 쪽에 베팅한 사람에게 배당금을 준다. 만약 두 줄의 카드가 동점이라면 베팅된 돈은 그대로 참가자에게 돌려주고, 두 줄의 숫자가 모두 31이라면 하우스가 판돈의 절반을 가져가는데, 참가자는 이러한 경우를 대비해 보험을 들 수 있었다. '색깔' 베팅은 이기는 줄의 첫 번째 카드 색을 맞추는 것이고(예를 들어 다이아몬드나 하트가 '빨간색'에 있을 때), 반대는 말 그대로 그 반대를 의미한다.[10]

따라서 대부분의 베팅은 '이것 아니면 저것' 중 택일하는 단순한 방식이었다. 하우스 어드밴티지라고는 양쪽 모두 31이 나와서 판돈의 반을 가져오는 것뿐이었다. 트랑테카랑트 게임과 같은 시대에 발전했던 룰렛도 이와 유사하게 단순한 베팅 선택의 게임이었지만, 추가적으로 하나 또는 두 개의 0이 들어가면서 하우스 어드밴티지가 높아졌다. 해저드나 파로 게임보다 속도가 빨랐던 두 게임 모두에서 참가자가 생각해야 할 것이라고는 없었다. 룰렛 휠이 특정한 방식으로 나오게 만들어져 있거나, 카드에 특정한 표식이 있거나, 딜러가 속이려고 작정한 경우를 제외하고는, 이러한 게임들은 아무것도 계산할 것이 없는 내기였다.

정치적으로나 행정 구역상으로 리에주 공국에 속해 있던 스파는 프랑스와 분리되어 있었지만, 프랑스 혁명의 소동에 영향을 받지 않을 수 없었다. 스파에서 혁명적 동요는 카지노에 집중되었다. 1784년, 리에주의 사업가인 노엘 레보즈는 프린스 비숍이 게임장의 독점권에 관해 제정한 법률을 어기고 게임 살롱을 건설했다. 그는 기존 카지노 운영자들이 자신의 카지노를 사들이길 기대했다. 하지만 그들은 그러한 안을 거절했고, 당시 프린스 비숍이었던 훈스브루크의 콩스탕탱에게 레보즈가 화려하게 꾸며놓은 카지노의 영업을 멈추게 해달라고 요청했다.

프린스 비숍이 자신을 몰아낼 것이라고 예상한 레보즈는 1787년, 자신의 살롱에 무기와 탄약을 비축하기 시작했다. 훈스브루크는 부대를 파병해 무기고를 점령하고 카지노를 차지했다. 이러한 일화는 단지 주권을 가진 자가 무력으로 자신의 독점체제를 유지하려는 권리 행사로 치부될 수도 있을 것이다. 그러나 2년 뒤 1789년 여름, 혁명이 일어났다. 레보즈에 대한 훈스브루크의 고압적인 처사는 프린스 비숍에게 대항하는 자유주의적 분노에 불을 질렀고, 1789년 8월 18일, 리에주의 시민들은 결국 진격해나갔다. 농부들이 마을을 둘러싸고 스파로 폭풍같이 밀려들자 귀족들은 혼비백산해 도망갔고, 반란을 일으킨 시민과 장인들은 리에주를 혁명 공화국으로 선언했다. 프린스 비숍은 두려움에 떨며 도망치기도 전에 직위를 박탈당했다.[11]

이러한 열기는 스파 산업에 좋지 않은 영향을 미쳤다. 그러나 신성로마제국 황제, 오스트리아의 요제프 2세가 공국을 차지한 뒤부터 프랑스의 망명자들은 스파로 쏟아져 들어왔고, 지역 경제는 잠시 활기를 되찾았다. 많은 금화를 가지고 탈출한 외국 '귀족'들은 스파에서 다시 프랑스로 돌아갈 날을 기다렸다. 그러나 1794년 9월 18일, 오스트리아 군대가 스프리몽 전투에서 크게 패한 뒤, 구체제의 군대는 그들을 혁명군의 손에 남겨둔 채 리에주를 버리고 떠났다. 공화주의자들의 손에 떨어지면 그것은 곧 단두대로의 직행을 의미했기에, 이민자들은 재빠르게 도망쳤다. 몇몇 귀족은 황금을 켜켜이 넣은 무거운 가방을 가지고 가지 못해 주변에 있는 숲에 묻어놓았는데, 이것이 그 후 오랜 기간 이어진, 숨겨진 보물의 전설을 만들어냈다.

리에주는 이듬해 공식적으로 프랑스에 합병되었고, 혁명으로 인한 재난적 상태로부터 결코 회복하지 못했다. 그나마 아직 수단이 남아 있는 사람들은 새로운 살길을 찾아 떠나버렸고, 관광 산업은 완전히 종말을 맞이했으며, 남아 있는 사람들은 텅 빈 여관이나 거리에서 먹을거리를 구걸하며 돌아다녔다. 많은 이가 아사했다. 1802년, 아미앵 조약으로 스파 사업이 방해를 받은 것에 대한 일시적인 구호금이 지급됐고, 관광객들이 잠깐 돌아오는 듯했다. 그러나 투쟁이 다시 시작되었고, 그나마 조금씩 이어지던 발길도 완전히 끊어지고 말았다. 설상가상으로 1807년 발생한 화재로 마을이 거의 다 소실되었다. 리도테를 포함한 유흥 시설은 재건되었지만, 마을은 점차 사람들의 기억에서 사라졌다. 1815년 빈 의회의 평화로운 취임식에도 불구하고 스파에는 놀 거리가 거의 없었다. 몇몇 사람이 카지노를 방문해 무미건조하게 게임을 하곤 했지만, 갈수록 그 수는 줄어들었다.

이후 수십 년간, 스파의 도박 산업은 사양길로 접어들었다.[12] 리도테에서 게임이 진행될 때도, 크루피에와 참가자 모두 서로 속임수를 쓰는지 어떤지 관심도 없었다. 당시 여행 가이드는 "룰렛 게임에서 공은 느리게 굴러가고, 트랑테카랑트 게임의 카드가 여기만큼 천천히 움직이는 곳도 없을 것이다. 빠르게 움직이는 건 아무것도 없었고, 게임 테이블을 가운데 두고 마주 앉아 있는 두 사람도 서로가 뭘 하려고 하는지 관심도 없어 보였다"고 말하기도 했다.[13] 산책로와 무도회장은 여전히 이전과 같은 모습으로 남아 있었지만, 게임 테이블을 찾은 손님들은 그저 자신에게 달려드는 사기꾼과 기회주의자들에게 시달릴 뿐이었다.

이후 기차가 여행객들의 빠르고 값싼 이동수단이 되었는데, 기차는 스파에 들르지 않고 그냥 지나쳐버렸다. 스파는 1854년까지 직통 철도 노선이 없었다.[14] 그러는 동안 고상하면서도 즐거운 유럽 사회의 집결지로 현재 독일 지역의 다른 미네랄 온천수 지역들이 스파보다 더 높은 입지를 차지했다. 라인 강둑을 따라, 혹은 블랙 포레스트 언덕 위에 자리 잡은 새로운 스파들은 낭만주의 시대에 걸맞은 외관을 선보였고, "아르덴의 진주"가 그 빛을 잃어갈수록 이들은 과거의 스파보다 더욱 빛을 발하며 성장했다.

게르만식 스파에서의 도박

독일 스파 시설의 시작은 로마 시대까지 거슬러 올라간다. 마을 이름에 'Bad'가 들어간 곳은 그들의 마을이 '대중목욕탕Baths'으로 유명했다는 걸 의미한다. 블랙 포레스트 서쪽의 작은 언덕, 오스강에 있는 바덴바덴도 그런 마을인데, 이미 3세기 초에 건강을 위해 칩거하고자 하는 사람들이 찾는 곳으로 유명했다. 오랫동안 잊힌 로마식 목욕 시설의 폐허는 이후 낭만주의가 절정에 달했던 19세기에 재발견됐다.

비록 초기 로마식 목욕탕의 자취는 사라졌지만, 바덴바덴은 18세기 중반 30년전쟁의 피해로부터 재기하는 데 성공했다. 당시 바덴바덴은 안팎을 경계짓는 둥근 벽으로 둘러싸인 동네였다. 주요 산업은 양돈으로, 마을에서 돼지를 도축한 뒤 사체를 뜨거운 온천수의 증기로 씻어냈는데 이 때문에 여름이면 마을에 불쾌한 냄새가 진동했다.[15] 당시 바덴은 휴가를 즐기기에 좋은 동네가 아니었다. 그러나 다음 세기 초반에 변경백(영어로 마그레이브, 독일어로는 마르크그라프로, 중세 세습 귀족 중 타국과 영토가 맞닿은 변경邊境의 영주를 특별히 일컫는 말—옮긴이)인 카를 프리드리히의 명령이 떨어지고, 관련 위원회가 바덴바덴을 적법한 리조트 타운으로 조성하는 데 엄청난 진척을 이뤄냈다. 그 전에도 몇 년 동안이나 존재했겠지만, 첫 번째 카지노를 허가한 시기는 1748년으로 기록된다. 당시 도박은 숙박 시설의 뒷방에서만 허용되었는데, 이는 마을이 방문객들의 최종 목적지가 아니라 잠시 쉬었다가는 곳이었음을 시사한다. 이후 웅장한 도박 시설을 설립하기 위한 노력이 이어졌고, 1765년에 프롬나드 하우스Promenade House라는 건물이 지어졌으며 셰빌리라는 프랑스식 이름을 가진 사람에게 건물 내 도박장 운영을 허락했다.[16] 1801년에는 지역의 몇몇 호텔 안에 도박장이 들어섰다. 변경백의 행정관들은 그 과정을 지켜보다 목욕탕 개선을 위해 쓰일 세금을 징수했다. 두 번째 살롱은 1809년 전前 예수회 대학 건물에 생겼다.[17] 살롱 운영자들은 5월부터 10월까지 운영권을 얻기 위해 700루이도르(대혁명 이전에 통용되던 프랑스 금화의 단위. 1루이도르는 20프랑이다—옮긴이)를 납부했다. 독립된 형태로 운영되던 두 도박장은 다른 호텔에 있던 도박장과 함께 바덴바덴을 재건하는 데 필요한 특별 기금을 지불했던 것이다.

19세기 초 독일에서 가장 유명한 시인이었던 요한 페터 헤벨이 바덴바덴에서 요양하고 건강을 되찾으면서 리조트는 부흥기를 맞이한다. 그는 스파에서 즐길거리에 관한 글을 적어 널리 알렸는데, 스파에서 제공되는 요리의 사치스러움, 요양 차 그곳을 방문한 친구들과 나누었던 사소한 이야기들, 룰렛 게임의 즐거움에 관한 글이었다. 헤벨은 바덴에서의 삶이 "이 세상과는 전혀 다른 별천지"라고, "아름답고 고급스러우며 게으름을 부릴 수 있고, 교수든 희극인이든 다 같이 앉아 돈 따려고 도박하는 곳"이라 적었다.[18] 최신 프랑스식으로 준비된 음식과 다과는 그 수준이 매우 훌륭하면서도 그렇게 비싸지 않았고, 서비스도 완벽했다. 헤벨에 따르면 그곳에서의 생활이 왕실의 그것까지는 아니더라도, 최소한 '프랑스식'인 것만은 확실했다.

헤벨의 랩소디로 인해 많은 사람이 치유를 위해 바덴바덴을 방문하기 시작했다. 이 시기는 유럽 사회가 정치적으로 급변하던 시기였다. 1814년, 유럽의 구조가 재편성되면서 유럽 최고의 외교관과 정계 거물들이 빈 의회에서 만났다. 바덴바덴은 빈과 파리 가운데에 위치했는데, 수도를 점령한 나폴레옹은 두 도시 사이의 이곳에서 종종 머물곤 했다. 지리상의 이점 덕분에 프랑스, 스칸디나비아, 나아가 러시아 방문객들도 리조트를 쉽게 방문할 수 있었다. 오래된 도시의 벽들은 모두 허물어졌고, 오스 밸리를 따라 새로운 빌라와 샬레(휴양객용 오두막)가 들어섰다. 양돈업자들은 돼지우리가 있던 자리를 호텔로 바꿨다. 갑자기 바덴바덴은 유럽에서 가장 유행하는 스파가 되었다.[19]

1824년에 또 다른 도박 살롱인 컨버세이션 하우스Conversation House가 프로미나드 하우스의 인기를 꺾고 올라왔다. 과거에 프랑스 파리의 팔레 루아얄을 소유했던 앙투앙 샤베르는 1년에 2만7000굴덴을 임대료로 지불하고 영업권을 받았다. 샤베르는 1837년까지 바덴바덴의 주요 도박장을 감독하고 카지노와 내부의 레스토랑을 총괄했는데, 방문객 수를 약 두 배인 1만6000명까지 늘리는 데 성공했다. 샤베르는 자신이 거둔 성공을 기반으로 비스바덴, 엠스, 슐랑겐바트, 슈발바흐에 있는 카지노까지 관리하면서 영역을 확대했다.[20]

프랑스의 샛별

그러던 중 또 다른 약삭빠른 운영자가 파리에 나타났다. 1778년에 태어난 전직 변호사이자 법원 서기였던 자크 베나제는 리옹 극장도 관리했다. 1824년 파리의 도박장 부르소와 샬라브레의 분쟁을 조정하게 되면서 양자의 절충안 이상의 결과를 이끌어냈다. 그 자신이 이 수익성 높은 사업에 직접 뛰어들게 된 것이다. 3년 후 그는 파리 전역에 걸쳐 합법적 운영 면허를 받은 일곱 곳의 카지노 감독권을 얻어냈고, 1835년 베나제의 영업권은 갱신되었다. 당시 그는 도시 내 가장 최신식 게임룸 두 곳, 프라스카티Frascati 와 외국인클럽Cercle des Etrangers의 소유권을 획득했다.[21] 무엇도 그를 멈출 수 없을 것처럼 보였다.

그러나 베나제가 파리의 합법적 도박장에 대한 감독권을 독점할 만큼 노련한 사람이었음에도 프랑스 국민의회의 결정에는 대적할 수 없었다. 파리에서 운영 중이던 일곱 곳의 합법적 카지노는 베나제와 프랑스 정부에 연간 600만~900만 프랑이라는 엄청난 수익을 가져다주었다. 안 좋은 면이 있다면 테이블 게임에서 많은 돈을 잃는 사람이 발생한다는 것뿐이었다. 하지만 당시 전 세계가 합법적 도박 산업으로부터 등을 돌리는 추세였고 그 영향이 미국까지 미치던 상황이라, 국민의회는 1836년 6월 17일에 프랑스 내 도박장을 이듬해 12월 31일까지 폐장하기로 결의했다.

1837년 말이 되자 프랑스 도박자들은 트랑테카랑트나 룰렛 게임에서 마지막으로 대박을 터트리기 위해 미친 듯이 게임장으로 몰려들었다. 12월 31일은 클럽의 마지막 운영일이었는데, 그야말로 혼돈의 도가니였다. 강도 사건이나 폭동이 일어날까 두려웠던 베나제는 일찍이 경찰과 국가 수비대를 파견해두었다. 오후 3시에 그는 마지막 한탕만을 바라보는 도박자들에게 게임장 문을 열어주었다. 3시간 후 한 노동자가 자살했고, 베나제는 계획했던 것보다 빨리 그 유명한 팔레 루아얄의 문을 닫을 수밖에 없었다. 같은 날 밤 10시, 더 이상 잃은 돈을 복구할 기회가 사라졌다는 생각에 제정신을 잃은 다른 도박자도 베나제의 프라스카티 밖에서 권총으로 자살했다. 이후 경찰은 어렵사리 모든 공간에서 사람들을 내보냈고, 겨우 폐장할 수 있었다. 자정이 되자 베나제는 경찰에게 다른 클럽에서도 사람들을 내보내라고 지시한 뒤 문을 걸어 잠갔고, 그것이 프랑스의 합법적 도박 클럽의 마지막이었다. 거리의 시민들은 클럽에서 쫓겨난 도박자, 매춘부, 투기꾼을 보며 조롱하고 비웃었고 감정적으로 도취하여 그들에게 소리를 질러댔다. 그렇게 한 시대가 막을 내렸다.[22]

그러나 베나제는 시대의 변화와 함께 저물어 사라지기에는 너무나 영리했다. 1838년 10월, 그는 연간 4만 프랑의 임대료에, 추가로 주변 지대 유지비로 1년에 7만5000플로린을 내는 조건으로 바덴바덴의 도박장 영업권을 얻어냈다.[23] 바덴바덴은 이전까지 조용한 리조트 지역으로 유명했지만 더는 그렇게 남아 있을 수 없었다. 프랑스에서 합법적인 도박이 갑자기 줄어들고 베나제가 약삭빠르게 관리에 들어가면서 바덴바덴의 인기(더불어 세수까지)는 폭발적으로 높아졌다. 1872년에 카지노가 해당 지역에 내는 금액은 55만 프랑까지 증가했는데, 어림잡아 연간 카지노가 벌어들이는 250만 프랑에 비하면 그 정도의 지불은 어려운 일이 아니었다.

베나제가 시장을 잘 파악하고 있었던 덕에 바덴바덴에서의 카지노 사업은 성공적이었다. 대부분의 도박자가 프랑스어를 선호한다고 생각한 그는 (아, 프랑스인이여. 이 얼마나 자기중심적인 생각인가!) 최소 자신이 소유한 블랙포레스트의 한 구역에서만은 프랑스어가 주 언어로 사용될 수 있도록 했고, 바덴바덴은 의도적 설계에 따라 실질적으로 파리 근교와 같은 외관을 갖추게 되었다. 이곳에서 사람들은 파리식 패션과 헤어스타일로 꾸미고 다녔고, 식당 메뉴는 프랑스어로 표기되었다. 베나제는 파리 사람이 바덴바덴을 오더라도 파리에서 살던 방식 그대로 누릴 수 있도록 했다. 바덴바덴을 방문한 사람들은 도박을 하지 않을 때는 가장무도회, 세련된 저녁 파티, 피아노 연주회 등을 즐기곤 했다.[24]

기민한 프랑스인이었던 베나제는 대궐 같은 빌라에 살면서 부유한 삶을 누렸다. 1848년 베나제가 70세의 나이로 죽은 뒤, 그의 아들인 에두아르가 바덴바덴 도박계의 황제 자리를 물려받았다. 에두아르 밑에서 소위 '큰아버지'라 불리던 딜러이자 감독관인 마르탱이 카지노 운영을 관리 감독했다. 마르탱은 프랑스 도박 역사에서 일종의 교과서 같은 사람이었다. 19세기 초 파리의 프라스카티에서 딜러로 일했던 그는 1860년대에 바덴바덴의 감독자 역할을 맡게 되었다(베나제가 그를 1838년부터 데리고 왔다). 그는 당대 최신 유명 인사에게는 별로 관심이 없었고 과거 자신이 만났던 도박자들에 관한 이야기를 하곤 했다. 예를 들어 1860년에 바덴바덴의 모든 사람이 그곳에 도착한 나폴레옹 3세의 모습을 보기 위해 몰려들었던 적이 있다. 당시 섭정하던 프로이센 왕자 프리드리히 빌헬름이 사흘간 국빈 나폴레옹 황제의 방문을 맞이하고 있었다. 사람들이 마르탱에게 독일 귀족들이 황제를 위해 준비한 성대한 연회를 왜 보러 가지 않느냐고 묻자, 마르탱은 이미 나폴레옹을 익히 알고 있다며 중얼거리듯 말했다. "나폴레옹…… 나폴레옹…… 가만있자, 보나파르트 맞지? 아, 그래, 파리에서 그를 본 적이 있지―그가 뱅크에 빚진 25루이를 나는 아직 똑똑히 기억하고 있다고."[25]

에두아르의 행보는 사람들에게 존경받는 마르탱을 감독자의 지위에 두는 데 그치지 않았다. 그는 바덴바덴의 시설을 적극적으로 확장했고, 1855년에는 컨버세이션 하우스에 우아한 네 개의 방을 증축했다. 3년 뒤에는 바덴바덴에서 서쪽으로 7마일 정도 떨어진 이페츠하임에 경기장을 만들었다. 3개의 넓은 관람석을 채우는 귀족, 트랙 관리자, 지역의 기수 클럽 회원, 대중에게 오락거리를 제공한 이 경기장은 즉각적으로 큰 성공을 거두었다. 매년 8월 말 경주가 열릴 때면 바덴바덴은 경주를 보러 오는 관람객으로 가득 찼으며, 그들은 9월까지 머물렀다.[26]

베나제 2세는 아버지처럼 능수능란하게 그의 도박 사업을 홍보했다. 그는 바덴바덴과 경기장에 관한 호평을 실어주는 언론을 확보했고, 언론의 소식은 미국에까지 퍼졌다. 규모가 작은 리조트의 시설들과는 비교가 안 될 정도로 방대한 그의 휴양 시설에 관광객들이 몰려들었다. 프랑스어, 독일어, 영어 잡지와 신문들은 건전한 휴식과 트랑테카랑트 게임 또는 경마에 베팅하는 흥분을 느끼고 싶다면 반드시 바덴바덴을 방문하라고 광고했다.

소위 '쿠르자이트Kurzeit'라고 하는 요양의 계절은 5월부터 10월까지의 기간을 의미했다. 이 기간에 식당, 산책로, 게임룸은 휴가를 보내러 온 상인들, 게으름뱅이 귀족들, 전문 도박꾼들, 기대감에 가득 차 방문하는 온갖 사람으로 가득 찼다. 영국, 스페인, 이탈리아, 네덜란드, 프랑스, 독일, 러시아, 스칸디나비아에서 온 모든 유럽인은 패션과 게임 기술을 뽐내며 서로를 견제했다. 1840년에 리조트를 방문했던 한 영국인은 그곳이 유명한 크록퍼드를 능가하는 데다, "예의범절을 지키며 겉모습이 고상해 보이는 사람들이 모두 모여 있다"고 묘사했다.[27] 이용자들은 모자를 벗고 피우던 담뱃불을 꺼야 했다. 눈부신 샹들리에와 황금 기둥 사이에서 게이머들은 룰렛이나 트랑테카랑트 게임 테이블 주위를 돌며 인내심과 격정적인 흥분 사이를 오가는 가운데 한몫 잡기 위한 작전을 펼쳤다.

대부분 도박자는 남성이었지만, 몇몇 여성도 열정적인 도박꾼 자질을 보였다. 그중 일부는 유명 인사가 되었다. 예를 들어 러시아의 어떤 공주는 (한 연대기 기록자가 못마땅한 태도로 전하기를) 수천을 잃고 행운이 등을 돌릴 때면 몹시 신경질적으로 변하기도 했지만, 베팅을 크게 하는 것으로 유명했다. 이에 반해 어떤 이탈리아 전前 장관의 부인은 모범적인 몸가짐을 보였다. "그녀는 돈을 잃을 때나 딸 때나 그저 웃음을 지어 보일 뿐이었다." 그녀가 게임에 임하는 태도만큼이나 옷차림도 독특해서, 다른 여성들은 그저 그녀가 어떤 옷을 입나 구경하러 오기도 했다. 하지만 바덴바덴에서 가장 유명한 여성 도박자는 레오니 르블랑이었다.[28] 사람들은 그녀가 트랑테카랑트 게임의 판마다 최고액인 6000프랑을 베팅하는 것을 구경하려고 그녀 주변에 몰려들었다.

컨버세이션 하우스를 찾는 대부분의 사람은 그저 안락하고 고급스러운

1830년대부터 1870년대까지 자크 베나제와 그의 아들 에두아르의 지휘 아래, 바덴바덴은 유럽에서 가장 유명한 도박 스파였을 것이다. 위 사진은 1930년대 메인 홀의 정경이다.

환경을 즐기면서 게임 테이블에서 자신의 운을 시험하곤 했다. 일부 사람은 거기에 만족하지 못했다. 프랑스 정치꾼이자 기자인 앙리 로슈포르는 1866년 바덴바덴을 방문했을 때 트랑테카랑트 게임으로 많은 돈을 잃었는데, 이후 아주 신랄한 어조로 게임 살롱이 그토록 화려하다는 것 자체가 참가자들에게 불리하게 게임이 조작된 증거라고 글을 썼다.

　사람들이 조금이라도 생각을 한다면 카지노들이 과시하는 호화스러움, 카지노가 그들을 용인하고 있는 정치인에게 갖다 바치는 돈, 그들이 보여주는 값비싸고 과장된 공연 자체가 참가자들이 한 푼이라도 딸 가능성이 없다는 명백한 증거임을 알 것이다.
　만약 호화롭게 장식된 소굴의 운영자가 고객이 똑똑하다고 생각한다면,

크루피에들은 그저 하얀색으로 칠한 창고에서 넝마나 걸치고 앉아서 게임을 진행할 것이다. 그래야 지나가는 사람이 카지노를 보고, 손님들이 돈을 많이 따서 카지노가 저렇게 가난하다고 생각할 것이기 때문이다. 하지만 저 과시하는 듯한 외관을 보라……. 저것이 의미하는 바는 하나다. '우리가 당신들로부터 얼마나 많은 돈을 벌어들이는지 한번 느껴보세요. 이렇게 쓰고도 우리는 열 배나 더 남겨먹는답니다.'[29]

로슈포르는 상업적 게임의 태생적인 수학적 불균형이 카지노에 훨씬 더 이득이 된다는 것을 알아차렸다. 대부분의 다른 도박자도 그 점을 모르지 않지만, 여기에 신경 쓰는 사람은 별로 없었다.

어쩌면 몇몇 사람이 불리한 게임임에도 그토록 무절제하게 할 수 있었던 것은, 당시 부를 소유하는 과정이 그리 어려운 일은 아니었기 때문인지도 모른다. 바덴바덴에서 낭비된 재산 중 독일어권이자 헤센의 북쪽 지역인 헤센카셀 지역의 일화만큼 유명한 것도 없을 것이다. 한 세기도 채 안 되는 기간에 그곳의 백작들은 자신이 보유한 용병을 원정 보내면서 어마어마한 돈을 벌어들였지만, 많은 부와 토지는 바덴바덴에 있는 테이블 앞에서 모두 사라졌다.

이야기는 1760년 헤센카셀의 백작이었던 프리드리히 2세로부터 시작된다. 헤센카셀은 산맥과 숲들로 이루어진 암석지로, 한 번도 개발된 적이 없었다. 17세기 초부터 헤센카셀의 백작들은 토지를 통해서는 뭔가를 얻을 수 없다는 것을 깨닫고는 수입을 위해 군대를 빌려주기 시작했다. 이러한 추세를 뒤쫓기 위해 프리드리히 2세는 그의 군대를 훈련시키고 또 훈련시켰다. 그는 기념비적인 해인 1776년, 영국의 조지 3세에게 1만7000여 명에 달하는 군대를 빌려주었다. 조지 3세는 군인들을 재빠르게 미국의 식민지로 파견했는데, 다른 독일군까지 합쳐서 그 숫자가 왕의 군대의 약 3분의 1에 달했다. 용병의 처지로 그들은 미국 독립 투사들로부터 경멸의 대상이었지만, 그렇다고 그들이 조지로부터 보수를 많이 받은 것도 아니었다. 주로 징병의 대상이었던 경범죄자나 채무자들은 돈도 거의 받지 못하고 미국 혁명을 진압하기 위해 투입되었다. 헤세 지역에서 파병된 부대가 미국에서 고통받고 죽어나갈 때, 백작들은 그렇게 손쉽게 떼돈을 벌고 흥청망청 낭비하며 살았다.

빌헬름 9세는 프리드리히가 1784년 사망한 뒤에 백작 지위를 이어받았다. 그는 아버지보다 더 혹평을 들었다. 아버지가 용병을 이용해 '피의 돈'을 그러모은 것에 만족하지 못하고, 빌헬름은 수익을 내기 위한 훨씬 독창적인 길을 갈구했다. 그는 사재기를 통해서 수천을 벌어들였는데, 그건 단지 시작일 뿐이었다. "매정하고 거만하며 이기적이고 독재적인 데다가 더럽게 탐욕스러운" 빌헬름은 빌헬름바트에 있는 자신의 성을 호텔과 카지노로 바꿔버렸다.

빌헬름은 욕심이 많았던 만큼 나르시시스트였다. 흔해빠진 백작이라는 지위가 자신의 장엄함을 나타내지 못한다는 생각에 그는 스스로 왕으로 불리기를 원했다. 1803년 독일 의회에서 빌헬름은 황당무계하게도 자신의 뜻을 관철시켰으며 비록 왕이 되지는 못했지만, 의원들은 그를 헤세의 제후Elector of Hesse 빌헬름 1세라 명명하며 더 높은 지위를 부여했다. 빌헬름은 바덴의 후작을 포함한 다른 세 명과 어깨를 나란히 하고 제후의 반열에 오르게 되었다. 신성로마제국의 새로운 왕자들은 황제를 선출하는 선거인단의 구성원이기도 했다. 그러나 빌헬름이 왕자의 지위를 받았을 때 선거는 단지 형식적인 행사일 뿐이어서, 그가 누릴 수 있는 특전은 여느 일반 군주들과는 달리, 스스로를 '전하Most Serene Highness'라고 표현할 수 있다는 것뿐이었다.

빌헬름의 승리는 오래가지 못했다. 신성로마제국은 1806년 나폴레옹의 승리로 사라졌고, 빌헬름은 두번 다시 투표할 기회를 얻지 못했다. 비록 그가 실제로 투표를 해본 적은 없긴 하나, 그에게 부여된 이름에서 오는 특전을 즐겼음에는 틀림없다. 그는 왕족으로 남지 못했지만, 사촌인 헤세 홈부르크 백작과 헤세 다름슈타트 공작보다 우위에 있다는 걸 과시하기 위해 '헤세의 제후'라는 이름은 유지했다. 그의 아들인 빌헬름 2세는 1821년에 아버지의 지위를 물려받았다. 빌헬름이 헌법을 받아들였던 1830년, 범유럽적인 반란의 열기가 가라앉을 즈음, 그는 제반 관리 업무에서 은퇴하여 모든 것을 자기 아들, 프리드리히 빌헬름에게 넘겨주었다.

은퇴 후 돈과 시간이 남아돌았지만 달리 할 것이 없었던 빌헬름은 도박에 빠졌다. 베나제가 1838년 바덴바덴에서 그의 시대를 열었을 때, 빌헬름은 카지노의 고정 고객이었다. 그는 지역에서 가장 열성적인 도박꾼으로 유명했다. 도박꾼으로서의 명성은 그가 수여한 왕자라는 직위보다 더 유명했을 것이다. 그를 실망시키는 단 한 가지가 있다면, 카지노가 10월에 폐장한다는 것이었다. 치유의 계절이 시작되는 5월까지 기다리기에 너무 힘들었던 빌헬름은 1843년 헤세 홈부르크의 백작이 그의 뒷마당이나 다름없는 바트 홈부르크에 1년 내내 문을 여는 새로운 카지노를 개장했을 때 무척이나 기뻐했다. 빌헬름은 그의 재산 대부분을 그곳에서 탕진했다. 카지노에서 도박하다 생긴 부채를 탕감하기 위해 당시에는 매우 귀하고 값진 보물이었던 오렌지 나무 40그루를 보내기도 했다. 빌헬름은 홈부르크에서만 10만 플로린을 탕진했고, 1847년에 사망했다.

그의 아들 프리드리히 빌헬름은 당연히 홈부르크 카지노에 반감을 갖게 되었다. 그가 물려받아야 했을 아버지의 재산이 모두 카지노 소유주의 주머니로 들어가버렸기 때문이다. 나중에 그는 오렌지 나무를 돌려달라고 요구했지만 묵살당했고, 복수를 위해 때를 기다렸다. 시간이 흐르고, 카지노 소유주가 그의 땅을 가로질러 프랑크푸르트까지 기찻길을 연결하게 해달라고 요청했을 때 그는 단호하게 거절했다. 기찻길은 결국 프리드리히 빌헬름의 땅을 우회하는 방식으로 건설될 수밖에 없었고, 애초에 계획했던 것보다 훨씬 더 큰 비용이 들었다. 그의 복수는 거기서 끝나지 않았다. 1849년에 프리드리히 빌헬름은 하나우와 프랑크푸르트를 연결하는 선로를 놓았고, 나중에는 이 선로를 오래된 온천 도시이자 그의 조부 시대에 카지노를 운영했던 빌헬름바트의 성까지 연결했다.

프리드리히 빌헬름은 황폐해진 빌헬름바트의 성을 정비했다. 2층에 있는 손님용 방을 축소하고 1층에 이미 게임룸, 서재, 응접실을 갖추고 있던 그 성에 호텔 카지노를 재개장했다. 카지노 밖에서 손님들은 온천에 들어가거나 공연을 관람하거나 주변을 산책하고 돌아다니면서 시간을 보냈다. 빌헬름의 노력에도 불구하고 빌헬름바트를 찾는 방문객의 발길은 1850년대부터 점차 줄었고, 홈부르크와 프랑크푸르트를 잇는 철도가 1860년에 완공되자 빌헬름바트에는 사람들이 거의 찾아오지 않았다. 도박판에서 실패한 사람들의 돈을 벌어들여 자신만의 카지노를 재건하려던 노력에도 불구하고 성은 1865년 문을 닫게 되었다. 이듬해 빌헬름은 오스트리아와 프로이센의 전쟁에서 오스트리아를 선택했고, 그의 땅은 승리한 프로이센의 영토가 되었다. 빌헬름에게는 후손이 없었기 때문에 1875년 그가 사망했을 때, 그의 조부부터 미국 독립혁명 시대를 거쳐 전성기를 누려왔던 헤센카셀의 명맥은 100년도 채 안 되어 끊기고 말았다. 사람들은 바덴바덴의 카지노 금고로 엄청난 규모의 자산이 흘러들어간 것을 애통해할지언정 빌헬름 가문이 끝난 것에 대해서는 크게 애석해하지 않았다.

라인 타운의 경쟁이 치열해지자 바덴바덴은 새로운 경쟁력을 갖추기 위해 노력했다. 그 결과 1862년에 마을에 연극, 발레, 오페라를 공연할 수 있는 새로운 극장이 신설되었다. 에드워드 베나제는 극장 바로 근처에 있는 컨버세이션 하우스로 사람들을 유인하기 위해 떠오르는 신인 스타들을 극장으로 끌어들였다. 이곳에서 프랑스 작곡가 엑토르 베를리오즈가 오페라 「베아트리스와 베네딕트」 초연을 선보였으며, 이후 유명한 작곡가들의 공연이 잇따랐다. 요하네스 브람스는 컨버세이션 하우스의 화려함보다는 한적한 시골길에서 산책하는 편을 더 좋아했던 사람임에도 불구하고 그는 바덴바덴에 있는 동안 「피아노, 바이올린, 호른을 위한 삼중주 내림 마장조, 작품40」 「바이올린, 비올라, 첼로를 위한 6중주 사단조, 작품32, 제2번」 등 수많은 명곡을 작곡했다.30

어떤 예술가들은 베나제에게 손님을 유인하는 것 외의 또 다른 이익을 보태주었다. 카지노에서 게임을 하며 돈을 많이 잃어준 것이다. 「천국과 지옥(지옥의 오르페우스)」 「파리인의 생활La Vie Parisienne」의 작곡가인 자크 오펜바흐는 1868년부터 1869년까지 바덴바덴 극장의 감독이었으며, 매우 성공한 다작 작가였지만 룰렛 테이블에서 많은 돈을 잃어 바덴바덴의 라이벌인 홈부르크에서 그를 몹시 영입하고 싶어했다. 공연 한 번에 2000프랑을 받았던 요한 슈트라우스는 1872년 극장에서 왈츠 공연을 여러 번 선보였는데, 공연비로 받은 돈뿐만 아니라 그동안 미국 순회공연으로 벌었던 돈을 모조리 바덴바덴에서 잃었다.31

하지만 이런 호황도 오래가지는 못했다. 1867년 12월, 에드워드 베나제는 니스에서 겨울 휴가를 보내던 중 사망했다. 베나제 부인의 요청으로 정부는 그의 조카와 처남인 자크 뒤프레수아에게 카지노 운영권을 주었다. 바덴은 1869년에 6만 명이 넘는 사람이 방문하는 큰 인기를 누렸음에도 점차 쇠락했다. 특권층이 휴가를 즐기는 방식에 변화가 생긴 것이다. 괴테나 셸리의 낭만주의적 비전에 더 이상 흥미를 느끼지 않은 사람들은 블랙포레스트 대신 프랑스 리비에라를 찾았다. 더불어 1872년 12월 31일부터 시행된 프로이센의 도박 금지령은 바덴바덴의 첫 도박 리조트로서의 발걸음에 종지부를 찍게 했다. 이때 남겨진 룰렛 테이블은 나치 정부가 도박을 다시 합법화하고 바덴바덴을 독일의 선도적인 카지노 타운으로 만들기 위해 터전으로 삼기 시작했던 1933년까지 그 자리에 남아 있었다. 하지만 빅토리아 시대에 치유의 방책을 찾던 사람들에게 바덴바덴의 시대는 이미 사라지고 없었다.[32]

로텐부르크로부터의 서신

라인강 유역의 리조트에서 가장 환영받는 이들은 러시아 고객들이었다. 그중에서도 백작 부인 소피 키실레프는 매우 유명 인사였다. 1852년에 홈부르크에 처음 나타난 이 부인을 두고, 사람들은 그녀가 하루에 딱 한 번 도박하러 올 뿐이라며 농담을 던지곤 했다. 하루에 딱 한 번만 오지만, 아침 11시부터 밤 11시까지 있었기 때문이다. 그녀의 집착을 더 이상 두고 볼 수만은 없었던 남편은 그녀와 이혼했고, 교황의 칙령도 떨어졌지만, 그녀의 룰렛 게임을 막을 수는 없었다. 그녀는 홈부르크에서 예나 지금이나 엄청난 규모의 금액인 400만 달러가량의 돈을 잃었다.[33]

모든 러시아인이 키실레프처럼 도박에 미쳤던 건 아니다. 휴양객이나 재외 러시아인들은 라인 리조트에 갔다가도 게임 테이블에는 그저 형식적인 관심만 보였다가 빠져나갔다. 일부 사람은 도박 자체에 아예 손도 대지 않았다. 소설 『죽은 영혼』의 작가인 니콜라이 고골은 바덴바덴의 시골길을 따라 걸으며 자기 성찰을 위해 도박을 하지 않겠다고 선언하기도 했다.[34] 러시아 내에서는 휘스트Whist 게임이 사교성 게임으로 잠시 유행했다. 19세기 말 서구화되어가는 러시아에서 휘스트 게임은 유럽 엘리트들 사이에 유행하는 오락거리였다.

무작정 일반화하는 건 현명하지 못한 처사겠지만, 러시아인들 스스로도 도박을 유별난 슬라브적인 운명론을 보여주는 것으로 간주했고, 도박을 하는 많은 러시아인이 고골의 고요한 자기성찰적 행위보다 키실레프 부인과 같이 황당무계한 베팅을 하는 경향이 있었다. 레프 톨스토이 백작은 1857년 여름에 유럽을 여행하다가 바덴바덴에 머물면서 룰렛을 접하게 되었다. 그는 첫날밤에는 소액으로 놀았지만, 이튿날에는 컨버세이션 하우스에서 헛되이 룰렛 휠을 정복하려고 시도하며 엄청난 돈을 소비했다. 그는 거기서 모든 재산을 탕진했고, 친절한 프랑스인으로부터 두 번이나 대출을 받았으며, 몇몇 친척이나 친구들에게 돈을 빌려달라고 절망적인 편지를 보냈다. 그의 사촌인 알렉산드라 톨스토이 백작 부인이 그 편지를 보고 톨스토이에게 돈을 보내주었고, 작가 이반 투르게네프는 톨스토이가 걱정되어 직접 바덴바덴으로 찾아왔다. 바덴바덴에 도착한 그는 톨스토이에게 그가 게임 테이블에서 잃을 게 뻔할 돈을 더 빌려주었다. 투르게네프가 떠나고 얼마 지나지 않아 톨스토이는 도박을 통제하지 못한 자기 자신을 한탄하고 수치심만 느끼며 바덴바덴을 떠났다.[35]

투르게네프는 마치 악마와도 같은 도박자들을 상대로 줄다리기하며 그들을 길들이는 데 익숙했다. 그는 삶의 후반부를 거의 파리와 바덴바덴을 오가며 잘 정비되어 안락한 집에서 보냈다. 그는 바덴바덴을 그의 소설 『스모크』의 배경으로 삼았다. 그 소설에서 그는 프랑스인, 이탈리아인, 독일인, 영어권 국가 사람들로 구성된 사회적 환경을 묘사했는데, 그 내용은 바덴에 독특한 코즈모폴리턴적 특성을 부여해주었다. 투르게네프는 러시아에서 온 많은 망명자나 여행객이 도박에 빠져 헤어나오지 못할 때 그들에게 도움의 손길을 내밀었고, 몇몇은 그에게 매우 고마워했다. 톨스토이도 그중 한 사람이었다. 톨스토이는 이후에도 다년간 투르게네프와 친분을 유지했으며, 임종 직전에는 투르게네프 백작에 대한 애정 어린 글을 남기기도 했다.[36]

투르게네프가 모든 러시아 소설가에게 이러한 온정을 보인 것은 아니다. 표도르 도스토옙스키는 그의 창조성이 가장 극대화되었던 시기인 1862년부터 1872년까지 도박에 극심하게 빠져 있었다. 1850년대에 그가 시베리아로 망명했을 때, 도스토옙스키는 자주 도박을 했고 보통 잃는 편이었다. 1862년에 그는 처음으로 비스바덴을 방문했는데, 그곳에서 엄청난 큰 승리를 거두게 된다. 이듬해에 그는 바덴바덴과 홈부르크를 방문했는데, 그곳에서 지난해에 땄던 모든 돈을 잃었다. 그는 한때 연인이었던 폴리나 수슬로바가 보석을 팔아서 보내준 돈으로 가까스로 구제되었다. 그의 베팅 금액이 컸던 것은 아니지만, 암울한 불안 속에서, 매 판의 게임이 진행될 때마다 그는 승리와 실패를 마음속에서 극대화시켰다.

1864년, 아내의 죽음으로 수심이 가득한 와중에 죽은 그의 형이 진 빚을 대신 내놓으라는 빚쟁이들의 성화에까지 시달리게 된 도스토옙스키는 1866년 11월까지 출판업자 스첼롭스키에게 새로운 소설을 내놓겠다는 계약을 맺었다. 계약은 만약 기한을 지키지 못하면 벌금을 물고 기존에 출판된 그의 책에 관한 권리를 포기하겠다는 내용이었다. 계약일이 가까운 10월 초까지만 해도 상황은 절망적으로 보였다. 그의 역작인 『죄와 벌』이 아직 완성되지 않았던 것이다. 『죄와 벌』의 주인공 라스콜니코프의 처절한 가난은 그가 실제 그런 처지였기에 그토록 잘 묘사될 수 있었다. 스첼롭스키에게 사흘 안에 소설을 가져다주기 위해 그는 속기사를 고용해 소설을 대신 받아 적도록 시켰는데, 그 속기사가 바로 안나 그리고리예브나 스니트키나였다. 덕분에 도스토옙스키는 기한을 지킬 수 있었고, 곧 스무 살의 스니트키나와 결혼했으며, 그 후 미친 듯이 기회에 집착하는 사람의 희망과 절망을 그린 대작 『노름꾼』을 출간했다.[37]

그러나 『노름꾼』이 도스토옙스키의 금전적 문제를 해결하지는 못했고, 그의 도박 문제가 극적으로 사라진 것도 아니었다. 그는 채권자들이 찾아오기 전에 러시아로 도망치듯 떠났고, 유럽으로 가는 배를 탔는데 그 길은 자연스럽게 그를 라인강 쪽으로 이끌었다. 그는 곧 다시 게임 테이블 앞에 앉아 주야장천 돈을 잃었다. 1867년 7월 4일, 도스토옙스키는 그의 어린 아내와 함께 바덴바덴으로 이주했는데, 대장간 근처에 마련한 그의 집 주변은 그곳으로부터 들려오는 소음으로 가득 차, 늘 시끄럽고 안정되지 못한 환경이었을 것이다.[38] 그의 아내는 일기에 남편의 상기된 얼굴과 붉게 충혈된 눈 때문에 두렵다고 적곤 했다. 그녀는 남편을 그렇게 만든 룰렛과 바덴바덴을 저주했다.

그의 몰골은 형편없었지만, 위대한 소설가는 자신의 시간을 즐겼다─적어도 처음에는 그랬다. 그는 100프랑을 갖고 게임을 시작해 사흘 뒤 4000프랑을 땄다. 딴 돈에 만족하고 떠나자는 아내의 애원을 무시하고 그는 더 안정적인 가계 재정을 위해 자신의 원금과 상금을 다시 베팅하고 싶어했다. 하지만 다른 사람들이 돈을 따가는 가운데, 그의 계획은 실패했다. 논리적으로는 그 자리를 떠나야 한다는 것을 알고 있었지만 그는 떠날 수가 없었다.

내가 딴 돈보다, 나는 다른 사람들이 2만, 3만 프랑씩 이겨가는 걸 매일 봤다(도대체 잃는 이를 봤다는 사람이 없다). 어째서 다른 사람들이 나보다 더 잘하는 것인가? 정작 돈이 절실한 건 바로 나란 말이다. 나는 다시 위험을 감수하고 베팅했고, 또 잃었다. 내가 이긴 돈뿐만 아니라 가지고 있던 돈의 땡전 한 푼까지 다 사라졌다. 열병에 걸린 사람처럼 광분하여 나는 모든 시간을 도박에 쏟아부었다. 나중에는 내가 입고 있던 옷까지 저당 잡혔다. 아내는 자기가 가지고 있던 마지막 물건까지 모두 전당포에 맡겼다.[39]

설상가상으로 바덴바덴에서 떠날 여비까지 포함해 모든 것을 잃었을 때, 도스토옙스키의 집주인은 집세를 인상했다. 그는 친구들에게 라인강 지역에서 벗어날 수 있도록 돈을 빌려달라고 미친 듯이 편지를 쓰기 시작했다.[40]

누구에게도 도움도 받지 못하자, 도스토옙스키는 자신의 괴로움 따위는 안중에도 없이 빌라에서 안락한 삶을 즐기고 있었을 투르게네프에게 마지못해 도움을 요청했다. 이 두 사람은 같은 언어를 쓰고 같은 직업을 가진 인물이었지만, 정치적, 문화적, 예술적 차이가 두 사람을 적으로 만들었다. 도스토옙스키는 투르게네프의 소설 『스모크』를 강하게 비판했는데, 아마도 그 소설에서 도스토옙스키를 모델로 했을지 모르는 한 등장인물이 100루블을 빌리고는, 후원자에게 돈을 갚지도 않고 컨버세이션 하우스를 떠나버린 배은망덕한 사람이었기 때문일 것이다. 투르게네프는 그 소설을 집필하기 몇 년 전, 비스바덴에서 도스토옙스키에게 룰렛 게임 자금으로 50달러를 빌려주었는데, 그가 그 돈을 갚지 않았다는 사실을 잊지 않았던 것이다.[41] 도스토옙스키는 나중에 자신의 소설 『악령』에서 투르게네프를 풍자하여 복수했지만, 투르게네프에게 도움을 요청할 당시에는 몹시 절박한 상황이었다. 그는 돈이 필요했다.

7월 10일 아침, 도스토옙스키는 조심스럽게 투르게네프를 찾아갔다. 두 거장은 서로를 경계하며 마주 보고 앉아, 상대의 신경을 건드리는 말을 던지면서 누군가 먼저 체면을 포기하고 화내기를 기다렸다. 투르게네프는 러시아의 모든 것에 대한 모독적인 말들을 늘어놓고, 무신론자로서 살아가는 장점에 대해 열변을 토했다(도스토옙스키는 완고한 국가주의자에 독실한 크리스천이었다). 독일을 사랑하는 작가 투르게네프는 러시아인들이 "독일인을 만나기 전에는 먼지 구덩이 속에서 기어다니던 사람들"이었으며, 독창적인 러시아 문화를 창조한다는 생각 자체가 어리석고 멍청한 짓이라고 독설을 퍼부었다. 도스토옙스키는 독일인들이 "사기꾼에 불한당"일 뿐이며, 독일은 "사악하고 정직하지 못한" 나라라고 맞대응했다. 투르게네프는 도스토옙스키에게 자신은 독일인이나 다름없는 사람이고, 마지막 언사는 매우 모욕적이었다고 맞받아쳤으며, 그 둘은 냉담하게 헤어졌다.[42]

　도스토옙스키와 그의 아내는 8월 23일에 겨우 바덴바덴을 빠져나올 수 있었다. 하지만 그는 계속 도박을 했고, 가끔 홀로 남겨둔 부인에게 얼마를 잃었으며, 자신이 얼마나 애통한 심정인지를 밝히는 편지를 보냈다. 마침내 1871년, 돌아가신 아버지가 곧 닥칠 그의 운명에 대해 경고하는 악몽을 꾸고 나서야 그는 자신의 도박 습관을 뉘우쳤다. 그는 아내에게 용서를 구하는 편지를 썼다. 편지에서 그는 "나는 나쁜 놈은 아니고, 그저 자신의 열정으로 극심한 고통을 겪었던 한 사람의 도박자"이며, 이제 도박의 사슬에서 벗어나 자유가 되었다고 말했다. "지금부터는 오로지 글 쓰는 일에만 집중하며, 여태 했던 도박은 꿈도 꾸지 않을 것이오. 모든 일은 좋아질 거고, 신은 나를 축복할 거요!"라고도 적었다. 도박을 끊는다고 했다가도 되돌아가곤 했던 여느 사람들과는 달리, 도스토옙스키는 정말로 그의 말을 지켰고, 다시는 도박을 하지 않았다.[43]

독일 도박의 르네상스

19세기 초부터 독일령 내에 도박장이 들어서는 지역이 비교적 많아졌다. 오스트리아, 프로이센, 바이에른, 하노버, 작센 지역과 다른 자치구들 내에 총 스물네 곳의 도박장이 산재했다. 그러나 정치적 합병, 서서히 강화된 금지, 노골적 탄압 등으로 인해 1840년쯤 되자 성공적으로 운영되던 바덴바덴, 아헨, 비스바덴, 홈부르크의 도박장 네 곳만 남았다.[44]

아헨(프랑스어로 엑스라샤펠)은 유럽 내 도시 중에서도 유서가 매우 깊은 곳이었다. 로마인들은 그곳을 아퀴스 그라눔Aquis Granum(아퀴스Aquis는 물을, 그라눔granum은 입자를 의미한다 — 옮긴이)이라고 불렀는데, 고전주의 시대에는 몸을 담글 수 있는 유황 온천으로 유명했다. 나중에 샤를마뉴가 사후 이곳에 묻혔고(그의 무덤은 아직도 아헨 성당에 있다), 신성로마제국의 황제들이 6세기 동안 그곳에서 제위에 올랐다. 오늘날 독일에서 가장 서쪽에 위치한 이 도시는 예전부터 관광객들의 목적지였다.

뜨거운 유황 온천은 계속 솟아 나오고, 유명한 리조트들이 여전히 운영되고 있었지만, 18세기 후반에 아헨은 더 이상 정치적 요지가 아니었다. 결과적으로 이곳은 도박자들만의 공간이 되었다. 정부는 해저드 게임을 운영하는 대표 사업자에게 도박장 운영권을 임대했다. 당구와 같은 사교성 게임도 베팅을 크게 할 수 있었다. 결국 1860년대에 아헨은 내로라하는 도박자들을 위한 곳이라는 명성을 얻게 되었다. 이 지역을 여행한 한 여행가는 아헨이라는 단어를 들으면 "카드와 주사위-상어와 비둘기"라는 말이 떠오르며, 아헨의 모든 지역이 "전문가들의 체취"로 가득 차 있었다고 적었다. 게임은 생기 없이 기계적으로 진행되었으며 도박자들은 "죽은 사람처럼 조용히 움직였다. (…) 수북이 쌓인 칩이 테이블 이쪽에서 저쪽으로 오가는 달그락거리는 소리 외에는 어떤 것도 들리지 않았다. 테이블 앞에 앉은 사람들의 얼굴에서는 모종의 불안감이나 다른 감정의 빛도 찾아볼 수 없었다."

독일 중심부에 위치한 라인강 지역 마을인 비스바덴 역시 역사적으로 온천 리조트로 유명한 곳이었으며, 도박꾼들이 좋아할 만했다. 당시 해당 지역 대공이었던 나사우 우싱겐은 1771년 도박장 운영권을 받아냈다. 1810년에 처음으로 커하우스에서 도박장을 개장했을 때 가장 인기가 좋은 게임은 룰렛이었지만, 그때는 파로와 바셋 게임이 지배적이었다. 다른 곳에서와 마찬가지로 카지노의 수익은 해당 지역의 발전과 극장이나 식당과 같은 부수적인 여가 시설을 위한 자금으로 교부되었다.[45]

19세기는 카지노의 전성기로, 스무 개가 넘는 온탕에 몸을 담근 방문객들은 대부분 카지노에서 하루를 마감했다. 때로는 카지노에서 하루를 시작하기도 했다. 1860년대에 쓰인 어떤 글에서는 다음과 같은 일화도 전한다. 안식일의 규율을 지키기 위해 카지노를 폐장하라는 프로이센 정부의 칙령에 실망한 비스바덴의 방문객들이 프랑스나 독일에서 도박장 문을 여는 시각인 월요일 아침 11시부터 게임을 하려고 몰려들어 소동을 피웠다는 것이다. 남자고 여자고 할 것 없이 사람들은 룰렛이나 트랑테카랑트 게임 테이블에서 베팅하려고 앞다퉈 모여들었다. 한때는 명문가 집안의 부유한 사람들이 애용하는 장소였던 비스바덴은 1868년에는 대중을 위한 도박장이라는 평판을 얻었다.[46] 그해 런던 『데일리 텔레그래프』는 비스바덴을 찾는 대부분의 방문객이 중산층이거나 하류층 사람들이며 가끔가다 유명 인사들이 한번쯤 기웃거릴 뿐이라고 보도했다. 저자의 말에 따르면 걷잡을 수 없는 도박과 기회주의자들이 늘어가는 가운데 비스바덴, 즉 "천국은 (…) 인간 열정의 통제되지 않은 폭동으로 인해 제7지옥으로 변질되어버렸다".

『데일리 텔레그래프』에 따르면 더 심각했던 점은, "프랑스와 빈, 베를린 출신의 나이 들고 쇠약한 매춘부들"이 난잡한 화장과 염색한 머리를 하고 더 젊고 부유한 남성들의 눈에 들기 위해 비스바덴으로 모여들고 있다는 것이었다. 저자는 어리숙한 남성들로부터 매 끼니의 식사와 도박할 자금을 얻어내는 매춘부들을 "섬뜩한 존재, 한때 구가했을 젊음과 아름다움은 끔찍스러운 모습으로 희화화되었다"고 묘사했다.[47]

「C 백작 이야기」에서 『데일리 텔레그래프』 기자는 비스바덴 몰락의 환유를 찾아냈다. 막대한 재산의 소유자였던 나이든 한 백작 부인은 지역의 게임룸 붙박이였다. 고령임에도 그녀는 하루에 여덟 시간은 게임을 해야 한다고 고집부렸다. 그녀를 수행하는 하인은 여덟 명이었는데, 게임에서 이긴 날에는 쥐꼬리만 한 팁을 주었지만, 패배한 날은 아무것도 받지 못했다. 게임에서 진 날 테이블에 엎드려 우는 그녀의 모습은 경멸감보다는 동정심을 불러일으켰다.

> 교화가 이루어질 만한 장면은 이 지체 높은 고결한 부인이 자신의 운에 따라 잔뜩 풀이 죽어 있거나 신나게 떠벌리는 그러한 모습들이다……. 그녀는 한물간 외교관이나 전쟁 영웅과 매우 가깝게 지냈는데, 그들은 건강에 좋다는 물을 취하며 1년이라도 더 버텨보려고 노력하는 사람들이다. 언젯적 이야기인지도 모르는 오래된 추문과 사회적 붕괴에 관한 이야기 사이에 끼어들어 있는, 그녀의 치명적인 도박에 대한 열정을 탄식하듯 떠벌리는 소리를 들었는지도 모른다. 그녀는 모든 인간관계와 질환에 초연하다. 단지 게임 테이블 앞에서 금화가 쨍그랑거리는 소리를 위해서만 존재할 뿐이다. 그녀가 죽기 전에 마지막 말을 남긴다면, 그것은 바로 '이제 베팅은 그만! Rien ne va plus!'이 아닐까 상상해본다(딜러들이 베팅 종료를 알릴 때 이야기하는 "노 모어 뱃"을 뜻하는 문장으로 이중적 의미를 담고 있다 ─ 옮긴이).[48]

백작 부인의 이야기는 저물어가는 과거를 보여주는 것처럼 보이지만, 비스바덴은 독일의 다른 스파촌과 마찬가지로 1860년대까지 꽤 번성했다. 온천과 목가적 환경을 유인책으로 원거리에서도 방문객을 끌어들였던 스파촌은 지역의 유지들이 생각했던 것처럼 꽤 수익성 높은 카지노 사업을 위한 훌륭한 무대였다. 유럽 전역에서 온 사람들이 룰렛 테이블 앞에서 뒤섞여 게임을 했으며, 나중에는 너 나 할 것 없이 서로의 불운을 공유했다.

독일의 태양이 저물 때까지

바트홈부르크는 라인강 유역의 리조트 중 한 곳으로 도박에 있어 독일이 지배적이었던 시기와 이후 몬테카를로 시대를 잇는 가교 역할을 했다. 홈부르크는 고대부터 이어져 내려오는 명성 같은 건 없었고, 경제난에 시달렸던 백작과 두 명의 프랑스 도박자인 루이스 블랑과 프랑수아 블랑의 현대적 창조물이었다.

블랑 형제의 탄생도 그리 주목할 만한 사건은 아니었다. 가난한 세무 관리 직원이었던 아버지의 사후에 두 쌍둥이 형제는 1806년 프랑스의 아비뇽이라는 작은 마을에서 태어났다. 교육도 조금밖에 받지 못했던 두 형제는 주로 금융과 관련된 분야의 여러 사업에 손을 대며 연구를 거듭했다. 그들은 에카르테Ecarte(유커Euchre 게임과 유사한 트릭테이킹 게임이다)와 바카라 게임을 통해 돈을 땄는데, 1834년에는 보르도에 작은 은행을 개업할 정도로 많은 돈을 모았다.[49]

블랑 은행은 재빠르게 프랑스 정부의 보안 시스템을 검토했다. 당시 주가 등락에 관한 정보를 미리 받은 투자자들은 자신들의 이익을 계산했는데, 블랑 형제는 더 빨리 정보를 얻고자 정부의 광학 전보 시스템이나 공중 전신

Telegraphe aerien을 이용하는 방법을 찾아냈다. 형제의 다른 경쟁자들은 비둘기를 이용하거나 풍차를 이용해 신호를 보냈는데, 그들은 전기적 신호보다는 망원경을 장착한 기지 간 시각적인 표지 상호 교환과 관련된 정부의 시스템을 끌어들이는 방안이 가장 괜찮은 방식이라고 생각해낸 것이다.

하지만 정부는 그런 메시지를 보내는 데 통신 시스템을 사용하는 것을 금지했고, 이에 형제는 전보 시스템 관계자들의 협조를 얻어내는 작업에 착수했다. 그들의 계획은 2년 동안 완벽하게 성공했다. 블랑 형제는 가격 등락에 관한 정보를 가장 먼저 입수했고, 이를 토대로 투자를 했던 것이다. 1836년에 블랑 형제의 일에 개입되어 있었던 한 관리는 임종 전에 블랑 형제의 계획과 거기에 연루된 다른 사람들이 있다는 사실을 고백했다. 블랑 형제는 1837년 3월, 정부 관리를 매수한 혐의로 재판을 통해 유죄를 선고받았다. 유죄 선고를 받았어도 그 죄질이 극악무도한 것은 아니었기 때문에 그들은 수감되지는 않았고 최소한의 벌금만 물었다. 따라서 형제에게는 지난 2년간 모아놓은 10만 프랑이 고스란히 남아 있었다. 이 쌍둥이 형제의 행위는 정말 짭짤한 범죄 사업이 아닐 수 없었다.

그러나 기존에 지내던 보르도에 남아 사업을 유지한다고 해도, 자신들의 과거에 대해 다른 사람들이 법원보다는 더 엄격한 판단을 할 것이라는 느낌을 받았고, 이에 형제는 보르도에 계속 남아 있기가 꺼려졌다. 그들은 파리로 갔고, 거기서 자크 베나제를 만났다. 이 게임 사업의 거장은 그들에게 카지노 사업이 커다란 수익을 창출할 수 있다는 점을 알려주었다. 하지만 몇 달 뒤 정해진 기간이 만료되어 프랑스에서는 도박이 불법이 될 것이므로, 자신은 라인강 지역으로 옮겨 다시 한번 자신의 운을 시험해볼 것이라고 했다. 블랑 형제도 그를 따라가기로 했다. 그들은 게임 살롱을 만들기 위한 최적의 장소인 룩셈부르크의 그랑 더치에 자리 잡았고, 그들의 운을 시험해보기 위해 더 북쪽으로 이동했다.

군 정부 총독은 마침 프로이센의 육군 장군 루트비히로, 헤세가의 가장 작은 교구 중 하나인 헤세 홈부르크를 통치하는 영주였다. 주도州都인 홈부르크는 거주민이 3000명도 안 됐고, 궁정은 빚으로 인해 나락으로 떨어지고 있었다. 과거에 카지노/스파를 개장하려는 시도는 무산되고 말았다. 한 번은 1830년에 발생한 혁명의 소란스러운 분위기 속에서, 한 번은 1836년에 로스차일드 은행가들이 대출을 거절하면서 계획이 좌절되었다. 게다가 이듬해 루트비히는 네 명의 유망한 영업권자의 제안을 모두 거부했다. 프랑스에서 도박을 금지할 날이 얼마 남지 않았으며, 과거에도 이런 사업이 실패한 전례들이 있다는 게 이유였다.

하지만 얼마 지나지 않아 루트비히는 프랑스 재무부가 프랑스 카지노를 최종적으로 금지시키기 전, 세금으로 450만 프랑이라는 돈을 그러모았다는 사실을 알게 된다. 베나제의 사업장을 포함한 라인강 유역의 사업장들은 카지노 운영이 그리 나쁜 선택은 아니리라는 느낌을 더 강하게 받았다. 다른 모든 신청서는 거부해놓고, 그는 손수 작은 펌프룸(과거 온천에서 광천수를 마시는 방 — 옮긴이)을 만들었고, 지역 온천의 의료적 효과만을 광고하며 낙관적으

프랑수아 블랑. 그는 나중에 모나코에서 그렇게 했던 것처럼, 바트홈부르크를 당시 선도적인 스파 리조트로 만들어냈다.

로 상황을 지켜보았다. 카지노가 없는데도 몇몇 방문객이 실제로 그곳을 방문했다. 이때 백작을 만난 블랑 형제는 모든 문제에 해답을 가져오는 것처럼 보였다. 처음에는 리조트가 프랑크푸르트 근처 주민들에게 흥미를 불러일으키는 수준이었는지 모르지만, 블랑 형제는 백작에게 이것이 후에 얼마나 더 크고 좋아질 수 있는지를 보여주었던 것이다.[50]

그러나 루트비히와의 행복한 미래는 좌절되었다. 1839년 1월 19일, 루트비히가 사망했기 때문이다. 더구나 그는 극심한 오한으로 괴로워하다 사망했는데, 당시 치료 효과가 있는 온천에서 따뜻한 물로 목욕하는 것이 그러한 병을 예방할 수 있다고 여겨졌기 때문에 아이러니한 일이 아닐 수 없었다. 루트비히를 계승한 그의 형제 필리프는 카지노 사업을 허가했으며, 블랑 형제와 협상하기 시작했다. 1840년 7월에는 루이스 블랑이 백작을 개인적으로 알현할 정도로까지 일이 꽤 많이 진행되었다. 루이스 블랑은 1871년까지 운영할 수 있는 카지노의 연간 임대권을 받는 대신 괜찮은 펌프룸을 지어주겠다고 제안했다. 또한 1년 내내 카지노를 개장할 수 있게 해주는 대신, 백작에게 예속된 신민들은 카지노에 출입하지 못하도록 하는 데 동의했다. 계약은 8월에 비준되었고, 블랑 형제는 쾌락의 성전 건축을 위해 재빠르게 일에 착수했다.[51]

이듬해 5월 프랑크푸르트의 먼 지역에서도 궁금증에 이끌려 온 관중이 지켜보는 가운데 주춧돌을 놓는 기념식을 시작으로 카지노 건축 공사가 본격적으로 시작됐다.[52] 특별히 작곡된 음악에 맞춰 공연을 선보이는 행진이 미래에 카지노가 들어설 부지 앞에서 멈췄다. 온천수와 양피지에 적힌 선언문, 동전, 와인(미래에 경제적 수익과 기쁨의 전조가 될 만한 물건들이었을 것이다) 이 타임캡슐에 봉해졌고, 그 작업에 직접 참여한 귀빈들은 은으로 만든 망치로 캡슐을 덮어놓은 갓돌을 돌아가며 한 번씩 내리쳤다. 이후에는 연회가 이어졌고, 여기서 홈부르크의 첫 도박이 시작되었다.

　대부분 프랑크푸르트에서 찾아온 방문객들은 임시 카지노에서 게임 하며 놀기 시작했다. 여기서 블랑 형제는, 모든 게 동일한 조건이라 해도 바트 홈부르크는 기존의 바덴바덴, 엠스, 비스바덴의 스파 카지노들과 경쟁하지 못할 것이라는 현실을 마주하게 되었다. 그들은 바덴바덴과 같은 우아함을 제공할 수도 없었고, 비스바덴의 아름다운 자연경관을 따라갈 수도 없었다. 비록 홈부르크 지역의 온천이 라인강이나 다른 지역의 스파들보다 특별히 건강에 더 좋은 건 아니었지만, 이를 보완하고자 그들은 소르본의 교수들에게 부탁해 이 지역의 물이 건강에 더 좋다는 내용을 유포시키기도 했다.

　자신들을 위해서라면 규칙을 바꾸는 것을 서슴지 않았던 블랑 형제는 이번에도 똑같이 행동했다. 유럽 전역의 룰렛 테이블에서는 '0'이 두 칸이었지만, 블랑 형제의 카지노에서는 하나였다. 이러한 변화는 게임 참가자들에게 더 높은 승률을 안겨주는 것이었다. 그 후 전 세계 카지노 룰렛 테이블이 블랑 형제의 룰렛과 같이 단일 0 시스템으로 바뀌었지만, 미국은 고집스럽게 기존 시스템을 유지했다. 블랑 형제의 두 번째 개혁은 트랑테카랑트 게임에서 참가자에게 유리했던 게임을 더 유리하게 만들어주는 것이었다. 예컨대 31로 동점이라면, 하우스는 마지막 카드가 검정 줄에 있을 때만 이기는 식으로 규칙이 변경되었다.

　그런 식으로 규칙을 바꾸면 그들의 수익 폭이 줄겠지만, 장기적으로는 결국 더 이득을 보리라는 점을 블랑 형제는 잘 알고 있었다. 카지노의 하우스 어드밴티지가 감소되겠지만 결국 승리할 것이라고 그들은 생각했다. 공장에서 수익을 내기 위해 대량생산하는 것처럼, 그들은 성공을 위해 규모의 경제를 추구했다. 즉, 개별 도박자는 더 적은 돈을 잃더라도 더 많은 수의 도박자를 유인하는 방법이었다. 그럼에도 고액으로 베팅하는 사람들의 예기치 못한 승리에 대비하기 위해 그들은 홈부르크 당국으로부터 예비 대출을 확보해놓았다.[53]

점점 용기를 내어 블랑 형제는 1843년 8월 16일, 그들의 주요 카지노인 쿠르살Kursaal을 개장할 준비를 마쳤다.[54] 두 형제는 백작을 포함한 귀빈들을 위해 축하연을 열었다. 저녁 식사와 무도회 개장을 바라보며, 형제는 사람들이 어서 게임을 시작하기를 열렬히 바라고 있었다. 카지노 종사자들이 규율을 제대로 숙지하도록 훈련도 시켜놓은 상태였다. 규율은 호화로운 게임 살롱에 어떻게든 들어올 구멍을 알아내 입장한 지역민들, 복장 불량인 사람들, 노동자나 농부를 조용히 내보내고 동시에 대접할 만한 손님들을 선별해 테이블로 옮겨주기 위함이었다.

붉은 화강암에 초콜릿색 장식으로 치장된 쿠르살은 홈부르크의 중심 도로인 루이스가를 바라보고 있는 위풍당당한 건물이었다. 건물 뒤쪽에는 프로이센 황제의 전용 정원사에 의해 조성된 공원이 펼쳐져 있었다. 게임하다 지친 도박자나 도박자를 기다리다 지친 동행자는 나무가 늘어서 있는 산책길이나 작은 호수들을 잇는 다리 위를 돌아다니며 산책할 수 있었다. 쿠르살 안에는 연회장과 극장, 독서 공간(블랑 형제는 유럽 전역의 신문을 배달시켰다. 방문객들이 그곳에 머물면서도 자신들의 고향 소식을 접할 수 있도록 하기 위함이다), 그리고 룰렛과 트랑테카랑트 게임 테이블이 각각 두 대씩 있는 의례적인 게임룸이 마련되어 있었다.[55]

크루피에가 "베팅하세요Faites le jeu"라고 말하며 게임을 시작했고, "베팅 끝났습니다Rien ne va plus"라고 말하며 베팅을 종료했다. 베팅은 비교적 품위 있게 진행되었다. 감정이 겉으로 드러나는 일은 드물었으며, 승자든 패자든 속삭이는 것 이상으로 말을 하지 않았고, 테이블 주변에서 관전하는 사람들도 조용하고 예의 바르게 대화를 나누었다. 들리는 소리는 게임의 시작과 끝을 알리는 크루피에의 낮은 목소리, 동전의 쨍그랑거리는 소리, 크루피에가 레이크(갈퀴 모양의 도구—옮긴이)로 돈을 긁어모으는 소리, 내부에 화려하게 장식된 프랑스식 시계가 똑딱거리는 소리뿐이었다. 카지노 직원들은 어떤 상황에서도 평정을 유지하기로 유명했다. 소문에 따르면 게임에서 패배한 어떤 사람이 권총으로 자기 머리를 쏴 쿠르살의 룰렛 테이블에 피가 낭자한데도, 크루피에는 뱅크가 닫혔다고 선언한 뒤 엉겨붙은 핏물 위로 천을 덮기도 전에 게임 결과가 "트리플 제로"라고 알릴 뿐이었다는 것이다.[56] 이 이야기가 실화라고 하기엔 지나친 면이 있지만, 홈부르크 딜러들이 유달리 차분하고 냉정했던 것은 사실이라고 전해진다.

연회장은 대리석 기둥과 미끄러지듯 이어지는 천장으로 프레스코 기법을 이용해 호화스럽게 꾸며졌다. 빨간 벨벳 소파들은 벽을 따라 길게 늘어서 있었다. 다른 방들은 아치형 입구로 들어갈 수 있었으며 부드러운 색으로 장식되어 있고, 건물 전체 바닥은 깔끔하고 멋진 사각 무늬로 이루어져 있었다. 바깥에는 유리로 둘러싸인 천장 아래 100여 개의 탁자에서 광활하게 펼쳐진 정원을 내려다볼 수 있었다. 부속 레스토랑은 훌륭한 식사를 제공하는 것으로 유명해 방문객들은 게임을 시작하기 전 우아하게 브런치를 즐기거나, 게임을 끝낸 뒤 맛 좋은 저녁 식사를 즐기며 휴식을 취했다. 쿠르살 방문객들은 주변에 있는 호텔에 투숙했다. 호텔 투숙객은 흰 운동복 상의를 입거나, 파나마모자를 쓰고는 기다란 소파에 편안하게 늘어져 누워 있었다. 블랑 형제는 쿠르살을 찾는 수많은 영국 고객을 위해 특별히 영국 성공회 교회와 크리켓 구장을 마련했다.[57]

방문객들을 끌어들이기 위한 게임 확률 변경, 내 집과 같은 편안함을 제공하는 등의 여러 유인책은 성공적이었다. 영국 작가인 조지 아우구스투스 살라는 1850년대 홈부르크에 "생기가 넘쳐흐르고" 멋지게 차려입은 사람들이 쿠르살의 홀을 날아다니듯 가볍게 걸어다닌다고 적었다.[58] 게임룸은 그곳에 어울리는 사람들로 촘촘히 가득했다. "만날 게임을 계산하는 늙은이, 거만해 보이는 젊은 남성들, 똑같이 고고한 척하며 게임할 때는 신경질적으로 입술을 바들바들 떠는 어린 여성과 숙녀들, 이곳에서 10년이나 15년은 묵은 듯한, 꿀벌처럼 열심히 트랑테카랑트 게임에 매달리는 오래된 말종들." 프랑스 후작 부인, 신경질적인 젊은 영국 신사, 전문 도박꾼, "멋지게 차려입거나 후줄근하게 입은 사람들, 악마처럼 날카로운 인상으로 눈을 이리저리 재빠르게 굴리고, 입술을 독하게 앙다물고 있는" 사람들, 전 세계 출신의 매춘부들이 모인 룰렛 테이블도 마찬가지였다. 테이블을 둘러싸고 있는 사람들은 주인 없는 동전이라도 몇 개 떨어지면 달려들 준비를 하고 있는, "게임을 주시하며 처량한 표정으로 서 있는 여성과 독일인들이었다."

휴양을 목적으로 하는 상류층은 대부분 기존 스파를 찾았다. 하지만 시간이 갈수록 홈부르크의 카지노에서 고객들에게 좋은 확률을 제공한다는 말이 퍼지고, 블랑의 언론사들이 그런 이야기를 확인해주면서, 많은 부자가 블랑 형제의 카지노를 방문하기 시작했다. 1850년대 블랑의 카지노 관리인인 트리틀러는 비록 많은 경비를 들이긴 했지만 최고급 손님들을 유치하는 데 성공했다고 프랑수아에게 편지를 쓰기도 했다. 이 과정에서 그는 카지노에서 돈을 많이 쓰는 사람들을 일컫는 '고래'라는 용어를 만들어냈는지도 모른다. 그는 부유한 오소킨을 홈부르크로 데려오기 위해 1만 프랑 이상 손해를 볼 정도의 불리한 환율로 환전했다는 점을 지적했다. "우리는 고래를 잡으려고 자잘한 물고기(정어리)를 미끼로 던지고 있어요"라고 그는 적었다. "운명의 여신을 믿어봐죠. 모든 과정은 결과가 어떠한가에 따라 정당화될 수 있을 겁니다."[59]

남녀 할 것 없이 사람들은 바트홈부르크의 룰렛 테이블에서 구슬이 떨어지기만을 기다리고 있었다.

때로는 운영 결과가 좋지 않았는데 운명의 여신에게만 그 잘못을 돌릴 수는 없었다. 1851년 늦여름부터 쿠르살의 방문객은 더 늘었지만 수익률은 떨어지기 시작했다. 룰렛 게임은 안정적으로 흑자를 유지하는 반면, 트랑테카랑트 테이블은 점점 수익률이 떨어졌다. 이때 블랑 형제는 잠시 카지노 운영에 소홀한 상태였다. 프랑수아는 기진맥진해 있다가 겨우 회복 중이었고, 루이스는 요양 시설에서 서서히 죽어가고 있었다. 이때는 형제가 자신들의 가업을 이미 다른 사람이 관리하도록 맡겨놓았던 것이다. 프랑수아는 트리틀러에게 테이블별 게임 운영 결과 자료를 면밀히 분석해, 이상하게 평소보다 더 많은 돈을 잃는 딜러들이 있는지 조사해보라고 했다. 이 조사를 통해 정말 문제가 있는 크루피에가 발견되지는 않았지만, 강화된 감시는 확실히 변화를 만들어내기는 했다. 트랑테카랑트 게임 테이블의 수익률이 재빠르게 제자리로 돌아왔던 것이다.[60]

프랑수아 블랑은 비록 장기적으로 봤을 때 하우스에 유리하도록 확률이 설계되어 있더라도, 한 명의 운 좋은 사람이 고액 베팅으로 한순간에 이득을 볼 수도 있다는 사실을 잘 알고 있었다. 이와 관련된 가장 유명한 사건은 카지노의 왕자Prince of Casino가 방법적으로 홈부르크의 뱅크를 참패시켰던 1852년에 발생했다. 나폴레옹의 막냇동생의 큰아들이었던 샤를 뤼시앵 보나파르트는 1840년에 이른바 카지노의 왕자가 되었으며, 이미 굉장한 도박꾼으로 정평이 나 있었다.

1852년 9월 26일, 왕자가 도착했을 때 블랑은 너무나 기뻐했다.[61] 그는 힘 있고 부유한 방문객들을 끌어들이길 바랐는데, 샤를 뤼시앵은 몇 주 후면 프랑스의 황제가 될 거물의 조카였기 때문이다. 쿠르살에 도착하자마자 그는 최대 베팅 금액으로 룰렛을 시작했다. 이후 나흘간 룰렛과 트랑테카랑트 게임을 하면서 그는 18만 프랑을 땄다. 쿠르살은 그 주에 다른 손님들이 그만큼 많이 돈을 잃어주었기에 겨우 그 금액을 충당할 수 있었다.

왕자는 하루 동안 휴식 시간을 갖고 다시 게임 테이블 앞으로 돌아왔다. 이번에도 똑같이 최대 베팅 금액으로 게임을 시작했고, 이후 계속 패배하는 듯 보였다. 트리틀러는 그 모습을 보고 안심했다. 하지만 밤 10시쯤 되었을 때, 보나파르트는 폭풍과 같은 게임을 했고, 당당하게 56만 프랑의 돈을 따서 호텔로 돌아갔다. 주주들이 최대 베팅 금액을 낮춰야 하는 것이 아닌지, 룰렛 게임이 예전처럼 0이 두 개인 시스템으로 돌아가야 하는 것은 아닌지 열띤 토론을 벌이는 동안 보나파르트는 짐을 챙겨 자신의 집으로 돌아가버렸다. 쿠르살이 왕자로부터 그 돈을 되찾아올 수는 없었지만, 적어도 그가 떠남으로써 그에게 더 잃을 걱정은 하지 않아도 되었다. 그가 떠난 후, 계속해서 카지노에서 잃어주는 다른 도박꾼들 덕분에 쿠르살은 손실금을 충당할 수 있었다. 나아가 블랑은 이 위기를 기회로 활용했다. 언론사를 통해 보나파르트의 승전보를 전 유럽에 배포한 것이다. 이후 사람들은 프랑수아 블랑의 쿠르살에서 얼마나 돈을 따기 쉬운가에 관해 한동안 떠들썩하게 이야기를 나누었다. 이후 몇 달 동안 방문객들이 카지노에 쏟아져 들어왔으며, 그해는 가장 수익을 많이 냈던 한 해였다.

블랑은 왕자의 큰 승리를 평정심을 갖고 참아낼 수 있었다. 시간이 흐르면 결국은 카지노가 승리한다는 것을 알고 있었기 때문이다. 그는 자신의 이름을 가지고 말장난을 치며 "어떤 때는 빨간색이 이기지. 어떤 때는 까만색이 이기고. 하지만 블랑(프랑스어 blanc은 흰색이라는 의미다―옮긴이)은 항상 이겨"라고 말하곤 했다.[62] 왕자가 홈부르크를 급습한 이듬해, 블랑은 자신의 관심을 좀더 장기적인 사업 계획과 개인적인 일들로 돌렸다. 그는 벌써부터 토리노, 사보이, 니스, 파리에서 카지노를 합법화하려는 시도들을 무산시키고 있었고, 잠재적으로 그에게 위험한 경쟁자가 될 만한 시도들에 주의를 기울이고 있었다. 블랑은 또한 혼인을 통해 독일의 도박 금지 법안을 피해가고자 했다. 그는 매우 매력적이었지만 제대로 된 교육은 받지 못했던, 한 지방의 구두 수선공의 딸 마리 헨젤과 결혼했는데, 일을 마무리짓기 위해 그녀를 학교에 보내 교육을 마치도록 했다. 그녀는 훗날 그의 동료를 넘어 가장 믿을 만한 사업의 조언자가 되었다. 1850년대 후반에 카지노는 기록적인 수익을 내고 있었고, 프랑크푸르트와 홈부르크를 잇는 철도 완공이 눈앞에 임박했을 때, 미래는 장밋빛으로만 보였다.[63]

그러나 1860년 8월, 그는 난제를 맞닥뜨렸다. 그 일은 과거 카지노의 왕자와 같은 일을 되풀이했던, 토마스 가르시아라는 스페인 사람과 관련이 있었다. 가르시아는 일면 겸손해 보였지만, 이후 카지노에서 게임할 때 내내 그의 곁에 있던 독일인 정부情婦를 포함해 자신의 수행단을 거느리고 도착했다. 그는 이미 파리의 불법 카지노 운영자들 사이에서는 소문이 자자했으며, 자신에게 유리한 조건에서 트랑테카랑트 게임만 하는 대담하면서도 교활한 도박꾼이었다. 그는 동행자들과 함께 게임마다 최대 베팅 금액인 3만 프랑을 베팅했다. 그는 며칠 동안 10만 프랑 이상 땄다. 한동안 질 때도 있었지만, 그는 훌륭하게 빠져나갔고, 1시간 만에 26만 프랑을 따기도 했다. 가르시아는 결국 주머니를 두둑하게 만들고는 홈부르크를 떠났다.

가르시아는 9월 초에 카지노로 되돌아왔다. 그는 다른 사람들의 이목을 끌 정도로 이겼다가 졌다가, 다시 이기기를 반복했다. 마침내 그는 카지노 보유금 중에서 80만 프랑을 딴 뒤 9월 12일에 카지노를 떠났다. 가르시아의 승리로 주주들의 배당금이 줄어들었고, 몇몇 직원과 주주는 블랑의 운영 방식에 불만을 표하기 시작했다. 천식을 앓으며 1861년부터 1862년까지 스위스에 있는 로이커바트에서 요양 중이었던 블랑은 카지노를 관리 감독할 여유가 없었다. 1861년 10월에 다시 쿠르살을 찾은 겁 없는 가르시아를 상대로 카지노가 상징적인 승리를 했던 적은 있었다. 평소보다 적은 자금을 가지고 했던 가르시아는 피아니스트이자 도박꾼이며 예전에 가르시아에게 돈을 빌린 적이 있던 피아니스트 안톤 루벤스타인에게 돈을 빌린 것까지 포함해 몇 번의 긴급 대출을 받았음에도 순식간에 돈을 모조리 잃었다. 1862년에 가르시아가 잠시나마 이렇게 패배했다는 사실은 블랑이 그의 힘을 이어나갈 수 있는 하나의 기회를 마련해주었다. 1862년에 홈부르크로 돌아오면서, 그는 백작들이 카지노로부터 더 많은 부를 착취하려는 시도와 주주들의 반란을 성공적으로 평정했다. 이 마지막 고난에 대한 승리로 그는 어느 때보다 더 부유해졌지만, 그는 홈부르크에서 창출하는 수익에 대한 불안감을 느껴 이를 다각화할 방법을 고안하기 시작했다.[64]

블랑이 점점 더 불안감을 느끼는 건 당연한 일이었다. 백작이 카지노로부터 더 많은 수익을 가져가려 하기 전부터 블랑은 자신의 카지노를 폐장하려는 가히 위협적인 시도를 지켜보고 있었다. 1848년 2월 자유 혁명의 결과로,

다소 느슨한 다른 연합국에 질서를 부여하고자 실질적인 입법 권력을 가진 범독일 의회가 형성되었다. 프랑크푸르트에 위치한 이 국민의회는 새롭게 결집한 독일 중앙 정부가 프랑스의 도박 금지 노선을 따라갈 것인지에 관해 논의하기 시작했다. 대부분의 독일인은 도박 금지에 찬성했고, 라인강 유역의 기생충과 같은 카지노를 폐장해야 한다고 입을 모았다. 카지노로 떼돈을 번 백작과 왕자들은 물론 이에 반대했으나, 의회는 1849년 5월 1일부터 모든 도박을 금지한다는 결의안을 그해 1월에 내놓았다.

헤세 홈부르크를 통치하고 있던 백작은 이를 거부했고, 쿠르살이 노동절 이후에도 계속 영업하도록 허가했다. 중앙 정부는 보병과 기병 연대를 파병했고, 블랑은 마지못해 카지노를 닫을 수밖에 없었다. 하지만 카지노는 곧 사설 클럽의 형태로 재개장했다. 그곳은 오직 회원 카드를 소지하고 있는 사람만 들어올 수 있었고, 회원이 같이 입장하고 싶은 가족이나 지인들도 출입이 허락되었다.[65] 어쨌든 이러한 회피 전략을 그리 오래 고수할 필요는 없었다. 다른 곳 어디에서도 금지령은 제대로 시행되지 못했고, 프로이센이 지원을 멈추자 국민의회는 몰락했기 때문이다. 그해 늦여름, 카지노는 다시 모두에게 개방되었다.

비록 유지되지는 못했지만, 국민의회의 칙령은 카지노촌이 어떤 이득을 가져다주든 간에 얼마나 많은 독일인이 카지노에 반대하는지를 보여주었다. 그것은 도스토옙스키가 라인강 유역 리조트들의 화려함, 그리고 그곳에서 손님이 가져가길 기다리고 있는 어마어마한 돈에 대해 언론이 호도했다고 선언하게 만든 그런 종류의 공적인 공표와 같은 것이었다.[66] 이러한 호소의 내용은 형편없었지만, 어쨌든 효과적이었다. 1860년대 독일인들이 연합하리라는 점이 분명해지자 블랑은 프로이센보다는 오스트리아의 방패에 기대는 편이 낫겠다는 생각이 들었다. 1854년 아헨에서 카지노를 폐장시킨 프로이센 정부는 도박에 단호히 반대했다.

1866년 3월 24일 페르디난트 백작의 죽음 또한 매우 골치 아픈 문제였다. 백작이나 그의 형제 중 누구도 아들을 두지 못했기 때문에 헤세 홈부르크 왕족을 이어갈 사람이 없었다. 블랑에게는 다행스럽게도, 그 영토를 흡수했던 헤세 다름슈타트의 대공작은 그의 사촌만큼이나 쿠르살에 대해 허용적이었다. 지난 20년 동안 쿠르살 방문객이 정말 많았고, 경제적으로 발전할 수 있었으며 번영을 가져다줬다는 이유에서였다. 하지만 1866년 여름 프로이센-오스트리아 전쟁에서 오스트리아(오스트리아는 바덴과 함께 도박의 천국이었다)를 지지했던 대공작의 지지는 무용지물이 되어버렸다. 7월 12일 쾨니히그레츠에서 오스트리아 군대를 무찌른 프로이센 군대는 오스트리아를 지지했던 독일 연방과의 합병을 일사천리로 진행시켰다.

당시까지만 해도 여전히 잘 알려지지 않은, 모나코라 불렸던 리비에라 공국에서 도박 사업 독점권을 취득한 사실이 어느 정도 완충 효과가 있기는 했지만, 이는 블랑에게 정말 좋지 않은 소식이었다. 1867년 12월, 프로이센 입법부는 도박을 금지하는 법안을 논의하기 시작했다. 블랑은 프로이센 동부에 수차례 재난 구조를 위한 막대한 지원을 보냈지만, 입법부는 이러한 지원을 뇌물로 해석했다. 더욱이 프랑스 태생이었던 블랑은 1870년 프로이센-프랑스 전쟁 준비 기간에 의심과 반감의 대상이 되었다. 블랑은 막대하게 번영하는 홈부르크에서 도박 사업 없이는 빈곤이 초래될 수도 있다는 점을 강조하는 소책자를 발간했지만, 초기에 그가 장악했던 언론은 그를 저버렸다. 큰 표 차이로 프로이센 의회에서 통과되어 1868년 2월에 법률이 제정되었고, 이 법은 1872년 12월 31일 밤 11시부터 모든 도박을 중단하라고 명령했다.[67]

이 법은 즉각적으로 라인강 유역, 특히 비스바덴, 엠스, 바덴바덴, 홈부르크의 카지노를 변화시켰다. 이 카지노들은 그들의 수익 중 40퍼센트를 주변 지역 발전에 투자하기로 했다. 아마도 도박이 금지된 이후에도 관광도시로 살아남기 위한 대비책이었을 것이다. 또 일요일과 휴일에는 문을 닫기로 했다. 1868년 3월 29일, 도박이 없는 홈부르크의 하루는 어두웠다. 거리는 버려진 도시 같았고, 희미하게 드러나는 폐허의 음울한 느낌만이 남아 있었다.

일요일에는 폐장하더라도, 일주일에 6일 동안 도박자들은 여전히 라인강 유역의 카지노에 몰려들었지만, 이미 블랑은 본격적으로 모나코에 관심을 갖기 시작했다. 대부분의 홈부르크 주민들은 다시 한번 블랑이 승리할 것이라고 기대하며 여전히 기쁜 마음으로 관광객들을 맞았다. 하지만 프로이센 정부의 결정은 돌이킬 수 없었다. 1872년 10월, 비스바덴과 엠스에서 도박은 중단되었다. 홈부르크의 쿠르살은 여전히 개장했고, 방문객들은 쿠르살의 마지막 날들을 즐기기 위해 유난히도 추웠던 겨울 날씨마저 감내했다. 마침내 다가온 12월 31일의 밤 11시가 되기 5분 전, 앉을 자리도 치워 테이블 옆에 서서만 게임이 가능한 카지노에서, 크루피에는 마지막 베팅을 알렸다. 마지막으로 룰렛 휠이 돌아갔고(마지막으로 나온 결과는 숫자 20, 검은색이었다), 프랑수아 블랑의 30년에 걸친 홈부르크 카지노 시대는 막을 내렸다.[68]

이제 유럽의 전 지역에서 룰렛이나 트랑테카랑트 게임을 하는 것은 불법이었다. 스파 카지노는 벌써 폐장했고, 프랑스의 합법적 도박은 1837년에 이미 사라졌다. 스위스 알프스 산중에 자리 잡았던 색슨-레스-바인의 카지노는 1877년까지 운영했지만, 역시 폐장했다. 스파는 한때 게임에 엄청난 베팅이 이루어졌던 카지노에서 당구나 도미노와 같은 사교적 게임이 지속될 수 있도록 장려했지만, 그다지 도움이 되지 않았다. 이 지역을 찾는 방문객들은 급격히 감소했고, 황량한 거리에는 잡초들만 나뒹굴었다.

그러나 독일에서 도박이 종식되었다고 해서 블랑이 경제적으로 어려워진 것은 전혀 아니었다. 그는 여전히 6000만 프랑이라는 막대한 부를 누리고 있었다. 마지막까지 고집을 부리면서 그는 시 당국에 쿠르살의 열쇠를 넘겨주기를 거부했고, 나중에 프로이센 행정관이 강제했을 때에야 열쇠를 넘겨주었다. 블랑은 그가 보유하고 있던 홈부르크의 자산(주로 극장, 식당, 목욕탕, 사무실 등이었다)을 재빠르게 처분했고, 지중해 연안에서 펼쳐질 그의 밝은 미래로 눈을 돌렸다.[69] 그때까지도 보잘것없는 리비에라 공국에서 이미 그는 자신의 걸작을 만들어내고 있었으며, 얼마 지나지 않아 이 지역은 도박 덕분에 스타일과 세련됨의 대명사로 불리게 된다.

3장

어둠으로 가득 찬 밝은 곳

프랑스 리비에라 지역의 도박

코트다쥐르의 피난처

프랑수아 블랑은 거대한 부를 축적하고 모나코라는 작은 공국 안에서 새로운 도박 리조트를 개발할 새 부지를 확보해놓으며 홈부르크를 떠날 준비를 10년 넘게 하고 있었다. 그곳은 햇살 좋은 곳이었지만 동시에 고립된 위치에 있는 코트다쥐르(블루코스트) 또는 프랑스 리비에라로, 니스와 산레모 중간에 위치해 있다. 모나코는 1297년부터 그리말디가의 통치 아래 있었다. 당시 프란시스코 그리말디는 사제로 위장한 채 은밀히 마을의 요새로 잠입해, 함께 제노바로부터 도망쳐 나온 교황당원 동료들에게 문을 열어주었고, 그들과 더불어 요새를 장악하고 마을을 점령했다. 그 후로 그리말디가는 (제노바인과 프랑스가 점령했던 잠깐의 기간을 제외하고) 줄곧 마을을 통제해왔다. 이후 14세기에 그리말디가는 인접한 로크브륀과 망통도 그들의 영역으로 만들었으며, 16세기에는 독립적인 모나코라는 이름으로 프랑스의 인가를 받았다. 오노레 2세의 능수능란한 통치 아래, 모나코의 그리말디 궁정은 그곳에 소장된 예술품으로 유명해졌으며, 오노레는 스스로에게 대공Prince 직위를 부여했고(그 전까지는 '경Lord'이라고 불렀다), 그 명칭은 아직까지도 사용되고 있다. 그리말디가는 프랑스 내에서도 부지를 소유하고 있었고, 망통과 로크브륀에서 생산되는 농산물 판매로 얻은 수입으로 넉넉한 생활을 유지했다.

좋은 시절은 프랑스 혁명과 함께 끝났다. 대공 오노레 3세는 폐위되었고 그리말디가의 부동산은 몰수되었으며, 모나코는 프랑스로 합병되었고 왕족들은 수감되었다. 나폴레옹이 몰락한 이후, 그리말디가는 모나코의 국왕 통치자로 되돌아왔다. 반동적 기질의 오노레 5세(재위 1819~1841)가 통치할 당시 모나코에 리조트를 만들자는 계획이 처음 제안되었다. 이 제안을 지지하는 사람들은 좋은 기후와 훌륭한 숙박 시설 및 음식, 오락거리(예를 들면 도박과 같은)가 어우러져 훌륭한 리조트가 운영될 수 있으리라고 믿었다. 하지만 1789년 당시의 모습으로 되돌아가고자 헛되이 노력을 기울였던 오노레 5세는 이 제안에 이의를 제기했다.

그동안 그리말디가의 통치 아래 세금을 납부해왔던 망통과 로크브륀은 애를 태우고 있었다. 결국 1848년 혁명기에 그들은 자신들을 독립된 도시로 선포했다. 사르디니아에 점령당했지만, 아직 공식적으로 합병되지는 않은 상태에서(나중에 그들은 1861년 모나코의 독립을 보장하는 조약과 함께 프랑스로 편입된다), 그들의 수입은 모나코로 흘러 들어갔는데, 당시 모나코는 지금보다 20배는 큰 규모였다. 플로레스탄 대공 1세, 더 정확히 말하면 그의 재능 넘치는 부인 카롤라인 대공 부인은 그들이 보유한 바위투성이 토지로부터 수입을 짜내려는 방법을 고민하기 시작했다. 그러한 과정에서 시작했던 증류주, 레이스, 향수 생산은 모두 실패했다.[1]

카롤라인은 포기하지 않았다. 이후 그녀는 파리의 변호사 에노의 도움을 받아 목욕 시설과 도박 리조트에 대해 재고하기 시작했다. 1854년에 그들은 모호하게 목욕 시설, 요양원, 호텔, 카지노 건설 회사를 만들겠다는 계획을 세웠지만, 자금을 마련할 수 없었다. 니스의 한 투자자 집단이 카지노를 짓겠다고 자원하고 나섰으나, 그들은 돈이 없어서 건축을 시작할 수조차 없었고 결국 해산했다. 카롤라인의 독촉으로 레노는 카지노를 조사하기 위해 에드워드 베나제가 카지노를 운영하고 있었던 바덴바덴으로 갔다.[2] 그곳에서 에노는 대공작이 카지노 운영에 대한 그의 지분으로 1년에 35만 프랑을 벌어들였다는 사실을 알게 된다. 이렇게 어마어마한 양의 수입에 더해 매년 20만 명의 부유한 방문객이 건강을 되찾고, 더불어 행운의 기회를 잡을 목적으로 바덴바덴에 모여듦으로써 얻는 추가적인 경제 수익도 빼놓을 수 없었다.

에노가 전해주는 이러한 말들에 고무된 카롤라인은 리조트를 건설하고 도박 사업을 운영해 왕족에게 돈을 벌어다줄 수 있는 운영자를 찾아 나섰다. 카롤라인과 에노는 많은 제의를 받았지만, 누구도 1등급의 카지노를 지어서 운영할 만한 자금과 요령을 갖추고 있지 못한 것으로 보였다. 그들이 고용한 전문 자문가인 프랑수아 블랑은 모나코가 도박 리조트로는 가망이 별로 없다고 이야기하며 다른 집단이 그곳에서 신규 사업을 시작하지 못하도록 만들기도 했다. 별로 놀라운 일은 아니었다. 그는 홈부르크에 카지노를 소유하고 있었고, 몇 년에 걸쳐 다른 곳에서 카지노를 하지 못하게 하려고 캠페인을 벌였던 사람이 아닌가. 그는 일찍이 매니저였던 트리틀러에게 보내는 편지에서 누군가가 모나코에서 카지노를 운영하려 한다면 그가 바보가 아닌지 의심스럽다는 내용도 적었던 것이다.

블랑은 특히 모나코가 매우 고립되어 있었기 때문에 미심쩍어했다.[3] 모나코는 몹시 위험하고 지저분하며 시간이 오래 걸리는 좁은 산길이나 프랑스 니스에서 불규칙적으로 출항하는 증기선을 통해서만 갈 수 있었다. 상황은 사르디니아의 망통과 로크브륀 점령으로 더욱 복잡했다. 사르디니아는 니스에서 카지노를 개장하는 것에 반대해왔고, 만약 그들이 카지노를 개장함으로써 스스로의 도덕성을 어긴다면 그리말디가의 통치를 인정해야 할지도 모르는 일이었기 때문이다. 그럼에도 여전히 에노는 설립자를 찾아야 한다고 주장했다. 마침내 그는 파리의 사업가인 나폴레옹 랑글루아와, 전직 기자로서 경험은 부족했지만 열정만은 넘쳤던 알베르 오베르를 찾아냈다. 특히 오베르는 그가 짓고자 하는 위풍당당한 시설과 아름다운 빌라를 탁월하게 묘사하는 능력을 갖춘 사람이었다. 그들에게 부족한 것은 단하나, 자금뿐이었다.

랑글루아가 가지고 있다는 금전적 자원에 관한 상당한 불확실성에도 불구하고 플로레스탄 1세는 1856년 4월 26일 그가 시행한 마지막 법률(그는 점점 더 쇠약해졌고, 그의 아들 샤를 3세가 6월에 왕위를 이어받을 예정이었다)에서 그 두 사람에게 '목욕 시설'을 건설하고 운영할 권리를 허락했다. 연중 무휴로 운영하기 위해 리조트 사업에는 호텔, 정원, 니스로부터의 차량 운행 서비스 등도 포함되도록 했다. 이 명령에는 운영자가 이용자들에게 제공할 수 있는 구체적인 '즐길거리'가 다음과 같이 명시되어 있었다. "무도회, 공연, 기념행사, 휘스트나 에카르테, 피켓Picquet, 파로, 보스턴Boston(휘스트 게임의 변종), 리버시Reversi, 룰렛(0이 한 개든 두 개든 관계없음), 트랑테카랑트(르페Refait든 또는 데미르페Demi-refait든) 등의 게임." 새롭게 운영될 카지노는 블랑의 쿠르살과 비슷한 확률을 제공함으로써 쿠르살과 경쟁할 수 있게 되었다. 이 칙령은 나아가 하나의 정부 규칙을 세부화했다. 게임은 모나코 대공 전하가 임명한 한 명 이상의 감독관이 있을 때만 실시될 수 있었다.[4]

불안정한 자금 상황에도 불구하고 랑글루아와 오베르는 즉각 작업에 착수했다. 그들은 카지노를 건설하기에 적절한, 모나코 항구를 가로지르는 바위투성이 반도(레 스펠뤼그Les Spelugues 또는 '동굴'이라고 알려진 땅이었다)를 재빨리 취득했다. 정작 그들은 실질적인 대중목욕 시설이나 호텔, 거리 조성, 니스로부터의 교통을 위한 시설 건설에는 신경 쓰지 않았다. 대단히 득의양양한 기세로 사업설명서를 발행하고, 벨뷰 빌라에 있는 임시 부지에

테이블을 몇 개 설치한 것 말고는 그들이 실제로 착수한 일은 별로 없었다.

이용자들의 아주 작은 욕구도 충족시켜줄 준비도 하지 못한 채, 1856년 12월 14일 벨뷔 빌라에서의 게임은 시작되었다. 대공 샤를 3세의 수석행정관인 앙리 드 파양은 카지노 관리자들에게 "눈이나 코를 다치게 할 수 있는" 주변 환경의 위험들을 제거하라고 요청해야만 했다. 테이블 보유도 제한된 상황에서, 이 새로운 카지노에서 고급스러운 게임을 제공한다는 것은 무리였다. 따라서 니스에서 모나코까지 4시간의 여정을 거쳐 방문하는 도박자는 그렇게 많지 않았다.

카지노를 방문하는 사람들이라고는 지폐를 위조하거나 게임에서 속임수를 쓰는 사기꾼과 범죄자들뿐이었다. 어떤 직원은 이익을 사취하거나 카지노의 신망을 떨어뜨리려는 목적으로 룰렛 휠을 조작하기도 했다. 랑글루아와 오베르는 새로운 건물을 짓기는커녕 카지노에서 보유하고 있어야 할 일정한 현금을 마련하는 것도 벅찼다. 그들은 1857년 12월, 엄청난 자산가로 소문이 자자했던 프랑스 샤랑트 지역 출신의 피에르 오귀스트 다발에게 카지노를 넘길 수밖에 없었다. 그러나 실상 다발은 전임자에 비해 그렇게 많은 돈을 갖고 있지는 않았다. 프랑수아 블랑은 이 시기가 뭔가 기회를 잡을 순간이라고 판단했다. 블랑은 그의 직원 중 가장 신임할 만한 몇몇을 '해고' 했고, 그들은 곧 모나코에서 새로운 직장을 얻었는데, 그곳에서 진행되고 있는 일들을 세세하게 블랑에게 알렸다. 다발은 1858년 5월 영구적으로 운영할 수 있는 카지노 건설을 시작했지만, 대공에게 대금을 지불하지 않았고, 운송 수단의 개선도 전혀 하지 못했다. 계속 손해를 본 그는 이후 1년 안에 운영권을 새롭게 설립된 파리의 한 회사에 넘길 수밖에 없었다.[5]

새로운 소유주들의 이름 중에서도 가장 눈에 띄는 것은 발미 공작이었다. 프랑스의 영웅적 군인이었던 프랑수아 켈레르만의 부유하면서도 영향력 있는 손자인 그는 1859년 5월 29일 회사에 대한 권리를 이양받았다. 회사는 책임자를 대표하여 프랑수아 르페브르베가 운영하게 되었다. 이전 소유주에 비하면 아주 탄탄한 금전적 기반을 갖추고 있었지만, 새로운 운영자들 역시 재정이 부족함을 알게 되었다. 상황은 더욱 복잡해졌다. 오스트리아-사르디니 전쟁 때문에 카지노를 폐장해야 했던 것이다. 이 전쟁은 결과적으로 모나코의 독립을 전 세계에 알리고 사르디니의 위협을 종식시킬 기회가 되었지만, 새로운 소유주들에게는 상서로운 기운을 가져다주지 못했다.

전쟁이 끝났을 때 르페브르베는 기존 시설을 재개장하지 않고, 모나코의 중심에 있는 새로운 장소에서 게임장을 열었다. 호텔 시설이 매우 부족했음에도 게임 테이블은 하루에 1000프랑이라는 괜찮은 평균 수익을 냈다. 방문객들은 카지노에 왔다가도 숙박할 곳이 없어서 초저녁에는 다시 떠나야 했다. 르페브르베는 새로운 도박 리조트를 건설하는 데 도전하기에 적절한 인물이 아니었다. 그는 게임에 패배해서 기분이 좋지 않은 도박자가 자신에게 다가와 말을 걸까봐 도박장 안에 들어가는 것조차 두려워했다. 그는 시설을 개선하기 위한 지출을 거부했고, 1863년 1월 1일까지 카지노 건설을 완수하라는 대공의 기한을 지키지 못한 채 사임했다.[6]

발미 공작은 이제 라인강 유역에서 기존에 카지노를 운영하고 있던 운영주 가운데 리조트 영업권을 구매할 의사가 있는 사람들을 본격적으로 찾아 나섰다. 홈부르크의 정치적 분위기에 주의를 기울였던 프랑수아 블랑은 상황을 신중하게 전해 들었다. 에노는 블랑이 홈부르크에서의 성공을 이곳에서 재현하리라는 기대에 가슴이 부풀었고, 그의 많은 재산과 현명한 경영 방식에 대한 확신을 가지고 있었다. 샤를 3세에게 보내는 편지에서 그는 블랑을 "게임 테이블의 초록색 천을 호화로움과 우아함, 즐거움의 베일로 가리는 데 천부적인 재능을 가진 마법사"라고 묘사했다.

그러는 동안 보잘것없는 장식조차 제대로 마무리 못 한 새로운 카지노는 2월에 또다시 문을 열었다. 더구나 이때, 블랑의 천적인 토마스 가르시아는 이곳에 도착하자마자 도박으로 4만5000프랑의 돈을 따면서 주주들을 두려움으로 몰아넣었다. 절망에 빠져서 그들은 황급히 블랑에게 카지노를 파는 데 동의했다. 1863년 3월, 블랑은 150만 프랑을 현금으로 지불한다는 조건으로, 1913년 4월 1일까지 완전한 소유권을 그에게 이양한다는 계약서에 서명했다.7 이로써 모나코에 새로운 서광이 비치기 시작했다. 블랑은 홈부르크에서 그의 남은 업무 기한을 채워야 했지만, 샤를 3세에게 그의 역작을 보여주겠노라고 약속했다.

블랑은 카지노와 관련 시설을 운영하는 소시에테 데 뱅 메르société des Bains de Mer et Cercle des Etrangers라는 회사를 설립했다. 그는 홈부르크에서 함께 일했던 건축기술자 자코비를 파견해, 즉시 카지노, 그리고 카지노와 인접한 호텔 드 파리를 새롭게 단장했다. 블랑은 세계에서 가장 좋은 호텔을 지어달라고 했고, 자코비는 블랑을 실망시키지 않았다. 진짜 도박꾼들을 유인하기 위해서 그는 즉시 테이블 보유금을 높이고, 얼마든지 카지노에서 고객에게 지불할 능력이 있다는 확신을 주기 위해 니스에 있는 은행에 충분한 돈을 예치해놓았다. 동시에 블랑은 철도를 건설하여 지상 교통을 개선하고, 니스와 제노바로부터 정시 운행을 할 수 있는 네 척의 선박을 구매했다. 블랑은 그의 언론과 기자 부대를 동원해 게임 테이블에서 새로운 주인을 기다리고 있는 황금이 즐비한 아름다운 리조트로 모나코를 홍보했다. 또, 포퓰리스트인 데다 남의 추문이나 쫓아다녔던 이폴리트 드 빌메상트(『피가로』 편집장이자 소유주)에게 좋은 부지를 팔아줌으로써, 모나코에서 누릴 수 있는 행복을 공격적으로 홍보해줄 또 하나의 프랑스 매체를

확보했다. 블랑의 이러한 노력은 즉각 효력을 발휘해 모나코를 찾는 방문객은 두 배 이상 증가했다.[8]

　블랑은 "여름은 홈부르크, 겨울은 모나코에서"라는 문구로 홍보를 시작했다. 두 지역의 카지노 모두 1년 내내 개장했지만, 사람들이 계절에 따라 어느 한쪽을 이용하도록 장려한 것이었다. 1864년에 그는 룰렛에서 두 번째 0을 없앴고, 시의적절하게 신문에 이를 광고했다. 1866년, 블랑은 카지노 주변의 도로, 정원, 항구를 개선하기 위해 200만 프랑을 지출했다. 하지만 그의 사업 진행에 있어 아직까지 해결되지 않은 문제가 하나 있었다. 이탈리아어와 독일어 계열의 언어인 '스펠루게스Spelugues'(이 단어를 거칠게 번역하면 '부정한 소굴'이 된다)와 발음이 비슷한 이 장소의 이름 레 스펠뤼그 Les Spelugues라는 단어는 실제로 아무리 그곳이 우아하게 꾸며졌다 하더라도 그것을 무색하게 만들 만한 이름이었다. 블랑은 샤를 3세와 함께 해당 구역의 이름을 바꾸기 위한 캠페인을 벌였고, 1866년 7월 1일 마침내 소원을 성취했다. 대공이 앞으로 카지노 주변 지역을 몬테카를로라고 명명한다고 발표했던 것이다.

　1868년 철도가 개통되자 카지노로 사람들이 몰려들었고, 모나코는 겨울철 유럽에서 가장 잘나가는 도박 리조트가 되었다. 호텔 드 파리는 몇 달 전부터 벌써 예약이 끝나 빈방이 없었다. 이후에도 계속해서 찾아오는 도박꾼들을 돌려보내는 일에 지쳐버릴 것을 예상했던 블랑은 시설 확장을 결정했다. 1864년에는 7만여 명의 사람이 카지노를 방문했다. 1870년경이 되자 그 숫자는 12만 명으로 늘어났다. 하지만 멋진 일만 있었던 것은 아니다. 블랑은 방문객 숫자만 늘리는 것이 아니라 그들의 '질'이 향상되기를 원했고, 실제로 일부 방문객의 금품 갈취 사건을 겪으며 뭔가 해결책이 필요하다고 느꼈다. 그 사건의 전말은 이러했다. 자칭 '기자'라는 두 작자가 카지노를 맹렬히 비난하는 증오에 가득 찬 소책자를 출간하고는, 블랑 밑에서 일하는 한 관리자에게 2만 프랑을 요구했던 것이다. 그들은 협박죄로 체포되었는데, 알고 보니 본래 블랑의 카지노를 애용하던 고객들이었다. 이후에 블랑은 카지노에 입장하기 위해서는 방문자용 카드를 작성하고, 카지노는 필요한 경우 고객의 입장을 거부할 권리를 갖도록 시스템을 마련했다.9 이러한 조치는 방문객 수를 낮추기는커녕 더 높이는 데 일조했는데, 카지노에 입장할 수 있다는 사실 자체가 그 사람의 품위를 증명하는 하나의 표시가 되었기 때문이다. 아직까지 모나코는 당시 경쟁관계에 있는 다른 리조트와 마찬가지로, 방문객에게 노골적인 세금을 부과하지 않았으며 카지노 입장은 무료였다. 카지노는 부유층이 한 세기 이상 쌓아올린 부를 가지고 서로 밀고 당기는 곳, 도박에 미쳐버린 도박꾼들이 자신의 운을 시험하는 장소였다. 영국 소설가 서머싯 몸이 얘기한 것처럼, 그곳은 "어두운 사람들을 위한 밝은 곳"이었다.

라인강 유역의 카지노 운영이 허락된 마지막 해였던 1872년, 몬테카를로는 단연코 리비에라 지역의 보물로 우뚝 섰다. 룰렛과 트랑테카랑트 게임에 관한 새로운 독점과 함께, 몬테카를로 운영은 명백히 성공적일 수밖에 없었다. 이듬해 멋진 겨울의 마지막 자락인 2월에 『런던타임스』는 블랑이 기적을 일구어냈다고 보도했다.10 프랑스 니스에서 한 시간가량 걸려 도착한 카지노와 그 주변은 "천 개의 전등"으로 환히 빛나고 있었으며, 그 광경을 마주한 방문객은 자신이 "평범한 일상과 현실에서 벗어나, 모든 열정이 결집되고 기존의 마음과 정신이 마비되며 사라지는 눈부신 공간에 들어섰다"고 느낄 수밖에 없었다. 나아가 한 교신저자(그는 블랑의 후원금을 가장 많이 받은 사람이었다)는 카지노계의 거장이 "세계에서 가장 고급스럽고, 가장 아름다우며, 사람을 가장 무장 해제시키는 공간"을 만들어냈다고 선언했다.

매끈하게 닦인 도로를 달려 아름다운 정원으로 둘러싸인 카지노에 도착하면, 저렴한 가격에 훌륭한 음식을 먹을 수 있고, 잔잔한 음악이 흐르는 가운데 향수 냄새가 은은하게 퍼지며, 수많은 유혹이 느슨하게 풀어진 무방비한 사람들을 기다리고 있었다. 더없이 깔끔한 환경에서 (룰렛 게임의) 검은색 또는 빨간색을 결정하는 데 집중하고 있는 사람들에게, 이곳은 지상 낙원이나 다름없었다.

블랑은 주요 정치 인사들에게 그들이 필요로 하는 도움을 제공함으로써 (홈부르크에서 겪었던 수모도 피하고) 도박 금지와 관련된 어떠한 사회적 움직임도 미연에 방지하고자 했다. 따라서 블랑은 프랑스 정부의 후원자 역할을 하면서 정부와 친밀한 관계를 유지했다.[11] 1874년에 그는 공공사업부에 파리 오페라 하우스 재건을 위한 480만 프랑을 후원했다. 그는 이후 다양한 정부 관료들과 좋은 관계를 형성했고, 그들은 반대급부로 모나코와 프랑스를 잇는 철도 개선 문제에 있어 후한 도움을 주었다. 오페라 하우스 건축가였던 샤를 가르니에는 카지노에 인접한 극장을 디자인함으로써 감사의 마음을 표했고 두 개의 탑도 세워주었는데, 이는 곧 몬테카를로의 상징이 되었다.

블랑은 1876년 그의 딸 루이즈가 비록 가난했지만 귀족 신분이었던 폴란드의 콘스탄스 라지빌 대공과 결혼했을 때 또 한 번 큰 승리감을 느꼈다. 비록 건강이 악화돼 충분히 즐길 시간이 많지는 않았지만, 그의 부와 권력의 상승은 거의 완벽의 수준에 가까웠다. 기관지염을 앓고 있던 블랑은 가족에게 8800만 프랑(1877년 당시 환율로 1750만 달러)을 남기고 1877년 7월 22일 뢰셰레뱅에서 71세의 나이로 숨을 거두었다.[12] 그의 장례식은 파리에서 유례없이 화려하고 사치스러운 방식으로 진행됐으며, 그가 기부한 유산은 적절한 때를 골라 그의 부고란에 게시되었다. 블랑은 다년간 자신과 샤를 3세 사이에서 적절하게 다리 역할을 했고, 선견지명이 있었던 에노보다 몇 주 더 살았다. 남편과 아들을 자신이 예견했던 번영한 모나코로 인도했던 카롤라인 대공 부인은 2년 뒤에 사망했다. 이렇게 한 시대가 끝났다.

블랑이 사망했을 때 43세였던 마리 블랑은 남편의 뒤를 이어 몬테카를로의 사업을 감독하는 역할을 맡았고, 블랑의 전 비서관이었던 베르토라는 카지노의 관리자 역할을 맡았다. 1863년부터 블랑은 모나코에서 기적과 같은 일들을 만들어냈다. 한때 서비스를 제공할 만한 호텔이 한 군데도 없었던 곳에 이제는 19개의 호텔이 건재했으며, 장기로 머무는 방문객들을 위한 빌라와 아파트도 많이 있었다. 예전에는 어떤 산업도 전무했던 곳이지만, 이제는 수많은 상점과 식당, 은행, 급증하는 서비스 산업을 위한 지원 시설들을 자랑했다. 이러한 시설들은 모나코 시민들에게 일자리를 제공했고, 이들은 세금을 더 내지 않고도 정부에게 엄청난 돈을 가져다준 카지노를 고마워했다.[13]

몬테카를로를 방문한 사람들은 실질적으로 어떤 화폐든 그들이 원하는 종류로 베팅했다. 프랑스의 5프랑짜리 동전이 가장 흔히 사용됐지만, 이탈리아 화폐인 리라, 과거 그리스 화폐인 드라크마, 미국 달러도 쉽게 볼 수 있었다. 특별히 금액이 큰 베팅이라면 베팅용으로 제작된 패나 명판이 사용되었다.[14] 상아나 진주층으로 만든 사각형으로 생긴 첫 도박용 명패는 18세기 초 중국에서 생산되었다. 그 도구들은 1720년대에 유럽으로 도입되어 사적으로 게임을 하는 사람들 사이에서 사용되었다. 원반 모양의 이러한 패는 고대 로마에서 흔히 활용되던 도구였는데, 과거 로마 사람들은 이를 경기장에 입장할 때나 도박에서 사용했다. 이것이 오늘날 칩의 진정한 원형이다. 이와 관련하여 금속으로 만든 '휘스트 게임 표시기Whist markers'가 19세기 초반 유럽과 북미에서 게임을 하는 데 사용되기도 했다.

몬테카를로에서는 칩을 다소 늦게 받아들였다. 아마도 그곳의 카지노를 이용하는 교양 있는 고객들이 실제 돈으로 베팅하기를 원했기 때문일 수도 있다. 돈의 순환 속도에 있어 효율성을 높이고 싶은 욕구가 컸던 미국인들이 가장 먼저 칩으로 게임을 시작했다. 19세기 중반 즈음에 이르자 상아로 만든 칩이 포커와 파로 게이머들 사이에서 인기를 끌었다. 1880년대에는 점토와 셸락(니스를 만드는 데 쓰이는 천연수지)으로 만든 '혼합' 칩이 유행했다. 하지만 한 가지 문제가 있었다. 당시의 칩은 단지 몇 가지 색으로만 구분되어 별도의 디자인 없이 생산되었기에 게이머들이 어딘가 칩을 따로 구해서 게임할 때 몰래 사용할 수 있었다. 결과적으로 칩 제작자들은 석판에 무늬를 새겨 쉽게 복사하기 어려운 칩을 만들었다. 이에 따라 서로 다른 색깔의 칩에 다른 색으로 무늬를 새겨 넣는 방식으로 만드는 칩이 1890년대에 흔히 사용되었다. 지금은 첨단 기술을 활용해 때로는 무선 주파수 인식 태그까지 삽입해 칩을 만들지만, 겉모습만 보면 한 세기 전에 사용하던 칩과 비슷하게 생겼다. 하지만 몬테카를로에서는 여전히 몇 세대 전에 시작된 전통을 이어가며, 과도하게 크기가 큰 명판을 사용하기를 고수하고 있다.

마리 블랑은 샤를 가르니에가 설계한 극장에서 열렸던 위풍당당한 개장식을 감독했는데, 이 극장은 유럽의 가장 뛰어난 음악가와 배우들이 공연을 펼칠 수 있는 장을 제공했다. 하지만 자신에게 도움을 구하거나 또는 협박하는 수많은 편지에 지쳐버린 그녀는 여전히 카지노에 적극적으로 개입하기를 꺼렸다. 혹시나 발생할지 모르는 속임수를 방지하기 위해 크루피에들은 언제나 감시의 대상이었고, 형사들은 소매치기나 사기꾼들을 쫓아내려는 목적으로 은밀하게 카지노 주위를 맴돌았다. 때로 카지노에 대한 위협은 더욱 직접적이었다. 1880년 4월 24일 밤 10시, 게임 살롱으로 밀반입된 폭탄이 터지는 사건이 발생한 것이다. 폭탄은 극장에서 나온 사람들이 카지노를 가득 메웠을 때 터지도록 시간이 맞춰져 있었다. 범인들은 폭발과 함께 장내가 혼란스러워진 틈을 타 게임 테이블에 있던 돈을 훔치려고 했던 것이다.

그러나 그들은 카지노의 수호자들이 침착함을 유지하는 데 있어서 얼마나 전문가였는지는 예상하지 못했다. 폭탄이 폭발하면서 창문이 깨지고, 가스불이 꺼지고, 손님들이 날아든 유리 때문에 부상을 입으면서 큰 혼란이 야기됐다. 그러나 크루피에들은 전혀 자리를 뜨지 않고 그들 앞에 쌓여 있는 금과 지폐에서 눈을 떼지 않았다. 이 사건은 카지노에 대한 마리의 혐오감을 더 강화했을 뿐이다. 그녀의 둘째 딸이 롤랑 보나파르트 대공(그는 홈부르크에서 그녀의 남편을 거의 파산시킬 뻔했던 카지노의 왕자의 조카였다)과 결혼했지만, 그녀는 그 후 그리 오래 살지는 못했다. 마리는 1881년, 47세의 나이로 갑작스럽게 숨을 거두었다.[15]

마리가 사망한 후, 그녀의 의붓아들인 카미유 블랑이 카지노를 승계했다. 그는 아버지와 의붓어머니 슬하에서 오랜 수습 기간을 거친 셈이었다. 그의 형제 에드몽은 멀리 떨어진 파리에서 좋아하는 경마나 하게 내버려 두고, 베르토라의 권위를 제지하면서, 그는 소시에테 데 뱅 메르Societe des Bains de Mer(SBM)의 신흥 이사로 떠올랐다. 그는 관찰력이 뛰어난 매력적인 사람으로, 몬테카를로에 새로운 시대를 열어준 인물로 칭송받았다. 카미유는 몬테카를로를 찾는 방문객들에게 더 좋은 음식과 숙소, 바다를 바라보고 있는 근사한 목욕 시설이나 다양한 스포츠 경기 등 새로운 즐길거리를 제공했다.[16]

1898년, 카미유 블랑은 모나코의 대공과 그의 아버지가 했던 기존의 협약을 재협상했다. SBM은 항구와 도로를 개선하는 자금을 지원하고 오페라에도 보조금을 지원하는 데 동의했다. 알베르 대공은 카지노로부터 1년에 최소 5만 파운드의 돈을 지불받는다는 것, 그리고 총수익 중 100만 파운드 초과분에서 8퍼센트를 징수한다는 조약을 신설했다. 이 당시 SBM의 영향력 아래에서 카지노는 내부적으로 세 부문으로 나뉘어 있었다. 이사장이었던 카미유 블랑은 주로 회사의 재무 관련 업무를 처리했으며, 카지노의 각 부서장의 활동을 감시하는 역할을 맡았다. 내부부는 구매, 유지보수, 확장, 인사 관리 업무를 담당했다. 외무부는 법적 업무와 회계 업무를 처리했고, 또한 엔터테인먼트, 설비 및 정원 관리 등의 업무를 담당했다. 게임부는 보안 담당 직원들, 크루피에 및 관리자로 구성되었다.

크루피에들은 룰렛 휠을 다루는 방법, 베팅 분류, 인식, 베팅 금액에 대한 지불 기술 훈련을 인정사정없이 반복 훈련시키는 학교에서 6개월간 교육을 받았다.[17] 이것은 단순한 기교의 학습이 아니었다. 오늘날의 카지노에서는 손님들이 룰렛 게임 테이블에서 특정 색깔의 칩을 '구매'한다. 어떤 테이블에서 누가 베팅했는가는 어떤 색깔의 칩이 누구의 것인가를 알아내기만 하면 되는 단순한 일이다. 하지만 몬테카를로의 룰렛 테이블에서는 모든 종류의 금, 은, 각종 화폐를 허용했기 때문에, 구슬을 굴리기 전과 후에 사람들이 어디에 얼마나 베팅했는지, 어떤 베팅이 어느 손님의 것인지를 정확히 기억하는 것이 중요했다. 보통 SBM에서는 이미 크루피에로 고용되어 일하고 있는 사람들만을 고용했고, 그들이 정규 교대 근무를 마친 저녁에 수업을 열었다. 그들이 업무에 투입되었을 때에는 수석 조리장들이 지면보다 높은 곳에 위치한 의자에 앉아서 크루피에들을 감독했다. 그들이 오늘날 카지노의 핏보스나 플로어맨(원문에는 플로어 피플floor people로 표기되어 있다. 플로어맨Floorman이란, 카지노에서 다른 사람 또는 게임을 지켜보거나 관리하는 임무를 가진 경영자의 대리인으로서, 자신의 업무 내용을 '시프트 보스'나 '핏보스'에게 보고한다[『카지노 실무용어 해설』, 고택운 편저, 백산출판사 참고]. ― 옮간이)의 선조들인 셈이다. 보안 감독관들 역시 교대로 근무했지만, 크루피에들은 유사시 위원회를 통해 동료들의 사기나 절도 혐의를 엄격하게 다룸으로써 스스로 명예를 지키고자 했다. 만약 실제로 딜러가 유죄로 판정된다면 매우 심각한 수준의 불이익이 가해질 수 있었는데, 그들은 직장을 잃을 뿐만 아니라 공국에서 강제로 추방당할 수도 있었다.

1860년대 말 블랑의 카지노에는 방이 네 개밖에 없었다. 하지만 카지노는 확장에 확장을 거듭했으며, 1910년에 이르자 그리스식, 무어식, 프랑스 제2제국식 등 여러 건축 양식을 따른 방을 보유하게 되었다.[18] 기존의 카지노는 샤를 가르니에 극장과 가장 처음에 생긴 게임룸이었던 슈미트룸을 연결하는 아트리움이 되었다. 아트리움에서부터 고객들은 루이 16세 스타일로 장식된 대기실을 따라 역시 비슷한 양식으로 꾸며진 슈미트룸으로 들어갔다. 모든 게임 살롱과 같이, 바닥은 쪽모이 세공이 되어 있었다. 슈미트룸은 코린트식 기둥과 오닉스 벽기둥, 사계의 변화로부터 영감을 받아 그린 그림들, 아르누보 샹들리에, 둥근 모양의 채광창으로 장식된 천장의 아치형 지붕으로 유명했다. 다른 게임 살롱은 여러 양식이 혼합된 형태로 설계되었는데, 역시 매우 호화스러웠다. 밖에서 봤을 때, 황백색 보자르식 외부 인테리어 중에서도, 벽면을 등지고 높이 솟구친, 초록색 구리 지붕으로 덮인 두 개의 무어식 탑이 가장 눈에 띄었다.

자신의 아버지가 그랬던 것과 같이 카미유는 언론의 협조를 얻어내기 위해 노력했다. 하지만 몬테카를로에 대한 신문 매체의 공격은 끊임없이 지속되었다. 아이러니하게도 몬테카를로가 얼마나 멋진 휴양 리조트 시설을 갖추고 있는지에 대해 칭찬하고 얼마 지나지 않아 똑같은 신문에서 몬테카를로를 비난하는 일도 있었다.(어떤 이들은 글을 읽으며 그들의 과장된 표현을 믿으면서도, 신문의 편집위원이나 교신저자들이 카지노를 신랄하게 비난하는 글

위의 19세기 말 엽서에 나타나 있듯이 몬테카를로 카지노의 쌍둥이 탑은 독특하면서 고유의 외관을 자랑했다.

을 써내려가기 전에 카지노에서 큰돈을 잃었을 수도 있다는 점을 감지해내기도 했다.) 예를 들어 이전에는 몬테카를로에 매우 낙관적이었던 『뉴욕타임스』가 1878년에는 "민망한 수준의 바덴바덴 대용물"이라고 기사를 냈다.[19] 바덴에서는 적어도 직원들이 정중한 태도를 보이기라도 하는 반면, 몬테카를로의 빌라에 숙박하고 있는 손님들은 꽤 괜찮은 수준의 고객들이었는데도 호텔 직원들은 예의라고는 전혀 차리지 않았고 방세는 터무니없이 비싸다는 내용이었다. 바덴바덴의 크루피에들은 모든 고객에게 귀족풍의 경의를 표하는 반면, 몬테카를로의 크루피에들은 '병사들과 같은 방식'으로 손님들을 대하며 무례하게 고객을 가르치려들거나 심지어는 명령하기까지 했다. 특히 낮은 계층의 도박꾼들은 그저 우울하게 앉아서 이러한 홀대를 받아들이는 수밖에 없었다. 마지막으로, 몬테카를로에서는 칩을 훔쳐가는 좀도둑들이나 옥신각신하는 사소한 다툼들이 잦았고, 그러한 사건들은 미국의 가장 비열한 파로 게임 뱅크와 비교할 때조차 품위를 깎아먹는 장면이었다.

하지만 여전히 많은 부자와 유명인이 몬테카를로로 몰려들었다. 1882년에 카지노를 찾았던 한 남자의 이야기는 유명하다. 그는 철강산업으로 엄청난 돈을 벌어들인 사람의 아들로, 카지노에서 흥청망청 돈을 탕진했다. 트랑테카랑트 게임으로 수중에 있던 돈을 다 잃은 그는 어머니에게 지갑을 잃어버렸으니 돈을 보내달라고 전보를 보냈다. 어머니로부터 답장을 받기 전에 한 친구가 그에게 돈을 조금 빌려주었고, 그 돈으로 그는 잃었던 돈을 되찾았다. 그는 다시 지갑을 찾았으니 돈을 보낼 필요가 없다고 집으로 전보를 보냈다. 그러나 그는 게임을 그만두지 않았고, 다시 게임해서 모든 돈을 잃었다. 그는 한껏 풀이 죽어 다시 세 번째 전보를 보냈다. "돈을 다시 보내주세요. 지갑을 찾긴 찾았는데 안에 돈이 하나도 없어요."[20]

몬테카를로를 둘러싼 위와 같은 모자간 일화는 이뿐만이 아니었다. 1901년에 에드워드 7세가 된 웨일스의 대공은 이미 홈부르크에 있는 카지노에 자주 드나들었으며, 블랑을 쫓아 몬테카를로를 방문했다. 왕족이 공공연하게 도박하는 것은 그리 보기 좋은 일이 아니었기 때문에, 그는 자신의 신분을 가려줄 '화이트 대령'이나 '렌프루 남작' 등의 가명을 사용했다. 이런 방식으로 공식적으로는 익명을 내세우면서, 그는 대중 사이에 섞여 여자들과 시시닥거리고 도박을 즐겼다. 그의 어머니 빅토리아 여왕은 아들의 우스꽝스러운 바람둥이 기질보다―아들이 좋아하고, 아들을 부추기는―모나코의 태평스러운 분위기 자체를 참을 수 없어했다. 그녀는 윌리엄 글래드스턴 수상(그 역시 때때로 도박을 즐기는 사람이었다)에게 반-모나코 영국 협회를 승인한다는 편지를 보냈다. 1882년에는 그녀가 망통으로 지나가는 길에 샤를 3세가 환대의 의미로 여왕에게 보낸 꽃과 접대 제의를 무시함으로써 모나코에 대한 적개심을 분명히 드러냈다. 이러한 고의적 모욕에 대공은 절망했고 프랑수아 블랑은 실망을 금치 못했다. 여왕이 초대에 응하기만 했다면 200만 프랑에 상당하는 홍보 효과를 낼 수도 있었기 때문이다.[21]

몬테카를로 카지노의 도박자들은 괴상하기도 하고 때로는 모순되는 행동을 하기도 했다. 행운에 목마른 수많은 사람이 종교적 물건을 가지고 도박에 임했던 것이다. 한 여성은 교황이 축복한 5프랑짜리 동전을 몰래 가지고 왔다(그녀는 그것을 묵주와 함께 숨겼다). 그녀는 그 동전을 무사히 가지고 오는 데 성공했지만 그녀의 친구가 게임을 하면서 무심코 그 동전까지 베팅해버리고 말았다. 영국 성공회교도 신자들도 자신의 종교생활을 도박에 연결시켰다. 교회에서 36장 찬송가를 불렀던 어느 일요일에, 한 신자가 룰렛 게임의 36번에 베팅해 크게 승리했다. 그날 이후로 독실한 신자들은 교회에서 몇 번째 찬송가가 선택되는지만 목이 빠지게 기다리다가 예배가 끝나면 카지노로 부리나케 달려갔다. 뭔가 이상함을 느낀 목사는 다음 일요일에 찬송가 47장(룰렛 게임의 선택 범위를 넘어서는 숫자―옮긴이)을 펼치라고 했다. 신도들의 얼굴에 실망감이 여실히 드러났고, 원치 않는 룰렛 게임 선지자 역할에 질려버린 목사는 이후부터 36장 이후의 찬송가들만 선택했다.[22]

하지만 대부분의 도박자는 목사를 불행한 존재로 여겼으며, 게임 테이블 앞에서 손가락을 뿔 모양으로 구부림으로써 성령의 존재를 자신들로부터 떨어뜨리기를 바랐다. 일부 사람은 신지학이나 숫자점에 빠져들었다. 이들은 타로 카드나 히브리어 알파벳으로 행운의 숫자를 계산하는 식으로 도박의 신비스러운 의미를 파헤치려 노력했다. 어떤 사람들은 토속신앙으로부터 유래한 부적을 가지고 다니기도 했다. 한 여성은 지갑 속에 박쥐의 심장을 넣어 가지고 다녔다. 그녀는 어리석게도, 박쥐가 밤을 상징하는 피조물이기에 그것에 닿는 모든 은silver에 행운이 깃들 것이라고 믿었다. 사람들

20세기 전환기에 찍힌 위 사진처럼, 몬테카를로 카지노는 매우 고상했다.

은 돼지 역시 행운을 가져다준다고 믿었다. 카지노 초기에 사람들이 살아 있는 돼지를 카지노에 몰래 가지고 들어가기도 했지만, 점점 더 카지노의 경비가 엄격해지면서 가끔 행운의 (돼지) 갈빗대를 가지고 들어가는 것에 만족해야 했다. 정말로 괴상했던 미신 중 하나는 꼽추의 등을 만지면 행운이 온다는 이야기였다. 이외에도 교수대의 밧줄, 머리채, 뱀가죽, 쥐의 꼬리, 말의 편자 등도 도박꾼들의 부적이 되었다.[23] 이러한 것들은 비옥함의 상징으로, 풍년과 넉넉한 수확의 조짐이 되는 물건이었다. 그러한 부적들이 정말로 큰 수확을 가져다주기는 했다─카지노가 큰돈을 벌어들였던 것이다.

제1차 세계대전이 발발했을 때에도, 카지노는 겨울 시즌 절정기(공식적으로 11월부터 2월까지)에 500명 이상의 사람을 고용했다. 크루피에들은 월급과 수당을 받았다. 예전에 팁은 크루피에들이 가져가는 것으로 되어 있었지만, 결국에는 금지되었다. 경영진은 게임 테이블에 게임에서 승리한 고객이 얼마간의 돈을 넣을 수 있는 '37번' 구멍을 만들었다. 카지노의 하루가 끝나면, 모든 팁을 모아서 직원들이 나눠 가졌다. 1948년까지 관리자들이 팁의 50퍼센트를 가져갔다. 이후 농성파업이 있었고, 경영진은 크루피에들이 70퍼센트를 가져가는 것에 동의했다.[24]

블랑은 카지노를 다른 즐길거리로도 가득 채웠다. 프랑스 대배우 사라 베르나르, 이탈리아 출신 테너 엔리코 카루소, 유명한 러시아 발레단을 소유했던 세르게이 댜길레프도 출연했던 극장에서는 오페라, 연극, 발레 공연을 주최했다. 스포츠 경기도 개최했는데 그중에서 비둘기 사냥이 가장 인기 있었다. 항구에서는 모든 종류의 수상 경기와 보트 경주가 이어졌고, 자전거 경주는 모나코의 도로를 경주로로 바꾸어놓았다. 나중에는 자동차가 증가하면서 자동차 경주가 더욱 인기를 끌었고, 1929년 처음 열린 몬테카를로 그랑프리는 절정을 이루었다.

베팅 시스템의 덫

일부러 삐딱한 태도로 게임에 임하지 않는 한, 어떤 도박자도 패배를 위해 게임 테이블 앞에 앉지 않는다. 일정한 전략이 게재된 사교적 게임에서는 도박자가 자신의 기술이나 행운에 승리를 기대해볼 수 있을 것이다. 그러나 빠른 시간 안에 결정을 내려야 하는 룰렛이나 트랑테카랑트와 같은 상업적 게임에서는 그럴 수 없다. 참가자는 그저 베팅을 하고 그것이 이기기를 바랄 뿐이다. 게임 결과에 관련된 어떤 것도 자신이 통제할 수 없고, 그저 바꿀 수 있는 것은 베팅 금액뿐이다. 자신의 게임 기술을 향상시키는 것이 아니라 베팅 시스템을 만들어가는 것, 그것이 도박자들이 하우스 어드밴티지를 이길 수 있는 유일한 희망이다.

16세기에 이탈리아 수학자 지롤라모 카르다노가 도박과 관련된 수학 이론을 개척한 이래, 많은 도박꾼이 자신에게 유리하게 확률을 이용하고자 노력했다. 이후에 이어진 일련의 방법적 혁신으로 도박의 수학적 기초가 닦였지만, 그것이 도박꾼에게 큰 도움을 준 것은 아니었다. 사실상 그러한 것은 어떤 시스템도 성공을 보장할 수는 없다는 것을 보여주었을 뿐이다. 하룻저녁에 행운이 어느 방향으로든 찾아올 수 있었지만, 수학자들이 '평균으로의 회귀'라고 이르는 현상 때문에, 오랜 시간 게임이 진행되면 하우스의 통계적 유리함이 게이머의 모든 것을 집어삼켰다. 그러나 수 세기 동안 도박자들은 확실하게 돈을 잃지 않는 방법이라고 믿었던, 하지만 결국에는 실패하고야 마는 시스템을 열정적으로 사용했다.

가장 일찍부터 알려진 베팅 시스템은 마틴게일 방식Martingale progression으로, 카사노바가 자신의 회고록에서 1754년 2월 베네치아 리도토 카지노에서 사용했던 방식이라고 적은 바 있다. 베팅 시스템의 이름이 어디서 유래한 것인지 알려진 바는 없으나, 이와 관련된 전설은 18세기 말 런던의 도박장 소유주였던 헨리 마틴게일로 거슬러 올라간다. 카사노바는 이 단순한 기하학적 방식을 사용하여, 매번 베팅에 실패할 때마다 베팅 금액을 두 배로 늘렸다. 반대로 이겼을 때는 원래 처음에 베팅했던 금액으로 되돌아갔다. 이 방식을 사용하면 이론적으로는 참가자가 승리했을 때 그 이전 판에 잃었던 금액보다 두 배 더 딸 수 있다. 하지만 실전에서 이러한 시스템의 한계는 명확하다. 참가자가 무한정 베팅할 수 있는 것이 아니라면, 그가 돈을 다 잃을 때까지 이어지는 베팅의 실패를 감당할 수 없는 것이다. 마틴게일 방식은 게이머가 돈을 잃은 뒤에 베팅 금액을 바꾸는, 본질적으로 부정 진행 시스템Negative progression system이다.

룰렛 게임에서 100달러 상당의 칩을 가지고 있는 사람이 '검은색'에 5달러를 베팅했다고 가정해보자. 첫 번째 베팅이 실패한다면, 그다음 베팅을 10달러로 올릴 것이고, 또 실패한다면 다음 베팅을 20달러로 올릴 것이며, 그렇게 계속 나아갈 것이다. 운이 없어서 네 번 연속 틀렸다면(그리고 룰렛 게임을 해본 사람은 알겠지만 이렇게 연속적으로 틀리는 것이 그렇게 드문 일도 아니다), 다섯 번째 베팅해야 할 80달러는 이미 수중에 없다. 자본금을 두 배로 늘렸다고 해도 사정은 마찬가지일 것이다. 마틴게일 방식으로 돈을 딴 이야기에는 과학적 근거에서 그리됐다기보다는 운이 좋았던 경우가 많다. 일부 도박자는 한 번 실패한 다음 베팅 금액을 두 배로 늘리되, 한 번의 베팅 유닛을 추가하는 방식을 고안해내기도 했다. 이러한 방식은 그랜드 마틴게일Grand Martingale 방식으로 알려져 있는데, 이 방법은 더 많은 돈을 딸 가능성이 있지만 동시에 그만큼 더 많은 돈을 잃을 수도 있다.[25]

마틴게일과 반대되는 방식도 있는데, 그것은 파롤리Paroli 또는 팔레이 Parlay 방식이다. 이 방법은 '최고의 공격은 곧 최선을 다해 방어하는 것이다' 라는 원칙을 따른다. 파롤리 방식을 사용하는 도박자들은 한 판의 게임에서 승리한 뒤 베팅 금액을 두 배로 늘린다. 이 방식은 참가자가 몇 차례 연속해서 승리한다면 엄청난 돈을 딸 기회를 주지만, 반대로 연속해서 실패해 돈을 모조리 잃어버릴 가능성도 있다. 파롤리 방식은 일정한 규칙에 따라 베팅을 늘리는 변형된 방식으로 적용할 수도 있다. 이 변형된 방식에서는 도박자가 이전의 게임 결과를 반영하여 베팅을 늘리는 것이 아니라, 베팅 단위의 양을 변화시킨다. 예를 들어 '1-3-2-6' 진행 방식을 사용한다고 하면, 게이머는 처음에 1을 베팅하고 다음 베팅에서 베팅을 3배로 했다가, 다음에는 맨 처음 베팅의 2배, 그다음에는 다시 조금 전 베팅의 3배로 하는 것이다. 그러면 마지막에는 최초의 베팅 금액보다 6배를 베팅하게 된다.

라보셰르Labouchere 또는 무효화 시스템Cancellation system은 18세기 프랑

스 수학자 콩도르세가 발명했고, 이후 19세기 영국 의회 의원인 헨리 라보셰르에 의해 대중화되었다.[26] 아주 간결하게 말하면, 라보셰르 방식을 사용하는 사람은 일련의 숫자를 먼저 적는다(예: 1-2-3-4-5). 첫 베팅은 첫 번째 숫자와 마지막 숫자의 합이다(1-2-3-4-5라면, 첫 번째 베팅은 1과 5의 합인 6이다). 베팅이 틀리면 숫자열 옆에 베팅 결과를 적는다. 만약 이기면 두 개의 숫자(1과 5)를 지워버린다. 이런 식으로 모든 숫자를 무효화하면, 나중에는 처음에 적었던 숫자의 합과 동일한 순익을 얻게 될 것이다(위의 예에서는 15다). 시스템의 치명적인 결점은 다른 시스템과 마찬가지로 게이머가 운이 나빠서 연속해서 패배한다면 그의 모든 자금이 순식간에 바닥나거나 또는 최대 베팅 금액에 금방 도달하리라는 점이다.

달랑베르d'Alembert 시스템은 드니 디드로와 함께 『백과전서』를 편집한 18세기 수학자 장 르 롱 달랑베르의 이름을 따서 만들어졌다.[27] 그는 움직임에 관한 뉴턴의 법칙을 정교화한 달랑베르 원리를 발견한 수학자로 유명하다. 자신의 이름이 붙은 이 원리는 체계가 평형을 유지하려는 경향이 있다는 그의 믿음으로부터 비롯되었다. 룰렛 게임에 이 원리를 대입해 생각해보면 '이번에 검은색이 나왔으면 다음번에는 빨간색이 나올 것이다'라는 식으로 적용될 수 있다. 게임에서 거금을 벌어들이기 위해 달랑베르의 평형개념을 사용할 때, 도박자는 그가 베팅에서 지면 한 유닛을 더하고, 이기면 한 유닛을 뺀다. 최소한 이론적으로, 이러한 방식은 일반적인 참가자가 한 번의 승리당 하나의 유닛에 있어서는 이득을 얻을 수 있다. 현실에서 달랑베르 시스템은 고전적인 마틴게일 시스템처럼 순식간에 돈을 탕진하게 하지는 않는다. 그러나 달랑베르의 혁신적인 지적 성과물을 인상적으로 적용했음에도 이 시스템이 다른 시스템에 비해 특별히 괜찮은 방법이라는 것은 아니다.

또 다른 하나의 방식인 인내 시스템Patience system은 평형에 관한 달랑베르 원리와 선택적 베팅Selective betting 방식을 혼합한 것이다.[28] 인내 시스템을 사용하는 도박자들은 룰렛 테이블에서 어떤 일련의 결과(가령 빨간색이 세 번 연속으로 나오는 결과)를 기다린다. 빨간색이 연달아 세 번 나오면, 게이머는 그제야 검은색에 베팅한다. 이제 검은색이 '나와야' 하기 때문이다. 이것은 말도 안 되는 생각이다. 룰렛 게임의 구슬도, 돌아가는 바퀴도 게임의 평형을 유지하기 위한 어떤 의무도 가지고 있지 않다. 각 게임은 우연한 사건으로 이전 게임 결과에 영향을 받지 않는다. 인내 시스템이 승리를 보장할 수는 없지만, 게임 테이블 옆에서 기다리면서 게임할 때 시스템을 이용해야 하는가에 관한 생각 자체를 재고할 만한 시간을 준다는 점에서 도박자에게 이득이 될지는 모르겠다.

오늘날 '줄타기Streak' 시스템 또는 핫앤콜드Hot and Cold 시스템이라고 알려진 가그난테 마체Gagnante Marche 시스템은 달랑베르 시스템을 완전히 뒤집어서 생각한다.[29] 가그난테 마체에 따르면, 게임은 평형을 향해 안정적으로 흘러가는 것이 아니라, 잘될 때는 게임이 잘 풀리는 날이 있고, 평형을 향해 가는 안정적인 흐름이 아니라 줄이 게임을 결정한다. 이 시스템을 이용하는 사람들은 마지막으로 나온 쪽에 돈을 베팅한다. 만약 게임 테이블 앞에 앉았는데 검은색이 나왔다면, 참가자는 검은색에 베팅하고 이후 빨간색이 나올 때까지 그대로 두는 것이다. 그러므로 만약 한쪽이나 다른 쪽이 줄을 그린다면, 그는 그 줄의 처음부터 탈 수가 있는 것이다. 이 시스템의 가장 큰 단점은 게이머에게 유리한 줄을 기다리는 동안 실제 결과가 검은색과 빨간색을 임의로 오가며 나오게 되면 게이머가 마치 피라냐에게 뜯어먹히듯이 돈을 잃는다는 점이다. 이 시스템을 사용하며 게임을 하는 사람은, 그냥 어느 한쪽에 돈을 베팅해버리고, 다음 베팅을 어디다 할까 고민하는 에너지를 점심은 어디서 뭘 먹을지 생각하는 데 쓰는 사람보다 크게 나을 것이 없다.

비록 이러한 시스템들은 18세기에 수학이 발전하면서부터 존재하기 시작했고, 도박을 좀더 확실한 이론적 토대 위에서 수행하게 했지만, 시스템이 진정으로 꽃피웠던 기간은 1870~1914년이었는데, 이 시기는 몬테카를로 역시 가장 빛을 발했던 때이기도 했다. 어떤 의미에서 당시 시스템을 활용하는 도박자들은 거대 기업의 수장과 큰 차이가 없었다. 그들은 카지노의 운영 원리에서 수익을 얻을 수 있는 방식을 찾아냄으로써 합리적으로 카지노의 자원을 착취할 방법을 추구했다. 이러한 양상은 과거 영국이나 대륙의 귀족들이 무관심한 태도로 베팅하던 모습과는 판이한 것이었다. 19세기 말 카지노라는 새로운 산업체 안에서 손님들의 손으로 들어갈—또는 그들의 손아귀에서 모래알처럼 빠져나올—돈은 충분히 준비되어 있었고, 예전처럼 여유롭게 카지노를 방문한 왕국의 귀족들은 부富로 두둑한 시가를 질겅이며 씹는 새로운 사업가들의 무례한 태도에 옆으로 비켜나야만 했다. 카지노의 신흥 세력에게 있어 룰렛은 일방적으로 매수당하는 여가 활동이 아니었다. 게임 테이블은 전장戰場이었고, 도박자들 자신은 돈으로 무장한 병사였다. 베팅 시스템은 그들에게 전쟁의 전략이었다.

프랑수아 블랑과 카지노 관리자들은 시스템 베팅을 하는 도박꾼들의 열망을 마주하면서도 무사태평한 태도를 유지했다. 블랑은 그의 카지노가 도박의 체계를 만들어냈으며, 비유적인 의미에서 어떤 진리로까지 보이는 이야기를 자신이 직접 유통시켰다고 종종 이야기하곤 했다. 그의 아내에게 1파운드짜리 양산을 사주었던 어느 날, 시험 삼아 당시 가장 유명했던 시스템을 사용해 자신의 카지노에서 베팅을 시작했는데, 한 판에 1000파운드를 쏟아붓고 있는 자신의 모습을 발견하고 나서야 게임을 그만두었다. 그 경험으로 그는 어떤 베팅 시스템도 통하지 않을 것이라는 것, 결국 손해 보는 건 도박자 자신이라는 결론을 얻었고, 스스로 베팅 시스템을 잘 알고 자기가 잘났다고 생각하는 도박꾼들을 은근히 부추기기도 했다.[30]

여전히 도박자들은 크든 작든 몬테카를로를 파산시키고 말겠다는 포부를 가지고 덤벼들었다. 소액 베팅하는 도박꾼들은 적은 돈으로 큰돈을 벌어보려는 희망을 안고 몰려들었다. 몬테카를로, 그곳은 몇 주에서 몇 달에 이르기까지 베팅 시스템을 연구하고, 계산하고, 승리를 꿈꾸며 성지 순례의 길을 떠난 도박꾼들이 장대한 막을 내리는 도박의 메카였다. 이미 그 어떤 시스템도 무의미하고 헛된 일이라는 것은 끊임없이 상기되었지만, 부를 찾아 떠난 성지 순례자들은 자신은 결코 실패하지 않을 것이라는 기대를 버리지 않았다.

"뱅크를 파산시킨다Breaking the bank"는 말은 운 좋은 도박자의 베팅으로 카지노의 보유 금액이 모두 소진된다는 것을 의미한다(앞서 살펴본 것처럼 홈부르크에서는 실제로 그런 일이 거의 일어날 뻔했다). 그러나 현실에서 이 말은 사람들을 유인하기 위한 일종의 떠들썩한 홍보의 일환이었는데, 이러한 장면은 하나의 테이블에서 도박꾼이 그 테이블의 보유 금액을 모두 땄을 때 늘 벌어지는 일이었다. 해당 테이블은 새로운 현금이 투입될 때까지 마치 장례식처럼 장엄하게 검은 천으로 테이블을 가리고 게임을 중단했다. 이러한 의례는 비스바덴의 베나제가 시작했는데, 나중에 블랑이 자신의 카지노에 도용한 것이었다. 이런 '파산'이 발생했을 때, 당연히 카지노 자체가 파산한 것은 아니었으며, 승리했던 도박자가 순식간에 땄던 돈을 모두 잃는 것은 자주 발생하는 일이었다. 그러나 검은 천으로 가려진 초록색 테이블은 도박자들이 실제로 자기가 블랑을 이겼다고 믿게 만들었고, 시스템 베팅에 더욱 헌신하게 되었다.[31]

교활한 계략가들은 시스템 베팅을 증명하기 위해 자신의 돈을 투자하지 않았다. 그들은 후원자를 찾아다녔다. 1887년, 파리 출신의 도박꾼 두 명이 카지노를 이길 수 있는 확실한 시스템을 만들어냈다. 그들은 곧바로 몬테카를로로 가서 돈을 쓸어 담는 대신에 확실함이 '증명'된 시스템에 관한 소책자를 출간해 후원해줄 만한 사람들에게 보냈고, 2만4000프랑으로 벌어들일 100만 프랑의 지분에 투자하라고 홍보했다. 그들의 말을 믿었던 어리석은 사람들이 송금한 돈이 6만 프랑이나 모였고, 두 도박꾼은 그 돈을 가지고 블랑의 카지노에서 실전에 돌입했다. 그러나 그들은 순식간에 2만4000프랑을 잃었고, 자신들이 만들어낸 시스템이 엉터리였음을 실감한 채 파리로 돌아왔다. 그들은 자신들을 기다리고 있던 경찰들에게 사기범으로 곧바로 체포되었고, 남아 있는 3만6000프랑을 압수당했다.[32] 그 당시 대부분의 시스템 베팅은 이와 유사하게 실패했다.

하지만 몇몇 성공 사례도 있었는데, 특히 룰렛의 과학이 완성되기 이전의 이야기다. 1873년, 조지프 재거라는 한 영국 기술자는 휴일을 맞아 몬테카를로에 갔다. 나중에 이야기하기를, 그는 몬테카를로에 가기 전에는 룰렛 휠을 본 적도 없다고 했다. 하지만 물레의 가락을 제작하는 일에 익숙했던 그는 룰렛의 원리에 호기심을 가지게 되었다. 그는 룰렛 휠을 보면서 거기에 아주 미세한 결함이 있어 특정 숫자가 유난히 많이 나오게 되는 것 같다고 추측했다. 그는 사람을 한 명 고용해 각 게임 테이블에서 나오는 모든 숫자를 기록해오게 시켰고, 그렇게 일주일 치의 자료를 모았다(사람을 고용했다는 점은 이것이 그저 허황된 공상으로 인한 행위는 아니었다는 점을 암시하는 것으로 보인다. 사실 신문에서는 그가 어떤 단체로부터 지원을 받았다고 보도하기도 했다). 자료를 찬찬히 살펴본 결과, 그는 특정한 아홉 개의 숫자(7, 8, 9, 17, 18, 19, 22, 28, 29)가 놀라운 규칙성을 가지고 나온다는 것을 알게 됐다. 재거는 그 규칙성에 따라 베팅했고, 나흘 안에 6만 파운드를 땄다.

도박자들의 속임수에 항상 주의를 기울이던 감독관들은 재거의 승리에 당혹감을 감추지 못했다. 감독관들은 재거의 베팅 패턴을 기존에 알려진 베팅 시스템에 대입해봤지만(그들은 이미 40여 종의 시스템을 알고 있었다) 어느 것에도 들어맞지 않았고, 재거가 테이블에 돈을 둘 때 어떤 특정한 패턴이 있는 것 같지도 않아 보였다. 실제로 재거는 그가 사용하는 방식이 드러나지 않도록 자신이 특정한 숫자를 선호하는 것이 아니라 임의로 베팅하는 것처럼 보이기 위해 노력했다. 결국 카지노 측은 자신들의 룰렛 휠을 교체할 수밖에 없었다. 이튿날 재거는 서른 판이 채 되기 전에 게임을 그만뒀다. 그가 알아볼 수 있었던 룰렛 휠의 흠집이 없다는 것을 알아차린 재거는 아주 조심스럽게 카지노를 돌아다니며 '그의' 룰렛 휠을 찾아다녔고 다시 자리에 앉은 그는 게임에서 승리를 거두기 시작했다.

하지만 카지노에서 재거의 비밀을 알아버렸다. 그들은 재빨리 파리로 부품을 보내서 모든 룰렛 휠을 바꿔버렸다. 재거는 그러한 상황을 눈치챘고, 다음 출전에서 200파운드를 잃은 그는 곧바로 카지노에서 나와 짐을 싸서 모나코를 떠났다. 총 8만 파운드를 거머쥔 그의 모습은 이후 다시는 모나코에서 볼 수 없었다. 카지노 이사진들은 즉시 새로운 정책을 실시했다. 매일 카지노 개장 시간인 오전 10시 이전에 모든 테이블과 휠을 테스트해서 재거가 사용했던 합법적 방식이 다시는 통하지 않도록 확인하게 했다.[33]

재거의 성공은 엄밀히 말해서 베팅 시스템이라기보다는 하나의 룰렛 휠에서 발견되는 모순을 경험적으로 적용한 결과라고 볼 수 있다. 그렇기 때문에 그의 방식은 진짜 시스템만큼 상상력을 자극하지는 않았다. 카지노를 무너뜨릴 진짜 시스템에 목말라하던 대중은 1891년 한 사람의 시도에 이목을 집중했다. 영국인 찰스 데빌 웰스는 꾀죄죄한 차림에 특별한 점이라곤 찾아볼 수 없이 허튼소리나 지껄이는 예술가였다. 그는 참새를 노란색으로 칠해놓고 카나리아라고 속여 팔아넘긴 적도 있다고 알려져 있다. 그는 1885년부터 1890년까지 자동 무적霧笛, 정어리 캔 따개, 음악이 나오는 줄넘기와 같은 물건들로 200개의 특허를 취득했다. 그는 런던에 우아한 사무실을 차리고 요트를 구매할 돈을 마련하기 위해 후원자를 구하고 다니기도 했다. 풍부한 상상력으로 만들어낸 특허품들이 실질적으로 전혀 돈을 벌어들이지 못하자, 그는 채권자들에게 돈을 갚는 방법은 룰렛밖에 없다는 결론을 내렸다.

웰스는 1891년 7월에 요트를 몰아 몬테카를로로 가서, 사흘 만에 처음에 가지고 있던 400파운드를 4만 파운드로 만들었다. 그는 자신의 성공을 마틴게일 시스템 덕분이라고 생각했다. 그는 100파운드로 시작해, 최대치에 이를 때까지 2배로 베팅 금액을 높였고, 세 차례의 성공적인 베팅이 이어져 다시 100파운드 베팅으로 돌아가기 전에 거의 2000파운드에 가까운 승리를 거두었던 것이다. 이 과정에서 그는 테이블을 몇 번이고 올인시켰다. 그는 하루에 11시간씩 사흘 동안 룰렛 테이블에서 게임하고, 거기다 트랑테카랑트에서 6000파운드를 더 딴 뒤에야 카지노를 떠났다.

웰스는 곧바로 유명 인사가 되었다. 「몬테카를로 카지노를 무너뜨린 사나이」라는 제목으로 만들어진 그에 관한 노래는 유럽과 미국 군중의 마음을 사로잡았다. 이러한 유행이 이어질수록 자신들의 시스템을 시험해보려는 관광객들은 몬테카를로로 점점 몰려들었고, 보통 그러한 시도들은 실패로 끝났다. 웰스는 11월에 다시 몬테카를로로 돌아와서 사흘 만에 1만 파운드를 따고 2000파운드가량의 SBM 주식을 구매하기도 했다. 잘나가는 동안 그만두지 못한 웰스는 자신의 능력에 도취되었고, 연이은 승리에 눈이 멀어서 혹은 행복감에 겨워서 결국 모든 것은 제자리로 돌아온다는 것을 생각하지 못한 채 이듬해 1월에 새로운 요트를 타고 다시 나타났다.

그 자신에게는 매우 놀라운 일이었는지 모르겠지만, 그의 연이은 패배는 당연한 일이었다. 그는 곧 예전 모습으로 돌아갔다. 그가 가장 최근에 발명해낸 물건은 석탄 연소 엔진의 연료 효율성을 높이는 장치였는데, 그는 그것을 자신의 요트에 장착해 시험해보고 있었다. 웰스는 자신의 장비가 고장 나서 수리할 돈이 필요하다고 투자자들에게 연락을 취했다. 하지만 시간이 갈수록 투자자들은 그를 의심하기 시작했고, 결국 엔진 이야기가 거짓말이었다고 고백했다. 그는 사실 완벽한 베팅 시스템을 개발했는데, 일부 투자자의 돈을 베팅에 사용하여, 투자자들은 자신도 모르는 새 그 베팅 시스템의 지원자가 되어 있었던 것이다. 실망한 투자자들은 웰스를 경찰에 신고했다. 그는 결국 범죄자 신분으로 영국으로 인도되었고, 사기죄로 8년 동안 수감되었다. 그는 출옥한 뒤에도 감옥을 오가며, 때로는 구제 사업에 의지해 살아갔다.[34] 이러한 그의 모습은 시스템이라는 것도 그저 순전히 운에 지나지 않으며, 교활한 판매 기술이었을 뿐임을 증명하는 셈이었다.

시스템에 관한 논쟁은 신문에 보도될 만큼 많이 쏟아져 나왔다. 1901년 빅토리아 여왕으로부터 작위를 받고 영국에 귀화했으며, 자동 기관총을 발명한 하이럼 맥심 경은 1903년에 허버트 비비언의 '이브닝업Evening-up' 시스템을 반박하는 내용의 편지를 『뉴욕헤럴드』에 보냈다. 이에 제임스 프랜시스 해리의 동생이자 로슬린 백작인 피츠로이 어스킨은 비비언의 편에 서서 논쟁에 참여했는데, 그는 자신이 카지노를 상대로 승리할 수 있는 시스템을 가지고 있으며, "충분한 자본, 건강한 신경, 강철 같은 기질"만 가지고 있다면 누구나 룰렛 게임에서 하우스 어드밴티지를 이길 수 있다고 주장했다.

1908년, 피츠로이의 형은 승리할 수 있는 시스템의 가능성에 관해 재고하기를 거부하는 맥심의 독단적인 태도에 반대하는 입장을 취했다. 그가 말하는 자신의 시스템은 단순한 것이었다. 처음에 하나의 유닛으로 이븐 머니 베팅(가령 룰렛에서 빨간색에 베팅하는 것)을 시작해, 뱅크가 파산할 때까지 하나의 유닛을 계속 더해가면서 베팅을 하는 것이다. 로슬린 경은 후원자 연합을 결정했고(여기에는 배우 릴리 랭트리도 포함되어 있었다), 팀을 형성하여 몬테카를로에서 자신들의 시스템으로 게임을 시작했다. 그러나 빠른 시간 안에 그들은 돈 대부분을 잃었고, 회원 중 한 명은 기력이 다해 쓰러지기까지 했다.

위와 같은 일화는 로슬린에게 자신의 시스템이 얼마나 가치 없는 것이었는가를 가르쳐주는 기회가 될 수도 있었겠지만, 로슬린은 그러한 점을 깨닫는 대신 맥심을 더욱 자극하여 마지막 결전으로 몰아붙였다. 둘은 각자의 자존심과 10파운드를 걸고 맞붙었다. 둘은 룰렛 휠이 있는 피커딜리룸에 들어갔고, 2주 뒤에 로슬린이 이론상 1만 파운드를 소지하고 있다면(그들은 이 시험을 위해서 가짜 돈을 이용했다), 로슬린이 이긴 것으로 하자는 데에 동의했다. 일주일이 지나고, 로슬린이 500파운드 앞섰다. 이 시점에서, 두 사람 모두 실패의 위험을 줄이기 위한 이런저런 대비책을 사용했다. 로슬린은 직접 쓴 성명서를 발행했는데, 절대적으로 카지노의 파산을 보장하는 시스템은 없다고 하더라도, 자신의 방법이 가장 가능성이 높은 것은 확실하다는 내용이었다. 이는 그가 처음에 보여주었던 낙관적인 태도에 비하면 한 걸음 뒤로 물러나, 세상에 승리를 확실히 보장하는 시스템 같은 것은 없다는 맥심의 이론에 마지못해 승복하는 것 같았다. 맥심은, 비록 지금은 변동이 심한 듯 보이고 자신의 뱅크가 연속 네 번이나 운 나쁜 뒤집기로 파산될 수도 있겠지만, "2주 차에 그러한 변동은 없을 것이고, 뱅크의 우세함이 되돌아올 것이다"라고 말하며 더욱 자신감을 보였다.

그 시점에 일이 반드시 그렇게 되리란 법은 없었다. 맥심의 부인조차 남편이 패배할 것이라고 생각했다. 맥심의 부인은 스스로 "이길 수 있는 시스템"을 스무 가지나 개발했는데, 부인의 얼토당토않은 행위를 가까이에서 봤던 맥심이었기에 더욱 로슬린의 주장에 뜨악했던 것이다. 하지만 결국 맥심 부인과 로슬린 경 모두 틀렸던 것으로 결론 났다. 2주가 지났을 때, 로슬린 경은 1만340파운드의 적자를 보고 있었다. 완전히 지쳐버린 로슬린 경은 맥심에게 10파운드를 건넸다.[35] 맥심은 승리했지만 시스템 신봉자들의 마음을 돌릴 수는 없었다. 로슬린 경과의 대결이 끝나자마자 맥심에게 프랑스 출신의 '암산의 명수', 자크 이노디가 또다시 도전장을 내밀었다. 자신의 주장을 증명하는 데 지쳐버린 맥심은 그에게 몬테카를로에 가서 실제 돈을 가지고 스스로 그것을 증명하라고 권했다.

시스템에 대한 열의는 20세기로 들어서면서 절정에 달했지만, 오늘날까지도 이어지고 있다. 이전의 임의적 사건이 어떻게든 미래의 독립적 사건을 좌우할 것이라는 잘못된 믿음은 오늘날 몬테카를로 오류 또는 도박자의 오류Gambler's Fallacy라고 알려져 있으며 그 오류는 현재진행형이다. 시스템에 대한 믿음은 1890년대 '수학 천재'들의 엄청난 실패에도 불구하고 요지부동이다. 지금도 확실한 '베팅 관리 시스템'을 내세우는 책자들이 엄청나게 많다. 가끔 난해한 용어나 카지노에서 보낸 수천 시간의 경험을 토대로 한 이런저런 이야기들로 위장한 이런 책들은, 결국에는 1890년대에 논란이 되었던 원조 시스템들의 복사본일 뿐이다. 과거의 시스템 신봉자들은 몬테카를로의 카지노를 파산시키는 데는 성공하지 못했지만, 이후 수십 년 동안 후속 세대 도박꾼들의 지갑을 여는 데는 기여한 셈이다.

바카라 게임의 성장

몬테카를로의 독점은 1907년 프랑스에서 '기술 게임'을 허용했을 때 시험대에 올랐다. 프랑스에서 허용한 두 가지 게임은, 공교롭게도 오늘날 철저하게 확률 게임이라고 간주되는 바카라와 슈만드페르Chemin-de-fer 게임이었다. 현실에서 이 두 가지는 동일한 게임이었는데, 바카라는 하우스만 뱅크를 할 수 있는 명백한 상업적 게임이었고, 슈만드페르는 참가자 간 게임이 이루어질 수 있는 사교성 게임이라는 점에서만 달랐다.

바카라는 'Baccara'라는 이름으로 이탈리아에서 탄생했으며, 프랑스에서는 루이 14세(1643~1715) 재임 당시에 처음으로 보고되었다. 바카라는 귀족들이 즐기는 게임이 되었지만, 나폴레옹 시대에는 불법 도박장에서도 찾아볼 수 있었다. 1837년 도박을 금지한 이래 바카라는 그저 집에서 가까운 사람들끼리 몰래 하는 게임으로 살아남았지만, 트랑테카랑트나 룰렛과 함께 라인강 유역의 카지노로 진입하지는 못했다.

19세기에 사적인 게임으로 가끔 언급되었던 바카라는 20세기에 들어서서 프랑스 리비에라 지역의 카지노에서 갑자기 유명해졌다. 바카라는 이미 두 가지 게임으로 인식되었다. 슈만드페르는 프랑스어로 '기찻길'을 의미했고, '슈미Chemmy' 위에 오른 참가자는 테이블을 가로질러 슈Sabot를 건네주는데, 이러한 게임 행위들은 실제 기찻길을 연상시켰을 것이다. 이 버전의 게임에서 슈를 가진 참가자가 게임을 주도했고 뱅크의 역할을 했다. 뱅크의 특권은 가장 많은 돈을 입찰한 사람이 가져갔는데, 그의 입찰이 곧 베팅 금액이 되었다. 뱅커는 그의 낙찰 금액을 테이블 위에 올려놓고, 폰테Ponte를 원하는 플레이어는 그 베팅에 맞추어 돈을 거는데, 전체를 걸 수도 있고 일부만 걸 수도 있다. 만약 폰테에 돈을 건 사람이 여러 명이라면, 가장 많은 돈을 베팅한 플레이어가 다른 모두를 대표해 참가한다. 뱅커는 슈로부터 카드를 꺼내 엎어서 나눠준다. 첫 번째와 세 번째 카드는 폰테에게 주고, 두 번째와 네 번째 카드는 자신이 갖는다.

승자를 결정하기 위해 각 참가자는 자신이 가진 카드에 적힌 숫자의 합을 구하는데, 에이스 카드는 1로, 페이스 카드는 0으로 간주한다. 만약 합이 10을 넘으면 뒷자리 숫자만 인정하는데, 예컨대 6이 쓰인 카드가 두 장이어서 합이 12인 경우, 해당 참가자의 합은 2가 된다. 승자는 숫자의 합이 가장 높은 사람이다. 만약 폰테가 8이나 9를 가졌다면, 그 참가자는 곧바로 자신의 패를 보여준다. 만약 주어진 카드의 합이 0~4라면, 그 참가자는 추가로 카드를 더 받아야 한다. 합이 5라면 카드를 더 받거나, 받지 않는 것 중에 선택할 수 있으며, 합이 6이나 7이라면 그대로 스탠드다. 따라서 폰테가 뭔가 선택할 기회는 카드의 합이 5인 경우뿐이다. 방코Banco도 받은 카드의 합이 8이나 9면 곧바로 패를 보여줘야 한다. 방코는, 만약 폰테가 자신의 패를 보여주지 않았고, 자신의 카드 합이 0~2라면 카드를 뽑아야 한다. 만약 폰테가 새로운 카드를 요청함으로써 자신의 패를 보여주었다면, 또는 방코의 카드 합이 3~6이라면, 방코는 다섯 번째 카드를 드로잉할 수 있는 선택권이 있다. 뱅커Banker에게 주어진 더욱 큰 자유도는 폰테에 비해 뱅커에게 더욱 유리한 입지를 제공해주었고, 게임을 하는 동안 불가피하게 발생하는 손실을 견뎌낼 만한 현금을 보유하고 있는 사람이 충분히 오랫동안 게임을 한다면 승리는 보장된 것처럼 보였다.

슈만드페르는 참가자들이 카지노를 상대로 게임하는 것이 아니었다. 슈만드페르 게임에서는 승리한 뱅커 측으로부터 승리한 금액의 5퍼센트의 적립금 또는 '수수료Rake'를 받는데, 이는 딜러와 장비, 설비 등의 비용을 낸다는 의미였다. 1910년부터 1920년대까지 성행한 리비에라 지역의 카지노에서, 이 게임이 수많은 부유한 도박꾼 사이에서 굉장한 인기를 끌었음에도 슈만드페르를 통해 그렇게 많은 수익을 내지는 못했다. 방크 어 듀 타블로Banque a Deux Tableaux(두 개의 테이블 배열로 12명의 참가자가 함께 게임할 수 있었다) 또는 바카라 어 방크Baccarat en Banque라고 알려진 바카라는 하우스가 뱅크의 역할을 하는 버전의 슈만드페르 게임이었지만, 일부 클럽에서는 슈만드페르처럼 뱅크의 권한을 입찰을 통해 정하기도 했다. 딜러는 두 참가자를 상대로 게임을 진행했고, 참가자들은 각각 테이블의 양쪽 반을 차지하고 있었으며, 동시에 베팅을 진행할 수 있었다. 규칙은 슈만드페르와 유사했지만 참가자 선택권이 좁았다. 참가자들은 합이 5일 때 카드를 더 받거나 더 이상 받지 않는 것 가운데 선택하는 권한밖에 없었고, 하우스 딜러는 용의주도하게 기존에 정해진 규칙을 따라 게임을 진행했다.

1907년에 합법화되기 이전부터 이 게임은 프랑스 남부 지방에서 퍼져 나갔다.[36] 웨일스의 대공이었던 에드워드 7세는 영국 사회에 이 게임을 전파하기도 했다. 미국에서는 1911년에 처음으로 소개되었는데, 특히 뉴욕을 중심으로 잠깐 불법 카지노에서 유행하기도 했다. 당시 미국에서 지배적인 게임이었던 크랩스를 위협할 정도까지는 아니었으며, 라스베이거스에 다시 도입되었던 1950년대까지는 사람들의 기억에서 거의 잊혔다.

1907년 이전에 바카라가 성행했던 프랑스의 클럽은 공식적으로 이사회가 운영하며, 특정한 목적을 위해 허가된 곳들이었다. 이사회는 보통 클럽 단장들이 조직했는데, 클럽을 대표해 내세울 수 있는 저명인사를 포섭할 만한 사람들로 구성되었으며, 이를 위해 그 인사들에게 아첨한다든지 그들의 도박 빚을 눈감아주는 방식을 활용했다. 파리의 전형적인 클럽은 식당과 응접실, 적은 금액으로 사교적 게임(포커, 에카르테, 휘스트, 피켓)을 하는 곳과 비교적 큰 게임인 바카라 어 방크를 할 수 있는 공간으로 이루어져 있었다. 매일의 도박은 교대 근무하는 두 명의 슈퍼바이저가 감독했는데,

적어도 겉으로 볼 때 이들은 모든 논쟁에 결정을 내려주면서 공정한 게임을 약속했다. 또한 그들은 크루피에, 칩 교환원, 출납원 등 다른 클럽 직원들의 업무를 지휘했다. 크루피에들은 카드를 섞고 나눠주었으며, 하우스의 적립금을 거둬들이고, 승자에게 보상을 지급했다. 일의 대가로 그들은 정기적으로 임금을 받았고, 팁의 3분의 1을 배당받았다. 출납원은 클럽으로부터 봉급을 받으며 일하는 고용인은 아니고 독립적으로 계약하는 인력이었는데, 그들은 게임 참가자들에게 돈을 빌려주고 그 대가로 적립금의 일부와 그가 빌려준 돈에 대한 이자를 받았다. 칩 교환원은 크루피에의 잡일꾼으로, 주요 업무는 칩을 금으로, 금을 칩으로 교환해주거나 참가자들로부터 현금을 수거해서 출납원에게 가져다주는 일이었다. 요즘 카지노에서와 마찬가지로 가장 낮은 가격의 칩은 흰색이었고, 다음은 빨간색이었는데, 더 높은 액면가의 칩들은 색깔보다는 크기와 모양으로 구분되었다.

클럽에서는 비서와 전화 접수원, 문지기, 벨보이, 하인, 마부, 매점 직원, 지배인, 요리사, 소스 제조 전문가, 설거지꾼을 포함한 수많은 식당 직원의 서비스를 필요로 했다. 클럽은 매주 회원들을 상대로 성대한 만찬을 제공했고, 언제나 명목상의 얼마 안 되는 가격만을 청구했다. 회원들은 연간 회비로 50프랑을 냈는데, 그중 20프랑은 정부에 세금으로 지출되었다. 정부는 또한 게임에서 사용되는 카드의 가격을 2프랑 50상팀에서 5프랑으로 올림으로써 카드에 대한 100퍼센트의 세금을 부과했다. 클럽에서는 속임수를 방지하기 위해 카드 한 벌당 오직 한 번만 사용할 수 있었으므로, 정부는 이와 같은 조치를 취함으로써 클럽으로부터 주요 세수稅收를 얻어낼 수 있었다.[37]

바카라가 인기를 끌면서 칸, 앙티브, 주앙레팡, 도빌, 니스 등지의 카지노들이 몬테카를로의 이익을 감소시키기 시작했다. 이 지역의 카지노들은 룰렛처럼 수익성이 좋은 상업적 게임이 없었기 때문에, 따로 균형을 맞춰줄 수 있는 사업 계획을 수용했다. 그들은 라인강 유역이나 몬테카를로의 카지노들이 오락거리와 만찬을 미끼 상품으로 활용했던 것과 반대로, 그것들로부터 오히려 수익을 끌어냈다. 이 지역의 카지노를 방문한 사람들은 음료나 담배, 저녁 식사의 높은 가격을 보고 깜짝 놀라기 마련이었고, 슈만드페르 게임에서 돈을 잃기 전에 그 비용을 지불할 수밖에 없었다. 하지만 여전히, 그들은 그 비용을 지불하고 게임에 참가했으며, 리비에라 지역의 카지노들은 곧 몬테카를로의 경쟁 상대가 되었다.

그리스 연합

모든 신흥 카지노가 장밋빛 미래만 기대할 수 있는 것은 아니었다. 프랑스 정부는 총수익의 60퍼센트를 세금으로 징수했고, 그 외에도 지방 정부에서 20퍼센트를 추가로 가져갔다.[38] 세금 부담이 너무 과중했기 때문에 프랑스의 카지노 운영자들은 몬테카를로의 카지노를 부러운 눈으로 바라볼 수밖에 없었다. 이미 1925년부터 프랑스의 카지노 운영자들은 정부를 향해 룰렛 게임에 대한 제한을 풀고 이 수익성 높은 게임을 운영할 수 있게 해달라고 요구하기도 했다. 다만 그들이 몬테카를로에 비해 유리한 점이 한 가지 있기는 했다. 신사들의 동의 아래, SBM은 공공 카지노에서 노리밋 바카라 게임을 허락하지 않았고, 바카라 게임은 일반적으로 소수를 위한 살롱에서만 할 수 있는 것으로 제한되어 있었다. 그러나 프랑스 카지노에서는 돈 많은 참가자라면 누구나 원하는 만큼 베팅할 수 있었고, 시간이 지나면서 특정 참가자들로 구성된 한 연합체가 눈에 띄게 수면 위로 떠올랐는데, 몇 년 만에 그들은 코트다쥐르 지역(프랑스 동남부 지중해 연안의 휴양지—옮간이)에 있는 바카라 테이블 대부분을 거의 영구적으로 장악하는 수준이 되었다.

그리스 연합으로 알려진 이 집단은 1922년 프랑스 도빌에서 처음 모습을 보였다. 이름 그대로 그리스인들로 구성된 이 집단의 우두머리는 니콜라스 조그라포스라는 희대의 도박꾼이었다. 그는 도박 역사상 얼마 안 되는, 도박을 통해 꾸준히 수익을 얻는 몇 안 되는 사람 중 하나였다. 그가 1953년에 죽었을 때 재산은 500만 파운드를 넘었는데(그 돈은 죽기 전 이미 대부분 여기저기 나눠준 뒤였다), 그것은 바카라 게임으로부터 벌어들인 돈이었다. 다른 창립 멤버는 조그라포스의 부인이었던 욜라 아폴스티리데스의 삼촌인 엘리 엘리요풀로, 자멧 쿠요이잔, 아타나스 바길리아노였는데, 바길리아노는 넷 중에 기술이 가장 부족한 사람이었다(그는 결국 슈만드페르 게임에서 급격하게 돈을 잃고 연합에서 쫓겨났다).

그리스 연합은 이들이 자원을 모았던 파리에서 결성되었다. 그들은 모아둔 돈으로 카지노를 매입하기보다는(카지노를 운영한다고 해도 그들이 얻는 수익은 승자가 지불하는 5퍼센트의 적립금을 받는 것뿐이었다), 바카라 게임이라는 '영구적인 은행'을 만들어내기 위해 서로 협동하는 편이 더 낫다고 결정했다. 멤버 중 한 명인 바길리아노가 5000만 프랑을 내자 우두머리 조그라포스는 "우리 그리스 연합이 도박의 세계에서 '한계란 없다'는 것을 알려주자"고 제안했다. 그는 이러한 대담한 행동이 진지한 도박꾼들과 도박을 애호하는 많은 백만장자의 관심을 끌 것으로 예측했다. 그들은 자신들이 그리스의 도박계를 휘어잡을 수 있을 것으로 확신했다. 그리스 연합은 프랑스 도빌에서 그 첫발을 내디뎠다.[39]

1912년에 설립된 도빌의 카지노는 전직 모험가이자 카니발 운영자였던 프랑수아 앙드레, 그의 라이벌이었던 노인장 유진 코누체가 운영하고 있었다. 그리스 연합은 당장 승리를 거두었다. 그들은 바카라 게임을 지배했다. 그들의 승리는 막대한 자본금 외에도 한 가지 독특한 이점이 있었기 때문에 가능했는데, 마치 사진을 찍은 것과 같은 조그라포스의 엄청난 기억력과 흔들림 없는 냉정함 덕분이었다. 바카라 게임은 한 슈에 카드 여섯 덱(총 312장)을 무작위로 섞어 넣어 진행되었다. 조그라포스는 한 슈의 게임이 진행되는 동안 어떤 카드가 나왔는지, 그리고 마지막 즈음에 어떤 카드가 슈에 남아 있는지를 정확하게 기억해내는 능력으로 유명했다. 그는 또한 자신이 승리할 수 있는 카드의 배치 순서인 '아웃Outs'이라는 기술을 연구했는데, 거의 즉각적으로 게임의 특정 시기, 특정 차례에 이길 수 있는 확률을 알아차렸다.

그는 그저 영리한 카드 게임 참가자가 아니었다. 그는 바카라 게임의 거장이었다. 베나제나 블랑을 비롯한 카지노 운영자들은 하우스 에지가 서서히 축적되어 수익이 되는 구조에 의존하고 있었는데, 조그라포스는 단지 그의 기술에 따라 평정심을 유지하며 그날 밤 게임을 언제 그만둘 것인지만 결정하면 그만이었다. 이 점이 그리스 연합의 또 다른 이점이었다. 그들이 카지노를 소유하고 있는 것이 아니기 때문에, 게임이 과열되거나 한참 지고 있는 상황이라고 판단되면 그저 게임을 그만둬버리면 됐다. 이렇게 좋지 않은 상황에서 조그라포스는 자존심을 세우기보다는 자신의 지성을 믿고 게임을 계속할 것인지 그만할 것인지를 결정했다. 조그라포스는 자신이 전혀 감정의 동요를 느끼지 않으며, 2000프랑이 걸린 판에서 5번 카드를 뽑을 것 같은 느낌이 들어도 침착할 수 있다고 자랑하곤 했다. 그는 확실히 냉정하게 게임을 그만두는 능력이 있었다. 예를 들어 1923년, 칠레의 재무부 장관 구스타보 로스가 그리스 연합을 상대로 1700만 프랑을 딴 뒤, 그 돈을 그대로 걸면서 두 배 또는 본전치기로 한 판 더 하자고 했을 때, 조그라포스는 정중하게 사양했다. 하지만 이는 매우 희귀한 경우였고, 그리스 연합의 지갑은 점점 더 두둑해졌다.

조그라포스는 도박꾼이라기보다는 카드 기술자에 가까웠다. 그는 바카라 게임에서라면 수백만금을 걸 수 있었지만, 다른 게임을 한다는 건 생각조차 할 수 없었다. 그는 오로지 바카라 게임만 고수했고, 거의 완벽한 게임 분석과 흠잡을 데 없는 기억력까지 더해져 사실상 도박이라고 보기도 어려웠다. 그는 다른 사람들에게 이렇게 조언했다. "경주마, 회전하는 구슬, 던져진 주사위에 베팅하지 말라."[40] 이것은 사실 공정한 조언은 아니었다. 각각의 게임은 각자 자체적인 원리가 있기 때문이다. 그러나 조그라포스는 자신의 조언을 스스로 철석같이 믿었고 세상이 '한계란 없다'는 그의 정책에 도전장을 던져도 그가 필요로 했던 모든 것을 제공하는 바카라 게임 테이블을 절대 벗어나지 않았다.

조그라포스가 많은 승리를 거두었던 도빌의 카지노는 극장과 식당을 갖추고 있었다. 아트리움에는 불Boule 게임을 할 수 있는 테이블이 있어 사람들이 소소하게 내기에 건 돈을 끌어모았지만, 진짜 게임은 슈만드페르였다. 슈만드페르 테이블은 약 40대 정도 구비되어 있었는데, 하루 중 절정에 이르렀을 때는 수십 판의 게임이 동시에 진행되었다. 라인강 유역의 카지노와는 다르게, 도빌의 카지노에는 시계가 없기로 유명했는데, 이 점은 훗날 네바다 카지노와 유사하다.[41] 그리스 연합은 카지노 안에서도 바카라의 성역, 자신들만의 전용 공간에서 게임했다. 그리스 연합이 게임하는 공간 자체에 다른 사람의 입장이 금지된 것은 아니었다. 하지만 그들이 게임하는 것을 관람하고 싶으면 카지노에 4파운드의 입장료를 추가로 내야 했다. 그 방에는 테이블이 딱 하나 있었고, 조그라포스가 다음 도전을 기다리는 투우사처럼 앉아 있었다. 유럽, 중동, 미국에서 가장 부유하다는 사람들이 와서

최선을 다해 게임에 임했지만, 결국 누구도 그를 이기지는 못했다. 조그라
포스는 사업을 하듯이(그리고 실제로 바카라가 그에게는 일과 같았다) 게임했
다. 그는 술도 마시지 않고, 웃지도 않았으며, 말도 거의 하지 않았다.

그리스 연합은 칸의 카지노에서 1년 중 얼마 동안 바카라 게임에 참가했
고, 나중에는 몬테카를로에서 자신들만의 바카라 게임을 여는 계약까지 성
사시켰다. 조그라포스는 세계의 부자들로부터 많은 돈을 땄다. 그중에는 프
랑스 자동차 제조업자 앙드레 시트로앵도 있었는데, 그는 그리스 연합에게
약 7년 동안 3000만 프랑 이상의 돈을 잃었다.

그리스 연합은 1930년대에 힘든 시기를 지나면서도 계속 번창했고, 심
지어 제2차 세계대전 이후에도 살아남았다. 몇몇 회원은 교체되었지만, 조
그라포스는 연합의 정신적 지주로 끝까지 남았다. 조그라포스가 1953년에
사망하고, 이후에 창립 멤버가 연합에 한 명도 남아 있지 않을 때도 그리스
연합은 유지되어 누군가 도전장을 내밀면 받아들였다. 그리스 연합의 유산
은 도박의 역사에서 결코 사라지지 않을 것이다.[42]

황금기가 지나고

프랑스 전역에서 카지노와 클럽들이 번창했지만, 카미유 블랑의 운은 쇠
진했다. 바람둥이로 악명 높았던 그는 외부로부터의 지원 없이 몬테카를로
에 재투자하기를 달가워하지 않았다. 제1차 세계대전이 발발하면서 블랑
은 곤경에 처했다. 크루피에 연금과 같이 더는 줄일 수도 없는 고정적인 지
출이 있었지만, 전쟁이 유럽 전역으로 확산됨에 따라 그의 수입 자체가 줄
어들었다. 그는 알베르 대공에게 세금을 일시적으로 감면해달라고 요청했
다. 알베르 대공은 그에 동의했고, 카지노 운영에 관한 SBM의 계약을 연

장해주었지만, 재빨리 이 수익성 높은 프랜차이즈의 새로운 임차인을 찾아나섰다.

알베르 대공은 의욕 넘치는 새로운 파트너, 배질 자하로프 경을 찾아냈다. 자하로프는 터키에서 태어난 그리스인으로, 군수 산업으로 막대한 부를 벌어들인 사람이었다(그는 자신을 처음으로 몬테카를로에 데리고 왔던 하이럼 맥심과 관련돼 있었다). 자하로프와 알베르는 전쟁이 끝난 뒤 전쟁에서 부당 이익을 취해 돈을 벌어들인 신흥 부자들과 전혀 귀족적이지 못한 기회주의자들의 유입을 블랑이 도저히 견디지 못하게 될 때까지 기다렸다. 이렇게 흘러들어온 수많은 군중 속에는 자신감 넘치는 예술가나 사기꾼도 많았는데, 1920년 한 해에만 10만 파운드가 넘는 부도 수표가 발행되었다.

알베르 대공이 1922년 여름 사망하고 그의 아들 루이가 아버지를 계승했을 때, 마지막 결의안을 위한 무대가 준비되었다. 루이는 당장 항구를 개선하고 새로운 개간지인 퐁비에유로 통하는 터널을 만들고 싶어했다. 블랑은 반대로 엄격하게 절약해야 한다고 주장했고, 해당 사업을 지연시키려고 했다. 루이의 허가를 받아 자하로프는 자신의 주장을 굽히지 않는 블랑을 밀어냈다. 1923년 5월, 블랑이 다른 곳에 잠시 정신이 팔린 사이에 자하로프는 몰래 SMB의 주식을 사들여 누구도 대적할 수 없는 새로운 거대 주주이자 실질적 통치자로 자리 잡았다. 블랑은 조용히 은퇴할 수밖에 없었으며 4년 뒤인 1927년에 사망했다.[43]

카지노를 운영하기 위해 자하로프는 수학에 탁월한 재능을 보이는 대학 졸업생이자 타고난 매력과 상냥함으로 고객과 직원, 매체를 모두 능숙하게 다룰 수 있는 르네 레옹을 고용했다. 테니스, 골프, 폴로 경기에 꽤 괜찮은 실력을 가지고 있었던 레옹은 모나코의 운동 시설과 오락거리를 개선하려고 했다. 카지노에 관해서는 룰렛을 활성화시키기 위해, 매일 밤 30분 동안은 0이 나와도 이것은 죽은 숫자로 간주하고 여기에 돈을 건 사람은 승리도 패배도 하지 않는다는 규칙을 만들었다. 이러한 개선안은 그다지 인기를 끌지 못했지만, 그는 성공적으로 게임 테이블의 최소 베팅 금액을 높였으며, 자하로프의 제안에 따라 카지노 입장료를 받기 시작했다(예전에는 살롱 프리브Salons Prives 또는 사적인 전용 공간만 입장료를 받았다). 1926년 레옹은 자하로프의 요청에 따라 프랑스 은행인 드레퓌스&시에 SBM의 지분을 매각하는 업무를 주선했다. 표면상으로는 프랑수아 블랑의 손자인 레옹 라드지월 대공이 조합을 이끌었지만, 실질적으로는 르네 레옹이 모든 권력을 갖게 되었다.

레옹은 하계 카지노와 컨트리클럽, 해안가 별장을 개장하고 독보적인 자동차 경주 이벤트인 그랑프리를 개최하는 등 여러 개선안을 추진했다. 그는 자신이 운영하는 리조트에 룰렛을 넘어선 이미지를 부여하고 싶었다. 이러한 일련의 작업이 효과를 발휘하기는 했지만, 전 세계에 경제 불황이 시작되면서 몬테카를로도 유례없는 위기를 맞이하게 되었다. 1932년에 SBM은 역사상 최초로 배당금을 지불하는 데 실패했다. 소득을 증가시키기 위해서 레옹은 전용 공간을 이용하는 사람들에게만 입장료를 받기로 결정했고, 일반 영업장에서 슈만드페르 게임을 운영하도록 허용했으며—카지노 순수주의자들이 보면 경악할 일이었겠지만—미국인들이 발명해낸 슬롯머신을 아트리움에 배치했다.[44]

이탈리아 국경 너머에 있는 산레모에서는 룰렛을 허용했지만(무솔리니가 결국 도박을 통제할 수 없음을 깨닫고는 그곳에 카지노를 다시 개장했다),[45] 몬테카를로를 성장시킨 게임 중 그나마 프랑스 카지노에 가장 근접한 것은 불boule 게임이었다. 이 게임은 아홉 개의 숫자로 하는 다른 버전의 룰렛 게임이었는데, 11퍼센트라는 엄청난 하우스 에지가 있었다. 부드럽게 돌아가는 상아색 룰렛 위에서 어설픈 붉은색 고무공을 가지고 하는 이 게임은 사람들로부터 바보 게임이라고 놀림받았다. 당시 『뉴욕타임스』의 한 필자는 이런 게임을 하는 사람이 있다는 사실 자체가 확률 게임을 거부하지 못하는 인간의 무능력을 증명하는 것이라고 평하기도 했다.

10년에 걸친 카지노의 정치적 노력에 이어, 공황의 위기를 극복해 나아갈 필요성을 느낀 프랑스 정부는 1933년 카지노 운영자들의 소원을 들어주었다. 카지노에서 룰렛과 트랑테카랑트 게임을 할 수 있도록 허용해준 것이다.[46] 이에 대응하여 SBM은 상한선이 없는 바카라와 슈만드페르 게임을 일반 객장에 도입했고, 파리에 있는 딜러 훈련 학교에서 급히 교관을 할 만한 사람들을 데리고 왔다. 또한 몬테카를로는 과거 프랑수아 블랑이 카지노의 수익을 높이기 위해 룰렛의 두 번째 0을 없애버렸던 점을 떠올리며 바카라 게임의 뱅커에 부과했던 5퍼센트의 수수료를 포기했다.

몬테카를로에서 바카라 게임의 수수료를 포기했다고 해서 경쟁 상대인 프랑스 카지노들의 수익이 완전히 떨어진 것은 아니었다. 하지만 그렇게 함으로써 레옹은 알라의 정원Garden of Allah이라는 나이트클럽을 운영하러 캘리포니아 할리우드로 떠나기 전에 경기 침체에 가라앉고 있던 SBM을 정상화시킬 수 있었다.[47] 이 시기에 몬테카를로 카지노는 여름에는 404명, 겨울에는 620명의 크루피에를 고용했고, 거기에 추가로 연회복을 입고 조용히 카지노를 거닐며 게임 테이블을 감시하는 감독관 46명, 정확한 숫자는 알려지지 않았지만 직원과 손님 모두를 감시하는 사복 탐정도 고용했다. 제복을 갖춰 입은 100명이 넘는 보안 직원이 보초를 섰고, 혹시나 무심히 버린 담배 따위로 인한 화재에 대비하기 위하여 소방관들도 대기하고 있었다. 또한 수많은 정원사, 시설 유지 보수를 담당하는 관리 직원들, 엔터테이너, 출납원, 회계사들까지 SBM에서 일하는 직원은 거의 4000명에 달했다. 매년 카지노가 구입하는 카드 비용만 10만 프랑에, 크루피에가 사용하는 레이크 구매 비용은 5000달러에 달했다—수많은 레이크가 도박자들이 테이블에서 베팅했던 돈을 그러모으느라 너덜너덜해졌으리라. 몬테카를로 카지노는 거대 산업이 되었다. 제2차 세계대전은 점차 잦아들었지만, 모나코는 성장을 멈추지 않았다.

카지노는 시대의 변화에 따라 보조를 맞춰 나아갔다. 아트리움에 줄지어 늘어선 슬롯머신뿐만 아니라, 또 다른 미국의 발명품이 1940년대 몬테카를로에 유입되었는데, 바로 크랩스 게임이었다.[48] 전설에 따르면, 영화에서나 볼 수 있을 것 같은 터프가이 에드워드 G. 로빈슨이라는 사람이 비밀스러운 카지노 살롱에 주사위를 소개하는 임무를 맡았다고 한다. 그는 칸 영화제가 한창이던 중 휴식 시간을 틈타 잠시 카지노에 가서 룰렛 게임을 하며 적당히 돈을 잃고는, "여기 제대로 된 크랩스 게임이 있으면 좋을 텐데"라고 말을 내뱉었다. 이 말을 듣고는, 미국 관광객을 유치하고자 했던 카지노 담당자가 당장 리노로 가서 크랩스 게임 테이블을 구하고, 크루피에들에게 주사위 게임을 지도해줄 게임 슈퍼바이저를 함께 데리고 들어왔다고 한다. 크랩스 게임이 도입되자 미국인들이 점점 더 카지노로 몰려들게 된 건 자연스러운 수순이었다. 전쟁과 혁명 때문에 독일과 러시아의 부유한 귀족들이 사라진 뒤였기에, 제2차 세계대전 이후 SBM이 미국인들의 입맛에 맞추기 위해 노력하는 것은 당연한 일이었다.[49] 1956년 모나코 군주 레니에 3세가 미국의 영화배우 그레이스 켈리와 결혼하면서 이러한 추세에 더욱 박차를 가하긴 했지만, 모나코 카지노의 일련의 변화는 세계 경제 균형의 변화에 따른 결과물이라고 보는 것이 더 자연스럽다.

아마도 1950년대 몬테카를로의 변화 중에서 가장 극적이었던 것은 선박계의 큰손 아리스토틀 오나시스가 SBM의 주식을 대거 사들인 사건일 것이다.[50] 막대한 부의 소유자이자 모나코의 발전을 위해 늘 고심하는 레니에 대공과 관심사를 함께했던 오나시스는 파산의 위기에서 위태롭게 흔들리고 있는 SBM에게 있어 그야말로 완벽한 구세주처럼 보였다. 부재자 소유권absentee ownership과 레니에의 지도 아래(오나시스는 SBM의 세세한 운영을 다른 사람이 도맡는 것에 대해 전혀 불만을 갖지 않았다), 모나코는 시대 조류에 따라 계속해서 변화했다. 모두가 그러한 변화를 달가워한 것은 아니었다. 007 시리즈의 작가인 이언 플레밍은 한때 몬테카를로를 빛냈던 러시아 대공들, 영국 신사들, 프랑스 여배우들, 인도 국왕들의 시대가 지나간 것을 한탄했다. 트랑테카랑트 게임의 우아한 곡선을 대체한 슬롯머신의 쩽그랑거리는 소리나 무지막지하게 주사위를 던지는 장면들에서는 어떤 낭만도 찾아볼 수 없었다. 모나코에서 오나시스의 시대는 1966년에 막을 내렸다. 새로운 개발 방안에 대해 계속해서 반대하는 오나시스에게 절망한 레니에가 그를 SBM의 최고위에서 축출시켜버렸던 것이다.

레니에가 직접 뽑은 새로운 경영자는 야심찬 현대화 정책을 추진하려 했지만 카지노는 모나코의 부수적인 부분이 되었고, 라스베이거스가 성장하면서 몬테카를로는 더 이상 도박 리조트를 선도하는 입지를 차지할 수 없었다. 하지만 1970년대까지 여전히 1년에 50만 명이 넘는 관광객이 모나코를 방문했다.[51] 주로 프랑스인과 이탈리아인이었던 방문객들(미국인과 영국인도 꽤 있었다)은 카지노를 방문하기는 했지만, 그저 형식적으로 베팅을 해볼 뿐이었다.

1980년대에 이르자 높이 치솟은 빌딩들이 공국을 가득 채웠고, 이 지역의 경제는 주로 금융 서비스에 의존하게 되었다. 모나코의 소득세 부재와 낮은 영업세는 이 지역을 부유한 은퇴 인구와 회사들을 위한 조세 피난처로 만들었다. 1988년에 정부 수입 중 도박으로 인한 직접적인 세수는 4퍼센트밖에 되지 않았다.[52] 프랑수아 블랑의 거시적 안목과 빅토리아 시대 사람들의 도박에 대한 지치지 않는 갈망 덕분에 모나코는 샤를 3세의 결정 이후 괄목할 만한 성장을 보여주었다.

4장

영국 사람들의 한 방 베팅

영국의 카지노(1700~1914)

영국의 배스

스파 열풍이 대륙에만 국한되어 있던 것은 아니었다. 일상에 지친 많은 영국인도 스파에서 원기를 회복하고 싶어했다. 18세기에 건강에 좋은 리조트가 되기 위해서는 반드시 치유력이 있는 뜨거운 온천수가 필요했다. 고대 로마인들은 그러한 온천의 치유적 가치를 이미 알아보았고, 16세기에 이르러서야 유럽인들이 그것을 재발견한 것이다.

요즘에야 뜨거운 물 하나 때문에 휴가를 계획한다는 것이 우습게 보일지 모르지만, 자쿠지가 발명되기 전 추웠던 그 시절에 온천수는 몸이 아픈 사람들에게 질병으로부터 잠시나마 휴식을 취할 수 있는 장소를 제공해주었다. 그런 까닭에 돈도 많고 시간도 많은데 지루함을 병적으로 견디지 못하는 부유한 사람들에게 온천은 충분히 매력적인 장소였다. 음악가들이나 예술계 종사자들, 거기다 전문 도박꾼들까지도 '치유를 구하는' 사람들의 지루함을 덜어주기 위해 덩달아 온천으로 모여들었다.

영국에는 몇몇 유명한 온천수를 보유하고 있는 호텔이 있었다. 엡섬도 그중 하나였는데, 엡섬은 그 지역에서 나는 물에서 발견된 미네랄에 '엡섬 소금(황산마그네슘)'이라는 이름이 따로 붙을 정도로 오랜 기간 휴양지로 살아남았다. 또 다른 보양지인 턴브리지 웰스는 1606년에 그 지역에서 온천이 발견되면서 유명해지기 시작했는데, 여전히 리조트 산업으로 번창하고 있다(요즘은 골프와 승마가 주요 오락거리다). 17세기부터 18세기까지에 이르는 턴브리지 웰스의 전성기에는 도박도 주요한 즐길거리 중 하나였으며, 겨울만 되면 관광객이 모여드는 인기 있는 명소였다.

잉글랜드 서남쪽 웰시 경계 지역에 위치한 배스는 18세기 잉글랜드에서 가장 인기 있는 스파 지역이었으며, 유럽 대륙에서까지 방문객들이 몰려들었다. 이미 예전부터 켈트족이 이 지역을 숭배하다시피 했으며, 로마가 지배했을 당시에는 척박한 기후에 치유적 효과가 있는 따뜻한 물로 목욕할 수 있었던 덕분에 이 지역에 많은 사원과 목욕 시설의 복합단지가 형성되었다. 로마가 영국을 버리고 떠난 뒤에도 온천수는 계속 솟아 나왔고, 이 마을의 자유분방한 이미지는 14세기에 제프리 초서가 묘사한 '배스 부인Wife of Bath'이라는 캐릭터로 영원히 남게 되었다. 이 지역은 이후 수 세기 동안 쇠락했으나, 16세기에 이르러 다시 재기하기 시작해 서서히 성장 가도를 걷게 되었다.

왕정복고 이후, 왕족들은 주기적으로 유흥을 위해 배스를 찾기 시작했다. 그들이 방문하면서 배스에 대한 사람들의 관심도 증가했고, 명성도 높아졌다. 1702년에 앤 여왕이 즉위할 즈음에는, 여름만 되면 배스를 찾는 황실 열차가 도착했다. 하지만 리조트는 우아함과는 거리가 멀었다. 마을 사람들은 길거리에 썩은 고깃덩어리와 같은 쓰레기를 마구 버려대고, 그 위를 돌아다니며 먹이를 찾아 헤매는 돼지를 풀어놓기도 했다. 예의범절의 규범 같은 것은 그 마을에서는 통하지 않았다. 춤추고 싶은 사람은 누구든 남자는 부츠를 신고 여자는 앞치마를 두른 채로(당시 고상한 방문객들의 눈에는 망신스러운 모습이었다) 날이 새도록 춤췄고, 사람들은 실내에서 담배를 피웠으며, 도박꾼들은 지쳐 쓰러질 때까지 도박에 몰두했다. 1702년에 마을을 방문했던 어떤 사람은 이곳이 더럽고 경멸스러우며, 고상한 건물이나 제대로 된 길조차 없다고 표현했다.

배스에서 가장 큰 즐길거리는 춤과 도박이었다. 춤은 본래 야외에서만 하는 활동이었지만, 보퍼트 공작의 지원 아래 실내에서도 춤을 출 수 있게 되었다. 보퍼트 공작은 또한 마을 회관에서 도박하는 것도 허용했다. 두 활동에 관한 감독은 문화부가 맡게 되었다. 그들에게 어떤 실질적인 권한이나 보상이 있었던 것도 아니지만, 마을 사람들을 필요에 따라 집결시키고 관광객들을 안내하는 역할을 해야 했다.[1]

리처드 "보" 내시는 배스가 한창 번영했던 시기에 문화부의 책임자로 있었다. 내시는 좋은 가문이었지만 매우 가난한 집안에서 태어났는데, 옥스퍼드에 다니는 1년 동안 뭔가 두드러진 활동을 하는 데에는 실패했고, 경비대 대장이나 법학과 학생처럼 인색한 면이 있었다. 그럼에도 그는 유행에 따라 옷차림을 바꾸고, 방탕한 생활을 하며, 끊임없이 연인에게 애정을 갈구하는 모습을 보였다. 그는 자신이 도박으로 얻은 수입으로 생활해나간다고 했지만 사람들 사이에서는 그가 밤길 소매치기로 그 돈을 충당한다는 소문이 돌았다. 이런 구설수는 마침내 그가 진실을 밝힐 때까지 계속되었는데, 진실은 그가 애인으로부터 몰래 용돈을 받으며 살아간다는 것이었다. 돈이 궁했던 내시는 때때로 말도 안 되는 내기를 받아들이기도 했다. 한번은, 내기에 뭘 걸었는지는 알려지지 않았지만, 친구들과의 내기로 벌거벗은 채 소 위에 올라타고 마을을 돌아다니기도 했다.[2]

불규칙한 수입에도 불구하고 그는 1695년에, 윌리엄 3세의 즉위를 축하하는 야외극의 '연회 기획자' 또는 디렉터 지위로 명성을 얻었다. 내시는 큰 성공을 거두었음에도 여전히 경제적으로 크게 나아지지 않았고, 자신의 귀족적인 성향(친구들은 그를 "백작님"이라고 부르며 놀렸다)과 도박, 춤, 사치스러운 생활을 충족시킬 수 있는 직업을 찾아다녔다. 매년 배스를 왕래하는 황실 기차를 쫓아다니던 내시는 1705년 여름, 드디어 기회를 잡았다. 앤 여왕이 이 마을에 머물렀던 7주가 넘는 기간 동안, 내시는 도박판에서 한 주에 1파운드 이상씩 따곤 했다. 시즌이 끝나기 전에, 당시 문화부 책임자였던 웹스터 대장은 내시의 능력을 알아보고는 그를 수석 보좌관으로 임명했다. 내시는 실내에서 배스의 온천수를 마시며 휴식할 수 있는 공간인 펌프룸을 만들고, 게임 테이블을 관리하며, 밤에 열리는 무도회에서 동행인 Chaperone 역할을 맡았다.

웹스터는 네모지게 각 잡힌 코트를 입고, 목에는 커다란 리본 타이를 메고, 어두운색 반바지를 잘 여며 부츠 안쪽으로 밀어넣어 꽤 멋진 차림새를 하고 다녔다. 그가 부츠를 신고 춤을 출 때면 마치 적군을 깔아뭉개려는 듯 쿵쿵거리며 발을 구르는 것 같았다. 하지만 술을 지나치게 좋아하는 전문 도박꾼이었던 웹스터에게는 적이 많았다. 어느 날 밤 웹스터는 상대하던 다른 도박꾼과 서로 받은 패에 대한 논쟁이 일었는데, 술까지 취해 있던 둘의 갈등은 적대적으로 치달았다. 두 남성은 모두 칼을 가지고 있었고, 배스의 전통에 따라 이 둘은 서로 간의 언쟁을 결투로 끝내야 했다. 주로 야외에서 볼링 하는 장소(물론 내기 볼링이었다)로 사용되던 그로브에서 만나 격렬한 결투를 벌였고, 웹스터는 상대방의 칼에 찔려 그곳에서 바로 사망했다.[3]

배스 조합은 전사한 웹스터를 이을 사람으로 내시를 임명했고, 내시는 즉시 선임자가 시작했던 개선 사항들을 더욱 확대했다. 웹스터 대장의 마지막 결투를 본 내시는 첫 번째 조치로 검을 소지하고 다니는 일을 금지시켰다. 사람들이 검을 가지고 다니면 실제로 굉장히 위험한 폭력 사태가 발생할 뿐만 아니라, 여성들의 드레스도 검에 걸려 찢어질 위험이 있다는 이유였다. 다만 내시에게는 자신의 칙령을 강제할 만한 어떤 권한도 없었기 때문에 그는 한 가지 묘안을 생각해냈는데, 배스 지역 외 다른 곳에서는 검을 소지할 수 없는 사람만 배스에서 검을 차고 다닐 수 있다는 법령을 만든 것이다. (왕국 어디서든 검을 가지고 다닐 수 있었던) 귀족은 평범한 사람으로 보이고 싶지 않았기에 당장 검을 소지하고 다니는 것을 포기했다. 나아가 중산층도 검을 소지하지 않는 귀족을 모방하고 싶은 마음에 덩달아 검을 소지하지 않았다. 사회적 관습의 교묘한 조작은 배스를 통제하는 내시의 특징적인 기술이었다.[4]

내시의 감수성과 자기중심주의적 성향의 힘으로 배스는 여러모로 발전할 수 있었다. 내시는 잉글랜드에서 최고의 리조트를 건설하는 데 집착했는데, 그것이 그의 명성을 확고부동하게 해주리라 생각했기 때문이다. 그는 곧바로 개혁을 시작했다. 과거 웹스터 대장은 기존에 있던 지역의 밴드(밴드라고 해도 바이올린과 클라리넷 연주자였다)를 지역 사람들로 구성된 5부 합주단으로 교체했는데, 이것도 상당히 개선한 것이었다. 하지만 내시는 지역민들을 해고하고 런던에서 일곱 명의 음악가를 데리고 와서 공연단을 창설했다. 오케스트라는 낮에는 그로브와 목욕 시설의 야외에서, 밤에는 회관 안에서 공연했다. 이렇게 업그레이드한 비용을 충당하기 위해, 내시는 모든 손님으로부터 1기니의 '청취료'를 받았다.

나아가 내시는 숙박 시설을 개선하고(당시 오두막같이 생긴 숙박 시설은 초라하면서도 터무니없이 비싸기로 악명이 높았다), 3월부터 6월까지를 제2의 휴가 시즌으로

보 내시. 18세기 초 배스가 도박 리조트 지역으로 성장하는 데 누구보다 크게 기여했다.

배스의 펌프룸. 방문객들은 도박을 시작하기 전 이 방에서 몸에 좋은 물을 마셨다.

만들어 홍보했다. 또한 도로를 정비하고, 야간 보초를 세울 수 있다는 의회의 칙령을 받아냈으며, 더러운 거리를 청소했다. 1708년에 그는 토머스 해리슨이 지역에 회관Assembly House을 지을 수 있도록 했는데, 그곳에서 방문객들은 카드놀이를 하거나 춤을 추고, 맛있는 음식을 먹으며 쉴 수 있었다. 그는 오케스트라 관람 비용과 함께 회관 입장료를 받아 건물에 들어가는 비용을 충당했다. 배스에서 한 가족당 2기니만 내면 회관에서 열리는 무도회 티켓 세 장을 얻을 수 있었다. 부유한 방문객들은 끊임없이 이어지는 유흥을 즐길 수 있는 이 공간을 환영했으며, 기꺼이 입장료를 지불했다. 내시가 취임한 지 3년 만에 배스는 잉글랜드에서 가장 멋진 리조트 지역이 되었다.

배스의 삶은 온천수, 도박, 춤을 중심으로 돌아갔다. 대부분의 방문객은 펌프룸에서 하루를 시작했는데, 그곳에서 따뜻한 광천수 세 잔을 천천히 마셨다. 온천에 들어가서는 성별 구분 없이 모든 사람이 벌거벗은 채 병약한 사람들과 질환 때문에 온 사람들 곁에서 함께 어울렸고, 때로 난폭한 구경꾼들은 온천수에 개나 고양이, 다른 사람을 일부러 빠트리기도 했다. 해리슨의 회관을 찾은 사람들은 나무 그늘진 정원에서 우아하게 산책하고, 끊임없이 미뉴에트 음악에 맞춰 춤추고, 가벼운 음식을 즐겼다. 해리슨은 나중에 방문객을 상대로 지나치게 높은 비용을 받았는데, 이에 내시는 1728년 험프리 세이어가 다른 회관을 지을 수 있도록 지지해주었다. 세이어와 해리슨의 회관은 모두 로어룸Lower Room이라는 이름으로 알려졌는데 (한 쌍의 어퍼룸Upper Room은 나중에 지어졌다), 내시는 이곳 배스에 있는 모든 사람을 초대해서 매일 같이 연회를 열었다. 좀더 사적인 공간에서는 추가로 차를 내어주고 파티가 열렸으며, 커피하우스에서는 간단한 다과를 제공했다.

배스는 온갖 종류의 사람들로 바글거렸다. 정말로 아픈 사람과 그저 지루함을 달래러 온 귀족들, 신분 상승을 꿈꾸는 전문가들, 남편감을 살피는 소녀와 과부들, 돈 많은 부인을 찾아다니는 잘생긴 청년들, 즐거움을 선사하고자 하는 모든 종류의 딜러들. 끊임없이 이어지는 파티와 춤, 차, 공연을 보면서 즐기는 아침 식사 가운데, 배스를 찾은 방문객들은 도박할 수 있는 시간이 넘쳐났다. 빠른 시간 안에 큰돈을 따고 싶은 사람들은 해저드 게임이나 바셋 게임을, 느긋하게 대화하면서 여가를 보내고 싶은 사람은 휘스트 게임을 했다. 상점에서 이루어지는 래플(복권의 일종 — 옮긴이)이나 경마, 볼링, 프로 권투에 거는 내기까지, 도박은 모든 곳에 있었다.

내시가 하늘이 내려준 군주처럼 사람들의 즐거움을 위해 노력하면서 수십 년 동안 배스는 점점 더 유명해졌다. 내시는 심지어 경쟁 상대였던 스파 리조트 턴브리지 웰스에서도 의전관 직책을 맡아, 그곳을 배스에 딸린 비수기용 리조트처럼 운영했다. 그러나 국가적 차원의 도박에 대한 탄압으로 리조트도 종식되고 말았다. 1739년에 의회에서 파로, 바셋, 에이스오브하트(룰렛의 전신), 해저드 게임과 같은 배스에서 가장 인기가 좋았던 게임들을 금지하는 법안을 통과시킨 것이다.[5] 이러한 게임들은 모두 상업적 게임이었다(다만 해저드 게임은 사교성으로 또는 하우스만 뱅크를 하는 게임으로 진행될 수는 있었다). 배스의 도박꾼들은 패시지Passage 게임이나 룰렛 게임의 조상 격인 롤리폴리 게임으로 종목을 바꾸었으나, 이듬해 의회에서는 더욱 엄격한 기준의 법안을 통과시켰다. 이 법안에서는 패시지, 롤리폴리, '주사위의 속성을 가지고 있으면서 그 위에 하나 이상의 모양이나 숫자가 그려진 어떤 도구, 기계, 장치'로 베팅하는 것을 금지했다.

법을 피해가기 위해 사람들은 롤리폴리를 EO로 개량했는데, 그 게임은 공이 '짝수' 또는 '홀수'로 표시된 구멍 중 어느 곳으로 떨어지는가를 맞추는 게임이었다. 그러나 1745년, 의회는 이 게임도 금지 목록에 추가했으며, 도박장과 관련된 소유주나 참가자는 누구라도 적발되면 법적인 처분을 받을 것이라고 선언했다. 그 이후에 공공 상업적 게임은 모두 사라졌다. 사람들은 로어룸에서 휘스트와 같은 사교적 게임을 하거나 사적인 공간에서 카드나 주사위 게임을 하기도 했지만, 배스는 쇠락하기 시작했다. 나중에 밝혀진 바에 따르면 내시는 그동안 배스와 턴브리지 웰스에서 도박장 운영자로부터 수익의 일부를 챙겨왔고, 그 사실을 다른 사람에게는 감추고 있었다(사실 그는 엉큼스럽게도 게임 테이블 앞에서 자신이 얼마나 많은 돈을 잃었는지 한탄하곤 했다). 내시는 자신의 말년에 한때 누렸던 호화스러운 삶의 방식을 고수하고자 노력했지만, 도박이 금지되자 빛 좋은 개살구처럼 빈곤한 처지에 놓이게 됐다. 몰락한 내시의 등 뒤에서 사람들은 그가 나이든 바보라고 놀려댔으며, 런던 화이트 클럽의 두 회원은 내시와 시버라는 노배우

중 누가 먼저 죽을 것인가 내기를 걸기도 했다(공교롭게도 내시와 시버 중 어느 한 사람이 죽기 전에 그들에게 내기를 걸었던 두 회원이 먼저 자살하면서, 결국 내시가 승리한 꼴이 되었다). 내시는, 그가 사랑했던 배스의 영락을 뒤로하고, 1761년 2월 12일 86세의 나이로 사망했다.[6]

18세기 후반에도 경마 도박이나 사적 공간에서의 도박은 계속되었다. 그럼에도 부유한 신흥 야심가들이 과거 귀족들이 건설해놓은 세계를 해체시키면서 배스의 영화는 저물어갔다.[7] 조지 4세는 해수욕이라는 새로운 여가의 방식을 발견해냈고, 브라이튼을 새로운 인기 리조트로 만들었다. 1815년 빈 의회가 선포한 범유럽 평온의 시대는 영국인들이 대륙을 자유롭게 여행할 수 있게 해주었다. 19세기가 시작되면서 부유한 영국인들은 도박의 기회와 멋진 휴양지를 자랑하는 알프스, 라인강, 리비에라로 휴가를 떠났다.

런던의 불법 도박장

아메리카 대륙을 상실하고도 영국의 도박은 멈추지 않았다. 18세기에 거의 100만 명이 거주하고 있던 런던에서, 주사위와 카드놀이는 말 그대로 모든 곳에서 찾아볼 수 있었다. 도시 내 수천 곳이나 되는 식당 딸린 여관에서 남성들은 저녁 식사 후에 그토록 열심히 도박에 매진했다. 결국 이러한 식당들은 소문과 사기도박의 소굴이 되었다. 전문 도박장들은 간단한 상업 게임을 제공함으로써 이러한 식당들과 경쟁했다.

1731년, 『젠틀맨 매거진』이라는 잡지에서 파로 게임(당시 이 게임은 사람을 "속여먹는 게임"이라며 조롱당했다)을 전문으로 하는 사설 도박장에 관해 조사했다. 조사 결과 직원들의 업무가 최소 열여덟 가지 이상인 것으로 파악되었으며, 이렇게나 지옥 같은 도박장이 이 많은 직원을 건사할 정도로 계속 이기고 있다고 결론지었다. 도박장 소유주 중 한 명인 경찰국장이 장부를 감사하고, 실제 도박장을 운영하는 관리자를 감독했다. 운영자들은 파로 게임을 진행했으며, 크루피에들은 갈퀴로 칩을 긁어모았다. 바람잡이들은 돈을 받고 사람들이 게임에 더 참여하도록 고무하는 역할을 맡았고, 그들이 제 역할을 다하고 있는지 감시하는 다른 직원들도 있었다. 도박장에는 문지기, 웨이터, 잡역부들까지 많은 직원이 대기하고 있었으며 도박꾼들이 필요로 하는 것을 즉각 해결해주었다. 도박장 밖에는 경찰의 급습에 대비해 망보는 사람과 도망꾼이 대기하고 있었다. 이러한 노력에도 성공적으로 경찰의 급습에 대처하지 못했을 경우를 대비해서 대부분의 도박장은 변호사와 보석 보증인, 가짜 증인 역할을 해줄 사람을 확보하고 있었다. 참가자들은 여러 위험을 각오하고 도박장에 입장했다. 대부분의 도박장에는 대장이 있었는데, 그들의 역할은 '돈을 잃고 화를 내는 도박꾼을 제압하는 것'이었다. 또한 돈을 찾아주는 독촉꾼도 있었고, '깡패, 장사壯士, 암살범'이 있었는데, 이들의 역할이 무엇이었는지는 상상에 맡기도록 하겠다.8

클럽에서는 고객들에게 외상을 주기도 했고 늘 경찰들이 언제 들이닥칠지 모른다는 공포심 속에서 운영되었다. 때문에 클럽은 추가로 직원들이 필요했으며, 이 직원들은 심지어 게임 결과가 공정하지 않다고 하더라도 참가자들이 그 결과를 받아들일 수밖에 없게 만들었다. 만약 클럽에서 정말로 정직하게 공정한 하우스 어드밴티지로 게임을 운영했다면 그 많은 직원을 먹여 살리기는 불가능했을 것이다. 이용자들에 대한 도박장의 위와 같은 약탈이 계속되자, 도박장에 대한 여론은 점점 더 나빠졌다. 1736년,『그럽스트리트』지는 1736년 런던에 새롭게 유입된 사람들을 부정한 곳으로 데리고 가서 도박에 빠지도록 만드는 바람잡이에게 경고하는 글을 게재하기도 했다. 얼마 지나지 않아 폐장하는 도박장들이 생겨나기 시작했다.

기존의 도박장이 사라지면서, 도박은 주점이나 커피하우스처럼 좀더 세련되고 지적인 활동과 연결돼 보이는 장소들로 흡수되었다. 1740년대, 배스를 쇠퇴시켰던 도박 금지 입법 가속화가 보여주는 것과 같이, 공공연한 도박은 사람들로부터 공격의 대상이 되었으며, 도박은 지엽적인 곳에서, 그것도 보호해줄 수 있는 방패막이가 있는 경우에만 살아남았다. 그런 의미에서 커피하우스나 초콜릿하우스는 도박이 스며들기에 딱 알맞은 곳이었다.

당시 커피하우스나 초콜릿하우스는 단지 간단한 간식을 먹거나 첫 데이트를 하는 연인들을 위한 장소만이 아니었다. 18세기 초, 런던에는 커피하우스나 초콜릿하우스가 최소 2000곳 이상 있었는데, 가게마다 특정 전문가, 계층, 정당, 국적 집단이나 특별한 목적을 가지고 거래를 하기 위한 사람들이 모였다. 휘그당이나 토리당, 스코틀랜드인이나 프랑스인, 보험업자나 주식매매업자, 모두에게 자신들만의 커피하우스가 있었다.9 일단 커피하우스가 생기고, 비슷한 사람들이 일정 정도 이상 모이면, 그곳을 찾는 사람들에게 회비를 받고 외부인의 접근을 차단하여 클럽으로 변모시키는 것은 아주 간단한 일이었다. 클럽에서는 회원들 간 친목을 도모할 수 있는 훌륭한 공간을 제공했을 뿐만 아니라, 비밀리에 진행되는 도박을 합법적으로 눈가림해주었다. 이러한 시설 중 첫 번째로 문을 연 곳은 '화이츠White's'라는 가게였는데, 이곳은 세인트제임스가에서 1697년에 문을 열었고, 이후 1746년에는 (바로 몇 건물 아래) '더 코코아 트리The Cocoa Tree'라는 곳이 생겼다. 1760년대에는 정치인이자 작가인 조지 오토 트리벨리언 경이 세인트제임스가를 하나의 거대한 카지노 단지로 비유할 정도로 그 근처에 수많은 클럽이 생겨났다.

어떤 클럽도 본래 도박을 목적으로 생겨난 곳은 아니었지만, 일부 클럽들은 다른 어떤 것보다 도박으로 유명해졌다. 18세기 후반에 화이츠, 앨먹스Almack's(1760년에 브룩스Brooke's로 바뀌었다), 그레이엄스Graham's, 더 코코아 트리(이 클럽들은 모두 원래 초콜릿하우스였다)는 그 안에서 열리는 도박판으로 악명을 떨쳤다. 보통 상류층의 도박 클럽은 웨스트엔드의 세인트제임스가와 피커딜리 안쪽, 또는 그 주변부에 자리 잡고 있었다. 화이츠는 특히 유명했다. 그곳에서는 파로와 해저드 게임이 늦은 시간까지 이어졌다. 속임수를 쓰지 않는다고 증명된 전문 도박사들은 흔쾌히 입장이 허용되었다. 회원들은 카드 게임이나 주사위 게임에서만 내기를 거는 것에서 그치지 않았다. 체스, 체커, 백개먼과 같은 사교적 게임을 하고 싶은 사람은 클럽에 약간의 수수료만 지불하면 됐다. 그러한 수수료는 사교적 도박을 허용하는 도박장에서도 흔하게 남아 있었다. 공식적인 내기 기록에 따르면, 수십 년 동안 출생과 사망을 포함해 모든 것에 대한 내기가 진행된 흔적이 남아 있다. 화이츠는 평판이 매우 좋지 않았고, 사람들은 그곳이 큰 승리를 거둔 뒤에 집으로 돌아가는 사람들을 기다려 강도질을 하는 불한당들의 소굴이라고 생각했다.[10]

전설에 따르면, 세계적으로 가장 유명해진 영국 음식이 바로 1765년 화이츠에서 탄생했다고 전해진다. 샌드위치 백작 4세 존 몬터규는 화이츠에서 24시간 넘게 쉬지 않고 도박을 했다고 한다. 게임을 하느라 저녁을 먹으러 갈 수가 없었던 백작은 두 개의 빵 사이에 고기를 끼워 넣어서 가져다 달라고 했다. 그렇게 하면 영양분을 보충하면서도 게임 테이블을 떠나지 않을 수 있고, 식기류를 테이블에 늘어놓아서 카드 게임이 중단되지 않아도 되었던 것이다. 백작이 그런 주문을 한 뒤로 다른 사람들도 "샌드위치와 같은 거"를 주문하기 시작했다.[11]

몬터규의 도박에 대한 기록은 꽤 상세하게 남아 있다. 소설가 호러스 월

폴은 몬터규가 사냥할 때도 동료 컴벌랜드 공작과 해저드 게임을 할 생각에 주사위를 챙겨갔다고 적었다. 백작은 자신의 궁핍한 경제적 상황이 "무분별한 행동" 때문이라고 모호하게 자책했는데, 거기에는 과도한 도박도 포함되어 있었을 것이다. 일부 사람은 몬터규가 샌드위치를 게임 테이블 앞에서 퍼뜩 생각해낸 것인지 아니면 자기 책상 앞에서 생각해낸 것인지 또는 그가 단지 고기와 빵을 깨작거리는 다른 도박꾼들을 보고 그것을 모방한 것인지 등에 대해 논쟁을 벌이기도 한다. 어쨌든 몬터규가 주문한 그 요리는 곧바로 가장 유명한 클럽의 손님 이름을 따서 불리게 되었다.[12]

클럽 회원들에게는 끼니를 해결하면서도 자신들이 들고 있는 카드를 음식물로 더럽히지 않는 것보다 더 중요한 걱정이 있었다. 화이츠에 버금가는 도박장이었던 앨먹스의 규칙은 당시 클럽의 분위기에 대해 많은 것을 알려준다.[13] 누가 식사비를 낼 것인가를 결정하기 위해 동전을 던지는 것을 제외하고는, 식사하는 공간에서 회원들의 도박은 일절 금지되어 있었다. 참가자들은 실제 도박판에서도 테이블의 최소 베팅 금액을 준수해야 했다. 클럽에서 직접 돈을 빌려주지는 않았지만, 추격매수하려는 무모한 도박꾼들을 도우려는 사채업자들은 언제나 근처에서 대기하고 있었다. 엄밀히 말하면 불법이었지만 이러한 클럽들은 경찰의 습격에 대한 두려움 없이 운영했는데, 클럽을 이용하는 다수의 회원이 정치적으로 주요한 인물들이었기 때문이다. 18세기 말 새로운 클럽들의 폭발적인 증가는 깊은 의구심을 자아냈다.[14] 『타임스』에서는 1793년, 웨스트엔드의 클럽의 '패악'을 매우 상세하게 기술했다. 이에 따르면, 상류층이 이용하는 몇몇 클럽은 돈 많은 젊은이를 유혹하고 사취하기 위해 존재했다. 먼저 도박장에서는 피해자들에게 훌륭한 저녁 식사와 와인을 무료로 제공했다. 그들이 현금을 모두 잃으면 주변 사람들은 그들에게 돈을 빌릴 것을 권했고, 이 젊은 신사들은 다른 사람들의 눈이 두려워 그 제안을 그 자리에서 어쩔 수 없이 받아들인다는 것이다.

심지어 정직하게 게임을 진행하는 격조 높은 클럽에서조차 하우스 퍼센티지(하우스 어드밴티지)를 참가자로부터 일정하게 거두는 상업적 게임의 본성상, 그들은 얼마든지 파산에 이를 수 있었다. 따로 회원이 되기 위한 필요조건도 없고 베팅 금액 수준도 높았던 "심연의 지옥"이라고 불리는 더욱 비열한 도박장의 경우 상황은 훨씬 위태로웠다.[15] 참가자는 공정한 방법으로 게임에서 승리하더라도 그에 대한 보상을 받지 못할 수도 있었다. 한 잡지는 19세기 초 약 30개의 "지옥"이 런던에서 계속 영업 중이라고 추정했다. 클럽들은 웨스트엔드의 우아한 외양을 갖추고 있지 않았다. 도시에서도 잘 알려지지 않은 길목에 가짜 간판을 달고 영업하는 클럽들은 하룻밤에 50여 명의 도박자가 이용할 수 있는 시설을 갖추고 있었고, 이 안에서 처절한 해저드 게임은 이어졌다. 이곳에는 정치적으로 영향력 있는 고위 인사들이 없었기 때문에 계속 운영하기 위해서는 비밀리에 교묘한 방식이 필요했다.

그다지 질이 좋지 않았던 수많은 저급 도박장은 고급 도박장과 마찬가지로 새로운 호구들을 유혹해서 속여먹었다. 거기다 타짜, 전문 도박사, 사기꾼, 사기도박자, 그리스인, 그라이프Gripe라고 알려진 사기도박을 벌이고 다니는 도박꾼들이 도처에서 활동하고 있었다. 특히 사기꾼Sharper이라 불렸던 이들은 전형적으로 좋은 집안에서 태어나 고급 교육을 받고 자란 사람들로, 겉으로는 고상한 예의범절을 깍듯이 지켰기 때문에 카드, 주사위, 당구, 볼링 등의 게임에서 오히려 쉽게 금방 만난 사람을 속여먹었다.[16]

흥미로운 사실은 수많은 신사가 사기꾼들을 피하기는커녕 같이 게임하고 싶어했다는 점이다. 체스터필드 경은 그 이유를 이야기한 적이 있는데,

같은 부류의 신사들과 게임을 하면 자신이 이겨도 상대방은 고상한 척하며 사과하고 나중에 돈을 주겠다는 핑계만 대고 끝내는 반면, 이들은 자신이 지면 즉시 돈을 주었다는 것이다.[17] 하지만 이들을 비판하는 사람들에 따르면 그들이 그렇게 정정당당한 게임을 하는 사람들은 아니었다. 그들은 상대의 약점을 잡아서 이득을 취했으며 도박장의 태평스러운 분위기와는 달리 철저히 목적 지향적으로 게임에 임했다. 심지어 이들은 '육식'이 판단력을 흐리게 한다고 '주로 우유와 야채'만 먹었다.[18] 당대 한 작가는 다음과 같이 무시무시한 말로 그들을 묘사했다.

이 어둠의 기사들은 즐거움이 아니라 오로지 수익이 목표였다. 그들은 은밀하게 몸을 감추고 경계심과 신중함만으로 게임에 임했다. 지혜롭게 거래하는 상인들과 같이, 그들은 자신들이 상대방과의 베팅에서 이기는 것을 일생의 소명으로 삼고 살았다.

그들은 불철주야 게임 기술의 비밀을 연구했다. 그들은 게임 마스터 호일의 과학적인 체계, 심오한 교리, 계산법과 가능성을 토대로 자신들의 기술을 더욱 향상시켰다. 기술이 필요한 곳에서는 누구도 대적하지 못할 정도로 능력을 발휘했고, 사기를 쳐도 안전한 상황이며 자신에게 이익이 된다고 판단하면 일말의 양심도 없이 사기도박을 했다. 운이나 우연성이 게임을 이끌어간다고 느낄 때는 자신들에게 유리한 방향으로 게임이 진행될 수 있도록 수단과 방법을 가리지 않았다.[19]

이 어둠의 군단은 수없이 많은 기술을 사용했다. 거기에는 여럿이 공모하여 게임을 하거나 게임 진행을 속이기 위해 개조된 주사위나 특정 표식이 있는 카드를 사용하는 일도 포함했다. 수 세기 동안 이들에 대한 경고는 계속 있어왔고, 그들이 어떤 속임수를 사용하는지 여러 번 글이 발표된 적도 있지만 속아 넘어가는 어리석은 피해자들은 끊이지 않았다.

금전적 수익을 위한 도박이라는 개념은 남성에게만 국한된 것이 아니었다. 별다른 수입이 없는 유복한 집안의 여성들은 때때로 자신의 집을 도박장으로 제공했다. 18세기 말 가장 유명했던 여성은 아처 여사와 버킹엄셔 여사였는데, 이 둘은 자신의 집에 뱅크를 소유하고 있던 '파로의 여성들' 집단에서 가장 부각되던 사람들이다.[20] 특히 버킹엄셔는 자신의 뱅크를 지키기 위해 잠을 잘 때도 여러 무기로 무장했던 것으로 유명했다. 이 여성들은 자신들이 귀족 가문 출신으로 도박장을 운영하는 데 아무런 문제가 없다는 식의 주장을 했다. 그러나 이들은 경찰의 급습 대상이자 대중에게는 조롱의 대상이었다. 예컨대 아처 여사는 화장을 진하게 하는 편이었는데, 어느 날 실수로 그녀의 부고가 잘못 알려진 적이 있었다. 『모닝포스트』는 부고를 정정하며 런던의 메이크업 아티스트와 향수 상인들이 크게 좋아할 일이라고 교묘하게 비웃었다.

위와 같은 공공연한 조롱은 1790년대 도박장 단속의 증가를 신호탄으로 상업적 게임에 반대하는 방향으로 여론이 변화했음을 특징적으로 보여준다.[21] 1795년 『타임』지는 더 이상 젊은 여성들이 파로 게임 같은 것은 하지 않고 젊은 남자를 속여먹으려고 하던 엄마 세대와는 다르다는 내용의 기사를 보도하기도 했다. 그러나 2년 뒤 같은 신문에서 유명 기숙사 학생들은 요새 누구나 휘스트 게임이나 카지노 게임(휘스트와 비슷하며 네 명이 하는 사교적 게임으로 유사시에는 두 명이나 세 명이 할 수 있다)을 배우고 있다고 보도했다. 상업적 게임은 명백히 감소했지만, 적어도 여성들의 사회에서 사교적 게임은 조금도 수그러들지 않았다.[22] 18세기 초 프랑스에서와 같이 도박은 심지어 사교춤보다 우위를 차지했다. 어떤 신사가 숙녀와 무도회에서 춤을 추고 싶다면 그는 3전 2승제 카지노 게임을 두 회차 정도는 한 뒤에야 그녀와 춤을 출 수 있었다.

19세기 초 영국 내 남성들 사이에서도 파로 게임의 인기는 점점 줄어들었지만 해저드 게임의 인기는 지속됐다. 바카라 게임의 싱글 카드 버전인 마카오Macao 게임이 갑자기 인기를 얻었던 적도 있다.[23] 피커딜리의 한 상점인 웨이터스 온 더 스트리트Waitters on The Street에는 한때 그 게임에 빠진 사람들이 모여들기도 했다. 당시 한 작가가 그 클럽 회원 중 4분의 3은 게임으로 인해 인생을 망쳐버렸다고 말할 정도였다. 그곳은 많은 전문 도박사의 아지트였지만 전문 사기도박꾼이 클럽을 가득 메우고 사기도박장이 되면서 약 12년밖에 운영되지 못하고 사라졌다. 다른 클럽에서는 고액으로 베팅하는 휘스트 게임이 매우 유명해졌는데, 이는 휘스트 게임이 보편적으로 확산될 조짐을 보여주는 신호였다.

크록퍼드가 새로운 표준이 되다

19세기 초반 감소하는 추세를 보였던 상업적 게임은 19세기 중반 들어 압박을 받으면서도 음지로 숨어 들어가지 않고 다시 증가했다. 당대 사람들의 말에 따르면 이러한 증가에 결정적인 역할을 한 사람이 있는데 바로 윌리엄 크록퍼드다.[24] 크록퍼드는 평범한 환경에서 태어나 처음에는 생선가게에서 일하기 시작했고, 클럽에서 도박을 시작한 후 곧 베팅에서 훨씬 더 많은 수익을 얻는 경험을 하게 됐다. 그는 당시 킹가의 앨먹스 클럽 근처에 있던 와터스 클럽의 지분을 사들였다. 그가 소유하고 있던 피커딜리의 해저드 클럽은 조작된 주사위를 사용하는 것으로 드러나기도 했는데, 법정으로 가기 전에 피해자와 재빨리 합의를 보기도 했다. 그는 동업자들과 끊임없이 언쟁을 벌였으며 결국 1826년 51세의 나이에 제임스가에 자신의 클럽을 만들기로 결심한다. 부유하면서도 악명 높은 사람이 된 크록퍼드는 보잘것없는 출신임에도(그는 항상 억센 런던 억양으로 이야기했고 겨우 철자법 정도만 익힌 상태였다) 사람들에게 부러움과 공포의 대상이 되었다.

세인트제임스가 50번지의 크록퍼드 클럽 공사는 도로 상황을 심각하게 악화시켰지만, 1828년 클럽이 개장하자마자 놀랍도록 화려한 궁궐 같은 공간에 많은 사람이 찬사를 보냈다. 공간 장식을 위한 비용만 10만 파운드가 들었다. 방문객들은 스테인드글라스로 장식된 천장 아래 '가장 훌륭한 대저택'에 비견할 만한 식당으로 통하는 고전적 분위기의 기둥들로 장식된 웅장한 연결통로를 지나갔다. 그들은 우아한 응접실에 가거나 타원형 해저드 게임 테이블이 놓여 있는 클럽의 심장부인 게임룸으로 들어가기도 했다. 방문객들은 편안한 의자에 앉아 작은 갈퀴 모양 도구로 100~200파운드짜리 칩을 베팅하며 게임을 즐겼다.

1830년대의 한 일기 작가는 다음과 같이 적었다. "조그마하면서도 위험한 방에 들어간 사람은 드넓은 초록빛 게임 테이블과 그 앞에 있는 크루피에의 모습을 평생 잊지 못할 것이다. (…) 그들의 정중한 태도, 날렵한 맵시, 빳빳하게 다려진 하얀 넥타이, 행운이 등을 돌린 고객들의 돈을 순식간에 가볍게 쓸어가는 그 손놀림." 또한 크록퍼드 근처에는 "아담하면서도 음흉한 (…) 그리스 신화에 나오는 헤스페리데스의 황금 사과를 지키는 용"과 같은 분위기를 풍기는 사람이 작은 책상 앞에 앉아 사람들에게 대출을 해주고, 대출 확인증을 처리했으며, 모든 논쟁거리를 해결했다. 지하에서는 원시적인 스포츠 경기에 관심 있는 사람들을 위해 투계를 진행했으며 이곳은 입구 가까이에 위치한 비밀 통로로 들어갈 수 있었다. 이 통로는 피커딜리 방향으로 이어져서 경찰의 급습이 있을 경우 고객들은 이곳을 통해 안전

크록퍼드를 찾는 방문객들. 1830년대의 웅장했던 건물을 묘사하고 있다.

한 지점으로 나갈 수 있었다.[25]

크록퍼드는 운영 경비를 아끼지 않았다. 알려진 바에 따르면, 그는 근처 다른 건물 지하에 있는 셀러에 7만 파운드어치의 와인을 보관하고 있었다. 1000명이 넘는 부유하고 세련된 크록퍼드의 회원들은 연간 25파운드의 회비를 지불했다. 회원이 되면 크록퍼드의 자랑거리인 프랑스 셰프계의 거장 루이 외스타슈 우데가 준비한 요리를 저렴한 가격에 맛볼 수 있었다. '특별' 외국인 손님들에게는 클럽에 무료로 입장할 수 있는 호의를 베풀었다. 도박장 안에서는 해저드와 휘스트 게임이 주를 이뤘고 크록퍼드는 자신이 직접 뱅크를 담당했던 해저드 게임에서 수입 대부분을 거두어들였다. 주사위 게임도 인기가 좋아서, 알려진 바에 따르면 클럽에서 소비한 연간 주사위 구매 비용만 2000파운드였다. 크록퍼드는 모든 과정에서 게임을 주의 깊게 관리했고, 주도면밀하게 신용 대출을 해주었으며, 필수 불가결하게 발생하는 부채도 꼼꼼히 받아냈다. 세인트제임스가에서 가장 화려한 도박장을 가진 크록퍼드는 인근 다른 클럽의 회원들을 유인했고, 이들은 저녁을 먹으러 왔다가 반강제로 크록퍼드 클럽에 남아 해저드 게임을 했다. 몇 년 만에 크록퍼드는 120만 파운드를 벌어들였고 그의 클럽을 모방한 수많은 클럽이 생겨났으며, 크록퍼드의 클럽이 점점 더 부유해질수록 '일반 도박장'은 도시 전역에 걸쳐 빠르게 확장되었다.

12년이라는 긴 세월과 그 기간에 도박장을 관리하면서 쌓인 스트레스로, 크록퍼드는 은퇴를 결정했다. 그동안 부유하고 영향력 있는 자신의 고객들을 이용해 기소되는 일은 방지할 수 있었지만, 65세의 노인이 된 그는 도박장 관리자라는 정신없는 삶을 정리하고 싶었다. 그가 데리고 있던 두 명의 직원이 클럽 관리를 맡았고 크록퍼드는 공식적으로는 모든 지분을 청산했으나, 여전히 그의 이름을 내건 클럽에 일정 정도 지분을 유지했을 가능성이 있다. 어쨌든 그가 은퇴한 후, 운영 방식은 다소 변경되어 게임 테이블의 상한선은 낮아졌고 서비스 질도 다소 떨어졌다.

크록퍼드가 일선에서 물러나기로 한 결정은 시의적절했다. 1840년대 클럽에 대한 대중의 반감과 여파가 점점 더 증가하고 있었기 때문이다. 1844년 하원의원 특별 위원회에서 도박을 조사한다고 나서기 시작했다. 일련의 공청회에서 의원들은 도박장 운영을 수수방관한다는 이유로 경찰을 맹비난했고 경찰청장은 이들이 경찰의 급습을 피해 얼마나 비밀스럽게 운영하는지, 그래서 그들을 기소하는 것이 얼마나 힘든 일인지에 대해 변명했다. 크록퍼드 자신도 위원회 회원들 앞에서 증언했으며 도박장 사업에 관해 조금 밝히기는 했지만, 그의 비밀에 대해서는 죽을 때까지 함구했다. 그는 68세의 나이로 조사에 모습을 드러낸 이후 바로 사망했다.[26] 위원회에서는 자신들의 조사를 마무리했고 갑작스레 부지런해진 경찰들은 세인트제임스가에 위치한 도박장 열일곱 곳을 단속했지만, 크록퍼드 클럽은 그 대상에서 제외했는데 아마 고인을 기리기 위한 조치였는지도 모른다.

당시 경찰들의 단속으로 크록퍼드 클럽과 아류 클럽들의 몰락이 시작되었다. 1845년 8월 국회는 전문 도박장에 대한 금지를 강화했다. 공공 도박장들은 순식간에 사라졌지만, 예전처럼 전용 클럽의 사교 게임은 지속되었다. 크록퍼드 클럽은 수년 동안 고군분투하여 사교 클럽이 되었다가 다시 미술관이 되었다가 결국 자유주의적인 데번셔 클럽Devonshire Club으로 거듭났다. 상업적 도박이 결코 사라진 것은 아니었지만 전성기를 누렸던 한 시대는 장막 뒤로 넘어갔다. 이후 한 시인이 그 시대를 그리워하듯 다음과 같은 시 구절을 남겼다.

다시 한번 우리를 반겨주었으면
세인트제임스가의 잃어버린 기쁨이여[27]

해저드 게임 테이블이 아주 완벽히 사라진 것은 아니었다. 크록퍼드의 사망 이후 예전보다 좀더 조용한 환경에서 게임이 진행되기는 했지만, 사람들은 계속 도박을 했고 도박 정신은 불굴의 존재로 증명되었다.

휘스트 게임 그리고 호일의 기여

클럽에서 무지막지한 금액을 베팅하는 도박자들은 게임의 절묘함이나 분석이 거의 필요 없는 간단하고 속도가 빠른 게임을 즐겼다. 좀더 머리를 쓰는 게임을 하는 사람들은 느긋한 속도로 카드 게임을 하길 바랐다. 후자를 위해 18세기에서 19세기까지 군림하던 게임이 있었으니, 바로 휘스트 게임이다.

휘스트 게임은 이탈리아 타로 게임 트리온피Trionfi를 기반으로 발전되었다. 러프Ruff나 트럼프Trump라고 알려진 이 게임은 16세기 영국에서 처음 등장했다. 영국인들은 즉시 기존의 게임용 트럼프 카드에 추가적 이점 또는 으뜸패를 더해 이 게임을 러프 앤 오너스Ruff and Honors 게임으로 탈바꿈시켰다. 1621년에 게임은 조정되어 위스크Whisk라는 새로운 이름을 얻었는데, 의복 어깨 부분의 주름 장식에서 따온 이름이거나 게임하는 사람이 상대방에게 조용히 하라고 책망하는 소리에서 유래한 것일 수 있다. 1660년대에 게임 이름은 다시 한번 휘스트로 바뀌었고 이 이름으로 고정되었다.

당시 휘스트 게임은 수준 낮은 오락거리로 간주되었다. 일류 신사들은 피켓 게임만 즐겼고 귀족적 허세가 가득 찬 숙녀들은 옴버Ombre 게임이나 그 게임의 4인용 버전인 쿼드릴Quadrille(카드리유) 게임을 했다. 조지 파쿼의 1707년 희극 「멋쟁이의 책략The Beaux Stratagem」에서 도시 출생 술렌 부인은 담배나 음주, '휘스트 게임'과 같은 '촌뜨기의 즐거움'을 비웃는다. 그녀의 남자 형제인 찰스 프리먼 역시 휘스트 게임과 올포스 게임을 모른다고 했는데, 지방 출신이었던 스콰이어 술렌은 그를 보고 "도대체 어디서 자랐기에?"라고 말하며 코웃음을 친다. 이 같은 아이러니를 당대 청중이 이해 못 할 리가 없었다. 1750년대까지 휘스트 게임은 시골에서 주로 하던 것으로 겨울 농한기에 지루한 시간을 보내는 농부나 목축업자들을 위한 것이었다. 도박성이 놀이의 흥분감에 상당 부분 기여한 면이 있다.

18세기 중반 이 게임은 고전적 형식으로 통합되었다. 네 명의 참가자가 테이블을 둘러싸고 앉아 서로 반대쪽에 마주 보고 앉은 사람과 한 편이 된다. 딜러는 각 참가자에게 열세 장의 카드를 돌리고 마지막 카드를 뒤집는데 그 카드 모양이 으뜸패가 되며, 그것이 다른 모든 카드를 이길 수 있는 모양이 된다는 의미다. 딜러의 왼쪽에 앉은 사람이 카드를 내고 다른 참가자들도 같은 모양의 카드를 내야 한다. 네 명 중 가장 높은 점수의 카드를 낸 사람 또는 트럼프 카드를 낸 사람이 해당 판에 승리하고 다음 판을 시작할 권한을 가진다. 맨 처음 나온 카드와 같은 모양의 카드가 없는 사람은 트럼프를 내거나 다른 모양의 카드를 낸다. 이기기 위해 같은 팀이 특정 점수만큼 이기면 되는데, 기존의 '긴' 형식의 게임이라면 그 기준이 10점이고 나중에 생긴 '짧은' 버전에서는 5점이다. 패자는 승자에게 게임의 각 판이 끝난 다음에 돈을 지불할 수도 있고, 양측의 전체 게임 점수를 합친 다음 마지막에 정산할 수도 있다.[28] 1730년대에 크라운 커피하우스에서 일군의 신사가 예전에 시골 게임이라고 간주했던 휘스트 게임을 해보자고 했다. 주의 깊게 게임을 분석하던 이들은 생각보다 복잡하다는 것을 알아차렸다. 그 후 이 게임은 도시의 세련된 사람들 사이에서 관심을 끌기 시작했다.

휘스트 게임의 인기에는 한 남성의 공이 큰데, 카드 게임을 즐기는 사람이라면 그의 일생까지는 아니더라도 이름 정도는 알고 있을 것이다. 바로 에드먼드 호일로 그의 '제안'에 따라 이후 수 세대에 걸쳐 게임 규정집이 출간되었다. 큰 명성을 얻은 것에 비해(사후 200년이 지난 후에도 그는 최종 권위자로 간주되며, 살아 있을 당시 존재하지도 않았던 게임에서조차 그의 권위가 인정받는다) 그의 태생에 대해서는 알려진 바가 없다. 확실한 것은 1730년대에 그가 휘스트 게임을 연구하기 시작했으며, 사기도박꾼으로부터 젊은이들을 보호한다는 위장 아래 그들에게 게임을 전문적으로 가르쳤다. 그는 가르치는 데 도움이 되는 규칙에 대한 필기 노트를 준비했는데, 나중에 그것들이 어떤 허락이나 보상도 없이 런던에서 유통되고 있다는 것을 알게 되었다. 그는 저작권을 확보했고 1742년 장황한 제목의 책을 출간하게 되었다. 제목은 『게임의 법칙에 관한 내용을 포함한 휘스트 게임에 대한 소논문: 적절한 주의를 기울이면 초보자도 게임을 잘할 수 있는 몇 가지 규칙』인데, 사실 이것이 끝이 아니라 그 후에 몇 문장이 더 있다. 사람들은 제목을 짧게 줄여서 『호일의 휘스트』 또는 『호일이 제안한 휘스트』라고 불렀다.[29]

도박을 '어떻게' 할 것인가에 대한 책을 최초로 쓴 이는 카르다노였으며, 프랑스의 게임 지침서들은 1647년부터 등장했고, 1651년에는 이러한 책들이 영어로 번역되어 바다 건너 영국으로 유입되었다. 왕정복고 이후 도박이 붐을 이루면서 도박 지침서 시장도 폭발적으로 증가했다. 존 코트그레이브의 『재치 있는 해석가: 영국의 파르나소스』(1662) 제2판에 이미 옴버, 글릭Gleek, 크리비지, 피켓 게임을 설명하는 장이 삽입되어 있다.[30]

도박의 성장은 사기꾼의 계략을 어떻게 피해야 하는지에 관한 강의와 소책자의 증가로 이어졌다. 찰스 코튼은 1674년 『완전한 도박꾼The Compleat Gamester』이라는 자신의 개요서에 실내외 오락거리에 관한 내용과 책자를 포함했고, 추가로 당구, 트럭이라고 불렸던 이탈리아식 당구, 볼링, 체스, 카드 게임(피켓부터 비스트까지), 백개먼, 주사위 게임, 승마, 양궁, 여가 활동의 아류인 투계에 대한 조언까지 정리했다. 코튼의 책은 1739년 리처드 시모어의 『궁정 도박사The Court Gamester』라는 책으로 흡수되었다.

이 가운데 호일의 책은 휘스트 게임의 발전에 필수적이었다. 그의 소논문이 출간되고 사람들은 이 게임을 어떻게 해야 하는지를 손에 넣게 된 것이다. 갑작스레 휘스트 게임은 글을 읽을 줄 아는 상류층 사람들의 오락으로 최신 유행이 되었다. 10년 후 게임은 궁정으로부터 왕족의 유흥거리로 승인받았으며, 그 시대의 인기 있는 놀이가 되었다. 호일은 '제2의 뉴턴'이라는 별명과 함께 환대받았고 그의 글은 권위 있는 저술로 인정받았다. 그는 이후에 백개먼과 피켓, 브래그, 쿼드릴, 체스에 대한 저서도 펴내 저변을 넓혀갔다. 1769년 그가 사망한 이후에도 출판업자들은 저서의 '개정판'을 계속해서 찍어냈고, 19세기 중반에 이르자 그의 이름은 백과사전적 도박

『휘스트 테이블The Whist Table』 저자에 따르면, 이 게임은 큰 판돈을 걸지 않고도 느긋하게 시간을 때울 수 있게 해주었다. 저자는 "도박의 사탄은 이 기발하고도 선한 휘스트라는 게임 앞에서 무릎을 꿇고, 그의 영혼은 마르쿠스 안토니우스가 카이사르에게 꾸지람을 듣듯 힐책을 당한다"고 적었다.

지침서의 포괄적인 대명사가 되었다.[31]

　휘스트 게임은 호일 사후에도 계속 진화했다. 특히 이 게임에 열성적인 한 무리의 사람은 배스에서 모임을 갖기도 했다. 1804년 토머스 매슈라는 사람이 이곳에서 휘스트 게임 지침서를 출간했는데, 자신이 호일보다 독자를 더 잘 교육시킬 수 있다고 약속했다. 저자의 말에 따르면 호일이 사망한 뒤 진화된 게임으로 겨룬다면 삼류 선수들과 대적하더라도 호일이 이기지 못할 것이라고 했다. 런던의 도박자들도 단기 휘스트라고 알려진 축약된 형태로 게임을 만드는 등 몇 가지 지점에서 게임을 바꿨고, 휘스트 게임은 계속해서 전 세계를 무대로 뻗어나갔다. 왕정복고에 이어 프랑스로부터 도박이 유입되었던 과정과 반대로 프랑스가 영국으로부터 휘스트 게임을 수입했으며(호일 저서의 첫 번째 번역본이 1766년에 등장한다), 바셋이 한 세기 전 런던에 출연했던 것과 같이 휘스트 게임이 베르사유에 나타났다. 휘스트 게임은 프랑스 파리 살롱에서부터 유럽 전역으로 퍼져나갔으며, 오스트리아나 러시아에서도 열광하는 도박자들을 찾아볼 수 있었다. 영국 식민주의자들과 제국주의 관리들은 호주, 아시아, 아프리카, 미국 등 자신들의 본토에서 멀리 떨어진 곳까지 게임을 전파했고, 좀더 안정적인 미국 동부에서 피식민지인들은 이 게임을 열렬히 받아들였다. 그토록 탁월하고 명철했던 조지 워싱턴도 게임의 유혹에 넘어갔다.

호일부터 시작해, 휘스트 게임에 관해 기술한 저자들은 기술 게임의 한 요소로서 확률에 대한 계산을 명백하게 검토했다. 지롤라모 카르다노로부터 시작해 수 세대 동안 이어진, 확률에 대한 수학적 지식에 도움을 받은 호일은, 산수에 대한 지식이 낮은 사람들이 확률 이론을 더 쉽게 이해할 수 있도록 에세이를 집필하기도 했다. 휘스트 게임은 인기를 얻을수록 좀더 진지한 검토의 대상이 되었다. 1850년대 즈음 일군의 케임브리지 학생들이 체계적으로 휘스트 게임을 연구했는데, 그들은 졸업 후에도 런던에서 계속 모임을 가졌다. 휘스트 게임을 배우기 위한 소모임The Little Whist School 회원들은 함께 휘스트 게임을 하고, 계산하고, 다양한 버전의 게임에 관해 토론했다. 1862년 '캐번디시(실제 이름은 알려지지 않은, 한 열정적인 저자의 필명이다)'라는 사람이 숙고의 결과를 『휘스트 게임의 원칙The Principles of Whist』이라는 제목의 책으로 추려내기도 했다. 2년 뒤 존 러레인의 저서 『휘스트 게임의 법칙Laws of Whist』에 실린 「단기 휘스트 게임에 관한 논문A Treatise on Short Whist」이라는 글은 게임의 전략과 이론에 관한 모든 요소를 다루면서 휘스트 게임에 관한 '철학적' 사항까지 내용을 확장시켰다. 과거 게임이 전 세계로 퍼져나갔던 것처럼 게임에 대한 지식도 세계 곳곳으로 확산되었다. 과학적 진보와 지적 분석이 눈부시게 발달한 시대에 휘스트 게임은 사유하는 인간이 할 수 있는 뛰어난 게임으로 거듭났다. 19세기 세계주의적 분위기를 풍기는 유럽에서 휘스트 게임은 모든 문화권의 점잖은 사람들이 소통할 수 있는 국제적인 언어로 기능했다.

게임에 관한 감명 깊은 논문들, 이 게임을 하면서 놀았던 수많은 사람, 휘스트에 관한 서사시까지. 19세기 카드 게임 중 휘스트 게임에 대적할 만한 게임은 없었으며, 영원히 주 무대를 차지할 것처럼 보였다. 하지만 휘스트 게임은 오늘날 사람들의 기억 속에서 거의 잊혔다. 그 이름을 언급했던 『80일간의 세계 일주』와 같은 책이 없었다면, 코스틀리 컬러스, 본 에이스, 포프 조안과 같은 게임들과 마찬가지로 역사의 무대에서 퇴장했을지 모른다. 그러나 휘스트 게임은 그렇게 자취도 없이 사라져버리지는 않았다. 1890년대에 휘스트 게임은 다시 한번 진화하여 브리지 휘스트Bridge whist 게임이 되었다. 이후에도 휘스트는 옥션 휘스트Auction whist, 콘트랙트 브리지Contract bridge라는 이름으로 다시 태어났다. 브리지 게임은 다양한 형태로 20세기 최고의 비도박 카드 게임으로 자리 잡게 되었다. 휘스트 게임은 더 이상 영국 지방 대지주의 놀이나 케임브리지 학생들의 철학적 연구 대상이 아니다. 그 기원도 시골 특유의 느낌을 담은 도박으로, 그 원형은 거의 기억되지 못하지만 휘스트 게임은 여전히 브리지 게임 속에 살아 숨 쉬고 있다.

5장

도박의 신대륙

미국 도박의 탄생

미국 도박의 서막

미국의 도박은 이 지역이 미합중국이 되기 수천 년 전부터 이미 존재했다. 그러나 미국인들은 유럽, 미국의 원주민, 아프리카 등지의 몇 가지 전통을 융합시켜 교통과 통신의 발달에 힘입어 대륙 전체에 퍼진, 좀더 거대한 도박 문화를 형성해냈다.

북미에서 수백 개에 달하는 부족, 무리, 사회에는 대부분 유럽과의 접촉 이전 도박 전통이 충분히 발달해 있었다.[1] 미국 원주민 문화는 외부와의 접촉으로 알게 된 새로운 게임을 기존의 방식에 통합시켰다. 서남 지역에서의 도박은 매우 진지했으며, 때로는 성스러운 일로 간주되기도 했다. 나바호족은 여름철과 겨울철에 하는 게임이 각기 달랐고, 여름철 게임을 겨울철에 하는 일은 위험하고 부적절하다고 여겼다. 케스티스 또는 모카신 게임이라 불렸던 게임은 겨울 중에도 밤에만 할 수 있는 게임이었다―현지인들은 이 게임을 낮에 하는 사람은 누구든 곧바로 눈이 멀어버릴 것이라고 믿었다. 게임의 방식은 이러했다. 양편이 번갈아 가며 작은 조약돌 또는 공을 땅에 반쯤 묻혀 있는 여덟 개의 모카신 중 하나에 숨긴다. 한쪽이 어둡게 표시된 칩을 던져서 누가 먼저 숨길지 결정한 뒤에, 승자는 가리개를 내리고 모카신 중 하나에 공을 감춘다. 그러면 상대방은 모카신 중 하나를 막대기로 친다. 만약 막대기로 친 모카신에 공이 있었다면, 공은 상대편이 갖는다. 만약 공이 없었다면 공을 찾을 때까지 막대기로 친 숫자만큼 점수가 깎인다. 한 판씩 진행될 때마다 각기 다른 노래를 불렀으며, 한 번 불렀던 노래를 나중에 반복해서 부르는 것은 금지되어 있었다. 마지막에 남은 숫자가 많은 편이 승리하며 내기에 걸린 것을 가져갔다.

노인들의 말에 따르면 '밤의 동물들'은 영원한 어둠을 원하지만, '낮의 동물들'이 영원한 빛을 원할 때 이 게임이 거행되었다. 사람들은 해질녘에 만나서 태양이 영원히 떠오르지 않거나 또는 영원히 지지 않을 것인지를 결정하기 위해 케스티스 게임을 해야만 했다. 동물들의 놀이는 시작되고 긴 밤 내내 엎치락뒤치락 게임이 이어지지만, 새벽이 되어도 한쪽 편이 완전하게 이기지 않으며 결국 게임은 서로서로 계속 밀어내며 이어지는 것으로 간주되었다. 낮과 밤은 이전처럼 계속 이어질 수 있는 것이다. 이야기꾼들은 나바호족에게 익숙한 특정 동물들의 신체적 특징을 설명하며, 미국 원주민들의 게임에서 찾아볼 수 있는 이분법적 주제에 관해 언급하기도 한다. 거기에는 빛과 어둠, 겨울과 여름, 여성과 남성 등 서로 반대되는 것들 사이의 영원한 경쟁이 깃들어 있다.

도박꾼과 사기꾼은 미국 원주민 신화의 주요 요소들이며, 나바호족의 이야기에는 도박의 신, 노퀼피가 등장한다. 그들에 따르면, 푸에블로족 사람들은 차코 캐니언(뉴멕시코주 북쪽에 위치)에 노퀼피를 위한 고층의 사원을 지었다. 노퀼피 이야기는 몇 가지 변형된 버전이 있다. 그중에서도 가장 널리 알려진 이야기에 따르면, 노퀼피는 차코 캐니언에서 도박을 하면서 이 지구상에 있는 모든 것을 자신의 소유로 만들었다. 노퀼피는 심지어 태양의 터키색 귀걸이까지 훔쳤는데, 나바호족을 훈련시켜서 자신으로부터 귀걸이를 되찾아가면 되지 않겠냐고 태양을 도발했다. 한 나바호족 전사가 몇몇 동물의 힘을 빌려 정말로 노퀼피가 말했던 대로 귀걸이를 되찾았다. 전사는 패배한 도박의 신을 하늘로 쏘아 올려보냈는데 그곳에서 노퀼피는 '달의 운송자'를 만났고, 달의 운송자는 다시 노퀼피를 지구로 돌려보내 결국 그는 멕시코의 신이 되었다.[2]

신화의 일부 버전에서는 도박 사원이 푸에블로 알토에 위치하는데, 나바호족은 이곳을 "도박에서 이긴 자들의 고향"이라고 부른다. 이후에 푸에블로 알토에 관한 고고학적 조사에 따르면, 이곳은 아마도 도박의 중심지였을 것이라고 이야기한다. 수백 마일씩 이어지는 다섯 갈래의 길이 모이는 이 장소는 거대한 교류 네트워크의 중심지였을 것이다. 이곳으로 집결된 상품들은 재분배되지 않고 몇몇 거대 창고에 저장된다. 대부분의 푸에블로 지역에서 커다란 중심부 광장은 춤을 위한 공간으로 사용되었는데, 그곳의 바닥은 리듬에 맞춰 그 위를 밟고 다녔던 발 모양으로 가득 차 있다. 하지만 푸에블로 알토는 여러 겹의 점토로 덮여 있는데 이 공간이 사람들이 춤을 추었던 곳은 아니라는 것을 말해준다. 그곳은 사람들이 모여 도박을 했던 장소일 가능성이 높다.

현재는 미 동부에 자리 잡고 있는 마운드 빌더(북아메리카 오대호에서 플로리다에 걸쳐 많은 무덤·둑을 남긴 선사시대 인디언의 여러 부족―옮긴이)는 유럽과 접촉하기 전에는 굉장히 복잡한 사회를 구성하고 있었고 대규모 사원을 건설하기도 했다. 청케라는 돌은 이들이 남긴 유물인데 가운데는 비어 있고 납작하며 반들반들한 원 모양의 돌로, 굴리는 데 사용되거나 가운데 구멍에 무언가를 끼워 어딘가에 던지는 용도로 사용되었다.[3] 17세기에 동남쪽 산림 지대를 여행하는 사람들은 청케 돌과 막대를 사용한 게임이 널리 퍼져 있었다고 전하고 있다. 19세기까지 크리크족과 캘리포니아의 체로키족 마을에는 청케 모양의 경기장을 찾아볼 수 있었는데 그곳은 테라스로 둘러싸인 축구장 세 개만 한 크기의 움푹 파인 공간이었다. 가운데에는 30피트짜리 막대기와 표적이 세워져 있었고 참가자들은 이것을 조준하여 창이나 돌을 던졌을 것이다. 분명 많은 관중이 있는 대규모 이벤트였을 것이다.

미국 원주민들은 단지 오락적 목적으로만 게임을 하는 것이 아니었다. 도박 경기는 교역 물품을 재분배하고 이웃과의 상호작용을 증진하는 데 효과적인 기제로 작동했다. 유럽인들의 눈에는 모든 계층의 원주민 남성과 여성이 너무나 무모하게 도박에 참가하는 것으로 보였겠지만, 그러한 관점은 그들의 도박 기저에 있는 종교성을 놓친 것이다. 예컨대 주사위 게임이 일주일 내내 진행될 때, 이로쿼이족은 매일 밤 행운을 위해 기도했으며, 패배한 쪽은 초자연적인 이유(선한 신령이나 악한 주술사의 기분을 상하게 했다거나)를 대며 자신들의 불운을 설명했다.[4]

도박은 스페인이 아즈텍 문명을 정복하는 과정에서도 하나의 수단으로 사용된 적이 있다. 에르난 코르테스가 1519년에 멕시코 땅에 도착했을 때, 몬테수마는 그가 케찰코아틀(아즈텍 신화에 등장하는 뱀신으로 녹색 깃털 날개를 단 뱀의 모습을 하고 있다―옮긴이)의 화신이라고 믿었다. 몬테수마는 코르테스에게 공으로 하는 게임을 하나 알려주었는데, 그 게임이 재미있다고 여긴 코르테스는 스페인 황제에게 한 무리의 팀을 보내기도 했다. 코르테스는 곧 몬테수마를 감금했는데, 감금 기간에 그의 정신을 돌리기 위해 황금 주사위로 하는 토트로크Totloque 게임을 할 수 있게 해주었다. 스페인인들은 그 게임이 자신들이 하는 테이블 게임 또는 알폰소 10세가 13세기에 자신의 저서 『확률 게임에 관한 책Book of the Games of Chance』에서 기념비적으로 다룬 주사위 놀이와 유사하다는 것을 금방 알아챌 수 있었다. 언젠가 몬테수마는 코르테스의 점수를 기록하는 스페인 사람들이 속임수를 쓰고 있다고 불평하기도 했다. 그러나 이러한 속임수는 아즈텍을 침략한 스페인인들이 저지른 더 큰 불의를 생각하면 아무것도 아니었다. 몬테수마가 자신이 승리하더라도 승리로 얻은 것들을 모두 나눠주는 관대한 사람이었다는 점은 당시 게임을 참관했던 스페인 군인들도 인정했다. 불행하게도 코르테스는 그처럼 너그러운 사람이 아니었고, 몬테수마가 결국 스페인에 항복했을 때 코르테스는 모든 금을 녹여버리라고 명령했다. 이러한 명령이 떨어지자마자 같이 카드 게임을 하며 희희낙락했던 군인들이, 이제는 마치 도박에 임하듯이 지분을 확보하기 위해 치열하게 노력했다. 6개월 후 몬테수마는 사망했고, 아즈텍의 수도 테노치티틀란을 차지한 코르테스는 모든 종류의 도박을 법적으로 금지했다. 몬테수마와의 승부에서 제국을 보상으로 얻은 코르테스는 (몬테수마처럼 도박에 빠져) 그것을 다시는 잃어버리고 싶지 않았다.5

몬테수마의 이야기는 미국 원주민들 사이에서 도박이 어떤 운명을 맞이하게 되었는지 알려준다. 신성한 도박의 의식儀式이 침략자들의 맹공격을 막아내지는 못했지만, 이들의 게임은 계속 이어지면서 원주민들의 의례를 보존해주었다. 북미의 여러 부족은 19세기 말까지 자신들의 전통적 게임을 계속 이어나갔으며, 카드와 같은 유럽의 게임 용품을 자신들의 도박 방식에 융합시켰다.

19세기 말 부족 대부분은 강제로 평화조약을 맺었음에도 도박은 계속되었고, 문화 재건의 수단이나 공격성을 표출하는 대리적 기회로 기능했다. 1890년대 포니족이 추진했던 '유령의 춤' 부활 운동은 전통적 게임에 대한 새로운 열정을 보여준다.6 고리와 막대 게임, 손 모양으로 문제를 맞히는 전통적 게임이 의례적인 춤에 포함되었다. 패배에 이어 예속된 이후에도 부족들은 도박을 매체로 자신들만의 전쟁을 이어나갔다. 경기를 시작하기 전 참가자들은 무언극으로 오래된 전쟁 의식을 표현하며, "우리는 손 게임Hand game을 위한 출정의 길로 나아가고 있다"고 선언하기도 했다. 외부로부터 온 정착민들이 미국 원주민들의 땅을 장악했지만 그들은 결코 원주민 문화와 수천 년간 이어져 내려온 도박 전통을 완전히 파괴하고 지워버릴 수는 없었다.

신대륙의 도박

한발 앞서 움직였던 스페인처럼 영국 정착민들도 신대륙에서 일종의 구원을 찾고 있었다. 구원이란 경제적 또는 종교적인 구원이었으며 때로는 둘 다 필요하기도 했다. 식민지 제임스타운에 설립되었던 버지니아 컴퍼니는 신대륙에서 기대했던 전망과 달리 연이어 고배를 마시고 있었다. 주지사들은 해야 할 다른 심각한 일들이 남아 있음에도 소득 없이 "헛짓거리 하고 있는" 식민지 주민들을 비난했다. 정착민들은 열심히 일하기보다는 빈둥대거나 도박하는 것을 더 좋아했고 (버지니아 컴퍼니가 자신들을 뒷받침해주는 정책적 기반을 이미 상실한 뒤) 영국에 가져다 팔 만한 신대륙에서의 발견이라고는 담배밖에 없었다―당시 복권 당첨자들에게 당첨금 지급을 유예했던 버지니아 컴퍼니 이사의 행태를 고려한다면 시적 정의가 구현된 것과 같은 결과였다.[7]

이후 담배가 크게 유행했음에도 불구하고 버지니아에서 도박을 소거시키지는 못했다. 담배의 가격은 등락을 거듭하며 변동했고, 토지와 담배 투기꾼은 자신이 소유하고 있는 것으로부터 빠른 수익을 내기를 원했다. 이러한 환경에서도 도박은 어디서나 벌어졌으며, 특히 버지니아에 썰물과 같이 밀려 들어온 새로운 엘리트 집단 속에서 도박은 유난히 성행했다. 엘리트 집단은 공장을 소유하고 있는 상류층으로 삶의 자질구레한 일에 무신경한 태도를 보이고, 푸짐한 음식을 먹으며, 우아한 옷을 입고, 대담한 연애

를 하며 무모하게 높은 금액으로 도박을 즐기는 사람들이었다.[8]

카드나 주사위, 당구 등 어떤 것을 하든지 간에 도박은 사실상 버지니아 엘리트 집단을 대표하는 특징이 되었다. 1686년 지인을 방문하고자 버지니아를 찾았던 한 프랑스인은 자신을 초대한 사람이 저녁 식사를 마치자마자 도박판을 벌였던 이야기를 남기기도 했다. 도박은 자정까지 이어졌고 그중 한 사람이 인내심이 한계에 달한 프랑스인을 발견하고는 이제 막 게임이 재미있어지기 시작했으니 먼저 가서 자라고 권했다. 이튿날 아침 그가 일어나 내려갔을 때, 지난밤 자신에게 먼저 자라고 권했던 사람이 여전히 도박에 몰두하고 있음을 발견했다. 때때로 도박을 향한 충동은 통제할 수 없는 성질의 것이다. 1711년 11월 굉장한 부자이자 식민지 공장 소유주였던 윌리엄 버드 2세는 커피하우스에서 주사위 게임을 했는데 게임이 잘 풀리지 않아 12파운드를 잃었다. 그는 일기에 사뭇 진지하게 "앞으로는 도박을 하더라도 50실링 이상 잃는 일은 없을 것"과 "앞으로는 도박하는 시간을 줄일 것"이라고 맹세하는 글을 적었다. 2주 후 그는 피켓 게임에서 4파운드를 잃었는데 그가 이전에 자신과 한 약속에 대해서는 일언반구도 없었다.

매사추세츠만에 정착했던 청교도인들도 겉으로는 독실한 신자처럼 보이기로 유명했지만, 종종 카드놀이를 했다. 청교도의 교리에 따르면 도박이 그 자체로 부도덕하거나 죄악이라서가 아니라(결국은 성경에도 제비뽑기에 관한 이야기가 넘쳐나지 않던가) 그것이 나태하게 시간을 낭비하는 짓이기 때문에 나쁜 것이었다. 경건한 남성과 여성은 카드놀이를 하면서 이야기나 나누고 있을 것이 아니라 하늘의 왕국에 들어가기 위한 준비를 하는 것이 바람직했다. 1646년 매사추세츠에서는 공공장소에서 하는 도박을 금지하는 법을 통과시켰지만(식민지에서 그러한 법은 처음 있는 일이었다), 단속은 느슨했고 몇몇 교인이 벌금을 내는 수준일 뿐이었다. 그러나 수십 년 동안 목사들은 자신의 교인들에게 도박으로 시간을 낭비하는 것은 (성직자였던 인크리스 매더의 말을 인용하자면) "매우 끔찍한 죄악"이라고 상기시키곤 했다.

뉴잉글랜드 역시 재미 좀 보겠다는 식민지 주민들의 열기로 가득했고 칼뱅주의 교리도 이 열기를 식히기에는 역부족이었다. 이는 여관과 관련 있는 문제였다. 첫 번째 보스턴의 '여관Ordinary'은 1630년에 개업했고 이후 다른 지역에도 몇몇 여관이 생겨났는데, 코네티컷 주지사는 유흥거리를 찾는 여행자를 위해 세 마을에 여관을 개업하도록 명령하기도 했다. 로드아일랜드의 경우 여관 운영 허가는 엄격한 통제 규율 아래 있었으며 주취酒醉나 카드와 주사위 놀이는 금지되었다. 하지만 17세기 뉴잉글랜드 내 여관의 숫자는 증가했으며, 이들에 대한 주지사의 통제력은 점점 약해졌다. 여관은 결국 카드부터 셔플보드까지 모든 종류의 불법적인 도박의 온상지가 되었다. 여관에서는 다양한 즐길거리를 제공했다. 손님들이 먹고, 마시고, 담배를 피우고, 도박하는 동안 다른 한쪽에서는 훈련받은 바다코끼리나 돼지들의 공연을 구경할 수 있었다.

18세기 뉴잉글랜드에서 경마는 대중화가 되었지만 남부만큼 인기를 끌지는 못했다. 경마 경기는 남부보다 불규칙하게 개최되었고 베팅 금액의 규모도 작았지만, 베팅은 일상적인 일이었다. 식민지 주민들이 물리적으로 폭력적인 스포츠를 기피했던 뉴잉글랜드에서는 오랜 기간 영국에서 인기를 구가했던 곰싸움, 개싸움, 닭싸움과 같은 유혈 스포츠를 찾아볼 수 없었다. 공식적으로 청교도의 지도자들은 경쟁적인 스포츠를 하지 못하도록 막았는데, 그러한 스포츠들은 필연적으로 도박으로 이어졌기 때문이다. 뉴잉글랜드의 5대 식민지에서 모두 일찍이 도박을 금지하는 법을 통과시켰지만, 법을 어기고 도박한 사람이 받는 처벌은 미약한 수준이었다.9

왕정복고 이후 방탕한 풍조에 반기를 들며 17세기 말 도박에 반대하는 청교도들의 태도는 더욱 확고해졌고, 주지사들은 카드놀이에 대해 심한 비난을 퍼부으며 설교했지만 도박은 사라지지 않았다. 많은 마을에서 당첨 상품으로 토지를 걸고 복권을 운영했고 카드놀이에 찬성하는 사람들은 이것이 저렴한 비용의 오락거리일 뿐이며, 반드시 카드놀이에 베팅하지 않아도 되고 오히려 수학적 기술을 늘리는 데 도움이 된다고 주장했다. 결과적으로 대학생들, 전문가들, 상인들, 주지사들까지 카드놀이를 시작하면서 휘스트 게임은 만연하게 되었다. 올포스, 크리비지, 쿼드릴, 4인용 옴버 게임 역시 인기를 끌었다. 루미Rummy 게임의 현대적 특징과 휘스트 게임의 트릭 테이킹 특성을 혼합한 피켓 게임은 그야말로 순수한 도박이라고 종종 비난받았으나, 실상은 친구들과 함께할 수 있는 사교적 게임이었다. 대서양 건너에 있는 다른 유럽 국가들에서는 인기를 끌었던 파로나 해저드 게임과 같은 상업적 게임은 전혀 뿌리내리지 못했다.

카드놀이에 빠진 식민지

미국 내에서도 펜실베이니아는 도박으로 탄생한 지역이라고 볼 수 있다. 퀘이커교도였던 윌리엄 펜은 1681년 찰스 2세로부터 허가를 받자마자 이곳에 자유로운 신앙의 천국이자 민주적인 식민지를 건설했다. 찰스 2세가 어째서 인기도 없고 사회적인 문제에 급진적인 종교 종파였던 퀘이커교도에게 높은 수익이 예상되는 주요한 땅을 허락했는지는 아직도 논란으로 남아 있다. 그것은 아마 윌리엄 펜의 아버지와 찰스의 관계 때문이었는지도 모른다. 아들과 이름이 같았던 아버지 윌리엄 펜 경은 영국 청교도 혁명 과정에서 초반에는 의회의 편에 섰지만 이후 네덜란드와의 전쟁에서 영국 해군을 지휘하면서 왕정복고 이후 찰스 왕의 측근이 되었다. 윌리엄 경은 임종을 앞두고 자기 아들을 보살펴주겠다는 왕가의 약속을 받아냈다. 루머에 따르면 고질적인 도박꾼이었던 찰스 2세가 윌리엄 경에게 1만6000파운드의 도박 빚을 졌는데 갚지 않다가 결국 그의 아들에게 빚을 대신해 펜실베이니아 땅을 줬다고도 전해진다. 만약 이것이 사실이라면 미국 자유의 발상지는 유례없이 큰 도박 부채 탕감으로부터 시작된 것이다.[10]

윌리엄 펜은 1682년 「대법전Great Law」을 제정하여 도박을 금지하고 법을 어기는 사람은 투옥하거나 벌금을 물게 했다(아마도 아버지가 카드놀이로 성공했다는 점은 무시했던 것 같다). 퀘이커교도들은 도박에 반대하는 태도를 변함없이 유지했지만 여느 곳에서와 마찬가지로 법적인 금지는 큰 효력을 발휘하지 못했으며 카드놀이, 경마, 주사위 놀이는 여기저기서 지속되었다. 만연한 카드놀이로 인해 1765년에는 트럼프 카드가 필라델피아대학에서 출입증으로 사용될 정도였다. 학생은 등록금을 내고 나면 자신의 이름과 수강할 수 있는 과목명이 적힌 카드를 받았다. 오늘날 펜실베이니아대학의 교무과장은 학생의 등록을 관리하는 더욱 정교한 시스템을 사용하고 있지만, 18세기에 트럼프 카드가 출입증으로 활용되었다는 사실은 필라델피아에서 카드가 널리 쓰였다는 점을 증명한다.[11]

식민지 전역에서 도박은 일상적인 실내 오락거리였다. 미국 원주민들이 그랬던 것처럼 성별과 사회적 지위를 불문하고 영국 식민지 주민들은 카드놀이를 하거나 주사위를 던지거나, 어떤 방식으로든 내기를 걸었다. 도박이 허용되던 술집이나 클럽은 주로 남성들이 이용했기 때문에 큰 베팅은 남성들의 몫이었다. 백개먼이라는 주사위 게임도 큰돈이 걸리는 게임 중 하나였다. 당구는 술집에서도 인기 있었지만 부유한 미국인들에게는 자신들의 저택을 뽐낼 수 있는 놀이로 활용되었다―당구대를 집에 가져다놓고 즐길 정도라면 그만큼 큰 방이 필요했고 그것이 바로 부를 증명하는 것이었다. 결과적으로 가정용 당구대는 주변인들과 즐거운 시간을 보내거나 친구, 사업상 지인들, 경쟁자에게 부를 뽐내고 싶어하는 상인과 남부 지방의 공장 소유주 사이에서 이용되는 도구가 되었다.

카드놀이를 즐기는 일부 식민지 주민들은 영국식 게임을 따라 하기도 했다. 이러한 사람들 덕분에 18세기 영국령 북미에서는 휘스트 게임도 매우 인기를 얻었다. 영국 이외의 지역에서 유입된 게임들도 유행했다. 프렌치 루이지애나French Louisiana를 통해 북미로 유입되었을 유커 게임의 인기도 지속되었다. 트릭테이킹을 기반으로 하는 4인용 유커 게임은 조커 카드(한 덱의 카드에 만능패Wild cards가 두 장씩 포함되어 있다)의 미국식 개조의 특징을 보여주는 첫 번째 게임이었고 북부와 중부, 캐나다를 중심으로 큰 인기를 끌었다. 또 다른 프랑스 게임인 피켓 게임은 뉴잉글랜드와 마찬가지로 좀더 투박한 도박자들이 좋아했다. 비록 영국의 웨스트엔드를 따라 만든 사설 클럽에서 게임이 성행하기는 했지만 술집에서의 상업적 게임은 아직 알려지지 않았으며 전문적인 '도박장'도 없었다.

일반적으로 술집에서 하는 게임이 누구에게나 개방되어 있었기에 모든 남성은 개인적인 배경에 상관없이 도박을 할 수 있었다. 남성들은 수습공, 하인, 노예들로 북적이는 술집에서 휴식과 유흥의 시간을 보내기도 했다. 남부 지방에서는 다른 공간에서 도박을 했지만 미국의 흑인들도 백인들만큼이나 도박을 했다. 일부 식민 지역에서는 게임 테이블과 관련한 속임수, 싸움, 기타 범죄, 일요일의 게임 행위를 금지하는 법을 통과시켰다. 그러나 도박을 경솔한 행위로 간주하고 금지하려고 했던 도덕적인 법률을 조금만 벗어나면, 식민지에서 도박에 대한 반대는 거의 찾아볼 수 없었다. 투계도 주점에서의 도박만큼이나 흔했고 특히 18세기 남부의 좀더 빈곤한 미국인들 사이에서 인기 있는 종목이었다.

혁명기의 도박꾼들

미국 독립 혁명은 인류 역사상 매우 획기적인 사건이었다. 1765년, 인지 印紙 조례는 영국 통치에 대한 식민지인들의 반발을 불러일으켰고, 이미 증가하고 있었던 독립정신에 불을 붙였다. 인지 조례는 사업을 위한 계약이나 신문에 이르기까지, 각종 공식 인쇄물에 정부가 발행한 인지를 구매해 붙이라고 요구했다. 그 물품 중에는 1실링짜리 인지를 붙여야 하는 카드놀이용 카드와 10실링짜리 인지를 붙여야 하는 주사위도 있었다. 카드에 왕실의 세금 인지가 부여된 것은 영국 역사에서 이미 오래된 일이었지만, 피식민지인들은 그러한 사실에는 아랑곳하지 않고 이것이 자유에 대한 침해라며 위와 같은 조치에 분노했다. 대규모 대중의 반대 운동이 일어난 뒤 인지조례는 곧바로 폐기되었다. 인지 조례에서 도박에 대해 부과된 부분은 그다지 큰 비중을 차지하는 것은 아니었지만(신문과 법적 서류에 부과되었던 인지는 신문사와 변호사들이 꽤 강력하게 동요할 만큼 영향력을 미쳤다), 이러한 세금 조항은 영국 왕실이 미국 피식민지인들을 지배하는 권력을 행사하고 있음을 상기시켜주었다.

미국 독립전쟁이 한창일 때, 군인들 사이에서도 도박이 끊이지 않았다. 기록에 따르면, 1775년부터 1776년까지 보스턴 포위 작전을 지휘했던 윌리엄 호 경은 1775년 7월 8일 다음과 같은 명령을 내렸다. "여러 부대에 속한 병사들이 도박을 하고 있다. 장교 및 하사관 제군은 병사들 사이에서 불미스러운 일이 발생하지 않도록 특히 주의를 기울이기 바란다. 이러한 나태함과 타락 행위는 항상 (특히나 요즘 같은 때에는) 예방하고 금지해야 한다."12 그러나 이러한 명령도 병사와 장교의 도박을 감소시키지는 못했다. 영국군이 점령한 도시에서 군인들은 말 그대로 술과 춤, 도박, 동정심 많은 왕당과 여인들과의 연애를 신나게 즐기며 시간을 보냈다. 술집 주인들은 영국 군인

들이 카드놀이를 하도록 허락해주었고, 당시에 경마는 매우 인기 있는 오락거리였다.[13]

또 다른 전선에서, 조지 워싱턴 장군도 도박에 관해 비슷한 걱정을 하고 있었다. 워싱턴은 종종 도박이 "탐욕의 산물이며, 부당함의 형제이자, 경솔함의 아버지다"라고 말하곤 했다. 하지만 워싱턴은 그 자신도 '경솔한 짓'을 꽤 했다. 1772년부터 1775년까지 그는 자신이 카드 게임을 했던 기록을 상세히 남겨놓았다. 승리할 때보다 패배할 때가 많았지만 언제 게임을 그만둬야 하는지는 정확히 알고 있었다 ─그는 하루에 6파운드 이상 잃지는 않았지만 1772년 10월에 아나폴리스 카드 게임에서 13파운드 이상 승리해 돌아가기도 했다.[14] 워싱턴이 도박장에서 보여주었던 방식은 전장에서도 똑같이 적용되었다. 그는 전장에서 승리했을 때보다 패배했을 때가 더 많았지만, 결과적으로 요크타운에서 영국군 사령관 콘월리스를 굴복시켰다.

그 자신이 도박을 좋아했음에도(그는 자신이 도박했던 결과의 기록을 평균 2주에 한 번씩은 남겼다), 자신이 이끄는 부대원들에게는 나라를 위해 카드를 내려놓으라고 명령했다. 그는 1776년에 "모든 장교와 병사는 카드놀이 및 어떤 종류든 확률 게임에 참가하는 것을 금지한다. 모두가 고통스러운 이 시기에 신과 나라를 위해 일하면서 악행과 부도덕한 행위는 하지 말아야 할 것이다"라고 말했다.[15] 그러나 이러한 명령은 윌리엄 호 장군이 했던 명령만큼이나 별반 소용이 없었고 워싱턴은 수년간 자못 진지하게 "(게임은) 악의 근원이며 용감하고 훌륭한 장교들을 망가트리는 원인"이라며 모든 종류의 게임은 금지된다고 간간이 부대원들을 환기시킬 뿐이었다. 그러나 모든 게임이 그런 것은 아니었다. "재미로 하는 운동과 관련된 게임은 허용될 뿐만 아니라 권장된다." 그러나 여전히 장교와 병사들 대부분은 카드놀이에서 재미를 찾았다.

대륙 회의 대표자들도 나랏일을 하지 않을 때면 종종 도박에 빠졌다. 토머스 제퍼슨은 6월에 두 주에 걸쳐 독립선언서 원고를 작성하면서도 조금씩 시간을 내 도박을 하곤 했다. 그는 백개먼 게임이나 동전 던지기 게임, 로토나 카드 게임의 결과를 기록해두었다. 제퍼슨은 자신처럼 나라의 자유를 지키기 위해서 노력하는 사람들은 가끔 주사위를 굴리거나 동전을 던지거나 카드놀이를 하는 정도의 시간을 가질 수 있다고 생각했다. 그런 면에서 제퍼슨은 대서양 건너에 있는 영국 동지들과 더 유사한 모습을 보였다.

신생 공화국의 도박

1781년 영국군 콘윌리스 사령관이 요크타운에서 미국군에 항복했을 때 영국 군악대는 「뒤집힌 세상The World Turned Upside Down」을 연주하며 새로운 세상이 도래했다고 생각했을 수도 있다. 하지만 미국이라는 나라가 건립되었다고 해서 시민들의 도박 행태도 세상이 뒤집히듯 획기적으로 바뀌는 것은 아니었다. 미국을 지배하던 왕의 통치는 사라졌지만 미국인들은 여전히 카드 게임에서 왕족 무늬가 그려진 전통적인 카드를 사용했다.

1790년대 전염병의 확산도 도시에 거주하는 시민들의 카드놀이를 막을 수는 없었다. 1793년 필라델피아에 황열병이 창궐했고 당시 인구의 10퍼센트에 달하는 5000명이 사망했다. 10년 동안 필라델피아와 뉴욕에서 반복되던 황열병의 확산은 재난에 가까웠다. 당시 여건이 됐던 사람들은 안전을 위해 시골로 도망치듯 떠났다. 도시에 남아 있던 장관들은 황열병의 확산이 안식일을 어긴 상류 사회 죄인들을 향한 분노한 신의 응징이라고 얘기하며 제발 도박을 그만두고 해산하라고 설득했다. 하지만 벽에다 대고 이야기하는 것과 마찬가지였다. 여전히 술집을 출입하는 사람들은 이제 사망률을 가지고 내기를 걸었다. 필라델피아와 뉴욕 사람들은 황열병으로 상대 지역의 인구 3분의 1이 사망할 거라고 내기를 걸었다.[16] 엄청난 피해를 주었던 전염병조차 신생 공화국의 베팅을 막을 순 없었다.

독립전쟁 말기 점차 밀고 나아갔던 서쪽 변경에서도 도박은 억제되기 어려웠다.[17] 정착민들은 무엇이든지 놀거리에 목말라 있었고 카드놀이(초기에 유행했던 루Loo, 브래그Brag, 올포스 등), 주사위 놀이, 경마는 일상적인 오락거리였다. 테네시 변방, 켄터키, 오하이오, 뉴욕 서부는 도박이 성행하는 곳으로 유명했으며 외곽의 농장 인부들은 도박에 빠져 사느라 얼굴 한 번 보기도 힘든 지경이었다. 경마와 투계는 공휴일에 열렸지만 나중에는 자체적으로 휴일을 지정해 열기도 했다. 서부를 여행하던 여행자들은 지역 주민이 엄청난 수준으로 도박을 갈망하고 있었다고 이야기했다. 여행자들이 묵었던 여관과 주점의 모든 탁자와 때로는 바닥까지도 카드놀이를 하는 사람들로 인산인해를 이뤘다. 도박은 걷잡을 수 없이 퍼졌고 서부의 교통 체계를 증진하고자 했던 한 국회의원은 교통을 정비하는 것만이 만연한 도박을 저지할 수 있는 유일한 방법이라고 주장했다. 서부 사람들은 너무나 부유한데 동부의 시장에 올 길이 없어 자신이 있는 지역에서 최소한의 일만 하며 안주하다보니 도박할 시간이 많다는 것이 그의 주장이었다(역설적이게도 이후 수로가 정비되자 오히려 더 많은 돈이 내륙 지방으로 흘러들어오고 사람들이 쉽게 여행할 수 있게 되면서 도박의 반경만 넓어졌다).

시장 경제가 서부로 확장되면서 전문 도박사들이 처음으로 등장했다. 사기도박자로 알려진 이들은 공공연하게 사람들에게 욕을 먹는 대상이었지만, 그들과 도박을 하려는 사람들은 끊이지 않았다. 일부 주에서 도박 사업을 범죄로 규정하는 법을 통과시켰지만 대부분 지역에서는 도박에 대해 어떤 조치도 취하지 않았다. 켄터키에서 활동하던 정치인 헨리 클레이의 개입으로 1804년 주법은 '게임을 억제하기 위하여' '한 사람의 참가자가 계속해서 다른 참가자들의 상대 역할을 하는' 뱅크 게임을 엄격하게 금지했지만 이와 동시에 사교적 게임은 허용했다. 사교 도박과 상업 도박의 이러한 구분은 도박에 대한 미국인들의 근본적으로 모호한 태도의 한 징후였다. 전문 상업 게임이 점차 쇠퇴하는 동안에도 일부 주에서는 사람들의 실제 게임 행위에 감히 손대려 하지 않았고, 이것은 이후 불법 도박 조직의 생존으로 이어졌다.

헨리 클레이가 사교적 목적으로 하는 카드 게임을 합법적인 것으로 남겨두려 한 이유가 있다. 그 자신이 카드놀이로 하룻밤에 6만 달러까지 잃고 따는 당대 유명한 도박자였던 것이다. 클레이는 서부 확장의 투사로서 자신의 지도력을 공고히 하면서도 정책활동보다 카드놀이가 더 좋다고 이야기한 적까지 있으며, 그것이 운 때문이든 아니면 그의 대담함과 실력 때문이든, 게임에서 이길 때가 더 많았다. 다른 정치인들도 그와 함께 게임을 즐겼는데 매사추세츠주의 대니얼 웹스터도 그중 한 명이었다.[18] 클레이와 웹스터의 천적, 앤드루 잭슨 또한 그에 뒤지지 않는 도박꾼이었다. 어떤 날 잭슨은 카드 게임 중 상대방의 200달러 베팅에 자신의 말馬을 걸었던 적도 있으며 그 게임에서 결국 이겼다.[19]

미국 도박의 역사에서 지금은 그 중요성이 많이 잊혔지만 19세기 당시 파로 게임은 국가 게임이라고 할 만할 수준이었다. 런던 클럽에서는 해저드 게임이 유럽 리조트에서는 룰렛 게임이 주 게임이었다면, 미국 전문 도박사들은 파로 게임으로 악명 높았다. 파로 게임은 서부 경계 지역에 널리 확산되어 있어서 "서부를 점령한 게임"이라고 불리기도 했다. 1830년대 여러 지역에서 활동했던 전문 딜러는 벵골 호랑이 무늬로 장식된 마호가니 상자에 파로 게임 레이아웃을 넣어가지고 다녔고, 칩과 다른 용품에도 비슷한 문양들이 새겨져 있었다. 이후 도박장에서 호랑이 그림을 전시하면서 호랑이는 파로 게임의 상징이 되었고 파로 게임을 한다는 뜻으로 "호랑이 잡기"라는 은어가 쓰였다. 오늘날 중국 도박자들이 끊임없이 돈을 빨아들이는 슬롯머신을 보고 "배고픈 호랑이"라 부르기도 하는데, 미국 도박자들도 노련한 딜러를 상대로 호랑이 무늬 카드로 파로 게임을 할 때 비슷한 생각을 한 것일지도 모른다.

애초에 파로 게임은 베네치아에서 처음 생겨났을 때보다 진화했다. 보통 파로 게임 딜러는 두 명의 보조를 두었다. 오른쪽에 있는 보조는 베팅 된 돈을 수거하고 이긴 사람에게는 이긴 금액을 배당해주며 속임수를 쓰는 사람이 있는지 감시하고, 왼쪽에 있는 보조는 작은 주판과 같이 생긴 도구를 사용하여 어떤 카드가 나왔는지를 추적하며 확인했다. 딜러와 참가자들 사이에는 13장의 카드를 늘어놓을 수 있는 판이 깔렸는데 주로 스페이드 카드가 사용되었다. 왼쪽부터 7번 카드가 가장 멀리 있는 위치에 놓였고 그 옆으로 카드를 두 줄(윗줄에는 에이스 카드부터 6번 카드까지, 아랫줄에는 8번 카드부터 킹 카드까지)로 늘어놓았다.

파로 게임이 시작되면, 딜러는 카드를 섞어 카드의 앞면이 위로 오게 조그만 상자에 넣는다. 그러고는 맨 위에 있는 카드 한 장은 버리고(이것을 '버닝Burning'이라고도 한다), 한 장은 플레이어에 한 장은 뱅크에 놓는다. 두 장의 카드를 각각 뽑는 것을 '턴Turn'이라 불렀고 한 회의 게임은 25번의 턴으로 진행되었다. 맨 처음 카드는 버리는 카드였던 것과 같이, 마지막 한 장도 버리는 카드였다. 참가자들은 딜러가 카드를 섞고 박스에 넣은 후에 숫자 하나만 고르거나 여러 개의 숫자 배합 중 하나를 골라 베팅했다. 참가자들은 바셋 게임에서와 같이 '파롤리'를 할 수도 있었다. 만약 참가자가 고른 카드로 한 번에 이겼다면 원금과 상금을 모두 다시 베팅하는 것이었다.

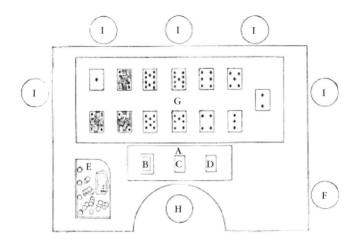

전형적인 파로 게임 레이아웃. A. 서플 보드, B. 파로 상자, C. 딜러가 카드를 쌓아두는 곳, D. 플레이어 카드를 쌓아두는 곳, E. 칩통, F. 주판과 같은 도구를 사용하여 나온 카드를 살펴보며 추적하는 딜러의 보조, G. 레이아웃, H. 딜러, I. 참가자

또한 덱에 세 장의 카드가 남아 있을 때 참가자는 '예측Call the turn'을 할 수도 있는데, 어떤 카드가 남아 있는지 맞추는 것이다. 이때 제대로 맞추면 네 배의 상금을 받을 수 있다. '스플릿(같은 숫자 카드 두 장이 나왔을 때)'을 한 경우, 뱅크가 걸린 돈의 절반을 가져갔다.[20]

미국 남부의 대다수 사람이 파로 게임을 좋아했기에 이를 이용해서 부를 착취하려는 시도도 있었다. 켄터키의 산간벽지에서 태어난 일라이자 스캐그는 어려서부터 카드놀이와 투계, 경마를 일상적으로 접하는 환경에서 자랐으며 도박으로 돈을 벌어야겠다는 것을 일생의 목표로 삼았다. 1830년경 스물한 살의 청년 일라이자는 이미 노련한 카드놀이 타짜가 되어 다른 사람에게 전혀 티를 내지 않고도 카드를 자신에게 유리하게 섞고, 밑장을 빼고, 다른 방식으로도 게임의 승리를 조작할 수 있었다. 일라이자

는 자신의 가족과 친구들을 상대로 게임을 해서 2000달러의 돈을 따는
데 성공하고는 더욱 큰 세상을 향해 나섰다.

　스캐그는 내슈빌에서 곧장 사람들의 이목을 끌었다. 그는 검은색 프록코
트와 브로드클로스 천으로 만든 정장을 입고 있었는데, 겉으로 보기에 그
는 도박자보다는 순회 목사 같았다. 내슈빌 사람들은 근엄해 보이는 젊은
이가 여행 가방에서 성경책이 아닌 파로 게임판을 꺼내 들자 놀라움을 감
추지 못했다. 그는 곧 '파로 게임 설교자'라는 별명을 얻었다. 사람들은 처
음에 그를 두고 비웃었지만 결국 마지막에 웃는 자는 스캐그였다. 그는 파
로 게임에 능숙해서 1830년대에 파로 게임을 하면서 온 나라를 여행하고
다녔고 게임에서 승리해 부자가 되었다. 그가 아쉬워하는 것이 하나 있다
면 자신이 상대해 속일 수 있는 대상이 한 번에 한 명뿐이라는 점이었다.

　스캐그는 한계를 극복할 방법을 곧 찾아냈다. 소위 파로 게임 기술자를
훈련시켜 둘씩 짝지어 전국에 파견시킨 것이다. 그의 원가족은 대가족이
었는데 훈련시킨 사람들을 파견 보낼 때 가족 한 명씩을 같이 보내서 일
을 제대로 하는지 엄격하게 감시하도록 했다. 파견된 딜러는 수익의 25퍼센
트를 받았으며 경비를 많이 지출하거나 운이 나빠서 돈을 모두 소진한 경
우에는 다시 스캐그에게 돌아가 보급과 재발령을 받았다. 스캐그의 조직은
약 20년 동안 어리석은 사람들을 효율적으로 뽑아먹었으나, 결국 '스캐그
표 딜러들'은 사기도박으로 악명만 높아졌다. 1850년대 스캐그는 도박에서
손을 떼고 그동안 파로 게임으로 벌어들인 돈으로 구입한 호화로운 농장에
서 여유롭게 살았다. 하지만 남북전쟁 때 남부 연합군에게 재산 대부분을
투자했다가 실패해 가난뱅이가 되었다. 스캐그는 1870년 텍사스에서 극빈
자로 사망했는데 아마 그가 수십 년 동안 파로 게임에서 속임수를 쓴 것에
대한 인과응보일지도 모르겠다.[21]

스캐그의 조직은 가장 초기의 전문 도박사 연합이었지만, 그러한 조직이 그들만 있었던 것은 아니다. 미국 경제가 정교하고 복잡해지면서 영국의 웨스트엔드 클럽을 모방한 도박장이 생겨나기 시작했다. 여전히 여관과 주점에서 도박이 성행했지만 제대로 된 도박을 즐길 만한 곳은 이러한 새로운 도박장들이었다. 역설적이게도 그런 도박장들은 법적으로 없는 장소나 마찬가지였다. 도박장 운영은 언제나 위법이었고 문제가 생겼을 땐 노골적으로 뇌물을 이용했고 권위자들이 눈감아주면 조직은 달아나기 일쑤였다.

1810년대 도박장들은 뉴올리언스, 찰스턴, 모빌과 같은 남부의 주요 도시에 나타나기 시작해 순식간에 북쪽으로 퍼져나갔다. 몇 년 지나지 않아 도박장들은 뉴욕, 특히 워싱턴에서도 찾아볼 수 있었다.[22] 찰스턴 출신의 전문 도박사들은 이미 1800년부터 로비스트와 정치꾼들 사이에 끼어 새로운 수도로 들어가기 시작했지만, 1812년 미국과 영국의 전쟁 이후 정당 분열이 일시적으로 해소되었던 대통합의 시대Era of Good Feelings까지 진정한 의미의 도박장은 없었다. 1825년경 북부 펜실베이니아 거리를 따라 줄지어 늘어서 있던 파로, 브래그, 에카르테, 올포스 게임을 제공했던 10여 곳의 도박장은 가장 큰손님이 의원들이었다. 이 때문에 의결해야 할 사안이 있을 때 정족수가 부족하여 일을 진행할 수 없었고, 의회가 열리면 부끄럽게도 의원들은 의결 결과에 대해 내기를 하기도 했다. 훗날 대통령이 되었던 마틴 밴뷰런 의원은 1826년 한 내기에서 1만 달러에 자신의 야회복을 더하여 걸기도 했다.

워싱턴에서의 도박은 흔했지만 때에 따라 스캔들을 불러일으켰다. 당시 공공자금을 가지고 '도박 도구'를 구매했다는 혐의는 1828년 대통령 선거와 관련해 치열했던 논쟁에 불을 붙였다. 존 퀸시 애덤스 대통령은 1825년 백악관에 입성한 뒤 접대를 위해 중고 당구대를 구입했다. 당구대를 천으로 덧씌우고 새로 당구공과 당구봉을 사들이자, 이에 대한 논란이 화산 폭발처럼 터져 나왔다. 애덤스는 인기도 없었고 선거인단 득표수도 낮았음에도 간신히 앤드루 잭슨을 이기고 있었다. 이 둘의 경쟁은 의회에서 결정됐는데 잭슨의 지지자들이 애덤스와 헨리 클레이 사이의 '부정한 거래'로 인해 뉴잉글랜드인에게 대통령직을 맡기게 되었다고 주장하고 있었다. 잭슨을 지지하는 사람들은 민주당을 형성했고 곧바로 '히코리 영감(잭슨의 별명—옮긴이)'을 위한 캠페인을 다시 시작한 차였다. 이 때문에 백악관에서 벌어지는 스캔들에 그들은 눈을 반짝이며 예의 주시할 수밖에 없었다.

이듬해 백악관 경비 지출 목록이 공개되자 잭슨의 지지자들은 대중을 상대로 공공기금이 당구대를 사는 데 쓰였다는 사실을 선전했다. 잭슨 지지자 중 한 명은 세금이 "게임 테이블과 도박 장비"를 사는 데 쓰였다며 도박의 망령에 사로잡힌 백악관에 대한 실망감을 드러내면서 "도덕적이고 종교적인 우리 사회에 충격과 경각심을 불러일으키는 놀라운 일"이라고 선언했다. 도박을 빌미로 애덤스를 공격하는 것은 다소 우습게 보이기도 했다. 애덤스 지지자들이 지적했던 것처럼 잭슨이야말로 "당구, 카드놀이, 주사위 놀이, 경마, 투계에 능한 술집 싸움꾼"으로 유명한 사람이었고 이전부터 잭슨 지지자들은 애덤스를 보고 계집애 같은 청교도인이라고 조롱해왔기 때문이다.

애덤스 지지자들이 유럽의 귀족적인 외교관들은 당구를 즐기며, 당구대는 한 나라의 지도자로서 당연히 가지고 있어야 한다고 애덤스를 돕기 위한 주장을 했을 때 상황은 더욱 악화되었다. 잭슨 지지자들은 애덤스가 왕족처럼 돈을 낭비하며 사치스럽기 그지없다고 비난했다. 1년 뒤 애덤스는 '당구 게이트'에 대해서 자신은 당구로 도박한 적이 전혀 없으며 당구대는 사비로 구입했다고 발표했다. 여전히 이 문제는 미국 역사상 가장 치졸하고 지저분한 정치 캠페인을 촉발했는데 애덤스 지지자들은 잭슨이 살인마이며 그와 그의 아내 모두 간통을 저질렀다고 반격했다. 그러나 결과적으로 1828년 선거에서는 잭슨이 완승했다.[23]

애덤스의 당구대 구입을 둘러싼 소동에도 불구하고 도박은 여전히 인기를 끌어 절정에 이른 듯 보였다. 1890년대 어느 작가는 밴뷰런(그는 1836년에 당선되었다) 이후 러더퍼드 B. 헤이스 대통령을 제외한 모든 대통령이 포커 게임을 즐겼다고 전하고 있다.[24] 의회의 의원들도 카드놀이를 좋아했으며, 워싱턴에서 도박 문화는 지배적이었다. 가장 유명한 워싱턴의 도박장은 1832년 에드워드 펜들턴이라는 사람이 운영하는 곳이었는데, 그는 버지니아 사람으로 파로 게임에서 사취한 돈을 다른 사람에게 대환 대출금으로 빌려주기도 하는 상냥하고 관대한(적어도 겉으로는) 사람이었다. 펜들턴이 운영하는 도박장의 이름은 '행운의 성Palace of Fortune'으로 펜실베이니아 14번가에 위치했다. 파로 게임을 하는 사람들은 그곳을 '위선자의 전당Hall of Bleeding Heart'이라고 불렀다.[25]

영국 세인트제임스가에 있었던 크록퍼드의 도박장(펜들턴이 도박장을 열었을 시기에 그곳은 이미 수많은 손님으로 붐비고 있었다)처럼 펜들턴도 도박장을 호화롭게 장식하고 최고급 와인을 채우며 사람들에게 훌륭한 요리사들이 만든 음식을 제공했다. 얼마 지나지 않아 이곳은 대통령, 국무위원, 상원의원, 각 대표와 편집장, 장교들로 가득 찼다.

이곳에는 곧 의원들을 노리고 찾아오는 로비스트들도 출입하게 되었다. 의원들이 게임하다가 급히 돈이 필요할 때 로비스트들은 기꺼이 그들을 도왔다. 의원들이 나중에 자신들에게 유리한 쪽으로 투표해주면 비공식적 차용증은 슬쩍 사라졌다. 펜들턴도 인기 있는 로비스트였다. 펜들턴이 원하는 법안을 지지해주는 정부 관리는 파로 게임 테이블에서 보상을 받았다.

하지만 어쨌든 그곳은 도박장이었다. 펜들턴은 호객 행위를 위한 바람잡이들을 대거 고용했다. 딜러들은 게임 참가자들이 영향력 있는 사람들일 때만 정직하게 게임을 진행했다. 대통령 후보나 내각 의원들은 공정한 게임에서 자신들의 운을 시험해볼 수 있었지만, 무명의 의원들은 돈을 잃는 경우가 많았다. 펜들턴이 쉬지 않고 "하우스를 먼저 보호하라"고 딜러들에게 지시하고 다녔다. 특히 남부와 서부에서 온 수십 명의 의원은 자신들의 봉급을 모두 펜들턴의 도박장에서 날렸다.

펜들턴은 공식적으로 파로 게임만 운영했지만 특별한 손님일 경우 브래그, 휘스트, 포커 게임과 같은 사교적 게임을 위한 공간을 따로 제공했다. 파로 게임을 위한 칩 중 하얀색은 1달러, 빨간색은 5달러짜리였으며 그 전통은 오늘날 카지노에까지 이어져 내려오고 있다. 펜들턴이 도박장에 고용한 딜러들은 유능했고 그가 상류 사회의 일원으로 살아갈 만한 돈을 충분히 벌어다주었다. 북부와 남부 의원들 간의 긴장감이 고조되자 그의 도박장은 정치적 견해 차이와 관계없이 파로 게임을 하러 누구나 모이는 유일한 장소가 되었다. 펜들턴은 워싱턴에서 가장 영향력 있는 사람 중 하나가 되었다. 1858년에 그가 사망했을 때 몇몇 민주당 의원은 직접 관을 운구했으며 제임스 뷰캐넌 대통령도 장례식에 참석했다. 국가의 수도는 노예 문제와 주권州權 문제로 사분오열됐지만, 남자로서 약간의 도박은 즐길 수 있다는 문제에 대해서는 의견이 일치했다.

이러한 정서는 신생 공화국이 고군분투하며 성장하는 과정에서 그와 관련된 논의를 이끌었다. 어떠한 역경과 내적 충돌이 있더라도 도박에 있어서 미국인들은 대동단결하여 해안을 따라 진격해나갔다.

6장

새로운 땅으로

황금을 좇아 서쪽으로 이동하는 사람들

미국의 첫 도박 중심지

토크빌은, 점점 성장하는 1830년대 미국을 여행하면서 왕을 잃은 나라의 국민임에도 미국인들이 보여주는 평등 사회와 들끓는 듯한 진취력에 놀랄 수밖에 없었다. 미국인들에게는 모든 것이 도박이었다. "들뜨고 동요하는 분위기의 민주사회에서 사는 사람들은 끊임없이 어떤 행운이라는 것을 꿈꾼다. 그리고 그들은 행운이 일정한 역할을 하는 사업을 좋아하는 경향이 있다."[1] 토크빌의 말은 모든 국민에게 해당하는 것이었지만 특히 서부(그 자체로 움직이는 변경이었던)는 언제나 도박자들에게 더욱 매력적인 곳이었다.

토머스 제퍼슨이 1803년 나폴레옹에게서 루이지애나를 사들였을 때 뉴올리언스는 하룻밤 만에 도박의 중심지가 되었고 19세기 초부터 중반까지 그 명성을 유지했다. 이후 150년 넘게 미국에서 가장 유행했던 세 가지 종류의 게임은 뉴올리언스에서 도입하거나 시작된 게임이었다. 약 100년 후 이 도시는 매우 독특한 미국식 음악인 재즈의 발상지가 되었지만, 이미 1801년부터 뉴올리언스 도박꾼들은 주사위와 카드를 가지고 게임을 개량하고 새로운 방법을 고안하기 위해 고심하고 있었다.

당시 대부분 국가에서 도박은 어쨌든 불법이었지만 뉴올리언스는 사정이 달랐다. 크레센트 시티라고도 불렸던 뉴올리언스는 1718년 도시가 생겨난 시기부터 이미 도박이 성행하기로 유명했다. 지역 자체도 1720년 프랑스 황실을 거의 파산으로 몰아넣었던 존 로의 악명 높은 투기 시스템을 바탕으로 하고 있었으므로, 그 지역 주민들이 도박에 대해 어떠한 죄책감도 느끼지 못했다는 사실은 그리 놀라운 일이 아닐 수 있다. 프랑스와 스페인의 통치 아래 주점과 커피하우스에서의 도박은 일상적인 일이었다. 도박으로 법을 위반한 자에게 가해지는 채찍질, 감금, 낙인 등 엄격한 형벌에도 사람들은 도박 금지 법률을 무시할 뿐이었다. 1803년 미국이 루이지애나를 매입하면서 뉴올리언스는 수천 제곱 마일에 달하는 내륙의 종착지가 되었다. 내륙 지방의 농부와 상인들은 더 큰 시장을 찾아 뉴올리언스로 몰려들었다. 이 지역에서 돈은 넘쳐흘렀지만, 많은 사람이 당시 우후죽순으로 생겨난 도박장에서 그 돈을 다 잃기도 했다. 교역이 늘어나면서 뉴올리언스는 당시 연방 도시 중 도박 인구가 가장 빠르게 증가한 지역이 되었다.

루이지애나 준주 의회는 연방에 편입될 준비를 하는 과정에서 1811년 전 지역의 도박을 금지했다. 그러나 3년 뒤 안전하게 연방에 수용된 후, 지방자치단체의 감시 아래 둔다는 조건으로 의회는 뉴올리언스의 합법적 도박을 허용했다. 하지만 지자체에는 적절하게 도박장을 감독할 인력이 부족했고 1820년 의회는 도박을 다시 금지시킨다. 3년 뒤 지역의 몇몇 유지와 차기 도박장 운영자의 로비와 노력으로, 의회는 도박으로 벌어들이는 수익과 그 돈으로 지원할 자선사업의 균형을 맞춘 합법적 도박장 운영이라는 야심찬 계획을 내놓았다.[2]

계획은 뉴올리언스 내에 매년 5000달러를 납부하는 여섯 곳의 도박장에 운영 면허를 교부한다는 것이었다. 이렇게 모인 3만 달러 중 80퍼센트는 오늘날까지 운영되고 있는 자선병원에 교부하고, 남은 금액은 1826년까지 운영되었던 올리언스대학 보조금으로 책정되었다. 도박장이 개장했던 1823년 이들은 성황을 이루었으며, 합법 도박장 운영자들은 불법적으로 운영하는 경쟁자들을 폐장시켜달라고 경찰에 요구했고 실제로 많은 도박장은 문을 닫았다(강가의 진흙탕으로 뒤덮인 지역만은 예외였는데 경찰들이 거기까지는 들어가길 꺼렸기 때문이다). 그러나 강가의 소규모 도박장들은 증류주 이외의 별다른 유흥거리나 식사와 다과를 일절 제공하지 않았다. 다부진 상인들이나 강에서 일하는 노동자들이 한바탕 흥청망청 놀기 위해 불법 도박장을 찾긴 했지만 부유한 고객들을 유치하지는 못했다.

존 데이비스가 웨스트엔드 스타일로 새로운 도박장을 개장하자 도박의 새로운 세계가 열렸다.[3] 산토도밍고에서 태어난 그는(1790년대 아이티 혁명 이후 뉴올리언스로 이주했다) 사회적 지위가 있는 유복한 집안의 아들로 프랑스식 교육을 받았다. 1827년 그는 올리언스앤버번가에 있는 올리언스 무도회장 근방에 클럽을 하나 열었다. 그곳은 말 그대로 신세계였다. 고객들은 장소의 화려함과 고급스럽게 차려진 뷔페 음식의 맛깔스러움에 경이로움을 감추지 못했다. 데이비스의 와인 및 다른 주류를 고르는 취향은 이미 정평이 나 있었다. 클럽에 모인 도박꾼들은 호화롭게 장식된 살롱에서 고급스러운 의자에 앉아 쉴 수만 있다면 도박판에서 얼마를 잃든 개의치 않았다. 주말에 사람들이 몰려들자 인원을 전부 수용하기 어렵게 된 데이비스는 바이우 세인트존이라는 곳에 새로운 지점을 열었다. 2년이 채 지나기도 전에 데이비스의 경쟁자들은 자신들이 운영하던 보잘것없는 파로 게임의 소굴보다 데이비스의 웅장한 도박의 성이 훨씬 수익률이 높다는 것을 알게 되었고 서둘러 상류층을 위한 도박장을 개장했다. 1832년 뉴올리언스는 1년에 7500달러로 금액을 올리면서 도박장 운영 면허의 수효 제한을 없애버렸다. 도박장 소유주들에게 이러한 법적 조치는 행운의 청신호였고 이후 베팅 한도가 높은 파로나 룰렛 게임, 비교적 낮은 금액으로 베팅하는 21게임을 운영하는 합법적 도박장들이 엄청난 속도로 증가했다.

데이비스는 자신의 클럽에서 프랑스인들이 사랑하는 룰렛 게임을 운영했고 그다지 인기가 없었던 21게임에도 몇몇 테이블을 배분했지만, 손님들이 미친 듯이 게임에 빠져들어 많은 돈을 잃었던 게임은 단 하나, 파로 게임이었다. 데이비스의 독창성과 교활함으로 도박자들은 본래 게임의 수학적 확률보다 더 불리한 위치에 있었다. 다른 딜러와 마찬가지로 데이비스 클럽의 딜러들도 자신들이 원하는 결과가 나오도록 속임수를 쓰기도 했다. 데이비스의 클럽에서는 에카르테, 보스턴, 브레그, 포커와 같은 사교적 게임도 제공했으며 프랑스로부터 도입한 게임을 미국식으로 개조해 선보이기도 했다.

당시 게임을 발명한 사람들은 스스로 그 게임을 하느라 정신이 팔려 자신이 만든 게임이 어디서부터 시작된 것인지 기록을 남길 틈이 없었던 것 같다. 일명 카드 게임 역사가인 데이비드 팔렛은 포커가 초기에는 사람들 사이의 겨루기 게임이었다고 믿고 있다.[4] 일각에서는 포커 게임이 아스 나스As nas라는 고대 페르시아 게임이 그 유래였다고 주장하지만, 아스 나스는 그렇게 오래된 게임이 아니며 포커의 기원이었던 어떤 게임으로부터 발전된 게임일 가능성이 있다. 일찍이 16세기에 프랑스의 브렐란Brelan 게임이나 이탈리아 프리메로Primero와 같은 게임에도 경쟁과 관련된 요소가 내재되어 있었다. 명백하게 포커의 전신이라고 할 수 있는 게임은 독일의 포흔Pochen인데 이 게임은 세 가지 국면으로 발전되었다. 초기 게임 방식에서 참가자는 누가 가장 좋은 조합의 카드를 가지고 있는지에 베팅했다. 16세기 후반 이 게임은 프랑스에 소개되었는데 포케Poque 게임이라 불렀다. 포케는 18세기 후반 미국으로 넘어왔는데 미국에서는 네 명의 참가자가 A, K, Q, J, 10카드로 구성된 총 20장의 카드 한 덱 안에서 각각 다섯 장씩 나누어 가지는 식으로 게임을 했다. 이때 베팅은 단 한 번만 진행되었으며 손안의 카드를 버리거나 새로운 카드를 받는 등의 규칙은 없었다.

포케는 루이지애나를 식민지로 삼았던 프랑스인들을 통해 미국에 전파되었으며 약 1810년에서 1825년 사이에 프랑스어의 미국식 발음에 따라 포커Poker가 되었다. 당시에는 원페어, 투페어, 트리플렛, 풀하우스(페어와 트리플렛의 조합), 포카드가 승리하는 패였다. 가장 높은 패는 투핸드(에이스 4장 또는 킹 4장과 에이스 1장)였다. 1830년에서 1850년 사이에 포커 게이머들은 52장의 카드 덱을 사용하기 시작했는데 스트레이트(연속된 숫자로 구성된 카드)나 플러시(같은 모양의 카드가 모인 것)가 승리하는 패가 되었다.

19세기 중반 이후 포커 게임에 적용된 두 가지 혁신적인 변화로 인해 미국인들의 포커 게임은 한층 더 어려워졌다. '드로Draw'라는 방식으로 참가자는 카드를 배분받은 후 자신이 원치 않는 카드는 버리고(자신의 희망에 불과할 뿐이지만) 더 나은 카드를 받아 교체할 수 있었다. 새로운 카드를 받는다는 방식은 민주주의 공화국, 특히 새로운 땅에서 새롭게 시작하고 싶은 미국인들이 모인 서부의 분위기에서 적절한 변화였다. 이즈음 잭팟이 게임에 추가되었다. 새로운 규칙에 따르면, 참가자들은 손에 든 카드가 페어잭 또는 그 이상으로 좋은 조합이 아니라면 카드를 오픈할 수 없고, 잭 카드를 들었다면 베팅을 해야만 했다. 사람들은 이 법칙을 그다지 선호하지 않았다. 패가 좋지 않아도 블러핑을 함으로써 승리를 노려볼 기회를 없애버렸기 때문이다. 규칙이 변경되면서 포커는 미국의 훌륭한 사교적 게임이 되었고 사람들의 입맛에 맞게 다양한 형태로 진화하기 시작했다.

뉴올리언스에서 발생한 또 다른 혁명적 게임인 크랩스는 사람들로부터 인기를 끌기까지 오랜 시간이 걸렸지만 이후 선도적인 카지노 게임이 되었다. 크랩스 게임은 중세 주사위 게임에서부터 시작해 이후 영국 사람들이 가장 좋아하는 게임이었던 해저드 게임에서 유래했다. 유럽에서 이 게임은 본래 꽤 공정한 확률로 세터Setter에 캐스터Caster가 대항했고 해저드 게임을 운영했던 하우스는 박스에 대한 요금을 받는 것만으로 수익을 올렸다. 참가자가 연달아서 세 번 메인을 맞추면 그가 크루피에에게 최소 베팅 금액을 지불하는 식이었다. 해저드 게임을 운영했던 런던의 도박장에서는(이곳에서의 게임은 '프랑스 해저드'라는 변형된 방식이었다) 이 게임을 순수한 상업적 도박으로 바꾸어놓았다. 뉴올리언스에 정착한 프랑스인들 사이에서 이 게임은 'Crabs'나 'Craps'라는 이름으로 알려져 있었다('크랩스 롤crabs roll'이라는 단어에서 온 이름이었다). 1804년 부유한 농장주였던 버나드 드 마기니는 이 게임에서 많은 돈을 잃어 자신의 땅 일부를 팔아야 했다. 아쉬운 마음을 안고 버나드는 팔 수밖에 없었던 그 땅에 '크랩스 길'이라는 이름을 붙였는데, 이는 미국에서 크랩스를 언급한 최초의 사례였을 것이다.

1840년 이전 한 미국인들이 게임에서 주사위를 던지는 사람Caster의 '기회Chance'를 없앰으로써 게임을 간소화했다. 이후 주사위를 던지는 사람은 역할에 더 알맞은 이름인 슈터Shooter라 불렸으며 단순한 규칙을 따랐다. 자기 차례에 주사위를 던져서 7이나 11이 나오면 그는 자동으로 이기게 되고, 2나 3, 12가 나오면 자동으로 패배 또는 '실패'하게 되었다. 만약 2, 3, 7, 11, 12 이외 다른 숫자가 나오면 참가자는 계속해서 주사위를 던지는데, 합이 7이 나오기 전에 처음에 던진 숫자가 다시 나와야 이기는 것이었다. 크랩스를 처음 시작한 사람들은 미국계 흑인이며 아마 이 게임을 만들어낸 사람들일 것이다. 흑인 잡역부나 미시시피강에서 일하는 노동자는 수년 동안 그들의 사교적 게임이었던 '아프리카 도미노'라는 게임에 빠져 있었다. 도박장에서는 주사위를 던지는 사람이 두 번 패스를 달성할 때마다 고정된 수수료―일반적으로 5에서 25센트 정도였다―를 부과하는 식으로 게임을 운영했다. 이러한 변형은 '테이크 오프 크랩스Take-off craps'라 불렸는데 수익률이 높지는 않았기에 도박장 운영자들은 계속해서 게임을 변형했고, 제1차 세계대전 즈음에는 '패스Pass' '돈 패스Don't pass' '컴Come' '돈 컴Don't come' '프로포지션Proposition' '필드 벳Field bets'이 있는 레이아웃을 사용하는 '뱅크 크랩스Bank craps'라는 게임도 성행했다. 크랩스 게임을 했던 사람들은 제1차 세계대전과 제2차 세계대전 시기 도시 내부에 이 게임을 확산시켰으며 그런 이유로 군인들 사이에서 흔한 게임이 되었다. 제2차 세계대전이 끝날 즈음에는 크랩스 게임이 네바다주의 합법적 도박장에서 파로를 밀어내고 완전히 주류 게임으로 자리 잡았으며, 1960년대 블랙잭이 떠오를 때까지 주요 카지노 게임으로 남아 있었다.[5]

파로와 크랩스 게임 외에 주사위 세 개로 하는 게임이 하나 더 생겼는데 스웨트Sweat, 스웨트클로스Sweatcloth, 후에 버드케이지Birdcage(주사위를 굴리는 데 사용되는 도구를 말함)라고 알려진 처커럭Chuck-a-luck이다. 이 게임에서 참가자는 세 개의 주사위를 한꺼번에 던져서 나온 결과에 베팅한다. 그 외의 다른 게임들은 거의 속임수였기 때문에 도박이라고 보기는 어려웠다. 골무 야바위, 또는 조개 껍데기 게임이라고 불렸던 건 한 사람이 골무 밑에 콩이나 작은 공을 감추어 넣고 이리저리 옮기면 상대편이 어디에 그것이 들어 있는지 맞추는 게임이었다. 그런 게임은 당연히 사기였다. 쓰리 카드 몬테라는 게임(멕시코의 몬테 게임과는 다른 게임이다)은 같은 결과를 만들기 위해서 카드를 사용하는 게임이었다. 나중에 이 게임이 변형된 방코Banco라는 게임은 분코Bunko(또는 bunco) 게임으로도 알려져 있었는데 1850년대 샌프란시스코에서 처음으로 출현했다. 이 게임은 너무나 속임수가 많아서 '분코'라는 단어 자체가 사기 게임을 말하는 하나의 대명사가 되기도 했다.[6] 그러나 뉴올리언스와 성장하는 미국의 어느 도시에서든 도박꾼들은 언제나 기회를 엿보는 새로운 희생양을 찾아내는 데 실패하는 법이 없었다.

뉴올리언스는 1830년대 미국 내 도박의 중심지였고, 매우 근접한 지역인 앨라배마주의 모빌이 2위를 달렸다. 뉴올리언스에서 전문 도박사들은 미시시피강에서 오하이오강까지 분포해 있었고, 강 유역에 있는 대부분의 마을에는 도박꾼, 강도, 암살범, 매춘부들이 우글거리며 순진한 여행객을 위협하는—이들은 사람들을 겁주고, 심지어 때로는 살인도 서슴지 않았다—위험한 지역이 존재했다.[7] 뉴올리언스 스웜프, 멤피스의 핀치거트, 빅스버그 랜딩, 내치즈 언더더힐과 같은 지하세계에서 도박꾼과 악당들은 어떤 처벌도 면책이라는 듯이 활개를 쳤다. 지역 보안관들은 이러한 지역에 발을 들여놓는 것조차 두려워할 정도였다.

빅스버그 봉사단

도박꾼들로 구성된 지하 조직은 실제 어떤 단체의 모습을 갖춘 적이 없는 느슨한 집단이었다. 1835년에 존 머럴이라 불린 백인 건달이 도박꾼들을 조직하고 깡패들을 불러모아 미스틱 컨페더레이션 클랜Clan of the Mystic Confederation이라는 잔악무도한 집단을 만들었다. 만인의 공포를 불러일으켰던 덴마크 베시 혁명으로부터 영감을 받은 머렐은 2000명의 범법자들을 조직했고, 루이지애나와 미시시피의 흑인들이 1835년 크리스마스에 봉기를 일으키도록 동요했다. 그러나 베시와는 달리 머렐과 부하들의 동기는 노예 제도의 부당함에 저항하는 것이 아니었다. 그들은 반란이 일어난 틈을 타 노략질을 벌이려고 계획하고 있었다. 많은 시민이 서둘러 반란을 잠재우려고 할 때 클랜은 무방비한 빅스버그 내체즈(미시시피)와 뉴올리언스를 공격해 약탈하려고 했다. 그러나 계획은 사전에 누설되었다. 반란을 준비하고 있던 몇몇 흑인 지도자는 사형되고(하지만 머럴의 조직 규모는 크게 변화가 없었다) 다음 반란이 7월 4일에 있을 것이라는 소문이 돌았다.

휴가 기간이 다가오고 미시시피와 루이지애나의 백인 주민들은 긴장 상태였다. 도박 폐지론자들보다 더 성가시게 굴고 모두에게 적이 된 도박꾼들에게 누구도 호의적으로 대하지 않았다. 악인들이 득실득실한 거리에는 도박꾼 무리와 불량배들, 매춘부들이 술에 취해 어슬렁거리며 돌아다녔다. 그들을 이끌던 지도자들은 대부분 도망쳤지만, 잔당들은 여전히 사람들의 기분을 불편하게 만들었다. 멤피스에서는 소규모 약탈이 발생하기도 했지만, 약탈의 주동자들이 잔뜩 술에 취해 있던 탓에 금방 해체되고 소동은 가라앉았다. 하지만 오랫동안 도박이 만연했던 빅스버그에서 공포의 그날은 시작되었고 결국 살인으로까지 이어졌다.

지역의 민병대였던 빅스버그 봉사단Vicksburg Volunteers은 바비큐 파티를 열고 몇몇 연사가 발표하는 행사로 독립기념일을 기리기로 했다. 사람들의 마음을 뒤흔드는 한 연설가의 웅변이 이어지던 중, 지역에서 가장 악명 높았던 대여섯 명가량의 도박꾼이 만취한 상태로 떠들썩하게 행사장에 난입했다. 그중 늘 언쟁을 일삼았던 프랜시스 케이블러라는 자가 사람들이 앉아 있던 탁자와 의자를 이리저리 밀치고 뒤엎으며 연단으로 다가가기 시작했다. 케이블러는 그를 제지하려는 봉사단원을 밀치며 시비를 걸었고 결국 봉사단원들은 몸싸움을 벌이며 그를 내쫓았다. 행사가 끝날 즈음에 자신을 막으려는 자는 누구든 다 죽여버리겠다고 위협하며, 자신을 쫓아냈던 단원을 죽이러 살기등등한 케이블러가 다시 돌아오고 있다는 말이 돌았다. 마을의 광장에서 총과 칼을 휘두르고 다니며 사람들을 충격에 빠트린 케이블러는 곧장 체포되었고 무기도 빼앗겼다. 재판 결과에 따라 봉사단은 그를 나무에 묶어 서른두 번 채찍질하고, 몸에 타르를 바르고 깃털을 붙여놓고는 48시간 내로 마을을 떠나라고 명령했다.

케이블러의 무리 중 이러한 처사에 격분한 두 명의 다른 도박꾼, 제임스 호드와 헨리 와이엇은 동료들을 모아 마을의 언덕(언덕은 마을에서 가장 존경받는 사람들이 거주하던 곳이었다)으로 행진을 시작했고, 그곳에 있는 좋은 집들을 모두 태워버리겠다고 호언장담했다. 그들은 또다시 금방 진압되었고, 마을에서는 허둥지둥 회의를 통해 모든 전문 도박꾼들이 24시간 내에 마을을 떠나야 한다는 조례를 신설했다. 이에 대부분의 도박꾼은 사라졌지만, 일부는 여전히 마을에 남았다. 7월 6일, 봉사단은 마을의 결의안을 직접 실행에 옮겨, 빅스버그를 돌아다니며 파로 게임장으로 의심되는 곳을 뒤지고 모든 도박 기기를 몰수했다. 그러던 중 몇몇 도박자가 숨어 있던 한 주점에서 그들은 반격에 부딪혔다. 이때 2층에서 쏜 총에 맞아 지역의 저명한 의사였던 휴 보들리 박사가 숨졌다. 이에 대한 시민들의 격노를 등에 업고 봉사단은 주점 안으로 쳐들어가 안에 숨어 있던 도박꾼들을 잡아냈다. 봉사단은 다섯 명의 도박꾼들을 이틀 전 모든 사건의 발단이 되었던, 독립기념일 행사가 열렸던 숲으로 데려가서 재판도 없이 목을 매달았다. 찾아낸 룰렛과 파로 게임 테이블은 모두 불태워버렸고, 도박장에서 몰수한 돈은 자신이 돈을 잃었다고 증명할 수 있는 시민에게 모두 되돌아갔다. 공교롭게도 이러한 대소동을 촉발시킨 선동자 호드와 술에 취해 난동을 부렸던 케이블러는 교수형을 당하지 않았다.[8]

머럴의 음모에 이어 빅스버그에서 발생한 교수형, 사람들 사이에 오래도록 남아 있었던 공포감은 지역 전반에 걸쳐서 도박꾼들을 대상으로 한 폭력적 탄압으로 이어졌다. 렉싱턴, 모빌, 내체즈, 신시내티 등의 주민들은 반反도박 사회를 형성했고, 상업적 게임을 금지하는 법 제정을 요구했다. 루이지애나는 도박 금지령을 개정했는데, 최소한 일시적으로라도 합법적 도박을 중단한다는 내용이었다. 뉴올리언스에서 도박장은 10년 여 동안 엄격한 억제 아래 있었지만, 1846년 항구가 요충지가 되었던 멕시코-미국 전쟁이 발발하면서 몇몇 도박장이 다시 문을 열었다. 2년 뒤 캘리포니아 골드러시의 흥분감과 함께 도박장은 폭증했고(뉴올리언스는 캘리포니아행 선박들이 많이 정박하는 유명한 항구였다), 1850년에는 약 500개의 도박장이 운영되고 있었다고 추정된다.[9] 1850년대 중반까지 몇몇 도박장은 그 화려함에 있어서 데이비스의 도박장에 필적할 만했지만, 남북전쟁이 시작되면서 도박장은―일시적으로―모두 사라졌다.

선상 도박

빅스버그 봉사단이 자기네 지역에서 도박자들과의 전쟁을 선포했을 무렵, 뉴올리언스와 루이빌을 오가며 미시시피와 오하이오주를 왕복했던 증기선에는 1000~1500명 정도의 전문 도박꾼이 있었던 것으로 추정된다. 도시 내 도박 소굴에 개혁 바람이 불기 시작하자, 사기도박꾼들은 강 위를 떠다니는 그들의 사회로 편입되었고 이때부터 선상 도박의 황금시대가 시작되었다.

기존에는 강물이 흐르는 방향으로만 운행할 수 있었던 목조선에 비해 강물을 거슬러 오르는 항해도 가능했던 증기선은 그야말로 획기적인 발전이었다. 1820년 이후에 증기선은 하천교통의 주역이 되었다. 배의 속도가 점점 더 빨라지면서 어떤 배가 더 빨리 가는지에 내기를 걸었던 사람들도 있었다. 때로 선장들도 직접 내기에 참여했는데, 이것은 비극적인 결말로 이어지기도 했다. 안전은 뒷전으로 하고 내기에서 이기기 위해 보일러를 급속히 가열시키는 바람에, 경주에서는 이겼지만 배가 폭발해버리는 일이 발생했던 것이다. 1838년 한 해에만 500명에 가까운 사람들이 이러한 폭발사고로 사망했다. 당시 이 사안은 중요한 공공 안전 문제로 떠올랐고 결국 의

회에서는 1852년 보일러 공사와 증기선 면허에 대한 기준을 적용하는 규제 법안을 통과시켰다.[10]

증기선 상갑판의 메인 살롱 한쪽 구석에는 바에서 음료를 제공했고 가운데에는 테이블이 가득 차 있었는데, 이곳에서 영국 귀족부터 오지 출신의 농부에 이르기까지 모든 이가 어울려 흥겨운 시간을 보냈다. 사람들은 가볍게 서로 대화를 나누거나 금방 어울려 함께 카드 게임을 시작했고, 배 안에서의 익명성은 전문 도박꾼들도 존경받는 인사처럼 보이게 해주었다. 멋진 옷을 입고 고상한 척하는 이 도박꾼들은 때로는 농장주이거나 때로는 상인, 세일즈맨이기도 했고, 심지어는 장관도 될 수 있었다.

증기선 여행의 초기에는 전문 도박꾼들의 승선을 허용하지 않았다. 만약 도박꾼이라는 것이 밝혀지면 즉시 하선해야 했다. 하지만 1830년대에 도박꾼들은 거의 승무원처럼 선상에서 늘 볼 수 있는 존재가 되었다. 어떤 선장들은 도박꾼을 배에 태우지 않으면 재수가 없다며 그들이 배에 탈 때까지 출항하지 않겠다고 고집을 피우기도 했다. 이렇게 갑자기 도박자들을 받아들이기 시작한 것은, 그들이 사실상 선박이 자유롭게 운항하기 위한 면허 비용을 내주는 방식으로 선장과 승무원들에게 뇌물을 주기 시작했기 때문이다. 다만 배에서 정말 심각한 사기 행위를 저지르거나(또는 제대로 속이지 못했거나), 사회정치적 영향력을 지닌 사람들이 그들을 희생양으로 지목했을 때에만 모종의 응징을 받았을 뿐이다.[11]

선박에 승선한 도박사의 전형적인 차림새는 무릎까지 오는 브로드 천으로 만든 코트를 입고, 멋있게 맞춤으로 지은 검은색 또는 옅은 회색 바지에 주름 잡힌 느슨한 깃이 늘어진 하얀 셔츠, 거기에 검은색 모자를 쓴 모습이었다. 게다가 그들이 신는 부츠는 파리 수입산이었다. 그들이 입은 조끼는 복잡한 무늬로, 정교하면서도 화려한 단추로 장식한 것이었으며, 손에는 루비 또는 금반지를 꼈는데, 무엇보다 가장 화려하고 사치스러웠던 것은 반짝이는 넥타이핀과 엄청난 크기를 자랑하는 금시계였다. 이러한 허세쟁이들의 장식품은 선상에서 실질적인 가치를 갖기도 했다. 그것들은 기본적으로 비싼 물건들이었고, 차고 빼기가 쉬웠으며, 손쉽게 양도 가능했기 때문에 돈이 떨어졌을 때 돈 대신 베팅되거나 저당 잡히기에 좋았다.

사기도박자들은 브래그, 유커, 휘스트, 보스턴, 올포스, 포커와 같은 사교 게임과 파로나 21, 처커럭과 같은 상업적 게임도 즐겼다. 하지만 이들은 모든 게임에 있어서 압도적으로 유리했다. 속임수를 썼기 때문이다. 그들은 카드에 어떤 장치를 해놓거나 카드 딜링에서 교묘하게 카드를 바꿔치기했는데 그 수법이 통하지 않을 땐 주변에 있는 공모자들의 도움을 받았다. 공모자들은 손으로 담배를 피우는 시늉을 하거나 지팡이를 돌리는 등 상대편 뒤쪽에서 상대방이 어떤 카드를 가졌는지 보고 미리 짜놓은 몸짓으로 그 정보를 알려주었다.

전문 도박사들은 그들과 게임을 하고 싶어하는 사람이라면 누구나 상대해주었지만, 부유한 농장주나 집에 재산이 많은 순진한 청년이 걸려들기를 바랐다. 그들은 보통 세 명에서 여섯 명이 함께 일했으며 다른 사람을 속이기 위해 역할극을 했다. 딜러와 처음 만나는 척하면서 낚시꾼이 새로운 희생양을 테이블로 데려오면, 바람잡이가 베팅에 참여해 크게 승리하면서 딜러가 무능하다는 것을 보여주고 베팅 금액을 높이도록 꼬드겼다. 희생양이 빈털터리가 되는 건 순식간이었다.[12]

조지 데볼은 1829년에 태어나 배에서 오랜 기간 일했으며 1887년에 『미시시피에서의 40년간의 도박Forty Years a Gambler on the Mississippi』이라는 책을 출간했다. 열 살에 와코스타라는 선박에서 사환으로 일하게 된 것을 시작으로 선상에서의 삶을 돌아보는 자서전이었다. 그는 과거 선상에서 자신

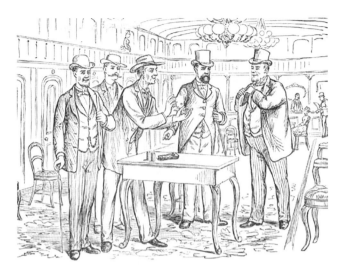

우아한 상갑판 살롱의 교활한 선상 도박자들이 쓰리 카드 몬테 게임에서 아무것도 모르는 부유한 잡화상을 상대로 사기도박을 벌이고 있다.

도 순진한 여행객들을 무자비하게 속여 그들의 주머니를 터는 사기도박에 공모했다고 회고했다.

　데볼의 글은 미시시피의 도박자들이 아주 비열했던 것만은 아니었음을 보여준다. 그는 종종 이런저런 술책을 이용하여 도움이 필요한 사람을 도와주기도 했다. 한 예로 교회에 내기 위한 100달러의 돈을 위해 수놓은 무릎 덮개를 기금 모금 복권에 걸었던 여성 노인들을 도와준 적도 있었다. 그에게 무릎 덮개가 필요한 것은 아니었지만 50달러를 걸었고 자신이 그것을 받을 수 있도록 게임을 조작했다. 그는 당첨된 무릎 덮개를 노인들에게 돌려주었다. 노인들은 다음 게임에서 다시 무릎 덮개를 걸었고, 그는 또 한 번 이겨서 무릎 덮개에 당첨되었고 다시 그들에게 돌려주었다. 세 번째 게임에서 그는 다른 사람이 무릎 덮개에 당첨되고 노인들이 400달러를 얻도록 게임을 조작했다. 그가 복권 당첨 결과를 조작함으로써 어떤 금전적 이득을 본 것은 아니지만 그 행위로 얻는 것도 있었다. 그는 "노인들은 나에게 수없이 많은 감사 인사와 기도를 해주었다"라며 "그때 썼던 돈이 이제까지 내가 낭비했던 어떤 돈보다 의미 있었던 것 같다"고 적었다. 데볼은 또한 도둑이 누군가로부터 훔쳤던 돈을 다시 속여서 빼앗기도 했는데 그 돈을 본래의 주인에게 되돌려주었다는 이야기는 적혀 있지 않다. 그가 도박으로 지옥의 천벌을 받을 것이라고 경고하는 목사들의 설교에는 냉담한 태도를 보였는지 모르지만(그의 이야기에 따르면 성직자도 얼마든지 열정적이고, 때로는 잘 속아 넘어가는 도박자가 될 수 있었다) 자신이 했던 베팅에 대한 보상은 포기해버릴 수 없었던 것 같다.

선상 사기도박은 여러 사람이 조직적으로 협력할 때 성공할 수 있었고 사기도박에 놀아나는 부자들의 발길은 끊이지 않았다. 가끔 도박자들은 재미 삼아 서로를 속이기도 했다. 데볼은 과거 자신의 경험을 기술하기도 했는데, 하루는 데볼을 선장이라고 착각했던 한 도박꾼이 파로 게임을 열어도 되겠냐고 물었다. 데볼은 허락했고 파트너가 그 도박꾼의 정신이 다른 곳에 팔리도록 붙잡고 있는 사이에 데볼은 도박꾼의 방에 침입해 가방 안에 있는 카드에 몰래 자신만 알아볼 수 있는 표시를 남겨놓았다. 파트너와 도박꾼이 갑판에 있다가 돌아올 즈음에는 이미 그가 카드를 가방에 넣어놓은 뒤였다. 저녁 식사 후 그 사실을 모르는 도박꾼은 자신의 친구들과 자신이 가지고 온 카드를 가지고 게임을 시작했다. 데볼과 파트너는 순식간에 사기도박꾼을 파산시켰고 그 도박꾼은 자신의 카드를 가지고 게임을 하는데도 정말 이해할 수 없게 그날따라 운이 없다고 생각했다. 데볼은 그 이후 다른 승객을 상대로 쓰리 카드 몬테(그의 주 게임이었다)를 하면서 상대편의 돈뿐 아니라 시계나 권총까지 휩쓸었다. 그날 밤에만 데볼과 파트너가 벌어들인 돈은 3600달러에 육박했다.[13]

전장에서 도박판을 벌이다

데볼은 1830~1860년 선상 도박의 황금기를 보낸 사람이었다. 1861년부터 1865년까지 이어진 미국의 남북전쟁은 남과 북의 교역을 중단시켰고 이로 인해 많은 여행객이 배를 이용할 수밖에 없었다. 전쟁이 온 나라를 휩쓸고 지나가는 동안 선상 도박자들은 배에 탄 사관과 강을 건너 여행하려는 승객들을 상대로 사기도박을 벌였고 도박은 도시에서도 지속됐다.

1862년 5월 연방군이 뉴올리언스를 점령했을 때 도시의 새로운 사령관 벤저민 버틀러 장군은 바로 모든 도박장을 폐쇄시켰다. 다음으로 그는 면허료를 지불하고 자신의 남동생을 파트너로 받아들여준다는 조건으로 도박장 면허를 발부하기 시작했다.[14] 장군이 시 행정을 처리하던 시절을 회고하며 조지 데볼은 장군이 도시를 썰렁하게 만드는 데에 확실히 기여했지만, 도박장에서 한몫 챙김으로써 도시의 상태와는 "무관하게 (자기 자신은) 부유하게" 만들었다고 적었다.

연방의 깃발을 걸고 북쪽을 위해 싸웠던 군인들은 도박을 잘 몰랐던 이들도 순식간에 모든 것을 습득했다. 군인들이 집으로 보낸 편지는 당시 도박이 얼마나 만연했는지를 잘 보여준다. 한 군인은 일기에 부대원 열 명 중 아홉 명은 돈을 걸고 카드놀이를 했고, 프레더릭스버그 전투 이후 자신도 24시간 내내 포커 게임을 했다고 적었다. 실제로 포커는 가장 인기 있는 게임이었으며 그다음으로 21, 유커, 파로, 세븐업이나 슬레지Sledge로 불렸던 올포 게임도 인기가 좋았다. 카드 게임은 휴대 및 운반이 쉬웠고 게임 방법도 금방 배울 수 있었기 때문에 사람들이 선호했다. 주사위는 카드보다 가지고 다니기 불편했기 때문에 크랩스 게임을 많이 하진 않았지만, 이례적으로 처커럭 게임은 비교적 많이 하는 편이었다. 군인들은 서로 물건을 걸고 당첨자를 뽑는 추첨 행사Raffle에 시계나 심지어 말까지 걸었고, 즉흥적인 경마나 닭싸움 내기를 걸기도 했다. 대원들은 독기가 잔뜩 오른 새 한 마리를 가져다가 다른 경쟁 부대의 챔피언과 경기를 시킴으로써 자신들의 사기를 높이기도 했다.[15]

도박이 그토록 만연했던 반면 내기에 걸린 돈의 액수는 정말 보잘것없었다―군인들이 절제를 잘해서가 아니라 그들의 봉급이 낮았기 때문이다. 몇몇 무모한 도박꾼들은 포격으로 자신들 주변이 대학살로 점철되는 와중에도 포커 게임을 멈추지 않았다. 본래 집에서는 도박을 죄악으로 배우며 자랐던 병사들은 전투가 시작되기 전 행진하면서 죄를 뉘우치고 카드를 길에 버리곤 했다. 그러나 전투에서 살아남은 군인들이 다시 도박을 시작하는 데는 그리 오랜 시간이 걸리지 않았으며 한 벌의 온전한 카드를 다시 만들기 위해 버려진 낱장의 카드를 뒤지고 다니기도 했다. 가끔 사기도박꾼들이 군인들의 월급날에 맞춰 군부대를 돌며 무자비하게 그들의 주머니를 털어가기도 했지만, 북군의 대부분은 적은 돈으로 사교적 게임을 즐겼으며 군인들의 도박은 사실상 고대 로마 군대 시절부터 있었던 보편적인 현상이었다.

연합군은 연방군보다 도박의 정도가 심했다. 남부군들은 이미 전쟁 전부터 도박을 했지만, 1862년 11월에는 유행병처럼 급속히 퍼져나갔다. 로버트 리 장군은 "도박 같은 악습이 군대에 퍼지고 있다는 사실에 마음이 아프다"고 선언하기도 했다. 북부 연방군처럼 연합군도 종류에 제한 없이 여러 물건을 걸고 당첨 행사를 벌였으며 경마에 베팅했고, 특히 기갑 부대의 도박이 매우 심해 군대의 규율까지 위기에 처할 정도였다. 1863년 텍사스 연대에서는 경마에 베팅하다 붙잡힌 사령관이 군사 법원에 회부되기도 했다.[16]

카드놀이 중에서도 포커는 주사위 놀이와 함께 북부에서와 마찬가지로 흔한 놀이였다. 프레더릭스버그 근처에 데블스 하프에이커Devil's Half-Acre라

잉크펜으로 그려진 이 그림은 1865년 남북전쟁 시절 주사위로 처커럭 게임을 하는 군인들의 모습을 묘사하고 있다.

고 불렸던 도박 소굴에서 1862년에서 1863년으로 넘어가는 겨우내 군인들은 처커럭 게임에서 헤어나지 못했다. 장교들이 도박하는 군인들을 상대로 위협할 때도 있었지만, 그들은 제퍼슨 데이비스나 주요 장교들이 그려진 카드도 잘만 가지고 놀았다. 전쟁에서 남부의 운이 기울자 카드놀이에 사용할 카드가 귀해졌고, 연합군은 포로로 잡혀온 연방군이나 사망한 자들의 배낭에서 겨우 새 카드를 얻을 수 있었다. 그래도 새로운 카드를 구하지 못했을 때는 게임 종목을 바꾸어 종이배 경주를 하거나 이Louse 싸움을 벌이기도 했다. 조용하고 도덕적이었던 스톤월 잭슨 장군을 포함한 장교들의 불허에도, 남부 군인들은 대부분 치료도 불가능한 도박꾼들이었다.

　연합군도 연방군과 마찬가지로 전투지를 향해 출발할 때 지녔던 카드를 버리고 성경을 가지고 갔다. 그러나 '죄악스러운' 도박의 도구, 카드를 버리려는 그 순간, 그들은 과거에 들었던 어떤 교훈적인 이야기를 떠올리곤 했다. 그것은 한 상습적인 도박자가 전투에 카드를 가지고 갔던 이야기였다.

전투 도중에 그는 총에 맞았는데, 총알이 그가 가지고 있던 한 벌의 카드에 막히면서 죽음을 피했다는 것이다. 대신 방향을 바꾼 총알은 옆에 있던 병사에게로 향했고, 두 번째 병사도 성경을 가지고 있기는 했지만, 총알을 막는 데 실패해 즉사했다는 것으로 이야기는 끝났다. 포커 카드의 방탄복으로서의 기능 여하를 막론하고, 병사들은 카드를 버릴 때 두 번 고민했고, 특히나 전투를 마친 뒤 금방 다시 돌아오리라 생각했던 이들은 더욱 고심을 거듭했다.

남북의 서로에 대한 반감에도 불구하고, 도박은 적군과 함께 캠프에서 모일 기회를 만들기도 했다. 밤새도록 군인들은 소초 주위를 돌며 어떻게든 중립적인 지대를 찾아내 가볍게 몇 잔 하고 같이 카드놀이를 즐겼다. 1864년에서 1865년에 있었던 피터스버그 전투 중 한 연합군 장교는 밤늦게 부대를 점검하다가 소초가 거의 비어 있는 것을 발견했다. 나중에 그는 경계 보초를 서고 있어야 할 병사들이 연방군 참호에서 카드놀이 하고 있다는 것을 알게 되었다. 양측 모두에서 군인들의 도박은 억제할 수 없는 현상이었다.[17]

거의 전설이 되다시피 한 루이지애나의 도박자 여단, 윌슨 레인저스도 있었다. 남북전쟁이 막 발발했을 때, 뉴올리언스 도박꾼들은 애국적인 입대 열기에 휘말렸고, 조지 데볼을 포함해 자신들만의 기갑 부대를 형성했다. 그들은 가장 값비싼 군복과 장비, 군마를 갖췄고 사람들에게 금방 강렬한 인상을 주었다. 데볼은 "여성들은 우리가 군대에서 가장 멋진 사람들이라고 생각했다"고 회고했다. 그들은 활기차게 훈련에 임했다. 데볼은 말에 올라타고 마치 기념행사를 하듯이 멋지게 도시를 빠져나갔던 장면을 떠올렸다. 그들이 다시 마을로 돌아올 때면, 사람들은 도시를 지키기 위한 훈련을 했다고 생각하고 열렬히 환영해주었다. 하지만 데볼의 말에 따르면 그건 정확한 사실이 아니었다.

우리가 받은 첫 번째 명령은 "말에서 내려! 말을 묶는다! 앞으로 가! 그늘을 찾는다! 게임 시작!"이었다. 그곳에 있었던 남부 기갑 부대만큼 명령을 빠르게 실행했던 부대는 아마 없을 것이다. 명령이 떨어진 지 10분도 채 안 되어 모두 그늘 밑에 자리를 잡고 소규모 집단으로 모여 앉았고 (…) 각각의 집단은 작은 게임 전략서를 손에 들고 있었다(최소한 멀리서 보면 책과 같이 보였다). 저녁이 되어 시원해질 때까지 우리는 그늘에서 쉬었고 새로운 명령이 떨어졌다. "동작 그만! 책을 모두 집어넣는다! 말에 올라타! 앞으로 가!"[18]

윌슨 레인저스는 실제로 전투에 참여하게 될까봐 매우 두려워했다. 연방군이 뉴올리언스로 행진해 오고 있다는 소식을 들었을 때 그들은 떨리는 마음을 간신히 다잡고 마을 경계를 지키며 서 있었지만, 경고사격이 울리자마자 대열을 무너트리고 마을로 허둥지둥 도망쳤다. 그들은 코트에서 배지를 떼버리고 군도를 묻어버린 뒤 마치 평화의 선도자인 것처럼 행세했다. 데볼은 "우리는 군인으로서 누릴 수 있는 영광은 다 누렸고, 전쟁이 지겨웠다"라고 적었다. 그 무리는 실제 포탄과 총알이 날아올 때, 자신들은 영락없는 초짜라는 걸 잘 알고 있었으며, 전쟁에 대한 어떠한 환상도 갖고 있지 않았다.

남북전쟁이 끝난 이후 국가의 교통수단으로 철도가 선박을 대체했다. 1869년 대륙을 가로지르는 철도가 완공되고 약 반세기 후 자동차가 주류가 되기 전까지 기차는 최첨단 교통수단이었다. 조용히 강을 가로지르는 선박과 같은 풍경은 연출하지 못했지만, 철도로 인해 미국인들은 그 어느 때보다 더 빠른 속도로 더 멀리까지 여행할 수 있었다. 선상 도박판과 마찬가지로 기차에서도 사기도박꾼들은 자신들의 독창성을 발휘해 호구들을 무자비하게 짓밟았다.

전후 미국 경제의 확장과 함께 도박장은 훨씬 더 일반적인 풍경이 되었다. 곧 모든 주요 도시에서 카드와 주사위 놀이를 하는 도박장이 최소한 한 곳 이상 운영되었고, 교활한 사기도박꾼들은 무자비한 도박 신디케이트를 결성해 새로운 시대의 주요 도박장을 재정적으로 지원했다. 하지만 미국 서부에서 도박꾼은 거친 개척지의 낭만적인 신화의 베일에 가려져 있었다. 물론 서부 도박에 관한 진실이라고 해도 지나치게 과장된 기상천외한 이야기들이었지만, 여러 방면에서 서부의 도박은 선상 도박꾼들이 새로운 환경(거친 서부의 목장 마을, 채광소 및 신흥 도시)으로 흘러 들어가 적응해 만들어 낸 결과였다.

서쪽으로!

19세기 전반에 걸쳐 미국 동부보다 서부의 개척자들에게 법적인 측면이나 관습적·도덕적 측면에서 더 낮은 수준의 잣대가 적용되었던 것으로 보인다. 그 결과 도박은 서부에서 창궐했다. 1840년대부터 미국 도시에서 도박의 지하세계는 번창했으며, 특히 서부에서 도박은 모든 이가 거의 언제나 접할 수 있는 것이 되었다. 각 지역의 법률이 도박을 용인해주는 '완전 개방' 체제가 시작되었고 심지어 전문 도박사를 지원해주는 일도 흔했다. 배 위에서 기술을 익힌 사기도박꾼들은 카우보이, 탄광 탐사꾼들, 거대 목축업자들을 쫓아다녔다. 늘 그랬듯 그들은 돈이 있는 곳이라면 어디든 냄새를 맡고 찾아냈다. 그들이 지나간 자리에는 그들에 대한 화려한 일화와 신화, 전설이 남기 마련이었고 이는 미국인들에게 생생한 기억으로 남아 있다.

서부에서도 이전에 멕시코였던 지역으로 이주해 들어간 앵글로-미국인들은 멕시코 마을에 하나 이상의 살라스Salas(도박장)가 있다는 것을 알게 되었다. 이주민들이 정착한 지역에서도 도박은 성행했다. 광산과 농장의 경계에서, 새로운 정착민들 대부분은 도박장이나 살롱, 무도장에서 힘들게 번 돈을 탕진하는 독신 남성이었다. 가족이라는 굴레에서 벗어난 이 지역에서, 도박은 목장 마을과 광산 지역을 지배했다.

세상이 미친 듯이 돌아가던 골드러시 시대에 캘리포니아로 발 빠르게 이주했던 이들은 '탄 캐기'가 시작되기도 전에 먼저 도박을 시작했다. 수많은 게임 중에서 포커는 지상의 새로운 출발점을 향하는 증기선 안에서 밤낮으로 게임판이 열렸다. 마차를 타고 채금지로 달리던 남성들은 불가에 모여 앉아 카드 게임을 하며 캠프 생활의 지루함을 달랬다.[19] 때로 운 좋게 마을에서 하룻밤을 보내는 날이면, 수중에 돈을 가지고 있었던 남성들은 주로 파로나 룰렛 게임을 즐겼다. 독립기념일이면 미주리에서는 두 곳의 도박장이 24시간 문을 열었다. 창문은 항상 열려 있었고 안에서 들려오는 짤그락거리는 동전 소리와 사람들이 흥겹게 떠드는 소리가 더 많은 손님을 유인했다. 도박은 하나의 오락이었지만 갖은 위험을 무릅쓰고 서부로 향하는 여정만큼이나 위험했다. 당시 서부로 가는 사람들은 선박 아르고호를 타고 동부의 항구나 뉴올리언스에서 출발하여 파나마의 대서양 연안의 정박지에 도착해 2~3일 동안 정글을 뚫고 지나가 파나마시티의 태평양 항구로 가서 샌프란시스코로 향하는 또 다른 증기선을 갈아탔다. 캘리포니아로 가는 배를 타기 위해서는 대기 시간이 길었고 파로 게임 하는 사람들, 야바위꾼, 몬테 게임 딜러들은 금을 찾아 고향을 떠나 긴 여행에 지친 이들과 함께 어울렸다. 그들 중 많은 이가 금을 보기도 전에 파로 게임 테이블 앞에서 여정을 마칠 수밖에 없었다.

어떤 때는 금광 지대에서 도박에 대한 갈망이 오히려 고삐 풀린 듯 최고로 치닫기도 했다. 캠프에서 살아간다는 것은 매우 고된 일이었다. 일꾼들은 온종일 강에 들어가 접시로 모래와 흙을 일어 숨겨진 금을 찾아내야 했다. 밤이나 일요일이 되면 일에 지친 광부들과 함께 카드놀이를 하거나 룰렛 게임을 하면서 그들의 피로를 달래줄 전문 도박사들이 기꺼이 찾아왔다. 광부들이 새롭게 정착한 곳에서 가장 먼저 생기는 '사업'은 언제나 변함없이 임시 텐트로 만든 도박장이었다. 고향에서는 도박하지 않았던 사람들도 이곳에서는 주저 없이 도박판에 참여했다. 1850년에 쓰인 한 편지에는 낮에는 광부로 일했다가 저녁이면 몬테나 다른 게임들을 하면서 시간을 보냈던 감리교 목사에 관한 이야기가 남아 있다. 많은 광부는 캠프로 돌아가기도 전에 자신들이 가지고 있던 수백 달러의 돈을 가지고 광산에서 그대로 자기네끼리 도박을 하는 일도 흔했다.[20]

광산 개발로 생겨난 신흥 도시에서 도박장은 살롱 및 사창가와 함께 가장 호화로운 건물에 들어섰으며 이곳에서 일어나는 행위들은 그 강도가 높았다. 혜성과 같이 성장한 새로운 도시, 네바다의 오로라에 머물렀던 한 방문객은 이곳에 넘쳐나는 술과 도박, 그 둘 모두를 너무나 좋아하는 광부들을 보며 한탄하기도 했다. "이곳에 모인 남성들은 불행 속에서 살아가고, 가정에 대한 유대감도, 사회적 견제도 없으며, 교회도, 종교도 없다—이곳에서 보이는 것이라곤 오로지 도박과 악 그 처참한 현실밖에 없다."[21] 이러한 곳에 있었던 살롱이란 전형적으로 늦은 밤에 이곳을 찾는 술꾼들을 위한 원스톱 상점이었다.[22] 한쪽 벽에는 술을 마실 수 있는 바가, 다른 쪽 벽에는 튀긴 고기나 다른 고기를 먹을 수 있는 코너가 있었고, 그 뒤쪽으로는 별도의 공간에서 도박판이 돌아가고 있었다. 도박판이 열리는 공간에서는 수백에서 수천 달러어치 금이나 은이 내기에 걸려 있었고, 당구대로 만든 더 큰 테이블도 있었다.

캘리포니아에서 몬태나까지 광산 개발 지역의 도박은 너무나 흔했고 투견, 곰싸움, 곰사냥 등이 걷잡을 수 없이 퍼져나갔다.[23] 한 남성은 자신의 오리에 '킬러 덕'이라는 이름을 붙이고 그것이 이종교배로 태어난 챔피언이라며 투견 경기에 내보내기도 했다. 부유한 삶을 꿈꾸며 금을 찾으러 온 사람이 빈손으로 고향으로 돌아가는 경우가 허다했다. 오히려 도박장을 운영하는 것이 금을 찾는 가장 손쉬운 방법이었다.

샌프란시스코는 당시 광산업 열기의 중심부였고, 1848년 서터 요새에서 금이 발견된 이후 미국에서 도박 인구가 가장 많았다. 샌프란시스코의 도박장들은 매우 유명했으며 도박은 성장의 가도를 달리던 샌프란시스코에서의 주요 놀잇거리였다.

1848년 봄에 생긴 첫 번째 도박장은 엘도라도El Dorado로, 워싱턴과 커니가에 캔버스 천으로 만든 텐트였다. 텐트는 곧 급조된 목조 건물로 변경되었는데, 건물주들이 엘도라도의 운영자 토머스 체임버스에게 한 달에 4만 달러라는 엄청난 돈을 받고 임대한 것이었다(당시 동부에서 방 열 개가 딸린 집도 2000달러면 지을 수 있었다). 존 데이비스의 도박장과는 다르게, 이 리조트는 고급스러움이라고는 거의 찾아볼 수 없었다. 그러나 초기에 도박할 곳은 엘도라도 하나뿐이었기 때문에 도박자들은 하룻밤에도 수백 명씩 이곳으로 몰려들었다. 엘도라도가 뛰어난 수익성을 보이자 곧 다른 도박장들도 문을 열기 시작했다. 1850년이 되자 샌프란시스코에서는 최소 1000개 이상의 도박장이 운영되었다.[24]

가장 돈을 많이 벌어들였던 도박장들은 포츠머스 스퀘어에 위치했는데, 동부와 남부의 대부분 지역과 북부의 4분의 3에 달하는 지역에 분포되어

1869년 네바다주 화이트 파인 광산 구역의 '일요일의 놀이' 장면. 사람들이 파로 게임을 하고 있다.

있었다. 엘도라도는 포츠머스 스퀘어의 제왕이었고 이곳에는 데니슨스 익스체인지Dennison's Exchange, 엠파이어The Empire, 마주카The Mazourke, 아케이드The Arcade, 바르소비엔The Varsouvienne, 워드 하우스The Ward House, 파커 하우스The Parker House, 폰티넘 하우스The Fontinem House, 라 소시어다드La Souciedad, 알함브라The Alhambra, 아길라 드 오로The Aguila de Oro와 같은 유명한 곳들이 있었다. 이 시기에는 종종 화재가 금방이라도 무너질 듯한 샌프란시스코의 판잣집들을 휩쓸고 지나갔지만, 도박장들은 곧 다시 들어섰다. 이렇게 화재의 위험에 늘 노출되어 있었기 때문에 도박장을 호화스럽게 꾸미는 일은 거의 없었다. 건물 대부분은 한쪽에 기다란 바가 있는 큰 방, 테이블로 가득 차 있는 가장 큰방, 그리고 밴드가 공연하는 무대 비슷한 모양으로 건축되었다.

 이 도박장에는 무료로 제공되는 호화로운 뷔페는 없었지만(음식과 술은 엄두도 못 낼 만큼 비쌌다) 간단한 먹을거리를 가지고 돌아다니며 판매하는 다소곳한 아가씨들이 있었다. 가장 인기 있는 게임은 멕시코인들이 발명하고 운영했던 몬테 게임이었다. 당시 몬테 게임은 사기 야바위 게임의 쓰리 카드 버전이 아닌 40장의 카드 덱으로 하는 게임이었다(카드에서 8~10카드를 뺀 것이었다). 파로 게임처럼 몬테 게임의 최종 목적은 뽑은 카드의 위치를 맞추는 것이었다. 딜러는 베팅하길 기다리고 카드를 셔플하고, 커팅해서 두 장의 카드를 뽑아 아래쪽에 두고 다른 두 장의 카드를 뽑아 위쪽에 두었다. 그런 다음 그는 '게이트Gate'라는 카드를 뽑았는데 카드가 기존에 뽑았던 네 장의 카드 중 어느 것과 매치가 된다면, 승자에게 알맞게 배당금을 내주었다.

샌프란시스코로 이주한 중국인들의 도박 행위도 정확한 파악조차 불가능할 정도였다. 당국이 겨우 한 곳의 도박장을 잡아내는 데 성공하면 그것은 곧 다른 두 곳에서의 도박으로 이어졌다. 그들은 전 세계 차이나타운 어디서든 존재하는 비슷한 게임을 했다. 그 게임들은 판탄Fantan과 '하얀 비둘기 티켓'이라는 파카푸 복권Pakapoo lottery, 마작이었다. 중국인들은 서양의 게임을 무시하며 파로나 포커, 룰렛 게임에는 관심도 보이지 않았던 반면, 백인들은 중국인이 판매하는 파카푸 복권을 사기 위해서 몰려들곤 했다.[25]

도박은 샌프란시스코에서 한결같이 수익성 좋은 사업이었다. 한창 수익률이 절정에 올랐을 시기 엘도라도의 한 달 평균 이익은 10만에서 20만 달러나 됐다. 샌프란시스코 내 도박장 수익은 한번에 50센트에서 10달러 정도 소액으로 베팅하는 도박자들에게서 나오는 것이었다. 베팅 금액은 소액이었지만 이것이 쌓였을 때 총매출은 어마어마했다. 처음에는 골든 스테이트(캘리포니아의 속칭―옮긴이)의 도박이 완전히 합법이었기에 도박장은 어마어마한 수익도 공공연하게 누릴 수 있었다.[26] 이후 도박자들이 정치적 부패와 연결되고 1856년에는 다른 곳으로 도박장을 옮기라는 일련의 압박이 가해지기 시작했다. 주에서는 법으로 몇몇 특정 도박을 범죄로 간주하기 시작했지만, 약삭빠른 도박장 운영자들은 게임의 이름만 바꿔서 계속 운영했다.

의원들은 처음에는 도박장을 전문으로 운영하는 운영자들만을 표적으로 삼았지만 1885년에는 도박 행위 자체를 범죄로 간주했고, 1891년에는 게임을 운영하거나 게임에 참가하는 것도 마찬가지로 처벌했다.[27]

자경단의 활동과 법적인 제재로 샌프란시스코에서 밀려난 전문 도박사들은 서서히 동부로 이동했다. 1858년에 설립된 덴버는 거의 곧바로 도박의 새로운 중심지가 되었다. 첫해에 대부분의 도박판은 덴버 하우스Denver House에서 벌어졌는데 통나무로 만든 투박하고 거친 매력을 자랑하는 호텔로, 술을 마시며 도박할 수 있는 살롱이 있었다. 사람들은 돈, 부동산, 권총까지 베팅했다. 몬테, 파로, 쓰리 카드 몬테가 가장 흔한 게임이었다. 마을의 강직한 시민들이 반대하기도 했지만, 이들은 끊임없이 게임을 했으며, 가끔 시설 보수를 위해 문을 닫을 때를 제외하고는 1920년대까지 계속 운영되었다. 크리플 크릭이나 크리드, 레드빌과 같은 탄광 마을에서의 도박도 비슷한 양상이었다. 더 멀리는 금이 발견된 블랙힐, 데드우드, 사우스다코타와 같은 북부 지역에서도 악명 높은 도박장이 생겨났고 남쪽으로는 툼스톤이나 애리조나에서 생겨났다.[28]

당시 미국 서부의 도박자에 대한 이미지는 기다란 팔다리에 콧수염을 기르고, 느린 걸음걸이로 어슬렁거리는 남부 출신 앵글로 미국인이겠지만, 실상 도박자들은 미국과 전 세계 어디서든 왔다. 골드러시의 분위기를 타고 캘리포니아로 흘러들어온 중국인, 페루인, 호주인(물론 수십 년 전부터 이미 그곳에 있었던 멕시코인까지)들은 자신들 고유의 도박을 들여왔다. 미국 원주민들은 자신들의 게임을 이어나갔고, 정착민들은 마치 누가 더 내기를 많이 하는지 경쟁이라도 하는 듯했다. 인구가 밀집된 지역이라면, 그곳엔 도박자가 있었다. 예컨대 1870년대 미주리주의 캔자스시티에는 30~40여 곳의 도박장이 운영되고 있었다. 1881년 미주리주의 캔자스시티에서 도박 금지법이 제정되었을 때 이들은 강 건너편에 있는 캔자스주의 캔자스시티로 이동했다. 또한 산타페는 19세기 동안 비공식적인 서남부 도박의 수도와 같았다.[29]

우시장으로 통하는 길목과 선로 교차점을 따라 생겨난 농장 마을에서도 도박은 악명 높았다. 음흉한 도시인 와이오밍의 샤이엔은 1870년에 '지옥의 바퀴Hell on Wheels'라 불렸으며, 애빌린, 위치토, 뉴턴, 콜드웰, 헤이스, 엘즈워스, 가장 서쪽의 도지시티와 같은 다른 여러 목장 마을과 같이, 말 그대로 통제를 벗어난 도박의 온상지였다. 이러한 마을에서는 몇 달 동안 기차를 타고 그곳에 도착한 지갑이 두둑한 카우보이, 버펄로 사냥꾼들, 철도 직원, 군인들의 구미에 맞는 서비스를 제공했다. 그곳에서 도박은 가장 주된 사업이었다. 애빌린은 시내에 30개의 도박장과 살롱이 있었고, 도박장 이외의 사업장은 세 곳밖에 없었다. 도박장은 이주민의 새로운 정착지를 혼란의 중심지로 만들어버렸다.[30]

대략 1850년부터 1910년에 이르는 도박 전성기에 미국 서부는 도박 역사상 가장 악명 높은 인물들을 배출했다. 이때 등장해 빠른 속도로 게임을 진행했던 이들은 바덴바덴이나 몬테카를로의 뱅커나 매니저, 크루피에들과는 태생부터 달랐다. 어떤 이들은 당차게 블러핑을 하며 게임에 임하는 성마른 사람들이었고, 어떤 이들은 소설가 브렛 하트가 그려낸 주인공인 존 오크허스트처럼 절대 냉정함을 잃지 않고 침착하게 게임했다. 검은색 옷을 입은 오크허스트를 하트는 다음과 같이 묘사했다. "그는 운명이라는 것을 받아들이지 않는 도박꾼이었다. 그에게 있어서 삶이란 가장 좋게 생각한다고 해도 불확실한 도박판에 불과했고, 도박판에서 그는 딜러에게 유리한 확률을 알아차리곤 했다."[31]

현실의 도박자들도 소설 속 등장인물만큼이나 만만치 않았다. 가장 잘 알려진 인물은 그의 죽음이 오늘날까지 포커 게임 카드와 연관되는 '와일드 빌' 히콕이라고 알려진 제임스 버틀러 히콕일 것이다. 1837년에 일리노이에서 태어난 히콕은 유능한 살인청부업자였다. 그는 1868년에 그의 업적과 현실, 미화된 이야기에 관한 기사를 실은 『하퍼스매거진』과 '버펄로 빌 코디 와일드 웨스트 쇼'의 투어로 유명해졌다. 살인청부업자라는 그의 명성은 도박판에서 실제 게임 결과를 넘어서는 우위를 갖게 해주었다. 예를 들면 이런 식이었다. 한 판의 게임이 돌아갈 때, 한 참가자가 주기적으로 카드를 자신의 모자에 넣었다. 자신이 받은 카드로 이길 수 있을 것이라 생각한 그 참가자는 200달러를 단지에 넣었다. 히콕은 총을 뽑아 들고 자신이 모자에 든 카드로 베팅하겠다고 했다. 결국 그가 승리해 단지 안에 있는 돈을 모두 가져갈 때 그 누구도 반대하지 못했다. 다른 게임에서 그는 한 무리의 사기도박단과 게임을 했다. 히콕은 자신이 가진 돈을 올인했고, 더 나은 패를 가진 참가자에게 돈을 잃으려는 찰나, 그는 리볼버를 두 개나 뽑아 들고는 돈을 가져가려는 승자에게 겨눴다. 히콕은 나지막한 목소리로 "나한테 6 카드가 두 장 있는데, 이게 제일 좋은 패 아니겠어?"라고 말했다. 같이 게임하던 누구도 그 말에 대답하지 못했고 결국 그가 돈을 모두 가져가 버렸다.

1876년 히콕은 데드우드Dead Wood로 향했다. 그는 순간적으로 이름부터 으스스한 그 마을에서 마지막을 맞이할 것 같다는 느낌이 들었고 그 예감은 틀리지 않았다. 1876년 8월 2일, 그는 살롱 넘버 식스라는 곳에서 문을 등지고 포커 게임을 하고 있었다. 그때 히콕과 언쟁을 한 적도, 어떤 연관성도 없는 잭 매콜이라는 사람이 그 유명한 살인청부업자 히콕의 등 뒤로 몰래 다가와 머리에 총을 쐈다. 히콕은 검은색 에이스와 8번 카드를 두 장씩 손에 쥔 채로 즉사했다. 그 이후 포커 게임에서 검은색 에이스와 8번 카드가 두 장씩 들어오는 패를 "죽은 자의 패The dead man's hand"라고 불렀다(다섯 번째 카드는 어떤 카드여야 하는가에 대해서는 의견이 분분하다. 히콕이 사망할 당시 아직 다섯 번째 카드를 받지 못했다고 하는 사람이 있는 반면, 어떤 이들은 그것이 9, 잭, 퀸, 다이아몬드라고 이야기하기도 하며, 또 어떤 사람들은 하트 모양 퀸 카드였다고도 한다).[32]

닥 홀리데이라는 이도 역시 악명 높았다. 조지아에서 존 헨리를 기리는 기념일에 태어난 그는 필라델피아 치과대학(오늘날의 필라델피아대학)을 졸업한 지 얼마 안 되어 폐결핵 진단을 받았고 이후 치과 진료를 시작했다. 당대 많은 결핵 환자가 그랬듯 그는 요양 차 무미건조한 서부로 이사했다. 그는 텍사스주 댈러스에 정착했고 그곳에서 치과 의원을 개원했지만, 환자들은 계속 기침을 해대는 그의 병원을 찾지 않았다. 홀리데이는 치과 진료 대신 도박으로 수입을 만들어내기 시작했고 결국 얼마 지나지 않아 진료를 아예 그만두었다. 500달러가 걸린 내기에서 사람을 죽인 그는 법을 피해 텍사스주의 잭슨버러로 갔다. 이런저런 문젯거리(거기에 저격수까지)를 달고 다녔던 홀리데이는 텍사스로 돌아가기 전 내기판에 끼어들거나 또 다른 문젯거리를 만들며 덴버와 와이오밍을 돌아다녔다. 그러던 중 포트 그리핀에서 그의 연인이자 댄스홀 여성이었던 '왕코' 케이트 피셔와 유명한 보안관이자 도박꾼, 살롱 관리자였던 와이엇 어프를 만났다.

도박판에서 벌어진 언쟁으로 또 한 명의 사람을 죽인 홀리데이는 그 자신도 비겁한 도박자였던 여자친구 케이트의 도움으로 법망을 피했고, 그의 친구 어프가 보안관으로 있는 도지시티로 도망갔다. 홀리데이는 어프와 어프의 형제들인 짐과 버길을 쫓아 툼스톤으로 갔는데 그곳에서 1881년 10월 26일, 어프가 맥로리와 클랜턴 형제와 벌였던 악명 높은 O.K.목장 결투에서 어프를 도와주었다. 어프와 함께 총싸움으로 벌인 살인은 무죄를 받았고, 이후 그는 콜로라도에 가서 몇 년 살았는데, 거기에서 병은 점점 악화되었으며(결핵은 서서히 그를 죽음으로 몰아가고 있었다), 주를 뛰어넘어 온 갖 곳을 돌아다니며 탄광 캠프에서 카드 게임을 하고 다녔다. 1887년 11월 8일 홀리데이는 버번 한 병과 한 팩의 카드를 가지고는 침대에 평화롭게 누워서 자신의 맨발을 바라보며 "웃기구만" 하고 읊조리듯 말했다. 그는 케이트에게 자신이 죽을 때는 신발을 신고 있지 않을 거라고 얘기했던 적이 있는데 정말로 그렇게 되었다. 전설적인 도박자이자 총싸움 꾼이었던 그는 그렇게 짧은 숨을 내쉬고는 그대로 사망했다.[33]

어프의 또 다른 친구, '박쥐' 윌리엄 바클리 매스터슨(홀리데이는 그를 싫어했다)은 자칭 '천재'였고, 누구든 붙잡고 자신의 영광스러운 이야기를 들려주려고 했다. 일리노이주에서 어린 시절을 보냈던 그는 나중에 캔자스로 이주했는데 그곳에서 버펄로 사냥꾼이 되었다. 그는 이후 조금씩 도박을 하기 시작했고 도시에서는 큰 성과를 거두지 못했지만, 샤이엔에서는 그나마 조금 괜찮은 성적을 보였다. 매스터슨은 O.K.목장 결투가 벌어지기 전 잠깐 툼스톤에 머무르면서 오리엔탈이라는 도박장에서 파로 게임을 운영했다(와이엇 어프는 이 도박장의 일부를 소유했으며 그곳 관리자였다). 그곳에 잠시 있다가 그는 덴버로 돌아가서 콜로라도에 있는 몇몇 도박장을 관리했다. 그는 카드 딜링보다는 총잡이로 더 유명했다(그가 얼마나 많은 이를 죽였는지는 정확히 알려진 바 없으나, 한 명에서 스물여섯 명까지라는 사람도 있다).

1902년 매스터슨은 뉴욕에서 갑자기 나타났는데, 그가 지원했던 『뉴욕 모닝 텔레그래프』 사의 복싱과 야구 관련 스포츠 기자 및 편집자가 되기도 전에 총기 은닉 및 속임수로 파로 게임을 한다는 명목으로 체포되었다. 그는 이후 20년 동안 자신의 과거사를 미화하고 여전히 악행을 즐기면서 여생을 보냈다. 그를 주기적으로 백악관으로 초대했던 시어도어 루스벨트 대통령은 그를 연방 보안관으로 임명하기도 했다. 그는 1921년에 죽었고 이후 데이먼 러니언의 소설 『아가씨와 건달들Guys and Dolls』에서 스카이 매스터슨이라는 등장인물의 모델이 되었다.[34]

서부의 여성들

광산 개척지에서 명성은 주로 남성들과 관련이 있었지만 여성들도 도박장에 꽤 많았다. 일단 도박장에는 돈 많은 남자가 많았기 때문에 매춘부들이 고객을 찾기에는 안성맞춤인 공간이었다. 살롱 주인들은 여성들을 종업원으로 고용했다. 그들은 도박장을 찾은 남성들이 친절한 여성과 함께 있을수록 술도 많이 마시고 더 오래 도박한다는 것을 알고 있었다. 샌프란시스코에서 시작해 다른 도박장들도 여성 딜러를 고용했다. 거친 광부들이 그토록 힘들게 노동해서 번 돈을 게임에서 잃어도 드센 여성들 상대로는 항의가 덜할 것이란 이유였다. 많은 여성이 스스로 도박판을 열기도 했으며 서부 전역에서 독립적인 게임 사업을 보유했다.

서남부의 멕시코식 도박장 살라스에서는 여성 딜러가 흔했다. 가장 유명한 여성 딜러는 라 툴스La Tules라는 이름으로 알려진 도나 마리아 거트루디스 바르셀로였다. 그녀는 1800년 산타페(오늘날의 뉴멕시코 지역)에서 태어났고 어릴 때부터 살라스에서 딜러로 일했다. 그녀는 타고난 아름다움과 우아함으로 곧 유명해졌다. 그녀에게 돈을 잃고 싶어하는 남자들이 문전성시를 이뤘다. 얼마 지나지 않아 그녀는 자신이 직접 산타페라는 이름의 도박장을 열었고 도시의 주요 인사들을 포함해 주로 크게 게임 하는 고객들을 끌어들였다. 그녀는 도박장을 스페인식 가구와 터키 카펫으로 화려하게 꾸미고, 유명한 주방장을 고용해 맛있는 음식을 제공했다. 또한 자신의 몸도 금으로 만든 장신구로 매우 사치스럽게 꾸몄다. 미국이 산타페를 점령한 뒤에도 그녀의 사업은 계속 번창했고 1852년 엄청나게 부유한 상태로 사망했다.[35]

다른 여성들도 새로운 출발을 위해 서부로 몰려들었다. 러라인 몬테 버디는 서부에서 스스로를 가장 매혹적이고 유명한 여성으로 재탄생시켰다. 노예를 소유했던 미주리주의 한 가정에서 벨 시돈스로 태어난 그녀는 자신의 미모에 넋이 나간 미국 사령관으로부터 기밀 사항을 알아내는 첩자로 미국 남북전쟁에서 5년간 활약했다. 1862년 그녀는 체포되었지만 그녀에게 순종할 수밖에 없게 돼버린 한 관리의 도움으로 4개월 만에 풀려났다. 종전 이후 그녀는 의사인 첫 번째 남편과 결혼했는데 황열병으로 사망했고, 도박꾼이었던 두 번째 남편도 결혼한 지 얼마 되지 않아 비명횡사했는데, 그는 죽기 전에 그녀에게 신묘한 카드놀이 기술을 가르쳐주었다. 두 번째 남편이 죽은 뒤 그녀는 위치토로 이주해 스물한 살의 나이에 캔자스 최고의 딜러가 되었으며, 포트 헤이스, 엘스워스, 샤이엔에 직접 도박장을 열었다.

시돈스는 1876년에 덴버의 도박장 소유주 마담 베스탈이라는 이름으로 덴버에 나타났다. 그녀는 나고 자란 가정환경의 영향으로 육체적 관계를 가볍게 생각하는 여성들을 고용하지는 못했고, 대신 도박자들에게 공짜 술과 (단지 소문일 따름이었지만) 공정한 게임을 제공했다. 블랙힐에서 금이 발견되었을 때, 그녀는 러라인 몬테 버디라고 이름을 바꾼 후 데드우드로 자리를 옮겼고, 이때 그녀의 등장은 대대적인 주목을 받았다. 신문에서는 1면에 그녀에 관한 기사를 실었고, "단 하나의 결점도 찾을 수 없는 아름다움"이라는 글귀로 그녀의 육감적이고 관능적인 모습을 극찬했다. 그녀는 마을에서 가장 성공적인 도박장을 운영했지만, 애정관계에 있어서는 계속 불행했다.

그녀는 마차를 세차하는 일을 했던 아치 매클로플린이라는 사람과 사랑에 빠졌는데, 그는 자경단에게 어떤 이유로 붙잡혀 교수형을 당했다. 몬테 버디는 자살을 시도했지만 결국 살아남았고, 말년에는 술에 찌들어 넋을 잃은 채 서부를 방황하다 생을 마감했다.[36]

몬테 버디보다 더욱 악명 높았던 한 여성 도박자도 있었는데, 이 여성도 비슷하게 비극적인 결말을 맞이했다. 최신 프랑스식으로 차려입은 엘리너 듀몬트는 1854년 어느 날 아침 캘리포니아 네바다 시티에 마법과 같이 등장했다. (윗입술에 보송보송한 솜털이 나 있기는 했지만) 그녀의 겉모습은 꽤나 아름다웠고, 그녀가 지나가면 사람들은 눈을 떼지 못하고 계속 바라봤다. 그녀는 뭇 남성들의 유혹을 무시하고 뱅에왕Vingt-Et-Un이라는 이름의 클럽을 열어 그곳에서 블랙잭 게임을 운영했다. 그녀는 손님들에게 자신의 클럽에서 예의를 지킬 것을 요구했고(침을 뱉거나 욕을 하는 것은 금지되었다), 그것을 지키지 않는 사람은 몬테 버디의 질책하는 눈빛과 함께 그녀와 게임하려고 참을성 있게 기다리고 있는 다른 손님들의 분노를 온몸으로 받아야 했다. 클럽은 성공적으로 운영되었고, 이후 그녀는 또 다른 도박꾼 데이브 토빈을 동업자로 받아들였는데, 그는 클럽을 확장해 파로, 처커럭, 룰렛 게임을 운영할 수 있도록 도와주었다.

그들의 새로운 도박장은 듀몬트 펠리스Dumont Palace라고 불렸는데, 광부들이 이 매력적인 프랑스 여성에게 돈을 꾸준히 잃어주었기 때문에 2년간 엄청난 돈을 벌어들였다. 토빈과 사랑에 빠진 그녀는 그와 함께 신흥 도시들을 돌아다니며 그 많은 돈을 쓸어 담았다. 그녀는 어디를 가든 화려한 집에서 지냈는데, 네바다의 버지니아시티에서는 게임에 진 사람을 위로하는 연주를 해주는 오케스트라 연주단이 있었고, 패자에게는 무료로 샴페인까지 제공해주었다. 그녀는 몬태나에서 아이다호까지 많은 곳을 돌아다녔지만, 시간이 갈수록 운세는 기울었다. 그녀의 윗입술에 난 털이 갈수록 더욱 눈에 띄게 자라기 시작했고 그 이후부터 '콧수염 여사'라는 조롱 섞인 별명이 생겨버렸다. 그녀는 골든 스테이트에 위풍당당하게 입성한 지 25년 만인 1879년 캘리포니아 보디의 광산 캠프 근처에서 자살했다.[37]

'모략꾼' 텍사스 키티 리로이와 로티 디노(그녀는 켄터키 렉싱턴 근처에 있는 카를로타 톰스킨 출신이었다)까지 수많은 여성이 도박으로 명예와 부를 얻었지만, 1851년 영국 서드베리의 명망 있는 중산층 가정에서 태어난 앨리스 이버스만큼 흥미로운 여성은 없을 것이다. 그녀는 온 가족이 미국으로 이주해 마지막에 콜로라도에 정착하기 전까지 영국에서 여성 신학대학에 다녔다. 미국에서 이버스는 광산 기술자 프랭크 더필드와 결혼했는데, 그는 항상 도박장에 갈 때마다 부인을 데리고 다녔다. 그가 광산에서 사고로 사망한 뒤 그녀는 도박으로 먹고살아야겠다고 결심했다. 그녀는 파로 게임에도 소질이 있었지만, 사람들이 '포커왕 앨리스Poker Alice'라는 별명을 붙여줄 정도로 포커 게임을 잘하기로 유명했다.

포커왕 앨리스는 1870년대와 1880년대 서부에서 활동했으며 당시 유명한 도박장마다 돌아다니며 게임을 운영했다. 그녀는 자신이 남성과 다르지 않다고 생각했고 남자들이 그랬던 것처럼 독주를 마시고, 시가를 피우고, 리볼버를 들고 다니면서 욕설을 입에 달고 살았다. 다만, 딱 한 가지에 있어서 굽히지 않는 원칙이 있었는데 그녀가 받은 신학 교육과 연관된 것이었다. 일요일은 도박 살롱이 가장 바쁜 날임에도 불구하고 그녀는 일요일에는 일하지 않았다. W. C. 텁스라는 동료 딜러와 결혼한 후 포커왕 앨리스는 도박판에서 은퇴해 남편이 폐렴으로 죽은 1910년 겨울까지 데드우드 북부의 고립된 오두막집에서 여생을 보냈다. 이버스는 그의 시체를 마차에 싣고는 눈보라를 헤치고 스터지스로 가서 자신의 결혼반지를 전당포에 맡기고

25달러를 받아 남편의 장례를 치러주었다.

장례를 치른 뒤 그녀는 느긋하게 도박장으로 들어가 일자리를 달라고 요청했다. 그녀는 곧 25달러를 벌어 전당포에서 결혼반지를 되찾은 뒤 계속 도박장에서 일했다. 1920년 도박이 금지되자 그녀는 포트 미드에서 군인들을 상대로 식당을 운영했는데, 그곳에서 군인들에게 술과 여자, 도박 시설을 제공했다(그곳에서도 여전히 그녀는 일요일에는 가게 문을 닫아 엄격하게 안식일을 지켰다). 유난히 혼란스러웠던 어느 날 밤, 그곳에서 한 70대 남성이 기갑 부대 기병을 총으로 쏴 죽였다. 살인 사건과 관련해 무혐의로 풀려났지만 그녀의 식당은 문을 닫을 수밖에 없었고, 이후 그녀는 1930년에 사망할 때까지 자신의 집 앞에서 흔들의자에 앉아 검정 시가를 태우곤 했다.[38] 그녀가 사망한 무렵 도박의 한 시대도 막을 내렸다. 그 이전까지 도박은 화려한 개인 도박꾼들의 영역이었지만, 이후의 도박은 조직폭력배와 기계의 시대였다. 이 새로운 시대는 개인 수준에서 행운을 가져다주었던 기술을 하나의 거대 사업으로 탈바꿈시켜놓는다.

7장

돈 많은 바보들

도박의 도시화

대도시의 도박이 시작되다

서부의 도박은 전설적인 이야기였던 반면 동부의 도박은 미국 남북전쟁이 끝날 때쯤 이미 거대 사업으로 존재했다. 당시 두 종류의 도박장이 번성했는데 하나는 도박에 필수적인 것만 갖춘 '저급한 소굴Low dens' 또는 '스키닝 하우스Skinning house'라는 곳이었고, 다른 하나는 화려한 '퍼스트 클래스 헬First-class hell'이라 불리던 곳이었다. '소굴'은 주점에서 시작되었고 고급스러운 도박장들은 크록퍼드와 같은 배타적인 웨스트엔드 클럽에서 시작되었다.

1830년대 도박을 전문으로 하는 '하우스'가 등장하기 시작했는데 이는 미국 경제의 확장, 도시의 성장, 미국 남부로부터의 전문 도박사들의 이주 등이 그 원동력이었다. 식민지 시기에도 주점에서 벌어지는 도박판은 전국에 산재해 있었지만 도박을 전문으로 하는 도박장은 흔하지 않았다—1732년 뉴잉글랜드 사람들이 뉴욕시티에 도박장을 개장했지만 거의 곧바로 폐장할 수밖에 없었다. 그 이유는 사람들이 도박장에 거의 관심이 없었던 반면 당국으로부터는 너무나 큰 주의를 끌게 되었기 때문이다. 19세기로 들어서면서 전문 도박사들이 북부 도시들에 대거 출현했고 1820년대가 되자 전문 도박장들이 하나둘씩 나타나기 시작했다. 이러한 곳에서 인기 있는 게임은 이미 오래전부터 주점에서 사람들이 많이 했던 백개먼 게임이나 다양한 사교적 카드 게임이었다. 가장 먼저 뉴욕에서 성공한 도박장은 1825년 월앤워터가 근처에 위치했는데 그곳은 점원이나 기능공, 자율소방대원들이 모이는 곳이었다. 도박장들은 영국 런던 클럽에 대한 세련되지 못한 투박한 모방이었고, 이후 다른 비슷한 도박장들이 생겨나는 데 영향을 주었다.

1830년에는 뉴욕시의 도박장이 10여 곳 되었는데, 이곳에서는 자신들의 도박 도구와 자본금으로 무장한 전문 도박사들이 뱅크 게임을 운영했다. 이들은 보통 사교적 게임을 제공했던 하우스를 기반으로 도박장을 열었다―크록퍼드나 다른 스파 리조트와는 달리 (여러 투자자로부터 투자를 받은) 단일 운영자가 손님들에게 상업적 도박을 통해 하우스를 상대로 베팅할 기회를 제공했다. 전문 도박사들은 도시를 떠돌아다니면서 이리저리 기웃거리며 기회를 엿보고 다녔다.[1]

'울프 트랩Wolf-trap'이라는 시스템은 진짜 도박장과 떠돌이 전문 도박자들을 이어주는 획기적인 고리를 제공했다.[2] 스냅 하우스Snap house, 데드폴Deadfall, 텐퍼센트 하우스Ten-percent house라고도 알려진 울프 트랩은 1820년대 말 신시내티에 처음 생겼고, 미시시피와 루이지애나의 선상 도박자들이 마을로 유입되면서 1835년 이후에는 주류를 차지하게 되었다. 딜러라면 누구나 소규모 자본금을 가지고 울프 트랩 시스템을 통해 도박판을 운영할 수 있었다. '스냅을 시작(도박판에서 뱅크 역할을 하는 것)'하고 싶은 딜러는 하우스 매니저로부터 칩을 한 뭉치 사들였고 이것이 그의 게임을 운영하는 뱅크로서의 자금으로 사용되었다. 시작할 수 있는 스냅의 범위는 1~500달러였지만, 대부분은 20~50달러로 시작했다. 칩의 가격은 어디서나 한 개에 1~50센트라고 했지만, 보통 그것들의 '가치'는 5~25센트였다.

울프 트랩 딜러들은 21게임이나 처커럭 게임도 했지만 일반적으로는 파로 게임을 운영했다. 하우스는 게임을 운영할 탁자 하나와 그 외에 필요한 다른 모든 장비를 제공했고, 딜러와 참가자 양자 모두 위조 칩을 가지고 하우스를 상대로 사기를 도모하지 못하도록 감시하는 관리자도 두었다. 게임이 끝나면 운 좋게 칩을 딴 참가자들은 하우스에서 칩을 현금화했다. 만약 참가자가 딜러를 파산시켰다면, 하우스는 딜러를 상대로 장소 이용료 외에 다른 비용은 청구하지 않았다. 그러나 딜러가 이기면 금액의 10퍼센트를 가져갔다. 울프 트랩의 게임은 대부분 정직하게 진행되었는데, 그곳을 찾는 거친 고객들이 사기꾼을 상대로 승리하는 것을 분별없는 짓이라고 여겼기 때문이다. 그러나 게임이 속임수 없이 진행됐다 해도, 딜러들이 현금을 칩으로 바꿔줄 때 실제로 손님들이 낸 돈보다 적게 주는 경우가 많았고, 반대로 참가자들은 오늘날 용어로 '패스트 포스팅Past-posting'이라고 알려진 '사후 베팅'을 할 때가 많았는데, 이미 결과가 난 게임에서 이긴 쪽에 베팅했던 것처럼 슬쩍 칩을 놓는 것이었다. 때로는 손님들이 요란스럽게 굴면서 딜러에게 직접 '뒤집어씌우는' 전략을 취하기도 했다. 그들은 담요 같은 것을 딜러의 머리에 뒤집어씌우고는 딜러가 벗어나려고 안간힘을 쓰는 동안 테이블 위에 있는 돈을 훔쳐 달아나버렸다. 따라서 울프 트랩에서는 테이블을 사이에 두고 양자 모두 계속 긴장의 끈을 놓지 않으며 게임을 진행했다.

1830년대 후반 전형적인 신시내티 울프 트랩은 하나의 기다란 방밖에는 없었는데 그곳은 먼지가 풀풀 날리고 바닥에는 짚으로 만든 깔개가 깔려 있었으며, 다 낡은 의자와 지저분한 탁자가 빽빽이 놓여 있고, 타구唾具로 사용하는 톱밥을 채운 상자도 있었다. 손님을 위한 단 하나의 편의시설이라고는 (벽에 걸어놓은 스포츠 경기 장면을 그린 싸구려 그림 몇 점을 제외하고) 목마른 사람을 위한 한 통의 물과 물을 마시는 데 사용하는 바가지뿐이었다. 사람들의 대화 주제는 경마나 증기선, 여자였으며 간간이 외설적인 말들이 이어졌다. 울프 트랩 손님 대부분은 증기선의 요리사, 선원, 항해사, 파일럿, 기술자들이었지만, 지역의 건달들도 함께 어울렸다. '스냅을 오픈'하거나 파로 게임을 주최하는 전문 도박사들은 섬세하게 수놓은 셔츠를 입고 현란한 보석을 걸치고 있었기에 군중 속에서도 단번에 눈에 띄었다.

'뒤집어씌우기'를 당할 위험이 있었음에도 딜러들은 정직한 장비를 갖추고 지속적으로 운영되는 울프 트랩을 선호했다. 손님들이 정직한 도박판에 참여하기를 원했기 때문이다. 다른 도박장들처럼 흑인에 대한 차별도 일반적이었다. 몇몇 울프 트랩은 흑인을 주요 고객으로 삼았고 백인들도 자주 이곳에 드나들었지만, 백인 고객을 위한 울프 트랩에는 흑인들의 출입이 금지되었다. 1840년대 울프 트랩은 퀸시티부터 세인트루이스, 피츠버그, 필라델피아, 볼티모어, 뉴욕, 보스턴까지 확산됐다. 하지만 여전히 울프 트랩은 크게 보면 전환기적 시설이었다.

울프 트랩에서 실시되었던 도박도 일반적으로 정직한 게임이었지만, 많은 파로 전문가는 돈을 따먹기 위해 속임수를 쓸 때도 있긴 했다. 돈 많은 호구가 도박장에 들어올 때면 딜러들은 울프 트랩 운영자에게 그를 상대로 사기도박을 할 수 있는 테이블로 유도해달라고 부탁했고 이러한 경우 운영자는 이득의 25퍼센트를 가져갔다. 반면 스키닝 하우스나 브레이스 룸Brace room이라 불렸던 한 급 낮은 도박장들은 오로지 사기도박만 일삼는 곳이었다. 그러한 도박장의 부정한 운영자들은 주로 도시에 처음 온 사람을 희생양으로 삼았다. 개중에는 표면적으로만 좋은 음식과 와인, 정직한 게임을 제공하는 일급 도박장을 따라 만든 곳도 있었다. 하지만 대부분은 시가와 싸구려 술을 제공했으며, 참가자와 공평한 게임을 하는 곳은 드물었다. 그러한 장소들은 대중에게 공개되어 있었고, 세상물정 모르는 사람이나 게임에서 속임수를 쓰든 말든 개의치 않는 손님들이 그들의 대상 고객이었다.

19세기 중반에 이러한 B급 도박장이 뉴욕 한 곳에서만 100군데가 넘었던 것을 보면 그런 손님이 꽤 많았던 것으로 보인다.

또 다른 B급 도박장들은 합법적인 도박 리조트의 모습을 갖추려는 의지도 없었다. 그런 곳들은 노골적인 사기도박장이었으며(호구들만 그 사실을 몰랐다), 희생양은 도박장을 떠날 때 단 한 푼도 가지고 나가지 못했다. 이러한 곳들은 도박장이라기보다 정교한 사기집단이었으며 하나의 표적을 벗겨 먹으려는 뚜렷한 목표가 있었다. 기차역이나 살롱, 호텔을 돌며 도박을 벌일 표적을 정하면, 바람잡이는 그와 함께 술 한 잔을 나누며 친근하게 굴다가 자신의 클럽에 방문하라고 초대했다. 그러면 그 표적은 바람잡이를 따라 죽음의 굴로 들어가게 되는 것이다.[3]

표적이 브레이스 룸에 도착하기 전까지, 한통속의 사기꾼들은 카드놀이를 하거나 잡담을 나누면서 느긋하게 쉬고 있었다. 초인종이 울리면 이들은 일사불란하게 각자 뱅커, 상인, 변호사, 운영자/딜러의 역할을 맡아서, 표적이 자리에 앉을 때까지 딜러가 파로 게임에서 돈을 잃기 시작하는 것이었다. 어떤 브레이스 룸에서는 표적이 된 사람이 입장한 지 한두 시간 후 근사한 저녁 식사를 차린다는 핑계로 테이블을 치우곤 했다. 보통 그때쯤이면 이미 호구는 깨끗하게 털리고 가버린 뒤일 것이고, 은 식기에 담긴 음식은 아무도 손대지 않고 남아 있곤 했다. 호구가 도박장 안에 들어오면, 사람들은 그에게 지금 딜러가 얼마나 운이 나쁜지, 그래서 손님이 얼마나 많은 돈을 땄는지에 관한 어마어마한 이야기를 들려주었다. 그는 열성적으로 게임에 참가하지만, 얼마 지나지 않아 빈털터리가 되었다.[4]

바람잡이가 그를 다시 '안전하게' 거리로 데리고 나가면 남은 이들은 전리품을 배분했다. 바람잡이에게 45퍼센트, 운영자에게 45퍼센트, 보조에게 10퍼센트를 주었다. 운영자는 그 몫으로 임대료와 부대비용, 그에게 고용된 사기도박자 무리에게 돈을 지불했는데 이들은 게임당 1~4달러 정도를 받았다. 이러한 방식의 게임을 진행하는 도박장은 1850년대 말에 흔했으며, 1870년대에는 전국에 걸쳐 100곳이 넘었다. 뉴욕에 열다섯 곳, 필라델피아에 여섯 곳, 보스턴이나 볼티모어, 시카고와 같은 주요 도시에는 1~4곳 정도 있었고, 오마하, 레번워스, 프로비던스와 같은 소도시에도 최소한 한 곳은 있었다. 국회가 개회했을 당시에도 워싱턴에는 도박장이 여럿 있었고 의원들이 도박장에서 사기를 당하는 경우도 있었는데, 그러한 사실은 국민의 대표라는 이들이 얼마나 무지한지를 보여주는 것이기도 했다.

패나 점잖고 훌륭한 사람이 신사들의 클럽으로 잘못 알고 그러한 곳에 들어가는 경우도 있었지만, 뉴욕의 악명 높은 파이브 포인트Five Points와 같은, 슬럼 지역에서 번창했던 싸구려 포커 게임 소굴을 고급 클럽으로 착각할 일은 없었다. 그곳에는 광을 낸 상들리에도, 음식을 서빙하는 이동식 탁자도 없었다. 이곳에서는 동물 기름을 병에 넣어 만든 양초만이 방을 밝히고, 위스키를 담았던 통 위에 거친 나무판자 하나를 올려놓고 탁자로 썼다. 1849년『뉴욕 트리뷴』에서는 '다양한 부류의 좀도둑과 소매치기'들이 탁자를 둘러싸고 옹기종기 모여서 기름때 묻은 낡은 카드를 딜링하고, 싸구려 위스키를 마시며 서로 욕하고 싸우는 장면을 다뤘다. "이 소굴에서 여성과 남성은 서로 어우러졌다. 어찌 그런 남자들이 있는지! 하지만 한술 더 떠서 어쩌면 그런 여자들이 다 있는지!"[5] 울프 트랩에서처럼 이곳을 찾는 방문객들은 매우 험악했기에, 이러한 도박장에서는 대부분 공평한 게임을 운영했다.

보다 정제된 형태의 오락은 영국 런던 클럽을 모방한 일급 도박장에서 찾아볼 수 있었다. 카드와 주사위 놀이는 불법이었지만, 일급 도박장 운영자들은 정치인, 판사, 경찰에게 뇌물을 주면서 단속을 피해갔다. 많은 도박장이 경찰을 직접 바람잡이로 고용하기도 했다. 딜러들은 지역에서 안면이 있는 손님을 상대할 때는 공정한 게임을 했지만, 외지인들에게는 속임수를 썼다. 여기에 속은 희생자들이 도박장을 고발해도, 정의의 바퀴는 오히려 도박장 운영주들이 열심히 기름칠을 해놓은 탓에 반대 방향으로 굴러갔다. 고발을 당한 도박자들은 자유롭게 돌아다녔지만 고발 당사자는 주요 증인으로 수감돼 있어야 하는 식이었다. 벗어날 유일한 방법은 고발을 취하하고 마을을 떠나는 것뿐이었다. 1850년 『뉴욕 트리뷴』의 호러스 그릴리는 주로 일급 도박장의 전문 도박사들에게 사람들이 한 해 500만 달러가 넘는 돈을 잃는다고 추정했다.[6]

도박장은 대중에게 공개되어 있었고 라인강 지역의 카지노들처럼 주로 상업적 게임을 운영했다. 가장 많은 비중을 차지한 게임은 파로 게임이었고 룰렛, 21게임도 있었으며 드물긴 했지만 트랑테카랑트 게임이나 주사위 게임도 있었다. 도박장 관리자는 신사를 흉내 내면서 손님들에게 편안함을 제공하기 위해 노력했다. 도시에 이런 도박장은 최소한 한 개 이상 있었고, 어떤 곳에는 열 개 이상 있었는데, 펜들턴의 워싱턴 도박장이나 존 데이비스의 뉴올리언스 도박장에 필적할 만한 곳도 있었다. 도박장에서는 무료 식사가 제공되었으며, 식사의 질도 나쁘지 않았다. 최고급 와인도 무료로 제공되었으며, 식사를 마친 뒤 파로 게임 테이블로 돌아갈 손님이라면 마음껏 먹고 마실 수 있었다. B급 도박장에서 하는 것을 보고는 일류 도박장들도 상류층으로 가장한 바람잡이를 고용해 매일 밤 새로운 희생양을 데리고 오도록 했다. 상업적 게임의 본디 특성상 참가자들이 그렇게 많은 돈을 잃지 않을 때도 간혹 있었지만, 대부분 도박장에서는 능숙한 딜러를 고용해서 손님을 속이고 이득을 보았다. 손님들은 자신들이 도박을 하는지 속아 넘어가고 있는지 분간하지 못했고, 사실상 그중 많은 이가 일류 도박장에 들어왔

다는 흥분감에 들때 어느 쪽이든 별로 신경 쓰지 않았다.[7]

뉴욕시의 큰 베팅

루이지애나에서 1835년 도박이 금지된 이후, 뉴올리언스 도박은 세가 꺾였다. 동시에 뉴욕시에서는 도박이 성행했다. 1850년, 번창하는 상업 중심지가 새로운 도박의 수도가 되었다는 것은 명백한 일이었다. 뉴욕 도박 금지 연합회New York Association for the Suppression of Gambling는 같은 해 도박이 허용되었던 시설이 6000곳이 넘을 것이라고 추산했다. 그중 3분의 2는 (부수적으로 카드놀이를 허용했던 주점과 달리) 도박이 주요 업종이었고, 놀랍게도 2만5000여 명이 그곳에서 일했다고 보고되었다(전체 인구 51만5000명 중 5퍼센트에 달하는 인원이었다).[8] 도박 규제 법령을 선포했던 뉴욕에서 도박은 표면적으로는 불법이었지만 권위자들의 허용적 태도는 도박장을 완전히 개방하는 처사나 다름없었다.

뉴욕의 소위 일류 도박장은 대부분 몇 명의 소유주가 점유하고 있었다. 특히 파로 게임의 경우 공평한 게임은 본질적으로 위험이 높았기 때문에, 게임 운영에 대한 정보를 모으고 베팅 제한 금액을 강화하는 등 업체 간 담합을 위해서는 소규모 연합 운영체제가 필요했다. 또한 이러한 협력은 지자체, 사법부, 경찰 등 요직을 차지하고 도박장 운영을 눈감아줄 사람들에게 뇌물을 주는 데 도움이 되기도 했다. 1850년 이래 한 세기 동안 조직적 도박을 (그리고 조직범죄까지) 지배할 연합체 구조가 서서히 형성되기 시작했던 것이다.

도박장 소유권은 제한된 인원의 동업자들에게 한정되었고 그중에서도 몇몇은 조금 특별했다. 루번 파슨스는 수수께끼 같은 뉴잉글랜드 사람이었는데, 뉴욕에 있는 가장 화려한 일류 도박장 대부분의 지분을 소유하고 있었다.9 그가 1830년대 뉴욕에 등장하기 전 뉴올리언스에서 도박장을 운영했던 거물이었다는 소문도 있었지만, 사실 그는 뉴욕에서 파로 게임을 하며 돈을 벌어보려고 했던 사람이었다. 약 2년 동안 잃기만 하던 그는 뱅커로 참여하는 것만이 돈을 버는 유일한 방법임을 깨닫고 맨해튼에 있는 도박장의 지분을 사들였다. 이후 그는 다른 도박장들에 잇달아 투자해 열 군데의 일류 도박장에서 이자를 받을 수 있었다. 그는 또한 뉴욕의 합법적 복권 또는 '폴리시Policy' 게임이라고 부르는 불법 복권 사업에 투자했다 성공해 몇 년 만에 어마어마한 부자가 되었다.

거부 파슨스는 뉴욕에서 가장 화려한 도박장에서 게임을 운영했지만, 옷차림은 매우 검소했고 말투는 부드러웠다. 그는 스스로를 사업가라고 여기며 도박자들과는 별로 대화를 하지 않았으며 투자 경과에 대한 보고와 감사를 게을리하지 않았다. 그는 파로 게임과 폴리시 게임으로 번 돈으로 부동산을 사들였고 남북전쟁이 발발했을 무렵 백만장자로 도박계에서 은퇴했다. 그는 거기에서 만족하지 않고 월가의 주식 투기 시장으로 뛰어들었는데, 이는 잘못된 선택이었다. 그 분야에서는 아마추어에 불과했던 그의 삶은 망가져버렸다. 그는 1875년 극빈자로 생을 마감했다.

도박장 운영주로 살아가던 시절에 파슨스에게는 여러 명의 동업자가 있었는데, 그중에서도 헨리 콜턴은 평생 우정을 유지했던 친구였다. 파슨스와 콜턴은 뉴욕 바클리가에 위치해 있던 가장 인기 있는 도박장을 공동 소유했다. 콜턴은 청렴하기로 유명했다. 그의 적들조차 그가 '제대로 된' 사업을 했더라면 성공했을 거라고 말하곤 했다. 그는 수학과 게임을 독학했는데, 도박계에서 그의 판단이 곧 법이라고 할 정도로 존중받는 사람이 되었다. 그는 일련의 소송을 당했던 1870년대에 자기 이름으로 된 재산 명의를 아

이 그림은 1867년 뉴욕 파로 게임에서 마지막 카드가 배분되는 '차례'를 기다리는 참가자들의 긴장된 순간을 보여준다. 오른쪽에서 케이스키퍼가 카드 점수를 추적하며 확인하고 있다.

내 이름으로 돌려놓음으로써, 소송으로 인해 동료 파슨스가 겪었던 재정적 어려움을 비껴갔다.[10]

헨리 콜턴이 지적인 능력으로 유명했다면 패트릭 헌은 상냥하고 매력적이기로 유명했다. 헌은 1830년대 미국을 여행하던 아일랜드 출신 귀족이었다고 하는데 뉴올리언스에서 파로 게임 전문 도박사들에게 모든 돈을 잃고 파로 게임 도박장에 취직했다. 출신이 어떻든 그의 진정한 소질은 카드를 딜링하는 것보다는 바람잡이로 다른 고객을 데려오는 데 있었다. 그는 그 일로 돈을 벌어들이기 시작했다. 1835년 뉴올리언스에서 도박이 금지되면서 헌은 뉴욕으로 이주했고 이후 브로드웨이 587번지에 자신의 도박장을 개장하기 전까지 파슨스와 콜턴의 동업자로 일했다.[11]

이곳에서 헌의 타고난 성격은 더욱 빛을 발했고 특유의 강력한 매력은 손님들이 다시 그의 도박장을 찾게 만들었다. 그의 도박장을 찾은 손님 대부분은 사기도박으로 돈을 잃었지만, 헌에게는 손님들이 희망을 되찾도록 만드는 놀라운 재능이 있었다─전해지는 바에 따르면, 자살을 생각하고 있던 사람도 그와 잠깐 이야기를 나누면 금방 기운을 차린다는 것이었다. 헌은 소액으로만 베팅하는 사람들이나 사기꾼들에게도 비슷하게 응대했는데, 일단은 상냥하게 맞이한 뒤, 짧은 산책을 하면서 당분간만 자기 도박장을 오지 않으면 안 되겠냐고 부탁했다. 그리고 이러한 방식은 실제로 통했다. 지위가 있는 사람들을 다룰 때는 좀더 양적인 방식을 사용했는데, 경찰 친구들에게는 다양한 선물과 현금을 보내 자신의 도박장을 급습하는 일이 없도록 했고 그렇게 사업은 번창했다. 하지만 헌은 돈을 버는 족족 무시무시한 속도로 다 탕진해버렸고─파로 게임에는 어지간히 소질이 없었다─1850년 사망했을 때는 재산이 거의 한 푼도 남아 있지 않았다.

19세기 중반 뉴욕에는 주목할 만한 인물이 몇 명 더 있다. 전前 바워리 보이Bowery Boy라는 범죄조직의 일원이었던 샘 수다이앰은 루번 파슨스에게 카드 딜링을 배우기 전에 남부로 여행을 갔다가 도박을 하게 됐다. 그는 나중에 도장塗裝업자였던 조 홀이라는 사람과 도박장을 운영하게 되었다 (홀은 이후 이 도박장의 지분을 수다이앰에게 팔아버리고 필라델피아와 워싱턴에서 자신만의 도박장을 개장했다). 한편 '셸' 버렐이라는 인물은 자신이 운영하는 룰렛 게임에서 무조건 공정한 게임을 진행했던 반면 짐 바톨프는 파크 플레이스라는 곳에서 참가자가 절대 이길 수 없는 정교한 속임수로 사기도박판을 벌였다. 이러한 도박장은 대부분 밤에 문을 열었다. 리버티 가에 위치한 단 한 곳, 셜록 힐먼이 운영하는 도박장만은 아침 열한 시부터 저녁 일곱 시까지 운영했는데 이곳은 주간에 잠시 무료함을 달래러 오는 사업가들을 위한 장소였다.[12]

이제껏 언급한 인물들은 각자의 개성으로 좋은 쪽으로든 나쁜 쪽으로든 어느 정도 이름을 떨쳤지만 얼마 지나지 않아 엄청난 거물의 등장으로 빛을 잃게 되는데, 그 인물은 바로 그 유명한 존 모리시였다. 아일랜드 템플모어에서 1831년에 태어난 모리시는 세 살에 부모님을 따라 미국 뉴욕주 트로이로 이주했다. 모리시는 이미 어린 시절부터 사나운 시비꾼이었고, 누구도 대적할 수 없는 폭군으로 트로이에서 이름을 날렸다. 그는 열여덟 살에 대도시에서 더 큰 명성을 얻겠다는 야망을 품고 뉴욕으로 떠났다. 그는 당시 기량이 뛰어난 권투 선수 '더치 찰리' 두에인을 찾아, 정치적 영향력이 막강했던 두목 아이제이아 린더스가 운영하던 도박장 엠파이어 클럽을 방문했다. 그곳에 두에인은 물론 프로 권투 선수가 아무도 없다는 것을 알게 된 모리시는 이 클럽의 누구와 싸워도 이길 수 있다고 으름장을 놓았고, 이 말에 자극받은 여섯 명의 남성이 맨주먹이나 의자, 술병 등을 들고 모리시에게 덤벼들었다. 모리시는 놋타구가 날아들기 전까지 흔들림 없이 그들을 상대했다. 그 모습을 인상 깊게 바라본 린더스는 모리시에게 자신의 부하로 들어오라고 권했다. 모리시는 트로이로 돌아가 약 1년간 머물렀지만 1850년에 다시 뉴욕으로 돌아와 린더스의 무리에서 함께 일하게 되었다.[13]

　　모리시의 역할을 이해하려면, 당시 사회적 분위기를 알아야 할 필요가 있다. 당시 전문 도박사, 갱단, 정치인들은 우호적인 관계를 유지했고 결과적으로 도박 신디케이트를 조성했다. 도박장 운영자들은 불법 행위든 적법 행위든 보호를 필요로 했다. 자신들을 못마땅하게 여기는 경찰관이 도박 규제 법령을 근거로 단속을 강화할 수 있고 판사들이 가혹한 처벌을 내릴 수도 있었으며, 동시에 다른 갱단이 침입해 손님들을 약탈하고 도박장을 초토화해버릴 수도 있었다. 따라서 전문 도박사들은 법적 강제를 행사할 수 있는 사람들에게 빌붙는 동시에 불량배들에게 문지기 역할을 맡겼다.

조직범죄단은 그들을 단속하는 경찰보다 더 강력할 때도 있었으며 1840년대에 이미 보호를 제공하는 대신 돈을 받고 이득을 취하려 방화와 약탈을 일삼기도 했다. 좀더 약삭빠른 우두머리들은 범죄조직의 폭력을 정치적 수단으로 사용하는 정당의 말단 당원과 연합하기도 했다. 말하자면 선거 날 (싸움꾼 모리시와 같은) 위협적인 '어깨'들을 보내서 사람들을 '올바른' 후보에게 투표하도록 종용하는 것이었다. 말단 당원들은 정치적 권력의 브로커들이었으며 기계정치 체제에서 차기 경찰을 임명하는 정치인들을 통제했다. 엄청난 부를 가지고 있는 데다 범죄조직단에 영향력까지 행사할 수 있었던 캡틴 린더스와 같은 전문 도박사들은 말단 당원이 되기에 안성맞춤이었다. 린더스의 지도 아래 모리시는 뉴욕의 민주당 정치 조직 태머니 홀Tammany Hall의 대열에서 떠오르기 시작했다.

모리시는 1851년 샌프란시스코에서 권투 선수로서의 명예를 좇으면서도 더 멀리 나아갔다. 신흥 도시에서 그는 파로 게임 딜러로 팀을 꾸렸으며, 곧 많은 돈을 벌어들였고 큰 수익으로 명성을 얻었다. 그는 도박장을 찾는 손님들에게 고압적인 태도를 보였다. 어느 날 한 손님이 싸움꾼 모리시에게 속았고 모욕당했다고 주장하며 결투를 신청했고 원하는 무기를 가지고 나오라고 했다. 결투를 하기로 한 날 양쪽 팔 밑에 정육점에서 쓰는 커다란 칼을 하나씩 끼고 어슬렁거리며 나타나는 모리스를 보고 겁에

의회에까지 진출한 첫 번째 도박자, 존 모리시 (1831~1878)는 파로 도박장에서 얻은 수익금을 좀더 존중받을 만한 곳에 투자했다.

질린 손님은 현명하게 재빨리 도망쳤다. 그 일이 있은 후 손님들은 모리스가 속임수를 썼다고 해도 불평하지 말아야 한다는 것을 깨달았다. 1852년 8월 권투 선수 조지 톰프슨을 이긴 모리시는 자신이 미국의 챔피언이라고 선언했지만, 이듬해 양키 설리번의 복귀전에서 승리한 다음에야 다른 사람들로부터 인정받기 시작했다. 그는 1858년 10월까지 계속 출전했고 존 C. 히넌을 KO로 눕힌 다음에야 가족과 사회에 헌신하겠다며 권투계에서 은퇴를 선언했다.

모리시의 명성은 무시무시했다. '올드 스모크Old Smoke'라는 그의 별명은 싸울 때 불타는 석탄 위에서 뒹구는 듯한 모습, 피칠갑을 한 살이 마치 타들어 가는 것같이 보이는데도 끝까지 굴복하지 않는 모습에서 나온 것이었다. 그는 자비라고는 조금도 찾아볼 수 없는 태도로 상대편을 공격하는 사람이었다. 키가 180센티미터 정도에 항상 80킬로그램 정도를 유지했던 그는 덩치가 그리 큰 사람은 아니었지만 강력한 힘과 끈질긴 체력을 과시했다. 그는 승자가 될 때까지 절대 멈추지 않았다. 민주당 모리시에 대적할 만한 적수 중 한 명은 1854년 경기에서 그를 격파한 휘그당이자 반이민주의자 부처 빌 풀이었다. 이 경기에서 둘의 싸움은 너무나 치열했다. 이후 둘의 격투를 관람했던 한 사람이 그 싸움을 재연하다가 머리에 치명상을 입었을 정도였다. 이듬해 모리시의 열렬한 추종자 중 한 명이 풀을 총으로 쏴 죽였다. 풀은 "나는 진정한 미국인으로서 죽는다"라는 마지막 말을 남기고 죽었는데, 이 말은 미국 원주민이었던 풀과 이민자 모리시 사이의 화해할 수 없는 적대감을 여실히 드러낸다.

이미 도박장을 운영하고 있던 모리시는 권투 경기에서 상금으로 받은 돈으로 다른 도박장들을 계속 사들였으며 1859년에서 1902년까지 운영하면서 마침내 뉴욕 역사상 가장 오래 살아남았던 바클리 8번가의 도박장을 인수하게 되었다(그동안 소유주는 계속 바뀌었다). 모리시는 나중에 그곳을 팔고 다른 도박장을 사기 전에 8번가의 도박장을 정치인들과 운동선수들을 위한 관광지로 조성했다. 그는 많은 동업자와 일했고 그가 운영하는 사업장은 항상 성공적이었다. 태머니에서 맺은 인맥 덕분에 경찰은 그의 도박장에 일절 관여하지 않았다. 뉴욕 북부 새러토가에 휴양 리조트까지 건설했고 도박장도 운영하면서 모리시의 이름은 일류 도박장을 상징하는 의미로 쓰이게 되었다.

모리시의 정치적 평판은 그가 벌어들이는 도박 수익과 함께 점점 더 높아졌다. 태머니홀의 주요 책임자 윌리엄 '보스' 트위드는 모리시를 뉴욕의 유력한 상원의원 후보자로 평가했고 불량배와 선거 관련 부정행위, 노골적인 사기 행각이 만연한 해당 지역에서의 공적을 인정해주었다. 트위드가 정치적 지지를 통해 미 연방의회에 들어갈 수 있도록 힘써준 덕에 모리시는 결국 당선되었다. 그는 의회에 입성한 첫 전문 도박사로서 1866년부터 1868년까지 임기를 지냈다. 1870년 이후 트위드와 관계가 틀어지면서 모리시는 태머니에서 제명되었지만 자력으로 뉴욕 상원의원이 되었다.[14]

1868년까지 성공한 사업가이자 정치인이었으며 백만장자였던 모리시는 이후 코닐리어스 밴더빌트의 조언을 얻어 월가에 많은 돈을 투자했다 크게 잃는다. 그는 상류층에서 신사로 인정받는 데는 실패했지만 계속해서 그 잠재력을 인정받았으며 1878년에 폐렴으로 사망할 때까지 상당히 부유한 상태를 유지했다. 아직까지 막대한 유산이 남아 있다. 정치적 영향력 덕분에 20년 넘게 뉴욕 도박의 중심에 서 있을 수 있었고, 새러토가에서 화려한 리조트 산업을 일으키고자 했던 모리시의 비전은 또 다른 도박계 거인인 리처드 캔필드로 이어졌다.

앞서 지적한 것처럼 폴과 모리시의 충돌은 미국 원주민과 이민자 사이의 반목을 전형적으로 보여준다. 이러한 갈등으로 다문화적이고 여러 언어가 공존하는 도시의 중요성은 더욱 강조되었다. 19세기에 이민자들이 미국으로 쏟아져 들어왔고 뉴욕에는 고유한 지역사회와 함께 독특한 도박 하위문화가 형성되었다. 아마도 가장 악명 높았던 곳은 차이나타운이었을 것이다. 당시 다른 지역에 있었던 차이나타운과 마찬가지로 뉴욕 차이나타운에서도 판탄과 복권 상점이 지배적이었다. 중국인들은 고국과 완전히 다른 환경으로 먼 길을 떠나왔는데도 그들이 하는 게임은 크게 변하지 않았다.

미국 중부의 도박장

뉴욕의 도박자들이 모리시의 도박장에 모여들고 파로 게임이 '서부를 장악'하는 동안 특출난 도박자들이 중부에서 명성을 떨쳤다. 신시내티에서는 울프 트랩이 도박자를 론도 하우스Rondo house와 키노 게임장Keno parlor으로 갈라놓았다. 론도 하우스는 하우스가 뱅크 역할을 맡아 간단한 당구 도박을 운영하는 곳이었다. 참가자들이 당구대 한쪽 구석에서 당구공 아홉 개를 쳐서 반대편에 있는 구멍으로 넣는다. 이때 마지막에 당구대 위에 남아 있는 당구공의 수가 짝수인지 홀수인지를 맞추면 되는 게임이었다. 이 단순한 게임은 미국 원주민이 즐기던 홀짝 게임과 당구가 만나면서 생겨났을 수도 있다. 론도 하우스는 (뉴올리언스나 핫스프링스, 아칸소주까지 포함해) 미국 남부와 중서부 전역에 산재했으며 형법으로 상업적 게임을 금지했던 애리조나와 캘리포니아에도 있었다. 이 게임은 20세기 초에 유행했다.[15]

같은 시기 키노 게임장도 남부에서 번창했다. 당시의 게임은 오늘날 같은 이름의 키노 게임과는 달랐다. 참가자들은 하우스에서 3~5줄이 인쇄된 카드와 가운뎃줄에 숫자가 인쇄된 커다란 빨간색 종이로 만든 특별한 티켓을 구매했다. 각 줄에는 1에서 90까지의 숫자 중 다섯 개의 숫자가 적혀 있었다. 참가자들이 구매한 카드는 모두 서로 다른 카드였다. 게임장에는 구스Goose라 불렸던 나무로 만든 구형球形 통이 있었고 이곳에 숫자가 적힌 90개의 공이 들어 있었으며, 참가자들은 그 통을 흔든 뒤 하나씩 숫자를 뽑기 시작했다. 다섯 개의 숫자로 한 줄을 가장 먼저 만들고 '키노'라고 외치는 사람이 승자가 되어 상품을 받았다. 이 게임은 '로토'라고도 불렸으며 로토 형식의 복권으로부터 유래되었을 가능성이 있다. 이 게임은 오늘날 키노 게임의 전신이라기보다는 빙고의 본체로 잘 알려져 있으며 소액으로 베팅하는 도박자들 사이에서 인기 있었다.

울프 트랩, 론도 하우스, 키노 게임장은 일류 도박장 운영자들이 보호 명목으로 뇌물을 주던 경찰에게 라이벌을 없애달라고 요청했던 1850년경까지 신시내티 시민들 사이에서 인기가 좋았다.[16] 남북전쟁을 전후로 많은 선상 도박자가 은퇴하여 도박장을 운영하기 위해 신시내티에 정착했다.[17] 당국에 계속해서 돈을 갖다 바치는 한, 오하이오강 유역은 그들이 도박 사업을 벌이기에 꽤 괜찮은 곳이었다.

미국 전역의 거의 모든 주요 도시에 최소한 몇몇 도박자가 안전하게 도박장을 운영할 수 있는 곳을 갖추어져 있었다. 세인트루이스, 밀워키, 인디애나폴리스, 클리블랜드, 포트웨인, 세인트폴, 미니애폴리스는 모두 도박의 중심지로 유명했다. 작은 도시에서도 도박하러 모이는 사람들은 끊이지 않았다. 운동을 하겠다고 모여 '클럽'을 꾸린 남성들이 매주 상점 뒤편에 모여서 포커나 그 선조 격인 브래그, 유커, 올아워스, 휘스트, 또는 상업적 게임인 파로나 21게임 등 사교적 오락을 즐기는 모습은 당시 소도시에서 볼 수 있는 전형적인 그림이었다. 이러한 곳에서 사용하는 도박용 레이아웃은 대강 만든 조악한 것이었으며, 운영주의 주 소득은 포커나 브래그 게임의 폿

Pot(레이크Rake라고도 알려져 있었다)에서 일정 비율을 떼거나 카드를 판매해 충당했다. 대신 그곳의 관리자는 (도박은 언제나 불법이었기 때문에) 손님들에게 비밀이 보장되는 장소와 술, 시가를 대접했다.[18]

서로를 상대로 게임하는 것이 지겨워지면 마을 사람들은 말쑥하게 차려입은 전문 도박사를 모임에 받아들였다. 이 전문 도박사들은 보통 남부 출신에 느긋한 말투라서 겉으로는 관대해 보였다. 갑자기 무리에 끼어든 이들은 처음에는 주변 사람들에게 바깥세상 이야기를 해주면서, 술과 담배가 돌아가는 파로 게임에서 몇 번이고 마을 사람들에게 져주었다. 그렇게 시간이 흘러 저녁이 되고 판돈이 커지면 그들은 판세를 단박에 뒤집어 마을 사람들의 돈을 탈탈 털어버린 뒤, 순식간에 돈을 잃은 사람들이 격한 감정을 쏟아내기 전에 잽싸게 마을을 떠나버렸다. 하지만 마을 사람들은 그러한 일이 있었다는 것을 이내 잊어버렸고, 또 다른 이방인이 진짜 마호가니로 만든 파로 상자를 들고 들어서면 언제 그랬냐는 듯이 그를 환영했다.[19]

대도시에는 운영자들이 당국의 인사들을 꼬드겨 슬쩍 눈감아줌으로써 영구적으로 운영할 수 있었던 도박장들이 흔했다. 지금은 도박과 거리가 먼 도시, 밀워키의 사례가 대표적이다. 첫 도박장은 1843년에 개장했는데, 당시 밀워키 인구는 3000명도 안 됐다. 소유주 마틴 커티스는 도박장 운영으로 많은 돈을 벌었고, 그 돈을 부동산에 투자해 거둔 이익으로 밀워키 내 가장 좋은 호텔 커비 하우스에 재정을 지원했다.

커티스가 밀워키의 첫 파로 도박장 운영자로 크게 성공한 후 톰 웍스라는 사람이 1848년에 새로운 도박장을 개장했다. 웍스는 이후 30년 동안 밀워키 도박계에서 일인자로 군림했다. 직접 웍스의 도박장에 소속되어 일하지 않는다면 적어도 그에게 허락이라도 받아야 다른 방해 없이 도박장을 운영할 수 있었다. 그의 영향력은 매우 막강해 위스콘신 주지사가 소유한 건물에서까지 도박장을 운영했다. 웍스는 주州 전역에 걸쳐 도박장을 운영했으며, 나중에는 시카고까지 사업을 확장했다. 그러나 전성기에 그는 자신을 파산으로 몰아넣을 결정적인 실수를 하게 된다. 1872년 도박으로 벌어들인 수익으로 좀더 '합법적인' 이익을 내기 위해 밀 시장에 거금을 투자한 것이다. 주식시장으로 눈을 돌렸던 다른 전문 도박사들처럼 그도 완전히 파산했으며 빚을 갚기 위해 전재산을 매각해야 했다.

다시 파로 도박장을 운영해 돈을 버는 대신 그는 분통을 터뜨리며 오히려 도박에 적대적인 태도를 취하기 시작했다. 그는 도박꾼은 죄다 사기꾼이라고 비난하며 밀워키에서 그들을 모두 없애버리겠다고 공언했다. 세간의 이목을 끌었던 그의 노력도 금방 사그라들기는 했다. 하지만 경찰들은 그동안 도박장 운영주들에게서 부당 이득을 취하며 그들을 이용해먹었듯 웍스의 이러한 움직임을 이용하는 게 정치적으로 이롭다는 것을 알아차렸다. 그들은 곧 도시에 남아 있는 여섯 곳의 일류 도박장과 뒷방에서 몰래 하는 론도 및 포커 게임을 엄중히 단속하기 시작했다. 하지만 도박은 곧 밀워키로 돌아왔으며, 예전보다 비밀스러워졌을지언정 사라지지 않았다.[20]

밀워키와 같은 도시들에서 톰 웍스 같은 작자나 일류 파로 도박장을 눈감아주긴 했지만, 불법 도박이 성행했던 시카고에 비하면 그건 아무것도 아니었다. 당시까지만 해도 마을에 불과했지만, 시카고에서는 19세기의 도시에 걸맞은 도박 하위문화가 발달했다. 시카고는 1833년 8월 소도시로 건립되었는데, 그해 12월에 이미 지역 신문에 도박을 금지하는 법을 제정하지 않는 당국에 대한 비판의 목소리가 실렸다. 10년 뒤에야 위원회는 도박이라는 악을 "뿌리 뽑고" "도박해서 먹고사는 이들을 끝까지 잡아내겠다"는 결의안을 냈다. 위원회는 시카고 시민들에게 전문 도박사들과 도박을 포함한 어떤 교류도 하지 말 것을 권고했지만 도박은 여전히 지속되었다.[21]

1840년대부터 1850년대까지 도시가 성장하면서 시카고는 명실상부 중서부의 도박 중심지가 되었다. 일군의 도박자들이 초기에 도박장을 운영하면서 부정한 이득을 취하려 했지만, 그중에는 존 시어스와 같이 예외적인 인물도 있었다. 브래그나 세븐업, 휘스트 등 다양한 게임을 운영하며 모든 손님을 받아들였던 여느 업주들과 달리 시어스는 포커 게임만 취급했는데, 천재적인 지능 덕분에 속임수를 쓸 필요가 없었다. 또한 옷을 잘 입기로 유명했던 그는 다년간 시카고의 미남으로 사람들 입에 오르내렸다. 당시 대부분의 도박자는 게임 중에 욕설을 잔뜩 섞어가며 허황된 자화자찬을 늘어놓기 마련이었지만, 시어스는 조금 특이했다. 셰익스피어나 로버트 번스의 작품에 이상하리만치 빠져 있었던 시어스는 이따금 게임 중에 작품에 나오는 구절을 갑작스럽게 읊어대곤 했다. 시어스는 같은 도박자들뿐만 아니라 뭇사람에게 존경과 사랑을 받는 양심적이고 정직한 도박자였지만 정직하게 게임에 임한 결과 가난 속에서 죽고 말았다. 시카고의 도박자들이 시어스를 존경했을 순 있지만 그의 정직한 태도를 본받는 사람은 없었다.

시어스가 했던 것과 같은 정직한 방식의 게임은 빠르게 시대의 뒤안길로 사라졌다. 1850년대에 사교적 게임을 중심으로 공정한 딜러가 게임을 진행하고 하우스 레이크의 10퍼센트 정도만 받는 구식 도박장은 문을 닫기 시작했다. 도박장에서는 인기가 급상승한 파로 게임과 룰렛, 처커럭, 키노와 같은 상업적 게임을 운영했는데, 이 모든 게임은 뉴올리언스와 뉴욕 도박장에서 도박을 배워 온 참전군들이 퍼트린 것이었다. 처음에 이들은 10퍼센트 수수료를 떼던 기존 도박장에서 게임을 했지만 이후 시카고에 정착하면서 아예 직접 도박장을 차리기 시작했고 파렴치할 정도로 악덕하게 도박장을 운영했다. 1850년대 후반이 되자 사실상 모든 도박장이 사기도박장이 되었다.

도박장 중에서도 세련된 곳은 스테이트앤레이크가와 같은 도심부에 위치했지만, 더욱 필사적인 도박자들은 거의 본능적으로 샌즈라고 알려진 도시의 지저분하고 누추한 구역의 도박장으로 파고들었다. 절도범과 매춘부, 전문 도박사들의 소굴을 정비하려는 노력은 1857년까지 헛수고로 돌아갔지만, 같은 해 '키다리' 존 웬트워스(존 웬트워스는 키가 2미터에 달하는 장신이었다—옮긴이)가 시장에 당선되자 상황은 달라졌다. 웬트워스는 기발한 책략을 사용했다. 그는 지역 신문에 교외에서 투견 시합이 열린다는 광고를 대대적으로 실었다. 그 광고를 보고 샌즈를 드나들던 무리가 대부분 교외로 빠져나가자 시장은 구역에서 가장 허름한 도박장 한 곳을 폭파시켜버렸다. 이러한 조치로 그는 독사들의 둥지를 파괴했다는 찬사를 받았지만, 샌즈의 부랑자들은 사라지지 않고 그저 다른 곳으로 거처를 옮겨버렸다. 시장은 도박자들을 단지 잠시 멈칫하게 하는 데 그치지 않고, 어떤 일이 닥치든 그들과 끝까지 싸우겠노라고 맹세했다. 이후 웬트워스는 도시 내 주요 도박장을 급습하여 폐장시키는 데 성공했지만, 도박은 계속될 뿐이었다. 파로 게임 딜러들은 화려한 설비를 갖춘 도박장에서 게임하는 대신, 경찰의 손이 미치기도 전에 소리 소문 없이 도시의 깊은 곳까지 퍼져나갔으며, 이로 인해 미국 도시의 새로운 도박 문화, 플로팅 게임이 생겨나기도 했다.

남북전쟁 기간에 웬트워스는 지하세계의 도박을 소탕하겠다고 열성적으로 날려대던 기소를 잠시 중단했는데, 바로 이때 수백 명의 막살이 잡배가 시카고로 흘러들어왔다. 여기에는 전문 도박사뿐만 아니라 매춘부, 소매치기, 도둑에 신용 사기꾼까지 있었다. 급격하게 팽창하는 도시(1860년부터 1870년까지 시카고의 인구는 거의 세 배나 증가했다)를 건사하는 데 정신이 팔린 시카고 경찰은 도시에서 벌어지는 불법 도박이나 매춘을 거의 규제하지 않았다. 주류 반입이 자유롭고 확률 게임을 확산시켰던 수많은 살롱 덕분에 시카고는 범죄 도시로 악명이 높아졌다(술과 도박 모두 폭력적인 싸움의 원인이 되었다). 1870년대 도박장은 수백 곳이 넘는 것으로 추산되었는데, 인구가 30만이 안 되는 도시에서 그렇게 많은 도박장이 존재하는 게 쉬운 일은 아니었다. 소란스러웠던 저급 도박 소굴은 슬럼가 전역에 산재했지만, 일류 도박장―정직하게 게임하는 곳도 있고 그렇지 않은 곳도 있었다―은 두 지역에 군집해 있었다. 첫 번째는 클라크와 스테이트 사이에 있는 랜돌프가였는데 이곳은 폭력이 난무해서 '일촉즉발의 거리'라고도 불렸다. 다른 곳은 랜돌프에서 먼로에 이르는 클라크가였는데 별칭이 '도박자의 거리'였다. 두 구역은 도박장이 지배했으며 그 외의 가게로는 몇몇 살롱과 사창가가 있었다.

처음에 가장 유명했던 도박장은 랜돌프가 167번지에서 와트 캐머런 '대령'이 운영하던 곳인데, 그는 점잖고 예의 바른 남부 출신으로 정직한 게임을 한다고 알려져 있었다.[22] 그는 (보호 명목으로 경찰에게 주는 돈까지 포함해) 간접비 지출을 충당하지 못했고, 1863년에 세인트루이스에서 두 명의 동업자를 새로 받아들였는데, 이후 캐머런은 곧 쫓겨났고 그의 리조트는 도시에서 가장 악명 높은 도박장으로 거듭났다.

이 시대에 도박장을 운영했던 사기도박꾼들 가운데 가장 부정하며 동시에 가장 부유했던 사람은 조지 트러셀이었다.[23] 트러셀은 시카고에서 몇 년 동안 회계사로 일하던 버몬트 출신의 남성이었다. 그는 회계사로 일하며 받는 월급으로는 자신이 원하는 사치스러운 생활을 할 수 없다는 판단에 다니던 직장을 그만두고 도박장에서 일하기 시작했는데, 처음에는 호객꾼으로 시작해 곧 바람잡이가 되었고, 얼마 지나지 않아 직접 도박장을 운영할 정도로 특출났다. 1862년에 그는 세 명의 동업자와 이미 여러 곳의 도박장을 운영했다. 그의 조직은 여러 경쟁자 사이에서도 유독 공격적인 '마케팅'을 자행해 악랄하기로 유명했다. 트러셀은 호객꾼을 고용해 역이나 호텔 로비를 샅샅이 뒤져 호구를 찾아내는 데 만족하지 않았다. 그들은 공평한 게임을 운영한다고 알려진 다른 도박장 앞에 가서 가스등을 불어 꺼버리고는, 그곳을 찾은 손님들에게 여기는 오늘 문을 닫았고 근처에 다른 멋진 곳이 있으니 거기로 가자며 트러셀의 도박장으로 데려갔다. 이런 비열한 방식으로 트러셀은 어마어마한 부자가 되었고 경찰들에게 충분한 돈을 찔러줄 수 있었기에 법적인 제재나 경찰의 불시 단속을 걱정하지 않고 마음껏 도박장을 운영할 수 있었다.

트러셀은 경마에도 관심이 많았고 특히 어떤 말 한 마리에 빠져 있었는데, 이는 1866년의 비극으로 이어졌다. 트러셀에게는 몰리라는 정부(어떤 이들은 중혼 관계였다고도 한다)가 있었는데, 몰리는 트러셀의 권세에 힘입어 4번가에 있는 사창가의 주인이 될 수 있었다. 그는 몰리와 함께 있을 때면 다른 여자는 근처에도 오지 못하게 했으며, 늘 보석이나 옷 등 값비싼 선물을 쏟아부었다. 하지만 트러셀이 덱스터라는 경주마의 공동 소유권을 취득하면서 몰리는 그 말에 자신의 자리를 내어줄 수밖에 없었다. 덱스터를 알게 된 후 그는 시간이 날 때마다 마구간에 가서 자신의 수려한 말을 찬미하며 지인들에게 자랑을 늘어놓기에 바빴다. 그러다 새롭게 문을 연 경마장이었던 드라이빙 파크Driving Park의 개장 축제(덱스터가 경기에 출전했다)에도 데려가지 않자, 몰리는 더 이상 참을 수 없었다. 이튿날 밤 그녀는 멋진 흰 드레스를 완벽하게 차려입고 치맛주름에 권총을 숨긴 채 '일촉즉발의 거리'에서 트러셀을 찾아다녔다. 한 살롱에서 완벽한 덱스터를 위해 건배를 외치는 트러셀을 발견한 그녀는 그에게 다가가 위협적으로 말을 걸었다. 트러셀이 상대하지 않고 문으로 끌고 가자 그녀는 숨겨온 권총으로 말에 미쳐버린 연인을 쏴버렸고 그는 즉사했다. 몰리는 총을 쏘자마자 '자신의 조지'를 죽였다는 사실에 울부짖었다. 그녀가 유죄라는 증거가 차고 넘쳤음에도 배심

원은 재판에서 그녀에게 무죄를 선고했다.

트러셀의 추락은 값싼 오페라의 비극을 연상케 했던 한편, 공교롭게도 시카고 전체도 절망에 빠질 수밖에 없었는데, 이는 1871년 10월 8일부터 10일까지 이어진 대화재 때문이었다. 이 무시무시한 화재는 더코번가에 있는 케이트 올리리의 헛간에서 소가 손전등을 발로 차 넘어뜨리면서 시작되었다고 하지만, 실제 정확한 원인은 아직까지 밝혀지지 않았다. 올리리 씨의 이웃이었던 대니얼 '페그레그' 설리번은 죽기 얼마 전에, 담뱃재를 털다가 불씨가 튀어 대화재로 이어졌다고 고백한 바 있다. 하지만 이 이야기를 잘 살펴보면 진짜 원인은 주사위 때문이었다고 해야 할지도 모른다. 1942년 89세의 나이로 사망한 루이스 콘은 이런 이야기를 털어놨다. 그 옛날 자신과 올리리 부인의 아들들, 그리고 다른 젊은이들이 모여서 주사위 도박을 하고 있었는데, 그중 한 명(설리번이었을 가능성이 높다)이 손전등을 쳐서 넘어트렸다는 것이다.[24] 올리리 부인의 아들 중 한 명이었던 짐이 이후 시카고에서 잘 나가는 도박장을 운영했다는 점으로 미루어 볼 때 이 이야기는 신빙성이 있다. 지인들을 상대로 일찍부터 '장사'를 시작했던 그가 결국은 미국 역사상 가장 참담한 재난 중 하나를 초래했을지도 모른다.

그러나 이러한 대규모 화재도 시카고 사람들의 도박 열풍을 잠재울 수는 없었고, 몇 년 후 새로운 도박계의 거물이 출현했다. 새로운 거물은 시카고에서 나고 자란 토박이 마이크 맥도널드(1839~1907)로, 그는 이미 10대 때부터 전문 도박사로 활동했다.[25] 웬트워스 시장이 시카고의 도박장을 폐장시켰을 때, 맥도널드는 뉴올리언스로 옮겨 실력을 더욱 갈고닦았으며 그를 상징했던 백색 셔츠에 검은색 정장을 차려입는 법도 이곳에서 배웠다. 그는 시카고에서 제일가는 도박사가 되겠다는 포부를 갖고 귀향했고, 실제로 그렇게 됐다. 남북전쟁 기간에 시카고에서 그를 모르는 사람이 없을 정도였다.

1873년에 맥도널드가 새로운 시장 하비 콜빈을 지원하면서 그의 야망은 더욱 현실에 가까워졌다. 도박장 불시 단속을 하던 전임자들과는 달리 콜빈은 도박에 대한 불간섭 정책을 폈고 반대파의 위협에도 모든 종류의 도박장 운영을 방임했다. 어떤 개혁주의자는 체념한 논조로 "마을은 말 그대로 밤낮으로 흥청망청하는 범죄조직의 손에 넘어가버렸다"고 쓰기도 했다.26 맥도널드의 사업은 번창했고, 클라크앤먼로가에 위치한 '스토어'라는 이름의 호텔겸 살롱에 새로운 도박장을 열었다. 밖에서 보면 그저 열두 개의 파로 게임 테이블, 여섯 개의 룰렛 휠, 여섯 개의 처커럭 게임 테이블이 공평하게 운영되는 곳으로 보였다. 그러나 실상은 딜러들에게 사람을 봐가며 게임을 진행하도록, 즉 정치적으로 영향력 있는 손님일 때만 정직하게 운영하도록 명령했다.

콜빈에 이어 1876년 시장직을 맡았던 먼로 히스는 다시 도박장을 단속하는 방향으로 선회했으나 그의 후임인 카터 해리슨은 또다시 도박자들에게 관대한 정책을 폈고, 이에 도박자들은 해리슨을 친근하게 '우리 카터'라고 불렀다. '스토어'는 시카고에서 가장 큰 도박장으로 자리 잡았고, 1890년대까지 그 위상을 유지했다.27 시카고에는 '스토어'에 대적할 만한 경쟁 업체가 많았는데, 그중에서도 행킨스 형제의 도박장이 가장 뛰어났다. 1890년 행킨스 형제의 도박장은 전일제 직원 40명을 두었고 한 달 수익이 2만 달러에 달했다. 형제는 전문 도박사들을 고용하지 않는 대신 '저녁 도시락 부대'라고 알려진 부유한 비전문가 집단을 상대로 호객 행위를 했다. 행킨스 형제는 맥도널드와 경쟁관계에 있었지만 비교적 우호적인 관계를 유지했고, 나중에 맥도널드는 행킨스 형제와 같은 마권 연합Bookmaking syndicate에 가입했다—이와 같은 업태는 도박장 공동 소유의 시초가 되었으며, 후속 세대의 도박장 운영 형태를 정의하기에 이른다.

맥도널드는 1880년 말 그대로 시카고의 모든 도박장 위에 군림하며 일부 도박장을 공동 소유했고, 일부에서는 일정 금액을 거둬들였다. 그는 1880년대에 이미 백만장자였는데, 재산을 분할해 부동산에 투자하거나, 시카고글로브 신문사 소유권 및 미국 운송회사의 지분을 대량 사들였다. 맥도널드가 소유한 도박장들은 계속해서 큰돈을 벌어들였다. 하지만 그런 그도 1893년 '광란의 도박'이 벌어진 만국박람회에서 촉발된 사태까지 예상하진 못했다. 만국박람회가 개최되면서 파로 게임 딜러, 주사위꾼, 밖으로 뛰쳐나온 예술가들이 축제의 분위기 속에 야외에서 함께 어울렸다.

그러나 좋은 시간은 그리 오래가지 않았다. 박람회가 폐회하기 3일 전, 해리슨이 원한을 산 한 남성에게 살해되면서 도박 열기는 사그라들었다. 해리슨이 사망한 뒤 사제와 사업가들로 구성된 시민 연합회는 시장 후계자 존 패트릭 홉킨스에게 더욱 적극적으로 도박과의 전쟁에 임해달라고 촉구했다. 이후 많은 도박장이 문을 닫았으며 맥도널드도 도박계에서 은퇴했다.[28] 그는 1908년에 사망하기 전까지 그동안 벌어들인 부를 누리며 살았다. 아내가 다른 남성과 사랑에 빠졌다가 결국 그 내연남을 죽이기까지 했을 때 그는 실의에 빠졌지만, 실력 있는 변호사를 고용해 그녀가 감옥에 가는 것을 막아주기도 했다. 맥도널드가 은퇴한 뒤 시카고에는 또다시 많은 도박장이 생겨났다. 20세기 초 도박과 독점적인 마권 사업을 진압하려는 노력은 윈디시티 시카고에 피바람을 일으켰다.

불신의 시대

수천 명의 미국인이 도박으로 먹고살았다. 가끔 정직한 게임을 하는 사람도 있었지만, 대부분은 그렇지 않았다. 1840년대 전문 도박꾼들은 많은 도시에서 일종의 하위문화를 형성했다. 그러잖아도 우울한 삶에 도박 빚까지 덮쳐 생활고를 겪었던 작가 에드거 앨런 포는 미국 도시에서 찾아볼 수 있는 도박꾼—그가 말하는 사람들은 사기도박꾼이다—을 다음과 같이 묘사했다.

그들은 변장의 대가였다. 때로는 벨벳 조끼를 입고 목에는 세련된 작은 스카프를 둘렀으며, 금으로 만든 체인에 금으로 세공된 단추까지 장식한 옷을 입은 안달 난 야바위꾼으로 보였는가 하면, 어떤 때에는 온 정성을 기울여 검소한 사제처럼 입었는데, 그렇게 입고 나타난 그들을 도박꾼으로 의심하기는 어려웠다. 그러나 어떤 옷차림을 하든 모종의 특징 때문에 그들을 단번에 알아볼 수 있었다. 그들의 얼굴은 무기력한 검은빛이었고 눈빛에는 생기가 없었으며, 창백한 입술은 앙다물고 있었다. 그들의 존재를 알아차릴 수 있는 나만의 기준도 두 가지 있었다. 그들은 대화할 때면 특유의 낮은 어조로 조심스럽게 이야기했고 엄지손가락은 수직으로 세웠을 때 보통 사람들보다 길이가 길었다.[29]

포가 묘사한 도박꾼들은 저급한 도박 소굴이나 스키닝 하우스에 몰려들었고, 안심하고 게임을 할 수 있을 만한 도박장을 재빠르게 골라내는 재주가 있었다.

사기도박꾼들이 도시에만 있었던 것은 아니다. 소위 '순례자'라 불리던 교외의 사기도박꾼들은 지방의 축제를 돌아다니며 사기도박판을 열었고 요술과 같은 재주를 부려서 촌사람들의 주머니를 털어갔다. 순례자들은 자신들이 축제 기간에 장사할 수 있도록, 겉으로는 교육과 즐길거리를 앞세워 지역 축제 주최자들을 회유했다. 50달러만 주면 영업권을 얻을 수 있는 축제가 있었는가 하면 때로는 일단 체포된 뒤 당국에 벌금을 내고 와야 한다고 주장하는 경우도 있었다. 순례자의 대부분은 그 지역 보안관이나 검사를 상대로 '사탕발림'하거나 그들에게 뇌물로 주는 돈을 필수 경비라고 여기고 선물을 현금으로 갖다 바치니 누구든 분노를 누그러뜨리지 않을 수 없었다.

순례자들은 다양한 사기 게임을 벌였다. 그들이 사용한 도구 중에서도 '회전판'은 기발한 발명품이자 가장 흔하게 볼 수 있는 게임이었다. 그것은 두 개의 회전판으로 구성되어 있었다. 가운데는 톡 튀어나와 있었고 바깥쪽으로 가면서 아래로 처지며 서른두 개의 칸으로 나뉘었다. 회전판이 설치된 탁자에는 1부터 32까지 숫자가 적힌 상자를 세워놓았고, 그중 열여섯 개에는 상품이 적혀 있었고 나머지 열여섯 개는 숫자 이외에 아무것도 적혀 있지 않았다. 참가자가 1달러 정도를 내고 위쪽에 있는 판에 구슬을 놓으면 판이 돌아갔고, 동시에 밑에 있는 판은 반대쪽으로 돌면서 회전 속도가 느려졌다. 회전이 멈출 때쯤 구슬은 밑에 있는 판으로 떨어졌다. 만약 공정한 게임이라면 구슬이 각각의 칸에 떨어질 확률은 동일하다. 그러나 순례자는 회전판 아래 보일락 말락 한 작은 바늘을 몰래 설치해두고 상금이 적힌 쪽으로 구슬이 굴러가지 못하도록 장치를 조작해 사람들을 속였다.

순례자는 바람잡이를 고용해 실제로 베팅을 하게 했고 상품을 받아가는 장면을 연출했다. 가끔 바람잡이는 자신이 베팅하고 구경하던 다른 사람에게 판을 대신 돌려달라고 하기도 했다. 공짜로 게임을 할 수 있다는 생각에 부탁을 받은 사람은 당연히 흔쾌히 승낙했고, 나중에는 자기 돈으로 몇 번 게임을 하다 지면 '모 아니면 도'라 생각하며 게임을 했고, 계속하다가 나중에는 1000달러까지 잃기도 했다. 이들이 사용하는 다른 장비로 '제니휠'이라는 회전판의 소형 버전과 바늘이 1에서 60까지의 숫자 중 하나를 가리키도록 되어 있던 코로나 또는 마스코트라 불리던 장치도 있었다. 게임을 하고 싶은 사람은 상자에 들어 있는 참가권을 구매했고, 그러면 판은 돌아갔다. 순례자가 게임을 조작했기에 이기는 사람은 항상 바람잡이들뿐이었고, 실제로 상품을 타가는 사람은 아무도 없었다. 축제에 오는 사람들을 속이기 위해 사용된 또 다른 장비로 '스퀴즈 스핀들Squeeze spindle'이라는 것도 있었다.[30]

'운명의 바퀴wheel of fortune'로 불렸던 게임은 오늘날 카지노에서도 찾아볼 수 있다. 이 게임을 한다는 것은 확률적인 측면에서 봤을 때 카지노에서 할 수 있는 최악의 선택이다(하우스 어드밴티지가 20퍼센트 가까이 되며 평균 홀드[도박 시설에서 하우스의 총 수입금을 말한다—옮긴이]가 50퍼센트에 달한다).[31] 현대의 카지노에서는 그나마 이길 가능성이라도 있지만, 당시 박람회장에서 운명의 바퀴를 돌리는 사람은 절대 이길 수 없었다. 과거에는 회전판 가장자리에 페인트칠을 해 숫자를 적어놓았고 각 숫자는 칸막이로 구분되어 있었다. 사람들은 그 바퀴 앞에 놓인 커다란 천이나 색색의 테이블 위에 특정한 숫자가 나오면 얻을 수 있는 상품에 베팅했다. 사람들 몰래 발로 작동할 수 있도록 회전판을 조작했기 때문에 게임 운영자는 상금이나 상품이 걸려 있지 않은 숫자로 결과를 조작할 수 있었고, 간혹 이긴 사람이 나온다고 하더라도 그들은 공모자들일 뿐이었다. 이 게임의 또 다른 변형으로 '교환의 바퀴Board of Trade Wheel'라는 게임이 있었는데 특히 시골에서 인기가 좋았다. 이 게임은 숫자 대신 돼지, 요리용 돼지기름, 밀, 귀리 또는 보리와 같은 다양한 상품이 그려져 있었다.

본질적으로 순례자들의 존재는 도박 역사에서도 속속들이 알려지지 않은 깊숙한 틈새와 같았다. 그도 그럴 것이 이들이 비밀과 속임수에 관해 상세한 기록을 남겨놓았다면 그토록 대성했을 리가 없을 것이다. 그런 와중에 자신의 성공 비결을 남기게 된 한 사람이 있다. '어니스트' 존 켈리는 삼류 사기꾼에 도박자이자 한량이었는데, 그도 다른 도박꾼들처럼 '정직한'이라는 별명을 가지고 있었다. 그는 임종이 가까워지자 아내에게 부탁해 자신의 '일기'(사적인 소회를 적은 몇 권의 공책 이상으로, 이로 인해 여러 사실이 폭로되었다)를 그가 신뢰하던 한 신문사 편집장에게 전했다. 결과적으로 나중에 출간된 자서전에서 그가 얼마나 사악하게 다른 사람들, 순진하게 마지막 한 방을 좇아 헤맸던 불운한 사람들을 속여먹었는지가 적나라하게 드러났다.

1878년 아이오와주의 조용한 마을인 마셜타운에서 태어난 켈리는 이미 열다섯 살에 능숙한 사기도박꾼이자 주사위 기술자가 되었다. 그는 집에서 직접 만든 속임수 주사위를 가지고 주변의 농장 일꾼들이 힘들게 번 돈을 여러 번 사취했고, 자신을 체포하러 출동한 경찰과 맞닥뜨리기 직전 '대물' 도박꾼들에 합류했다(사실 '대물'이라고 해봤자 삼류에 불과했다). 그들과 함께 떠난 첫 번째 모험도 거짓말로 시작됐다. 경찰의 포위망을 피하기 위해 기차를 타야 했던 그들은 정당하게 기차표를 구입하는 대신 차장을 속여 아무 쓸모없는 시계로 운임을 대납했다. 어찌 됐든 켈리는 이후 카니발 여행에 합류했는데 그곳에서 '나이프 게임knife game'이라는 사기 게임을 시작했다.

카니발은 켈리가 추구했던 유랑하는 삶을 배우기에 적절한 장소였다. 카니발 운영주였던 커늘 맥너더는 "잘생겼으면서도 허세에 가득 찬 외양의 남성이었는데, 자세히 들여다보기 전까지는 뭔가 켕기는 듯한 눈빛을 알아차리기 어려웠다." 카니발에서 모든 게임은 두 가지 방식으로 진행될 수 있었다. 하나는 공정한 게임으로 순진한 시골 사람들을 꼬드기려는 바람잡이들이 잠깐씩 했고, 본 게임은 (당연히) 사기도박이었다. 켈리는 사람들이 모여 밤새 포커 게임을 하던 중 맥너더가 속임수를 쓰고 있다는 것을 알았고, 곧 더 나은 환경을 찾아 떠났다. 그곳에서 배운 사기도박 기술과 속임수에 만족하지 못한 것이다.

켈리는 대성할 시기가 임박했다고 느꼈지만, 20년이 지난 후에도 여전히 카니발을 순회하며 사기도박을 했고, 동료들이나 시골 촌뜨기들을 상대로 한 포커 게임에서 모자란 수입을 벌충하며 살아갈 뿐이었다. 진정한 '대물'에 가까워졌을 때도 있었지만, 가혹한 운명은 그를 가만히 내버려두지 않았다. 어느 날 그는 속임수를 써서 카드 게임에서 4000달러를 땄는데 하필 피해자가 그 지역 보안관과 그의 보좌관이었다. 돈을 잃고 화가 난 그들의 분노를 피해 켈리는 겨우 캐나다로 도망갔지만, 돈은 한 푼도 챙기지 못했다. 켈리와 그를 따라나선 일당들은 밴쿠버에서 요코하마로 가는 배를 탔다. 배에서 그들은 사기도박으로 몇몇 승객의 돈을 사취했고, 캐나다의 힘 있는 사업가로부터 큰돈을 따내 그를 공개적으로 망신시키기도 했다. 3000달러 정도를 두둑이 챙긴 그들은 로스앤젤레스로 다시 돌아왔다. 그곳에서 그들은 공손한 태도로 로스앤젤레스 도박계의 진정한 '거물' 해리 케리에게 일자리를 부탁했다.

케리는 켈리를 고용해 자신이 소유한 연안의 카지노에서 룰렛 게임을 운영하도록 했다. 당시 켈리는 반성의 시간을 가졌고(어쨌든 그가 한 말에 따르면 정말 그랬다고 한다), "내가 진즉 성공했으면 공직에서 은퇴한 장인어른께 시골에 있는 농장이라도 하나 사드릴 수 있었을 텐데"라고 되뇌며 아내에게도 상냥하게 대했다고 한다. 하지만 그는 결국 자신이 "주급으로 50달러밖에 못 버는 도박장의 삼류 사기꾼에 불과하다는 것을 깨달았고, 함께 살던 아내의 친정 식구들이 딸을 데려가 도박으로 먹고사는 자신을 싫어하는 것을 알았기에 질식할 것 같았다". 새로 산 턱시도를 입고 선상 카지노로 출근한 어느 날 밤, 배에 탄 손님을 상대로 사기도박을 하던 현장에 경찰이 급습했고, 그는 배 밖으로 뛰어내렸다. 켈리는 결국 해안경비대에 붙잡혔지만 소형보트에 가까워졌을 때 다시 슬그머니 도망쳐버렸다.

로스앤젤레스에 머무는 게 위험해지자 그는 덴버로 떠났고 그곳에서도 도박과 관련된 사건에 연루되고 말았다. 다소 변명처럼 보이는 그의 설명에 따르면, 턱수염을 기른 외로운 인상의 한 광부가 그를 멈춰 세우고는 포커 게임판에서 위조 금화를 사용해 게임을 하라고 강요했다는 것이다. 그의 사기 행각은 들통났고 리븐워스 연방 교도소에 1년간 수감되었다. 출소 후 올바르게 살기로 마음먹지만 그러한 결심이 무색하게 그는 다른 두어 명의 사기도박자 손에 걸려들었다. 그들과 벌인 사기도박은 영화 「스팅」을 본 사람이라면 익숙할 바로 그 방법이었다. 켈리는 맡은 역할을 전문가처럼 잘해냈지만, 한 청년을 상대로 5달러짜리 내기를 하면서 조작된 주사위를 사용하다가 경찰의 눈에 띄고 말았다. 켈리는 사기도박으로 '합법적으로' 벌어들인 19만 달러라는 엄청난 돈을 그대로 버리고 마을에서 허겁지겁 도망칠 수밖에 없었다. 마을을 떠난 그는 멕시코의 아구아칼리엔테라는 곳의 도박장에서 일했고 그곳에서도 꽤 많은 돈을 벌었지만 멕시코 혁명의 혼란을 틈탄 강도들의 소행에 그 돈도 모두 빼앗기고 말았다. 이후 그는 미 육군에 입대하여 제1차 세계대전에 참전했다. 종전 후 미국으로 돌아온 그는 소위 '보일러실'이라고 불렸던 곳에서 유령주를 매매하는 일을 했으며 유명한 사기꾼 아널드 로스스타인(피츠제럴드의 『위대한 개츠비』 속 등장인물 마이어 울프샤임이 바로 로스스타인을 모델로 한 인물이다—옮긴이)이 1919년 월드 시리즈에서 승부 조작을 하려던 사건에서 미미한 역할을 맡기도 했다.

여기까지 온 켈리는 오하이오주 캔턴에서 불법 카지노를 매입하며 대박을 터뜨릴 마지막 시도를 하지만, 결과적으로 불법 주류 밀매업 조직에 강매할 수밖에 없었고, 그들은 호의를 베풀어 켈리가 주급 50달러를 받고 카지노에서 포커 게임 딜러로 일할 수 있게 해주었다. 그는 여생을 떠돌이로 살았고 1933년 시카고 만국박람회에서 (그의 첫 사기도박 게임이었던) 나이프 게임을 하던 중 정신을 잃고 쓰러졌다. 그가 임종 직전에 아내에게 남긴 유언은 반세기 동안 한 번도 성공다운 성공을 거두지 못한 절절한 삶을 압축적으로 표현한다. "한 번만 더 하면 정말 대박이 터졌을 텐데." 그는 계속 말했다. "더 잘하지 못해서 미안해." 삼류 사기도박자의 삶에 적절한 표현이 아닐 수 없다.[32]

회한에 가득 찬 전문 도박사의 삶을 살아간 이는 켈리 말고도 많다. '회개한 도박자'를 주제로 한 고백적 자서전은 너무 흔해서 사실상 하나의 장르로 봐도 될 정도다. 그 시작이 순진함이었든 탐욕이었든 전문 도박사 중 다른 이들을 착취한 돈으로 실제 부를 누린 사람은 많지 않았다. 세인트루이스에서 활동하다가 도박 반대파로 돌아선 존 필립 퀸은 '서서히 망가지는 도박자의 삶'을 잘 보여준다. 다른 사람의 삶을 파괴해 얻은 돈으로 부를 누리려고 시작했지만, 그로 인해 밤중에 어슬렁거리는 악당 신세가 되었고 결국 누더기를 걸친 부랑자로 전락했다. 퀸은 "타락한 본능의 노예가 된" 사기도박꾼들은 도박판에서 재산을 날려먹은 호구들과 마찬가지로 "돈 많은 바보들"일 뿐이라고 한탄했다.[33]

그럼에도 도박은 여전히 호화로운 집에서 밤새 카드 게임을 즐기는 사람들에게 인기 있는 하나의 커리어였다. 평범하게 살던 사람들도 한몫 크게 잡으려는 생각으로 도박에 뛰어들었다. 미국 곳곳에서 작은 가게를 운영하던 사람들도 여러 도구를 사용했다. 일부는 정직한 게임을, 일부는 사기 게임을 했지만 어떤 경우든 불리한 확률이었음에도 사람들은 도박으로 삶의 수준을 높이고자 했다. 16세기 플랑드르 지방과 이탈리아에서 성행했던 복권처럼 당시 미국에서 도박은 남아도는 물품을 처리하기 위한 일종의 미화된 복권과 같았다. 담배 가게와 과자 가게 주인들은 '거래 활성제trade stimulator'라는 고상한 이름으로 불리는 기계들을 구비해놨는데 실상은 그런 이름으로 부르기도 부끄러운 사행성 기기들이었다. 가령 '스타 포인터 Star pointer'와 같이 회전판을 돌려 경품에 당첨되는 게임 같은 것들 말이다.

어떤 기구든 도박을 위한 기계로 변용될 수 있었다. 한 게임은 아이들에게 인기 있었는데, 작은 인공 호수에 나무로 만든 까딱이는 물고기를 가득 채운 장치를 사용했다. 10센트를 내면 참가자는 막대기를 사용해 물고기를 낚을 수 있었다. 일부 물고기의 배 부분에는 경품이 적혀 있었는데 경품이라고 해봤자 1센트도 안 되는 물건들이었다. 가장 인기가 좋았던 '거래 활성제'는 '담배 회전판'으로 기본적으로 운명의 바퀴 게임과 방식이 같았고 경품으로 담배를 주는 게임이었는데 상점 주인의 재량에 따라 현금으로 대신 줄 수도 있었다. 이러한 방식으로 구멍가게 주인조차 삼류 도박장 사장님이 될 수 있었고 손님들로부터 푼돈이나마 끌어모을 수 있었다.[34]

담배 회전판이나 나무 물고기 낚시 이외의 다른 몇몇 게임도 인기를 끌었는데, 어떤 것은 1890년부터 1900년대 슬롯머신 게임 확산의 맹공격에서도 살아남을 정도로 미국의 상점가에서 특히 인기가 좋았다. 그것은 바로 손쉬운 일회용 재료인 종이로 만든 게임 카드와 펀치보드를 활용한 경품 당첨 게임이었다. 먼저 게임 카드는 한 판에 5센트였고, 따로따로 접힌 작은 종이 뒤에 255개의 포커 카드 조합이 그려

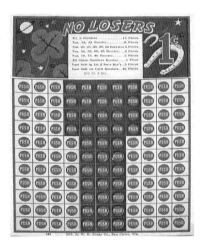

19세기 말에서 20세기까지 미국 소규모 상점가에서 찾아볼 수 있었던 펀치보드의 전형적인 형태다. 손님들은 한번 게임에 참가하는 데 1페니 정도를 지불했다. 1달러 21센트를 받으면 49센트의 상품을 제공했으니, 상점주는 72센트라는 쏠쏠한 수익을 남긴 것이다.

져 있었다. 참가자가 포카드가 그려진 종이를 뽑으면 80센트 상당의 상품을 받고 풀하우스는 50센트, 스트레이트는 40센트, 트리플은 30센트, 투페어는 10센트, 잭스 오어 베터Jacks or better는 5센트 상당의 상품을 받았다. 그보다 못한 패가 그려진 종이를 뽑은 사람은 아무것도 받지 못했다. 게임 카드는 오늘날 즉석복권으로 판매되는 '스크래처scratcher'의 전신이라고 볼 수 있다. 가게 주인들은 카드당 2달러 20센트에서 7달러에 달하는 깜짝 수익을 얻을 수 있었다.[35]

편치보드도 같은 원리였지만, 크기와 규모가 더욱 커서 다양한 소매점에서뿐만 아니라 약국과 직물 도매상에 이르기까지 잡다한 상점가에서 찾아볼 수 있었다. 게임 참가자는 일정 금액을 내고 보드에 구멍을 하나 뚫어 경품 당첨 여부를 확인했다. 광고 매체로 인기가 높았던 편치보드는 온갖 상품 이미지로 곧 도배되었고, 각종 스포츠 팀을 상징하는 색깔로 장식된 편치보드도 흔했다. 편치보드는 미국 전역에서 너무 흔해서 사람들이 도박으로 생각하지 않았고 때때로 교회 장로들도 '뽑기 게임'을 한 판 하러 가게를 찾을 정도였다.

다른 도박 기구처럼 편치보드도 공정한 확률의 게임이 있었지만 조작된 방식도 있었다. 앞서 언급된 '어니스트' 존 켈리의 수많은 모험 중에는 그가 편치보드 영업자로 일하며 공모자들에게 편치보드의 '핵심'을 알려주었던 일도 포함되어 있다. 공모자들은 켈리가 편치보드를 쌓아두었던 가게로 찾아와서 괜찮은 상품들을 먼저 타갔다. 이런 내부자들의 정보를 공유하지 못했던 미국의 일반 시민들도 수십 년 동안 편치보드 게임을 즐겼다. 그토록 많은 사람이 도박을 좋아했던 덕분에 유랑하는 사기꾼, 사기도박꾼, 삼류 협잡꾼들은 공짜로 뭔가를 원하는 호구들의 희망에 기생하며 살아갈 수 있었다.

8장

마피아와 슬롯머신

조직폭력배 시대의 도박

도박으로 윤택해진 새러토가스프링스

20세기로 들어서면서 미국 도박은 기계의 시대로 접어든다. 여기에서 기계란 가늘고 긴 구멍에 동전을 넣는 기계뿐 아니라 도시를 부정부패에 빠트린 기계정치의 조직들도 모두 이르는 말이었다. 그러나 미국에서 도박으로 가장 유명한 지역이었던 새러토가스프링스는 한 사내가 장악했는데 그는 리처드 캔필드였다. 그가 1907년 은퇴하자 신디케이트는 도박 범죄를 거대한 사업이라고 할 만한 형태로 변모시켰고 전신에서 슬롯에 이르는 기술의 발달도 기계 도박의 시대를 여는 데 기여했다.

17세기 후반 안정적으로 자리 잡은 새러토가 지역은 온천을 중심으로 경건하면서도 도덕적인 분위기의 즐거움을 누릴 수 있는 곳이었다. 초기에 이곳은, 성서 낭독과 찬송가 소리가 들리면 건강에 좋은 그 지역의 물을 마시던 사람들도 하던 일을 멈추던 '도덕적 리조트'의 명성이 있었다. 그러나 1830년대에 이르자 사치스럽고 방탕한 삶의 방식을 추구했던 남부 사람들이 이 지역에 춤과 당구, 카드 게임을 확산시켰다. 이후 캉그러스 홀이나 유나이티드 스테이츠 호텔과 같은 새러토가의 대표적인 웅장한 호텔에서 손님들이 밤새 카드 게임을 하기 시작했다. 1830년대 후반에는 점포 한구석에서 파로나 처커럭 게임을 할 수 있도록 공간을 내주는 당구장도 생겨났다. 벤 스크라이브너라는 전문 도박사는 1842년 기차역과 유나이티드 스테이츠 호텔에서 가까운 곳에 제대로 된 도박장을 처음으로 개장했다. 다른 이들도 이에 질세라 너도나도 도박장을 개장했고 1840년대 말에는 '파크로의 도박자들'이란 말이 유명해질 정도로 악명 높은 지역이 되었다. 사람들은 파로 도박장에서 게임도 하고 1847년 최초로 조직된 속보 경마에도 베팅할 수 있었다.[1]

　뉴욕의 파로 왕국을 세운 것으로도 모자라 영역을 확장할 기회만 노리고 있던 존 모리시는 1862년 새러토가에도 도박장을 개장했다. 대도시에서 누리는 다양한 즐길거리에 익숙했던 모리시는 새러토가에 밤에는 유흥거리가 충분했던 반면 낮에 즐길 만한 경기류 행사가 없다고 생각했다. 주간의 공백을 메울 경기장이 필요하다고 판단한 그는 직접 경기장을 운영해본 경험은 없기에 뉴욕의 삼인조 운동선수를 영입했다. 그들은 존 헌터, 레너드 제롬, 윌리엄 트래버스로 기존 경마장 인근의 부지를 매입해 새러토가라는 이름의 새로운 경마장을 건설했다. 그곳은 1863년 개장 이래 놀라울 정도로 큰 성공을 거두었고 이듬해 트래버스 스테이크라는 경기를 처음으로 개최했으며, 지금까지도 미국에서 명맥이 이어지는 가장 오래된 순종마 경주로 남아 있다.[2]

　새러토가 지역의 도박과 관련해 남북전쟁은 양날의 칼이었다. 전쟁의 발발로 인해 남부 사람들은 북쪽으로 휴양하러 갈 수 없었고, 동시에 북쪽 사람들이 버지니아의 온천으로 가는 경로도 차단되었다. 종전 후 새러토가는 최고의 여름 휴양지가 되었다. 경마 시즌이 되면 수많은 뉴욕 시민이 좌석을 가득 메우곤 했다. 모리시는 그가 소유한 뉴욕의 파로 도박장과 마찬가지로 도박에 대한 사람들의 열망을 딛고 엄청난 수익을 창출했다. 그가 직접 확률을 설정하고 고객을 상대로 영업하는 마권업자로 일했던 것은 아니지만, 큰 베팅이 있을 때면 판돈 관리인이 되어 5~15퍼센트의 수수료를 챙겼다. 그는 캘커타Calcutta(캘커타는 일정한 규칙에 따라 특정 경주에서 정해진 경기에 베팅하는 것과 별개 경매와 추첨을 하는 내기의 일종이다. 주로 경마 경기에서 출전마를 대상으로 이루어진다―옮긴이)도 운영했고 거기에서도 상당 금액을 취했다.[3]

모리시는 도박 사업을 계속 확장했다. 1867년 그는 새러토가의 주요 간선도로인 브로드웨이에 있는 늪지를 개간해 모리시 클럽 하우스라는 붉은 벽돌의 궁전 같은 도박장을 개장했다.[4] 이곳은 얼마 지나지 않아 미국 최고의 도박장으로 우뚝 섰으며, 모리시가 일궈낸 도박장 중에서도 최고의 업적을 달성했다. 몇몇 사람은 그곳이 과거 바덴바덴에 있던 베나제의 쿠르살을 능가한다고 했다. 말끔하게 꾸며진 클럽 하우스에는 모리시의 부하 직원들이 무조건 관철했던 두 가지 규칙이 있었다. 여성은 도박장에 출입 금지였고, 새러토가의 지역 주민도 입장할 수 없었다. 모리시가 무슨 의중으로 이렇게 했는지는 확실치 않다. 아마도 도박이라는 사악한 것으로부터 여성을 지키려 했을 수도 있고, 아내의 감시를 피해 남편들이 마음껏 도박할 기회를 만들어주기 위해서였을 수도 있다. 어쨌든 여성들은 남성들이 도박하는 동안 살롱에 있는 라운지나 응접실에 머무는 것만 허용되었고 많은 여성이 그렇게 했다.

이미 백만장자였던 모리시는 1871년에 클럽 하우스를 확장했고, 1년에 25만 달러를 벌어들였다. 1872년 클럽 하우스를 50만 달러에 매매하겠다는 제의가 들어왔지만 거절했다. 새러토가 헌장에서 도박은 금지되어 있었지만(모리시는 타의 추종을 불허하는 관대함을 지역 자선단체 등에 베풀어 이 항목을 피해갔다), 1873년 수십 곳에 모리시의 클럽을 모방한 도박장이 생겨났다. 이 과정에서 마을 사람들은 도박이 없었을 때보다 도박이 생기고 새러토가가 훨씬 더 살기 좋아졌다고 확신하게 되었다.[5]

다른 지역에서도 모리시가 보여준 성공의 길을 좇았다. 노스저지에 있는 롱브랜치 해안가 마을은 미국의 18대 대통령 율리시스 S. 그랜트가 여름휴가를 보내는 곳이었다(율리시스 외에 여섯 명의 다른 대통령도 이곳에서 휴가를 보냈다). 이곳의 도박은 모리시의 뉴욕 파트너이자 경쟁자였던 조니 체임벌린의 노력으로 활발하게 촉진되었다. 1869년에 체임벌린은 화려하게 장식된 클럽 하우스와 몬머스 파크 경마장을 개장했는데 이 경마장에 수년 동안 수천 명의 관중이 방문했지만 1873년에 폐장했다. 몬머스 클럽 하우스는 건설비만 9만 달러가 들었고 엄청난 수익을 거두어들이기 위한 투자였지만, 1870년대 순종마에 막대한 돈을 투자하는 바람에 체임벌린의 인생은 완전히 망해버리고 말았다.[6]

이렇게 경쟁자가 많았음에도 여전히 가장 높은 위상을 차지했던 곳은 새러토가였다. 나중에 뉴욕에서 도박장을 운영했던 찰스 리드와 앨버트 스펜서는 모리시의 클럽 하우스를 인수했고, 그 이름을 새러토가 클럽 하우스로 고쳤다. 평소 검소하고 절제하는 방식의 삶을 살았던 스펜서는 이후 도박계에서 은퇴해 예술품을 수집하면서 문화적 지평을 확장하고자 노력했던 반면 리드는 1893년에 리처드 캔필드와 새로운 협력 관계를 맺었다. 이듬해인 1894년에 리드가 종마 및 경주마에 더욱 집중하게 되면서 캔필드는 클럽 하우스의 단독 소유권을 차지한다.

모리시와 마찬가지로 스펜서와 리드, 캔필드는 이미 엄청난 부의 소유자였으며 뉴욕에서 여러 도박장을 운영하고 있었다. 매사추세츠주의 뉴베드퍼드에서 1855년에 태어난 캔필드는 1620년 메이플라워 호를 타고 미국으로 건너온 이민자의 후손으로 공교육을 제대로 끝마치지 못했지만 열성적으로 독학했고, 예술에 대한 조예가 깊어 라틴 고전과 예술에 관한 주제라면 능숙하게 대화를 나눌 수 있었다. 캔필드는 10대부터 프로비던스 포커

룸에 관심을 가졌는데 이후 지역의 파로 도박장에서 성공을 거두면서 2만 달러의 돈을 벌어들였다. 그 돈으로 1876년에 유럽을 여행하며 지냈는데 특히 몬테카를로에서 오랜 시간을 보냈다. 그는 몬테카를로에서 재산을 거의 탕진했지만 도박 사업 관리에 관한 이모저모, 특히 도박장에서 지속적으로 수익을 보기 위해서는 뱅커 역할을 해야 한다는 것을 배울 수 있었다.7

캔필드는 이후 5년 동안 겨울에는 포터킷의 포커 도박장, 여름에는 뉴욕과 저지쇼어에 있는 호텔에서 일했다. 그는 프로비던스로 이주해 한 도박장 사업을 동업하게 되었고 1884년 경찰의 급습으로 감옥에 수감되었다. 6개월간의 징역살이를 끝낸 뒤 그는 도박으로 한바탕 큰일을 벌여보자는 마음으로 뉴욕으로 이주했다. 그곳에서 그 유명한 818 브로드웨이 도박장의 딜러 일을 했지만 기대했던 만큼 성공하지 못했다. 1887년에 그는 프로비던스 지역 내 한 도박자의 후원으로 브로드웨이 포커룸을 운영했는데, 이곳에서 제공하는 상한선 50센트의 게임으로 일주일에 300달러라는 상당한 수익을 손에 넣을 수 있었다. 300달러는 당시 노동자의 평균 연봉에 달하는 엄청난 돈이었지만 캔필드는 여기에 만족하지 않고 더 큰돈을 벌 기회를 잡았다. 그것은 자신의 파로 도박장을 소유하는 것이었다. 그는 찰스 리드가 운영하는 도박장에서 딜러로 일하던 데이비드 더프를 동업자로 삼아 1888년에 웨스트 26번가 22번지에 매디슨 스퀘어 클럽을 개장했다. 2층이 파로와 룰렛 게임 테이블로 가득 차 있었던 이 클럽은 안정적으로 성공 가도를 달렸다. 1890년 캔필드는 도박 문제로 골칫거리를 안겼던 더프로부터 지분을 인수해 매디슨 스퀘어 클럽의 단독 소유주가 되었다.

캔필드는 '도박계의 공작님'이라고 불릴 정도로 전국적인 유명 인사가 되었다. 세련되고 교양 넘치는 태도는 그가 얼마나 거친 충동과 강철 같은 자제력을 가지고 있는 사람인지를 감춰주었다. 태생적으로 맛 좋은 음식을 크게 즐겼던 그는 평생 체중 관리를 위해 노력했는데, 그런 와중에도 술을 엄청나게 마시고 담배도 무지막지하게 피워댔다. 하지만 동시에, 그는 적어도 도박에 관한 한 금욕주의자였다. 그는 자신의 화려한 도박장을 오랜 시간 관리했지만 실제로 도박장 안에 들어간 적은 거의 없었으며, 주식 투자로 부유해졌는데, 자신뿐만 아니라 직원들도 원칙적으로 도박을 금지시켰다. 그는 복장도 화려한 치장이나 번쩍이는 장신구가 달려 있지 않은 보수적인 스타일의 의복을 고집했다. 당신이 반드시 이길 거라고 호언장담하는 바람잡이들과 달리 캔필드는 자기 생각을 정직하고 담담하게 말하곤 했다. 즉, 뱅커를 상대로 게임에서 이기는 것은 불가능하므로 누구든지 자신이 감당할 수 있는 범위 내에서만 도박을 해야 한다고 이야기했고 사람들은 그 말에 귀를 기울였다.[8]

캔필드는 맨해튼보다 새러토가에서 큰 성공을 거두었고 첫 시즌에 25만 달러의 투자금을 모두 회수할 수 있었다. 그는 1902년에 이탈리안 가든이라는 정원을 조성했고 이듬해 열두 개의 별자리가 스테인드글라스에 정교하게 장식된 매우 호화로운 식당을 개장했다. 캔필드 자신이 미식가였기 때문에 그랬는지는 모르겠지만 그는 클럽의 식당을 아주 중요하게 생각했고 식당에 많은 공을 들였다. 덕분에 그의 식당은 미국에서뿐 아니라 세계에서도 제일가는 식당으로 찬사를 받았다. 캔필드는 프랑스 수석 요리사 콜룸뱅을 여름 한철에만 5000달러를 주고 고용했고, 나머지 기간에는 그에게 비용을 지원해 유럽 방방곡곡을 여행하도록 하면서 새로운 음식을 탐색하고 배워오도록 했다.[9]

모리시의 도박장에서와 마찬가지로 캔필드의 도박장에도 열 개의 룰렛 휠과 네 대의 파로 게임 테이블, 그리고 더 큰 베팅을 원하는 사람들을 위한 밀실이 따로 있었다. 일반적인 베팅 상한선은 룰렛 게임에선 숫자 한 개에 베팅할 때 50달러까지(이기면 1750달러를 받을 수 있었다), 이븐머니 베팅(홀, 짝, 빨강, 검정, 낮음, 높음)은 5만 달러까지 할 수 있어 몬테카를로보다 두 배나 더 높았다. 파로 게임에선 일반 숫자는 500달러까지였지만 특별한 경우 1000달러까지 가능했다. 캔필드는 자신이 소유한 여러 도박장에서(뉴욕과 새러토가의 클럽뿐 아니라 로드아일랜드의 뉴포트에서 잠깐 운영했던 노틸러스 클럽까지) 통용될 수 있는 단일한 형태의 칩을 사용했고, 현금이 필요한 고객을 위해 100만 달러 정도는 수중에 가지고 있었으며 큰 금액을 딴 사람에게는 수표를 써주었다.

캔필드는 미국 역사상 베팅이 비교적 가장 높은 수준으로 이루어졌던 시기에 당대 내로라하는 도박꾼들과 겨뤘다. 월가 출신의 여러 대가와 산업역군이 한 번에 수천 달러씩 잃는 것이 예사였으니, 사업이나 도박이나 매한가지 아니겠는가? 뉴욕에 있는 캔필드의 도박장 특정 공간에는 소수의 특별한 사람들만 입장할 수 있었는데(한 달에 며칠간 6~7명의 부자가 드나들었다) 그곳에서 벌어들이는 돈은 엄청났다. 참가자들은 하룻밤에 10만 달러를 잃기도 했다. 캔필드는 이러한 고급 손님 시장을 독점했다.[10]

캔필드의 도박장을 찾는 사람들은 베팅으로 워낙 유명했지만, 그중에서도 가장 악명 높았던 이는 존 '베터밀리언' 게이츠로 그는 주식투자로 백만 장자가 된 인물이었다.[11] 그는 포커 게임을 하면서 작게는 1달러에서 많게는 5만 달러 베팅을 오갔는데, 얼마를 베팅하느냐에 관계없이 똑같이 항상 즐거워했다. 게임을 하다 지겨워지면 동전 던지기에 베팅하기도 했다. 그는 1897년 시카고와 피츠버그를 오가는 기차여행 중에, 창문에 떨어진 빗방울 두 개 중 어느 것이 먼저 창틀 바닥에 닿을 것인가를 두고 2만2000달러짜리 내기를 벌여 결국 승리를 거두기도 했다. 그는 캔필드의 도박장에서 카드당 5000달러까지 걸고 게임을 했고, 밥 먹을 때를 빼고는 3일 동안 계속해서 그 이상의 금액으로 게임을 지속하기도 했다.

1902년 어느 날 밤, 게이츠는 파로 게임 역사상 가장 큰 게임을 했다. 그는 저녁 식사 전에 37만5000달러를 잃었고, 식사하고 온 이후에도 운이 계속 따라주지 않아 밤 10시가 되었을 무렵에는 52만5000달러까지 잃었다. 그러자 그는 캔필드에게 베팅 제한을 두 배로, 그러니까 카드당 만 달러로 높여달라고 요청했고, 그 이후부터 그는 손실을 만회하고도 '고작' 22만5000달러를 따고 난 뒤에야 하루를 마무리했다. 시카고와 뉴욕에서 했던 그의 베팅은 오늘날을 기준으로 봐도 엄청난 액수의 큰 도박이었다. 베팅 총액은 5만 달러를 넘기기 일쑤였고, 때로는 그 금액이 100만 달러에 달하기도 했다. 게이츠는 1907년 월가의 대공황으로 빈털터리가 되었고, 주식 투기로 큰돈을 벌어들이지도 못했으면서 여전히 사설 클럽에서 거액의 베팅을 계속했다. 그가 마지막으로 모습을 드러낸 곳은 남부의 어느 감리교 교회 집회였다. 그는 사람들에게 절대로 카드나 주사위, 경마, 주식에 베팅하지 말라고 간청했다. "한 번 도박자는 영원한 도박자예요." 그는 미국 역사상 가장 큰 도박을 했던 사람으로 남을 것이다.

게이츠가 공식적으로 도박 반대론자로 돌아선 모습은 당시 규제되지 않았던 주식시장의 투기 과열에 대한 반발과 부를 과시했던 투기꾼들에 대한 대중의 혐오를 짐작케 해준다. 청렴한 정부와 정직한 노동을 옹호했던 개혁론자들은(규제 강화, 주류 금지, 소득세제 개선이 이들의 가장 큰 성취였다) 도박에도 역시 반대하는 입장을 취했고, 이러한 압박을 견디지 못한 많은 도박장이 문을 닫았다. 캔필드도 1907년 새러토가의 리조트 문을 닫았으며 곧 도박계에서 은퇴했다. 시에서는 그 건물을 엄청나게 할인된 가격으로 매입했고, 꼭대기 층은 박물관으로 만들었으며, 이전에 카지노로 이용되었던 곳은 카드 게임(도박은 허용되지 않았지만 어쨌든 게임은 할 수 있었다), 흡연,

독서를 위한 공간으로 만들었다.

예전의 카지노는 지금까지도 결혼식이나 특별 행사가 있을 때 활용되고 있다. 캔필드의 유산은 정말이지 오랫동안 우리 삶 속에 남아 있다. 20세기로 전환기에 1300만 달러 이상의 자산을 보유하고 있던 그는 1970~1980년대 카지노 법인 소유권의 폭발적 증가가 있기 전까지 미국 역사상 가장 부유한 카지노 창립자였다.[12]

도박계의 산업 혁명

19세기 말 제2차 산업혁명으로 생산의 효율화와 기계화가 강조되었는데, 도박에 있어서도 마찬가지로 더욱더 빨리, 더욱더 효율적으로 도박할 수 있는 기계가 곧 발명되었다. 1870년대 초부터 '슬롯머신 동전 넣기Coin in the slot machine'라고 알려졌다가 곧 '슬롯머신'이라고 불리게 된 초기 도박 기계—펀치보드의 기계 버전이었다—는 게임을 하면 담배, 사탕, 껌으로 교환할 수 있는 크레딧을 주었고, 꼭 즉각 보상을 받지 않고 다음 회에 더 많은 보상을 받을 기회를 노려볼 수도 있었다.[13]

많은 초기 슬롯머신은 운과 기술의 요소가 뒤섞여 있었다.[14] 기술의 요소가 가미된 게임의 한 예로 '경품 당첨 펀치백'이라는 게임이 있었는데, 우울한 기분을 날려버리고 싶은 사람은 이 기계 앞에서 5센트를 내고 힘껏 주먹을 날렸다. 제대로 힘을 가해서 다이얼에 있는 특정 지점까지 화살표가 닿으면 참가자는 상품을 받았다. 한편 '마닐라'라는 게임은 총쏘기 게임이었는데, 5센트짜리 동전을 쏴 맞춰서 한 개에서 네 개의 구멍에 떨어뜨리는 방식이었다. 제대로 맞추면 상품을 받을 수 있긴 했지만, 상품의 질이 그렇게 좋지는 않았다. 주사위나 룰렛 게임과 같은 확률 게임도 흔했다. 도박 규제를 피해가기 위해 몇몇 기계 게임은 껌이나 사탕 같은 최소한의 형식적인 상품만 주었지만, 딱 맞는 구멍에 동전을 넣는 엄청나게 운 좋은 사람에게는 큰 상품을 주겠다고 광고하곤 했다. 어떤 기계는 담배만 나오게 조작된 것들도 있었다. 많은 슬롯머신은 분명히 기회를 걸고 하는 도박이었지만, 도박 규제법을 강제 집행하는 당국의 눈을 피하기 위해 "이것은 도박 기계가 아닙니다"라고 적힌 현수막(물론 게임에서 진 사람들은 이러한 현수막에 회의적인 태도를 보였다)을 내걸고 있었다.

1880년대에 미 전역에서 포커 게임의 열기가 달아오르면서 포커 게임 머신이 발명되었다. 브루클린의 한 회사가 1891년 포커 기계를 처음으로 판매했고, 2년이 채 지나지 않아 포커 기계는 미국 어디에서든 찾아볼 수 있었다. 초기 게임 기계의 작동 방식은 대개 다음과 같았다. 참가자가 동전을 넣으면 화면에 임의적으로 선택된 다섯 세트의 카드가 뒤집히며 보이는 식이었다. 좋은 패를 받은 운 좋은 사람은 그에 상응하는 상품을 받았다. 투페어가 나오면 고작 '담배' 한 대(또는 그에 상응하는 5센트)를 받았고, 풀하우스가 나오면 네 대였다.

특히나 포커 게임에 열광했던 샌프란시스코에서 기계 게임은 엄청난 인기를 끌었다. 그곳에서 세 명의 독일 기계공 카를 파이, 구스타프 슐체, 테오도어 홀츠가 슬롯머신 디자인의 혁명을 일으켰다. 슐체는 편자 모양의 그림이 열 개 포함되어 있는 스물다섯 개 그림 중, 게임 휠이 편자 모양에서 멈추면 5센트 동전 두 개를 주는 '호스슈Horseshoe' 게임에서부터 시작했다. 파이와 홀츠는 슐체의 슬롯 공장에 부품을 납품하는 전자기기 상점을 운영했는데, 나중에 파이는 직접 머신을 개발하기 시작했다. 그들이 초기에 만들었던 기계 중에 4-11-44라는 게임이 있었는데, 특히 아프리카계 미국인들이 이 게임을 좋아했다. 참가자는 세 개의 다이얼을 돌리는데, 만약 특정한 조합으로 다이얼이 멈추면(예컨대, 게임 이름과 같은 4-11-44가 맞으면) 보상을 주었다. 파이는 곧 슬롯머신 사업에 본격적으로 뛰어들었고 1898년에는 자동으로 참가자에게 보상(동전)을 지급해주는 첫 포커 게임 기계인 '카드 벨Card Bell'을 만들었다. 파이는 다섯 개의 릴로는 자동화 게임을 만들 수 없었기에 카드를 세 개로 줄였다. 이것이 릴 슬롯머신의 시작이었다.

이듬해 파이는 카드 벨 게임 기계를 정비하여 리버티 벨Liberty Bell이라는 이름으로 재출시했다. 리버티 벨은 세 개의 릴을 가지고 있는 게임으로, 세 개의 종 모양이 나오면 20코인, 나머지 그림(주로 카드나 편자 모양이었다)의 조합은 더 낮은 수의 코인을 받는 식이었다.[15] 샌프란시스코의 슬롯 산업 열기는 1906년의 대지진도 막지 못했고, 1909년 법적으로 명백하게 슬롯머신이 금지될 때까지 계속되었다. 슬롯머신이 법적으로 금지되기 전까지 당국은 도시 내 3200대의 슬롯머신에 매겼던 세금으로 매년 20만 달러에 가까운 세수를 거둬들였다.

법적으로 완전히 허용되지 않았던 때에도 슬롯머신은 회색 지대에서 계속 성행했다. 보통 보상으로 껌을 준다고 알려져 있었던 슬롯머신의 릴에는 카드 문양보다는 과일이 그려져 있었다. 체리, 오렌지, 자두 모양의 그림은 참가자가 어떤 향의 껌을 받게 될지를 뜻했다.[16] 때로는 이러한 우회적인 방식을 사용할 필요도 없었다. 지역의 경찰이나 판사에게 뇌물을 주면 당국의 간섭은 걱정하지 않고 공공장소에 슬롯머신을 설치해 게임을 운영할 수 있었다. 슬롯머신 게임 운영자들에게 좀더 실질적인 위협은 속임수, 절도, 조직범죄단의 탈취였다. 속임수나 절도의 경우는 기계를 구조적으로 개선하여 동전 구멍을 교묘한 방식으로 틀어막거나 줄을 이용해서 동전을 가져가는 사기꾼들의 행태를 방지할 수 있었다. 조직범죄단 문제는 그들에게 수익 일부를 떼어줌으로써 해결했다. 그들에게 돈을 주면 이따금은 덤으로

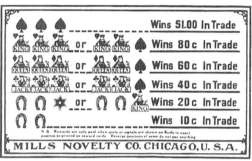

(파이의 설계 원본을 불법 복제한) 5센트짜리 리버티 벨은 밀스 노블티 컴퍼니가 카탈로그에서 "진짜 돈 만드는 기계"라고 광고했던 기계 중 하나였다. 옆에 당첨금을 설명한 도식을 보면, 잭폿 금액이 얼마나 적었는지 확인할 수 있다. 밀스는 아무 문제 없는 척 동전이나 토큰으로 보상을 지급할 것이라고 광고하곤 했지만, 실상은 반도박법을 피해가기 위해 현금을 직접 주기보다는 '교환'하는 방식을 취했다.

경쟁자들을 물리치는 데 이른바 '어깨'들의 힘을 이용할 수도 있었다.

슬롯머신은 순식간에 미국 전역의 도시로 퍼져나갔고, 여성과 아이들 사이에서도 인기를 끌었다. 미국인들이 금단의 쾌락을 맛보기 위해 슬그머니 주류 밀매점을 비집고 다니던 금주법의 시대에 슬롯머신은 폭발적으로 증가했으며, 알 카포네, 프랭크 코스텔로 등 지하세계 보스들의 수익성 높은 사업이 되었다. 1931년 뉴욕의 2만5000대 슬롯머신은 코스텔로의 관리하에 있었으며, 한 해에 2500만 달러의 수익을 냈다고 알려져 있다.[17] 술집과 담배 가게, 과자점에서 '거래 활성제'라고 광고되던 슬롯머신은 이제 조직범죄와 연관되어 문제가 되기 시작했다. 대부분의 주에서는 이후 반세기 동안 바이러스처럼 퍼져나가는 이 게임 기계 합법화에 의심스러운 태도를 보였지만, 한 주에서만큼은 법률의 가호를 받으며 살아남는다.

신디케이트의 세상

20세기 전환기에 뉴욕의 도박 세계에서 강철같이 우뚝 버티고 서 있었던 리처드 캔필드는 그야말로 독보적이라는 평을 받았다. 그는 어떤 신디케이트에도 소속되지 않은 채 도박장을 운영한 마지막 남성으로 추앙받았던 정말로 유일무이한 인물이었다. 수십 년 동안 신디케이트의 도박장 소유 및 운영이 유럽에서나 미국에서나 일종의 규범과 같았기 때문이다.

도박의 결과는 본질적으로 예측될 수 없는 것이었기 때문에, 신디케이트가 도박장을 운영하는 게 어찌 보면 당연한 일이었다. 파로 게임 뱅크를 운영하려면 많은 위험 요소가 따르므로 여러 명이 함께 그 위험을 분담하는 것이다. 한 마리의 외로운 늑대와 같이 고독하면서도 낭만적으로 보이는 도박자에 대한 표상이 존재할지는 모르겠지만, 정직한 게임이든 사기 게임이든 언제나 도박은 집단적 사업이었다. 도박판이 돌아가려면 딜러에 유인책, 바람잡이, 점수기록원, 망보는 사람이 필요했고 파트너가 많을수록 도박장에서 보유할 수 있는 금액도 더 많아졌기 때문이다. 따라서 대부분의 도박자는 팀으로 일했으며 함께 도박장 소유권을 나눠가졌다.

도박은 미국 주류 상업과 발맞춰 진화했다. 1870년대와 1880년대 미국의 산업체 소유권 관련 제도가 복잡해짐에 따라 전면적인 도박 신디케이트도 널리 일반화되었다. 의도적이든 아니든 이러한 신디케이트는 점점 더 미국 산업을 지배해 들어갔던 신탁 모델을 기반으로 했다. 신디케이트는 본질적으로 단일 도박장 또는 여러 도박장을 소유한 작은 연합체였다. 보통은 한 회원이 현장 관리자 역할을 했다. 이러한 관리 아래 회원들은 기본적으로 불안정한 사업을 운영하면서도 어느 정도 안전을 누렸다. 경찰, 판사, 정치인들에게 금품을 제공함으로써 모종의 계약을 맺어 안전을 보장받는 것도 이들의 업무였다. 신디케이트 회원이 아닌 사람이 도박장을 운영하

려면 그들과 강제적인 협력을 해야만 했으며, 그러지 않으면 경찰의 급습을 감수해야 했다.[18]

19세기 말, 도박 신디케이트가 가장 크게 발달했던 곳은 미국 상업에 있어서도 중심부였던 뉴욕시였다. 도박은 불법이었지만, 어느 부서 출신인지 밝히지 않은 위원 몇 명, 주 상원의원 두 명, 주요 도박장 조직원으로 구성된 '도박 위원회Gambling Commission'는 매달 모든 불법 도박장 운영에 대한 추가 부담금을 징수했고, (수수료를 제외한) 돈을 뉴욕의 정치 및 경찰 엘리트에게 주었다고 알려져 있다. 1900년 『뉴욕타임스』 보도에 따르면 뉴욕시의 도박장 400군데가 이 위원회에 매달 300달러의 돈을 지불했다고 한다. 보통 주점이나 당구장 뒤쪽에서 크랩스 게임을 하던 수준의 도박장에서는 한 달에 150달러를, 화려한 고급 도박장은 보호 명목으로 1000달러까지 지불했다. 폴리시 게임업자는 일시금으로 돈을 납입했고, 소규모 도박장 (1900년에 200여 곳이 있었다)은 규모에 맞게 차등제로 부담금이 부과되었는데, 평균 150달러 정도였다.[19]

신디케이트 운영 방식은 여느 '합법적' 클럽이나 사업체를 흉내 낸 것이었다. 도박장을 운영하고 싶은 사람은 해당 지역의 관할 경찰서장을 찾아가 위원회에 보낼 회원 입회서를 제출한다. 서류는 먼저 서장이 검토했는데(주로 그의 능력과 '신뢰도'를 확인하는 것이었다), 그 명목으로 300달러의 입회비를 받았다. 주 1회 열리는 위원회 회의에서 입회서를 제출한 지원자의 도박장 운영이 승인되면 그들은 지원자에게 그 사실을 통보하고 매달 '공물'을 거둬들였다. 만약 어떤 이유로든 입회가 거부되면 서장은 입회비를 돌려주어야 했다. 이러한 과정은 위원회가 주머니를 불리면서 동시에 오로지 '허용된' 사업자만이 도박장을 운영할 수 있도록 관리하는 효율적인 시스템이었으며, 위원회의 결정을 거부하거나 이에 반항하는 사람은 경찰의 맹렬한 공격에 직면해야만 했다.

　누군가 이러한 위원회가 존재하는 게 아니냐는 증거를 들이밀면, 경찰청장과 감사관은 모두, 그러한 정보가 입수된다면 사회악을 반드시 소탕하겠노라고 공언했다. 그러나 나중에는, 안타깝게도 도박장에서 하는 주사위 도박이나 크랩스 게임의 도구 특성상 증거가 남아 있지 않다느니, 도박 도구뿐 아니라 도박장 자체도 경찰이 들이닥치기 전에 재빠르게 해체되어버린다느니 하는 해명을 늘어놓았다. 명명백백하게 드러내놓고 운영되는 캔필드의 44번가 도박장은 왜 단속하지 않느냐고 지적하면, 그런 곳이 있다는 건 사실일지도 모르지만, 그곳은 사설 클럽이어서 "손을 대기가 어렵다"는 답변을 하곤 했다.

　시카고에도 대규모 신디케이트가 존재했다. 1890년, 존 필립 퀸은 시카고의 '도박자 신탁'이 신디케이트로서의 특징을 모두 갖추고 있다고 기술했다.[20] 그 단체는 '체육인들의 조합'이었는데, 이들은 관리자만 기부처를 알 수 있는 공동 기금에 매주 기부했다. 하지만 퀸의 추측에 따르면, 이들은 "실질적으로 경찰의 간섭에서 벗어나" 있던 신탁 회원들이었다. 시카고 도박자들만이 아니었다. 미니애폴리스에도 1870년대에 '조합'이 있었다. 이 신디케이트는 도시 내 일류 도박장 두 곳을 운영했고, 도박장보다는 좀 낮은 급이긴 했지만, 리조트도 몇 군데 보유하고 있었다.[21] 미국 정치와 사업이 19세기 말 고도로 조직화되면서, 도박장을 운영했던 이들도 그와 비슷한 양상으로 통합되었다.

　신디케이트는 도시 지역에만 국한되지 않았다. 슬롯머신, 주사위 게임방, 마권업자들도 소도시에서 흔히 찾아볼 수 있었다. 예컨대 '캘리포니아의 성城'이라는 별명으로 불렸던 샌 버나디노는 1940년대 후반 성장 가도를 달리던 라스베이거스의 강력한 경쟁자였다.[22] 개혁 조치로 인해 많은 도박장이 문을 닫았을 때, 남부 캘리포니아인들은 우아한 교외 클럽을 표방했던 바비 가르시아의 모롱고 밸리 리조트, 더블 오 랜치로 몰려들었다. 비록 경찰의 급습 이후 룰렛과 크랩스 게임을 브리지와 빙고 게임으로 대체해야 했지만, 특정 소수의 손님은 뒷방에서 여전히 카지노 게임을 즐길 수 있었다.

텍사스 갤버스턴에서 뉴욕 버펄로까지, 다양한 도시에서 불법 카지노가 성행했다. 샌프란시스코에서 불법 '중국 복권'은, 네바다주의 합법적 키노만큼 인기 있었다. 휠링, 오클라호마시티, 시카고, 보스턴, 마이애미 같은 도시들 못지않게 도박에 열렬한 도시였던 몬태나의 뷰트까지, 비밀리에 하는 도박은 미국 어디에나 존재했다. 1934년, 전 뉴욕 시장 피오렐로 라 과디아가 불법 도박장에 대한 집중 단속을 실시하자 도박계 보스들은 교외로 옮겨갔다. 허드슨강 건너편 뉴저지의 버건 카운티에는 곧 연안을 따라 '도박 리조트'가 줄을 지어 들어서기 시작했고, 이곳에선 한 해에 1000만 달러에 가까운 돈을 벌어들였다. 그중에 첫 번째로 개장한 곳은 벤 마든의 리비에라 나이트클럽 안쪽 한 공간에 차려진 도박장이었는데, 이 클럽은 이후 라스베이거스 스트립에서나 볼 수 있을 만한 화려함을 자랑했다. 더 남쪽으로 내려가면 더욱 다양한 종류의 불법 도박장이 존재했던 애틀랜틱시티가 있었다(이와 관련해서는 12장에서 좀더 자세히 살펴볼 것이다).[23]

1930년대 말에는 버건 카운티 전역에 다수의 불법 도박장이 들어섰다. 1900년에 그랬던 것처럼, 도박장을 운영하려는 사람은 기존에 존재하던 창고를 화려하게 장식된 도박장과 리조트로 꾸미기 전에 먼저 경찰의 보호 약속을 확보했다. 도박장에서는 캐딜락을 보내 뉴욕에서부터 고객을 유치해 직접 데리고 왔고, 게임장에 입장하기 전에 와인과 식사를 제공했다. 클리프턴, 리어니아, 린든, 로디, 이스트패터슨, 리틀페리, 클리프사이드, 콜드웰, 캔필드와 같은 마을은 모두 서로 다른 시기에 운영되었던 우아한 불법 리조트를 보유하고 있었다. 1950년 케포버 위원회Kefauver Committee의 공청회에서 갑작스럽게 대중의 관심이 불법 도박으로 쏠리면서 버건 카운티에서 운영되던 카지노는 문을 닫게 되었다. 그곳에서 일했던 수많은 딜러와 카지노를 찾았던 고객들은 안전하게 합법적으로 놀 수 있는 라스베이거스로 떠났다.

남부의 선샤인 스테이트(마이애미의 별칭—옮긴이)에서도 버건 카운티에서와 같이 줄지어 카지노가 들어서는 현상이 나타났다. 마이애미와 마이애미비치는 모두 도박 소굴이 많기로 유명했지만, 그중에서도 특히 에드워드 라일리 브래들리의 비치 클럽은 팜비치에서 최고로 멋진 도박장이었다. 클럽은 1898년에 회원제로 개장했고, 남성들만 입장할 수 있었으며, 게임의 종류도 그렇게 많지 않았다. 몇 년이 지나고 브래들리는 출입 정책을 바꾸어 누구나 자유롭게 들어올 수 있게 했고, 이후 돈이 그의 주머니로 쏟아져 들어오기 시작했다. 클럽은 단순한 흰색 인테리어로 외양은 캔필드의 화려한 클럽과는 비교할 수 없었지만, 브래들리는 손님들에게 최상의 음식만을 대접할 것을 고집했고, 머지않아 미국의 가장 부유한 손님들이 브래들리의 클럽을 찾게 됐다.

브래들리는 비치 클럽에서 벌어들인 돈을 실제로 공공선을 위해 사용했다. 일례로 그는 켄터키주 렉싱턴 근교에 위치한 말 사육장을 사들였다. 그는 '경마광'이라고 불릴 정도로 말을 좋아했는데, 산발적으로 팜비치 클럽을 공격하는 도박 반대론자들의 성화를 피하는 동안 띄엄띄엄 말을 사들였고, 나중에는 켄터키 경마대회에서 우승한 경주마를 네 마리나 보유하기에 이르렀다. 하지만 나중에는 모두 지역사회에 되돌려주었다—앤드루 카네기식 사회 복음주의적 가치를 믿었던 브래들리는 정말로 그가 가진 부를 죽기 전에 사회에 환원하기 위해 노력했다. 1928년 팜비치에 허리케인이 불어닥쳐 모든 것을 날려버렸을 때, 그는 주변 지역의 모든 교회를 재건하는 데 비용을 지원했다고 알려져 있다. 또한 그는 플로리다와 켄터키 내 고아원에 거액을 기부했다. 그는 도박으로 큰돈을 벌었지만, 도박이 죄악이라고 믿었다. 1946년 브래들리는 피치 클럽을 시에 헌납하여 공원으로 사용하고, 그 안에 있었던 모든 도박 기기는 수장시켜달라는 유언을 남겼다. 그의 이러한 시도에도 팜비치에서 도박은 전혀 사라지지 않았지만, 적어도 비치 클럽이 누렸던 윤택한 시대는 막을 내렸다.[24]

플로리다 웨스트코스트에서는 탬파가 도박의 중심지였다. 볼리타Bolita라고 불렸던 복권은 탬파 안에서도 이버시티 구역에서 출발했으며, 탬파는 1960년대에 도박이 가장 성행했던 곳이었다. 남부의 쾌적한 기후 덕분에 마지막 증기선까지 미시시피로 떠나버린 이후에도 도박자들이 이곳에 꽤나 남아 있었던 것이다. 한편 미시시피의 빌럭시라는 곳도 남북전쟁을 전후로 번성했던 관광 도시였는데, 이곳에서도 도박이 만연했다. 애틀랜틱시티에서와 마찬가지로 금주법 시대에 이곳에서도 도박으로 활기찬 분위기가 만연했다. 이전에는 도그-키라는 이름으로 알려져 있었던 캐프리스섬에도 작지만 우아하고 화려한 카지노들이 들어서기 시작했다. 자연적 풍화로 섬은 1932년에 사라져버렸지만, 도박이 본토로 뻗어 나가는 것까지 자연의 힘으로 막을 수는 없었다. 빌럭시와 인근 걸프포트에 이르기까지, 슬롯머신, 큰 판돈이 걸린 포커 게임, 카지노 게임은 사람들의 일상이 되었다.

빌럭시에서 도박은 1950년대까지 성행했지만, 케포버 위원회가 앞장서고 지역의 개혁주의자들이 뒤따른 일련의 집중 단속이 가장 노골적으로 운영되던 몇몇 도박장을 덮쳤다. 단속 이후에도 도박은 밀실에서 얼마간 지속되었지만 당국은 계속해서 도박장을 더욱 압박했고, 관광객까지 줄어든 데다 1969년 허리케인 카밀이 이 지역을 강타하면서 결과적으로 빌럭시의

도박은 완전한 사양길로 접어들었다.[25]

반드시 해안가만 도박장이 들어서기 좋은 입지는 아니었다. 아칸소주에 있는 핫스프링스도 19세기 초 휴양 리조트가 먼저 발전했지만, 나중에는 결국 도박장으로 유명해졌다. 1880년대까지 번영하던 도박 사업은 결국 최후의 한 사람이 지배하게 되었는데, 그는 1871년 대화재에 불가분하게 엮였던 인물인 시카고 도박계의 제왕, '빅' 짐 올리리였다. 핫스프링스는 아칸소의 도박 중심지였으며, 1960년대 초 케네디 대통령의 동생이자 법무부 장관을 지낸 로버트 케네디가 불법 도박과의 전쟁을 선포하면서 희생양이 되기 전까지 조직폭력배들의 천국으로 남았다.[26]

한편 불법 도박장 중에서도 미국에서 가장 악명 높은 카지노는 북부 켄터키에서 찾아볼 수 있었다. 커빙턴과 뉴포트는 20세기 중반에 주요 도박장이 밀집한 곳이었다.[27] 켄터키주에서 카지노 도박은 분명히 불법이었지만, 다년간 법적인 규제는 유명무실했다. 이미 서부 개척 시대부터 도박은 켄터키주에서 하나의 문화로 자리 잡았지만, 불법 카지노가 그토록 성행했던 것은 금주법 시대부터였는데, 이는 클리블랜드의 신디케이트 회원들이 도박을 '조직'했던 결과로 알려져 있다. 뉴포트에서 알리비Alibi, 스포츠맨 316Sportsman's 316, 틴 색Tin Shack과 같은 클럽들은 각각 게임을 운영하는 방식이 달랐다. 몇몇 클럽은 공정했지만 다른 몇몇은 사기도박장으로, 우연히 발을 들인 방문객이 이길 가능성은 거의 없었다. 이러한 불법 도박장들은 1961년까지 실질적으로 어떤 제지도 받지 않고 운영되었으나 케네디 법무부 장관이 미 전역에서 벌인 도박 반대 캠페인 열기에 지역 자경단이 합세하면서 노력한 결과 결국 물러날 수밖에 없게 되었다. 그렇다고 해서 사람들이 취미생활로 즐기는 도박까지 완전히 사라졌다는 의미는 아니었다. 아칸소, 뉴저지 그리고 다른 곳에서와 마찬가지로 개혁의 바람은 도박장 운영주들과 그 고객들을 라스베이거스로 몰아붙였다.

미국식 도박의 확산 범위는 미국 내에만 국한되지 않았다. 쿠바도 카리브해의 카지노 유흥지로 매우 유명했다. 1951년 4월 15일 『뉴욕타임스』에는 미국인들을 대상으로 쿠바를 휴양지로 선전하는 전면 광고가 실리기도 했다. 해당 지면에서는 일생을 살면서 "절대로 잊지 못할 경험"을 하게 될 것이라고, "최상의 즐거움, 가장 매력적이고 눈부시게 아름다운 시간을 보낼 수 있을 것"이라고 대대적으로 쿠바를 광고했다.[28] 또 그 광고에서는 하바나의 아름다움을 극찬했다. "현대적 호텔······ 훌륭한 레스토랑······ 멋진 나이트클럽······ 경기장에서 맛볼 수 있는 스릴과 다른 스포츠 경기들······ 해변에서 일광욕하는 즐거움······ 하바나에 머무는 동안 이 모든 경험이 당신의 시간을 즐거움으로 가득 채울 것입니다." 반짝이는 해변과 마음껏 즐기는 쇼핑에 더해 광고에서는 "쿠바의 행운의 여신을 모신 사원—그랜드 내셔널 카지노"를 내세웠다. 1950년대 중반에 관광업계에서는 쿠바가 "카리브해의 라스베이거스"라고 의식적으로 홍보했는데, 쿠바 휴양지에서 즐기는 따뜻한 햇볕과 도박이 실제로 라스베이거스의 그것과 비슷하다는 것을 알고 있었다. 당시 쿠바는 마치 새로운 국제 도박 중심지로 보였다.

그러나 쿠바 카지노 운영자들의 희망찬 바람은 1958년에서 1959년으로 넘어가는 새해 전날 쿠바의 공산주의 혁명가이자 제16대 쿠바 총리를 지낸 피델 카스트로가 이끈 혁명군이 독재정권을 유지하던 대통령 풀헨시오 바티스타를 추방하면서 단박에 종식되었다. 바티스타는 도미니카공화국으로 도망쳤고, 카스트로의 혁명군은 산티아고나 산타클라라와 같은 주요 도시들을 장악했다. 바티스타의 도주로 하바나의 봉기는 더욱 고취됐고, 주차정산기부터 호텔까지 바티스타 정권의 상징은 증오의 대상이 되었다. 대중의 마음속에서 외국 조직폭력배, 바티스타의 미국식 사업 성향과 연관되었던 카지노는 반혁명적 존재로 낙인찍혔다. 사람들로부터 덕망을 인정받았던 그랜드 내셔널 호텔은 화를 피해갔지만, 그 이외의 카지노들은 약탈의 대상이 되었다. 이제 막 카지노를 완공한 플라자 호텔도 완전히 파괴되었고, 다른 도박장들도 피해를 보았다. 피델 카스트로는 초기에는 카지노 도박을 전면적으로 금지하기보다는 규제하려는 듯 보였지만, 약삭빠른 카지노 운영자들은 쿠바에서는 더 이상 미래를 기약할 수 없다는 것을 깨달았다. 그들의 예측대로 1961년 9월 29일, 피델 카스트로는 지금부터 하바나에서는 도박이 불법이라고 선언했고, 마지막으로 남아 있던 카지노까지 인정사정없이 폐장시켜버렸다.[29]

한편 멕시코에서는 티후아나 근처에 아구아칼리엔테라는 골프 클럽 및 호텔 단지가 1928년에 문을 열었는데, 이곳은 매우 고급스러운 카지노와 근사한 식당도 함께 운영했다. 2년 후, 경기장까지 개장되면서 리조트에는 할리우드 스타와 미국 부자들이 몰려들었지만, 멕시코 제44대 대통령 라사로 카르데나스가 1935년 모든 도박을 금지한다는 명령을 내리고 나서 폐장되고 말았다. 2년 뒤에 경기장은 다시 문을 열었지만, 폐장 전의 인기를 되찾지는 못했다.[30]

미국 북쪽의 국경 지역으로 눈을 돌리면 몬트리올이 유선 베팅에 힘입어 경마의 중심지가 되어 있었다. 그곳에는 불법 카지노도 있었고 룰렛이나 크랩스 같은 게임도 있었지만, 몬트리올 사람들이 유독 즐기는 주사위 게임은 바보트Barbotte 게임이었다.[31]

마권업부터 슬롯머신에 이르기까지, 도시에 도박이 너무나 확산되어서 1940년대에 이르자 도저히 숨길 수 없는 지경에 이르렀다. 유권자들은 알아서 불법 도박을 하지 않으면 신디케이트도 자연스럽게 사라질 것이라는 간단한 논리는 제쳐두고, 자신들이 뽑은 관료들에게 '신디케이트 범죄'를 어떻게든 해결하라고 요구했다. 어찌 됐든, '도박계 보스'에 대한 대중의 극심한 반감은 1940년대 말부터 잠재적인 정치적 쟁점이 되기 시작했다. 1950년, 야심찬 테네시주 상원의원 에스테스 케포버는 도박 반대 열기를 딛고 "여러 주 사이의 상업에 있어서 발생하는 조직범죄"를 조사하는 특별 상원위원회를 구성했다. 앞에서도 언급되었던 이 케포버 위원회는 텔레비전으로 방영되는 공청회를 개최했다. 이 공청회를 통해 지역 내 도박 산업이라는 것이 얼마나 큰 규모로 운영되는 현실과 그것이 살인을 일삼는 전국 범위의 범죄 신디케이트에 의해 통제된다는 사실을 보여줌으로써 사람들에게 충격을 안겨주었다(이 공청회에서는 악명 높은 범죄단의 일원이 참석했는데, 그들은 아주 기본적인 질문을 받을 때조차 불리한 증언은 거부하겠다는 미국 수정 헌법 제5조를 읊어댈 뿐이었다).

조사를 진행하는 과정에서 때로는 핵심을 정확히 짚어내지 못하기는 했지만, 케포버가 일으킨 개혁의 물결은 전반적으로 많은 불법 도박장의 문을 닫게 했다. 그러나 이번에는 도박에 대한 반감이 사그라들 때까지 몸을 낮추고 있으면 된다는 식의 일시적 강제 조치로 끝나지 않았다. 대체로 정부는 본격적으로 공익을 위한 게임이라는 명분을 내세워, 직접 이 수익성 좋은 도박 산업을 운영하는 방향으로 나아가기 시작했다. 당시 드러난 범죄조직이나 사기꾼들이 도박으로 벌어들인 수익에 대한 공분은 점점 그 수익에 대한 선망으로 변질되었다. 법무부 장관 로버트 케네디가 1961년 '조직적 도박'에 대항해 연방정부의 힘을 결집하기 시작했을 때, 그는 (도박으로 벌어들이는 그 수익 자체가 아니라 — 옮긴이) 합법적으로 그토록 큰돈을 벌어들인 부패한 '도박 보스'의 세계를 제거하고자 했다.

도박에 반하는 이러한 정서는 역설적으로 성장하던 도박 리조트의 존재를 더욱 확고히 하는 계기가 되었다. 집 근처에서 도박을 즐기지 못하게 된 미국인들은 이제 도박 열망을 해소하기 위해 사막을 건너는 여행을 고려하게 되었다. 지하세계 카지노에서 기술을 익힌 카지노 관리자들과 딜러들도 기량을 자유롭게 펼칠 수 있는 서부의 도시로 향했다.

결과적으로, 라스베이거스에 도움이 된 건 열렬한 도박 지지자들보다 케포버와 케네디의 도박을 억제하려는 노력이었다.

9장

견딜 수 없는 유혹

네바다, 미국 도박의 오아시스가 되다

네바다, 도박 합법화라는 도박을 감행하다

1850년대 말 금을 찾아 시에라네바다산맥을 넘어 동쪽으로 밀려 들어온 캘리포니아 광부들은 도박 문화도 함께 가지고 들어왔다. 캘리포니아에서는 1850년대 중반까지 상업적 뱅크 게임만이 금지되어 있었고, 다른 사교적 도박은 여전히 합법이었다. 하지만 링컨 정부에서 캘리포니아가 주로 승격되는 문제를 감독하도록 임명한 뉴욕 출신 네바다 주지사 제임스 나이는, 1861년에 새로 소집된 해당 지역 의회의 의원 모임에서 도박에 강력히 반대한다는 뜻을 전했다. 그는 그곳에 모인 사람들은 입법부 의원으로서 악에 대항해야 할 의무가 있으며(그가 말하는 악에는 몰래 무기를 소지하는 것, 음주, 안식일을 지키지 않는 것 등도 포함되었다), 그중에서도 도박을 특히 경계해야 한다고 특별히 강조했다. "저는 사람의 마음을 현혹하는 현존하는 사악한 행태 가운데, 도박이 최악이라고 생각합니다. 도박은 인간이 도저히 거부할 수 없는 매혹적인 것을 내세우기 때문입니다."[1]

위원들은 나이의 경고를 진지하게 받아들였고, 그해 말 확률 게임을 운영하는 사람에게는 최대 5000달러의 벌금이나 2년의 징역이라는 가혹한 처벌을 부과했다. 그저 개인이 확률 게임을 하는 것만도 경범죄로 보고 징역 6개월이나 500달러의 벌금을 부과할 수 있었다. 법 집행은 지역 당국의 몫이었는데, 막상 법 집행을 맡은 당국에서는 사람들이 싫어하는 이 법의 강제를 망설였다. 기소를 촉진하기 위해 입법부에서는 선고마다 100달러의 포상금(이 돈은 피고인이 지급해야 하는 것이었다)을 주겠노라고 선포했지만, 그러한 방법도 크게 성공적이지는 못했다. 1864년, 네바다가 주로 승격되었을 때 새로운 의원들은 도박을 합법화하고 통제하려는 새로운 법률안을 시도했다. 하지만 그러한 노력도 좌절되었다. 새로운 주지사 헨리 블레스델은 전임자 제임스 나이보다 더욱 강경하게 도박에 반대했던 사람이었기 때문이다. 의회에서는 1865년 새로운 법을 제정했는데, 그래도 기존의 법보다는 처벌이 덜 가혹한 수준이었다. 도박에 참가한 사람들은 처벌을 받지 않고, 도박장 운영자만 처벌의 대상이 되었지만, 처벌의 수준도 이전보다 경감되었다. 하지만 여전히 도박은 불법으로 남아 있었고, 도박으로부터 어떠한 세금도 걷지 않았다.[2]

블레스델 주지사는 도박은 "참아줄 수도, 변명의 여지도 없는 악"이라고 선언하며, 무관용 원칙으로 계속해서 맹렬하게 도박을 탄압하려고 들었다. 1867년에 그는 도박을 합법화하려는 시도를 무산시켰지만, 결국 1869년에는 도박 지지론자들이 (주지사의 거부권을 넘어서서) 법안을 통과시켰고, 실버 스테이트(네바다주의 별칭—옮긴이)에서 도박을 기소 대상에서 제외시키는 데 성공했다.[3] 확률 게임을 합법적으로 제공하려면 운영자는 분기마다 스토리 카운티에서 400달러, 다른 모든 카운티에서 250달러를 면허비로 지불해야 했다(당시 스토리 카운티는 인구도 가장 많았고 최대 도시인 버지니아 시티가 위치해 있었다). 면허비는 카운티 보안관들이 받았고, 그 절반은 카운티로, 나머지 절반은 주로 교부되었다. 또 몇 가지 다른 규칙도 있었다. 예컨대 도박 가능 연령은 17세부터였고, 건물 앞에서 게임을 운영하는 것은 금지되었다.

네바다주의 도박 관련 법률은 이후 40년 동안 개정을 거듭했는데, 개정이 있을 때마다 어떤 정당한 이유나 논리가 있었던 것은 아니다. 1871년에는 의회가 면허비를 경감시켜주었는데, 그다음 입법 회의에서는 캘리포니아주에서처럼 도박 금지법을 발의해야 한다는 논쟁이 있었다. 도박 금지 법안은 무산되었지만, 이후 도박장 운영에 더욱 엄격하고 무거운 기준이 부과되었다. 1875년에는 도박 가능 연령이 21세로 높아졌으며, 모든 도박장 소유주가 납부해야 하는 분기별 면허비도 400달러로 올랐고(게다가 선불이었다), 도박장 광고는 금지되었다. 또한 "속임수와 부정한 게임 금지" 조례는 쓰리 카드 몬테 게임이나 그와 유사한 사기도박 게임은 불법화되었고, 속임수를 쓰는 행위는 중범죄로 간주되었다. 이러한 방안들은 나중에 네바다주 부정행위 금지법anti-cheating law이 목적으로 했던 것처럼 속임수를 쓰는 도박자로부터 도박장을 보호하기 위한 목적이 아니라, 순진한 여행자들을 등쳐 먹던 '어니스트' 존 켈리와 같은 삼류 사기도박꾼들로부터 대중을 보호하기 위함이었다. 이 법률은 특히 범법자로 의심되는 사람을 체포하는 방안을 강화했다.[4]

이 법률은 사기도박꾼들로부터 대중을 보호했지만, 정직한 게임을 운영하는 곳에서 과도하게 도박에 몰입하는 사람들까지 구제하지는 못했다. 1877년 의회는 "도박으로 돈을 소비할 권리를 지니지 못한 자를 대상으로 도박을 통해 수익을 보는 행위를 금지하는 법률"로 이 불운한 자들을 구해냈다. 이 법에 따라 도박자의 가족이나 채권자는 미리 도박장 운영주에게 알려, 한 가정의 가장이거나 채무자인 경우 도박하지 못하도록 할 수 있었다. 이를 어기고 이들이 도박하도록 내버려두었다가 발각되면 경범죄로 처벌받았다. 남성들은 아내가 도박을 막을지도 모른다는 생각에 마음을 졸였지만, 실제로 이 법이 적용된 사례는 거의 없었다.

그 이후에도 1900년에 이르기까지 네바다주는 건물 1층에서의 도박 운영

여부, 운영 시간, 허용된 게임의 종류 등 합법 도박에 관한 법률을 주먹구구식으로 개정했다. 슬롯머신은 거리에 내놓지 않는다는 단서를 달아 기계당 분기별 면허비 20달러씩을 거둬들이는 조건으로 1905년 합법화되었다. 네바다주는 1903년, 마권업에 반대하는 조류를 거슬러 이를 합법화했다.5

네바다주의 마권업 합법화는 다른 주에서 금지된 활동을 허용해줌으로써 돈을 벌 수 있는 기회를 의미했다. 하지만 당시 그러한 기회주의를 추구하는 분위기는 보편적이지 않았고, 현재 네바다주의 주요 도시 중 하나인 리노의 시민들은 그것을 좋은 기회라기보다는 창피스러운 합법적 패악으로 받아들였다. 20세기 초 몇 년간 리노에서 도박을 불법화하려는 시도는 실패했지만, 그때까지만 해도 네바다주 국회의원들은 비록 작지만, 확실히 도박에 반대하는 목소리를 내고 있는 집단의 의견에 귀를 기울였다. 당시 도박에 반대하는 소수의 사람은 자기 계발 및 악폐 근절 원칙을 내세워 사람들의 의식을 고취하는 개혁운동의 흐름에 속해 있었다. 1909년, 드디어 도박 반대론자들은 승리를 거두었다. 그들은 충분한 수의 의원으로부터 동의를 얻어 도박 금지법을 통과시켰고(덴버 디커슨 주지사가 최종적으로 이 법안을 승인했다), 사교적 게임(포커, 브리지, 휘스트), 상업적 도박(판탄, 파로, 크랩스), 슬롯머신 운영, 마권업 운영을 불법화했다. 법을 위반한 사람은 최대 5년의 징역형에 처할 수 있었다.6 이러한 법이 통과됨으로써 네바다에서 도박 천국의 시대는 끝난 것처럼 보였다.

하지만 도박자들은 완전히 발을 빼지 않고 기다렸다. 해당 법안이 통과되고 2년 후, 결국 의회는 다른 모든 도박 금지는 유지했지만, 휘스트와 브리지 게임에 대한 금지는 완화했다(포커는 여전히 금지되었다). 1913년, 네바다주 입법부는 한층 더 나아가 모든 사교적 게임을 허용하고 음료, 담배, 또는 2달러 미만의 보상을 주는 '5센트짜리 슬롯머신'의 운영을 허락했다. 1915년에는 비록 경주가 실제로 진행되는 경마장에 한정되기는 했지만, 패리뮤추얼 경마까지 합법화되었다. 1919년이 되자 네바다주 내 시와 카운티에서는 사교적 게임이 가능한 카드룸을 운영할 수 있는 면허를 교부해주었다.[7]

상업적 도박이 금지된 동안, 다른 '불법'적인 도박이었던 권투는 여전히 지속되고 있었다.[8] 다른 주에서는 프로 권투 시합을 금지했지만, 네바다주에서는 종종 이를 허락해주었으며, 경기 주최자들은 입장료보다 시합에 대한 베팅을 더욱 바라며 경기를 열었다. 텍스 리카드[9]를 포함한 일당이 20세기 초 골드필드와 다른 여러 마을에서 경기를 열었는데, 그중에서도 그가 추진했던 큰 시합들—예를 들면 헤비웨이트 챔피언 잭 존슨 대 백인 선수 짐 제프리의 1910년 7월 4일 경기—은 네바다가 아닌 다른 주에서 열리곤 했다. 그럼에도 위 경기가 결국 리노에서 열릴 수 있었던 것은 캘리포니아 주지사가 열렬히 이러한 경기 개최를 반대한 덕분이었다. 경기 전 훈련을 받던 존슨은 네바다의 분위기에 동조되어 훈련 과정 참관을 위해 모인 팬을 정중하게 초대해 술을 대접하고, 직접 고용한 재즈 밴드가 연주하는 음악을 들으며 포커 게임을 할 수 있는 자리를 마련하기도 했다. 그러나 존슨의 후한 접대도 그를 향한 백인들의 반감을 상쇄하지는 못했다. 그가 '위대한 백인의 희망' 제프리를 참패시켰을 때, 리노에 모인 관중은 숨막히는 침묵 속으로 빠져들었다(당시 미국의 다른 지역에서는 잭 존슨의 승리를 기뻐하며 축하하는 흑인들에 대한 백인들의 폭력 사태가 이어졌다).

네바다주의 또 한 번의 도박

1920년대, 리노는 수많은 합법 카드룸의 본거지였다. 이미 경찰과 모종의 합의를 끝내고 금지된 게임을 제공하는 클럽이 우후죽순으로 생겨났다.

리노의 지하세계 도박계 리더는 제임스 매케이와 윌리엄 그레이엄이었는데, 그들은 도박뿐 아니라 불법 주류 유통, 마약, 매춘도 틀어쥐고 있었다(성매매 업계에서 월마트와 같은 대형 마트에 비유될 수 있는, 리노의 악명 높은 스토케이드도 그들의 소유였다).[10] 전직 카우보이이자 이후 네바다주의 은행 및 상업 제국을 제패한 도박자였던 조지 윙필드의 보호 아래, 매케이와 그레이엄 일당은 리노를 장악했다. 이미 리노의 특정 구역에는 성매매 업소와 주류 밀매업장이 줄지어 들어서 있었기에, 기존에 슬롯머신과 포커 게임을 운영하던 도박장에 파로 게임 테이블이나 룰렛 휠 몇 개 더 들여놓는 것은 중대한 위법 행위 축에 들지도 못했다. 당시 공식적인 면허 교부에 그러한 점이 반영되어 있지는 않았지만, 리노의 도박 산업은 번창했다.

금주법에 대한 공공연한 저항으로 밀주를 마셔대던 격동하는 1920년대 네바다주에서는 도박 찬성론자와 반대론자의 논쟁도 이어졌다. 도박은 허용하되, 그것으로 수익을 볼 수는 없는 합법적 사업으로 만들자는 절충안에는 누구도 만족하지 못하는 것처럼 보였다. 개혁 집단, 상공회의소, 유권자들의 의견에 귀를 기울일 수밖에 없었던 정치인들은, 사교적 게임을 '누구나 할 수 있는' 도박으로 승인하고 확장했을 때 네바다주가 얻을 수 있는 이득을 주장하는 사람과 도박을 전면적으로 금지하는 보호적 입법을 추진해야 한다는 주장을 내세우는 두 축으로 첨예하게 대립했다. 처음에는 반대론자들이 우세했다. 1925년과 1927년 전면적 도박 허용에 관한 법률안은 발의되지도 못했고, 1929년에는 발의 시도조차 이루어지지 않았다. 어찌 되었든 기존의 카드룸 운영자들은 소수였고, 도덕 개혁론자들과 많은 상업 집단이 도박 전면 허가에 반대했기에 도박 찬성론자들이 더 이상 나아갈 길은 요원해 보였다.[11]

하지만 결국, 돈의 논리가 통했다. 대공황으로 인한 경제적 불안감이 확산되자 거대 도박장 운영자뿐만 아니라 개인 사업가들부터 사업가 집단에 이르기까지 많은 이가 법적으로 도박을 허용해야 한다는 태도로 돌아섰다. 라스베이거스의 부동산 개발업자 톰 캐럴은 신문 광고란에서 네바다주를 미국 국민을 위한 놀이터로 만드는 전략으로써 도박과 경마를 허용하면 누릴 수 있는 이점을 홍보했다. 처음에는 많은 이가 광고 내용을 웃어넘겼지만, 그러한 의견에 귀 기울이는 사람들이 생겨났다. 험볼트 카운티의 목장 소유주이자 도박계와는 어떤 알려진 관계도 없었던, 주의회 신임 의원 필 토빈이 AB 98Assembly Bill 98 법안을 제출한 1931년 2월 13일 법적 도박 허용을 두고 제대로 찬반 격돌이 벌어질 시기가 도래했음이 분명해졌다.

끈질긴 논쟁 끝에 찬성론자들이 승리했다. 법안이 상하 양원을 통과한 것이다. 프레드 발자 네바다 주지사는 1931년 3월 19일 해당 법안에 서명했고, 네바다 주민들은 도박할 자유를 얻었다. 파로, 몬테, 룰렛, 키노, 판탄, 21, 블랙잭(21과 블랙잭은 서로 구분되었다), 스터드 포커stud poker, 드로 포커draw poker 또는 카드나 주사위, 기계로 할 수 있는 "어떠한 뱅킹 게임이나 확률 게임"도 면허를 받은 곳에서라면 얼마든지 할 수 있게 되었다. 면허 비용은 사교적 게임(포커, 브리지, 휘스트)은 테이블당 한 달에 25달러, 상업적 게임은 50달러였으며, 슬롯머신은 기계 한 대당 10달러였다. 면허는 시 위원이 승인하고 카운티의 감사관이 발행했으며, 해당 비용은 카운티 보안관에게 납부했다. 이러한 역할 분담은 면허 교부 및 세금 처리 과정의 배분적 성격을 반영했다. 비용으로 거둬들인 금액의 절반은 시 또는 타운으로, 4분의 1은 카운티로, 나머지 4분의 1은 주로 귀속되었다.

그중에서도 몇 가지 제한은 남아 있었다. 법률은 특별한 표식이 있는 카드나 다른 장비를 이용한 속임수, 그리고 "사취를 위한 도박"을 금지했고, 법적 도박 가능 연령을 21세로 규정했다. 또한 외국인은 면허 신청을 할 수 없었다. 이러한 조치는 의심할 여지없이 1930년대까지 여전히 강했던 반이민자(특히 반아시아) 정서를 반영하는 것이었다. 그러나 도박을 허용하는 새로운 법률 도입에 걸맞게, 네바다는 새로운 도박장 면허를 교부하면서 신청자에게 굉장한 자유도를 주었다. '빠른' 이혼을 원하는 사람들을 위해 이혼 신청을 위한 네바다주 거주 기간 조건을 3개월에서 6주로 단축시켰던 또 다른 법률과 더불어, 네바다주의 도박 허용은 다른 주에선 금지된 활동을 함으로써 경제적으로 번창할 수 있는 가능성을 보여주었다.

리노가 세상을 놀라게 하다

자유로운 이혼과 도박을 합법화한 네바다에서, 다른 어떤 도시보다 리노가 가장 많은 돈을 벌어들였다. 1931년 7월 4일 (그레이엄과 매케이가 주최한) 맥스 베어 대 파울리노 우스쿠둔의 복싱 경기에서 리노의 '전면 허가된' 도박은 본격적으로 사람들 앞에 선보였다. 그것은 경제적 의미에서 새롭게 각성한 시대의 서막이었다. 매케이와 그레이엄은 도박 합법화를 재빠르게 이용했다. 그들은 베어와 우스쿠둔 경기장에 슬롯머신을 설치하고, 또 그들이 관리하던 경기장에 임시 카지노를 만들었다.[12] 6주 이혼법 통과와 함께 빠른 이혼을 원하는 사람들이 머물 수 있는 관광용 목장이 급증한 것과 마찬가지로, 도박장도 순식간에 증가했다. 도박장에서는 파로, 팬기니panguingue, 룰렛, 21, 크랩스, 몬테, 판탄, 클론다이크klondike, 처커럭, 해저드, 적과 흑, 그 외 여러 다른 종류의 포커 게임을 제공했다. 그러나 시간이 흐르고 도박 사업이 점차 자리를 잡아가면서 주로 제공되는 게임의 종류는 눈에 띄게 줄어들었다.

몬테, 해저드, 클론다이크(솔리테어solitare와는 관계 없는 지금은 잘 알려지지 않은 주사위 게임)는 합법적 도박장에서 점차 사라지기 시작했고, 1930년대 이후에는 한때 대단한 위세를 뽐냈던 파로 게임도 찾아보기 어려웠는데, 속임수를 쓰기에는 게임이 훤히 공개되어 있거나 또는 지나치게 공평했기 때문이다. 통념에 따르면 두 가지 이유 모두 파로 게임의 몰락에 기여했다고 하지만, 수학자들은 공정하게 진행된 파로 게임의 하우스 에지가 1930년대 이후 네바다 카지노의 주요 게임이 되었던 크랩스 게임에 필적할 만했다고 지적하기도 했다. 한편 팬기니라는 게임은 1931년 네바다 도박 합법화 이후 카지노에서 종종 발견할 수 있었던 게임이다. 카드로 하는 러미rummy 게임과 비슷하며 필리핀에서 도입됐는데 20세기 초 타갈로그족으로부터 유래되었다고 한다. 팬기니는 서부 해안 지역에서 인기를 끌었기에 초기 많은 도박장에서 이 게임을 제공했고 이후 카지노에서도 한동안 이 게임을 할 수 있었다.13

(당초) 리노에서 도박장 설립이 도시 내 특정 구역에만 제한되어 있었던 것은 아니었지만, 커머셜 로와 세컨드가 사이에 센터가가 확장되면서 그곳이 실질적인 카지노 구역이 되었다. 매케이와 그레이엄은 여러 도박장을 소유하고 있었는데(여기에는 1920년대 초 상류층의 한적한 생활을 경험해볼 수 있는 진귀한 윌로스Willows도 포함되어 있었다), 그중에서도 가장 뛰어난 보석은 리노에서 1930년대 가장 유명한 카지노였던 뱅크 클럽이었다. 뱅크 클럽의 시작은 경주 내기를 포함한 불법 도박이 이루어졌던 2층의 작은 방이었다. 이후 도박이 합법화되면서 카지노는 기존 건물 옆에 있던 건물 1층으로 옮겨갔다. 가장 사람이 많이 몰릴 때는 게임 테이블이 20대까지 운영되고, 약 60명의 직원이 근무했던 이곳은 지역에서 가장 큰 카지노였다. 매케이와 그레이엄은 경쟁자들을 상대로 강압적인 전략을 사용하지는 않았다. 그러나 당시 1931년에 개장했다가 1년 만에 문을 닫을 수밖에 없었던 몬테카를로

의 멋진 리조트가 있었는데, 사람들은 매케이와 그레이엄이 사람을 보내서 교묘한 방해 작전을 편 것이라고 믿었다. 또한 그들은 경마 정보를 전하는 자신들 소유의 지역 전신 사업 영업권을 활용하여 요구에 따르지 않는 사람들을 벌주거나 위협했다. 사람들 사이에는 매케이와 그레이엄이 악명 높은 은행 강도나 범죄자들을 위해 돈세탁을 해주었을 것이라는 소문이 파다했다. 여러 지독한 평판이 많았지만, 뱅크 클럽은 그들을 둘러싼 스캔들, 예컨대 그레이엄이 다른 클럽에서 한 도박자에게 치명적인 총상을 입혔다는 등의 추문을 어떻게든 헤쳐나갔다(그 사건과 관련해서는 그레이엄이 먼저 총에 맞았기 때문에 나중에 정당방위로 판정되었다).

그러나 은행 출납원 로이 프리시 살인 사건은 그렇게 쉽게 넘어가지 못했다. 프리시는 법정에서 매케이와 그레이엄의 사기 혐의에 관하여 증언하기로 예정되어 있었는데, 증언대에 오르기 전 수상하게도 실종되었다. 사람들은 악명 높은 폭력배이자 매케이와 그레이엄의 친구였던 베이비 페이스 넬슨이 프리시를 죽였을 거라고 입을 모았지만, 이는 끝내 입증되지는 못했다. 프리시는 증언대에 서지 못했지만, 1938년 법원에서는 마침내 뱅크 클럽의 본체인 매케이와 그레이엄에게 우편 사기 혐의로 유죄를 선고하여(세 번째 공판이었다) 뱅크 클럽의 발목을 잡았다. 두 사람은 감옥에서도 관리자를 통해 뱅크 클럽을 계속 운영했지만, 점점 시들해지기 시작했고 결국에는 폐장하고 말았다.[14]

뱅크 클럽의 가장 막강한 라이벌은 팰리스 클럽Palace Club이었는데, 이전에 매케이와 그레이엄의 파트너였던 존 페트리시아니가 시작한 곳이었다.[15] 페트리시아니는 경마 관련 전신 사업 독점에 관한 법적인 문제를 걸고넘어지며, 사업의 합법성에 문제가 있다는 점을 연방 당국에 알리겠다고 매케이와 그레이엄을 협박하는 데 성공해 살아남을 수 있었다. 팰리스 클럽은 결코 뱅크 클럽의 인기를 따라잡을 수는 없었지만, 1930년대 카지노계의 강력한 이인자로 존재했다. 그의 클럽은 고액으로 베팅하고 싶은 도박자들을 위한 최적의 장소로 여겨졌으며, 악명 높은 도박자 '그릭' 니콜라오스 단돌로스도 이 클럽에서 게임했다.

커머셜가에 있었던 다른 주요 클럽과 마찬가지로, 팰리스 클럽도 여성 딜러를 고용하지 않았고, 백인 이외의 인종은 카지노에 출입할 수 있더라도 그다지 환영받지 못했다. 번화가에서 벗어난 곳에 있는 클럽에서는 흑인이나 원주민, 아시아인의 출입을 반기는 곳도 있었다. 소규모 클럽은 돈을 가지고 있다면 누구든지 입장할 수 있었다. 이러한 작은 카지노들은 주로 레이크가에 있었는데, 예전에 (지자체 당국이 1908년 모든 것을 불태워버리기 전까지) 리노의 차이나타운이 있었던 곳이었다. 개중에 뉴스타 클럽이나 헨리 클럽과 같은 곳은 중국계 미국인이 운영했다. 일본계 미국인인 프레디 아오야마는 1930년대 빙고·도박장인 리노 클럽을 관리했다. 그러나 진주만 공격 이후 심해진 반일본 정서로 리노 클럽의 일본계 미국인 소유주들은 지분 매각을 강요당했고, 아오야마도 리노 클럽을 떠날 수밖에 없었다. 한편 리노에 아프리카계 미국인들의 수는 많지 않았음에도 마침내 흑인이 소유한 도박 클럽이 생겨났는데, 그 이름은 피바인Peavine으로, 1940년대 초 소유주 해리 라이트가 테이블 게임 몇 대를 설치한 나이트클럽이었다. 주요 클럽에서는 대부분 분리주의자 경찰을 배치했지만, 소수 집단 도박자와 운영주들도 리노에서 게임을 하고 직접 도박장을 운영할 기회는 남아 있었다.16

빙고 게임과 그 변종 게임들은 남녀노소를 불문하고 모든 계층의 리노 도박자들이 좋아하는 게임이었다. 빙고는 1930년대 우울한 미국인들의 마음을 순식간에 사로잡았다. 리노에서 빙고 게임은 종종 탱고라고 불렸다.

1930년대 초 도박장이 밀집했던 구역에 탱고 게임을 할 수 있는 게임장이 여럿 있었고, 다른 도박장에서도 공간을 둘로 나누어 한 곳에서는 탱고 게임을, 다른 한 곳에서는 카지노 게임을 운영하는 식이었다. 오늘날 빙고 게임과는 달리, 탱고는 기술적 요소가 필요했다. 탱고 게임은 깔때기 모양의 호퍼hopper에서 번호를 뽑는 대신에, 참가자가 표적을 향해 공을 던지는 방식으로 진행되었다.[17] 탱고에 대적할 만한 게임에는 두 가지가 있었는데, 하나는 초기 형태로 즐기던 키노 게임이었고 다른 하나는 파카푸 또는 화이트 피전 티켓White Pigeon Ticket으로 알려진 중국 복권이었다. 키노 게임은 빙고와 매우 비슷해 곧 독창성을 상실했고, 중국 복권은 두 가지 불리한 점이 있었는데 첫 번째는 전통적인 방식으로 하루에 두 번 추첨했기 때문에 사람들이 시끌벅적한 도박의 열기에 녹아들기에는 시간이 너무 오래 걸렸고, 또 하나는 복권이 운영되려면 그 주체가 있어야 했는데 네바다주에서는 아직까지 복권이 불법이었다.[18]

팰리스 클럽의 존 페트리시아니는 카지노 게임으로 지속된 파카푸 복권의 변종을 도입했다. 그는 몬태나에서 합법적으로 운영되던 게임의 한 변종을 발견했는데(아마도 중국 이주 노동자들로부터 시작된 게임이었을 것이다), 이 게임에서는 가느다란 종이를 뽑는 단지가 아니라 숫자가 쓰인 캡슐을 숫자가 보이지 않게 끼워 넣은 펀치보드를 사용했다. 페트리시아니는 워런 넬슨을 고용해 자신의 클럽에서 그 게임을 운영하도록 했다. 게임을 운영하기 전에 페트리시아니는 네바다 주지사 리처드 커먼에게 이것은 복권이 아니며, 실제로는 참가자들이 숫자를 고르는 게 아니라 경주마에 베팅하는 '경마 키노'라고 이야기해 그를 안심시켰다. 이긴 사람에게는 마지막에 보상을 지급하는데, 베팅된 전체 금액에서가 아니라 하우스가 정한 고정 비율로 지급되므로 복권이 아닌 뱅크 게임이라는 것이었다. 경마 키노 게임은

1936년 6월 팰리스 클럽에서 처음 선보였으며, 한 시간에 몇 번씩 뽑기를 진행하면서 큰 성공을 거두었다. 넬슨은 곧 펀치보드 대신 숫자가 적힌 공만을 사용했고, 이로써 현대적 키노 게임의 형태가 완성되었다. 이 게임이 큰 성공을 거두면서 여전히 하루에 두 번씩 당첨자를 뽑는 방식으로 파카푸 게임을 운영하던 뉴스타는 곧 폐업하고 말았다.

순식간에 전국적으로 유명해진 또 다른 리노의 아이콘은 해럴즈 클럽이 개장하기 1년 전 그 모습을 선보였다. 클럽의 소유주는 해럴드 스미스였는데, 그의 아버지 '패피' 레이먼드 I. 스미스는 이미 10대 때부터 카니발 게임을 운영하며 전국을 누비고 다니던 사람이었다. 레이먼드는 결국 북부 캘리포니아에 정착해 샌프란시스코 근교 놀이공원에서 확률 게임을 운영하거나 소노마 카운티의 리오니도에서 빙고 게임을 운영했다. 빙고 및 그와 관련된 게임에 대한 지역의 단속이 심해지자, 레이먼드는 아들 해럴드가 버지니아가에서 매입한 빙고 게임장이 위치한 리노에서 게임을 운영하는 것이 최선이라는 결론을 내렸다.

과거 카니발을 전전하며 얻은 경험을 십분 활용하여 스미스 부자가 도입한 새로운 장치들은 이후 도박업계에서 하나의 표준이 되었다. 처음에 이들 부자는 캘리포니아 머데스토의 폐업한 한 영업장에서 가져온 룰렛 휠 한 대와 슬롯머신 몇 대를 놓고 초라하게 시작했다. 하지만 곧 그들의 도박장은 여러 게임으로 가득 찼다. 스미스 부자의 도박장이 있던 구역에는 빙고 게임장이 이미 여러 곳 있었기에, 빙고 게임은 따로 운영하지 않았다. 그들은 도박장을 운영하며 경험과 지식을 총동원했다. 대부분 클럽이 어둡고 으스스한 분위기의 인테리어였던 데 반해 해럴드 클럽은 밝은 불로 내부를 환히 비춰주었고, 직원들은 한결같이 친절했다. 또한 스미스 부자는 게임을 어떻게 하는지 알려주는 무료 강습을 실시했고, 이러한 초보자 교실로 도박을 잘 모르는 많은 고객을 유치했다.

　도박장에 관심이 있으면서도 남자들로 가득 차 공격적인 분위기를 풍기는 곳에 발을 들여놓기를 망설이는 여성 도박자들을 주의 깊게 살피던 레이먼드는 클럽을 개장하면서 여성 딜러를 고용하기로 결정했다. 예전에 어떤 클럽 안에 들어와서는 몇 걸음 걸으며 둘러보다가 "여긴 죄다 남자뿐이잖아!" 하고는 도망쳐버리듯 떠난 한 여성 도박자를 보고 그러한 아이디어를 얻은 것이다. 다른 도박장 운영주들은 그의 생각을 비웃었다(그들은 구서부 전역에서 여성 딜러들이 수년 동안 전문 딜러로 일했다는 사실을 전혀 모르고 있었다). 그러나 여성 딜러들이 고용되고, 그들로 인해 새로운 손님이 늘어나는 것을 직접 목격한 그들은 서둘러 여성 딜러들을 고용하기 시작했다. 또한 해럴드 클럽은 최초로 24시간 동안 운영되었던 클럽이었으며, 쾌적하고 고급스러운 에어컨도 처음으로 설치했다. 레이먼드의 아이디어가 모두 성공적인 것은 아니었다. 예컨대 룰렛 게임에서 살아 있는 쥐를 사용하는 식의 방식은 금방 사라졌다. 그러나 어떤 아이디어가 실패했을 때도 거기에 단지 실패의 의미만 있는 것은 아니었다. 쥐를 사용한 끔찍스러운 게임은 고작 일주일 만에 사라졌지만, 그러한 게임이 있다는 소문으로 엄청난 무료 홍보 효과를 누렸던 것이다. 리노에 있는 동안 극진히 대접받았던 현역 군인들이 고마움의 표시로 해외에서 게시해준 "해럴즈 클럽 아니면 죽음을Harolds Club or Bust"이라는 문구도 세계적으로 알려졌다. 미국 내에서는 가장 붐비는 도로에 2300개의 표지판을 설치해 클럽을 홍보했다. 스미스 부자의 클럽은 소액 베팅 이용자, 호기심 많은 관광객, 여성 도박자들을 끌어들이며 엄청난 성공을 누렸다. 그들은 과거 카니발을 전전하며 생활했다는 어두운 과거가 있었지만, 나중에는 네바다 도박 산업의 미래(환하게 불을 밝히고, 적극적으로 홍보하며, 손님에게 친절한 게임장)를 보여주는 선구자적 역할을 했다. 과거에는 주류 사회로부터 추방되어 버림받은 존재였던 스미스 부자였지만(그들은 주요 카지노가 밀집되어 있었던 센터가의 입지 매매조차 할 수 없었다), 마침내 센터가에서 버지니아가로 도박의 중심을 옮겨왔으며, 도시에서 성공했다고 손꼽히는 카지노 대부분이 바로 이곳에 들어서게 되었다.[19]

1937년, 윌리엄 하라는 리노의 시끌벅적한 다운타운에 첫 빙고 게임장을 오픈했다. 그가 게임장을 열었던 곳은 레이먼드 스미스의 해럴드 클럽과 그리 멀지 않은 곳에 있었다.

버지니아 가에서 하나의 도박 제국으로 급부상하여 이후 세계 카지노 업계를 제패한 또 하나의 존재가 있었으니, 그것은 바로 윌리엄 피스크 하라의 영업장이었다.[20] 윌리엄은 1933년 캘리포니아 베니스에서 그의 아버지로부터 빙고와 비슷한 유의 게임을 제공하는 영업장을 이어받아 사업을 시작했다. 하라는 바람잡이들을 해고함으로써 기존 관습에 정면으로 대항했다. 그는 손님들이 스스로 이길 가능성이 더 크다고 생각하는, 판이 작은 게임을 선호한다고 보았고, 그래서 판돈을 높이는 바람잡이들은 무용지물이라고 생각했다. 그리고 그의 생각은 옳았다. 그는 또한 손님들이 편하게 있을 수 있는 환경을 만들어줘야 한다고 주장했다(그가 주장했던 한 가지는 도박자들이 편히 앉을 수 있도록 푹신한 의자를 제공하는 것이었다). 하지만 캘리포니아 지역에서 자신이 추구하는 개혁을 위해 싸워봤자 큰 승산이 없으리라 판단한 그는 리노에서 행운을 시험해보기로 결심했다.

1937년 5월 마을에 도착한 하라는 센터가에서 다 죽어가는 빙고 게임장 실버 탱고를 사들여 그 이름을 하라스 클럽 빙고로 바꾸었다. 그러나 변두리였던 영업장의 위치와 쟁쟁한 빙고 게임장들과의 경쟁에서 밀린 그는 몇 주 만에 망해버리고 말았다. 하라는 포기하지 않고 커머셜로에 있는 새로운 건물을 임대해 1938년 7월 하라스 플라자 탱고라는 이름으로 개장해 다시 시작했다. 얼마 지나지 않아 버지니아가에 하우스 하트 탱고라는 게임장이 매물로 나오자 그는 주저없이 플라자 탱고를 떠났고, 게임장 이름을 하라스 하트 탱고로 고쳐 다시 문을 열었다. 이 세 번째 게임장에서 비로소 운이 따라주어, 1930년대 치열한 빙고 게임장 경쟁 속에서도 인기를 끌며 살아남을 수 있었다. 이후 그는 동업자와 함께 21, 룰렛, 슬롯머신을 운영할 바를 하나 구입해 사업을 확장했고, 마침내 버지니아가에서 하라스 클럽을 운영하기에 이르렀다(이것이 바로 하라스 카지노의 전신이다).

하라는 영업장 운영의 세부사항에 대한 관심과 지칠 줄 모르는 고객 응대 서비스로 유명했다. 꺼진 전구가 한 개라도 있으면 직원에게 그에 대한 즉각적인 설명을 요구했다는 이야기는 그가 관리자들로 하여금 손님들에게 항상 최고의 이미지를 보여줄 수 있도록 노력하게 만든 방식을 보여주는 전형적인 일화다. 리노의 하라 영업장(1955년부터는 하라스 리노Harrah's Reno)에서 일한다는 것은, 그 직원들이 하라의 방식으로 철두철미하게 교육받았음을 의미하는 것이었다. 사실상 라스베이거스에서 상술을 배운 사람이 하라의 밑에서 일하려고 하면 다른 곳을 알아보라는 말을 듣기 일쑤였다. 관리자들은 구직자들이 조잡하게 설렁설렁 일하는 나쁜 버릇만 배워왔다며 불만을 토로하곤 했다.

하라의 철학은 아주 간단했다. 그 철학이란, 중산층 도박자에게 편안하고 즐거운 환경을 제공하고, 나머지는 하우스 어드밴티지가 알아서 해결하

빌 하라는 일관된 고객 중심 도박 서비스를 제공한 선구자였다. 1959년에 찍힌 이 사진은 오늘날
하라스 리노의 당시 내부 전경을 보여준다.

도록 두는 것이었다. 그는 최초로 버스 마케팅 프로그램을 시행한 사람 중
한 명으로, 샌프란시스코에서 그가 영업장을 운영하던 타호까지 그레이하
운드로 손님들을 실어왔다. 또, 그는 손님을 끌기 위해 일류 연예인을 영입
했다. 하라는 극도로 내성적인 사람이었기 때문에, 자신만큼이나 부끄러움
을 많이 타는 유명인이나, 좋아하던 클래식 자동차에 대한 이야기를 나눌
수 있는 '자동차 애호가'들 외에는 별로 대화를 나누려 하지 않았다. 바깥
세상에 대한 자기의 무관심에도(그는 카지노 바깥으로 나가는 일도 거의 없었
다), 하라는 모든 이용자에게 한결같이 만족스러운 경험을 가져다줌으로써
카지노 업계에서 규모의 경제 개념을 도입했다.

　해럴즈 클럽과 하라스 클럽이 성별에 관계없이 모든 일반 고객을 상대로
호객 행위를 했다면, 그와 반대로 과거 유럽의 화려한 카지노를 상기시키

는 리노의 클럽들도 있었다. 1931년 개장한 도빌Deauville이라는 카지노는 부유한 사람들을 상대하는 세계에서 가장 고급스러운 카지노라는 이미지를 내세웠다. 그러나 간접비 지출을 감당할 수 없었던 이 카지노는 2년 만에 문을 닫고 말았다. 하지만 그 빈자리를 채우겠다고 뛰어드는 다른 사업자들은 또 있었다 ─ 클럽 포춘은 1937년 개장했는데, 그중에서 가장 성공적인 클럽이었다. 클럽 포춘은 카지노, 나이트클럽, 식당이 혼합된 형태의 도박장이었는데, 운영주들은 이곳이 도시에서 제일가는 '궁전 같은 게임장 겸 식당'이라고 대대적으로 홍보했다. 오늘날의 눈으로 보면 이동식 카트에 탱고 승자를 뽑기 위해 야구공을 던져 넣는 모습이 그렇게 고급스럽게 보이지 않을 수 있지만, 당시 클럽은 정말로 선도적인 유명한 나이트클럽이었다. 탱고 살롱뿐 아니라 클럽 포춘에는 카펫이 깔린 게임룸도 있었는데, 그곳에서는 네바다에서 가장 표준적인 게임이 된 21, 크랩스, 룰렛 세 가지 게임을 할 수 있었다. 비록 나중에 이러한 정책을 계속 이어 나갔던 이들은 네바다주 남부의 운영자들이었지만, 클럽 포춘은 리노의 고급스러운 나이트클럽으로 해럴즈나 하라 대신 이용할 수 있는 곳이라고 광고되었다.[21]

리노 주민들은 확률 게임을 하러 큰 도박장에 갈 필요가 없었다. 주점이나 호텔에 딸린 식당, 볼링장, 담배 가게, 호텔 로비, 약국에 이르기까지 사실상 모든 공공장소에 슬롯머신이 있었다. 1931년 슬롯이 합법화되고 얼마 지나지 않아, 피글리 위글리 슈퍼마켓 네 곳에서 슬롯머신을 설치하면서 네바다주의 새로운 전통이 시작되었다. 편의점이나 슈퍼마켓에서의 슬롯머신은 오늘날에도 네바다주의 다소 독특한 풍경으로 남아 있다.[22] 음료수 판매점과 같은 터무니없는 공간에서는 점점 사라졌지만, 여전히 많은 시설에 슬롯머신이 남아 있었으며, 여러 곳에 슬롯머신을 배치하고 이를 관리하는 슬롯머신 관리자 집단이 증가하기 시작했다.

제2차 세계대전이 가까워지자 리노시 위원회는 카지노 구역이 된 시 중부에 한계선을 정하고, 그 한계선 바깥으로는 도박장 면허 교부를 거부했다(다만 최소 100개 이상의 객실을 보유한 '호화로운' 호텔은 예외였다).[23] 이러한 결정은 여전히 도박에 반대하는 리노의 시민들, 더 이상 경쟁자가 늘어나지 않을 것으로 생각하는 기존의 도박장 이해관계자들, 자신들의 사업장을 수익에 눈이 먼 신생 카지노에 넘겨주지 않아도 된다고 안심하는 사업장 소유주들에게는 기쁜 소식이었다. 비록 이 한계선은 나중에 없어졌지만, 1940년대부터 1950년대 리노의 잘나가던 카지노 사업의 발달 속도를 늦추는 데 결정적인 역할을 했을 것이다.

네바다주의 다른 지역에도 다양한 도박장이 존재했다. 타호호의 남쪽과 북쪽 호안에는 캘리포니아주와 네바다주의 경계를 오가는 여행객들을 상대로 한 클럽들이 생겨나기 시작했다. 이곳의 도박장은 대부분 겨울철에만 문을 열었는데, 눈이 많이 오는 겨울이면 스키를 타러 오는 사람이 많았기 때문이다. 다년간 가장 유명했던 클럽은 캘네바 로지Cal-Neva Lodge라는 곳으로, 1920년대부터 두 주의 경계를 오가는 편법을 써가며 영업했다.[24] 네바다주 당국에서 단속을 나오면 도박 기기들을 캘리포니아 쪽으로 옮기고, 캘리포니아 경찰이 단속을 나오면 다시 네바다주 관할지로 옮겨다 놓는 식이었다. 그래도 이 클럽은 악명 높은 매케이와 그레이엄의 동업자가 운영하고 있었기 때문에, 단속의 대상이 되는 일이 그렇게 잦지 않았다. 1930년대에 이 클럽은 다양한 손님에게 인기가 많았는데, 이브닝드레스를 차려입고 온 사교계 인사에서부터 부유한 단골손님, 베이비 페이스 넬슨이나 프리티 보이 플로이드와 같은 지독한 건달들도 주요 고객이었다. 로지는 1937년 5월에 화재로 전소되었지만, 재빨리 재건되어 그해 7월에 재개장했다. 1960년대 클럽 일부를 소유하고 있던 프랭크 시나트라가 조직폭력배

샘 지앙카나를 접대했다는 혐의로 클럽 지분과 네바다주 도박장 운영 면허를 모두 포기해야 했던 일도 있었다.

그 외에도 주로 많은 사람이 이용하는 고속도로나 주 경계 인근의 작은 지역사회에도 몇몇 도박장이 존재했다. 그러한 도박장은 리노 클럽과 같은 화려함은 없었지만, 다른 방식을 통해 더 큰 형제 도시들을 제치고 앞서 나가기도 했다. 엘리 지역에 있는 도박 클럽들은 리노보다 더 강도 높은 경쟁에 시달렸고, 작은 마을까지 도박장이 없는 곳이 없었다. 네바다주 동북부의 주요 도시였던 엘코에는 여러 바와 클럽, 호텔 중에서도 제일가는 자랑거리인 커머셜 호텔이 존재했다.[25] 엘코 지역의 도박장 운영자들은 지리적 위치나 작은 규모에 좌절하지 않고 나름대로 마을을 홍보할 방법을 강구했다. 1941년, 커머셜 호텔 관리인인 뉴턴 크럼리 주니어는 인기 밴드의 리더 테드 루이스와 계약해 호텔의 새로운 공연장에서의 공연을 성사시켰다. 미국 역사상 가장 처음으로 대스타가 카지노에서 공연한 사건이었다. 루이스 이후에도 레이 노블, 치코 막스, 폴 화이트먼, 소피 터커와 같은 스타들의 공연이 줄줄이 이어졌다. 크럼리는 네바다 게임 문화에서 새로운 유행을 만들어냈다. 이후 수십 년 동안 카지노 엔터테인먼트는 수백만 달러의 사업으로 발전해갔다.

이처럼 작은 마을의 도박장에는 사업가적 기질을 가진 진취적인 운영주들과 열성적인 손님들도 있었지만, 얼마 지나지 않아 네바다의 남쪽 끝자락에서 비춰오는 화려한 네온사인 불빛의 그늘에 가려지고 말았다. 라스베이거스도 처음에는 예링턴, 피오시, 유리카, 위너무카와 같이 잘 알려지지 않은 무명의 도시였지만, 엄청나게 성장하여 결국에는 무적의 리노를 대체하고 네바다주의 도박 중심지가 되었다. 도박 합법화 이후 50년 만에, 이 작은 마을이 세계적인 프리미엄 도박 휴양지로 거듭난 것이다.

라스베이거스의 서막

훗날 "세계 최고의 도박과 엔터테인먼트의 도시"로 불리게 된 라스베이거스의 시작은 그다지 순조롭지 못했다. 솔트레이크, 로스앤젤레스, 샌피드로 철도의 1905년 토지 경매로부터 시작된 이 마을은 한 세대가 지난 뒤에도 여전히 뉴멕시코주에 있는 동명의 마을 라스베이거스와 혼동되었다. 1920년대부터 라스베이거스는 급성장했지만, 1930년까지도 주민은 여전히 5000명 정도밖에 되지 않았다. 도박이 탈범죄화되었던 1931년 라스베이거스 주민들은 지역 개발에 대한 기대로 들떴지만, 도박 사업과 관련해서는 아니었다. 주민들이 기대하고 있었던 것은 연방 정부가 추진하는 콜로라도 강의 후버댐 건설이었다. 댐 건설은 연방 정부의 자금을 유입시키고, 이전에는 생기 없는 기차역에 불과했던 지역을 조금이나마 알릴 수 있는 계기가 되었다. 그러나 라스베이거스에서는 후버댐보다 더 큰 도박의 댐이 거의 터지기 일보 직전이었다. 15년이 채 지나기도 전에 이 지역은 도박 합법화로 인해 남쪽의 대규모 토목 사업보다 훨씬 광범위한 변화를 경험했기 때문이다.

리노와 마찬가지로 라스베이거스에서도 도박은 그렇게 낯선 풍경이 아니었다. 마을에서 처음 세운 종합 계획에 따르면, 악명 높은 16번 블록(스튜어트와 오그던 사이에 있는 첫 번째와 두 번째 거리)은 살롱과 사창가가 자유롭게 운영될 수 있는 홍등가로 지정되어 있었다. 본래 마을의 주요 간선도로였던 프리몬트가(이 길은 철도 차고지 끝에서부터 동부로 뻗어나갔다)에는 1909년 도박 금지 이후에도 금지된 게임을 할 수 있었던 합법 카드룸이 산재했다.

네바다주가 도박을 합법화했을 때, 시티와 카운티는 면허를 발급할 수 있는 당국의 권한을 분할했고, 분할된 권한은 상호 배타적이었다. 만약 라스베이거스시에 도박장이 설립된다면 해당 업체 소유주는 시 위원회에 속한 다섯 명의 위원에게 가야 했지만, 시 외곽에 있는 곳이라면 3인으로 구성된 카운티 위원회로 청원했다.[26] 이러한 구분은 이후 클라크 카운티 게임의 역사에 매우 큰 영향을 미치게 된다.

시 위원회는 도박이 합법화된 지 일주일도 채 되지 않았을 때 재빠르게 대응했다. 위원회는 가장 먼저 1931년 3월 25일에 프리몬트가에 있는 여러 잠재성 있는 클럽에 대해 논의했다. 2주 후 위원회는 네 건의 면허를 발부했고, 그렇게 합법적 도박이 현실화되었다. 이러한 빠른 결정은 오늘날 면허 교부 과정의 엄중하고 지난한 과정과는 사뭇 달랐다. 당시에는 위원들이 면허를 검토하면서, 반대하는 사람이 없고 제대로 서류만 갖추어져 있는 것 같으면 즉시 면허를 발부했다. 사업장 관련자들의 배경을 조사하는 일도 없었고, 환경 조사 진술서도 없었으며, 사업 자금에 대한 심사도 없었다.

첫 번째 면허는 시내에 있는 일련의 클럽에 발부되었다. 프리몬트가 118번지의 볼더 클럽, 프리몬트가 23번지(당시는 현재 23번지의 건너편이었다)의 라스베이거스 클럽, 사우스퍼스트가 123번지의 익스체인지 클럽, 프리몬트가 15번지의 노던 클럽 등의 클럽이 여기에 속했다. 이런 클럽들에 면허를 발부한 뒤, 위원회는 도박 특별지구를 설립하기 전까지는 다른 어떤 시설에도 면허를 주지 않기로 결정했다. 그러나 그러한 결정은 결코 준수되지 못했다. 한 달 안에 위원회는 두 개의 면허를 더 발부했고, 일부 클럽, 식당, 소매점에서의 슬롯머신 운영도 허용했다. 예컨대 과자점이었던 베이거스 스위트 숍은 6월 29일에 무려 열일곱 대의 슬롯머신을 설치했다(두 번째로 많이 설치했던 볼더 약국보다 두 배나 더 많았다). 도박 가능 연령이 21세 이상이었던 것을 고려하면 도대체 사탕 가게에 왜 그렇게 많은 슬롯머신이 있었는지 모를 일이다. 이듬해 위원회는 12건 이상의 면허를 발부했다.

라스베이거스의 클럽들은 리노의 클럽과 비슷한 방식으로 운영되었다.

클럽은 대부분 소수의 동업자가 소유했고, 한 명의 영업장 관리자를 두었으며, 공동 자금을 출자한 뒤 나중에 발생하는 수익을 나눠 가졌다. 이러한 방식은 전국의 불법 카지노에서 오랫동안 있어온 관행이었다. 소유주의 배경은 다양했다. 일부는 악한 일에 몸담았던 경우도 있었지만, 모두가 그런 것은 아니었다. 예컨대 라스베이거스 클럽의 소유주 중에서도 핵심 인물이었던 J. 켈 하우셀스는 과거에 숙련된 탄광 기술자였는데, 나중에 금속공학보다는 도박이 훨씬 수익이 높다는 것을 깨달았다. 그는 카드룸으로 라스베이거스 클럽을 시작했고, 이후 시내에 있는 몇몇 카지노와 경주마 농장, 스트립 트로피카나Strip's Tropicana 운영까지 사업 영역을 확장했다. 나중에는 그의 아들 J. 켈 하우셀스 주니어까지 사업에 뛰어들었다.[27]

초기 클럽에서 여성도 핵심적인 역할을 했는데, 라스베이거스에서 교부한 첫 네 건의 면허를 받은 사람 중 한 명도 여자였다. 메임 스토커는 관리인 조 모건과 함께 노던 클럽의 면허를 받았다. 그녀의 남편과 아들은 모두 철도회사에서 근무했는데, 당시 철도회사 직원은 클럽 소유가 금지되어 있었음에도 클럽에 일정 정도의 이해관계가 있었다. 처음에 노던 클럽은 합법 카드룸이었는데, 2년 만에 완전한 도박장으로 변모해 클럽 운영권이 다른 이에게 넘어갔다. 라스베이거스 도박 산업 발생기에 활약했던 여성은 또 있었다. 토머스 로언의 아내도 레인보 클럽의 공동 소유주였고, 남편이 사망한 뒤 동업자들의 지분까지 사들여 몇 년 동안 운영주의 자리를 유지했다. 조 모건은 나중에 실버 클럽을 개장했는데, 당시 시에서는 사실상 초기에 여성 딜러를 금지했음에도, 카드 게임이나 룰렛 게임을 운영할 수 있었던 유능한 아내 헬렌과 함께 클럽을 운영했다.[28]

여성들의 등장은 도박 산업에 있어서 여성들의 개입이 증가하는 추세가 반영된 결과였다. 비록 라스베이거스의 클럽들은 처음에는 여성 고객을 유치하기 위한 특별한 노력을 하지 않았지만, 결국은 관심을 기울일 수밖에 없었다. 1930년대 말, 클럽들은 무도장이나 엔터테인먼트 시설을 더욱 보강하면서 여성들을 맞아들이기 위해 적극적으로 노력했다. 몇몇 클럽에서는 아예 '여성 환영'이라는 문구를 내걸기도 했다. 그러나 여전히 편견은 남아 있었다. 리노의 클럽에서는 여성 딜러를 다수 고용했고 1940년대에는 그것이 일상적인 일이 되었지만, 라스베이거스에서는 여전히 여성 딜러 채용을 거부하는 곳이 많았고, 여성에게 허락된 직군은 비어 있는 게임 테이블에서 자리를 채우고 앉아 최소한의 베팅을 수행하는 바람잡이 역할이나, 웨이트리스, 잔돈 교환원, 객실 청소부, 공연 단원 정도였다.

초기 시내의 도박장은 사실상 획일적인 모습을 하고 있었다. 안에는 술을 마실 수 있는 바가 있고, 게임 테이블 몇 대(보통 21게임이나 크랩스 게임이었고, 개중에 파로나 룰렛이 섞여 있기도 했다)와 슬롯머신 몇 대가 놓여 있었으며, 간혹 가다 빙고 게임을 할 수 있는 '탱고 더비Tango Derby'라는 공간이 있는 곳도 있었다. 메임 스토커가 1931년 키노 게임을 운영하기 위한 면허를 신청했지만 시는 이를 거부했는데, 이듬해 시를 상대로 고발을 한 뒤에야 면허를 받을 수 있었다. 결론 없는 논쟁이 지루하게 이어진 끝에, 시는 경마 키노에 대해서는 계속해서 면허 교부를 거부했지만, 키노 게임은 허용한다는 결정을 내렸다. 곧이어 일련의 클럽에서 백 개 이상의 좌석을 갖춘 키노 게임장을 선보이기 시작했다.29

라스베이거스 클럽에서는 처음부터 "어서 오세요, 누구든지 환영합니다"라는 광고 문구를 내걸었지만, 리노의 도박장과 마찬가지로 아프리카계 미국인의 출입은 종종 금지되었다. 짐 크로Jim Crow법(짐 크로법은 공공시설에서 백인과 그 외 인종을 분리하는 법을 말한다—옮긴이)이 처음에는 그렇게 절대적인 것은 아니었다. 1931년 4월, 시 위원회에서는 면허에 제한이 있기는 하겠지만 "같은 인종 사람들에게만 배타적으로 게임이나 게임 장소를 제공하는 에티오피아인"의 신청서를 받아들일 것이라고 언급했던 것이다. 위원회는 스튜어트가에 있는 한 클럽과 몇몇 흑인이 소유한 사업장에 정말로 그러한 면허를 발부해주었다. 이후 10년 동안 라스베이거스에서 인종 분리 정책은 더욱 엄격해졌고, 흑인을 주요 고객으로 하는 클럽들이 웨스트사이드에 생겨나기 시작했다(비록 흑인이 주요 대상이었지만, 그들은 자신들을 차별했던 백인과 달리 백인이 방문한다고 해도 아무런 편견 없이 그들을 받아들였다). 이러한 클럽 중 일부는 흑인이, 일부는 백인이 소유했다. 앨러뱀, 할렘 클럽, 브라운 클럽, 코튼 클럽과 같은 클럽들은 비공식적이었지만 잔인하게 잔존했던 분리 정책이 무너진 1961년까지, 도박을 하고 싶은 흑인 방문객이나 주민들을 위한 공간을 제공했다.[30]

일부 클럽에서는 이 '바람직하지 않은 요소'를 제거해야 할 필요성에 대해 목소리를 높였지만, 그들은 정작 자신들의 목전에 닥칠 진짜 위험에 대해서는 무지했다. 그 위험이란 바로 1940년대 라스베이거스에 유입된 조직 범죄단의 존재였다. 주류 밀매업자나 캘리포니아를 포함한 동부 도시들의 조직적 도박단은 네바다주의 도박 합법화에 처음에는 별 관심이 없었다. 그들은 이미 기존에 그들이 하던 사업으로 돈을 벌어들이고 있었기 때문에, 비교적 판이 작았던 네바다의 사업에 투자할 이유가 없었던 것이다. 하지만 일련의 사건들로 인해 상황이 바뀌었다. 1933년 금주법이 폐지되면서 수많은 조직 범죄단은 주력 사업을 주류 밀매업에서 불법 도박으로 전환했고, 이것은 도박업계가 새로운 국면에 접어들었음을 의미했다. 1930년대 중반부터 후반까지 캘리포니아 당국에서는 불법 도박을 집중적으로 단속했고, 이 때문에 많은 불법 도박 운영자가 네바다주로 옮겨갔다. 이 무리에는 윌리엄 하라, 레이먼드 스미스와 같은 상대적으로 깨끗한 사람도 있었지만,

조직 범죄단에 연루된 이들이나 이미 전과가 있는 범죄자들도 있었다.

이들의 본격적인 유입은 네바다 의회가 불법 경마 도박장을 합법화하는 법을 통과시킨 1941년부터 시작되었다.[31] 그들은 이 시설을 레이스 북race book이라고 불렀다. 아무도 암흑가 보스들이 경기를 전하는 전신 사업을 장악하는 데 이의를 제기할 수 없었고, 그들의 독점은 불법 경마 도박장을 활성화시켰을 뿐 아니라, 범죄자들이 네바다주에서 딛고 일어설 발판이 되었다. 경마 도박장이 합법화되기 이전부터도 불법 경마 도박장이 처벌받는 일은 드물었는데, 이는 역사적으로 그렇게 이상한 일도 아니었다. 앞서 언급한 것처럼, 그레이엄과 매케이만 해도 네바다주 북부에서 클럽을 운영하는 데 전신 사업을 이용하기도 했다. 그러나 당시 전국적으로 비난받았던 도박에 대한 네바다주 당국의 공공연한 묵인은 더욱 악명 높은 범죄자들이 약탈의 기회를 노릴 빌미를 제공했다.

전신 사업의 통제권을 놓고 벌어진 경쟁은 걷잡을 수 없이 치달았다. 몬트레네스가 은퇴하고 모지스 애넌버그가 네이션와이드 뉴스 서비스 산하로 경기 정보 사업을 통합시켰다. 이로써 경주 전신 사업은 전례 없이 엄청난 수익을 내는 사업이 되었다. 그의 독점 체제 아래서 전국적으로 1만 5000명의 직원이 종사했으며, 연간 수익은 200만 달러에 달하는 것으로 추정되었다. 연방 정부가 그를 상대로 벌인 맹렬한 법정 공방 끝에 결국 그는 소득세 탈세 혐의로 징역형을 받았으며, 1939년에 회사를 매각하게 되었다. 이 고수익 사업을 가운데 두고 콘티넨털 프레스 서비스와 트랜스아메리칸 퍼블리싱이 쟁탈전을 벌였다. 그중 트랜스아메리칸의 로스앤젤레스 지사 대표인 벤저민 '버그시' 시겔은(그는 소위 살인 주식회사Murder, Inc.라고 불리던 조직 범죄단의 일원으로 알려져 있었다) 애리조나와 네바다로 위세를 확장시키고 싶어했다. 얼마 지나지 않아 그는 시내의 몇몇 경마 도박장 지

볼더 클럽에서 도박하는 사람들. 1930년대부터 1940년대까지 프리몬트가 도박장의 전형적인 모습을 보여준다. 초기 라스베이거스 클럽에서는 크랩스, 룰렛, 블랙잭, 슬롯머신 게임을 할 수 있었고, 간혹 파로 같은 오래된 게임을 제공하는 곳도 있었다.

분을 사들였고, 조직원들과 그들만의 카지노를 건설하거나 매입하고자 하는 계획을 세웠다.

　네온사인이 넘쳐나는 라스베이거스에서 부를 축적하고자 했던 범법자는 시걸뿐만이 아니었다. 가이 맥에이피라는 사람도 공직자로서 저지른 부정행위 혐의를 덮어두고, 자신이 대항하던 사업에 전념하기 위해 로스앤젤레스 경찰청 범죄 수사팀 지휘관 직을 그만두었다(그는 당시 경찰로서 범죄에 대한 전쟁을 지휘하고 있었음에도 불법 카지노를 여러 곳이나 소유하고 있었다). 1930년대 말 로스앤젤레스의 불법 도박장에 대한 대대적인 수사가 진행되면서, 맥에이피는 라스베이거스 근처에 상점을 하나 냈는데, 당시에는 거의 버림받다시피 했던 로스앤젤레스 고속도로 중간에 있는 가로변 술집과 같은 클럽 91 건물을 사들여 만든 것이었다. 그와 동료들은 이후 1939년에 시내에 있는 프런티어 클럽을 매입하면서 도시에서 가장 영향력 있는 도박장 운영자로 화려하게 데뷔했다. 맥에이피는 이후에도 여러 도박장의 지분을 사들였고, 마침내 1946년 이후 가장 혁신적인 카지노 개발자 스티브 윈의 경력에 지대한 영향을 미칠 골든 너깃Golden Nugget을 개장했다.

로스앤젤레스의 지하세계에서 한 발 더 앞서 라스베이거스로 향했던 '전문가'가 있었으니, 그의 이름은 안토니오 코르네로 스트랄라였다. 토니 코르레노라는 이름으로 더 잘 알려진 그는 금주법 시대에 주류 밀매업에 종사했지만, 사업 다각화를 추구했던 다른 이들과 마찬가지로 1930년대 남부 캘리포니아 연안에서 카지노 선박을 운영했다. 1931년 그는 네바다주에서 합법적인 도박 사업에 뛰어들었고, 라스베이거스에서 아주 조금 벗어난 경계 지역에 메도스Meadows라는 첫 '도박 리조트'를 개장했다. 이 클럽은 공식적으로는 토니의 형제 루이스와 프랭크의 명의로 되어 있었지만(코르네로는 중범죄 전과로 인한 자격 미달로 도박장을 직접 소유할 수 없었다), 그곳은 토니의 작품이었다. 프리몬트가에서 볼더 고속도로로 넘어가는 경계선을 살짝 벗어난 곳에 위치한 이 리조트는 카지노, 카바레, 나이트클럽을 갖추고 있었으며, 서남부를 통틀어 필적할 곳이 없는 가장 멋진 장소로 설계되었다. 메도스는 대대적인 광고와 함께 개장했지만, 코르네로는 곧 메도스에 대한 관심이 식어버렸고, 일련의 운영자들에게 부지를 임대했다. 리조트는 1937년 완전히 폐장할 때까지 고전을 면치 못했다. 코르네로는 캘리포니아 당국이 그의 카지노 선박 S. S. 렉스S. S. Rex의 운영을 중지하라고 강제한 이후 1945년에 라스베이거스로 돌아왔다. 그는 1932년에 우아한 3층짜리 건물과 바를 갖춘 어패치 호텔 1층에서 선박과 같은 이름으로 도박장을 운영했다. 이곳은 비니언스 카지노Binion's casino의 일부로 오늘날까지 운영되고 있다.[32]

리노, 라스베이거스, 네바다주의 작은 마을에 있는 클럽의 주요 고객은 심각한 수준으로 도박에 빠진 도박꾼들이었다. 그들은 벌어들인 수익의 일부를 카운티 회계국에 납부했으나, 그때까지만 해도 그 돈이 네바다주의 일반적인 경제력의 근간으로 간주되지는 않았다. 코르네로의 메도스처럼 더욱 화려한 리조트를 개장하려는 시도가 이어지긴 했지만 그러한 시도들은 단기간에 실패로 끝났다. 그러나 제2차 세계대전이 발발하고—그리고 전쟁으로 인해 미국인들의 삶의 방식과 문화가 잇따라 획기적으로 변화함에 따라—일반적인 가벼운 수준의 도박자와 여가를 보내려는 여행자들에게 특화된 도박 리조트가 생겨나면서 라스베이거스밸리의 정경도 변화했다. 이러한 호텔들은 유럽식 스파 리조트에서 받은 영감을 토대로 했지만, 또 한편으로 네바다주 북부와 남부에서 그동안 운영되었던 도박 클럽으로부터 물려받은 유산도 계승하고 있었다.

10장

태양의 도시

라스베이거스 스트립의 탄생

라스베이거스의 시작, 엘란초 베이거스 호텔

1930년대, 미국에서 네바다주 라스베이거스만큼 소란스러운 곳도 없었다. 1930년대 초 완공된 후버댐은 관광 필수 코스가 되어 사람들을 끌어들였다. 1930년대 말 전운이 가득 뒤덮일 즈음 이 지역은 더 시끌벅적해졌다. 근처에 마그네슘 공장과 공군 포병 학교가 들어서면서 사람들이 일자리를 찾아 몰려들어 인구가 급증한 것이다. 그러나 미국이 제2차 세계대전에 본격적으로 참전하기도 전에, 도박과 관련해 라스베이거스의 풍경은 이미 역동적으로 변화하고 있었다.

당시에는 도박장이 또 하나 생겼다고 무심히 생각했겠지만, 1941년 4월 3일 엘란초 베이거스El Rancho Vegas의 개장은, 오래되고 연기 자욱한 다운타운 도박장과는 차원이 다른, 교외의 고급스러운 신상 리조트가 들어선 라스베이거스 스트립 탄생의 서막이었다. 엘란초 베이거스는 로스앤젤레스 하이웨이(하이웨이 91로도 알려져 있다)에서 문을 열었는데, 이 고속도로는 라스베이거스에서 비스듬하게 뻗어 나와 로스앤젤레스 서남부까지 48킬로미터 가까이 구불구불하게 이어지는, 제대로 포장되지도 않은 2차선 도로였다. 엘란초 베이거스가 들어서기 전까지 이곳에는 몇몇 가로변 술집과 나이트클럽이 있었다. 1930년에 개장했던 프랭크 테트라와 앤절라 데트라의 페어어다이스Pair-a-Dice 클럽은 나중에 클럽 91로 바뀌었고, 레드 루스터

Red Rooster라는 클럽은 여러 번 운영자가 바뀌었다. 볼더 하이웨이(볼더시와 후버댐을 연결하는 길이었다)에도 1930년대 다양한 술집들이 있었다. 이 거친 술집을 찾는 사람은 대부분 댐에서 일하는 노동자였는데 공사가 끝나자 손님은 급격하게 줄어들었다. 아마도 캘리포니아보다 애리조나에서 차를 몰고 라스베이거스를 방문하는 사람이 많았더라면, 볼더 하이웨이 개발이 로스앤젤레스 하이웨이 개발을 대체했을 것이고, 앞서 언급되었던 토니 코르네로의 메도스는 엘란초 베이거스보다 먼저 이러한 리조트를 개척했던 선구자로 기억되었을 것이다.

엘란초 베이거스는 시내에 정말로 괜찮은 리조트 호텔을 유치하려고 했던 지역 유지들이 다년간 노력한 결과였다. 엘란초 호텔의 작은 체인점을 소유하고 있던 토머스 헐도 호텔을 하나 지었는데, 그가 선택한 입지는 시내에서 약 5킬로미터 정도 떨어져 살짝 외곽에 있는 하이웨이 91에 위치한 땅이었다. 현재 사하라 애비뉴인, 당시 샌프란시스코가를 그가 선택했던 이유는 로스앤젤레스 관광객들을 유치하기 위함이었다. 헐이 지은 복합단지는 호텔 네바다/살 사게브Sal Sagev(현 골든게이트 호텔의 과거 두 이름이다. Sal Sagev는 각 어절의 철자를 거꾸로 하면 Las Vegas다—옮긴이)나 어패치와 같은 기존의 호텔과는 사뭇 달랐다. 기존의 호텔은 2~3층에 많은 객실을 몰아넣고, 1층은 바나 카지노로 만든 일률적인 도시적 디자인이었다. 그러나 헐은 가운데서 바깥으로 뻗어 나가는 것과 같은 모양으로 하나의 단지를 만들었다. 66개의 방은 중심부에 위치한 하나의 빌딩을 둘러싸고 각각의 단층 객실로 분리되어 있었고, 가운데 건물에는 카지노, 레스토랑, 극장식 식당이 있었다. 이것이 바로 도박뿐 아니라 다른 여러 즐길거리를 동시에 제공하는, 일상과 분리된 성채와 같은 휴양지의 탄생이었다.[1]

엘란초 베이거스 방문객은 잠깐 위스키를 마시거나 주사위를 굴리기 위

라스베이거스 하이웨이 91에 지어진 첫 번째 카지노 엘란초 베이거스는 종합 휴양 시설 설계의 선구자였고 이후 라스베이거스 스트립에 들어서는 카지노의 전형이 되었다.

해 방문하는 사람들이 아니었다. 엘란초는 투숙객이 원하는 것이라면 무엇이든 즉시 충족될 수 있는 포괄적 서비스를 제공하는 리조트로 홍보되었다. 손님들은 낮에는 느긋하게 수영장 옆에서 일광욕을 즐기거나, 사우나를 하러 또는 마사지를 받으러 가고 밤에는 맛있는 식사와 최고의 공연을 저렴한 가격에 즐겼다. 물론, 공연이 끝나면 그 손님들이 도박하러 가서 돈을 많이 잃어주기에, 카지노의 수익은 음식과 음료, 공연 제공 비용을 충당하고도 남았다. 엘란초 베이거스는 라스베이거스의 척 왜건Chuck Wagon 뷔페의 전통이 시작된 곳이다(처음에는 차갑게 식혀 얇게 저민 고기를 제공하는 정도였지만 나중에는 미식가들이 찾을 만한 음식을 두루 갖춘 형태로 진화했다). 엘란초 베이거스에 비해 시내의 전통적 도박장들은 불법적인 곳이든 합법적인 곳이든 간에 모두 형편없이 지저분한 곳으로 간주되었고, 세련되게 정비된 휴양 리조트로서의 카지노라는 새로운 개념은 도박에 대한 미국인의 태도를 극적으로 바꾸어놓았다.

헐의 리조트는 즉각 경쟁 상대를 만났다. 이후 1941년에는 지역의 동업자가 다른 도박장과 기차역에서 오른쪽으로 몇 블록 더 떨어진 이스트 프리몬트가 600번지에 엘코르테즈를 개장했다. 엘란초 베이거스와 마찬가지로 엘코르테즈에도 레스토랑이 있었고, 이곳은 대규모 공연장은 없었지만 각종 칵테일을 즐길 수 있는 곳으로 유명해졌다. 90개의 객실을 갖춘 이 호텔은 지역 내에서도 꽤 큰 규모의 사업장이었다. 또 다른 리조트, 네바다 빌트모어의 시도는 실패로 돌아갔다. 1942년, 기차역 북쪽으로 여섯 블록 떨어진 곳에서 개장한 네바다 빌트모어는 메도스와 같이 시작은 성대했으나 결국 하향세를 면치 못했다. 빌트모어 근처에는 다른 어떤 카지노나 호텔도 들어서지 않았고, 결국 1949년 폐장했다.[2]

라스트 프런티어와 그 후

빌트모어가 실패한 이래 사람들은 1950년대까지 시내에 대형 리조트를 건설하려는 시도조차 하지 않았다. 1950년대는 이미 로스앤젤레스 하이웨이를 따라 지어진 리조트들이 관광 경제의 중심을 남부로 옮겨놓은 뒤였다. 1942년부터 벌써 엘란초 베이거스의 사업이 엄청난 규모로 번창하고 있었기 때문에, 앞으로의 지역 경제는 로스앤젤레스 하이웨이 지역에 있음이 분명해지고 있었다. 그해 엘란초 베이거스에 이웃해 호텔이 하나 더 생겼다. 그곳은 R. E. 그리피스가 가이 맥에이피로부터 구매한 클럽 91 부지에 건설해 10월 30일에 개장한 호텔 라스트 프런티어였다. 그리피스와 그의 조카 빌 무어가 설립한 이곳은 엘란초 베이거스와 비슷한 '고급형'

카지노 리조트였지만(그리피스 가문은 서남부에 여러 영화관과 호텔을 소유하고 있었다), 한 가지 독창적인 점이 있었다. 호텔 라스트 프런티어는 라스베이거스에서 처음으로 등장한, 특정 시대의 분위기로 기획된 테마형 리조트였다.[3]

이전까지 도박장에는 바와 게임 테이블 몇 대가 놓여 있었을 뿐 특별한 테마랄 게 없었다. 엘란초 베이거스도 미국 서부의 분위기로 장식되긴 했지만 실내 장식에 그렇게 적극적인 편은 아니었고, 카우보이모자 몇 개를 벽에다 걸어놓는 정도였다. 이에 비해 라스트 프런티어는 완전히 다른 창조물이었다. 무어의 말에 따르면 호텔 건축가는 오래된 나무로 만든 천장에서부터 사암으로 만든 테라스까지, 옛 서부 분위기를 그대로 재현할 수 있도록 의도적으로 호텔을 설계했다. 무어는 기존의 클럽 91을 카릴로 룸 라운지로 바꾸었고(서부영화 배우 리오 카릴로의 이름을 딴 것이었다), 구식 애리조나 클럽풍의 바—즉, 1900년대 초 16번 블록에 있던 선구적인 살롱을 연상시키는 바—에 게이 나인티스 바의 주요 장식을 설치했다. 그러나 이것만으로는 진정한 서부 분위기를 연출하지 못한다고 생각했던 무어는 바 의자를 안장 모양으로 만들었다. 사람들은 그곳에 들어서면 자신이 옛 서부로 돌아갔다고 생각하지 않을 수 없었다.

리조트는 일반적인 설비(카지노, 바, 공연장식 식당, 객실, 수영장)를 갖추고 있었지만, 무어는 뭔가 부족하다고 느꼈다. 1947년 그는 라스트 프런티어 빌리지에 옛 서부에서나 볼 수 있었던 특유의 약국, 잡화점, 학교, 감옥, 도박장(실버 슬리퍼라는 이름의 이 도박장은 1951년 빌리지 내 별도의 카지노로 개장하게 된다) 등을 추가하고, 도박자이자 서부 개척 시대 골동품 수집가, 라스베이거스의 명물인 로버트 '도비 독' 코딜의 유물을 더해 정말로 '진짜 같은 가짜'를 만들어냈다.

무어가 만들어낸 테마형 카지노는 시대를 지나치게 앞서간 나머지 오히려 무어를 역사의 뒤안길로 보내버리고 말았다. 1930년대부터 1940년대까지, 라스베이거스는 '최신식 화려함 속의 옛 서부'라는 표어를 사용하며 그곳이야말로 서부의 '최전선'(호텔 이름 라스트 프런티어의 의미를 활용한 마케팅이었다 — 옮긴이)이라고 홍보했다. 무어는 그런 이름에 걸맞은 리조트를 탄생시켰지만, 새롭게 생겨나는 리조트들은 카우보이의 올가미보다는 현대적 화려함을 추구했으며, 라스베이거스를 찾는 방문객들도 옛 서부를 다시 체험하기보다는 고급스러운 분위기에서 일광욕을 즐기며 휴가를 보내고 싶어 했다. 1955년, 라스트 프런티어는 초현대적인 뉴 프런티어에 자리를 내주었고, 빌리지는 결국 폐장했다. 다만 한때 빌리지의 일부를 차지했던 서부식 작은 교회는 스트립의 남쪽으로 이전되었으며, 오늘날까지도 결혼식장으로 활용되고 있다.

플러밍고 호텔 카지노의 비화

제2차 세계대전이 종전되고, 드디어 수문이 열렸다. 라스베이거스에서 조금 벗어난 곳에 있는 리조트에서 휴가를 보내려는 관광객이 지역으로 쏟아져 들어오기 시작했고, 개발업자들은 이 수익성 좋은 시장에 허둥지둥 발을 들여놓기 시작했다. 당시 화려하게 문을 열었던 카지노 플러밍고는 설립자로 알려진 벤 시걸 때문에 유명했다. 어떤 사람들은 시걸이 불모지에서 무한한 가능성을 발견했고, 도시에서 처음으로 카지노라고 할 만한 카지노를 건설해서 성공적으로 운영했다고 평가하기도 한다. 그러나 플러밍고가 개장했을 당시 이미 로스앤젤레스 하이웨이에는 건실히 운영되던 카지노 리조트가 두 곳이나 있었으며, 플러밍고 리조트에 관한 아이디어가

몰염치하고 무자비한 조직폭력배인 시걸로부터 나온 것도 아니었다. 그것은 당시 이미 시로스Ciro's와 라루스LaRue's를 포함한 로스앤젤레스의 나이트클럽 여러 곳을 소유하고 있던, 『할리우드 리포터』지의 발행인이자 전국 방방곡곡을 여행하며 가식적인 친절함으로 유명했던 빌리 윌커슨의 생각이었다. 윌커슨은 천재적인 인물이었지만, 동시에 비극적인 운명을 타고난 인물이기도 했다. 그는 출판과 관련해 능력이 뛰어났고 홍보 분야에서도 지칠 줄 모르고 매진하는 사람이었지만, 그의 말을 빌려 표현하자면 안타깝게도 "형편없는 병적인 도박자"였다. 20세기 폭스 사의 공동 창업자인 조 셍크와 같은 친구들의 말에 솔깃한 윌커슨은 도박 문제를 개선하기 위해 스스로 카지노를 세우기로 결심했고, 결국 호텔 라스트 프런티어 남부의 조그만 땅에 플러밍고 클럽 건설에 착수했다.

그러나 심각한 도박 문제를 가지고 있는 사람이라면 으레 그렇듯이, 윌커슨도 곧 돈이 떨어졌다. 사업을 마무리 짓기 위해 그는 '동부 투자가들'이라는 집단으로부터 긴급 자금을 끌어왔는데, 바로 그 집단에 시걸이 소속되어 있었다. 시걸은 라스베이거스에 별로 관심도 없었고 실제로 카지노를 운영해본 적도, 설립해본 경험도 없었지만, 의사결정 과정에 자신을 포함해 달라고 요구했다. 시걸은 처음에는 윌커슨의 의견에 대부분 따라주었지만, 시간이 갈수록 그를 견디기가 어려워졌고 나중에는 그에게 완전히 질려버렸다. 결국 사업이 마무리되어갈 때쯤, 시걸은 윌커슨에게 최후통첩을 날렸다. 가지고 있는 카지노 지분을 넘기라고, 그러지 않으면 영원히 고통받을 것이라고. 시걸의 악명을 익히 알고 있었던 윌커슨은 서둘러 공항으로 도망쳐 처음에는 뉴욕으로, 그다음에는 파리로 떠나버렸고, 호텔 조지 파이브라는 곳에 필명으로 투숙했다. 그렇게 먼 곳에서도 여전히 겁에 질려 있던 윌커슨은 이후 몇 주 동안 밖에서 조그만 발소리라도 나면 잔뜩 위축되어 긴장의 끈을 놓지 못하고 신문이나 읽으며 시간을 보냈다.

반면 시걸은 라스베이거스에서 사업에 관한 통제권을 완전히 장악했다. 그는 윌커슨이 1947년 3월 1일로 예정했던 개장 일자를 1946년 12월 26일로 앞당겼다. 아직 호텔은 손님을 맞이할 준비를 마치지 못했지만, 투자에 대한 수익을 빨리 회수하고 싶었던 시걸은 서둘러 카지노를 개장하고 그저 잘되리라고 막연하게 기대했다. 그 와중에도 그는 변덕을 부려 12월 28일 토요일로 개장 일자를 변경하고, 사람들에게 개장 행사를 알리는 공식 초대장을 보냈다. 그러다 다시 마음을 바꾸어 원래 예정일인 26일로 하자고 고집하며, 이번에는 손님들에게 전화로 변경 일자를 알리라고 명령했다. 이렇게 혼란스러운 과정을 거치고 개장 당일, 영업은 완전히 망해버렸다. 행사에 참여한 사람들은 변변찮은 할리우드 B급 인사들뿐이었고, 날씨도 좋지 않았던 데다 시기도 적절치 않았으며, 시걸의 좋지 않은 평판으로 로스앤젤레스의 유명 인사 대부분이 얼굴을 비추지 않았다. 시걸의 세련된 코즈모폴리턴적인 리조트를 조롱하려는 심보로, 지역 사람들은 옛 서부 카우보이모자에 부츠를 신고 카지노에 찾아왔다. 그들은 카지노에서 돈을 땄지만, 막상 호텔에 머물 수 있는 방이 준비되어 있지 않아 근처의 엘란초 베이거스나 라스트 프런티어로 향했고, 플러밍고 호텔에서 소비했어야 할 딴 돈은 그렇게 주변 다른 카지노의 게임 테이블로 흘러 들어갔다. 결국 한 달도 채 되지 못해 카지노 자금 손실을 막지 못한 시걸은 플러밍고의 문을 닫을 수밖에 없었다.

플러밍고에 투자했던 수천만 달러의 돈을 복구하는 것보다 목숨을 부지하는 것이 더욱 중요했던 윌커슨은 남아 있던 플러밍고 지분을 헐값에 모두 팔아버렸다. 그는 한때 토니 코르네로의 차였던 방탄 캐딜락을 타고 할리우드로 돌아왔다. 그러나 아직 그곳은 위험하다는 이야기를 들은 윌커슨은 허겁지겁 파리로 돌아가 낮은 자세로 폭풍우가 지나가기를 기다렸다. 하지만 정작 살날이 얼마 남지 않았던 것은 시걸이었다. 1947년 6월 20일, 정부 버지니아 힐과 거실에 앉아 있던 그는 총살당했다. 사람들 사이에 전해지는 이야기에 따르면 총격이 끝나자마자 '신디케이트'의 이해관계를 대변하는 모 시드웨이와 거스 그린바움이 성큼성큼 플러밍고로 걸어 들어와 통제권을 장악했다고 한다.

시걸이 왜 죽임을 당했는지, 누가 그를 죽였는지는 끝내 밝혀지지 않았고, 그의 죽음을 둘러싼 여러 가설만 무성하게 난립했다. 같은 시기에 몇몇 도시에서는 경마 전신 사업의 통제권을 두고 거의 전쟁에 가까운 경합이 진행되고 있었는데, 당시에는 시걸의 죽음이 그것과 관련되어 있을 것이라는 설이 가장 유력했다. 또 다른 한편에서는 시걸이 멕시코 헤로인 밀반입에 개입했는데, 그 일이 잘못되어 죽임을 당했다는 이야기도 나왔다. 라스베이거스가 한창 성장한 이후에는 그가 플러밍고 건설 비용을 떼어먹어서 동업자들이 처단한 것이라는 이야기가 설득력을 얻었다. 실제 시걸은 사업에 대한 비전도 없는 무능력한 카지노 운영자였음에도, 시간이 지나면서 라스베이거스의 신비스러운 대부로 추앙받게 되었다.

하지만 플러밍고 이야기는 결국 성공으로 끝난다. 시걸의 포악한 성질과 부실한 관리가 사라지자, 플러밍고는 아름다운 리조트로 다시 태어났으며, 1950년대까지 라스베이거스 스트립의 명물로 남았다. 그러나 1973년 연방 법원에서 플러밍고 운영주들이 조직폭력배 주요 인사 마이어 랜스키의 공동 소유권을 은폐하고 비밀리에 그에게 카지노 수익금을 빼돌리고 있었다는 사실이 드러났다. 결국 힐턴 호텔이 부지를 사들여 3500개의 객실과 여섯 채의 거대한 건물로 이전의 모습과는 전혀 다르게 수리했다. 플러밍고 호텔의 창시자 윌커슨은 사람들의 기억에서 잊혔지만, 우리의 할리우드 인사는 결국 내적인 평화를 찾았다. 1951년 아들이 태어나면서 그는 앞으로 절대 도박에 손대지 않겠다고 맹세했고, 크게 걱정할 일 없이 여생을 행복하게 지냈다.[4]

메이필드 로드부터 모하비까지

그토록 화려했던 플러밍고도 몇 년 뒤 더욱 호화로운 리조트에 뒤처지게 되는데, 플러밍고를 제치고 우뚝 선 리조트는 바로 진정한 선구자라고 할 법한 카지노 디저트 인Desert Inn이었다. 디저트 인의 설립자 윌버 클라크는 주변 사람에게 상냥한 도박장 운영자였는데, 그는 새러토가에서 샌디에이고에 이르기까지 여러 불법 카지노에서 일한 경력이 있었다. 위대한 삶을 꿈꾸었으나, 캘리포니아의 도박에 대한 억압에 심기가 불편했던 클라크는 라스베이거스로 이주했다. 그곳에서 그는 로스앤젤레스 하이웨이에 위치한 자그마한 플레이어 클럽을 포함해 여러 클럽 도박장을 매입했다. 1945년, 그는 이전에 노던 클럽이 있던 자리에 몬테카를로 클럽을 열었고, 엘란초 베이거스의 지분 대부분을 사들였다. 마침내 1946년, 그는 두 클럽을 모두 팔아버리고 로스앤젤레스 하이웨이에 고급 리조트 건설을 시작했다.

클라크의 계획은 원대했다. 그러나 곧 자금이 바닥나고 말았다. 사업 진행의 중반부 즈음에 이르렀던 1949년, 그는 자금을 구하려고 백방으로 뛰었지만 기존 은행에서는 대출을 거부했고, 결국 모 달리츠를 대표로 하는 클리블랜드 사업가 및 도박장 운영주 집단에 손을 내밀었다. 클리블랜드 메이필드 로드 갱에서 출발했던 이 집단에는 루비 콜로드, 모리스 클레인먼, 샘 터커도 소속되어 있었다. 이 집단에 소속된 사람들은 모두 주류 밀매업이나 불법 도박장 운영으로 먹고살았고, 지하세계 범죄조직과 연결되어 있다는 소문이 자자했다. 그들은 130만 달러를 빌려주는 대신, 카지노 지분의 74퍼센트를 챙겼다. 무법천지의 금주법 시대를 보냈던 달리츠 신디케이트의 회원들은 미국 동부에서 그들이 얻지 못했던 한 가지, 존중받고자 하는 욕망을 서부인 라스베이거스에서 충족하고자 했다.5

1950년 드디어 카지노가 개장했을 당시, 카지노 입구에 달린 차양 위에서는 클라크의 이름이 눈부시게 빛났지만, 실질적으로는 모 달리츠가 모든 통제권을 장악하고 있었다. 연예계 유명 인사들은 공연장 페인티드 디저트에서 우아한 자태를 선보였고, 도박자들은 카지노를 가득 메웠다. 300개의 객실, 호화로운 카지노, 3층의 스카이룸 라운지로 리조트는 단숨에 유명해졌다. 클라크는 붙임성 있는 카지노 운영주로 제격이었을 뿐만 아니라, 디저트 인을 넘어서 라스베이거스의 호의적인 대사관으로서의 상징성을 갖게 되었다. 디저트 인이 첫발을 내딛는 동안, 달리츠 및 그의 부하들, 그중에서도 특히 성격이 예리했고 대학 교육을 받아 떠오르는 유망주였던 앨러드 로언은 라스베이거스를 한 층 더 격상시킬 계획을 하고 있었다. 그들은 라스베이거스를 도박의 도시라는 이름을 넘어서 미국의 선도적인 휴양 리조트 단지로 바꾸고 싶어했다. 1952년 스트립에서 최초로 디저트 인에 18홀 골프 코스가 추가되면서, 이제까지 없었던 새로운 부유층 고객이 라스베이거스로 모여들기 시작했다. 골프 코스 주변에 컨트리클럽 숙소인 디저트 인 에스테이츠 건설은 스트립 내 주거 생활을 위한 초기 시도였다. 디저트 인은 몇 년 후 세계적으로 유명해질 하나의 긴 거리를 개발하는 길을 밝혔다.

디저트 인은 네바다주의 합법적 카지노와 조직적 범죄가 복잡하게 연결되어 있다는 점을 증명하는 데 있어서도 플러밍고를 넘어섰다. 이미 당시만 해도 도박과 마피아가 서로 관련되어 함께 발달한 지 한 세기나 지났을 정도로 오래되었다. 불법 도박 신디케이트는 심각한 불법 도박이 처음으로 문

1950년대 초 디저트 인의 정경. 사진에서 보이는 것처럼, 라스베이거스 스트립의 카지노 리조트는 사람들이 느긋한 휴가를 보내는 과정에서 도박을 즐길 수 있도록 되어 있었다. 이전 시대에 도시에서 운영되던 지저분하고 질 떨어지는 불법 도박장과는 판이한 모습이었다.

제가 되었던 1850년대 최초로 등장했고, 당시 그들을 진압하는 것이 경찰의 주요 임무였다.

이른바 도금 시대에, 도시들은 더욱 커지고 더 부유해졌으며, 도박도 함께 번창했다. 존 모리시, 패트릭 헌, 루번 파슨스와 같은 사람들은, 비록 부정하게 손에 넣은 돈을 파로 게임이나 주식시장에 허비해버리긴 했지만, 도박장을 운영하면서 벌어들인 수익으로 엄청난 부와 권력을 갖게 되었다. 마찬가지로 도박장을 소유하는 법인 형태의 조직이 도박 시장에서 지배력을 공고히 했다. 신디케이트 회원들은 마을이나 여러 도시에 걸쳐 다수의 불법 도박장 지분을 나눠 가졌다. 주주 중 일부는 관리자로 일하기도 했지만, 같은 조직 내에서도 고위층에 속하는 이들은 경찰이나 사법계 주요 인사들과의 인맥을 담보로 자본금만 투자하는 식이었다. 이러한 신디케이트에 소속되지 못한 이들은 경찰의 표적이 되었다. 경찰은 이들을 급습해 잡아들임으로써 두 집단을 만족시킬 수 있다는 점을 간파했다. 한쪽은 '악'이 근절되어야 한다고 고상한 척하며 주장하는 대중이었고, 다른 한쪽은 경쟁자를 기꺼이 늑대들의 입에 던져줌으로써 자신들의 영업장은 순조롭게 운영하고자 하는 도박 신디케이트 집단이었다. 고전적인 '주류 밀매업자와 침례교도들bootleggers and baptists'(경제학자 브루스 얀들이 주창한 개념으로, 어떠한 규제의 명시적 목적을 지향하는 집단이나 규제의 목적을 훼손하는 행위로써 이득을 보는 집단 모두 규제를 지지한다는 의미다. 즉 술의 폐해를 근절하자는 도덕적 명분을 내세우는 침례교도들도 규제를 지지하지만, 주류가 규제됨으로써 밀매업으로 큰돈을 벌 수 있는 주류 밀매업자들도, 비록 주류 밀매업으로 규제의 본래 목적을 방해하기는 하지만, 마찬가지로 규제에 찬성한다—옮긴이) 연합은 반도박주의 선동가와 부유한 도박계 거물들 양측 모두의 욕구를 충족시켰다.

도박 신디케이트는 엄청난 수익, 그리고 지하세계 범죄조직과의 긴밀한 관계를 유지한 덕분에 정치적으로도 막강한 힘을 갖게 됐다. 하지만 그들은 곧 변화의 흐름을 맞이하게 된다. 19세기 말부터 20세기 초까지 이어진 개혁주의 시대는 미국에서 합법 도박의 위세가 가장 저조했던 시기였다— 1912년에는 켄터키와 메릴랜드의 경마 베팅 이외에는 모든 도박이 불법이었다. 경주 전신 베팅 사업을 둘러싼 과열된 경쟁은 때로 몇몇 도시에서 살인과 폭력으로까지 이어졌다. 곧이어 또 다른 규제를 위한 법안이 실시되면서 상황은 더 악화되었다. 즉, 미국 금주법은 주류 밀매업이라는 새로운 종류의 신디케이트 범죄를 만들어냈고, 이들은 이후 도박업계까지 장악하게 되었다. 거칠고 험난한 세상에서 기회를 잡았던 사람들은 대부분 1895년에서 1905년에 태어난 이들이었다. 조직범죄를 연구하는 역사가 마크 핼러가 주장한 것처럼, "부유하고 야망에 가득 찬 풋내기들"은 주류 밀매업계로 치고 들어가며 구시대 도박 신디케이트를 중심으로 한 권력 구조를 순식간에 전복시켰다. 프랭크 코스텔로, 러키 루차노, 더치 슐츠와 같은 이들이 그중에서도 정말로 악명 높은 사람들이었다.6

1933년 금주법이 폐지된 후, 기존의 주류 밀매업자 중 일부는 여전히 불법의 영역에 남거나 '합법적인' 길로 들어선 반면, 어떤 이들은 또 다른 형태의 조직범죄(매춘, 고리대금업, 마약 유통, 사업장에 노동조합을 만들겠다고 사업주를 협박해 돈을 뜯어내는 갈취단)로 흘러 들어갔다. 그러나 이들 중 많은 이가 불법 카지노, 경주 및 스포츠 베팅, 복권 등의 도박으로 모여들었다. 이들에게 있어서 도박은 이상적인 선택이었다. 여전히 불법적인 행위였음에도 불구하고 수요가 많았으며, 사회적으로 용인되었기 때문이다. 도박과 관련된 일은 확실히 마약이나 매춘과 같은 일들에 비하면 낙인도 덜했고, 노동조합을 이용한 범죄에 연루되는 일이나 고리대금업에 비하면 덜 지저분했다. 범죄 수익으로 잘 먹고 잘살기를 원하는 사람에게 도박만큼 적격인 게 없었다. 그들은 불법 경마 베팅pool room, 스포츠 베팅, 마권업, 슬롯머신, 불법 카지노 등 많은 불법 도박 사업을 발달시켰다.

그러나 1940년대부터 시작해 1950년대에 이르기까지 불법 도박에 대한 적대감은 점점 더 증가했는데, 이는 부분적으로 도박과 관련해 경쟁 관계에 있는 범죄 집단들 사이에 벌어지는 폭력 사건 때문이었다. 이러한 사건들을 조사했던 언론, 그리고 악의 근절을 내세운 공권력은 조직범죄단과 관련된 퍼즐 조각을 하나씩 맞춰가면서, 이들이 더 이상 무해한 도박 사업가 집단이 아니라는 것, 즉 그들이 조직범죄와 관련된 바람직하지 않은 다른 일에도 자금을 대고 있다는 것을 깨달았다. 많은 '도박계 보스'는 공격적으로 나오는 새로운 검사들과 대배심을 직면하고는 더 나은 환경으로 나가야만 한다는 결심을 굳혔다. 이러한 맥락에서 1950년대 네바다 사막의 떠오르는 리조트 도시는 그들에게 그야말로 훌륭한 돌파구를 제시해주었던 것이다.

만약 당신이 1957년에 새로운 리조트를 건설할 계획을 세웠다고 가정해보자. 악명 높은 조직 범죄단의 일원이 와서 당신에게 건설비용의 상당 부분을 투자하겠다고 제의했다. 이들에게 "좋습니다"라고 대답할 수밖에 없는 이유는 무엇인가?

크게 세 가지다. 재정, 마케팅, 추심 문제. 이 세 가지 요인으로 인해 마피아와 '제휴'하여 운영되는 카지노가 '깨끗한' 카지노보다 분명한 이점이 있었다.

특히 당시 네바다주는 재능과 자본의 유입을 필요로 하고 있었다. 기존의 주류 금융업계에서는 본질적으로 위험 부담이 높은 사업에 투자하기를 꺼렸다. 관광업은 그 본성상 상업 및 주거용 부동산보다 불안정한 투자 대상이었기 때문이다. 은행, 연금 기금, 보험 회사에서는 호텔에는 그나마 가끔 투자했지만, 카지노에는 선을 그었다. 1950년대 중반에 카지노를 하나 건설하려면 그 비용이 적게는 200만 달러에서 많게는 1000만 달러까지 들었다. 기존의 일개 불법 도박장을 운영하던 사람 중 그 정도의 큰돈을 가지고 있었던 사람은 별로 없었다. 그래서 그들은 새로운 물주를 찾을 수밖에 없었다. 그들의 오랜 '동부' 친구들은, 여전히 몸담고 있던 '부정한 돈벌이'로부터 나오는, 불법적이면서 세금을 내지 않아도 되는, 가용할 만한 자금을 보유하고 있었던 것이다.

라스베이거스의 잠재적 가능성을 누구보다 잘 알고 있었던 데다 당장 가용할 수 있는 큰돈을 소지하고 있던 마피아들은 금전적 투자에 매우 적극적이었다. 기존에 운영되던 불법 도박장만큼 도박장 운영의 실제를 배우기에 좋은 곳도 없었기에, 그들은 충분한 훈련을 거친 사람들이기도 했다. 때문에 초기에 주 정부 관리들은 과거에 화려한 전적을 가진 사람은 어쩔 수 없이 함부로 건드리지 못했다. 이들이 공공연하게 매우 심각한 범죄와 관련이 되어 있다면 모를까, 과거에 도박과 관련된 범죄를 저질러 기소당했거나 실제로 형을 선고받았다고 해서 이 분야에서 거절당하는 경우는 없었다.

1950년대는 네바다주 게임통제위원회가 막 설립되었던 시기였고, 당시에는 어떤 문제와 관련해 공적으로 광범위하게 조사를 진행할 만한 능력은 없었다. 공식적 투자자들이나 자금이 겉으로 보기에 문제가 없는 것 같으면, 조사관들은 더 깊이 조사하려고 들지 않았다. 따라서 그중에는 꽤 악명 높은 사람들도 있었지만, 그럼에도 조직범죄단의 인사들은 은밀히 수많은 스트립 카지노의 투자자가 될 수 있었다. 그중에는 1967년 커크 커코리언이 매입할 때까지 플러밍고 지분의 상당 부분을 차지했던 마이어 랜스키가 가장 유명하다. 하지만 그 이외에도 수많은 조직범죄단 출신이 이와 비슷하게 카지노에 자금을 투자했다.

이 유력한 협력자들에게 '배당금'을 쥐여주기 위해, 카지노 관리자들은 매우 용의주도하고 체계적으로 소득을 은폐했다. 이 탈세자들은 체계적으로 카지노 수입을 축소해 보고하고 그렇게 해서 남긴 초과분을 조직범죄로 전용함으로써, 게임 소득세를 탈취해 조직범죄가 악화하는 데 일조했다. 이들의 탈세 규모가 정확히 얼마나 되는지는 알려진 바 없지만, 사람들의 이야기에 따르면 평균적으로 전체 소득의 5~15퍼센트 정도는 제대로 보고되지 않았으며, 그중 일부는 직원들에게 돌아가고, 대부분은 알 수 없는 곳으로 흘러 들어갔다. 100퍼센트 아무것도 얻지 못하든지, 아니면 번창하는 사업을 운영하면서 85퍼센트만 챙기는 두 가지 안 중에서 합리적인 선택은 당연히 후자였다. 이러한 정세는 상대적으로 마피아가 카지노에 자금을 투자하기에 유리했다.

어떤 사람이 카지노를 짓기에 충분한 돈을 가지고 있다고 하더라도, 그는 카지노에 방문할 손님들을 고려하지 않을 수 없었다. 당시만 해도 카지노 마케팅 방식이 지금처럼 발전되지 않았다. 전국을 단위로 하는 인쇄 광고업계에서는 연방법 또는 특정 지역의 도박 금지법에 저촉될까 두려워, 유독 도박만큼은 광고로 실어주지 않았다. 그렇다고 카지노에서 그곳을 찾아줄 만한 손님 목록을 보유하고 있었던 것도 아니어서 우편물을 보낼 수도 없었기에, 잠재적 고객층과 접점을 찾을 수도 없었다. 이 시기에 도박 사업에서 이익을 낸다는 건 도박장에서 많이 잃어주는 손님들이 있어야 가능했다. 이러한 상황에서 라스베이거스는 광고도 없이 어떻게 큰손들을 불러모을 것인가?

가장 완벽한 대답은 바로 정킷junket의 활용이었다. 카지노는 말하자면 마케팅을 외부에 위탁했다. 즉, 제3의 조직이 다른 지역을 여행하면서 '손큰 도박자'를 데려오도록 한 것이다. 정킷 관리자는 적절한 손님을 찾아서 신용을 확인한 뒤 카지노로 모시고 오는 역할을 했다.

표면적으로는 이러한 방식이 정킷을 필요로 하는 카지노와 정킷 사이의 공평한 관계인 것처럼 보였지만, 한 가지 문제가 있었다. 지역에서 그러한 도박자의 존재를 가장 잘 알고 있는 사람이 누구겠는가? 그들은 바로 기존에 불법 도박장을 운영해왔던 사람들이다. 정킷으로 일하는 이들의 상당수는 해당 지역의 기존 마피아 보스들과 어떤 식으로든 사업상 관계를 맺고 있는 사람들이었다. 조직범죄단이 직접 관심을 두지 않은 카지노라고 하더라도, 카지노 입장에서는 뭔가 미심쩍은 사람을 배후에 두고 있는 듯한 사람을 정킷으로 두고 일할 수밖에 없었던 것이다. 이러한 점을 보아도 역시 마피아가 개입하는 데 이점이 있었다.

마지막으로, 도박과 마피아가 연결될 수밖에 없었던 추심 문제는 일정 부분 법률적인 문제에서 기인했다. 여기에서 법률은 1710년 앤 여왕법 Statute of Anne에 의해 성문화된 영국 관습법 중 일부를 말한다. 이 법률에 따르면 내기 행위로 발생한 부채는 합법적으로 회수될 수 없었다. 따라서 누군가 도박하다가 빚을 졌다고 하더라도, 채권자는 그 돈을 받아내기 위해 소송을 제기할 수 없었다.

이러한 법은 도박이 불법이었을 때는 전혀 문제가 아니었다. 본질적으로 도박 부채라는 것 자체가 법적으로 성립되지 않았던 것이다. 그러나 네바다주가 도박을 '완전히 공개적으로'(1869년과 1931년에) 합법화한 뒤에도, 여전히 주 정부는 도박 부채를 회수하도록 법적으로 허용하지 않았다. 따라서 도박자가 약속을 지키지 않는다고 하더라도 돈을 빌려준 카지노 측에서는 딱히 손쓸 방법이 없었다. 앞으로는 그 사람과 신용 거래를 하지 않겠다고 할 수는 있어도, 당장 회수하지 못한 돈을 법정에서 되찾을 수는 없었던 것이다.

만약 어떤 사람이 '깨끗한' 카지노와 '마피아' 카지노 두 곳에서 선금을 받아 게임했다고 가정하자. 두 곳 모두에서 각각 10만 달러씩 빚을 졌는데, 그 사람의 수중에는 딱 10만 달러가 있다. 두 카지노 모두 그 10만 달러를 합법적으로 가져올 방법은 없지만, 법을 준수하는 카지노보다는 좀더 험악한 '친구들'이 있는 카지노에서 위협적인 설득으로 부채를 상환받을 가능성이 높은 것이다. 그야말로 마피아가 끼어들기에 적절한 분야가 아니겠는가?

새로운 손님을 찾아 나선 스트립 카지노

디저트 인 골프 코스가 개장했을 당시, 로스앤젤레스 하이웨이는 도시간 물자를 전달하는 수단을 넘어서, 그 자체로 관광 명소가 되었다. 고속도로라는 의미의 하이웨이라는 이름은 더 이상 주변 경관을 볼 때 적절하지 않은 듯한 느낌을 주었고, 1950년대 초 지역의 부흥을 위해 노력했던 사람들은 이와 관련해 여러 대안을 내놓기도 했다. 본래 이 도로의 공식 명칭인 하이웨이 91이라는 이름은 '로스앤젤레스 하이웨이'보다 덜 매력적이라고 여겨졌다. 사람들은 사막의 어두운 하늘을 비추는 네온사인이 가득한 점을 들어 '그레이트 화이트 웨이Great White Way'나 '게이 화이트 웨이Gay White Way'라는 이름을 제안하기도 했다. 로스앤젤레스에 대한 향수를 느꼈던 것인지, 가이 맥에이피는 1940년대 중반에 장난삼아 자신의 클럽 91과 시내 사이에 있는 텅 빈 기다란 길을, 유명한 선셋 스트립Sunset Strip의 이름을 따서, 스트립이라고 부르기 시작했다. 이후 그 이름은 계속해서 사람들의 입에 오르내렸다. 리조트와 리조트에서 내건 밝은 불빛이 한때 황량했던 길을 가득 메워 나가는 과정에서, 사람들은 그것이 원래 한 남자의 입에서 나온 농담이었다는 사실도 잊어버렸다. 1952년 '라스베이거스 스트립'은 공공연하게 그 지역을 이르는 말로 수용되었다. 1959년 1월 1일 하이웨이 91이 공식적으로 라스베이거스 불러바드로 변경되었을 때, 로스앤젤레스 하이웨이에서 라스베이거스 스트립으로의 변신이 완성되었다.

스트립의 풍경은 지속적으로 변화했다. 수십 년 동안 카지노업자들이 남들보다 더 크고, 더 화려하고, 더 돈을 많이 들인 카지노를 지으려고 경쟁했기 때문이었다. 가장 큰 이목을 끌기 위해 더 웅장한 수영장을 지으려는 경쟁도 이어졌다. 라스베이거스 스트립은 약간의 도박만 감수한다면 일반적인 휴양객들도 식도락과 충분한 일광욕, 최소한의 비용으로 공연을 즐기며 최고의 여가를 보낼 수 있는 여행지로 유명해졌다. 옛 서부에 대한 향수와 함께, 도박은 모든 미국인이 즐길 수 있는 가볍고 즐거운 행위가 되었으며, 이러한 도박 행위는 과거에 악당들이 이끌어가는 사기도박의 이미지와는 완전히 상반되는 것이었다.

새롭게 사람들의 기호를 충족시켰던 게임은 1955년, 새로운 리조트들이 들어설 때부터 이미 분명히 그 모습을 드러내고 있었다. 1955년 4월 19일, 로열 네바다가 문을 열었고, 바로 이튿날 리비에라가 개장했다. 로열 네바다는 처음부터 재정난을 겪었으며, 몇 년 뒤 폐장하는 과정에서도 극적으로 세간의 이목을 끌었다. 즉, 속임수에 연루되어 있다고 기소되었고, 1958년에 영구적으로 문을 닫은 것이다. 스트립에서 최초로 9층짜리 고층 건물을 세우며 등장한 리비에라도 문을 열자마자 재정난에 빠져들었지만(리비에라는 개장 행사로 초청한 리버라치에게 어마어마한 돈을 지불했다) 곧 난관을 극복했고, 플러밍고 소유주 집단이 인수한 뒤 스트립에서 가장 오래 견딘 부지가 되었다. 스트립에 과도하게 사업장이 몰려들 것이라는 두려움에도 불구하고 리조트는 계속해서 새로 들어섰고, 기존의 라스트 프런티어 부지에 초현대적인 테마로 꾸민 뉴 프런티어도 문을 열었다. 둔스는 플러밍고 근처의 사막에 자리를 잡았는데, 건물 자체는 보잘것없었지만 험악한 자태로 손님들을 유혹하는 거대한 술탄 모형으로 장식되어 있었다. 둔스는 오래 가지 못하고 망해버렸고, 곧이어 샌즈의 관리자들이 둔스를 인수했는데, 이후 성장하는 스트립의 기반을 구성하는 부지 중 하나가 되었다.

리비에라와 둔스는 결과적으로 존속되었던 반면, 1955년 진정 획기적인 정책을 취했던 한 리조트는 살아남지 못했다. 라스베이거스에서 뿌리 깊게 자리 잡았던 관습이 하나 있었는데, 스트립 리조트에서는 아프리카계 미국인들을 손님으로 받아들이지 않았으며, 취업에 있어서도 아주 낮은 임금을 받는 일부 직종만 허용되었다(따라서 이곳이 '모두'를 위한 놀이터라는 스트립의 홍보 문구는 거짓이었다고 할 수 있다. 불행히도 이러한 현상은 당시 인종 분

1955년에 개장한 둔스는 당시 스트립에 있었던 전형적인 리조트의 모습을 보여준다. 입구에 세워진, 거대함을 자랑하는 지니의 존재가 아주 독창적이었다.

리주의가 만연하던 미국에서 일상적인 일이었다). 당시 스트립의 공연장을 가득 채웠던 흑인 슈퍼스타들조차 호텔에서 숙박하지 못했고, 공공 구역에서 물러나라는 등의 냉랭한 대접을 받곤 했다. 새미 데이비스 주니어나 레나 혼과 같은 이들이 이러한 모욕에 대항하는 시도를 한 적은 있었지만, 백인 손님들이 그런 차별 대우를 원한다는 믿음에는 변함이 없었고, 모든 스트립 리조트는 흑인 손님을 거부했다.

이러한 상황에서, 물랭루주Moulin Rouge는 라스베이거스의 인종차별이라는 장벽을 넘어서고자 했다. 1955년 웨스트보난자로드(스트립과 시내에서 멀리 떨어진 곳이었다)에 개장한 물랭루주의 소유주는 일군의 백인이었는데(다만 흑인 권투 선수 조 루이스도 명목적으로 지분을 가지고 있었고 주인 노릇을 하긴 했다), 통합을 상징했던 단어인 '코즈모폴리턴'을 사용하여 리조트를 홍보했다. 총체적 서비스를 제공하는 스트립 스타일의 이 리조트는 순식간에 유명 관광지로 부상했으며, 스트립에서 공연을 마친 예술인들은 인종에 관계없이 숙박을 위해 물랭루주를 찾아왔다. 그러나 그렇게 인기 있었음에도 운영비를 충당하지 못한 물랭루주는 1년도 되지 않아 문을 닫았고, 이후 일시적으로 재개장하기는 했지만 다시는 라스베이거스의 주요 관광지가 될 수 없었다. 물랭루주가 위와 같은 정책으로 인기를 끌었음에도 스트립의 리조트들은 기존의 분리주의를 고수했고, 전국적으로 인종 간 통합이 분명하게 법적으로 보장되기 시작했던 1960년에 이르러서야 이러한 현상이 사라지기 시작했다. 고작 몇 년의 차이로 물랭루주는 더욱 빛을 발할 수 있었을 기회를 잃어버리고 말았다.

1955년에 실질적으로 네바다 사람들을 불안하게 만들었던 것은 재정적 난관—그리고 카지노를 둘러싸고 벌어지는 조직범죄에 대한 통제 가능성—이었다. 1952년 상업적 도박은 광업과 농업을 퇴색시키고 네바다에서 가장 큰 재정적 수입을 창출하는 재원이 되었다. 카지노 임직원들뿐만 아니라 주 전체의 복지가 카지노 운영에 달려 있었던 것이다.[7] 만약 이 산업이 사람들로부터 신뢰를 잃거나, 연방이 도박을 금지하는 규제 정책을 펴기 시작하면(이 점이 1950년대 사람들의 심각한 걱정거리였다), 이제껏 누려왔던 모든 것이 사라지는 것이었다. 이미 1945년부터 주 입법부에서는 처음으로 게임 운영 수익에 직접적인 추가 부담금을 세금으로 부과하는 법을 통과시킴으로써(주에서 게임으로 벌어들인 총금액의 1퍼센트를 받는다는 내용이었다), 게임 확산의 중요성을 알리는 신호탄을 발사했다. 이 새로운 세금을 징수하는 책임을 맡은 주체는 지역 보안관이 아닌 주의 세금위원회였다.[8]

네바다주가 당면한 어려움은 두 가지였다. 첫 번째는 게임 산업의 재정적 여력을 공고히 만드는 것이었고, 두 번째는 게임 산업을 깨끗하고 공정한 이미지로 홍보하는 것이었다. 1955년 의회는 세금위원회의 분과로 게임 통제위원회를 설치했는데, 그 역할은 "네바다주의 바람직하지 않은 게임을 근절"하고 카지노 면허 관련 업무 및 운영을 감독하는 것이었다. 이 새로운 위원회는 주지사가 임명한 세 명의 상근 직원과 감사관, 조사관, 사무직원 으로 구성되었다. 의회에서는 위원회 운영비 충당을 위해 면허비를 대폭 인 상했는데, 이들의 구체적 업무는 면허 신청자들을 조사하고, 카지노 운영 이 산업 규제에 부합하도록 하며, 그 밖에 주의 명성을 알리는 일 등이었다. 1959년 의회는 게임통제위원회를 세금위원회로부터 분리시켰다. 게임위원 회Gaming Commission라는 새로운 기구(주지사가 임명한 다섯 명의 위원으로 구 성되어, 게임 산업을 관리하는 규제책을 폈다)의 보호 아래, 통제위원회는 면허 를 발행하거나 취소하고, 게임 규제를 위반하는 곳에는 벌금이나 불이익을 부과하며, 주에서 모든 게임료를 징수했다. 통제위원회는 네바다주의 조사 및 감사용 무기로 활용되었다.9

더욱 강력한 규제 관리 기구가 설립되면서, 카지노 산업은 훨씬 더 견고 한 정치적 기반을 갖게 됐다. 그러나 1955년의 위기가 정말로 영구히 존속 되었다면, 더 이상의 발전은 없었을 것이다. 당시 지역의 모텔, 호텔, 리조트 객실의 수가 만 개가 채 되지 않았는데도, 반대론자들은 라스베이거스에 지나치게 많은 시설이 있다고 통탄했다. 어떤 면에서는 그들이 옳았다. 리 조트 사업은 당시 휴양업계 내에서 거의 포화 상태였다. 호텔은 주말에 손 님으로 가득 찼지만, 주중에는 깜짝 놀랄 정도로 손님이 없었다. 이제 성장 은 교착 상태에 달한 듯 보였다.

그러나 카지노 운영자들은 스트립이 그저 주말에만 붐비는 유흥지를 넘어설 수 있다는 판단 아래 다른 종류의 여행객을 끌어모으기 위해 협 력했다. 그들의 표적은 바로 컨벤션에 참가하는 사람들이었다. 경제 성장과 함께 증가하기 시작한 전문가 회의 및 일반인들의 친목 모임을 유치하기 위해, 1950년대 말부터 리조트에는 새로운 시설이 들어서기 시작했다. 1959년에는 라스베이거스 컨벤션 센터가 개장했다. 객실료에 대한 세금으로 지불한 채권 발행액이 이와 같은 카지노 협력 작업의 재원이었다. 당시에는 비어 있었던 파라다이스로드에 컨벤션 센터가 위치했는데, 그 위치 선정 자체가 곧 기존의 다운타운으로부터의 전환을 보여주는 마지막 증거였다. 그 지역에서 방문객들에게 가장 인기 있었던 라스베이거스 컨벤션 센터는 라스베이거스 내에 위치한 것도 아니었지만, 다른 스트립 리조트들과 같이 안정적으로 카운티 부지에 자리 잡았다.

카지노들은 라스베이거스를 홍보하기 위해 서로 뒤질세라 경쟁했다. 라스베이거스는 사업적으로 "더 좋은 결과를 얻을 수 있고, 그 이후에는 더 재미있게 놀 수 있는 곳"이었다(이것이 센터의 공식적인 표제어였다). 주에서 합법 도박이 실시되었을 때, 30년 내로 자동차 판매원, 보험 전문가, 로터리 클럽 회원, 그 외 다른 여러 집단을 대상으로 스트립 카지노가 모임 장소로 홍보될 것으로 예측했던 사람은 거의 없었다. 그러나 도박에 대한 인식이 변화함과 동시에 비행기 여행이 더욱 확대되고, 라스베이거스가 어른들을 위한 안전하고 즐거운 모험의 땅이라는 열성적인 홍보 활동에 힘입어, 스트립은 미국에서 그 입지를 다졌다. 카지노는 연기 자욱한 구시대적 도박장보다는 교외의 트랙 하우스(한 지역에 비슷한 형태로 들어서 있는 많은 주택—옮긴이) 분위기에 어울리는 브리지 게임 토너먼트, 골프 게임 등 다양한 여가 거리를 후원했다.

사업적 목적을 가진 방문객들이 성공적으로 더해지면서 리조트는 주간에도 사람들로 가득 찼다. 이에 따라 카지노 수익도 증가했고, 카지노는 저층의 부속 건물을 추가하며 확장되다가, 1960년대에 이르러서는 호텔 타워까지 생기기 시작했다. 카지노는 또한 대단한 열정을 가진 연예인들을 데려오기 시작했다. 사실상 모든 카지노가 유명 인사 한두 명쯤 볼 수 있기로 유명했지만 그중에서도 그야말로 특출난 곳이 하나 있었으니, 그곳은 논란의 여지없이 스스로를 라스베이거스의 멋들어진 중심지로 만든 곳, 바로 샌즈Sands였다.

1952년에 개장한 샌즈는 텍사스 출신 도박자 제이크 프리드먼, 뉴욕 출신 칼 코언과 잭 엔트래터를 포함한 일군의 투자자가 소유하고 있었다. 리조트의 엔터테인먼트 감독이자 맨해튼의 코파카바나 라운지 소유주였던 엔트래터는 "태양이 머무는 곳A Place in the Sun"이라고 알려져 있던 샌즈를 유명하게 만들기 위해 자신의 쇼 비즈니스 연줄을 이용했다. 리조트가 그토록 유명해질 수 있었던 데는 당시 가장 유명했던 연예인 프랭크 시나트라의 공이 컸다. 무대에 섰을 때든 아니든 흥청망청 술을 마셔댔던 시나트라(언론에서는 시나트라 및 그와 어울리는 연예인 무리를 랫 팩Rat Pack이라고 불렀다)는 그에게 열광하는 군중을 카지노로 끌어들였다. 시나트라는 음악계의 거장으로 자신의 입지를 굳혀왔다. 비록 그의 음반이 엘비스 프레슬리나 이후에 등장한 비틀스의 음반만큼 팔리지는 않았지만, 엔트래터는 음반 판매 실적보다는 티켓 판매력에 더 관심을 보였다. 시나트라는 상대적으로 유머 감각과 소비 능력이 있는 부유한 중년층을 끌어들였다―이러한 종류의 사람들이 카지노 고객으로 아주 제격이었다.

딘 마틴, 새미 데이비스 주니어와 함께 시나트라는 수많은 팬에게 멋진 공연을 선사했다. 이후 조이 비숍, 피터 로퍼드 등 여러 사람이 추가되긴 했지만, 1960년대 초에서 중반까지 샌즈의 코파룸Copa Room에서 가장 독보적인 공연은 이 세 사람의 공연이었다. 1960년 제작된 전형적인 카지노 범죄 영화 「오션스 일레븐」을 촬영하는 동안, '랫 팩'이라 불렀던 이 배우들

스트립 카지노는 홍보를 위해 톱스타 연예인들을 활용했다. 1957년 3월 6일, 딘 마틴은 샌즈 호텔의 코파룸에서 1인 공연을 시작했다. 그의 공연을 시작으로 그와 프랭크 시나트라, 새미 데이비스 주니어는 라스베이거스를 지배하는 비공식적 제왕이 되었다.

은 오후에는 영화 촬영을 하고, 저녁에는 두 차례의 공연을 선보인 뒤, 밤새도록 술 마시고 도박하며 흥청망청 시간을 보냈다. 그들은 곧 라스베이거스의 한 시대를 정의하는 얼굴들이 되었다.

랫 팩의 화려한 활동(이들은 이후 카지노 공연장에서 개별적으로 활동하며 여생을 보냈다)으로 특징지어지는 코파 시대Copa Era의 라스베이거스 스트립은 불과 그보다 몇 년 전의 스트립 모습과는 사뭇 달랐다. 지역의 흑인 지도자들이 위협적인 공공 집회로 의견을 드러내 보인 이후, 1960년에 스트립 리조트 운영자들은 분리주의 정책을 포기하기로 결정했다. 거의 모든 리조트는 즉시 흑인 손님들의 구미에 맞춘 행사를 준비하기 시작했다. 전미 유색인종 지위 향상 협회NAACP의 지부장이었던 제임스 맥밀런 박사는 당시 호텔들이 사업적 이유로 빠르게 변화했던 모습을 상기했다. 언론으로부터 나쁜 평을 받고 각종 회의를 주최하지 못하게 될까봐, 그들은 재빠르게 기존의 정책을 포기했다. "돈이 세상을 움직이죠"라며 맥밀런은 말했다. "이 친구들이 그러한 변화로 손해 보지 않겠구나, 아니, 오히려 돈을 벌 수 있겠구나, 라고 생각했던 그 순간, 갑자기 인종 문제는 별로 상관이 없어졌던 겁니다."[10] 시민권 운동가의 말이 맞았다. 1960년대 스트립 카지노에서는 진정으로 누구나 환영받을 수 있었고, 누구의 주머니에서 나왔든 돈이라면 모두 좋은 것이라는 전제로 도박을 제공하면서 엄청나게 번성할 수 있었다.

꾼들의 등장

라스베이거스 스트립의 카지노 운영자들은 리조트를 평범한 도박자들, 그리고 크랩스 게임 확률보다는 극장식 식당에서 즐기는 만찬에 더 관심 있는 사람들을 대상으로 홍보하는 데 있어 아주 전문가였다. 하지만 휴가를 즐기러 오는 여러 사람이 테이블에 몰려들면서, 그 가운에 종종 다른 유의 손님들이 끼어들기 시작했는데, 그들은 바로 지독한 도박꾼들이었다. 이들은 확률 게임이든 (그리고 그런 방식의 공정성을 떠난) 기술 게임이든, 어떤 방식을 통해서든지 간에 게임에서 이겨서 생계를 유지하려는 전문 도박사들일 수도, 자신이 승리할 수 있는 시스템을 찾았다고 확신하는 아마추어들일 수도 있었다. 그 옛날 프랑수아 블랑부터, 카지노 운영자들은 이러한 사람들을 비웃었고, 룰렛이나 크랩스와 같이 각 게임의 결정이 이전의 사건과 관계없이 독립적으로 발생하는 게임은 결국 난공불락임을 확신했기에, 베팅 시스템을 사용해보라고 격려하기도 했다. 그러나 랫 팩이 샌즈에서 관객들에게 감동을 선사하는 동안, 카지노를 찾은 천재적인 도박자(그리고 그들을 흉내 내는 사람)들은 점점 더 카지노 보스들의 신경을 건드리기 시작했다.

20세기에 가장 각광받던 전문 도박사는 존 스칸이었다. 1903년 오하이오주 나일스에서 마리아 스카네치아와 피오란젤로 스카네치아 사이에서 태어난 그는, 뉴저지의 페어뷰에서 자랐다. 1920년대에 이미 그는 자신이 보유한 놀라운 기술을 사적 이익을 위해 불법적으로 사용하기보다, 공공의 이익을 위해 쓰겠다고 결심했다. 때문에 토니 코르네로나 벤 시걸과 같은 사람들이 위스키를 몰래 만들어 팔고 불법 카지노를 후원하는 동안에도, 스칸은 카드 게임 기술을 완벽에 가까울 정도로 연마했다. 밑장빼기, 가짜 섞기, 표식 남기기 등의 모든 손기술을 익히면서, 스칸은 14세라는 어린 나이부터 하루에 여섯 시간씩 연습에 연습을 거듭했다.[11]

원하기만 하면, 이른바 최고의 타짜가 될 수 있었을 것이다. 그러나 그는 대중에게 사기도박에 대해서 교육하겠다는 진정한 소명감을 찾기 전까지 전문 마술사로 일했다. 그가 먼저 유명해진 것은 제2차 세계대전 때였는데, 당시 그는 미군 부대의 자문으로 일하며 군인들에게 사기도박의 술책에 관해 강의했다. 그는 징병된 친구나 이웃들에게 조언을 담은 편지를 보내기 시작했고, 얼마 지나지 않아 군인들을 교육하기 위한 특별 직책에 채용되었다.[12] 스칸이 보냈던 메시지는 도박에 대한 관용이 증가하던 당시 국가적 상황에 매우 적절한 것이었다. 도박 행위 자체는 나쁘지 않다, 하지만 호구가 되지 않기 위해서는 조심해야 한다는 것이 그의 의견이었다. 이는 네바다주에서 도박을 수용하면서, 도박이 공정한 것이라는 명성을 유지하기 위해 사용했던 접근 방식과 유사했다.

전쟁이 끝나자 스칸의 존재는 더욱 빛을 발했다. 그는 전 세계를 여행하며 그의 기술을 넋을 잃은 채 바라보는 관중 앞에서 발표하거나, 라스베이거스에서 쿠바에 걸쳐 수많은 카지노 직원의 훈련을 도왔다(그는 쿠바의 하바나 힐턴에서 카드 속임수에 관한 교육을 하던 중 의도치 않게 쿠바 혁명을 목격하기도 했다). 과거에 익힌 고도의 속임수와 손기술로 스칸은 일종의 제일가는 폭로자가 될 수 있었고, 카드나 주사위 게임 방법뿐만 아니라, 초월적 인식이니 독심술이니 하는 이야기로 사람들을 속이는 모든 종류의 사기 실상을 드러냈다(그는 당시 독심술의 능력을 가지고 있다고 알려진 말馬, '레이디 원더Lady Wonder'의 거짓도 밝혀냈다). 그는 몇몇 게임을 개발하기도 했는데, 스스로 정신적 독창성을 발휘해 만들어낸 업적을 자랑스러워했다(다만 그중에 유명해진 게임은 없었다). 그는 "게임계의 아인슈타인"이라는 명성을 얻었고, 카드나 주사위, 속임수, 도박에 대해 저술한 저서는 불티나게 잘 팔렸으며, 대중에게 사기도박에 관한 교육을 널리 시행함으로써 공정한 게임을 제공하는 이들의 마음을 위로하는 데 일조했다.[13]

스칸은 도박 전문가로 유명했지만, 도박자로서는 알려지지 않았다. 세기 초에 도박으로 유명했던 이들은 스스로를 '스포츠맨'이라고 칭하긴 했지만, 세간의 시선은 곱지 않았다. 소위 도박의 달인이라던 아널드 로스스타인이 월드 시리즈를 조작했다고 알려진 것을 보면 그 이유를 이해하기는 어렵지 않다. 하지만 도박이 합법화되면서, 유명한 도박꾼들은 거의 영웅적 인사가 되었다. 가장 많은 찬사를 받았던 동시에 가장 비극적 도박 신화를 남긴 이는 아마도 '그릭' 니콜라오스 단돌로스일 것이다.[14] 1883년 크레타섬의 유복한 집안에서 태어난 그는 열여덟 살에 미국으로 왔다. 그는 곧 몬트리올로 이사해 그곳에서 경마에 베팅하기 시작했다. 이후 그는 테이블 게임으로 전향했고, 1920년대에는 게임을 잘하는 사람으로 유명세를 타게 되었다. 사람들은 그가 몬테카를로의 뱅크를 탈탈 털었을 거라고, 계속해서 아널드 로스스타인을 이길 수 있는 사람은 그가 유일할 것이라고들 말했다.

로스스타인은 베팅을 즐기는 사람이었지만, 1919년 월드 시리즈에서 그가 보여준 모습에서 나타나듯이, 확실한 편을 선호했다. 반면 단돌로스는 도박을 위한 도박을 하는 챔피언으로 떠올랐으며, 이기면서 게임하는 것

'그릭' 니콜라오스 단돌로스(왼쪽)는 20세기 최고의 거물 도박꾼이었다. 사진에서 그는 전설적인 카지노 소유주 베니 비니언과 함께 있다.

도 좋지만, 지더라도 어쨌든 게임하는 것이 그다음으로 좋다고 말하곤 했다. "게임을 한다는 것 자체가 중요하죠." 그의 말은 도박이 기분전환용 오락거리일 뿐 그다지 사악한 것이 아니라는 의미를 전하는 완벽한 메시지가 아닐 수 없었다. 베팅한 금액만 따져봐도 그는 아마 역사상 가장 큰 도박자일 것이다. 그는 게임판과 경기장에서 도박하며 자신의 손을 거쳐간 돈이 5억 달러 이상일 것이라고 주장했고, 부자가 되었다가 다시 파산했던 적도 일흔세 번이나 된다고 했다. 그는 수년 동안 라스베이거스에 머물며 하룻밤에 10달러짜리 방에서 지냈는데, 지역에서 일종의 랜드마크와 같은 존재가 되었다. 관광객들은 이 그리스인이 겨우 오렌지 주스와 치킨 샌드위치로 연명하며 주야장천 담배만 피우면서 며칠씩 연이어 도박하는 모습을 얼빠진 듯 바라보곤 했다. 그는 마지막까지 화려하게 차려입은 상대편에게 아리스토텔레스나 소크라테스를 인용하며 이야기하는(그는 철학을 전공했다) 기인으로 남았지만, 결국 따는 돈보다 잃는 돈이 더 많다는 것을 깨달았고, 말년에는 사우스캐롤라이나 카드룸에서 아주 소액으로 하는 게임만 했다. 1966년 그가 사망했을 때, 신문에서는 단돌로스가 수천 달러가 들어 있던 옷을 세탁소에 맡겼던 일화라든지, 한때 라스베이거스 카지노에서 유명 연예인보다 인기 있는 스타였다는 둥 그의 영광스러웠던 과거를 부고 기사로 내보내기도 했다.

앞서 등장했던 또 다른 그리스인, 유럽식 바카라 게임을 전문으로 하는 그리스 신디케이트의 닉 조그라포스에게 그랬던 것처럼(셀 수 없이 많은 '어니스트 존 켈리'가 존재했던 것처럼, '그리스인 닉'이란 이름을 가진 도박자도 무수히 많긴 했다), 사람들은 단돌로스의 인내심과 자금력을 찬미했다. 그는 게임 확률에 관하여 특별한 수준의 수학적 지식이 있는 것은 아니라고 했다. 단돌로스는 그저 자신에게 좋지 않은 확률이 가장 낮을 때를 틈타 베팅하고 그 결과가 좋기를 바랄 뿐이었다. 스칸과는 달리, 그는 '전문 도박사'는 아니었고, 그다지 좋지 못한 쪽으로 유명한 사람일 뿐이었다. 반면 백분율이 언제나 하우스에 유리하다는 것을 충분히 알았던 스칸은 정직한 게임의 대사로서는 훌륭히 그 역할을 다했지만, 딱히 도박자로서 환영받지는 못했다. 도박에 관해 전문가로서 의견을 내는 것과 실제로 도박을 일삼는 것은 서로 공존할 수 없었던 것으로 보인다.

한편 블랙잭 게임에 관한 수학적 연구는 진지한 사고와 높은 수준의 행위를 병합시켰다. 블랙잭 게임(독보적으로 시스템 플레이에 열려 있었던 카지노 게임이었다)의 비밀을 풀기 위해 컴퓨터 시뮬레이션과 수학 이론을 활용하게 되면서, 1960년대 새로운 세대의 전문 도박사들이 이 게임을 전국에서 가장 유행하는 게임으로 승격시켰다.

블랙잭 게임은 한정된 카드를 사용하므로 기술을 사용할 수 있다. 크랩스 게임에서라면 이번에 던진 주사위의 결과가 다음에 던질 주사위의 결과와 아무런 관련도 없지만, 블랙잭 게임에서는 이전에 받았던 패가 이후에 뽑힐 카드와 직접 관련이 있다. 예컨대 만약 에이스 카드가 전부 나왔다면, 참가자는 보통 이겼을 때 세 배에서 두 배를 지불하는 '내추럴' 블랙잭(에이스 카드 한 장과 10 카드 한 장으로 구성된 패)을 더 이상 만들 수 없다. 한 세기 이상 블랙잭 게임은 카지노의 레이더망에서 벗어나 있었다. 룰렛광 및 애호가들이 룰렛 베팅 시스템으로 몬테카를로의 뱅크를 박살내려고 시도하는 동안, 블랙잭은 상대적으로 그다지 중요한 게임으로 간주되지 않았다.

1930년대 네바다 도박장에서 블랙잭이 인기를 얻으면서, 도박꾼들은 어떤 카드가 나왔는지 추적하는 시스템을 개발하기 시작했다. 이들이 바로 카드 카운터의 시초였다. 이미 전통적으로, 변경되지 않는 하우스 어드밴티지 아래 베팅 시스템은 필패한다고 여겨져왔기에, 카지노 관리자들은 블랙잭 게임에 시스템이 통할 것이라는 생각을 비웃었다. 초기 카드 카운팅 시스템을 뒷받침하는 계산법이 불안정했기 때문에, 카지노 보스들의 이러한 비웃음은 대체로 옳았다. 1950년대에는 카드 카운팅이 일종의 주술적 지식 체계로 잔존했고, 특정한 주술적 집단에 가입한 사람에게 전해지기는 했으나 그 내용이 특별히 믿을 만한 것은 못 되었다.

그러나 로스앤젤레스의 캘리포니아대학 수학자 에드워드 O. 소프 박사의 연구 덕분에, 카드 카운팅은 카지노 수익에 실질적인 위협이 되었다.[15] 소프는 우연히 블랙잭 전문가가 되었다. 그는 도박자는 아니었지만, 1950년대 말 UCLA 교직에서 잠시 쉬고 있을 때, 아내와 함께 쇼와 저렴한 음식, 수영장을 즐기러 라스베이거스로 향했다. 그들은 도박에 큰 관심 없이도 라스베이거스로 몰려드는 다른 수백만 미국인들과 크게 다르지 않았다.

여행 전에, 한 동료 교수가 1956년『미국 통계학회지Journal of the American Statistical Association』에 게재된 카드 카운팅에 관한 한 논문을 그에게 보여주었다. 「블랙잭 게임을 위한 최적의 전략Optimum Strategy in Blackjack」이라는 제목의 이 논문은, 보통 2퍼센트가 넘는다고 가정되는 하우스 에지를 0.62퍼센트까지 제한하는 방법을 제시했다. 소프는 '비난 폭격을 받은' 그들의 시스템을 카지노에서 직접 검증했지만, 미적지근한 결과를 얻었다(그는 8달러 50센트를 잃었다).

하지만 여전히 소프는 이 문제에 계속해서 흥미가 생겼고, 집에 돌아와서는 그가 '기본 전략'이라고 부른 더 나은 방법을 고안하기 위해 IBM 704 컴퓨터를 사용했다. 단순히 언제 카드를 추가로 받고 언제 카드 받기를 멈춰야 할지에 관한 지침을 사용했을 때, 소프는 하우스 에지가 0.21퍼센트까지 감소함을 확인했다. 그러나 그는 더 나아갔다. 이미 나온 카드를 성공적으로 추적할 수 있는 참가자는 '더 나은 조건'의 이점을 갖게 되고, 실제로 딜러보다 우위에 있을 수 있었다. 결과적으로, 하우스가 언제나 이기는 것은 아닌 것으로 보였다.

이론적으로 소프의 시스템은 타당했다. 슈 안에 더 높은 숫자가 적힌 카드가 남아 있을수록, 숫자의 합이 17이 될 때까지 카드를 뽑아야 하는 딜러가 버스트될 확률이 높은 것이다. 높은 숫자 카드를 계속 카운트했을 때, 소프는 그가 15퍼센트까지 어드밴티지를 얻을 수 있다고 계산해냈다. 게다가 그는 탁상공론만 하는 전략가가 아니었다. 투자자들의 지원에 힘입어, 그는 라스베이거스에 1만 달러를 들고 가서 자신의 시스템을 실제로 적용해보았다. 이례적인 방식에 잔뜩 경계심을 높인 카지노는 끊임없이 카드를 다시 섞거나 딜러에게 속임수를 쓰라고까지 하는 등 방해공작을 벌였지만, 소프는 성공적으로 돈을 두 배로 만들었다.

소프가 고안한 시스템 및 실제 현장 검증에 관한 설명을 『딜러를 이기는 법Beat the Dealer』(1962)이라는 책으로 출간하자, 카드 카운팅은 엄청난 현상으로 퍼져나갔다. 순식간에 다른 시스템들도 속속 나타나기 시작했다. 컴퓨터를 가지고 있는 사람이라면 누구나 새로운 방법, 개선된 방법, 승리를 보장하는 방법을 만들어냈다고 주장했던 것이다. 이러한 유의 대부분은 높은 숫자 카드나 낮은 숫자 카드를 추적하는 소프의 기본 전제를 토대로 한 것이었다. 가장 단순한 시스템은 낮은 숫자 카드(2, 3, 4, 5, 6)는 +1의 가치를 주고, 10카드와 에이스는 -1, 그리고 7, 8, 9카드는 0으로 치고, 총계가 높으면 참가자가 이길 가능성이 높으므로 이에 따라 베팅하는 것이었다.

카드 카운팅이 실제로 사용 가능한 방식이긴 했지만, 언제나 통하는 전략은 아니었다. 카운팅을 숙달하고자 했던 많은 사람은 집중력이 떨어지기 십상이어서, 곧 카드를 기억해내지 못했다. 게다가 카지노는 제멋대로 카드를 다시 섞어버리거나 '기술'을 쓴다고 의심되는 사람을 차단해버림으로써 간단하게 카운팅하는 사람들을 좌절시켜버렸다. 여러 사람이 이용하는 시설이기에, 카지노는 인종, 성별, 장애, 국적에 따라 사람을 차별하는 것이 금지되어 있었지만, 동시에 민간 사업체로서 원치 않는 서비스를 거부할 수 있었다. 따라서 카드 카운팅이 백전백승의 전략이라고 하더라도, 카드 덱은 보통 손님들에게 불리하게 준비되기 마련이었다.

불리한 조건에도 불구하고, 카지노를 상대로 승리의 투지를 불태우던 이들은, 제대로 적용될 수만 있다면 반드시 승리할 수 있으리라고 생각하며 카드 카운팅의 수학적 확실성에 빠져버렸다. 손님들이 승리하는 것을 막기 위해 카지노에서 사용하는 여러 방법에 대처하고, 더 많은 자본금으로 더 큰 베팅을 하는 방법의 일환으로, 1970년대 초부터 팀플레이가 나타나기 시작했다. 가장 유명했던 주창자는 수학 영재이자 하버드대학 MBA 소유자, 퍼시픽 증권거래소 부사장이었던 켄 어스턴이었는데, 다른 이들과 마찬가지로 그도 소프 교수의 책을 읽고 블랙잭에 흥미를 느꼈다.

1974년 3월, 샌프란시스코에서 활동하던 블랙잭 팀의 리더, 앨 프랜시스코는 어스턴을 자신의 팀으로 영입했다. 이 조직은 노동 분업을 통해 돈을 벌었다. 보통 이들은 밤중에 카드 카운팅을 하는 선수들을 몇몇 카지노로 들여보냈다. 이들은 테이블에서 재빠르게 카드를 추적하며 유리한 지점을 파악하는 '고급 포인트 카운트' 시스템을 사용하여 각자 최소 베팅 금액으로 베팅했다. 충분히 유리한 확률이라고 확신할 때, 그들은 미리 정해놓은 신호를 사용하여 빅 플레이어를 불러들이고, 이때 게임판에 들어온 그들은 최대 한도로 베팅했다. 이 방식은 정말로 통했지만, 나중에 카지노 보안 팀에서 이들이 팀으로 그러한 작업을 한다는 사실을 알아차렸다. 그러자 이들은 카지노 관리자, 보안 팀, 자신들을 카지노에서 축출하기 위해 독립적으로 고용된 자문위원들을 속이기 위해 위장술을 쓰는 등 갖은 방법을 사용했다. 나중에 어스턴이 이러한 '빅 플레이어' 역할을 했던 일을 대중에 공개하자 그는 블랙잭 게임계의 유명 인사가 되었다. 네바다와 애틀랜틱시티의 블랙잭 테이블에서 수백만 달러를 벌어들였다고 스스로 밝힌 그는 결국 전국의 거의 모든 카지노에서 입장이 금지되었다. 어스턴은 1987년, 52세의 나이로 사망하기 전까지 이러한 금지 조치를 무산시키기 위해 싸웠지만 결국 성공하지 못했다.[16]

어스턴이 사망하면서 카드 카운팅의 주창자는 사라져버렸지만, 팀플레이 방식은 여전히 지속되었다. 어스턴 이후 가장 유명했던 카드 카운팅 팀은 MIT 팀이었다.[17] 실제로 명망 있는 대학과 제휴한 몇몇 카운팅 집단이 있었지만, 어떤 집단이 있었는지는 크게 알려진 바가 없었다. 그러다 2002년, 벤 메즈리치가 『하우스를 무너뜨리다Bring Down the House』에서 1990년대 초중반 수백만 달러의 수익을 냈다고 하는 한 팀의 일원인 '케빈 루이스'의 이야기를 했을 때 그 일면이 세상에 드러났다. 이야기 자체는 새로울 것이 없었지만, 이 책은 팀플레이를 하는 새로운 세대 젊은 게이머들의 존재를 알렸고(이 책은 2008년 제작된 「21」이라는 영화의 원작이다), 젊은 층 카지노 고객이 블랙잭 게임을 찾는 붐을 일으키는 데 기여했을지도 모르겠다.

카지노가 난공불락의 하우스 에지 개념을 기반으로 수립되었던 반면, 기술과 대담성을 사용해 카지노를 이길 수 있다는 생각도 강력하게 자리 잡았다. 이후 50년이 넘게 흘렀지만, 사람들은 여전히 매일 승리할 수 있는 마법 같은 수리적 방식과 행운을 찾아 헤매고 있다. 카지노도 여전히 어떤 손님이 '고급 선수들'인지 예의주시하며 경계를 게을리하지 않고 있다. 노련한 게이머와 의심하는 카지노 보스 사이의 쫓고 쫓기는 게임은 전 세계 카지노에서 벌어지고 있으며, 누군가가 100퍼센트 확실히 이길 수 있는 전략을 시도할 때마다 도박 역사의 새로운 장이 펼쳐진다.

11장

하늘 끝까지

라스베이거스의 폭발적 성장

황제의 등장

라스베이거스의 인기가 치솟으면서 카지노는 더 화려해지면서도 더 평등주의를 향해 가는 역설적인 상황이 되었다. 전후의 번영으로 미국인에겐 더 많은 자유시간과 금전적 여유가 주어졌고, 많은 이는 휴가를 보내거나 업무를 보기 위한 장소로 스트립의 카지노 리조트를 선호했다. 손님들을 유치하기 위한 경쟁은 치열했고, 카지노 운영자들은 두 가지 전략을 사용했다. 하나는 프랭크 시나트라, 리버라치, 냇 킹 콜과 같은 유명인을 고용하는 것이었고, 다른 하나는 엄청난 돈을 광고에 쏟아붓는 것이었다.

향락의 왕국이라는 명성에도 불구하고 1950년대부터 1960년대까지의 카지노는 대부분 나이트클럽이 있는, 밋밋하고 별 특징 없는 호텔에 딸려 있을 뿐이었다. 이러한 호텔은 안락하기는 했지만 숨 막힐 정도로 굉장하다는 느낌을 주는 공간은 아니었다. 그러나 어떤 거물이 서서히 수면 가까이 떠오르고 있었다. 훗날 대성한 개발업자, 그의 이름은 제이 사노였다. 그는 방문객이 고급스러운 정경에 둘러싸여 스스로 카이사르가 된 것처럼 느끼게 만드는 리조트를 라스베이거스에 선사했다.

사노는 이미 성공한 모텔 운영업자였다. 그의 팰로앨토 카바나는 미국에서 가장 훌륭한 모텔로 이름을 날리고 있었고, 카바나 모텔의 모든 지점은 건물 설계와 각 지점에서 제공되는 양질의 서비스로 여러 번 상을 받은 바 있었다. 1950년대에 그는 건축 양식에 관한 자신의 아이디어를 세련되게 다듬었고, 팰로앨토 카바나는 시저스 팰리스의 작은 버전이었다. 사노는 도박을 즐겼기에 자주 라스베이거스에 들렀는데, 그때마다 스트립 리조트의 단조로움에 경악을 금치 못했고, 결국 팀스터 센트럴 스테이츠 펜션 펀드Teamster Central States Pension Fund로부터 충분한 자금을 빌려서 그가 구상했던 멋진 호텔을 건설하기 시작했다. 그는 부지에 인공 폭포와 조각상들을 많이 배치했고, 고대 로마의 모습을 재현하면서 테마형 카지노라는 옛 사조를 되살려냈다. 심지어 이런 동상들은 약간 불에 탄 듯 양피지 색을 띠어 그 오래된 느낌이 살아났다. 기다란 차도를 타고 들어와 그리스-로마 시대의 분수를 지나치면서, 방문객들은 대출금이나 출근 카드에 신경 쓰던 일상을 떠나, 자신이 카이사르, 클레오파트라, 또 다른 역사적 인물이 된 듯한 기분을 느끼며 환상의 세계로 들어섰다. 사노는 고급스러움에 집중하면서도 동시에 사업가 친화적인 리조트를 건설했다. 시저스 팰리스는 포괄적인 서비스를 제공하는 컨벤션 리조트로 1966년에 개장했다. 리조트 관리자들은 키르쿠스 막시무스Circus Maximus에서의 공연을 위해 프랭크 시나트라와 계약하는 것만큼이나 전국 유제품 생산업자 협회의 회의를 유치하는 것과 같은 계약에도 열과 성을 다했다.[1]

고급스러움의 정수를 보여주는 리조트를 만들어냈지만 사노는 만족하지 못했다. 다음 프로젝트는 스트립에 재미있는 서커스를 들여오려는 시도였다. 서커스 서커스Circus Circus는 기존의 복합 카지노 리조트 모델을 따르지 않았다. 사노는 그가 호텔 객실을 추가할 경제력을 갖출 때까지 서커스 서커스가 독립적인 카지노로서 혁신적인 공간으로 번영하기를 바랐다. 사노가 보기에 다른 대부분의 리조트는 정말 특별할 것이 없었기에, 손님들이 자연스럽게 독특한 카지노를 찾게 될 것이라고, 그것은 결국 분홍색과 하얀

색의 커다란 지붕이 있는 바로 자신의 서커스 서커스일 것이라고 생각했다.

다른 카지노들은 '트로피카나'나 '리비에라'처럼 이름만 이국적으로 내건 뒤 실제 카지노 외관이나 장식 등에는 별로 신경 쓰지 않았다. 하지만 사노는 달랐다. 서커스 서커스가 실제로 운영되는 서커스와 같아야 한다고 주장했다. 그는 정말로 대형 천막을 설치하고 카지노 2층을 게임과 상품이 넘쳐나는 카니발을 위한 공간으로 꾸몄다. 앞서 언급되었던 '정직한 존 켈리'가 그곳에 있었다면 마치 집에 있는 것과 같은 편안함을 느끼며 호객 행위를 위해 칼 던지기를 했을 것이다. 게임 테이블이 있는 구역 바로 위에서는 실제로 서커스 공연이 열렸다. 게임하는 사람들은 이러한 공연에 주의가 산만해지고, 그러한 환경에 다소 실망스러워하기도 했다. 코로 슬롯머신 손잡이를 당기고 키노 게임을 하도록 훈련받은 코끼리 태니어는 흥미로운 볼거리를 제공해줬지만, 코끼리 관리는 꽤나 어려운 일이었다. 일례로 수년 동안 코끼리 축사 가까이 위치한 직원 식당을 이용했던 직원들은 지독한 악취에 시달려야 했다.[2]

시대를 앞서 나아갔던 다른 많은 이도 그랬던 것처럼, 사노가 계획했던 모든 것이 성공하지는 못했다. 1968년에 호텔 없이 개장한 서커스 서커스는 고전을 면치 못했다. 사노가 실제 서커스처럼 카지노 입장료를 받겠다고 결정한 것도 결코 도움이 되지 않았다. 카지노에서 입장료를 받는 것은 유럽에서야 흔한 일이었지만, 손님에게 몸만 오라고 홍보하는 스트립 정서에서는 반감만 사게 되었다. 서커스 서커스가 혁신적이었다는 점은 부정할 수 없지만, 사노 자신의 삶이 그러했던 것처럼 카지노 운영에 있어 균형을 잡지는 못했다. 그는 1960년대 말에서 1970년대 초까지 도박으로 수백만 달러의 돈을 날렸으며, 아내가 있었지만 수많은 연인을 사귀었다. 그의 부인 조이스는 이를 원망하며 1974년 결국 사노와 이혼했다. 사노는 포동포동한

1966년에 개장한 시저스 팰리스는 완전히 새로운 수준의 카지노 설계를 선보였다. 시저스 팰리스는 순식간에 세계에서 가장 유명한 카지노가 되었으며, 라스베이거스 이후 세대의 리조트에 큰 영향을 미쳤다.

체형이었지만 골프를 매우 즐겼다. 그렇다고 건강을 그리 챙기는 스타일은 아니었다. 그가 아침 식사로 살라미 햄을 대신해 먹겠다고 한 것이 안심 스테이크였다는 점을 보면 알 만하다.[3]

　사노는 카지노 운영자보다는 카지노 설계자로서 더욱 성공한 사람이었다. 그는 1969년, 시저스 팰리스를 플로리다 기반 음식점 체인인 럼스Lum's에 매각했고, 나중에 럼스는 레스토랑 사업을 접고 시저스 월드Caesars World로 이름을 바꾸었다. 이후 20년 동안 시저스는 게임 분야에서 모르는 사람이 없을 정도로 유명해졌다. 1974년, 사노는 마침내 서커스 서커스를 포기하고 윌리엄 베넷(동명이인이자 교육부 장관인 윌리엄 베넷과는 다른 사람이다)과 윌리엄 페닝턴에게 매각했다. 베넷과 페닝턴은 사노가 기획했던 테마를 유지하면서도 더욱 관리하기 쉽게 서커스 카지노를 개선했다. 서커스 공연은 (도박에 몰입하고자 하는 사람들의 시야에 들어오지 않도록) 중간층 정도에 한정시켰고, 고액으로 베팅하는 손님보다는 중산층 손님을 표적으로 했다. 몇 개의 호텔 건물과 캠핑장이 추가되면서 서커스 서커스는 적정 수준의 예산 안에서 휴가를 보내려는 가족 단위의 고객들에게 인기를 끌었다. 사노의 꿈—6000개의 객실에다 분수와 롤러코스터를 갖춘 리조트인 그란디시모—은 결코 이뤄지지 않았지만, 그가 생각했던 방식의 초대형 리조트는 1990년대 리조트의 전조가 되었다. 사노는 진정으로 시대를 앞서나간 사람이었다.[4]

억만장자의 유산

사노가 서커스 서커스를 건설하고 있을 때, 예상외의 한 후원자가 라스베이거스 스트립의 대부분을 사들이고 있었다. 하워드 로버드 휴스는 오일 드릴 비트를 발명한 아버지의 유산을 물려받아 비행사, 할리우드 제작자, 투기사업가로 거듭났다. 1966년 가을, 휴스는 법원이 명령한 재산권 처분 조치로 TWA 주식을 매각하면서 5억6600만 달러라는 재산을 가지고 있었는데, 사생활을 보호하면서 동시에 세금으로부터 도피할 곳을 찾고 있었다. 이러한 상황에서 네바다는 그에게 아주 적합한 곳이었다. 그는 이미 그곳에 부지를 가지고 있었지만, 일시적인 거처가 필요하겠다고 생각하고 있었다(아마 그에게 찾아오는 소장 배달원을 피하기 위해서였을 것이다. 그는 여전히 중대한 소송에 휘말린 상태였다).

본토를 가로지르며 달려가는 횡단 열차를 타고 휴스는 1966년 11월 27일 새벽 라스베이거스에 도착했다. 그는 기다리고 있던 밴을 타고, 세인트 앤드루 타워 9층 전체를 예약해두었던 디저트 인으로 이동했다. 그곳에서 편안하게 지내면서 그의 오른손 로버트 매휴를 통해 메모와 전화로만 소통하며 자신의 왕국을 다스렸다. 연말이 다가오자 모 댈리츠와 디저트 인의 관리인들은 휴스가 떠나주길 초조하게 기다렸다. 원칙대로라면 이 시기에는 그곳을 찾는 도박꾼들을 위해 두 개 층을 내주어야 했기 때문이다. 그러나 TWA를 처리하면서 엄청나게 많은 현금을 가지고 있었던 휴스는 떠나는 대신 매휴에게 리조트를 매입하는 협상을 지시했다. 1967년 3월 22일, 매휴는 결국 계약을 마무리 지었다. 1320만 달러로 하워드 휴스는 스트립에서 가장 높은 층의 리조트를 소유하게 되었고, 그곳에 그대로 머물 수 있었다.

과세 대상이었던 TWA 처분으로 생긴 현금을 비과세 대상이면서 소득까지 만들어낼 수 있는 부동산으로 바꿀 쉬운 방법을 발견한 휴스는 매휴를 통해 무분별하게 부지를 사들였다. 그가 매입한 곳은 샌즈(휴스가 샌즈를 매입하자, 휴스에 대한 개인적인 적대감을 가지고 있었던 프랭크 시나트라는 시저스 팰리스로 거처를 옮기면서 곧 그만두었다), 프런티어(1967년 뉴 프런티어를 대체했던 웨스턴 스타일 리조트), 실버 슬리퍼(구 라스트 프런티어 빌리지의 일부), 캐스터웨이였다. 또한 아직 본격적으로 선보이지 않았던 랜드마크도 사들였는데, 이곳은 1969년 좋지 않은 시기에 개장했을 때부터 1995년 폭파시키기 전까지 고전을 면치 못했다. 휴스는 또한 리노의 해럴드 클럽, 라스베이거스 CBS 계열사 KLAS-TV, 나중에 아무런 쓸모도 없다는 점이 드러난 방대한 네바다 광구 등 라스베이거스 스트립에서 가능한 부동산이란 부동산은 다 사들였다. 그는 주에서 가장 많은 인원인 8000명을 고용한 업주가 되었다.

휴스는 '네바다를 구한 사나이'라며 환영받았고, '조직 폭력배로 가득 찬' 신디케이트로부터 게임 산업을 사들였다는 명망을 얻었지만, 실제로 휴스가 카지노 산업에 기여한 것은 없었다. 그가 인수한 곳 중에서 특별히 성공적이었던 곳은 하나도 없었다. 외려 1969년 휴스의 네바다 포트폴리오에 따르면 그는 840만 달러의 손실을 봤다. 그는 1967년에서 1968년까지 네바다를 미국 서부의 교통 중심지로 만들어주리라 믿었던 초음속 제트기 공항을 짓는 데 대부분의 힘을 쏟았지만, 결국 터미널은 건설되지 못했다. 그의 에너지 대부분은 결코 실현될 수 없는 목적을 위해 소비되었다. 예컨대 그가 모 댈리츠의 반대에도 불구하고 매입했던 랜드마크 또한 어떤 수익도 내지 못했다. 카지노 리조트가 상상력을 뛰어넘어 도약하려고 했던 그 당시에, 그는 기존의 카지노들과 별반 다를 바 없이 카지노를 운영했을 뿐이다. 1970년 추수감사절에 디저트 인에서 발생한 화재에서 겨우 빠져나온 그는 바하마로 떠났고, 그 이후에도 그의 네바다 왕국은 자동조종장치를 단 비행기처럼 지속되었다. 종합 계획도시 서멀린, 그린 밸리를 비롯해 도시 내 여러 주요 지역을 만들어낸 그의 라스베이거스 부동산 왕국은 휴스의 영원한 유산이 되었다.[5]

당시 사람들은 휴스의 별난 성격을 잘 알지 못했고, 그는 미국 사업계에서 가장 강력한 세력을 가진 사람 중 한 명으로 추앙받았다. 그는 여전히 1930년대의 늠름한 파일럿으로 기억된다. 그러나 그는 당시 스트립에서 일어나고 있었던 변화에 반하는 입장을 취했다. 휴스는 법인 소유권 제도를 반대했으며, 로버트 매휴에게 쓴 편지에서 라스베이거스를 "코니 아일랜드처럼 괴상한 놀이 공원 같은 곳"으로 퇴보시킬 수는 없다고 적기도 했다.[6] 그는 라스베이거스가 1940년대의 이미지로 남길 원했다. 주로 도박이나 휴양을 위해 방문하는 부유층의 입맛에 맞춘 소규모의 특권적 리조트 타운을 바랐던 것이다. 급속하게 만인이 이용할 수 있는 카지노 타운으로 변해가는 라스베이거스의 모습을 그는 견디기 힘들어했다. 그러나 그가 그토록 많은 돈을 들였음에도 라스베이거스 카지노를 향한 미국 대중의 사랑을 막아낼 수는 없었다. 비유하자면 라스베이거스 리조트는 특정 계층만 즐기는 칵테일파티가 아니라 누구든지 와서 즐길 수 있는 서커스와 같은 곳이 되었고, 사람들은 이곳에 전혀 싫증을 내지 않았다.

월드 시리즈 오브 포커의 탄생

스트립이 미국 성인들의 놀이터로 변모하는 동안 라스베이거스의 다운타운도 함께 성장했지만, 그 방향성은 전혀 달랐다. 1905년 도시가 생기기 시작하면서부터 도박 클럽의 본고장이었던 이곳에 곧 몇몇 복합 서비스를 제공하는 카지노 호텔이 들어섰다. 1932년 아파치와 1941년 엘코르테즈에도 호텔 객실이 있었지만, 그다지 크고 멋진 곳이라고 보기는 어려웠다. 다운타운은 이미 많은 사람으로 붐볐고, 만약 스트립에 있는 카지노와 경쟁하려고 한다면 새로 건물을 지어야 했다. 1956년, 15층짜리 호텔 카지노 프리몬트가 바로 그러한 새로운 건축물로서 출현했다. 1957년 소규모 도박 클럽으로 개장한 민트에도 1965년 26층짜리 건물이 추가로 건설되었고, 장대한 비포장도로 경기장인 민트 400을 후원하면서 더욱 유명해졌다. 1971년 이전에 기차역이었던 부지에서 개장한 유니언 플라자는 더욱 대규모로 확장되었으며, 1975년 처음으로 현대적 카지노 스포츠북을 제공하기 시작하면서 역사에 한 획을 그었다. 이러한 발전에도 불구하고, 다운타운은 수영장이나 공연장 같은 공간이 아니라, 높은 판돈으로 베팅이 진행되는 구시대적 도박을 중심으로 하는 한물 간 구역으로 유명해졌다.

기본으로 돌아가자는 이러한 다운타운의 접근은 월드 시리즈 오브 포커World Series of Poker에서 매우 순수한 형태로 표출되었다. 이 경기의 개념은 아주 단순했다. 전 세계 포커 게이머들이 모여서 엄청난 규모의 상금을 걸고 단 한 명의 우승자가 남을 때까지 게임을 계속한다. 월드 시리즈는 도박업계의 전설적 인물, 베니 비니언이 주최했다. 텍사스주 파일럿 그로브에서 1904년에 태어난 그는 금주령 시대에 자랐으며, 일찍부터 도박에 재미를 느꼈다. 그는 (주류 밀매업에 잠깐씩 손을 대는 동시에) 넘버스 게임과 폴리시 사업에 몸담고 있다가 1930년대 불법 주사위 게임으로 넘어갔다. 그는 1946년 댈러스 선거에서 결과적으로 패배한 쪽을 선택하는 잘못된 판단을 했고 (이 과정에서 몇 번이나 살인을 저질렀다고 의심받았다), 정치적인 보호가 사라진 그는 라스베이거스로 도망쳤다.7

라스베이거스에 도착한 비니언은 켈 후셀의 라스베이거스 클럽 주를 사들였다. 후셀이 라스베이거스 클럽을 프리몬트 가에서 현재의 위치로 옮긴 후, 비니언은 웨스터너를 개업했고, 1951년에는 아파치 호텔 1층에 있었던 엘도라도를 인수했다. 그는 엘도라도의 이름을 호스슈로 바꾸고, 그곳에 카펫을 깔고 소위 보수적인 도박자들을 유인하기 위해 폴리시 게임을 설계했다. 호스슈에서 제공하는 게임은 그 지역에서 가장 금액 상한선이 높았다. "하늘 끝까지The Sky's the Limit"가 그 도박장의 표어였다. 대부분의 카지노에서 크랩스 게임 베팅 상한선이 50달러일 때, 비니언의 카지노에선 500달러까지 가능했다. 이러한 기준도 때에 따라 달리 적용되어서, 보통 손님이 첫 번째로 베팅한 금액이 그의 베팅 상한선으로 정해졌다. 이러한 방식은 당시 카지노에서 추구했던 분위기나 정책에 반하는 것이었다. 일반적으로 카지노는 낮은 베팅 상한선을 선호했다. 손님들이 베팅을 계속하도록 만들어서 하우스 에지를 통해 수익을 보는 방식을 택했던 것이다. 그러나 뼛속까지 도박꾼이었던 비니언에게 이러한 확률에 관한 이야기는 용납되지 않았다. 그는 도박장 소유주로서 사람들이 거는 높은 수준의 내기 돈으로 수익을 내야 한다는 생각을 가지고 있었다.

베니의 확고한 운영 정책 아래, 호스슈에서는 유례없는 큰 베팅이 이어졌다. 1980년 '도박 귀신Phantom Gambler'이라는 별명으로 불렸던 윌리엄 리버그스트롬은 '돈 패스Don't pass' 줄에 77만7000달러의 돈을 걸었던 판에서 승리했다. 그는 이긴 돈을 가지고 오스틴으로 돌아갔다. 1984년 초에 그는 다시 한번 53만8000달러의 베팅을 했으며, 그해 11월에는 '돈 패스' 줄에 100만 달러를 걸었지만(네바다 역사상 가장 큰 베팅 금액이었다) 게임에서 졌다. 1985년 남자친구와 헤어진 그는 결국 자살했고, 베니 비니언의 아들 테드 비니언은 그를 "역사상 가장 큰 도박꾼"이었다고 칭송했다.[8]

비니언은 카지노 소유주로 명성을 얻었지만, 그렇다고 계속해서 그를 쫓아다니는 법적 문제를 피할 수는 없었다. 그는 1953년 법정 소송비용을 마련하기 위해 호스슈를 매각할 수밖에 없었다. 탈세 혐의로 레번워스 연방교도소에서 3년 수감생활을 한 뒤, 비니언은 1957년 라스베이거스로 돌아와 다시 호스슈를 인수했지만 면허까지 돌려받을 수는 없었다. 대신 그의 아들 잭과 테드가 공식적으로 카지노를 소유하고 운영했고, 베니 비니언은 그저 자문 역할을 할 수밖에 없었다. 그러나 지하에 있는 카페에 비니언을 위한 사무실이 마련되었고, 호스슈는 여전히 그의 카지노로 운영되었다.[9]

비니언의 호스슈에서 열린 포커 토너먼트의 서막은 1949년까지 거슬러 올라간다.[10] 큰 도박꾼이었던 '그릭' 닉 단돌로스가 자신이 상대할 만한 부유한 대상을 찾지 못하던 차에 (그는 상대방과 일대일로 베팅 제한이 없는 노리밋 게임을 하고 싶어했다), 비니언은 한 가지 조건을 내걸고 그에게 게임판을 열어주겠다고 제안했다. 그 조건은 그가 대중 앞에서 게임을 해야 한다는 것이었다. 비니언은 그의 오랜 친구 조니 모스를 불러들였다(비니언의 또 다른 오랜 친구들에는 도일 브런슨, 세일러 로버츠, '아마릴로 슬림Amarillo Slim' 프레스턴도 있었다). 모스는 텍사스 출신 떠돌이 도박꾼에 거친 사나이로, 노상에서 도박판을 벌이던 사람이었다. 때문에 그는 보통 리볼버와 엽총을 가지고 다녔다. 남들이 다 보는 앞에서 도박하는 사람에게, 강도 사건은 언제든 발생할 수 있는 업무상 재해나 마찬가지였던 것이다. 모스는 비니언의 연락을 받자마자 라스베이거스로 왔다. 비니언은 카지노 입구에 탁자를 배치했고, 이곳에 수백 명의 관중이 몰려들 것으로 생각했다.

1월의 일요일 아침, 노리밋 게임 전문가인 모스와 단돌로스는 악수로 인사를 나누고 각자의 자리에 앉았다. 이후 다섯 달에 걸쳐 이들이 벌였던 도박판은 보는 이로 하여금 경외감을 느끼게 했다. 이 둘은 한 번 맞붙으면 4~5일 동안 쉬지도 않고 계속 게임을 했고, 수면을 위해서 잠시 휴식하기도 했지만, 단돌로스는 그 시간에도 크랩스 테이블에서 게임을 했다. 당시는 단돌로스의 기운이 그야말로 최정점에 이른 시기였던 것이다. 그들은 처음에는 파이브 카드 스터드Five-card stud로 시작했다가 나중에는 로 볼 듀스 투 세븐Low-ball deuce to seven(가장 낮은 패를 가진 사람이 이기는 방식)과 하이-드로 포커high-draw poker로 바꾸었다. 어느 한 번은, 잭 카드를 가지고 있던 단돌로스가 블러프로 50만 달러를 이기자, 게임을 관전하던 사람들은 놀라움에 입이 딱 벌어졌다. 아마도 그 당시까지 있었던 공개적 포커 게임판에서 가장 큰 판돈이 오갔던 게임이었을 것이다. 그러나 다섯 달 동안의 쉼 없는 게임이 이어지는 동안, 성마른 텍사스인이 냉정한 그리스인을 조금씩 무너뜨렸다. 결국 마지막 남은 칩까지 쓸어가는 모스를 바라보면서, 200만 달러를 잃은 단돌로스는 "모스 씨, 이제 가실 때가 된 것 같군요"[11]라는 말과 함께 자리에서 일어났다.

1969년 리노 홀리데이 카지노 운영자 톰 무어는 베니와 잭, 테드를 미국 최초의 포커 토너먼트였던 제2차 연례 게임 협회 대회Second Annual Gaming

월드 시리즈 오브 포커에서 승리한 조니 모스(왼쪽)와 잭 비니언(오른쪽). 잭 비니언은 우승자를 가리기 위해 프리즈-아웃 노리밋 텍사스 홀덤 게임을 하기로 한 결정으로 그 공로를 인정받고 있다. 사진 하단에 모스가 딴 돈 일부가 보인다.

Fraternity Convention에 초대했다. 카지노를 매입했던 무어와 아내 라페인은 카지노를 홍보하고자, 테이블 게임 토너먼트를 개최해 미국의 내로라하는 50여 명의 큰손 도박꾼을 불러모았다. 2회차 대회를 개최할 때 그들은 포커 게임 판돈을 높이고 텍사스 홀덤, 캔자스시티 로볼 드로Kansas City lowball draw, 래즈Razz, 스터드Stud, 에이스 투 파이브 로볼 드로ace-to-five lowball draw 게임을 할 20~30명 정도의 전문 도박사와 마권업자를 초대했다. 대회 시작 일주일 후, 전설적인 샌안토니오의 포커 플레이어 크랜덜 애딩턴이 은상 트로피를 받았다. 그는 카지노나 레이스북 운영자와 달리 노상에서 게임을 하는 사람이었기에, 트로피에는 그러한 특성을 반영하는 의미로 "미스터 아웃사이드Mr. Outside"라는 이름이 적혀 있었다.

호스슈에는 당시 포커 게임을 위한 공간도 따로 없었지만, 모어헤드가

1979년 월드 시리즈 오브 포커 대회에서 도일 브런슨과 홀 파울러가 다음 카드를 기다리는 동안 칩을 모으고 있다. 파울러는 그해 대회에서 우승하여 27만 달러를 상금으로 받았다. 그는 최초의 아마추어 우승자였다.

은퇴한 뒤 비니언 일가는 대회의 이름을 월드 시리즈 오브 포커로 바꾸었고, 토너먼트 경기를 자신들이 주최하기로 결정했다. 모스는 1970년 비니언의 첫 번째 월드 시리즈 오브 포커에서 우승을 거두었다.[12] 1971년, 잭 비니언은 기존의 복잡하고 어려운 추첨 제도를 없애버리고, 프리즈-아웃freeze out(게임이 시작되기 전 참가자들이 담합하여 가진 돈을 모두 걸고 베팅 조건을 서로 합의하여 진행하는 긴 시간의 도박을 말한다. 고택운의 『카지노실무용어해설』 참고—옮긴이), 노리밋 텍사스 홀덤 게임으로 우승자를 가리기로 규칙을 바꾸었다(이때에도 모스가 우승했다). 대회 참가자들은 여러 다른 게임에서 승리해 팔찌를 받을 수 있었지만, 세계 챔피언이 되기 위해서는 포커의 꽃이라고 불리게 된 텍사스 홀덤 게임에서 승리해야 했다.

텍사스 홀덤은 오마하 홀덤과 관련된 커뮤니티-카드 포커Community-card poker게임으로, 오마하 홀덤에서는 각 참가자가 4장의 카드를 받고(이것을 '홀Hole' 카드라고 한다), 다섯 장의 커뮤니티 카드가 테이블 중앙에 놓이게 된다(이 과정을 플롭Flop이라고 한다). 참가자는 자신의 카드 중 두 장과 커뮤니티 카드의 세 장을 종합하여 가장 좋은 패를 만들어내야 한다. 텍사스 홀덤도 이와 유사하지만, 다른 점은 참가자가 두 장의 카드를 받는다는 점이었고, 그 카드를 모두 사용해야 했다. 텍사스 홀덤이 1920년대에 오마하 홀덤으로부터 갈라져 나왔다고 주장하는 이들도 있으나, 이에 대한 일치된 의견은 없다. 그러나 텍사스 홀덤이 1920년에서 1930년대에 댈러스 지역에서 나타나기 시작했으며, 제2차 세계대전 이후 남부 지방으로 퍼져나가기 시작했다는 데에는 많은 이가 동의한다.[13] 텍사스 홀덤 게임에서는 플롭 전에 참가자들이 자신의 카드를 확인한 후 베팅하거나 해당 게임을 포기Fold한다. 카드 플롭 후 네 번째, 다섯 번째 커뮤니티 카드가 배분됨에 따라 각각 베팅이 진행된다. 전형적으로 대부분의 카드 게임은 베팅 한도를 정하지만, 월드 시리즈 오브 포커 결승전에는 베팅 제한이 없다. 즉, 참가자들은 언제든지 '올인'을 외칠 수 있는 것이다.[14]

1만 달러의 비용을 지불한다면 누구나 최종 우승자에게 주어지는 팔찌를 목표로 경기에 참여할 수 있었다. 월드 시리즈 오브 포커는 점점 더 증가하는 도박의 대중성에 도박으로 최고의 우승자를 가려낸다는 생각을 결합했다. 애초에는 카지노를 홍보할 목적으로 열린 대회였기에, 비니언 일가는 단시간에 승자가 나올 수 있는 구조로 대회를 만들었다. 게임에 참가할 때 가지고 있었던 칩을 모두 잃으면 그것으로 끝이었다. 참가자들이 지나치게 몸을 사리며 게임하는 것을 방지하기 위해 앤티ante(패를 돌리기 전에 참가자가 내는 돈)와 블라인드blind(딜러 왼쪽에 있는 1~2명의 참가자에게 강제되는 베팅) 금액이 주기적으로 높아졌다. 몇 년 지나지 않아 월드 시리즈 오브 포커는 그 지역의 명물이 되었으며, 100달러짜리 지폐 1만 장으로 만든 백만 달러짜리 말굽 모양 전시물과 더불어 호스슈를 홍보하는 독보적인 수단이 되었다.

라스베이거스 다운타운의 명물 카지노들

비니언의 카지노가 화려함에 흠뻑 젖은 스트립 리조트들 사이에서 도박으로 승승장구하는 동안, 더 좋은 카지노를 만들고 싶어 고심하는 한 젊은이가 나타났다. 그는 바로 메릴랜드에서 빙고장을 운영하던 마이크 윈의 아들, 스티브 윈이었다. 펜실베이니아대학에서 영문학을 전공한 스티브 윈은 졸업 후 얼마 지나지 않은 1963년 아버지가 사망하자, 빙고장을 이어받아 운영하기 시작했다. 4년 뒤 그는 성공의 기회를 노리고 라스베이거스로 흘러들어왔고, 빙고장 운영으로 모은 4만 5000달러로 프런티어의 지분을 샀다. 뿐만 아니라 그는 프런티어에서 슬롯 매니저와 보조 여신 관리자로 일하며 카지노 사업을 배웠다.

만약 패리 토머스를 만나지 못했다면, 그는 그저 야심만 가득 찬 한 젊은이로 남았을 것이다. 토머스는 라스베이거스 도박의 역사에서 가장 영향력 있는 인물 중 한 사람이었다. 그는 카지노 운영자나 슬롯머신업자, 정치인은 아니었다. 그는 수년간 라스베이거스 카지노에서 유용할 수 있는 자본금의 유일한 합법적인 공급처였던 밸리 은행의 은행가였다. 지역에서 가장 유력한 유지 중 한 사람이었던 토머스는 진취적 사고방식을 가진 젊은이를 도와줄 만한 위치에 있었다. 토머스는 윈이 주류 판매권을 보유할 수 있도록 이끌어주었고, 1971년 성공의 길을 열어주었다. 윈은 하워드 휴스로부터 시저스 팰리스에 인접한 아주 조그만 땅을 매입해(하워드는 이때 딱 한 번을 제외하고는 평생 부지를 매각하지 않았다) 시저스에 아주 좋은 가격으로 되팔았다.

윈은 당시에는 호텔도 없이 밋밋한 도박장에 불과했던 골든 너깃의 주식을 일찌감치 매입하기 시작했다. 그는 주식 매입에 속도를 올려 1973년에는 골든 너깃 이사회 이사장이자 회장이 되었다. 윈은 골든 너깃에서 돈을 빼돌리거나 부정한 행위를 저지르는 직원들을 대거 해고했고, 카지노를 리모델링했으며, 초기 몇몇 호텔 건물을 건설했다. 1년 안에 윈은 골든 너깃 수익을 네 배나 증가시켰다. 윈이 골든 너깃에 가져온 변화는 그야말로 놀라운 것이었지만, 앞으로 다가올 더욱 굉장한 미래의 전조일 뿐이었다.[15]

윈이 골든 너깃을 탈바꿈시킨 사건은 라스베이거스 다운타운에서 매우 극적인 이야기 중 하나이지만, 윈 말고도 혁신을 일으킨 사람은 또 있었다. 존 "재키" 곤은 오늘날 흔히 사용되는 카지노 마케팅의 많은 요소를 이미 그 시대에 도입했다. 가족이 네브래스카주 오마하에서 불법 도박장을 운영했던 존은 어려서부터 도박 사업을 배웠다. 제2차 세계대전 당시 네바다주 토너파에 배치되었던 존은 자신의 미래가 바로 그곳에 있다고 확신했다. 1946년, 그는 볼더 클럽 지분을 사들였고, 이어 1951년에는 플러밍고의 지분 3퍼센트를 갖게 되었다. 스트립을 향한 이러한 행보에도, 그의 운명은 여전히 다운타운으로 이어졌다. 그는 1959년 라스베이거스 클럽을, 1963년에는 엘코르테즈를 매입했다. 이 두 곳을 인수하면서 그는 다운타운 제국의 초석을 놓게 되었다.[16]

위 두 곳뿐 아니라 골드 스파이크, 웨스턴, 플라자까지 포함한 카지노에 관하여 곤은 광범위한 개혁 조치를 취했다. 그는 펀북funbook이라는 책자를 만들어냈는데, 그 책자는 무료 베팅, 매치 플레이(손님이 베팅하면 그 금액에 맞추어 카지노에서도 같은 금액으로 베팅 금액을 올려 두 배로 만들어주는 것), 반값 할인 쿠폰 등이 들어 있는 소위 쿠폰북이었다. 이렇게 시작된 펀북은 지금은 전국의 저예산 고객을 표적으로 하는 카지노에서 흔히 사용된다. 고안은 또한 고객들에게 작은 선물을 나누어주기 시작했는데, 이로써 느슨했던 휴일의 분위기를 끌어올렸다. 그의 카지노에서는 손님들에게 사탕을 한 상자씩 나눠주었고, 그러한 작은 유인책만으로도 그의 카지노는 사람들로 가득 찼다. 이러한 홍보 전략으로 고안은 카지노 게임의 매스 마케팅을 개척해냈다―이 방식의 도입은 미국에서 도박이 인기를 끌었던 기간에 비하면 오히려 다소 늦은 감이 있다.

플라자 호텔 소속이면서 곤의 파트너였던 한 남성도 카지노 산업계에서 최정상에 우뚝 서게 될 카지노 왕국을 건설했다. 샘 보이드는 대공황 시대에 오클라호마에서 어린 시절을 보냈다. 그의 가족은 남부 캘리포니아로 이주했고, 롱비치 근처에서 사람들을 상대로 카니발 확률 게임을 운영했다. 이후 보이드는 로스앤젤레스 전역에 걸쳐서 빙고 게임장과 선상 도박장을 운영했다. 1935년부터 1940년까지는 호놀룰루와 힐로에서 게임장을 운영하면서 하와이에 이른바 빙고라는 복음을 전파했고, 여러 관계를 형성했다. 이후 네바다로 이주한 보이드는 1944년 징집되기 전까지 여러 카지노를 매매했다. 1946년 라스베이거스로 돌아온 보이드는 엘란초 베이거스와 플러밍고, 선더버드에서 일하며 정상에 오르기 위한 길을 닦았다.[17]

1952년, 보이드는 자신이 모은 돈과 빌린 돈을 합쳐서 사하라 지분을 매입했고, 새로운 카지노에서 시프트 매니저가 되었다. 1957년, 사하라 운영주가 다운타운에 민트를 열었을 때, 보이드는 이곳의 지분도 사들였고 총관리자로 임명되었다. 그곳에서 그는 과거 카니발 게임을 운영했던 기억을 떠올려 손님들을 상대로 효과적인 홍보를 펼쳤다. 카지노 개장 기념일에는 엄청나게 큰 케이크를 주문했고, 손님들에게 무료 식사를 제공했다. 보이드의 이러한 관대함은 좋은 의미의 사업적 감각이었지만, 동시에 진정한 자선가로서의 본성을 드러내는 것이기도 했다. 실제로 보이드와 그의 가족은 이후 수십 년 동안 라스베이거스에서 심도 있는 자선활동을 이어갔던 것으로 유명했다. 보이드는 나중에 그가 엘도라도로 이름을 바꾸었던 헨더슨을 1962년에 매입했고, 델 웹이 민트 카지노에서 자신의 입지를 확고히 했던 1966년 민트를 그만두었다.

보이드는 다운타운에서 유니언 플라자 호텔 사업을 시작했다. 이 프로젝트에 있어 가장 많은 투자를 했던 사람들은 재키 곤과 켈 후셀 주니어 보이드로, 이들은 함께 카지노를 운영했다. 보이드는 라스베이거스 다운타운에서 처음으로 여성 딜러를 고용한 사람이었다. 리노에서 여성 딜러는 흔히 볼 수 있었지만, 라스베이거스의 딜러 라운지는 1971년 보이드가 유니언 플라자에서 실험적으로 일군의 여성 딜러만을 고용하기 전까지 남성들만의 모임으로 존재했다. 유니언 플라자의 성공적 운영으로, 보이드와 변호사였던 그의 아들 윌리엄은 곤에게 지분을 팔고 캘리포니아 호텔 건설을 시작했다. 1974년에 개장한 캘리포니아 호텔은 얼마 지나지 않아 라스베이거스의 랜드마크가 되었다. 캘리포니아 호텔은 독특한 건축양식으로도 유명했지만, 그곳을 찾는 손님층도 독특했다. 보이드가 과거 자신이 하와이에서 일할 때 맺었던 연줄을 동원해 적극적으로 홍보 활동을 했기에 섬에서 온 관광객들이 호텔을 가득 채웠다.

보이드는 다운타운에 메인 스트리트 스테이션과 프리몬트 호텔을 추가로 세웠지만, 그의 명성을 결정적으로 굳혔던 것은 1979년 자신의 이름을 딴 샘스 타운Sam's Town의 개장이었다. 샘스 타운은 볼더 하이웨이와 넬리스 불러바드에 위치해, 당시 아직까지 누구도 손을 뻗치지 않은 고객이었던 지역 주민들을 그 대상층으로 했다. 이후 20년 동안 수많은 경쟁 업체가 들어섰고, 호화로운 라스베이거스에 비해 다소 수준이 낮다는 의미를 담아 볼더 스트립Boulder Strip이라고 불리기도 했다. 보이드의 카지노 대표직은 곧 보이드의 아들 윌리엄 보이드에게 승계되었고, 그는 아버지로부터 물려받은 사업을 더욱 확장해 여섯 개 주에서 카지노를 설립했을 뿐 아니라, 1985년에는 스트립 랜드마크인 스타더스트 리조트를 매입했다.

네바다의 다른 지역에서 진행되었던 개발은 스트립의 급격한 성장에 그 빛이 가려졌지만, 다른 곳에서도 도박은 꾸준히 성행했다. 빌 하라는 리노에 위치한 자신의 부지에서, 당시 유명 연예인들을 내세운 풀 서비스 호텔 카지노를 개발했다. 그의 타호 카지노는 다른 곳 못지않은 화려한 외관을 자랑했다. 어니스트 프림은 시 위원회에서 리노 다운타운에서 몇 블록에만 카지노를 한정시키기 위해 정했던 금지선을 무시하고 1970년대 새로운 카지노 호텔 여러 곳을 개장하기도 했다.[18] 비록 남부에서 대부분의 영광을 차지하기는 했지만, 리노, 잭폿, 메스키트, 나중에 생긴 프림 앤 로플린 같이 주의 경계를 따라 존재했던 마을들도 도박의 물결에 합류하기 시작했으며, 곧 자신들만의 호텔 카지노를 건설했다.

법을 바꾸고 새로운 게임의 시대를 열다

1960년대 더욱 커졌던 카지노 리조트의 규모 때문에 카지노 재정은 위기에 처했다. 1940년대부터 1950년대까지, 일반적인 방식의 대출은 받지 못했던 카지노 개발업자들은 투자자를 가릴 형편이 아니었다. 대부분의 미국 기업과 개인은 카지노에 대한 투자가 너무 위험하다고 판단했다. 많은 리조트가 운영이 잘 되고 안 되고를 떠나서 언제든 망할 수 있었기 때문이다. 그러나 불법 도박(실질적으로 범죄자)의 배경을 가진 이들은 카지노가 제대로 운영된다면 이곳에서 단단히 수익을 챙길 수 있다는 것을 알고 있었고, 때로 아예 라스베이거스로 이주하기까지 하면서 투자하는 데에 거리낌이 없었다.

1945년부터 네바다 카지노 지분을 보유하고자 하는 사람은 주로부터 면허를 받아야 했다. 1955년 게임통제위원회가 발족하면서, 면허 교부 과정은 더욱 강화되었다. 네바다 규제 당국에서 도박 관련 범법 행위로 선고받은 사람들에게 면허를 주는 경우도 있었지만, 딱 거기까지였다. 갈취나 살인과 같은 중범죄로 유죄 판결을 받은 사람은 면허를 받을 수 없었다. 조직 범죄단에 관련된 사람도 면허 교부가 금지되었다. 범죄를 저지르고 유죄 판결을 받은 적은 없지만 조직 범죄단과 연루되어 있을 것으로 의심되는 사람도 공개적으로 카지노 투자에 개입할 수 없었다. 이에 그런 사람들이 카지노에 투자하고 싶다면 허위로 자신을 대신할 투자자를 내세우거나 카지노 관리 원칙에 따라 투자 자본을 내놓아야 했다. 스트립이 붐을 일으키던 초기에 이러한 방식의 투자는 아주 흔한 것이었다.

다른 투자자들과 마찬가지로 불법적으로 스트립 리조트에 투자했던 사람들도 자신의 몫을 챙기길 원했다. 공정한 방식으로 투자한 사람은 공개적으로 수익금을 배당받을 수 있었지만, 조직 범죄단에 연루된 은밀한 후원자들은 어떤 사업을 하든 속임수를 사용했으며, 소득을 은폐하는 방식으로 수익금을 배당받았다. 소득 은폐는 카지노에서 유통되는 현금에 대한 통제가 느슨했기에 가능했다. 매일 밤 카지노에는 수천 달러의 현금이 흘러 들어왔고, 이렇게 현금이 많았기에 그중 일부가 사라져도 크게 눈에 띄지 않았던 것이다. 가끔 수익 배분이라는 명목으로 직원들에게 현금이 지급되는 일도 있었다. 이러한 현금 지급은 직원들의 사기를 북돋아 그들이 더 일을 열심히 하도록 (그리고 그들이 쓸데없이 카지노에서 현금을 훔치지 않도록) '과외 수당'을 주는 긍정적 행위로 간주될 수도 있겠지만, 대부분 불법 투자자들에게 배당금을 지불하는 방식이었다.

카지노 관리자들 입장에서 소득 은폐는 주류 금융권에 대한 접근성이 차단된 상황에서 카지노 자본의 출자를 위해 사용할 수 있는 합리적인 방식이었다. 그러나 대중은 당연히 이러한 행위를 그냥 두고 보지 못했다. 네바다의 도박 반대론자들은 정직한 미국 시민을 합법적으로 도박하게 만들어 그 돈이 조직 범죄단의 손으로 흘러 들어가게 한다며 체제를 비판했다. 더구나 1950년대에는 선더버드와 트로피카나에서, 1960년대에는 플러밍고에서, 1970~1980년대에는 스타더스트와 알라딘에서 소득 은폐 스캔들이 터져 지속적으로 스트립 리조트들에 좋지 못한 상황을 만들었다. 한 도박 산업 비평가의 말처럼, 소득 은폐를 통해 네바다 게임업계에 조직 범죄단이 굳건하게 자리 잡게 된 것이나 다름없었다.

그러나 1983년 스타더스트 소득 은폐 스캔들이 터졌을 당시, 이미 마피아와 연루된 카지노라는 개념은 구시대적인 것으로 간주되는 추세였고, 1999년 미국 도박 영향 조사연구 위원회National Gambling Impact Study Commission 조사에 따르면 조직 범죄단이 네바다 게임업계의 (또는 다른 주의 어떠한 합법 도박업계에서도) 더 이상 중요한 존재가 아니라는 점이 드러났다. 이렇게 상황이 변화된 데에는 두 가지 이유가 있었다. 첫째, 조직 범죄단 내에서 전면적인 세대교체가 이루어졌으며, 둘째, 카지노 사업이 고도로 전문화되었기 때문이었다. 금주법 시대부터 양성되었던 기존의 세대는 자신들의 사업을 이끌어감에 있어 당연히 범죄 요소들도 다룰 수밖에 없었다. 그들이 40~50대에 이르자 "이제는 바르게 살기"를 원했고, 많은 이가 라스베이거스로 유입되어 카지노 리조트를 열었다. 1960년대에 이들은 60대가 되었고 이제 슬슬 은퇴할 나이였다. 그들은 자녀들을 대학에 보냈고, 자녀들이 같은 업계에 진출하더라도, 자녀 세대는 총으로 무장한 사람이 아니라 경영학 학위를 가지고 사업을 이끌어 나가려는 사람들이었다. 동시에 한때 불법 도박으로 수익을 창출했던 조직 범죄단은 마약 사업이나 노동조합 관련 범죄 등 음지로 흘러 들어갔다. 소위 깡패들은 더 이상 카지노에 투자하거나 더 좋은 카지노를 운영하기 위한 전문적인 사업 지식이 없었다. 합법적 도박으로 키워낸 후세대는 '부정한 돈벌이'에 대한 경험이 부족해짐과 동시에, 조직 범죄단에 남아 있던 이들은 점차 발전하는 카지노 사업에 대해 무지한 상태로 남겨졌던 것이다.

또한 스트립 리조트들은 도박을 점점 더 그들의 주류 사업으로 삼기 시작했다. 라스베이거스를 환상적인 휴양지 및 회의 개최지로 활발하게 홍보한 덕분에, 수백만 미국인은 카지노를 부적절한 존재로 받아들이지 않게 되었다. 스트립에 법인들이 개입하기 시작한 것은 1951년부터였는데, 당시 미국에서 선도적인 건축 회사에 뉴욕 양키스(공교롭게도 도박자들에 의해 시작된 팀이 아니겠는가)를 보유하고 있었던 델 E. 웹 코퍼레이션은 밀턴 프렐이 사하라 카지노를 위한 재원을 확보하도록 도와주었다. 이어 1957년에 델 웹은 밀턴 프렐과 함께 민트 카지노를 건설했고, 4년 뒤 이 두 카지노 모두를 아예 매입해버렸다.

이러한 과정은 평범한 사업적 거래로 보이지만, 실은 네바다주 게임 규제 때문에 굉장한 난관에 부딪혔다. 법에 따르면 카지노에 대한 모든 투자자는 사전에 조사받고 면허를 획득해야 했다. 대부분 카지노에서 기껏해야 수십 명의 주주가 있었던 다른 경우에는 이것이 가능했지만, 수천 명의 주주가 계속 새롭게 구성되는 상장기업은 사전 조사가 불가능했던 것이다. 델 웹은 법조문을 에둘러 감으로써 민트와 사하라를 매입할 수 있었다. 전액 출자된 자회사가 사실상 부지를 소유하고, 델 웹 및 파트너들이 보유한 통합 카지노 법인이 카지노를 운영하게 하는 방식이었다. 임대료는 카지노의 연간 수입에 맞추어 설정되었다. 웹은 수년 동안 카지노를 소유했고 1980년대에 포트폴리오를 매각했지만, 법인이 네바다주에서 합법적으로 카지노를 운영하려면 너무나 복잡한 행정 절차가 필요했기에 이러한 일에 뛰어드는 다른 법인은 좀처럼 없었다.[19]

1967년과 1969년, 폴 랙설트 주지사의 강력한 주장 덕분에, 모든 자격을 갖춘 법인이라면 게임 자산을 소유할 수 있도록 법이 개정되었다. 이제 상장회사도 면허를 교부받기 위한 지침을 엄격히 따르기만 한다면 게임 사업에 본격적으로 뛰어들 수 있게 된 것이다. 그 지침이란 카지노를 운영하는 모든 주주, 이사, 자회사 임직원이 면허를 받아야 한다는 것이었다. 상장회사 자체만 놓고 본다면, 회사 주식의 5퍼센트 이상을 소유하고 있는 주주들만 면허를 받으면 됐다. 이러한 변화는 앞서 기술되었던 휴스의 부지 매입이 공개적으로 알려짐과 더불어, 주류 투자자들의 구미를 당기는 곳으로 네바다를 탈바꿈시켰다.[20]

커크 커코리언은 위와 같은 게임의 새로운 적법성을 이용한 첫 번째 사람이었다. 캘리포니아에서 대공황 시대에 자랐던 그는 도박꾼이기도 했는데, 1940년대 라스베이거스로 손님을 실어 나르는 전세기 사업을 시작했다. 그는 스트립에서 조그만 구획의 땅을 매입했다가 마지막에는 제이 사노에게 매매했는데, 알려진 바에 따르면 그는 리조트 사업의 전망이 불확실하다고 생각했기에 지나치게 높은 임대료에 이의를 제기했다고도 한다.

1966년, 커코리언은 한발 더 나아갔다. 그는 토지만 소유하는 것이 아니라 직접 리조트를 짓고 싶어했다. 라스베이거스 컨벤션 센터에 인접한 부지를 매입한 그는 세계에서 가장 큰 리조트 호텔을 건설하기 위해 건축가 마틴 스턴 주니어를 고용했다(마틴은 사하라와 샌즈의 고층 호텔 타워를 건축한 사람이었다). 또한 자신의 호텔에 걸맞은 최상의 직원을 모집하기 위해 사하라 호텔 소속이었던 당시 최고의 호텔 관리자 알렉스 슈피를 카지노 대표로 채용했다. 커코리언은 1967년, 실적이 부진하던 플러밍고 호텔을 매입했고(플러밍고 호텔은 당시 엄청난 규모의 소득 은폐로 악명 높았다), 사하라에서 자신의 충실한 부하 직원들을 데리고 나온 슈피가 새로운 리조트와 카지노 개장을 준비했다.

슈피는 플러밍고를 완전히 뒤바꾸어놓았다.[21] 그가 호텔을 관리하면서부터 플러밍고는 첫해에 300만 달러, 이듬해에는 700만 달러의 수익을 냈다. 그러나 이러한 엄청난 변화도 조만간 실현될 커코리언의 거대한 리조트, 인터내셔널International의 전조일 뿐이었다. 1969년 7월 2일, 인터내셔널은 카지노 설계에 있어서 엄청난 도약을 보여주었다. 게다가 인터내셔널은 무려 1500실의 객실을 갖춘, 정말로 세계에서 가장 큰 호텔이 되었다. 길 건너편에는 골프장이 있었을 뿐 아니라 호텔에는 수영장, 테니스장, 배드민턴장, 탁구장, 운동광들을 위한 운동 시설, 일곱 개의 레스토랑, 세계에서 가장 큰 카지노(규모가 약 2만7000제곱피트였는데, 지금 기준으로 보면 너무나도 협소하겠지만 당시에는 엄청난 규모였다), 인터내셔널 쇼룸을 포함한 공연장 세 곳에 널따란 회의 시설을 갖추고 있었다. 부모들이 카지노에서 재미를 보는 동안 아이를 맡아주는 '아동용 호텔'이라는 주간 돌봄 시설도 있었다.

스트립에 Y형으로 건설된 인터내셔널은 카지노 설계에 있어 새로운 세대의 시작이었다(1990년대에는 이러한 건축양식이 유행이었다). 스트립 카지노의 첫 번째 세대는 나이트클럽에 식당이 덧붙여진 그럴싸한 모델형이었다면, 두 번째 세대는 인터내셔널이 보여주었던, 어마어마한 호텔 타워에 대규모 카지노, 다양한 오락거리와 엔터테인먼트, 멋진 식당, 회의 시설을 갖춘 단일 복합체 건물이었다. 2000개의 객석을 갖춘, 스트립에서 유례없이 큰 규모를 자랑했던 공연장은 엘비스 프레슬리와 같은 대스타가 공연하기에 완벽한 장소를 제공했다.[22]

인터내셔널은 큰 성공을 거두었지만, MGM 스튜디오와 웨스턴 에어 매입으로 무리했던 커코리언은 힐턴 호텔에 카지노를 매각했고, 힐턴 호텔은 1971년, 커코리언이 운영하는 회사이자 인터내셔널, 플러밍고를 소유하고 있었던 트레이신다의 지분을 대량 사들였다. 인터내셔널은 이름을 바꾸어 라스베이거스 힐턴이 되었다. 엘비스 프레슬리가 이곳에서 지냈고, 리조트는 라스베이거스에서 가장 유명한 하나의 아이콘이 되었다. 플러밍고는 플러밍고 힐턴으로 이름을 바꾸어 2001년까지 그 이름을 유지하다가, 나중에는 다시 플러밍고로 돌아왔다. 카지노를 모두 매각했지만 커코리언은 라스베이거스를 떠나지 않았다. 1973년, 그는 더욱 웅장한 MGM 그랜드를 건설했는데 객실만 2100실로, 또다시 세상에서 가장 큰 호텔을 만들어냈다. 플러밍고 로드와 라스베이거스 스트립에 위풍당당하게 서 있던 이 거대한 시설은 당장 스트립의 제일가는 호텔로 각광받았다. 여기에서 커코리언은 한발 더 나아갔다. 이후 살펴보겠지만, 그다음 단계의 스트립 개발 국면에서 커코리언은 아주 중요한 역할을 하게 된다.

힐턴이 라스베이거스로 들어오면서 국제적 인지도를 가진 호텔 체인이 유입되었지만, 기존의 게임 업체들은 이전의 파트너들과 뿌리 깊은 관계를 맺고 있었다. 하라스, 쇼보트Showboat, 서커스 서커스 등 다양한 카지노 운영주들은 새로운 카지노 매입과 확장을 위해 회사를 주식회사로 만들었다. 새로운 자본이 흘러들어오면서 스트립은 고층 호텔 타워로 채워지기 시작했다. 네바다주 연간 게임 수익이 10억 달러를 넘어서면서, 새로운 기업의 시대가 문을 열고 있었다. 한편 나중에 세계에서 가장 큰 게임 회사가 되는 카지노 중에 이러한 법인 태생이 아닌 곳도 있었다. 1973년, 클로딘과 셸비 윌리엄은 홀리데이 카지노라는 조그마한 카지노를 북부의 스트립 홀리데이 인 앞에 개장해서 아주 능숙하고 전문적으로 운영했다. 카지노는 곧 스트립에서 매우 유명해졌다. 1983년 홀리데이 인에서 이곳을 인수했고(이미 1980년에 카지노 지분의 40퍼센트를 사들였다), 이곳은 1992년에 그 유명한 하라스 라스베이거스가 되었다.

MGM 그랜드의 개장과 함께 하늘 높은 줄 모르고 라스베이거스의 열기가 치솟는 듯했지만, 사실 1970년대와 1980년대는 스트립도 경제적으로 기울던 시기였다. 석유 파동과 경제적 침체는 스태그네이션을 몰고 왔다. 1980년 11월 21일, 80명의 사망자를 냈던 MGM 그랜드의 화재도 스트립의 취약성을 보여주는 비극적인 사건이었다. 가장 최신식으로 건설된 현대적 카지노에서 그러한 재난이 발생했다는 점은 스트립의 미래가 불안정하다는 불안감을 가중시킬 뿐이었다. 이때 애틀랜틱시티의 새로운 카지노들이 어렴풋하게 떠오르기 시작하면서, 게임 메카로서의 라스베이거스는 곧 사장될 것만 같았다.

12장

다시 한번
어른들을 위한 놀이터로

동부의 카지노 중심지, 애틀랜틱시티

보드워크의 과거

1970년대에 이르러 미국 여러 주에서 경마를 허용하기 시작했으며, 복권은 그저 허용만 되는 수준이 아니라 사람들의 욕망을 자극하는 존재가 되었다. 몇몇 주에서 슬롯머신을 합법화하려 시도했음에도(그중에서도 메릴랜드가 가장 적극적이었다), 네바다만이 카지노 도박을 허용한 유일한 주였다. 하지만 국가의 경제적 상황이 어려워지자, 카지노 도박에 관한 법안 발의가 여러 주에서 빗발치기 시작했고, 그중에 그러한 움직임이 가장 활발했던 곳은 뉴저지였다.

애틀랜틱시티 주민들은 1950년대부터 주 당국에 카지노 합법화를 요구했다. 필라델피아 주민들을 대상으로 한 휴양지로 형성된 애틀랜틱시티는 남북전쟁 이후 대호황 시대에 출현했다. 미국에서 선도적인 각종 컨벤션과 전시회 개최지였던 애틀랜틱시티에는 세계적으로 유명한 보드워크를 따라 으리으리한 호텔들이 줄지어 서 있었고, 이러한 호텔들은 여러 콘서트와 회의, 하인츠나 제너럴모터스와 같은 회사들의 상품 전시회가 열리기도 했다. 오죽하면 도시의 이름이 미국 대공황 시기에 널리 유행했던 보드게임 모노폴리에 각인되어 지금까지도 많은 이에게 익숙한 이름이 되었겠는가? 도시 내 나이트클럽에는 유명 연예인들을 포함한 수많은 이가 모여들었으며, 1950년대 초 개혁의 바람이 더욱 거세지기 전까지 나이트클럽에서 열리는 카지노 도박판은 공공연한 비밀이었다.

애틀랜틱시티의 리조트는 가족 단위 손님들을 주 대상층으로 홍보되었지만, 이미 1860년대부터 조금만 찾아보면 어른들이 재미있는 놀이를 할 수 있는 곳은 얼마든지 찾을 수 있었다. 사실상 "우리의 친구" 이넉 존슨(그는 1908년부터 애틀랜틱시티의 보안관으로서 세력을 굳혔다)의 지배 아래 있었던 애틀랜틱시티에서, 공개적인 도박은 관광업에서 요긴한 것으로 보이긴 했다. 알려진 바에 따르면 1923년, 존슨은 지하 세계 유력가 찰스 '러키' 루차노를 만나, 수익의 10퍼센트를 받는 대가로 루차노 일당(프랭크 코스텔로와 조 아도니스)이 주도하는 주류밀매업과 도박을 "내 해변가"에서 허용해주겠다는 협상을 했다고 한다. 이후 실시된 존슨의 부패에 관한 연방 정부의 조사 결과, 당시 스물다섯 곳의 카지노와 나인볼 당구장이 애틀랜틱시티에서 운영되고 있었다고 한다. 이곳들은 모두 처벌 따위는 안중에도 없이 공개적으로 운영되었고, 한 해에 1000만 달러가 넘는 수익을 벌어들였다.[1]

1941년 존슨이 투옥된 후에도, 이전보다 덜 공개적이기는 했지만 도박은 계속되었다. 도시의 유명한 나이트클럽은 대부분 비밀스럽게 카지노를 운영했다. 프랭크 시나트라도 여러 번 공연했고, 딘 마틴과 제리 루이스의 희극인 팀이 태어난 본거지였던 폴 '스키니' 다마토의 클럽500에도 슬롯머신만 없었을 뿐, 라스베이거스와 동일한 모든 게임을 즐길 수 있는 카지노가 마련되어 있었다. 세계적으로 유명한 브로드워크는 또 다른 의미에서 도박의 메카였다. 이곳에서는 빙고와 카니발 확률 게임이 흔했으며, 호화로운 호텔의 전용 객실에는 큰 금액으로 포커 게임을 하는 부유한 손님들이 들락거렸다. 좀더 평범한 방식으로 게임하고 싶은 사람은 복권을 사거나 경마에 베팅했다. 애틀랜틱시티는 1951년 키포버 위원회의 공청회에서 그 실상이 드러나 강제적으로 폐쇄되기 전까지는 그야말로 도박자들을 위한 천국이었다.[2]

우연의 일치인지는 모르겠지만, 불법 카지노를 몰아내고자 했던 개혁의 바람과 함께 도시는 쇠퇴하기 시작했다. 값싼 항공편이 제공되면서, 더욱 이국적인 휴양지에서 휴가를 보내기 위해 플로리다와 라스베이거스로 떠나는 사람이 많아졌다. 애틀랜틱시티에서 1964년 민주총회가 개최되었을 때, 당시 이를 보도하던 전국 뉴스 매체들에 의해 도시가 얼마나 쇠락했는지가 여실히 드러났다. 호텔과 관광 시설에 대한 투자는 거의 없었고, 한때 화려함을 자랑하며 "미국인의 놀이터"라고 선전되었던 도시의 실상에 관한 기사가 연일 보도되었다.

그러나 장기적으로 내다봤던 애틀랜틱시티 일부 주민은 라스베이거스의 성공을 지켜보면서 합법적 카지노가 하나의 대안이 될 수 있으리라 생각했다. 전설적인 클럽500 소유주 다마토는 1956년부터 이미 의원들에게 자신의 클럽을 포함한 다른 나이트클럽 및 호텔에서 합법적으로 카지노를 운영할 수 있는 법안을 만들어달라고 요청하기도 했다. 2년 뒤에는 폭스 매너 호텔의 소유주였던 밀드러드 폭스도 여성상공회를 조직하여 카지노 합법화 추진에 동력을 가하려 했으나 실패로 끝나고 말았다.

여러 번 차질이 있었음에도, 애틀랜틱시티는 카지노를 포기하지 못했다. 실업률이 연일 치솟고 도시가 더욱 황폐해지자, 주민들은 더욱 심각하게 상황을 받아들이고 움직이기 시작했다. 1968년 12월 다마토의 이름으로 셸번 호텔에서 개최된 저녁 만찬회에서 애틀랜틱시티에 카지노를 합법화시키기 위한 협력 작업이 시작되었다. 지역 유지들이 여럿 참석했던 이 행사에서 이야기의 주제는 곧 합법 도박의 전망으로 전환되었고, 모든 이가 도시의 재활성화를 위해서는 카지노가 필요하다고 의견을 모았다. 1970년대 초 카지노와 관련된 논란은 주 전체로 퍼져나갔으며, 1974년, 합법 카지노 옹호 세력은 결국 11월 이와 관련한 국민투표를 끌어내는 데 성공했다.[3]

그러나 애틀랜틱시티의 주민들은 만장일치로 지지했지만 뉴저지주의 다른 지역에서는 반대가 이어졌다(비록 뉴저지주는 이미 1970년 소득세 부과에 대한 논란을 피해 가기 위한 불완전한 방편으로 복권을 허용한 바 있었음에도). 교회 지도자들은 도박이 비도덕적인 행위라고 비난했고, 법과 질서를 내세우는 세력들은 뉴저지주가 조직범죄로 뒤덮일 것이라고 경고했다. 게다가 카지노가 어디에 들어서야 할 것인가에 관해서도 의견이 분분했다. 브렌던 번 주지사는 카지노가 애틀랜틱시티에만 한정되기를 바랐지만, 의회에서는 만약 투표로 카지노가 허용된다면 주 내 어디든 설립할 수 있게 해야 한다고 주장했다. 이러한 분위기는 합법 카지노에 대한 사람들의 생각을 돌리는 데 일조했고, 유권자들은 결국 이 사안을 거부하게 되었다. 당시 정치 분석가들은, 종교적 지도자들과 법을 집행하는 공무원들이 주민들에게 도덕성과 법이라는 명목으로 도박을 거부하라고 단호히 촉구하는 상황에서, 카지노 도박에 관한 투표가 다시 이루어질 일도 없고 승리할 수도 없을 것이라고 결론짓기도 했다.[4]

이러한 전문가들은 전국적으로 도박 합법화를 향한 움직임이 태동하고 있었다는 점을 간과하고 있었다. 뉴저지주에서는 이미 경마와 복권이 합법화되었고, 네바다주가 큰 성공을 거두면서 몇몇 주에서는 도박의 합법화가 불가피하리라고 보고 있었다. 노련한 정치인들의 책략과 담합으로 이 사안은 2년 뒤 다시 수면 위로 떠올랐다. 이번에는 애틀랜틱시티에만 카지노를 허용하는 방향으로 새롭게 제안된 이 방안을 가톨릭교회에서 대대적으로 지지하기 시작했다. 카지노에서 얻은 수익의 일부를 노인들을 위한 프로그램 기금으로 활용하겠다는 점도 영향력 있는 정치 집단의 지지를 이끌어 냈다. 법조계조차 엄격하게 규제하겠다는 선언을 하면서 애틀랜틱시티의 카지노 건설에 온건한 태도를 보였다. 그러나 카지노를 찬성하는 로비 세력은 여기서 만족하지 않고 정치 자문으로 샌퍼드 위너를 고용해 애틀랜틱시티 재건 위원회라는 집단을 보조하도록 했다. 애틀랜틱시티를 돕겠다는 입장에서 (그리고 주 전체를 단위로 하는 프로그램을 위한 자금을 마련하겠다고 하면서) 국민투표를 지지하는 활동을 하며, 위너는 당시에 천문학적 금액이었던 100만 달러를 활동자금으로 모금 받았고, 주 전역에 걸쳐서 강경하게 지원 활동을 지속했다. 고작 2만1000달러를 모았던 카지노 반대 세력은 아연실색하고 그저 무기력하게 이를 바라볼 수밖에 없었으며, 결국 1976년 11월 2일, 애틀랜틱시티 카지노 주민투표는 찬성으로 결론지어졌다.[5]

"도시가 다시 태어나다CITY REBORN"라는 지역 신문 『애틀랜틱시티프레스』의 헤드라인은 득의양양하게 새 시대를 알렸다. 허드렛일 심부름꾼부터 은행가에 이르기까지, 카지노가 도시에 새로운 활기를 불어넣을 두 번째 기회라며 환호를 내질렀다.[6]

그러나 언제나 그랬듯이, 악마는 은밀하게 숨어 있었다. 뉴저지주의 새로운 카지노들은 대체 어떤 방식으로 규제되어야 한다는 말인가? 누가 조직범죄를 예방할 수 있겠는가? 이 질문을 포함한 카지노 관련 복잡한 문제들이 뉴저지주 의원들의 목전에 닥쳤다. 그러한 가운데 국민투표 결과가 나온 첫날부터 카지노 건설은 이미 시작되었다. 애틀랜틱시티에 지어질 쾌락의 성, 미래에 도시를 잠식할 고통을 배태하고 있는 바로 그 카지노들이었다.

천국의 발견

1978년 5월 26일 기존의 해던 홀이 보드워크 호텔의 황금기를 여는 리조트 인터내셔널로 재개장하면서 주사위는 던져졌다. 의원들은 리조트 인터내셔널의 개장에 앞선 몇 달 동안 이 새로운 산업을 규제하기 위한 정책적 틀을 마련했다. 이에 카지노통제위원회가 면허 발부 및 정책 결정의 역할을 맡았고, 게임집행국이 정부의 조사 및 강제집행부서가 되었다. 정부 관리들은 특히 조직범죄가 게임 산업과 관련해 손을 미치는 것을 방지하고자 했다. 리조트에서 개장 행사가 이어지는 동안, (합법 카지노를 옹호했던) 뉴저지주 주지사 브렌던 번은 조직범죄 세력을 상대로 강경하게 경고했다. "애틀랜틱시티에 그 더러운 손을 갖다 댈 생각하지 마시오. 아예 들어올 생각도 하지 말라고!"[7] 많은 이가 조직 범죄단이 뉴저지로 유입될 수도 있을 거란 생각을 비웃었다.

리조트 인터내셔널의 역사는 당시 카지노 도박이 얼마나 매력 있는 분야였는지를 반증한다. 이 회사는 본래 메리 카터 페인트 컴퍼니라는 이름의 페인트 회사였다. 1960년대에 플로리다를 기반으로 활동했던 이 회사는 다른 페인트 회사뿐 아니라 패스트푸드 체인인 비프 버거 등 여러 회사를 합병하면서 거대 기업으로 거듭났다. 이렇게 인수한 회사 중에는 바하마에 호텔, 부동산 및 카지노를 보유하고 있었던 바하마개발 유한회사도 있었다. 이 사업이 페인트 사업보다 훨씬 좋은 수익을 가져다줄 것임을 알게 된 회사는 1968년 페인트 분과를 없애버리고 회사 이름을 리조트 인터내셔널로 바꾸었다.

리조트 인터내셔널은 1976년 애틀랜틱시티에서 기업 차원의 도박을 벌였다. 즉, 샐폰트-해던 홀을 소유하고 있던 회사를 위해 240만 달러를 지불했던 것이다. 그들은 1976년 카지노 합법화 국민투표를 준비하는 카지노 지지 캠프에 넉넉한 후원 자금을 보냈으며, 투표 결과가 나오자마자 공사를 시작해, 샐폰트-해던의 일부인 해던 홀을 카지노 호텔로 바꾸는 건설에 착수했다.[8]

이렇게 기민하게 움직인 덕에 그들은 아주 유리한 입장이 되었다. 네바다에서 성장했던 카지노 기업들이 뉴저지에 눈독을 들이고 있었겠지만, 처음에는 이들의 애틀랜틱시티 진출이 허용되지 않았다. 1976년까지 미국의 나머지 주에서는 도박이 불법이었기 때문에, 네바다주에서도 다른 주에서 사업을 할 수 있도록 허가하지 않았다. 바로 이 점이 애틀랜틱시티 카지노 문제에 대해서 그저 묵묵히 체념한 듯 보이던 라스베이거스가 노골적으로 적대감을 드러냈던 이유다. 투표 결과로 결국 카지노가 허용되고 뉴저지에 카지노가 들어서는 것이 기정사실이 되자, 고지식한 크누트왕이 되고 싶지 않았던 네바다 의원들은 1977년, 카지노통제위원회의 규제 시스템을 통과한다면 네바다주 외 카지노가 합법인 곳에서도 카지노를 운영할 수 있도록 법안을 개정했다. 뉴저지에서 외부 카지노업체와 관련된 제한을 풀어줄 수 있는데도 애틀랜틱시티로 가는 문이 닫혀 있다면 네바다 카지노 운영주들이 좌절할 것이 뻔하기 때문이다.9

그러나 제대로 개장할 준비가 된 운영자는 리조트 인터내셔널뿐이었다. 노스캐롤라이나 거리에 있는 보드워크에서 빠른 속도로 카지노를 준공하면서, 회사는 1977년 12월 카지노 면허 발부를 위한 공식 신청서를 제출하고 55만 달러의 수수료에 10만 달러의 자본금을 게임집행국에 납부했다.10 이듬해 1월, 회사는 1600만 달러를 대출받아서 1920년대부터 존속했던 해던 홀의 변신을 마무리했고, 디스코 시대에 걸맞은 초현대적인 카지노 호텔을 완공했다.11

자본을 마련하는 일도 쉽지는 않았지만, 회사에 대한 게임집행국의 조사는 그야말로 피 말리는 과정이었다. 게임집행국 자체도 이제 막 생겨나 자리를 잡아가던 중이었기 때문에, 이런저런 사안을 배워가며 조사를 시행하는 처지였다. 조사관들은 바하마 사업체를 검토하고 회사가 조직범죄에 관련이 있는지 등을 조사하여 회사 자체의 적합성을 결정해야 했는데, 이 모든 일을 회사가 면허를 받아 카지노를 개장하기 전에 마쳐야 했다. 또한 회사 대표부터 야간 청소부에 이르기까지 모든 직원의 재정 적합성, 신원, 마피아와의 연결 고리 등을 조사해야 했다. 이 모든 일에 비용이 많이 들고 긴 시간이 소비될 것이란 점은 불 보듯 뻔한 일이었다. 그러나 주민들에게 약속한 대로 사업체 규제를 엄격하게 해야 한다면 반드시 필요한 일이었다. 가을 전까지 이 일을 마무리한다고 해도 40명의 인원이 이 일에 매달려야 했다.

그러나 동시에 여름 휴가철에 카지노가 개장되어야 한다는 압박감도 증가했다. 리조트 인터내셔널 회장 제임스 크로스비는 카지노가 메모리얼 데이(미국의 전사자를 추도하는 기념일―옮긴이)에 개장해야 한다고 주장하고 있었다. 그는 카지노 게임 테이블에서 일할 400명의 딜러를 훈련하는 학교까지 연 참이었다. 게다가 뉴저지가 이스트 코스트에서 독점을 그리 오래 유지할 수 있을 것 같지도 않았다. 뉴욕과 펜실베이니아, 특히 가장 두려워할 만한 플로리다에서 곧 카지노를 허용할지도 모르는 일이었다. 따라서 조사관들이 작업을 마칠 때까지 면허 발부를 지연하는 것은 법적으로 당연한 일이었지만, 정치적으로는 5월 여름 시즌이 시작되기 전 카지노가 개장되어야만 했다.

이에 뉴저지 의원들은 임시적 면허를 발부하는 법안을 통과시켰다. 이 법안에 따르면 회사 조사를 제대로 마치기 전에도 최대 9개월까지 카지노 개장을 허용할 수 있었다.[12] 이에 따라 리조트 인터내셔널의 호텔은 카지노 면허를 공식적으로 받지 못한 상황이었는데도 9월 노동절까지 모든 객실이 예약되었다.[13] 마침내 카지노통제위원회는 5월 15일 6개월짜리 임시 면허를 발부했으며,[14] 카지노는 합법적으로 5월 26일에 개장했다.

메모리얼 데이 휴일과 날짜가 겹친 카지노 개장 주간에 엄청난 인파가 이곳으로 몰려들었다. 보드워크에는 카지노 입장을 기다리는 사람들의 행렬이 늘어섰다. 에이디 고메와 함께 스티브 로런스가 개장 행사를 맡았으며, 그는 크랩스 게임에 10달러를 베팅하면서 애틀랜틱 카지노에서 공식적으로 첫 게임을 개시한 사람이 되었다. 주사위를 던져서 5가 나온 뒤, 다음 주사위에서 7이 나오면서 그는 게임에서 졌다.[15] 그는 게임에서 졌지만 카지노에 입장한 수천 명의 도박꾼의 열기는 전혀 사그라지지 않았다. 사람들은 테이블 게임뿐 아니라 슬롯머신 뒤에도 겹겹이 서서 게임에 참여하거나 게임을 관전했다. 개장한 지 6일 만에 리조트는 290만 달러를 벌어들였다. 이러한 수익은 세계 신기록이었다. 개장한 첫해, 카지노가 벌어들인 돈은 거의 2억2500만 달러에 달했다. 네바다에서 가장 수익률이 높은 라스베이거스 MGM 그랜드도 연간 수익이 8400만 달러인 상황이었다. 갑작스럽게 라스베이거스는 엄청난 적수를 만난 것이다.

보드워크 왕국의 건설: 보드워크 리전시

리조트 인터내셔널은 그해 남은 기간에도 카지노 독점체제의 덕을 톡톡히 볼 수 있었다. 다른 카지노 운영업자들, 외국 투자자들, 사업가들이 부동산을 사재기하고 건축가를 고용하는 동안, 리조트 인터내셔널은 그야말로 돈을 쓸어 담았다. 네바다에서 이미 도박 사업을 운영하던 업자들도 이곳에서 사업을 확장하기 위해 분주해졌다.

그중에서도 시저스 월드가 가장 먼저 애틀랜틱시티로 들어올 준비가 되어 있었다. 1970년대 초, 시저스 월드는 포코노스 리조트를 매입한 차였다. 펜실베이니아 산간벽지에 있었던 이 리조트에서는 도박장이 운영되지 않았지만, 어쨌든 시저스의 깃발이 동부에 꽂힌 셈이었다. 곧이어 세 번째 깃발도 미국 남부에서 펼럭이게 되었다. 시저스 월드는 플로리다 북부 마이애미비치에 스카이 레이크 컨트리클럽을 매입했고, 추후 아파트 개발을 위해 400에이커의 땅을 확보했으며, 중간 규모의 플로리다 레스토랑 가맹업체 스테이크싱까지 사들였다. 스트립에서는 선더버드 호텔을 매입해 2300실의 객실을 갖춘 중간 수준의 호텔인 마크 앤서니 건설을 계획하고 있었다. 또한 시저스 월드는 레이크 타호 호텔도 매입했다.[16] 카지노의 이름이 적힌 깃발을 보면서, 시저스 월드 회장 클리퍼드 펄먼은 마음속으로 원대한 왕국의 청사진을 그리고 있었을 것이다.

영광을 쟁취하기 위한 길이 그렇게 쉬운 건 아니었다. 1977년, 시저스 월드는 포코노 리조트를 매각했다가 다시 그곳을 임대했고, 선더버드도 없애버렸다. 플로리다 시장 상황이 복잡하게 꼬여버리면서 플로리다에 있던 부동산 자산도 유동화시키는 과정에 들어갔다. 또한 같은 해 뉴저지 의원들이 카지노규제법을 통과시키고 네바다 군단을 받아들일 규제 시스템을 만들자마자, 시저스 월드는 한때 애틀랜틱시티의 살아 있는 전설이었으나 1972년 철거된, 트레이모어 호텔이 있던 토지를 임대했다.[17]

그러나 1억1500만 달러의 시저스 팰리스 애틀랜틱시티 개발은 펄먼이 탐탁지 않을 정도로 많은 시간이 드는 일이었다. 동시에 젬 코퍼레이션은 트레이모어 호텔 부지에서 몇 블록 떨어진 아칸소 거리와 보드워크에 위치한 하워드 존슨의 모터 로지를 보드워크 리전시라는 카지노 호텔로 개조할 계획을 추진하고 있었다. 1978년, 시저스는 젬과 사업 임대차 계약을 맺으며, 경력직 카지노 운영자를 보내고, 카지노 호텔에 최소 500실 이상 객실이 있어야 한다는 뉴저지 법정 기준에 맞춰 호텔을 개조할 3000만 달러의 비용을 투자하며 시장에 들어오고자 했다.[18] 리조트 인터내셔널이 개장 후 첫해 매달 1000만 달러 수익을 냈던 것을 고려하면 이는 그다지 어려

1978년 5월 26일, 해던 홀을 개조해 건설한 애틀랜틱시티의 첫 번째 카지노 호텔, 리조트 인터내셔널이 개장했다. 위 사진은 1976년, 뉴저지주 국민투표가 시행되기 얼마 전에 찍은 해던 홀-샐폰트의 정경이다. 리조트 인터내셔널은 호텔 확장을 위해 샐폰트를 철거했지만, 계획했던 대로 확장되지는 않았다.

운 결정이 아니었다. 몇 달만 지나면 카지노는 충분히 그 정도의 돈은 벌어들이고 더 큰 시저스 팰리스 건설 자금도 마련될 것이었다. 기공식을 치르고 8개월 뒤, 시저스 월드는 시저스 보드워크 리전시를 개장할 준비를 마쳤다.[19]

하지만 문제가 하나 있었다. 시저스 월드의 부동산 왕국이 썩 좋지 못한 세력과 연결 고리가 있다는 점을 뉴저지 실무자들이 찾아낸 것이다. 특히 뉴저지 당국에서는 시저스와 관련해 1974년 플로리다의 토지를 매매하고 펜실베이니아 리조트를 사들였던 앨빈 맬닉과 새뮤얼 코언을 우려하고 있었다.[20] 두 남성은 지하 세계 재력가 마이어 랜스키와 관련된 사람들이었다. 코언은 1973년 랜스키를 통해 라스베이거스의 플러밍고에서 3600만 달러나 은닉한 혐의로 유죄를 선고받았다. 랜스키도 같은 혐의로 기소되었지만, 법정 절차의 고된 과정을 견디기가 어려울 정도로 아프다는 이유로 재판조차 받지 않았다. 네바다 게임 규제 당국의 반복적인 경고에도 시저스는 이 둘과 계속 사업적 관계를 맺었다. 뉴저지 당국에서는 이들이 뉴저지에서 카지노를 개장한다면 그야말로 가장 악명 높은 마피아들에게 고속도로를 내주는 것과 다름없는 일이 될까 걱정했다.

어찌 되었든 시저스 월드 회장 클리퍼드 펄먼이 무급 휴가를 떠나기로 결정된 뒤, 카지노통제위원회는 시저스 보드워크 리전시에 임시 면허를 발급했다. 그리하여 1979년 6월 26일, 애틀랜틱시티의 두 번째 카지노가 개장했다.[21] 이곳도 리조트 인터내셔널과 마찬가지로, 개장하고 첫해에만 2억 6600만 달러를 벌어들이며 엄청난 수익을 누렸다.

그러나 뉴저지 당국에서는 반대급부도 없이 시저스 월드에 무작정 영구 면허를 줄 수는 없는 일이었다. 그 반대급부란, 클리퍼드 펄먼과 그의 남동생 스튜어트가 영원히 시저스 월드에서 손을 떼는 것이었다. 애틀랜틱시티는 놓칠 수 없는 어마어마한 시장이었고, 시저스 이사회는 즉각 그렇게 조치를 취했다.[22] 은퇴한 법인 재무 담당자 헨리 글럭이 대신 회장이 되었으며, 경영대학원을 졸업하고 1977년에 에트나 생명보험사(스트립 카지노에 처음으로 돈을 빌려준 주류 금융권 회사였다)로부터 6000만 달러 융자금을 확보할 수 있도록 일조함으로써 시저스에서 일하기 시작했던 테리 래니가 대표가 되었다.

이러한 전환은 이 시대 카지노가 직면한 변화를 상징적으로 보여주는 사건이었다. 이것은 또한 도박 산업에서 조직범죄를 몰아냈던 더욱 강력해진 규제와 그에 따른 회사의 미래를 보여주었다. 이후 시저스 보드워크 리전시는 1987년 그 이름을 시저스 애틀랜틱시티로 바꾸기 전후로 몇 번의 확장

을 거듭했다.[23]

펄먼 형제의 쇠락은 애틀랜틱시티에서 증가하는 카지노 산업의 두 가지 측면을 분명히 드러냈다. 첫째, 카지노 규제는 이제 그렇게 호락호락하게 볼 만한 일이 아니라는 점이다. 내로라하는 카지노업자들이 이미 3000만 달러나 투자한 상황에서 퇴짜를 맞는 상황은 뉴저지 당국이 그저 짖기만 하는 것이 아니라 실제로 물어뜯기도 하는 존재라는 점을 보여주었다. 둘째, 이 시장에 뛰어들고자 몸이 달아 있는 회사들은 사업을 위해서라면 최고 관리자를 갈아치울 정도로 희생할 준비가 되어 있었다. 리조트 인터내셔널이 1979년 7월 하루 평균 80만 달러 이상의 돈을 벌어들이는 상황에서(라스베이거스에서는 들어본 적도 없는 수치였다),[24] 라스베이거스 업자들은 애틀랜틱시티에 진입할 수만 있다면 친구든 누구든 간에 곧바로 작별 인사를 하고 어떤 대가든 치를 의지를 가지고 있었다.

카지노 신축 공사가 이어지다

이후 몇 년 동안 애틀랜틱시티에서는 기존의 오래된 호텔들을 철거하고 그 자리에서 새로운 공사로 뚝딱거리는 소란스러운 시간이 이어졌다. 구식과 신식 양식이 공존했던 발리스 파크 플레이스는 당시 도시의 과도기적 모습을 상징하는 듯했다. 저명한 건축가 윌리엄 라이트풋 프라이스의 설계로 이미 수십 년 전이었던 1901년 말버러 호텔이 건설되었는데, 호텔 앞 부지가 개발 가능해지자 소유주들은 다시 프라이스에게 부탁해 현대적인 블렌하임을 지었다. 이 보드웨이 호텔은 예술적으로, 건축학적으로 매우 혁신적이었다. 호텔 건축 당시 토머스 에디슨이 강화 콘크리트 설계를 도왔고, 보드워크에서 처음으로 방화 장치가 내장되었을 뿐 아니라 각 방에 개인

욕실이 구비되어 있었다. 블렌하임 건축의 무어식 양식은 그곳을 지나치는 사람들에게 굉장한 구경거리를 제공했다. 사람들은 호텔의 돔과 굴뚝을 보면서 감탄했고, 호텔 건물은 수십 년 동안 애틀랜틱시티의 주요 건축물로 그 위상을 자랑했다. 도박이 합법화되고, 카지노 게임업계를 적극적으로 활성화시켰던 리스 펠리가 1977년 호텔을 매입하면서, 블렌하임의 호텔 절반을 보존하면서도 현대적인 750객실의 카지노 호텔로 말버러를 개조하겠다고 발표했을 때, 지역 주민들은 환호성을 질렀다.

펠리의 업적으로 블렌하임은 미국의 역사적 기념건축물 목록에까지 등재되었지만, 얼마 지나지 않아 밸리 매뉴팩처링이 이 사업의 많은 지분을 사들이면서 물러나게 된다. 밸리는 건축가들을 교체했고, 말버러, 블렌하임, 인접해 있던 데니스 호텔을 완전히 철거하고 그 자리에 385피트짜리 팔각형 모양의 현대적인 카지노 호텔을 건설하겠다는 계획을 발표했다. 보존주의자들은 이 발표에 경악을 금치 못했지만, 밸리는 오래된 건물들을 새로운 기준에 충족되도록 유지하는 것이 얼마나 어려운 일인지를 이야기하며 이에 대응했다. 최종적으로 밸리는 더 오래되고 건축학적으로도 덜 중요했던 데니스 호텔은 유지하면서 말버러와 블렌하임은 폭파시키기로 결정했다. 1979년 12월, 개조된 데니스 호텔에 덧붙여진 5만1000제곱피트짜리 카지노 복합단지, 밸리스 파크 플레이스가 문을 열었다.[25] 밸리는 나중에 결국 카지노 지붕에 끔찍한 모양의 분홍색 탑을 더했고, 이후에는 그 옛날 거친 서부를 테마로 만든 카지노를 첨가했다. 그리고 인접해 있던 클래리지 카지노(호텔로 전환된 곳에 개장했던 카지노였다)를 매입하면서, 한때 밸리스 애틀랜틱시티(바뀐 카지노 이름)를 애틀랜틱시티에서 가장 큰 카지노로 만들었다.[26]

곧 샌즈Sands로 이름을 바꾸었던 브라이턴 호텔 카지노도 또 다른 언짢은 경향의 신호탄이었다. 애틀랜틱시티는 이미 한 세기가 넘게 세계적으로 유명한 리조트 휴양지로 존재해왔다. 편의주의를 추구하면서도 과거의 유산을 보존하고자 했던 첫 세대 카지노 운영자들과는 달리(그들은 정말로 최대한 단시간 내 개조하거나 신설해서 카지노를 개장하고 싶어했다), 이후 도시의 카지노 리조트들은 도시의 풍부한 유산, 지역의 구조, 보행자 친화적인 보드워크 따위는 고려하지 않았다. 대신 그들은 네바다 사막에 있는 카지노를 그대로 떠와서 저지 쇼어에 얹어놓듯 카지노를 건설했다.

사실 카지노규제법(애틀랜틱시티 카지노 산업을 합법화한 법률이었다)은 카지노에 최소 '500실 이상의 1등급 객실'과 회의장, 라이브 공연장, 24시간 운영되는 식당, 그 외 다른 편의시설을 갖출 것을 명시하고 있었다. 뉴저지 의원들은 카지노를 이용하되 애틀랜틱시티를 라스베이거스 스트립을 넘어설 정도로 만들려고 했기 때문에, 광고도 "진정성이 있어야 하며, 경박하지 않되, 도박이 중심이 되어서는 안 된다"고 규제를 가했다.[27] 그러나 이러한 규제 요건들은 애틀랜틱시티 카지노 방문객이 카지노를 벗어나지 않도록 보장하는 셈이 되었다. 그곳을 찾은 이들은 다른 곳에 갈 필요 없이 그곳에서 그야말로 모든 욕구를 충족할 수 있었던 것이다.

브라이턴의 개명은 애틀랜틱시티의 '라스베이거스화'가 점점 더 진행되고 있다는 사실을 상징했다. 역사적인 호텔은 모두 철거되고, B급 라스베이거스 스트립 카지노들이 그 자리에 들어섰다. MGM 그랜드, 둔스, 사하라의 애틀랜틱 버전이 제안되었으나 모두 개장하지 못했고, 샌즈, 시저스, 하라의 쇼보트(당시 리노와 타호에만 있었다), 트로피카나가 애틀랜틱시티의 토지 위에 네바다 깃발을 꽂게 되었다.

애틀랜틱시티에 큰 영향을 미친 네바다 카지노업체들은 홀리데이 인(홀리데이 인은 1980년 빌 하라의 리노와 타호 카지노들을 매입했다)이나 시저스와 같은 큰 호텔 법인이 아니었다. 애틀랜틱시티에 변화를 몰고 온 것은 라스베이거스의 골든 너깃 소유주이자 선견지명이 있었던 스티브 윈이었다. 윈은 이미 골든 너깃을 다운타운에서 제일가는 종합 서비스를 제공하는 카지노로 탈바꿈시켰다. 리조트 개장의 가능성을 발견한 윈은 1978년 6월, 소리 소문 없이 애틀랜틱시티로 향했다. 리조트 인터내셔널 회장 짐 크로스비가 친절하게 보드워크 반대편 끝자락의 매입 가능한 부지로 윈을 안내했다. 윌리 넬슨 티셔츠와 고무줄 바지 차림새를 하고 있었던 윈은 스트랜드 모텔에서 매니 솔로몬에게 850만 달러를 제안했고, 그로부터 20분 뒤 윈은 애틀랜틱시티의 일부를 자신의 손에 넣게 되었다.

타고난 카리스마와 야심이 있었던 윈은 성공적으로 월 가 자본가들의 환심을 얻었고, 금색과 흰색이 조화를 이룬 고급스러운 카지노 호텔을 건설할 비용을 마련할 수 있었다. 윈은 매력적인 리더십을 가진 사람으로, 모든 카지노 직원은 1순위로 골든 너깃에서 일하고 싶어했고, 이용객들과 직접 소통하는 윈의 방식(다운타운에서 그의 멘토이자 이웃이었던 베니 비니언처럼 윈은 직접 카지노를 돌아다니며 사람들을 만나고 악수하며 직접 그들의 이야기를 들었다)은 그의 카지노를 가장 인기 있는 곳으로 만들어주었다. 1983년 1000만 달러짜리 3년 계약으로 프랭크 시나트라를 카지노 간판스타로 만든 것은 그에게 있어 금상첨화였다.

스티브 윈이 애틀랜틱시티에서 손쉽게 금광을 차지한 것처럼 보이는 반면, 그 속도가 느린 사람들도 있었다. 이 점에 있어 라마다 인Ramada Inns은 애틀랜틱시티에서 직면할 수 있었던 문제들과 그 결말을 보여주는 전형적인 사례일지 모른다. 1978년, 라마다 인은 폐업한 앰배서더 호텔, 그리고 이와 인접하여 브라이턴 거리와 보드워크에 위치했던 도빌을 3500만 달러에 매입했다. 라마다는 애초에 피닉스라는 이름으로 549실의 객실을 갖춘 7000만 달러짜리 카지노 호텔을 건설할 계획이었다. 이러한 호텔은 애틀랜틱시티의 재활성화에 안성맞춤인 듯 보였다. 그러나 갑자기 이들은 본래 계획을 철회하며, 60년 전에 지어진 앰배서더를 새롭게 만드는 대신, 일단 먼저 카지노를 운영하고 그로 인해 충분한 자금을 확보한 뒤, 그다음에 1000실의 객실을 보유한 "피닉스-클래스" 호텔을 짓겠다고 말을 바꾸었다.[28]

뉴저지 사람들은 이 소식을 그리 달가워하지 않았다. 그중에서도 건축조합은 특히 그 소식에 분통을 터뜨렸다. 2년 전 국민투표 결과가 나올 때만 해도, 건설업자들은 카지노 게임업계의 활성화로 인해 새로운 건축 공사가 많아질 것이고, 이로써 놀고먹는 관련 업계 종사자들의 일거리가 많이 생길 것이라고 기대했기 때문이다. 마찬가지로 정치인들도 카지노가 운영될 수 있다면 앞으로 도시에 새로운 시설을 갖춘 호텔이 많이 생길 것이고, 이로 인해 더 많은 회의나 전시회를 유입시킬 수 있을 것이라는 이야기를 들어왔다. 그러나 이미 개장한 두 곳의 리조트와 시저스 보드워크 리전시는 기존에 있던 건물을 재사용했다. 이들이 시설을 재단장하기는 했지만, 도시가 숨죽이고 기대하던 잭폿은 아니었던 것이다. 이에 기존 건물에 판자를 덧대고 페인트칠만 새로 하는 작업에 지쳐버린 데다 제대로 된 건축 사업에 목말라 있던 카지노통제위원회는 앰배서더를 대상으로 특단의 조치를 취했다. 즉, 앰배서더는 기존의 호텔을 리모델링하는 것이 아니라 완전히 기존 건물을 철거하고 새롭게 호텔을 지어야 한다고 정해버린 것이다.

라마다 측에서는 강하게 반발했다. 라마다는 자신들이 미국의 이스트 코스트에서 가장 큰 호텔을 지을 원대한 계획을 세우고 있는데, 위원회에서 자신들만 다른 영업자들과 다른 대우를 해준다고 항의했다. 이에 카지노통제위원회는 솔로몬의 해결과 같은 절충안을 마련했다. 라마다가 앰배서더 호텔을 철거하되, 철근 구조만은 남겨놓은 상태까지만 철거해서 거기서부터 '새로운' 호텔을 지으라고 했다. 이러한 지난한 행보 끝에 결국 1979년 10월 공사가 시작되었다. 공사에 착수한 지 얼마 지나지 않아 라마다 인은 라스베이거스의 트로피카나를 매입했고, 라마다는 사업 이름을 트로피카나로 바꾸었다.

수많은 공사 지연과 비용 초과가 이어지면서, 애초에 예상했던 것보다 거의 다섯 배나 더 많은 3억3000만 달러의 자금이 투입된 트로피카나 프로젝트가 결국 완수되었고, 카지노는 1981년 11월에 개장했다. 카지노는 계획했던 수준보다 훨씬 작은 규모로 지어진 데다가, 1978년 사업을 시작했을 당시보다 훨씬 경쟁이 심화된 상황이었기에 여러모로 어려운 상황이 아닐 수 없었다. 4억 달러의 빚을 갚기 위해 라마다는 애틀랜틱시티 카지노를 짓는 데 전력을 다했으며, 그 과정에서 보유하고 있었던 호텔을 몇 채나 매각하기까지 했다. 이러한 과정을 거쳐 개장한 첫해 운영 상황을 볼 때, 피닉스는 완공되자마자 곧 망할 것 같은 처지에 이른 듯했다.

그러나 이듬해부터 상황이 바뀌기 시작했다. 주차장을 신설하자 더 많은 손님이 유입되기 시작했고, 카지노가 갑자기 애틀랜틱시티의 인기 관광지가 되면서 말 그대로 돈이 쏟아져 들어오기 시작했던 것이다. 몇 년이 지나자 트로피카나는 라마다가 보유한 업체 중 가장 큰 수익을 내는 곳이 되었을 뿐만 아니라, 동종업계 내에서도 가공할 만한 금액을 벌어들였다.[29] 1988년, 라마다는 새로 호텔 타워와 2에이커에 달하는 테마파크 티볼리를 추가로 건설했다. 이로써 트로피카나는 트롭월드라는 새로운 정체성을 갖게 되었으며, 경영진은 이곳이 디즈니월드에 필적하는 관광명소가 될 수 있기를 기대했다. 비록 이는 잘못된 생각이었던 것으로 결론지어졌지만, 트롭월드가 계속해서 회사에 엄청난 동력을 부여한 것은 사실이었다. 이듬해 라마다는 호텔부서(라마다 인 전체)를 매각해버리고, 아스테카 왕국을 모티브로 만든 아즈타라는 회사로 카지노를 분리시켰다. 이 시기 라스베이거스 트로피카나는 오히려 시장에서 뒤처지고 있었던 반면, 애틀랜틱시티의 트롭월드는 새로운 회사의 중심부가 되었다.

이것은 미국 카지노 산업의 지각 변동에 영향을 미쳤다. 1980년대 초, 애틀랜틱시티는 명실상부한 세계에서 제일가는 카지노 관광지가 되었다. 1984년, 애틀랜틱시티는 라스베이거스보다 호텔 객실은 6분의 1, 슬롯머신은 4분의 1, 게임 테이블은 절반 정도 수준인 데다 운영 시간도 제한되어 있었지만, 관광객 인구가 두 배나 많았고(라스베이거스가 1280만 명이었고, 애틀랜틱시티는 2850만 명이었다), 라스베이거스 연간 수입 20억 달러와 거의 맞먹는 돈을 벌어들였다.[30] 이곳을 찾는 이들은 대부분 자가용이나 버스를 타고 왔다. 주로 뉴욕, 펜실베이니아, 뉴저지에서 오는 손님들을 위해 매일 1000대가량의 버스가 이곳을 오갔다. 국제적인 하이롤러도 정기적으로 필라델피아와 뉴욕 공항으로 입국하여 기사를 대동해오기도 했지만, 기본적으로 이른바 '버스 사람들bus people'이 안정적이고 일상적인 기본 고객층이었다.

당시에 모든 것이 장밋빛인 것만은 아니었다. 많은 영업주는 카지노 설계, 직원 구성, 운영에 있어 모든 면에서 지나치게 까다로운 규제에 불만을 품고 있었다. 시저스, 힐턴, 플레이보이 카지노를 운영했던 휴 헤프너는 수백만 달러를 들였지만, 결국 영구적인 카지노 운영 면허는 받지 못했다. 시저스 월드의 경우, 면허를 받기 위해서는 대주주였던 펄먼 형제가 자신들의 지분을 매각해야만 했다. 플레이보이는 사람들로부터 인기를 끄는 곳이었지만, 나중에 바꾼 애틀랜티스라는 이름에 걸맞게 카지노 시장에서 가라앉아 사라져버렸다. 스티브 윈이 1987년 골든 너깃을 발리 게이밍에 매각한 것은 경종을 울리는 일로 받아들여야 했지만, 규제는 크게 바뀌지 않았다. 결과적으로 애틀랜틱시티는 1990년대 카지노 게임의 전국적인 폭발적 성장을 감당할 수 있을 정도로 준비를 갖추지는 못했다.

그러나 여전히 애틀랜틱시티는 성공이 약속된 땅이었다. 시저스, 트로피카나, 하라스는 네바다에서 운영하고 있었던 기존 카지노보다 애틀랜틱시티에서 훨씬 더 큰 경제적 성공을 거두었다. 1984년, 하라스 머리너는 회사 수익의 25퍼센트에 달하는 금액을 벌어들이고 있었다.[31] 하라스 머리너의 이러한 활약으로 회사는 1990년대 극적으로 그 규모가 확장될 수 있었다.

도널드 트럼프의 등장

TV 프로그램 「어프렌티스The Apprentice」에 출연하기 전, 그리고 대선 주자로 나서기 훨씬 더 이전에, 도널드 트럼프는 입신양명의 포부를 가진 젊은 개발업자였다. 당시 출세하기 위해서라면, 가장 빠른 속도로 발전하고 있던 카지노 시티에 입성하는 것만큼 좋은 방법은 없었다. 소수의 운영자만 있어도 그가 수하로 두고 있는 개발업자들의 요령과 마케팅 기법은 그를 거물로 만들어낼 수 있었다. 역사적으로 카지노 사업은 특출난 개인의 역할이 한몫을 차지했다. 그러한 개인 중에는 스스로 게임을 좋아하는 사람도 많았지만, 트럼프처럼 카지노를 사업 기회로만 보는 사람도 많았다.

트럼프는 1980년 애틀랜틱시티에 처음으로 발을 들여놓았다. 당시 그는 1964년 민주총회와 미스 아메리카 선발대회가 열렸던 컨벤션 홀에 인접했던 4.5에이커의 조그만 땅에 카지노와 호텔을 세울 계획을 하고 있었다. 애틀랜틱시티가 경제적 호황을 누리고 있었음에도, 은행 우대 금리는 15퍼센트까지 치솟아 돈을 빌리는 건 쉽지 않던 시기였다.[32] 또한 트럼프는 확실히 면허를 받기 전까지 자신의 이름과 (빌린 것이든 아니든) 자본을 투자하기를 꺼려했다. 펄면 형제가 시저스 월드에서 손을 떼고 있던 그 시기에, 결국 트럼프는 그런 일이 자신에게는 일어나지 않을 것이라고 확신했다. 트럼프에게는 자신이 밀려나지 않을 것이라는 확신이 일을 진척시키는 데 가장 중요한 원칙이었다.

당시에는 다른 전도유망한 카지노 소유주들도 카지노통제위원회로 찾아와서, 필요 이상으로 오랜 시간이 걸리더라도 예의 바르게 모자를 손에 들고는 공손한 태도로 참을성 있게 면허 신청 순서를 기다리는 것이 일반적이었다. 그러나 성격이 불같았던 트럼프는 위원회에 최후통첩을 보냈다. 자신이 카지노 건설을 시작하기 전에 어떻게든 이에 대한 위원회 투표를 실시해 결과를 알려달라는 것이었다. 위원회는 기존의 방식과는 달리 트럼프의 요구 사항에 응해주었고, 1982년 3월, 트럼프는 아직 카지노를 소유하지도 않은 상태에서 먼저 면허를 받았다. 이제 트럼프는 그가 지을 카지노에서 실제로 지저분한 일들을 처리해줄 동업자를 찾아 나섰다.

트럼프가 이와 같은 행보를 보였던 시기에, 카지노 업계에서 가장 신임할 만한 한 사람이 사업 확장의 기회를 노리고 있었다. 빌 하라는 자신의 네바다 카지노(하라스 리노와 하라스 타호)를 1980년에 합병한 뒤, 애틀랜틱시티 해안가 지역에서 이제 곧 개장을 앞둔 카지노 호텔 브랜드를 하라스 머리너로 바꾸었던 참이었다. 이 카지노는 위에서 언급했던 것처럼 대단히 성공적이었으며, 그는 나아가 보드워크에도 진출하기를 원했다. 만약 이들이 트럼프와 협력할 수 있다면 자신들이 직접 새로 건설하는 것보다는 더 적은 비용으로 그 발판을 마련할 수 있을 터였다. 트럼프가 이들에게 약삭빠른 조건을 제안했기에 하라의 입장에서는 대단히 값비싼 거래였다. 트럼프는 자신이 부지를 제공하는 대신 하라가 카지노 건설 비용을 대고, 수익의 절반을 자신의 몫으로 주며, 협력 관계를 맺으면서도 첫 5년 동안은 어떤 영업 손실에도 책임을 지지 않겠다고 했다. 트럼프는 사업에서 초래될 수 있는 모든 위험은 하라의 책임으로 몰고 자신은 잠재적 이익의 많은 부분을 취하는 식으로 거래를 제안했던 것이다.[33]

1984년 5월, 2억1000만 달러를 들여서 39층짜리 하라스 앳 트럼프 플라자가 화려한 스타들의 쇼와 함께 개장했다. 그러나 시작부터 이곳에는 동업자들 간에 긴장감이 감돌았다. 하라스는 말하자면 주로 중간급 도박자들을 대상으로 하는 방식으로 회사를 키워왔다. 이러한 방식의 사업에는 큰 위기 요소가 없었고, VIP 사업으로는 큰 이득을 남기지 않는 대신에 끈덕지게 25센트나 1달러 기계 게임을 하러 지속적으로 카지노를 찾는 도박자 군단을 주 고객층으로 했다. 하지만 트럼프는 하라스의 주요 마케팅 전략에 따를 경우 반드시 있어야 할 주차장 조성을 거부했다. 트럼프는 한술 더 떠서 호텔 이름에서 앞부분 '하라스 앳'을 삭제하도록 강요했고, 결국 이곳은 그냥 '트럼프 플라자'가 되었다.

하라스 머리너 건너편에서는 또 다른 대서사가 펼쳐지고 있었다. 힐턴 호텔이 애틀랜틱시티 지점 개장을 막 마친 참이었고, 당연히 이곳에도 카지노가 있었다. 힐턴은 이미 네바다에서 가장 큰 카지노, 라스베이거스 힐턴과 플러밍고 힐턴을 보유하고 있었고, 면허를 받아내는 일은 이제 형식적으로 남아 있는 과정일 뿐이라고 생각하고 있었다. 그러나 상황은 그들의 기대와 다르게 흘러갔다. 카지노통제위원회에서 힐턴사가 과거에 시드니 코샥과 연결 고리가 있다고 의심했기 때문이다. 시드니 코샥은 하다못해 무단횡단과 같은 사소한 법률 위반 기록도 없던 사람이었지만, 시카고 지하 세계 범죄조직과 연결되어 있다고 의심되는 노무사였다. 위원회는 결국 면허교부를 거부했다. 3억600만 달러에 운영 개시도 할 수 없게 된 624실 규모

1986년. 수많은 카지노가 애틀랜틱시티에 새로운 일자리와 수입을 창출해주었다. 아직 공사 중이었던 쇼보트와 트럼프 타지마할 프로젝트가 저멀리 아래쪽에 보인다. 막 새롭게 단장한 리조트 인터내셔널이 바로 그 위쪽에 있다. 기존에 있던 애틀랜틱시티의 몇몇 위락시설은 점점 더 시들해 져가고 있었던 반면, 밀리언 달러 파이어는 오션 원 몰이라는 이름으로 새롭게 개장했다.

의 카지노 호텔을 떠맡고 있었던 힐턴사는 격렬히 이의를 제기했지만, 결국 부지를 포기할 수밖에 없었다.[34]

이때 스티브 윈의 골든 너깃에서 아직 개장하지 않은 카지노를 매입하겠다고 제안했다. 그러나 힐턴사는 트럼프에게 카지노 호텔을 매각하기로 했다. 이에 따라 결과적으로 트럼프는 하라스의 보드워크 동업자인 한편, 동시에 바로 근처에 있는 카지노를 소유함으로써 직접적인 경쟁자가 되었던 것이다. 결국 하라스는 트럼프를 상대로 소송을 제기했다. 트럼프가 사업 가치를 하락시키기 위해 의도적으로 불성실하게 보드워크 사업을 경영했다는 이유였다. 트럼프는 똑같은 이유로 하라스를 맞고소했다. 연방법원에서는 트럼프의 손을 들어주며 그가 두 카지노 모두 소유할 수 있도록 허락했고, 이로써 트럼프와 하라스의 협력 관계는 당연히 깨졌다. 1986년 초, 트럼프는 하라스를 인수하기로 결정했다. 하라스를 인수한 뒤 그가 가장 먼저 지시한 일은 바로 (처음부터 하라스가 요구했지만, 트럼프가 거절했던—옮긴이) 주차장 신설이었다.

트럼프의 행보는 여기서 끝나지 않았다. 앞서 언급되었던 리조트 인터내셔널은 제임스 크로스비의 선두 지휘 아래 야심차게 1250실 규모의 카지노 호텔을 펜실베이니아 거리에 건설하고 있었다. 1986년 제임스 크로스비가 사망한 뒤에도 이 사업은 계속되었지만, 회사는 자금을 마련하는 과정에서 생긴 부채 때문에 버거워지기 시작했다. 이듬해 트럼프는 리조트 인터내셔널을 매입했다. 게임 규제 당국에서는 한 사람이 최대 세 곳의 카지노를 소유할 수 있도록 제한하고 있었기에, 트럼프는 호텔을 타지Taj 사업부로 편입시키고(이 두 곳은 하나의 통로를 사이에 두고 연결되어 있었다) 그곳을 주로 회의장으로 이용하면서 리조트의 게임 구역을 없앨 계획을 하고 있었다. 그러나 1988년, 리조트는 생각지도 못한 구원자를 만나게 된다. 리조트의 나머지 주식(주로 바하마 사업과 리조트 인터내셔널이었다)을 사들인 방송업계 거물, 머브 그리핀이 리조트가 개장한 동안 트럼프가 자유롭게 타지마할을 운영해도 좋다고 허락해주었던 것이다.

이러한 과정을 거쳐, 트럼프 타지마할Trump Taj Mahal은 1990년 4월 2일, 폭발적인 화려함을 선보이며 개장했다. 한동안 이곳은 세상에서 가장 크고 가장 수익성이 좋은 카지노였으며, 1900년대 애틀랜틱시티에서 개장했던 마지막 카지노였다.[35]

썰물의 시간: 애틀랜틱시티의 정체기

타지마할이 개장했을 당시는 애틀랜틱시티가 처음으로 진정한 위기에 직면한 때였다. 그동안 여러 카지노가 파산을 거듭하기는 했지만, 도시 전체가 그러한 위기에 봉착한 것은 이번이 처음이었다. 실제로 애틀랜틱시티는 아직까지도 레이건 시대의 영광을 되찾지 못했다.

애틀랜틱시티에는 여러 문제가 산재해 있었지만, 간단하게 표현하자면 애틀랜틱시티가 환상의 꿈에서 깨어난 것이었다. 카지노의 양적 성장으로 경쟁은 극심해졌고, 증가하는 마케팅 비용(사람들에게 무료 코인을 나눠주는 것에서부터 셔틀버스 비용까지)은 카지노 운영을 뿌리부터 썩어들어가게 했다. 많은 카지노가 지나치게 큰 부채를 지고 있었고, 1990년대 초에는 파산의 위기에 처했다.

지금 와서 돌이켜보면, 애틀랜틱시티가 세계적인 휴양지로 거듭나지 못한 것은 카지노업자들과 규제당국자들의 근시안적인 사고 때문이었음이 분명하다. 뉴저지주는 매우 부담스러운 규제 정책을 편 데다가, 카지노에서 제공할 수 있는 게임의 종류도 제한했다. 1990년대 초, 포커, 키노, 레이스북이 허용되었던 애틀랜틱시티 카지노보다, 역시 미국 동부에 위치한 코네티컷의 인디언 카지노가 벌써부터 더 인기를 끌고 있었다(관련 내용은 13장 참고). 또한 카지노 외 다른 분야의 위락시설에 대한 투자도 빠르게 이루어지지 않았다. 애틀랜틱시티 카지노를 찾는 이용자들은 편의를 위해 자가용을 이용했고, 그러다 보니 그저 가장 가까운 곳에 있는 카지노를 방문했던 것뿐이었다.

코네티컷 인디언 보존구역에서의 도박은 동부 해안가 리조트 사업계의 새로운 경쟁자로 떠오르고 있었다. 코네티컷에서는 1986년 빙고 게임부터 시작해 1992년에는 테이블 게임을 포함해 완전한 카지노 게임 산업이 운영되고 있었다. 미국 내 다른 지역의 인디언 카지노, 중부와 남부의 수많은 선상 카지노, 슬롯머신과 경기류 도박의 확장(델라웨어에서는 1995년에 시작되었다)은 애틀랜틱시티의 영향력을 급격하게 약화시켰다. 1990년대 애틀랜틱시티에서는 네바다 라스베이거스 스트립에서처럼 도시 내 위락시설에 자본이 재투자되는 일이 거의 없었다.

일부 사람들은 밀레니엄 시대가 되면 개발의 물결이 유서 깊은 애틀랜틱시티를 재건할 것이라고, 그래서 이곳이 세계적인 수준의 휴양 리조트 및 회의 개최지가 될 것이라고 여전히 기대하고 있었다. 트럼프 타지마할 개장 이후 처음으로 2003년에 개장했던 보가타 카지노 리조트는 위와 같은 사람들의 주목과 갈채를 받으며 등장했다. MGM 미라지와의 공동 소유로 보이드 게이밍을 운영했던 보가타는 라스베이거스 스트립의 여느 카지노와는 분위기가 사뭇 달랐다. 현대적인 세련미와 고급스러운 분위기를 자랑했던 보가타에 라스베이거스 카지노와 공통점이 있다면 꽤 수익이 높았다는 점이었다. 전면을 번쩍이는 유리로 뒤덮은 보가타 건물은 같은 지역의 우아한 콘크리트 첨탑을 지닌 말버러-블렌하임과도 어울리지는 않았지만, 아직까지 애틀랜틱시티에 해가 완전히 지지는 않았다는 사실을 보여주는 듯했다.

보가타가 개장을 준비하는 동안 (하라스 머리너에서 1990년에 이름을 바꾼) 하라스 애틀랜틱시티는 새로운 타워 두 동과 실내 수영장 및 스파 시설을 확장하면서 사업 향상을 도모했다. 보드워크에서는 트로피나카가 라스베이거스보다 규모는 작았지만 유사한 급의 잡화점 및 식당인 쿼터를 추가했다. 1990년대 중반에는 또 다른 새로운 사업이 시도되긴 했다. MGM 미라지는 보가타 근처에 50억 달러를 들여서 세 개의 탑이 있는, 라스베이거스와 동일한 규모의 카지노 리조트를 건설하겠다고 발표했다. 선박 운영

회사이자 샌즈 카지노를 매입하여 철거해버린 피너클 게이밍은 20억 달러짜리 초대형 리조트를 짓겠다고 나섰다. 쇼보트 옆에서는 레블 엔터테인먼트가 레블이라는 이름의 20억 달러짜리 리조트를 건설하겠다고 계획 중이었다.[36]

그러나 펜실베이니아에서 새로운 슬롯머신을 내세우며 강화된 경쟁 관계, 긴축재정, 1990년대 후반 소비 위축으로 이러한 거대한 계획들은 제대로 시작도 되지 못하는 경우가 많았다. 2012년에 그 결과는 분명해졌다. 피너클이 세웠던 보트워크 계획의 부지는 공터로 남았다. (2010년 MGM 미라지에서 이름이 변경된) MGM 리조트 인터내셔널은 애틀랜틱시티 카지노 계획을 전면 취소했다. 레블은 몇 차례 공사를 지연하고 축소하면서 결국 카지노를 개장하긴 했지만, 그 결과는 실망스러웠다. 여기에 2008년 트럼프 타지마할에 신설된 타워 정도가 애틀랜틱시티에서 새롭게 추진된 주요 건설 사업이었다.

애틀랜틱시티 카지노 시장이 축소되면서(게임 수입은 2006년 52억 달러에서 2010년 35억까지 떨어졌고, 계속 하락할 것처럼 보였다), 카지노 소유권에도 변동이 일었다. 네바다주 라스베이거스와 로플린에 위치한 골든 너깃 카지노 소유주였던 론드리스 레스토랑이 2011년 트럼프 머리너를 매입했고, 1억5000만 달러를 들여 개조했으며, 25년 만에 골든 너깃이라는 이름을 애틀랜틱 상공에 다시 내걸었다. 다른 리조트들도 주인을 바꾸었고, 사람들은 레블사가 카지노를 오픈하면서 시장을 한 번 흔들어놓은 뒤에는 다른 부지들도 주인이 바뀌거나 분명 폐점될 것이라고 믿었다.

2013년 즈음에 애틀랜틱시티는 초기의 열기와 대조적으로 주변부적인 교외 게임 휴양지로 남을 운명에 처한 것으로 보일지 모르나, 도박의 역사에 있어서는 큰 족적을 남겼다. 뉴저지가 카지노를 합법화하기 전에는 다른 어떤 주도 네바다의 성공을 뒤쫓아가려고 시도하지 않았다. 뉴저지는 경제적으로 역동적 상황에 있는 인구 밀집 지역에서, 모든 점을 고려했을 때 주의 경제적 건전성에 기여할 수 있는 게임 산업 창출이 가능하다는 점을 보여주었다.

게다가 애틀랜틱시티는 카지노의 전환점을 상징한다. 1976년 이전에는, 네바다주에서 카지노에 대한 관용적 태도를 보이긴 했지만, 어디까지나 필요악이라는 관점이었다. 네바다주에서는 이미 카지노가 합법이었고 수천 명의 시민을 고용했기에 네바다주 입장에서는 그들을 불법화하는 것이 의미가 없었다. 그러나 네바다주 바깥에서는 그들의 사업이 굳이 모델로 삼을 만한 사업은 아니었다. 하지만 애틀랜틱시티 카지노 옹호론자들은 긍정적인 사회적 공익성과 지역 활성화의 필수 요소라는 측면에서 카지노를 홍보했다. 카지노는 범죄와 연관될 것 같다는 이미지가 있었지만, 그들의 주장은 카지노가 일자리를 창출하고 관광 인프라를 증강하며 새로운 기회를 만들어내기 때문에 범죄를 오히려 감소시킨다는 것이었다. 이때 미국에서 처음으로 카지노 게임 산업이 사회적·경제적 정책의 도구로 활용되었으며, 그 이후 이러한 논리는 계속 이어졌다. 1980년대 인디언 카지노와 선상 카지노를 지지하는 논리에서도 이러한 경제 발전의 언어는 지속적으로 활용되었다.

애틀랜틱시티는 카지노 도박을 바꾸어놓았다. 다른 주에서는 뉴저지가 걸었던 길을 따라가고 싶어했고, 라스베이거스는 이미 뉴저지보다 앞서 카지노 산업이 발달했음에도 앞으로 이러한 새로운 추세를 어떻게 따라잡아야 할지 고심하기 시작했다.

13장

버거킹 혁명

라스베이거스의 반격

마피아와 작별을 고하다

애틀랜틱시티가 처음으로 라스베이거스의 경쟁상대로 떠오르면서 스트립도 쇄신의 길을 찾기 시작했다. 일부 가시적인 변화도 있었다. 말하자면 더 많은 사람을 라스베이거스로 유입시키기 위한 새로운 호텔 타워의 건설이 하나의 예였다. 그러나 다른 변화의 과정은 거의 수면 위로 떠오르지 않다가 가끔씩 갑작스럽게 관련된 소식이 쏟아져 나오곤 했는데, 그것은 바로 조직범죄와 관련된 문제였다. 네바다주 카지노 업계에서 점진적으로, 그러면서도 극적으로 조직범죄가 사라진 점이 바로 그 중요한 변화 중 하나였다.

1960년 당시에는 마치 조직범죄가 라스베이거스 도박의 사활을 좌지우지하는 것처럼 보였다. 마피아와 협력하는 카지노는 건설비용을 마련하고 고객을 모집하며 도박 부채를 회수하는 일을 쉽게 처리할 수 있었다. 그러나 1999년, 미국 도박 영향 조사연구 위원회는 카지노 업계에서 조직범죄 집단이 완전히 사라졌다고 선언했다. 위원회의 최종 보고서에 따르면, "많은 경우 법인이 카지노 사업의 주체가 됨과 동시에 효과적인 주의 규제가 더해짐으로써, 조직 범죄단에서 직접적으로 카지노를 소유하거나 운영하는 일은 사라졌다".[1]

네바다 규제 당국은 1940년대부터 "바람직하지 않은"(조직 폭력배와 관련된 사람을 이르는 네바다주의 공식적인 암호였다) 세력들과 전쟁을 치르고 있었다. 마이어 랜스키가 선더버드 카지노 지분을 은닉하고 있던 데다가, 연방 정부 차원의 대대적인 단속을 걱정한 네바다주는 점점 더 성장하는 카지노 산업을 정책적으로 통제해야 할 필요성을 심각하게 느끼기 시작했고, 이에 1955년 의회는 주 정부의 조사 및 규제 집행을 담당할 게임통제위원회를 신설했다. 게임통제위원회는 모든 게임 면허 신청을 검토했고, 이를 직접 집행하는 세금위원회(1959년에 게임위원회로 명칭을 변경했다)는 게임통제위원회의 의견을 반영하여 면허를 발행하거나 신청을 거부하는 역할을 맡았다.

5년 후, 통제위원회는 블랙북이라는 명단을 발표했다. 이 명단에는 유명한 마피아들의 이름이 기재되어 있었고, 위원회는 앞으로 이 인물들이 카지노 부지에 들어오는 것조차 허용되어서는 안 된다고 경고했다. 그들은 도덕적으로 너무나 바람직하지 못한 사람들이었기 때문에 네바다주 카지노에 존재한다는 것 자체만으로도 모든 주의 신용을 떨어뜨릴 수 있다는 (그리고 연방 정부의 분노를 불러일으킬 수 있다는) 이유였다. 적법성에 관한 법정 공방 끝에 블랙북은 결국 네바다주의 법률로 제정되었고, 네바다주는 이제 마피아를 그냥 두고 보지만은 않겠다는 분명한 메시지를 전달했다. 예컨대 1963년, 프랭크 시나트라는 유명한 시카고 마피아 샘 잔카나를 타호 호수 근처 칼-네바다 카지노에서 접객한 혐의로 통제위원회의 조사를 받게 되었다. 프랭크는 자신의 게임 면허 유지를 변호하기 위한 공식 공청회에 참여하는 대신 면허를 포기해버렸다. 블랙북은 실효성이 있었던 것이다. 그러나 네바다의 마피아 반대 세력은 한 가지 문제와 직면하지 않을 수 없었다. 그것은 라스베이거스 카지노 시장이 조직 범죄단으로부터 재정과 마케팅, 부채 회수의 도움을 받아 그 기반을 마련했던 것을 부정할 수 없다는 점이었다. 1960년, 스트립 주요 카지노 열한 곳 중 아홉 곳은 그러한 조직 범죄단

과 어느 정도는 결탁하여 사업을 운영하고 있었다.[2]

그럼에도 약 10년 정도 지나자 마피아는 그 세력이 약화되어 거의 사라져버렸다. 그 이유는 무엇인가?

앞서 설명했던 것처럼 세대교체의 측면이 있다. 1950년대 네바다주로 이주했던 카지노 운영업자들은 1910년대부터 범죄에 몸담았던 금주법 시대의 사람들이었다. 금주법 시대에 살해와 수감의 위기를 피해 살아남았던 이 폭력범들은 1930년대 미국 범죄조직의 수장을 맡게 된다. 1950년대에 이르자 중년의 나이가 된 이들은 더 안정성 있는 삶, 그리고 다른 사람들로부터 존경받을 수 있는 삶을 원했다. 이 두 마리 토끼를 잡기 위해 이들은 라스베이거스로 향했고, 당시 스트립에서의 확장을 위한 인적·물적 자원을 가지고 들어왔다.

시간이 흘러 1960년대는 이 무리에 속한 이들이 은퇴를 앞두고 있던 시대였다. 모 댈리츠가 디저트 인을 하워드 휴스에게 매각하기도 전에 윌버 클라크도 자신의 지분을 이미 모두 처분했던 상황이었다(윌버 클라크는 얼마 지나지 않은 1965년 사망했다). 60대에 들어선 많은 다른 사람도 비슷한 행보를 보이고 있었다. 그들의 자녀는 범죄의 계보를 잇지 않고 합법적 사업의 세계로 발을 들여놓았다. 일부는 경영학 학위를 받고 그 길로 호텔 및 카지노 사업계로 진출했다. 자녀 세대 중에서 누구도 불법 도박의 세계를 경험한 사람은 없었고, 기존의 조직 범죄단에서 우두머리를 맡았던 사람도 없었다.

동시에 마피아 조직 자체도 변화하고 있었다. 앞서 이야기했던 것처럼, 1960년대 기존의 조직 범죄단을 유지하려는 이들은 도박보다 불법 마약, 매춘, 고리대금업, 노동조합을 이용한 갈취에 관심을 갖기 시작했다. 새로운 조직 수장들은 주요 도시의 '식구들'을 평정하려 했고, 이들은 사적으로 도박을 좋아한다는 점 외에는 사실상 도박 사업과 관련이 없는 사람들이었다. 그런 까닭에 이들이 합법적 카지노 사업을 관리하거나 자금을 투입한다고 하더라도 다른 경쟁자들에 비해 별 이점이 없었고, 이에 조직 범죄단은 굳이 그러한 사업에 투자할 특별한 이유가 없었다.[3]

마피아와 관련된 카지노 소유주들이 기본적으로 사업에 지나치게 높은 가격을 매기면서 수요 측면에서도 변화가 있었다. 말하자면 그들 스스로 자신에게 피해를 준 셈이다. 1950년대 당시 라스베이거스에서 카지노를 새로 시작하는 데는 200만~500만 달러가 필요했다. 이 가격이라면 대략 1만 평방피트짜리 카지노에 꽤 괜찮은 극장형 식당, 300실의 객실을 갖춘 모텔 건물, 수영장, 그 외 다른 편의시설을 갖춘 카지노 정도는 건설할 수 있었다. 플러밍고, 샌즈, 둔스와 비슷한 규모의 카지노만 있어도 1년에 총 수익으로 수백만 달러는 벌어들일 수 있었다.

그러나 1950년대 후반 컨벤션 시장의 확대와 함께 주중에도 호텔이 만실이 되면서, 카지노 경영자들은 카지노를 확장해야겠다고 생각하게 되었다. 이에 라스베이거스로 대거 유입되는 방문객을 받아들이기 위해 새로운 부지가 건설되었다. 예컨대 스타더스트는 1958년 개장했을 때 객실이 800실에 이르렀다. 스트립과 기업 시장이 호황을 맞이하면서 게임 수익도 껑충 뛰어올랐다. 1955년, 네바다 카지노는 9440만 달러를 벌어들였고, 1960년에는 수익이 1억6280만 달러까지 증가했다.[4] 전국적 경기 침체가 찾아오기 전까지 5년 동안 72퍼센트나 증가한 것이었다.

결과적으로 새롭게 건설되는 카지노 호텔은 새로운 컨벤션 시장과 규모의 경제가 가져다주는 이점을 살리기 위해 더욱 대규모로 건설될 수밖에 없었다. 물론 비용도 더 많이 들었다. 시저스 팰리스는 1966년에 1900만 달러가 들었으며, 커크 커코리언의 인터내셔널은 5000만 달러가 들었다. 인터내셔널은 객실만 1500실이었고, 그 후 스트립에서 새롭게 건설된 주요 카지노는 더 규모가 크고 비용이 더 많이 들었다.[5]

기존 경영진은 5000만 달러라는 돈을 감당할 수 없었다. 과거에도 카지노 운영을 위해 자금을 마련하는 일은 절대 쉽지 않았지만, 카지노를 건설할 목적으로 비밀스러운 투자자들을 모으기 위한 미신고 소득을 만들어내는 음지의 사업 기회가 부족했던 것은 아니었다. 팀스터 센트럴 스테이트 펜션 펀드와 같은 곳에서도 1960년대 시저스 팰리스를 포함해 몇몇 카지노의 건설과 확장을 금전적으로 지원한 바 있었다. 그러나 새로운 시대의 대규모 리조트를 새로 건설하기 위해서는 대형 상업 은행, 대출 기관, 상장 기업 등 주류 금융권의 힘이 절대적으로 필요했다.

결국 조직범죄와 연루된 이들은 카지노 산업에서 입지를 잃어갔다. 그들은 새로운 리조트를 건설할 자금을 조달하지 못했기에, 더 이상 다른 '합법적' 운영자들에 비해 유리한 점을 확보하지 못했다. 게다가 카지노 호텔에서 내는 안정적인 수익을 지켜본 주류 금융권 투자자들은 과거와 달리 이 사업에 더욱 관심을 가지고 매력을 느끼기 시작했다. 은행이 서로 앞다퉈 대출을 해주겠다고 제안하는 데다, 대기업들이 기존의 호텔을 매입하겠다고 제안하는 마당에 왜 굳이 마피아와 손을 잡으려 하겠는가?

네바다주의 법률 환경 변화(특히 1967년과 1969년의 법인게임사업법)도 주류 자본들의 출현을 촉진시켰지만, 무엇보다 게임 시장 자체가 이전까지 손을 뻗치지 않았던 주류 자본의 실질적 유입을 요구하고 있었다. 만약 카지노 사업이 그토록 수익이 좋지 않았다면, 어떤 기업도 이해관계자들의 분노를 감수하면서까지 네바다 카지노를 매입하는 위험을 감수하지 않았을 것이고, 투자자들도 기존의 투자 대상에서 크게 벗어나지 않았을 것이다. 그러나 최종 분석을 통해 드러난 네바다 카지노의 엄청난 성공 기록은 주류 투자자들의 마음을 돌려놓았고, 이들이 시작하는 대규모 사업은 기존의 전통적인 운영진들을 시장에서 몰아냈다. 마피아들은 커크 커코리언의 인터내셔널이나 MGM 그랜드, 1992년 하라스 라스베이거스로 확장한 소규모 홀리데이 카지노와 같은 곳들을 기존처럼 장악하지 못했다.

카지노 마케팅 분야에서도 상황은 바뀌었다. 이전에는 고객 모집이 정킷 방식으로 이루어졌고, 때문에 표적 도시에서 불법 도박과 연루된 사람과 연줄을 갖는 것이 유리했다. 과거의 불법 도박은 그야말로 조직범죄 세력이 지배하고 있는 세상이었기 때문이다.

그러나 고객 데이터베이스를 활용한 직접 마케팅 방식이 증가하고, 대중 이용객이 스트립을 방문하면서 구식 정킷 시스템은 더 이상 필요치 않았다. 일례로 윌리엄 하라는 1960년대 레이크 타호에서 손님을 대량으로 실어 나르는 버스 프로그램을 개척했다. 베팅 금액이 그리 높지는 않더라도 대량으로 고객을 유치함으로써 이른바 하이롤러들을 찾아 나설 필요가 없어진 것이다. 다른 카지노들도 곧 그러한 방식을 사용하기 시작했다. 이들은 고객 정보 수집 및 분석 방법을 개발하고 자신들을 위한 최적의 고객층이 누구인가에 관해 수리적 정확성을 가지고 계산해냈다.

이러한 변화는 카지노 운영에 있어 중요한 돌파구였다. 이제 카지노는 더욱 이용자 중심적인 발전 방향을 생각해볼 수 있게 되었고, 외부 정킷 영업자들에 대한 의존도는 줄어들었다. 1950년대 미국 전역에 걸쳐 불법 카지노가 감소하면서 그나마 남아 있던 영업자들의 힘도 약해졌다. 동시에 카지노를 찾는 사람들도 불법 도박을 하려고 마음먹고 오는 게 아니었다. 이제 막 카지노에 입문하는 사람들은 마케팅 담당자가 엄청난 전과 기록이 있는 데다 지하 세계와 연관된 사람이라고 한다면 놀라 나자빠질 평범한 사람들이었다. 이 역시 새로운 세대의 카지노 경영진에게 더 유리한 점이었다.

그나마 기존의 운영진에게 유리하게 남아 있던 사항은 부채에 관한 문제였다. 네바다주 법률에 의지해서는 도박 부채를 합법적으로 받아낼 수 없었기 때문에, 채무자가 차용증을 쓰도록 '설득'할 수 있었던 이들은 분명이점이 있었다. 크레딧 라인 방식을 활용한 고객의 도박이 카지노 수익의 큰 부분을 차지하고 있었기 때문에, 이 부분은 운영에 있어서 분명히 고려해야 할 사안이었다.

그러나 새롭게 등장한 경쟁 구도로 인해 네바다는 주 차원에서 부채와 관련한 문제를 재고할 수밖에 없었다. 1977년, 뉴저지 의회는 애틀랜틱시티 카지노에서 발생한 부채에 관해 합법적으로 소송할 수 있도록 만들었다. 이는 부분적으로 모든 추심이 정당한 방식으로 이루어질 수 있도록 하기 위해서였다. 뉴저지에서 카지노가 개장하자 네바다 카지노의 크레딧 관리 사무소는 이상한 패턴을 발견했다. 이용자들이 네바다에서 이미 오래전에 생긴 부채보다 애틀랜틱시티에서 생긴 부채를 더 빨리 상환했던 것이다. 이와 같은 상황이 애틀랜틱시티 카지노에 더욱 이점을 가져다줄 것이라는 점은 불 보듯 뻔한 일이었다. 이 당시 애틀랜틱시티 카지노 수익은 하늘 높은 줄 모르고 치솟은 데 비해 네바다는 큰 변화가 없었으므로, 동부 경쟁자들에 대한 공포는 실질적이었다.

이에 1983년, 네바다 의회는 부도 수표에 관한 법률을 이용해 도박 부채를 추심할 수 있도록 허용했다. 빚을 지고도 이를 제대로 상환하려 하지 않는 채무자들과 해결을 보고 싶은 카지노는 이제 소위 '어깨'들이 아니라, 클라크 카운티 지방 검찰청의 부도 수표 관련 부서에 전화하는 것으로 일을 처리할 수 있었다.

네바다 산업 구조의 이러한 의도적·비의도적 변화는 네바다 게임 산업계 내에서 조직 범죄단의 경쟁력을 없애고, '깨끗한' 회사들이 카지노를 설립하고 운영할 능력을 강화해주었다. 이 시기에 있었던 여러 변화 중에서 가장 중요한 단 한 가지 이유를 뽑기는 어려운 일이다. 이런저런 상황을 생각해볼 수는 있을 것이다. 만약 조직 범죄단이 계속해서 불법 도박장을 소위 카지노에 가기 위한 훈련소와 같은 곳으로 계속 유지했더라도 주류 금융권이 카지노에 관심을 갖게 되었을까? 만약 뉴저지가 도박 부채에 관한 법률을 바꾸지 않았더라도 네바다 산업계에서도 네바다주의 법을 바꿔달라고 요청했을까?

그 과정이 어떠했든 간에 이 당시 개혁의 총체적인 결과로 조직범죄단 연합의 경쟁적 지위가 약화되었음은 분명하다. 또한 지역에서뿐만 아니라 전국적으로 조직 범죄단에 대항하여 법률이 강화되면서, 조직 범죄단은 이 새로운 시장에서 오히려 불리한 상황에 처했다. 마피아가 사라지고, 주류 금융권이 1980년에서 1990년대 카지노에 유례없던 수준으로 투자하면서, 라스베이거스 스트립은 또 한 번 질적으로 다른 거대한 성장을 이끌었고 동시에 미국 전역의 게임 산업도 번창했다.

허수아비 작전

네바다 카지노에서 마피아를 몰아내는 과정에는 결정적인 한 방이 남아 있었다. 라스베이거스에서 마피아의 지위가 약해지면서, 몇몇과 관련된 엄청난 스캔들이 터져나왔다. 시간이 지나 초반의 혼란스러운 열기가 가라앉자, 이제 사람들은 카지노에서 조직범죄 세력이 영향력을 가졌던 건 과거에서나 그랬다는 식으로 이야기하기 시작했다.

미국 법무부는 법무부 장관 로버트 F. 케네디가 조직범죄와의 전쟁을 선포한 1961년부터 네바다주 카지노와 연루된 마피아 세력과 그들의 소득 은폐를 잡아내기 위해 기회를 엿보고 있었다. 로버트 케네디는 미국 전역의 조직 폭력배들이 네바다 카지노를 돼지 저금통처럼 이용하며, 순진한 관광객들이 게임에서 잃은 돈을 은닉한다고 믿었다. 이와 관련해 네바다 당국은 대규모 소득 은폐는 발생하고 있지 않다고 주장하고 있었다. 실제로 약 10년 동안 연방 정부 차원의 수사에도 실제 유죄선고를 받은 사례는 몇 건 되지 않았다. 1973년에 새뮤얼 코언과 모리스 랜스버그, 그 외 두 명이 플러밍고에서 소득 은폐를 한 혐의로 유죄를 선고받았다. 이 조사의 최종 표적이었던 마이어 랜스키는 '건강 악화'로 결국 재판에 참석하지 않았다.[6]

소득을 은폐하고 있었던 이들은 분명 존재했지만(연방 정부 수사관들도 도청으로 이 사실을 분명히 알고 있었지만, 네바다주 법률상 도청으로 얻은 증거는 법정에서 인정되지 않았다), 이들은 매우 용의주도했기 때문에 잡아내기가 어려웠다. 또한 수사관들이 관련 인물과 사건을 제대로 연결하지 못하는 경우도 있었다. 1970년, FBI 수사관들이 연방 차원의 마권 사기 사건 수사의 일환으로 시저스 펠리스 카지노 케이지를 급습했다. 이곳에서 그들은 제리 재러위츠라는 이름이 적힌, 150만 달러가 들어 있는 자물쇠 상자를 발견했다. 그는 카지노에서 공식적인 직함을 가진 사람도 아니었지만, 1966년 개장 당시부터 카지노의 여러 운영과 관련된 일을 도맡아 하고 있던 사람이었다. 그러나 수사관들은 이 상자에 들어 있는 현금이 시저스 게임 테이블에서 은닉된 것인지 증명해내지 못했으며, 그것이 스포츠 베팅을 운영하면서 얻은 돈인지도 확신하지 못했다.[7]

그러나 1970년대 후반부터 법 집행이 더 치밀해졌는지, 아니면 범죄자들이 조금 느슨해졌는지 모르겠지만(아마 이 두 가지가 동시에 작용했을지도 모른다) 상황은 달라졌다. 사람들은 샌즈나 디저트 인과 같은 카지노에서 수십 년 동안 조용하게 소득 은폐를 해왔다고 믿고 있었다. 이 카지노들은 기존의 운영진으로부터, 소득 은폐로 인한 유죄선고나 체포 같은 것은 본 적도 없는 새로운 법인의 사장으로 소유권이 이전되었다(하워드 휴스가 두 카지노 모두 매입했다). 그러나 어찌 됐든 이 시기 약 5년 동안 연이은 소득 은폐 스캔들이 라스베이거스 카지노의 이미지를 손상시켰다.

사람들에게 가장 큰 충격을 줌과 동시에, 이후 마피아가 카지노 카운트룸에 더 이상 손을 뻗치지 못하게 했던 사건은 허수아비 작전에서 드러났다. 이와 관련한 조사는 라스베이거스에서 수백 마일 떨어진 미주리주 캔자스시티에서 시작되었다. 미주리주에서는 합법이었던 도청을 확대해 시행한 덕분에 FBI 수사관은 카지노로부터 한 달에 수천 달러가 아전트라는 신규 부동산 업체에 의해 전용되고 있다는 사실을 알아냈다. 아전트의 책임자는 앨런 R. 글릭이었는데, 그는 팀스터에서 1억 달러를 대출받은 덕에 하룻밤 만에 라스베이거스 카지노 네 곳(스타더스트, 프리몬트, 머리너, 아시엔다)의 소유주가 되었던 사람이었다. 대출이 가능하도록 영향력을 행사해준 대신 마피아 주요 인사들은 마권업자 "왼손잡이" 프랭크 로즌솔을 아전트의 "네바다 운영 이사 및 최고경영자 자문위원"으로 만들어달라고 요구했다. 그때부터 그는 엄청난 규모의 소득을 은폐하여 카지노가 보유한 현금에서 수백만 달러를 지하 세계 요원들에게 빼돌리고, 이 돈은 다시 캔자스시티, 밀워키, 시카고로 흘러 들어갔다(이 내용이 익숙해 보인다면 마틴 스코세이지의 1995년 영화 「카지노」의 주인공들이 위 실존 인물들을 기반으로 제작되었기 때문일 것이다).

불온한 세력과 연관된 데다가 이전에 점수 조작 사건으로 유죄선고를 받았던 로즌솔은 1976년 네바다 게임위원회로부터 면허 신청을 거부당했다. 그러나 그는 여전히 비공식적으로 권력을 유지하고 있었고, 소득 은닉도 계속되었다. 1982년 그의 목숨을 노린 차량 폭발 사고가 발생하는 등

로즌솔은 일촉즉발의 위기감이 감도는 삶을 살았지만, 1983년 연방 정부에서 마침내 기소하기 전까지 은닉은 지속되었다.

게임위원회는 재빠르게 움직였다. 위원회는 즉시 네바다 카지노에서 소득 은폐와 관련된 이들을 축출하기 시작했다. 위원회는 1983년, 샘 보이드 소유의 존경받는 본토 기업이었던 보이드 그룹에 스타더스트를 관리해달라고 요청했고, 1985년 보이드는 공식적으로 카지노를 인수했다. 이것으로 네바다 카지노에서 마피아 세력의 영향력은 소멸되었다. 이후 건설될 신규 카지노에서는 주류 금융기관에서 자금을 유용해야 했다. 게임통제위원회에서 1955년부터 목표로 삼았던, 게임 산업에서 "바람직하지 못한" 이들을 숙청하는 작업은 거의 완수되었다. 오늘날까지도 위원회는 게임 면허를 신청하는 이들을 대상으로 철저한 검토를 게을리하지 않고 있다.

일부 사람들은 과거 마피아가 영향력을 행사하던 시절을 "그때가 좋았지"라고 회상하며, 옛날에는 더 자그마한 카지노에서 친밀감을 느낄 수 있었고, 게임도 오히려 더욱 정직했다고 이야기하곤 한다. 그러나 그러한 사람들은 당시의 조직범죄가 말 그대로 중범죄였음은 잊어버리고 있다. 카지노의 핏보스들이 사람들의 이름을 기억해주고, 누가 어떤 술을 좋아하는지 정확하게 알아줬을지는 몰라도, 그들 뒤에 서 있던 사람들은 살인, 강도, 횡령을 일삼던 사람들이었다. 도박을 좋아한다면 카지노 산업이 재정적으로 신뢰할 수 있고 범죄와 관련 없이 운영되는 편이 훨씬 더 좋은 일임을 알아야 한다.

라스베이거스에 대한 도전

연방 정부에서 라스베이거스 카지노의 마피아를 마지막까지 숙청하던 시기, 또 다른 먹구름이 라스베이거스 하늘을 뒤덮고 있었다. 뉴저지라는 새로운 경쟁 지역은 결국 만만하게 볼 상대가 아니라는 점이 확실해졌다. 리조트 인터내셔널 카지노 한 곳에서만 개장하자마자 반년 만에 1억 3400만 달러를 벌어들였다.[8] 리조트 인터내셔널 회장 제임스 크로스비가 뉴저지에서 카지노를 개장하기도 전에, 자신의 카지노가 라스베이거스에서 연간 8400만 달러의 수익으로 가장 수익성이 좋았던 MGM 그랜드보다 더 벌어들일 거라며 호언장담했던 건 허튼소리가 아니었던 셈이다. 거의 50년에 가깝게 카지노 독점체제를 유지하던 네바다주는 갑작스럽게 나타난 신흥 강자에게 도전을 받게 되었다.

설상가상으로 애틀랜틱시티 카지노 수익은 국가적 경기 침체 상황에서도 계속해서 하늘 높은 줄 모르고 치솟았다. 1979년 카지노 수익은 3억 2400만 달러, 이듬해에는 거의 6억5000만 달러에 달했다. 1982년에는 연간 수익이 15억 달러에 달했으며, 1985년에는 열한 곳의 카지노 운영으로 급속도로 무르익어가는 새로운 이 게임 산업지에서 연간 수익은 20억 달러를 돌파했다.[9]

라스베이거스의 카지노 수익 증가율은 훨씬 느렸다. 1985년, 애틀랜틱시티가 기록을 또 한 번 갱신했을 때, 라스베이거스 스트립의 서른여덟 곳 주요 카지노 수익은 23억 달러에 조금 미치지 못했는데, 이는 전년도보다 1억 달러 정도 증가한 것이었다.[10] 애틀랜틱시티는 스트립보다 카지노 수가 3분의 1도 되지 않았지만 벌써 세계 최고의 카지노 휴양지라는 라스베이거스의 입지를 위협하고 있었다. 거의 모든 사람이 애틀랜틱시티야말로 미래를 이끌어갈 차기 선두주자라고 믿었다.

애틀랜틱시티의 대성공은 라스베이거스의 불안감을 증폭시켰다. 3000실이 넘는 고급스러운 호텔 객실이 사막의 리조트에서 새롭게 가동

됐지만, 동부의 도박꾼들이나 회의 주최자들은 라스베이거스까지 오지 않고 집에서 가까운 곳을 방문하는 것으로 보였다. 특히 카지노 도박자들은 대거 애틀랜틱시티로 흘러 들어갔다. 애틀랜틱시티에서 카지노 산업이 시작된 지 5년밖에 지나지 않은 1983년, 그곳의 카지노를 방문한 사람은 2600만 명을 넘어섰다. 이는 라스베이거스를 찾았던 1230만 명의 두 배가 넘는 숫자였다.[11]

애틀랜틱시티에서 첫 카지노가 개장하기 전부터도 이 새로운 도시가 라스베이거스에 대적하는 적수가 되리라는 사실은 명확했다. 1976년, 뉴저지 유권자들이 카지노 도박을 찬성한다는 결과가 나온 이튿날, 『라스베이거스 선』 1면에는 "침체된 보드워크에 근사하고 멋진 모습으로 활기를 불어넣어줄 사업을 꿈꾸고 있는 뉴저지가 네바다주 도박 독점을 저지할 첫 번째 주가 될 것이다"라는 내용이 실렸다. 라스베이거스의 뉴스 매체는 일반적으로 잠재성을 가진 애틀랜틱시티에 대한 우려를 드러내며, 이 문제를 부정적이고 편향된 시각으로 다루었다.[12]

게임 산업계 경영진은 포커페이스를 유지했다. 게임통제위원회 회장 필립 해니펀은 애틀랜틱시티가 라스베이거스를 따라잡지 못할 것이라고, 동부 손님들을 그렇게 심각한 수준으로 차단하지는 못할 것이라고 자신했다. 그러나 행복한 미소 저변에는 분명 불안의 기운이 감돌고 있었다.[13] 리조트 인터내셔널 개장이 임박했을 때, 긴장은 더욱 첨예화되었다. 리조트 인터내셔널 개장 몇 시간 전, 『라스베이거스 선』 발행인 행크 그린스펀은 NBC 「투데이쇼」에서 조직범죄가 이 도시를 대상으로 '강도짓'을 벌일 것이라고 경고했다. "이제까지 상황이 절망적이라고 생각했다면 (…) 악랄한 놈들이 설칠 때까지 한번 기다려보십쇼."[14] 당시 라스베이거스에서는 마이어 랜스키가 1950년대부터 카지노에서 숨겨진 지분을 보유하고 있었던 데다가 허수아비 작전도 여전히 진행되고 있었다. 조직범죄 스캔들의 유구한 전통을 가진 라스베이거스를 가장 강력하게 선전해오던 매체에서, 그 매체를 대표하는 사람이 표현한 이와 같은 협박은 기이한 장면이 아닐 수 없었다. 그다음 주 『라스베이거스 선』에 실린 1면 기사에서는 애틀랜틱시티의 도박이 라스베이거스만큼 재미있지는 않다는 내용이 실렸다. 블랙잭 게임에서는 에이스 카드를 스플릿하지 못하게 하는 등 규칙이 지나치게 복잡하고 번거로웠으며, 크랩스 게임 속도는 "믿을 수 없을 만큼 느렸다". 라스베이거스에서도 카드 카운팅을 하지 못하도록 장치를 마련하고 손님들의 카운팅을 장려하지 않았음에도, 저자는 애틀랜틱시티에서 카드 카운팅을 하기가 더 어렵다는 점을 비판하기도 했다.[15] 네바다주에서 게임 산업 이해관계자들은 겉으로는 애틀랜틱시티가 두렵지 않다고 이야기하면서도, 온전히 긴장의 끈을 놓을 수는 없었던 것이다.

애틀랜틱시티를 얕잡아봤던 경영진에서도 경쟁의 최종 결과를 걱정하기 시작했다. "신의 축복이 함께 하길 바랍니다. 하고 싶은 대로 하라죠."[16] 카지노 소유주 마이클 곤은 『밸리 타임스』와의 인터뷰에서 이렇게 이야기했다. "보기보다 쉽지 않다는 걸 직접 경험하게 될 겁니다. 그리 반길 일도 아니지만, 두려워할 만한 일도 아닙니다. (…) 일단 시작하면 판도라의 상자를 여는 겁니다. 우리를 더욱 힘들게 만들 게임이 다른 지역까지 손을 뻗치겠죠." 라스베이거스 사람들은 애틀랜틱시티가 경쟁에서 뒤쳐지지 않는다는 점에는 동의했다. 그러나 장기적으로 길고 짧은 것을 겨뤄보면 누가 승자가 될지는 가려질 일로 보였다. 뉴저지주의 도박 합법화 소식은 합법 카지노 게임에 있어 국가적 독점체제를 유지해왔던 네바다주에 결코 좋은 소식이 아니었고, 사람들은 라스베이거스의 미래 전망에 대해 궁색한 의견을 내놓을 뿐이었다.

게임 테이블이 멈추다: 라스베이거스를 뒤덮은 불안

요컨대 애틀랜틱시티야말로 라스베이거스가 직면한 골칫거리였다. 동부의 리조트만 해도 상대하기 어려운 큰 적수였는데, 이에 더해 라스베이거스는 내부적으로 또 하나의 문제가 있었으니, 이는 국가적 경제 침체에 대한 그들 자신의 취약성이었다. 1970년대 미국 경제 상황은 그리 좋지 않았지만, 1970년대 초까지만 해도 라스베이거스는 여전히 확장되고 있었다. 그러나 카터 재임기에 국가적 경제 상황이 완전히 바뀌었다. 심각한 경제 위기가 찾아왔고 인플레이션과 높은 실업률로 국가 경제가 쇠락하고 있다는 각종 수치가 연일 발표되었다. 각종 부정적 상황을 알리는 수치는 1980년에 정점을 찍었지만, 그나마 라스베이거스의 경제는 수년 동안 조금씩 약화되는 정도에 머물렀다. 이를테면 당시 우울한 경제 전망에도 불구하고 1972년부터 1975년까지 라스베이거스는 두 자릿수 증가를 내세우며 경제 위기를 버텨내는 것처럼 보였다. 특히 1974~1975년의 증가율은 특기할 만하지는 않았지만, 인플레이션을 고려하면 전국적인 경제적 어려움과 불확실성 속에서도 라스베이거스가 실질적으로 수익을 내고 있다는 점을 증명했다.

최근(2007~2010) 경기 침체기를 겪으면서, 몇몇 분석가는 처음으로 카지노가 불황을 타지 않는 사업은 아니라는 분명한 점을 발견했다고 이야기한다. 그러나 이미 수십 년 동안 카지노가 경기 침체에 영향을 받는다는 점은 명확한 사실이었다. 경제학자 토머스 카길은 1979년에 이미 라스베이거스가 경기 불황에 영향을 받지 않을 것이라는 생각이 틀렸음을 밝혀냈다. 네바다대학 리노 경영경제연구소에서 출간된 그의 연구에 따르면, 네바다는 "동떨어진 자급자족하는 섬"[17]이 아니며, 지역적, 국가적, 세계적, 경제적 사건에 심각하게 영향을 받는다. 네바다를 찾는 관광객의 많은 부분이 캘리포니아로부터 유입되기 때문에, 캘리포니아의 실업률, 소득 감소, 경제적 불안정은 자연스럽게 네바다에 부정적인 영향을 미쳤다. 연료비 증가나 가스 부족 사태는 개인 자동차를 이용한 여행객의 심각한 감소를 초래하며, 국가적 경기 침체와 항공 여행 감소는 매캐런 공항을 통해 유입되는 인구를 감소시켰다. 1979년에는 공항으로 라스베이거스에 유입되는 인원이 1060만 명에 달했는데, 1980년에는 조금 감소했다가 이후 1981년과 1982년에는 그 인원이 950만 명도 되지 않았다.

당시 게임 시장 수익 기록은 재난적 상태를 보여준다. 1970년대 초, 수치상으로는 전속력을 다해 질주하는 듯 보였지만, 인플레이션을 고려하면 사실상 이미 가라앉기 시작한 것이나 다름없었다. 방문객 숫자도 감소했다. 라스베이거스와 주변 지역 방문객은 1970년에 약 680만 명, 1978년에는 1110만 명이었다. 그러나 1978년부터 1980년까지 방문객 증가율의 속도가 느려지기 시작했다. 1980년 라스베이거스 방문객 숫자는 1190만 명으로, 3년 동안 약 80만 명 정도밖에 증가하지 않았던 것이다. 이후 2년 동안 방문객 수는 오히려 감소하여 1982년에는 1160만 명을 기록했다.[18]

네바다에서 멀리 떨어진 곳에서 일어난 사건들도 고객 감소에 영향을 미쳤다. 1970년대부터 일부 카지노에서는 멕시코 하이롤러들을 대상으로 마케팅을 시행했다. 그러나 1982년 페소화가 엄청나게 평가 절하되자, 멕시코 손님들은 더 이상 라스베이거스 여행을 감당할 수 없게 되었다. 엎친 데 덮친 격으로 기존 멕시코 손님들은 페소화의 평가 절하로 그들이 카지노에 지고 있던 도박 부채를 도저히 갚을 수 없게 되었고, 라스베이거스 카지노에는 회수 불가능한 수백만 달러의 빚이 고스란히 남겨졌다. 1980년부터 1983년까지 스트립 카지노에서 대손상각(특정 채권의 회수가 불가능할 때 이 채권을 회계상 손실로 처리하는 것—옮긴이)으로 기록된 수치 비율은 두 배나 껑충 뛰어올랐다.[19] 홍콩과 중동에서도 멕시코와 유사한 화폐 평가 절하가 발생해, 카지노 큰손들의 라스베이거스 유입이 차단되었다. 애틀랜틱시티에서 동부 고객들을 빼앗아감과 동시에 그동안 착실하게 방문해주었던 외국 손님들이 차단되면서, 라스베이거스 카지노 운영진은 당연히 비관적인 전망을 할 수밖에 없었다.[20]

라스베이거스가 직면한 어려움은 애틀랜틱시티와의 경쟁 심화와 국가경제 쇠락에서만 기인하지 않았다. 라스베이거스는 충분히 예방될 수 있었던 엄청난 비극적 재난 때문에 또 한 번 기업 이미지에 손상을 입고 기업 신뢰성의 위기를 맞이하게 된다.

1980년 11월 21일, 당시 라스베이거스에서 최신식이면서 가장 현대적인 리조트였던 MGM 그랜드 호텔 카지노에 대화재가 발생했다. 이 화재로 87명이 사망했고, 카지노 입구에서 검은 연기가 뿜어져 나오고 손님들은 호텔 안에서 절망적으로 구조를 요청하는 영상이 전국에 보도되었다.[21] 스프링클러를 제대로 설치하지 못했던 카지노 측의 과실로 발생한 이 화재로 인해 라스베이거스 홍보는 앞길이 막혀버렸다. 최신식으로 건설된 카지노에서도 안전을 보장받을 수 없는데, 누가 라스베이거스 호텔에 머물려 하겠는가? 라스베이거스는 사람들이 태평스럽게 긴장의 끈을 놓아버릴 수 있는 장소로서 의미가 있는 곳이었는데, 갑자기 너무나 사실적인 죽음이라는 공포가 이곳에 드리우면서 흥청망청 놀기를 원하던 사람들의 발길은 끊어졌다.

라스베이거스의 악재는 이것으로 끝이 아니었다. 두 달 뒤, 여덟 명의 사망자와 200명의 부상자를 내고, 호텔 타워 전면에 흉측한 시꺼먼 그을음을 남긴 또 한번의 화재가 라스베이거스 힐턴에서 발생했다. 이와 같은 화재의 피해를 완화하기 위해 스트립의 대규모 카지노를 개조한다고 해도, 그 작업은 비용과 시간이 엄청나게 들어갈 뿐만 아니라, 이미 일어난 비극적 화재에 대한 인상이 너무 크게 남아 있어 큰 효용이 없을 게 뻔했다. 라스베이거스 호텔이 향후 5년간 완벽하게 무재해 기록을 지속한다 해도 수백만의 잠재적 방문객은 화재, 죽음, 파멸의 이미지를 잊지 않고 다른 곳에서 휴가를 보낼 것이다.

이렇게 1980년대 초 라스베이거스는 그 운이 다한 것으로 보였다. MGM 그랜드 화재는 이 도시의 탄탄해 보였던 미래의 상실을 상징했다. 수익은 감소하고, 경쟁은 증가하는 상황에서 호텔은 안전하지 못한 곳으로 인식되었고, 전문가들도 희망을 품지 않는 것 같았다. 1982년 『보스턴 글로브』 기사에서, 코니 페이지는 이러한 라스베이거스의 분위기를 다음과 같이 요약했다.

> 올해 방문한 라스베이거스는 달랐다. 이곳의 삶은 무미건조한 시간으로 돌아간 것으로 보인다. 몇몇 카지노 직원과의 대화는 이 차이를 분명히 보여주었다. 실업률은 역대 최고치였고, 영업장들은 문을 닫는 가운데, 미래의 회복 가능성도 분명치 않았다. 그동안 걱정 없이 살던 라스베이거스 사람들은 1982년, 경기 대침체의 고통 속에서 살고 있었다.[22]

게임 테이블 배후의 임원급 직원 사이에서 우울감은 더 증폭되고 있었다. 카지노 관리자급 직원을 대상으로 1980년 실시된 '경기 침체 영향 조사'에서 대부분의 응답자는 경기 침체가 자신들의 사업에 악영향을 미쳤다고 응답했다.[23] 스트립에 위치했던 최신식 카지노 호텔들이 다운타운의 전통적 가치를 지향하는 호텔들보다 더 큰 영향을 받았다. 한 응답자가 말했듯이 "이 세상에는 하이롤러들보다 '평범한 사람들'이 훨씬 많기 때문이었다." 대부분의 네바다주 응답자들은 게임 산업이 여전히 장기적으로는 성장 가능성이 있다고 응답했지만, 현재 네바다주가 나쁜 상황에 처해 있다는 점을 부정하는 사람은 거의 없었다. 반면 애틀랜틱시티 경영진은 전혀 사업난을 느끼지 못한다고 응답했다.

그러나 네바다주 카지노 경영진은 쉽게 포기하거나 아무것도 하지 않고 그저 상황이 나아지기만을 기다리고 있지는 않았다. 그들은 자신들의 영업 방식을 재고하고 1980년대의 새로운 도전에 적응할 수 있도록 자신들을 도와줄 방문객을 유치하기 위해 새로운 공식을 고안했다.

카지노에 대중을 끌어들이다

1980년 미국 회계법인 래번솔 앤 호배스에서 실시한 조사에서는 계속되는 경기 하락세로 인해 초래된 하나의 문젯거리가 드러났다. 스트립의 고급스러운 호텔들은 다운타운의 일반인이 많이 찾는 도박장보다 경제적 등락에 더욱 민감했던 것이다. 전문가들은 일급 카지노 리조트를 먹여 살리는 고객층은 하이롤러들이라고 주장해왔다. 그러나 경기 침체로 인해 드러난 결과는 그 주장이 틀렸음을 보여주었다.

경기 침체와 애틀랜틱시티의 성장은 이른바 '버거킹 혁명'을 촉발했다. 버거킹 혁명의 골자는 중산층 휴양객, 버스를 이용하는 관광객, 캠핑카로 여행 다니는 가족들을 라스베이거스로 유입시키는 것이었다. 게임 산업계 지도자층은 이것이야말로 라스베이거스가 살아남고 지속적으로 발전할 수 있는 길이라고 믿었다. 배타적으로 더욱 특별한 고객을 유치하는 전략이 과거에는 통했을지 모르나, 라스베이거스는 모종의 한계점을 넘어섰고, 더욱 광범위한 고객층을 대상으로 마케팅을 실시할 필요가 있었다. 이에 라스베이거스 컨벤션 및 관광청의 관광 및 연구부 이사 로시 랠런코터는 "이제 우리는 대중 마케팅으로 돌입한다. 고객으로 채워야 할 호텔 객실이 5만3000실이나 있는 상황에서는, 그야말로 모든 이를 상대로 홍보해야 한다"[24]고 이야기했다.

버거킹 혁명은 스트립 카지노들을 완전히 전환시켰다. 몇몇 카지노는 바카라 테이블을 안쪽 깊숙한 곳으로 재배치하되, 바카라 게임을 위한 특수 공간을 따로 만들지는 않았다. 대신 일반 시민을 유인하기 위한 슬롯머신, 캠핑장, 패스트푸드점이 들어섰고, 할인 쿠폰은 마치 법정화폐와 같은 역할을 했다. 8억 달러를 들여 확장한 매캐런 공항이 더 많은 방문객의 유입을 원활하게 만들었고, 1000만 달러를 들인 광고로 라스베이거스가 새로운 단장을 하고 고객을 기다린다는 메시지를 전했다.

'버거킹 혁명'은 단지 이러한 변화를 보여주는 하나의 문구에 국한되지 않았다. 실제 이 시기에 햄버거 프랜차이즈 버거킹도 와퍼와 크루아상 샌드위치 판매로 라스베이거스에 진입하는 전환기를 맞이했다. 종종 곤경에 처한 랜드마크 카지노 호텔의 급한 불을 꺼주거나, 때로는 이들의 운명을 바꿔버리는 일로 유명했던 변호사이자 공인회계사 제프리 실버는 1984년 스트립 랜드마크를 회생시키려는 전략의 일환으로 리비에라 리조트에 패스트푸드점을 도입했다. 리비에라 맞은편에 있는 서커스 서커스에서는 일반 이용자들을 주 고객층으로 한 덕에 계속 이득을 보고 있었지만, 리비에라는 하이롤러들만 쫓아다니다가 파산법 제11장에 따른 법정관리를 신청했던 상황이었다. 리비에라를 담당하게 된 실버는 즉시 건물을 확장하여 500대의 슬롯머신을 설치하고, 비디오 게임장을 신설했으며, 스트립 카지노 내에 들어선 첫 번째 패스트푸드 프랜차이즈 버거킹을 입점시켰다.[25]

이렇게 대중을 향한 마케팅 전략에는 논란도 뒤따랐다. 리비에라 경영진 중 일부는 호텔의 격을 떨어뜨린다며 실버의 버거킹 입점 계획에 반대했다. 그러나 실버야말로 제대로 시류를 읽어낸 사람이었다. 바로 건너편에서, 서커스 서커스의 호텔 뷔페가 2달러 49센트라는 저렴한 가격으로 대대적으로 홍보되고 있음에도 불구하고 맥도널드 장사가 성황을 이루고 있었다. 맥도널드는 저렴하긴 했지만, 패스트푸드점이 서커스 서커스 호텔의 저렴한 뷔페 가격과 음식의 양을 따라잡기에는 불가능함이 분명했다. 그럼에도 맥도널드가 그토록 문전성시를 이뤘던 이유로 실버는 두 가지를 생각했다. 스트립을 찾는 고객층이 카지노에서 제공되는 음식에 대해 어떤 종류든 불편함을 느끼고 있거나, 또는 휴가를 보내면서도 그들이 평상시에 익숙하게 접하던 음식을 찾기 때문일 수도 있었다. 일부에서는 계속해서 실버의 논리에 반대했지만, 이 사업은 진척되었다.

대외적인 반대는 더욱 심각했다. 클라크 카운티 기획 위원회는 스트립의 특성을 손상시킨다는 이유로 호텔 외부의 버거킹 간판 설치안을 승인해주지 않았다. 그러나 실버는 시대의 흐름에 따라 변화해야 한다고 주장했다. 기존에 무시해왔던 시장을 공략해야만 라스베이거스가 현재 직면한 어려움을 해결해갈 수 있다는 것이 그의 생각이었다. 애틀랜틱시티는 하나의 거대한 도박촌이 될 수 있을지 모르지만, 휴양지로서는 라스베이거스를 이길 수 없을 것이다. 대중이 시간을 보내기에 알맞은 휴양지로 만들어야 라스베이거스가 되살아나고, 그 후에야 다른 것들(예를 들면 도박으로 돈을 벌어들이는 것—옮긴이)을 생각해볼 수 있는 것이다.[26]

결국 마지막 승자는 실버였다. 몇 달 뒤 버거킹이 문을 열었고, 이후 버거킹은 오랫동안 패스트푸드 체인에서 가장 성공적인 영업점이 될 수 있었다. 처음에는 실버의 의견에 반대했던 다른 카지노 운영자들도 자신들의 카지노에 가맹점을 입점시키기 위해 알아보기 시작했다.

리비에라의 새로운 먹거리 사업은 나날이 번창했다. 버거킹은 호텔로 새로운 손님들을 유입시켰고, 카지노의 이미지를 안전하고 친근하게 만들었다. "우리는 혁신에 집중했습니다." 1985년 말, 리비에라 회장 아서 왈츠먼은 위풍당당하게 발표했다. "우리는 미국의 중산층을 표적으로 하고 있습니다."[27] 실버의 버거킹 혁명은 스트립에서 실현되었다. 이제는 스트립의 대부분 호텔과 베니션이나 시저스 팰리스 같은 상급 호텔에도 패스트푸드점이 들어서기 시작했다.

1984년 스트립을 찾은 사람들은 라스베이거스의 새로운 질서를 발견할 수 있었다. 방문객들은 비행기 탑승 수속을 시작할 때부터 벌써 펀북을 지급받았다. 앞서 언급된 바와 같이, 펀북은 재키 곤이 이미 오래전부터 사용해왔던 방편이었다. 펀북은 수년 동안 다운타운의 기본형 카지노로 손님을 유치하기 위해 사용되었지만, 이제 이전에는 펀북 따위는 취급하지 않았던 오만한 스트립에서도 쉽게 찾아볼 수 있었다. 5년 전까지만 해도 쿠폰을 내미는 손님을 무시하는 태도로 대했을 스트립 카지노 호텔에서도 객실 숙박비나 레스토랑 식사비 지불 대신 쿠폰을 사용하거나, 표를 구입하면서 사용하는 등 쿠폰을 사용하는 행위 자체가 카지노를 방문하는 하나의 구실이 되었다.[28]

실버의 버거킹 아이디어는 매우 획기적이었고, 그는 이전까지 호텔 식음료 관련 부서에서 누구도 생각지 못했던 길을 용감하게 개척했다. 네바다주를 지켜보던 외부 관찰자들은 사막의 리조트 업계에서 변화가 발생했음을 알아차렸다. "베이거스는 바뀌었다."[29] 1984년 『뉴욕타임스』에는 이와 같은 기사 문구가 실렸다. "새로운 경쟁, 기존과 다른 방식의 사업, 진화된 기술에 대응하기 위해 노력하며 이들은 새로운 고객을 찾아 나서고 있다."

이러한 노력에는 고객층을 재평가하는 일도 포함되었다. 1985년 민트 카지노 호텔 총지배인 마브 레빗은 기존 라스베이거스의 '최상급 손님'은 게임 테이블에서 높은 금액으로 베팅하는 '하이롤러'였음을 인정했다. 그러나 이제 상황은 바뀌었다. "지금은 테이블에서 5달러씩 베팅하는 고객보다는 1달러짜리 슬롯머신을 하는 고객이 더 가치 있다는 것을 깨닫게 되었다"고 그는 말했다.[30] 25센트짜리 슬롯머신 이용자도 중요한 고객층이었다. 1983년부터 1989년까지, 스트립에서 25센트짜리 슬롯머신 기계 숫자는 두 배 이상 증가했다. 1987년에는 스트립에 존재하는 슬롯머신 중 절반 이상이 25센트짜리 기계였다.[31] 이 보잘것없는 낮은 베팅 금액의 슬롯머신이 갑작스럽게 라스베이거스 스트립을 이끌어가는 원동력이 된 것이다.

레빗의 슬롯머신에 대한 찬사는 버거킹 혁명이 카지노에 미친 영향을 상징적으로 보여준다. 카지노에서 일반 고객에 더욱 집중하면서 슬롯머신도 지배적인 위상을 차지하게 되었다. 서커스 서커스 호텔의 제이 사노도 카지노 수익을 위해 슬롯머신을 주요 사업으로 촉진시켰던 선두주자로 여겨진다. 1968년에 개장한 이 카지노를 설계할 당시, 그는 카지노 영업장 내에서 슬롯머신을 중요한 부분으로 고려했다. 슬롯머신 구역을 따로 배치하는 카지노는 이미 존재했지만, 슬롯머신 이용자의 환심을 사기 위해 적극적으로 노력했던 시도는 처음 이루어진 것이었다. 1974년 윌리엄 베넷과 윌리엄 페닝턴이 서커스 서커스를 매입하면서, 그들은 여전히 하이롤러를 유치하려고 했던 사노의 시도를 완전히 포기하고, 중산층 시장의 슬롯머신 이용자를 중심으로 한 사업 모델을 개발해냈다. 그들은 이 모델을 통해 가장 약소한 금액으로 베팅하는 손님들로부터 수익을 만들어내면서 엄청난 성공을 거두었다.[32]

슬롯머신으로 돌아서면서 스트립보다는 비교적 경기 침체기를 잘 헤쳐나갔던 다운타운 라스베이거스를 중심으로 다시 활기가 돌기 시작했다.

1986년 이 사진이 촬영될 당시 서커스 서커스 호텔은 몇 번의 확장을 거듭한 상태였다. 당시 이 호텔은 네바다주에서 가장 수익성이 좋은 곳이었으며, 이후 라스베이거스 스트립에 들어선 저예산을 지향하는 카지노들이 이곳을 모방했다.

1980년, 스트립 카지노 수익의 65퍼센트는 블랙잭, 크랩스, 룰렛, 바카라를 포함한 테이블 게임으로부터 나왔다. 그러나 그 비중은 점차 감소했고, 1988년에는 처음으로 스트립 카지노 총 수익 중 테이블 게임 수입이 차지하는 비중이 절반 밑으로 떨어졌다. 고급형 카지노에서도 슬롯머신이 점점 더 중요해졌다. 1975년에는 블랙잭이나 크랩스 테이블이 카지노에서 가장 중요한 설치물이었지만, 10년 뒤에는 25센트짜리 슬롯머신이 가장 중요한 장치가 되었다.[33]

글렌 셰이퍼의 선언: "게임은 다시 성장하고 있습니다"

서커스 서커스는 슬롯머신을 가장 먼저 적극 도입하면서, 1980년대 '새로운 라스베이거스'에서 성장세를 보이는 선도적인 카지노가 되었다. 카지노는 더 이상 이용객에게 외상으로 서비스를 제공하지 않았고, 한 번에 1만 달러 이상 소비되는 하이롤러들의 방문을 포기했으며, 1년 수입이 4만5000달러 이하인 가족 단위 손님들을 대상으로 하는 방향으로 전향했다. 호텔 측은 하루 숙박 요금을 16~36달러로 낮춰, 슬롯머신을 하러 오는 이용객들이 언제든지 저렴한 비용으로 숙박할 수 있는 방을 충분히 확보했다. 특히 서커스 서커스의 뷔페 운영 정책은 이들의 지향점을 분명히 보여주었다. 무제한 뷔페 가격이 조식 1달러 99센트, 점심 식사가 2달러 49센트였으며, 저녁 식사는 손님들도 놀랄 만한 가격인 3달러 49센트로, 적자를 보는 장사가 아닐 수 없었다. 그러나 분석가 댄 리가 『USA 투데이』에서 설명한 것처럼, 그들은 식당에서 보는 적자에 개의치 않았다. 왜냐하면 "뷔페에 가기 위해서는 카지노를 통과해야 했기 때문이다. 그곳을 지나면서 슬롯머신에서 그만큼 돈을 더 소비하지 않고 지나가기는 어려운 일이다."[34]

특정 방식의 미끼 상품은 1940년대부터 라스베이거스 스트립에 존재해왔지만, 서커스 서커스는 인정사정없이 다른 사업장에도 효율적으로 슬롯머신을 적용하기 시작했고, 그로 인해 번영을 이루었다. 경영진에서는 1978년 리노 카지노를 개장했고, 바로 옆에 있던 슬롯 게임장 슬롯츠-어-펀 카지노를 매입했으며, 1981년에는 서커스 서커스 길 건너편에 있었던 작은 카지노 실버 시티를 인수했다.[35] 이 카지노들은 서커스 서커스가 1980년대 초 라스베이거스에서 신데렐라 이야기와 같이 장밋빛 꽃길을 걸을 수 있게 해주었다. 다른 카지노들은 1980년에 경기 침체에 위태롭게 흔들리고 있던 반면, 서커스 서커스는 790만 달러의 수익을 냈다. 이는 1979년 총 수익 810만 달러에서 조금 떨어진 수치였지만, 고군분투하고 있었던 다른 카지노들에 비해서는 엄청난 수익을 낸 셈이었다. 그 이후, 1981년 순수익 910만 달러에서 1982년에는 1580만 달러로, 1983년에는 1830만 달러, 1984년에는 2300만 달러로 수치는 다시 치솟기 시작했다. 다른 카지노들은 유지에 급급하던 시기에 5년 동안 연평균 증가율이 23퍼센트나 되었던 것이다. 이후에도 순수익은 계속 증가해 1989년에는 8120만 달러의 수익을 보았으며, 5년간 연평균복합성장률은 거의 29퍼센트에 달했다.

이제 카지노 산업은 도박의 문제라기보다는 대중을 위한 위락시설 조성의 문제였다. 서커스 서커스는 스스로를 '유흥을 파는 상인'이라고 광고했다. 이들의 사업 모델은 다양한 상품을 할인된 가격에 판매하는 수많은 소매점이 줄지어 있는 초대형 시장 또는 박스 스토어 모델이었다. "기본적으로 우리는 박리다매를 추구합니다."[36] 서커스 서커스 엔터프라이즈 회장 윌리엄 베넷은 1985년 이와 같이 선포했다. 추후 엑스캘리버 호텔로 이어졌던 남부 스트립의 새로운 개발 방향에 관해 고심하는 과정에서도, 회사는 서커스 서커스를 대형 산업으로 보는 관점을 고수했다. 다시 말해서, 새로운 카지노 호텔을 건설한다고 하더라도 그곳은 "중산층 손님과 이용객들"을 대상으로 할 것이며, 기존 카지노들이 "가격 정책에 관해 전통적으로 취해왔던 특별한 가치"를 계속 유지하는 정책을 그대로 도입한다는 것이었다. 세계에서 가장 수익성이 좋은 이 카지노 회사는 자신들이 승리의 법칙을 발견했다고 믿었고, 그 방식을 계속해서 고수하려 노력했다.[37]

서커스 서커스는 곡예단과 할인 정책을 활용해 다른 카지노에서 이제 막 관심을 갖기 시작한 가족 단위 고객층을 집중적으로 공략함으로써 성공을 거두었다.[38] 자차로 이동해 라스베이거스에 도착한 이들은 버거킹에서 점심을 먹었고, 사하라와 리비에라 중간쯤에 새롭게 문을 연 윗 앤 와일드 워터 파크에서 낮 시간을 보내는 부부와 아이들은 라스베이거스에서 이전에 해보지 못했던 경험을 할 수 있었다. 5년 전만 해도 그들은 서커스 서커스의 지붕 아래서만 환영받을 수 있는 존재였다면, 이제는 호텔 밖에서도 즐거운 시간을 만끽할 수 있었다.

1985년, 『USA 투데이』에는 다음과 같은 내용이 실렸다. "최초로 스트립 카지노는 미국의 중산층에 집중하고 있다. 이들이 노리고 있는 집단은 가족까지 데리고 와서 며칠 머물면서 많이 써봐야 500달러 정도 소비하는 '죽돌이Grind players'(그라인드 플레이어 또는 그라인더는 포커 게임에서 꾸준히 수익을 만들어내기 위해 저예산을 가지고 낮은 위험부담으로 게임을 계속하는 사람을 의미한다. 또, 비디오게임에서는 계속되는 지루한 작업을 반복하는 게임 행위를 하는 사람을 의미하기도 한다. 해당 문장에서 그라인드 플레이어는 이전의 하이롤러가 아닌, 비교적 저예산으로 카지노를 방문한 사람들, 큰돈을 베팅하는 것이 아니라 카지노에서 오랜 시간 앉아 반복적으로 게임을 즐기는 사람들을 이른다. 반복적으로 지루해 보이는 게임을 한자리에 앉아 지속한다는 의미에서 '죽돌이'로 번역했다—옮긴이)들이다."[39] 서커스 서커스의 최고재무관리자 글렌 셰이퍼는 향후 10년간 라스베이거스가 명심해야 할 목표를 분명히 피력했다. "그럼요, 미국의 중산층이야말로 게임 시장에서 가장 큰 부분이고, 의지할 만한 대상이라고 할 수 있습니다. 하이롤러 시장은 (…) 매우 한정되어 있어요. 큰돈을 잃고도 그것을 감당할 만한 사람은 이제 그렇게 많지 않습니다."[40]

미국 중산층의 재조명은 라스베이거스 카지노 경영진에게 있어서 황금의 땅 엘도라도를 발견한 것과 비슷한 일이었다. 1983년부터 수익은 다시 증가하기 시작했고, 이후 남은 1980년대에 상향 궤도를 그렸다. 이제 스트립에서도 클라크 카운티와 맞먹을 정도로 수익을 냈다(다운타운의 지속적 성공과 콜로라도강 유역에 위치한 라스베이거스 아류 도시 로풀린의 성장으로 클라크 카운티는 활기를 띠고 있었다). 저변을 확대함으로써 스트립은 효율적으로 수입원을 증가시켰고, 비 카지노 분야 수익도 카지노 수익과 함께 보조를 맞춰 증가했다.

1980년대 중반, 스트립 카지노 호텔 경영진은 회복세로 들어선 국가 경제를 이용하는 수준을 넘어섰다. 이들은 1970년대까지 이곳을 찾았던 국제적인 하이롤러들이 예전처럼 이곳을 찾지 못할 것이라는 점을 깨닫고는, 전략적으로 낮은 금액으로 베팅을 많이 하는 대중을 이용하는 방향으로 전향했다. 1984년에 스트립 카지노의 금고를 채웠던 돈은 대부분 외국에서 온 바카라 게이머가 아니라 슬롯머신을 하는 미국 중산층 고객들이었다. 이 점과 관련해서는 스트립이 라스베이거스 다운타운뿐만 아니라 그들의 숙적 애틀랜틱시티로부터 그 방식을 배웠다고도 볼 수 있다. 애틀랜틱시티는 1980년대 중반에 이미 슬롯머신을 하러 오는 당일치기 이용객들을 주요 대상으로 하는 관광지로 자리 잡았다. 스트립은 지리적 특성상 이곳을 찾은 사람이 며칠 머무를 수밖에 없었지만, 어찌 되었든 간에 애틀랜틱시티에서와 같이 소액으로 도박하는 사람들을 유치해냈고, 게다가 이미 오래전부터 그곳을 찾았던 큰손 도박꾼들도 여전히 종종 찾아볼 수 있었다.

버거킹 혁명은 결과적으로 굉장한 성공을 거두었다. 몇 년 전만 해도 이지역을 사로잡았던 비관론은, 짙게 피어올랐던 사막의 안개가 사라지듯 언제 그랬냐는 듯이 소멸되었으며, 카지노 최고 관리자들은 다시 확장을 계획하기 시작했다. 이미 1985년부터 『USA 투데이』는 이 역설적인 반전을 보도했다. 이제 애틀랜틱시티의 성장세가 느려지고, 라스베이거스가 다시 속도를 내고 있었다. 글렌 섀퍼는 "네바다와 라스베이거스가 카지노 수익에서 더 앞서 나가기 시작했어요. 게임은 다시 성장하고 있습니다"고 선언했다.

카지노 수익이 다시 솟아오를 수 있었던 것은 대중을 상대로 마케팅 전략을 활용했던 카지노들에서 적은 돈으로 베팅하는 사람들을 받아들이면서 수천 개의 객실을 신설했기에 가능한 일이었다. 서커스 서커스는 1986년 객실 1200실짜리 스카이라이즈 타워를 추가로 건설했고, 같은 해 트로피카나는 5500만 달러를 들여 외장 공사를 하면서 806실의 객실 타워를 추가했다.

라마다 인 게임부 대표이자 확장 사업을 감독했던 폴 루벨리는 "리조트 이용을 선호하는 중산층 고객"으로 전향하겠다고 분명히 밝혔고, 총 수익의 50퍼센트를 차치했던 하이롤러들의 비중이 30퍼센트까지 감소되었다는 사실에 오히려 반가워했다. 카지노 이용자가 너무 낮은 금액으로 베팅하면 수익은 고작 1달러당 10센트에 불과한 데다가, 그렇다고 하이롤러들을 주요 대상으로 하기에는 너무 위험부담이 크고, 시장 경쟁도 너무 치열했다. 그러나 "중산층을 말하자면, 부부가 한 번 방문하면 500달러는 쓰는 사람들이다. 이 사람들을 상대로 한다면 우리는 1달러당 70센트는 남길 수 있다."[41] 다른 카지노들에서도 객실을 추가하며 시설을 확장했고, 도시의 호텔 객실은 1982년 5만270실에서 1988년 6만1394실로 증가했다.[42] 위의 세 곳이 1990년대 스타일의 대표적인 초대형 리조트 세 곳이었으며, 거의 모든 객실은 하이롤러가 아닌 저렴한 객실을 찾는 중산층을 겨냥해 정비되었다.

더 직접적으로 저소비층의 구미에 맞춰 생긴 시설도 있었다. 예컨대 서커스 서커스는 1979년 421대 규모의 RV파크 서커스랜드를 신설했다.[43] 아시엔다와 스타더스트는 나중에 좀더 작은 규모의 비슷한 캠핑장을 만들었다. 1980년에는 시저스 팰리스가 지나치다 싶을 정도로 화려한 판타지 타워를 자랑스럽게 선보였고, 서커스 서커스는 총 810실의 3층짜리 독채 모텔 서커스 서커스 마노를 신설했다(이곳은 나중에 모노레일을 통해 카지노로 연결되었다). 이미 1978년에 서커스 서커스의 경영진은 라스베이거스가 고급 야외 온수 욕조 시설이 아닌 캠핑카 수용지를 마련할 필요가 있다고 예견했는데, 5년 뒤에는 그들이 얼마나 선견지명을 가진 사람들이었는지 알 수 있었다.

미국 중산층에 집중하면서 거둔 성공은 당시 직면한 현실에 안주했다기보다는 모종의 초조함을 반영한다. 지금이야 도박을 즐기는 대중이 당연하게 여겨지지만, 당시 카지노 산업계에서는 새로운 지평을 바라본 결정을 하기 시작했던 것이다. 카지노 도박이 전국으로 퍼져 나갈 기미를 보이면서, 라스베이거스는 반격의 기회를 엿보고 있었고, 실제로 그렇게 해냈다.

14장

고삐 풀린 아메리칸드림

공익을 위한 도박 합법화의 시대

1980년대 말, 카지노 도박은 미국의 모든 유권자와 공무원의 관심사였다. 라스베이거스가 또다시 부흥기를 맞이하고, 애틀랜틱시티 카지노들은 현금을 빨아들이는 듯 보였다. 그렇다면 어째서 이 두 곳에서만 카드 게임과 슬롯머신을 좋아하는 미국인들로부터 돈을 벌어들여야 한단 말인가?

카지노가 많은 일자리를 창출시킨다는 애틀랜틱시티에서의 기록을 토대로, 지역 경제를 증진시키고자 하는 다른 지역에서도 카지노는 매력적인 사업으로 보이기 시작했다. 30년 전만 해도 도저히 가망이 없는 부패의 온상지라고 공격받던 카지노들은 이제 경제 성장, 재정 확보, 도시 발전을 위한 공적 정책의 도구로 받아들여지기 시작했다. 그러한 영향력이 아직 충분히 파급되지 않았던 그 시기에도 이러한 추세는 놀라운 전환이 아닐 수 없었다.

인디언 카지노의 합법화

애틀랜틱시티도 다 쓰러져가는 여러 호텔과 실업, 범죄, 빈곤의 소용돌이 안에서 극약 처방을 바라던 시절이 있었다. 그러나 인디언 보호 구역의 상황에 비하면 애틀랜틱시티의 처지는 훨씬 나은 편이었다. 유럽인들이 16세기부터 미국에 정착하면서, 신대륙의 원주민들은 조직적으로 변방 지역으로 밀려났다. 미 연방 정부는 한때 대대적으로 인디언 사회와 문화를 총체적으로 말살하는 인디언 정책을 폈으나, 1930년대에 이르러서는 기존보다 다소 누그러진 태도를 보였다. 이른바 '인디언 뉴딜' 정책은 인디언 부족을 그들 나름의 공동체로 재활성화시키는 방향을 추구했으며, 원주민을 정착민의 삶에 동화시키기보다는 인디언 부족의 자족적 삶을 지향했다.

이후 수십 년 동안 미국 입장에서는 좋은 의도로 인디언 원조 정책을 실시했으나, 인디언 보호 구역에서의 삶은 그다지 나아진 것이 없었다. 그들은 여전히 주변부에서 빈곤과 막대한 사회적 문제로 인한 고통에서 벗어나지 못했다. 다른 여러 주에서 세수 증대 수단으로써의 도박에 대한 관심이 증가했던 상황에서, 인디언 부족의 지도자들이 자신들 사회의 문제를 해결하기 위해 도박에 눈독을 들였던 것은 당연한 일이었다. 1924년 인디언사무국이 인디언 부족의 게임법을 인정해주면서, 연방 정부는 이미 인디언 정부가 게임을 관리·감독하도록 허용해주었지만, 아직까지 비인디언이 이용할 수 있는 게임 시설을 개장한 부족은 없었다.[1]

1970년대 말, 메인주 퍼납스컷 부족은 플로리다의 세미놀족에 뒤이어 빙고를 운영하기 시작했다. 이후 34개 주에서 자선단체의 빙고 게임 운영을 허용했는데, 일자리와 수입원을 절실히 필요로 하며, 동시에 이득을 추구하는 단체가 아니었던 인디언 부족은 분명 자선단체로 인정될 만한 요건을 갖추고 있었다. 그러나 인디언 빙고 운영자들은 자신이 주의 관리·감독에 예속되어 있지 않다고 주장했다. 그들은 자주적인 정치적 독립체였기 때문에, 인디언 부족은 미국 민법의 적용을 받지 않는다는 것이었다. 만약 빙고가 불법 행위로 완전히 금지(즉, 주의 형법 위반)되어 있지 않다면, 주 정부에서는 인디언 부족의 빙고 게임을 단속할 이유가 없다는 것이 빙고 운영자들의 논리였다. 인디언 부족은 슈퍼 잭폿이 걸린 빙고 게임을 운영하기 시작했고, 때로 그 금액은 5만 달러에 달했다. 이에 빙고 게이머들이 갑작스럽게 인디언 보호 구역으로 유입되기 시작했고, 뜨거운 열기 가운데 '빙고의 밤'이 이어졌다.

빙고 게임 경쟁 업자들은 당연히 인디언 부족의 그와 같은 처사에 분노했고, 카운티 당국 관리들도 마찬가지였다. 플로리다와 캘리포니아 인디언 부족의 고액 빙고 게임장 급습은 법정 공방으로 이어졌고, 결국 1987년 대법원까지 이어지게 되었다. 세미놀족이 성공적으로 이끌었던 이 소송을 촉발시킨 플로리다 급습 사건은 미국 원주민에 대한 미국인의 관점을 전환시킨 중요한 시금석이 되었다. 주 당국에서는 인디언 부족이 법을 위반해서는 안 된다고 주장했던 반면, 많은 외부 관찰자는 소리 높여 인디언을 옹호했다. 수 세기 동안 인디언을 상대로 약속도 지키지 않고 불공정한 조약을 맺었던 것에 비하면, 그들이 게임 참여를 강제하는 것도 아닌데 빙고장을 운영하도록 허용하는 것 정도는 해줄 수 있다는 논지였다. 세미놀족 대표였던 제임스 빌리는 빙고홀이 자신의 부족 사람들에게 전환기를 가져다주리라 믿었다. "구슬 몇 개 주고 맨해튼을 사들였던 것보다는 낫지 않습니까."[2] 1626년 네덜란드 식민주의자들이 미국 원주민들에게 24달러어치의 구슬을 주고 맨해튼을 매입했던 이야기를 언급하며 그는 그렇게 이야기했다.

빌리의 감정적 호소는 반향을 불러일으켰고, 많은 부족은 법원에서 결론이 날 때까지 기다리려고 하지 않았다. 실업률은 70퍼센트까지 증가했고 연방으로부터의 지원은 대폭 삭감되면서, 많은 부족은 빙고 게임을 운영하기 시작했다. 예컨대 1983년, 애리조나의 야키족은 좌석만 1300석에 달하는 100만 달러짜리 빙고홀을 개장했다.[3] 서부에서 가장 큰 빙고홀로 칭송받은 이곳에서는 교회나 비영리기관의 빙고 게임장보다 세 배나 큰 1만2000달러짜리 잭폿을 내걸었고, 근처 투손 지역에서까지 참가자가 모여들었다. 이때 도시의 다른 200개의 비영리 빙고홀은 수익이 10퍼센트 감소했다. 당시 전국적으로 40에서 60개의 부족이 야키족과 같이 빙고 게임장을 운영했다.[4]

1983년 말 2400명의 사람이 노스캐롤라이나에서도 외진 곳에 위치한 체로키족 보호 구역으로 몰려들었다. 그들은 20만 달러짜리 잭폿을 바라며 500달러의 참가비를 내고 빙고 게임을 하러 온 사람들이었다. 1984년에는 오클라호마 중북부 오토 미주리 인디언들이 레드록 빙고 팰리스라는 이름으로 6000석 좌석 규모의 세계에서 가장 큰 빙고홀을 개장했다. 수백 마일 떨어진 곳에서까지 사람들이 버스를 타고 이 보호 구역으로 찾아왔고, 근처 호텔에서 머물면서 격주로 벌어지는 빙고 게임에 온종일 몰입했다. 어떤 주에는 상금으로 40만 달러를 받아가는 경우도 있었다. 빙고 게임장의 분위기는 축제 현장에 가까웠다. 만약 텍사스에서 온 사람이 게임에서 이기면 (사직구장에서 「부산 갈매기」가 울려 퍼지듯―옮긴이) 「딥 인 더 하트 오브 텍사스Deep in the Heart of Texas」 노랫소리가 빙고홀을 가득 메웠다. 이러한 흥분의 도가니에서도 몇몇 사람은 불안의 끈을 놓지 못했다. 한 참가자가 기자에게 말하기를, 자신은 침례교도였기에 신분 노출이 걱정되어 빙고장에서 가명을 쓴다고도 했다. 여하튼 사람들은 계속해서 빙고장으로 찾아왔다. 기존의 자선단체 빙고 영업장이 이에 대해 어떻게 생각하든, 빙고에 대한 대중의 사랑은 뜨거웠다. 하지만 아직까지 인디언 게임과 관련한 법이 모호하게 남아 있었기에, 엄청난 수익을 가져다줄 이 사업의 법적 근거는 여전히 불안정한 상태였다.

그러나 얼마 지나지 않아 대법원은 인디언 부족이 운영하는 도박 산업의 합법화 문제를 깔끔하게 처리해주었다. 1987년 2월, 캘리포니아 대對 미션 인디언의 카바존 밴드Cabazon Band of Mission Indians 판결에서 대법원은 기념비적인 판결을 내렸다. 만약 주에서 일정 종류의 도박을 합법화했다면

(당시 캘리포니아주에서는 빙고와 포커 게임이 합법이었다) 인디언 부족에서도 주, 카운티, 지자체 당국의 어떠한 간섭(또는 규제) 없이 같은 종류의 도박을 제공할 수 있다는 것이었다.[5] 인디언 보호 구역에서 판돈 규모가 큰 빙고나 노리밋 카드룸은 이제 분명히 합법이었다. 인디언 부족은 복권 사업도 운영할 수 있었으며, 카지노 게임이 가능한 주에서라면 카지노도 운영할 수 있었다. 바이런 화이트 판사는 자신의 판결문에서 인디언 게임은 사실상 부족들이 경제적으로 발전할 좋은 기회라고 선언했다. 네바다와 뉴저지, 다른 대부분의 주에서 분명한 성과를 보였던 도박은 이제 수 세기 동안 이어졌던 인디언의 불행을 종식시킬 보증 수표가 된 것이다.

카바존 판결이 나기 이전부터 연방 정부는 인디언 부족의 게임 사업을 일면 장려해왔던 측면도 있었다. 연방 정부를 축소하려고 했던 로널드 레이건 대통령은 인디언 부족의 정부 기금에 대한 의존도 감소를 정책적 우선순위로 선언했다. 그는 인디언 부족에 대한 지원금을 삭감하고 다른 방식으로 재원을 찾도록 압박하고 있었는데, 이를 위해서는 부족의 산업을 발전시키는 수밖에 없었다. 빙고는 이러한 시류에 적합한 사업이었고, 내무부와 인디언사무국은 판돈이 높은 빙고 게임을 운영할 수 있도록 하는 조례를 허용했다. 연방 정부는 보조금 및 대출을 통해 인디언 부족의 빙고 게임 신규 영업장을 돕기도 했다.[6]

냉정하게 말해서, 인디언 정부의 게임 산업 발전은 그들의 주권과 경제적 발전에 관한 것이었다. 그러나 다른 많은 주에서는 그토록 높은 베팅 수준의 빙고와 카바존 판결에 일종의 경각심을 느꼈다. 그들은 곧 자신들의 영역 내 본격적으로 인디언 카지노가 들어서서 주에서 관리하는 도박 산업이 벌어들여야 할 돈을 빼앗길까봐 걱정하고 있었다. 주에서는 인디언 정부가 허가한 게임에 대해서는 어떠한 통제권도 행사할 수 없었기 때문에,

연방 정부에 도움이 필요하다고 주장하는 주지사들의 목소리가 높아졌다. 카바존 판결이 있었던 이듬해 1988년, 의회는 인디언 게임 규제법Indian Gaming Regulatory Act을 통과시켰다.[7] 이 법은 이미 수년 동안 호황을 누리며 번영해온 인디언 게임을 '합법화'하거나 '승인'한다고 명시하지는 않았지만, 그들의 지속적인 발전을 명목으로 한 규칙을 제시했다.

인디언 게임 규제법은 게임을 세 가지 등급으로 구분했다. 먼저 첫 번째 등급은 인디언 부족 구성원들만 즐길 수 있는 놀이로, 이에 대한 규제 권한은 오로지 부족에 속했다. 두 번째 등급은 빙고, 복권, 포커 게임과 같은 비非뱅크 게임을 포함했다. 두 번째 등급 게임의 사업장 운영은 국립 인디언 게임 위원회가 감독하며, 이 위원회가 일정 기간 성공적으로 운영된다면 부족에서는 자신들 스스로 규제 기관을 설립할 수 있었다. 세 번째 등급의 게임은 슬롯머신과 상업적 카드 게임, 주사위 게임으로 기본적으로 카지노 게임들이었다.

의회에서는 인디언 부족이 완전한 카지노를 운영하기 위해서는 먼저 주와 협약을 맺어야 한다고 선언했는데, 이는 그 과정에서 주 당국이 목소리를 낼 수 있게 하려는 목적이었다. 이러한 협약은 기본적으로 자주적 정치 독립체 양자 사이에 어떠한 종류의 게임을 어느 정도 규모로 운영할 것인지를 놓고 맺는 조약이었다. 비록 주에서는 인디언 카지노에서 세금을 거둘 권한이 전혀 없었지만, 대부분의 협약은 인디언 부족에게 매년 고정 비용이나 수익의 일부를 주에 납입하도록 요구하고 있었다. 또한 카지노는 보통 인디언 정부가 관리했지만, 몇몇 주에서는 카지노 직원으로 지원한 사람의 신상 정보 파악 및 검토에 관한 책임과 권한을 보유하고 있었다. 이 법률의 법조문에서, 의회는 게임이 인디언 부족의 자족과 경제 독립을 촉진시키는 연방 정부의 목표와도 조화를 이룬다고 지적하면서 바이런 화이트 판사가 드러냈던 정서를 다소 비꼬는 투로 반영했다.

카바존 판결이나 인디언 게임 규제법이 생기기 이전부터 이미 기본적 형태는 모두 갖춘 카지노 운영을 시작했던 인디언 부족도 있었다. 아직까지 인디언 부족 게임의 법적 지위가 불확실했던 상황에서도, 스트립의 리조트들에 비하면 원초적인 형태였지만, 많은 이가 카지노 시설을 개장했다. 그 첫 시작은 프레더릭 다코타의 손에서 시작되었는데, 그는 1984년, 미시간 주 북부 키위노만灣 유역에 위치한 랑세 인디언 보호 구역에서 친척이 소유하고 있던 차고를 이용해 미국에서 첫 인디언 카지노 문을 열었다.[8] 그 이전까지 차고지는 합판으로 만든 벽으로 겨울의 찬바람을 막으며 두 대의 블랙잭 테이블을 운영하고 있었다. 하나는 2달러 베팅이 가능한 테이블이었고, 다른 하나는 그곳을 찾는 하이롤러들이 5달러짜리 베팅을 할 수 있는 테이블이었으며, 딜러는 주요 경력이라고 해봤자 교회 빙고 게임장에서 일했던 사람이었다. 게임하다 지쳐 잠시 휴식을 취하고 싶은 사람은 의자 세 개가 놓여 있는 바에서 70센트짜리 혼합주를 마시거나 그나마 비싼 고급 캐나디안 클럽 위스키를 홀짝댔다. 주나 연방 당국에서는 이곳을 알고는 있었지만, 게임장을 폐쇄하려고 하지는 않았다. 기껏해야 차 두 대를 댈 수 있을 만한 이 작은 공간이 현대적 인디언 카지노의 시초였다.

이러한 첫 번째 인디언 카지노를 비방했던 사람들은 그들을 비웃으며, 인디언들이 카지노를 운영해봤자 잘 꾸민 빙고홀에 지나지 않을 것이라고들 말했다. 그러나 인디언 게임 규제법이 통과되고 10년도 채 지나기 전에, 인디언 보호 구역에는 세계에서 가장 큰 카지노가 들어서게 된다. 코네티컷 주 레드야드의 폭스우즈 리조트 카지노는 한때 구성원이 단 한 명으로 줄어들었던 마샨터킷 피쿼트 보호 구역을 뉴잉글랜드 지역의 경제 동력원으로 만들기도 했다.

1970년대, 마샨터킷 피쿼트족 대표 리처드 '스킵' 헤이워드는 일가친척 몇 명을 약 81만 제곱미터 정도 되는 보호 구역으로 이사하도록 설득했다. 그곳은 만약 그대로 내버려두었다면, 주에서 국유지로 만들었을 땅이었다. 다시 마샨터킷 피쿼트 사회를 구축한 헤이워드와 다른 구성원들은 이곳에서 메이플 시럽 공장이나 벌목과 석재 사업, 2번 도로 근처에서 미스터 피자 운영까지 다양한 사업을 시도했다.

1983년 연방 정부로부터 공식적으로 승인을 받은 이 부족은 몇몇 사업을 더 시도하다가 마지막으로 빙고 사업에 손을 대기 시작했다. 사업을 위해 자금을 대출해주었던 사람들은 대부분 피쿼트족의 결정에 회의적이었다. 예의범절 따지기 좋아하는 미국 동북부 뉴잉글랜드 지역 사람들이 과연 판돈이 큰 빙고장에 게임하러 오겠느냐는 이유였다. 그러나 뉴잉글랜드에서는 20년 전에 복권 사업으로 미국 전역에 활기를 불러일으켰던 전적이 있었고, 빙고도 미국 전역에서 인기를 끌고 있던 상황이었다. 결국 유나이티드 아랍-아메리칸 뱅크에서 대출을 받은 헤이워드는 레드야드 근처 피쿼트족 부지에 400만 달러짜리 빙고장을 건설했다.9

1986년 7월 5일 빙고장이 문을 열었을 당시 전국에서 100곳이 넘는 인디언 게임장이 운영 중이었다. 피쿼트 빙고장은 그중에서도 가장 세련된 곳 중 하나로, 뽑힌 번호를 보여주는 전자 보드와 당첨된 티켓을 확인하기 위한 컴퓨터까지 갖추고 있었다. 메인주의 퍼납스컷족(이들은 판돈이 큰 빙고 게임장을 운영하다가 1984년 법원 판결로 빙고장 문을 닫았다. 이 판결은 이후 카바존 판결로 다시 뒤집혔다)의 도움을 받았던 피쿼트 빙고장은 많은 사람이 버스와 자가용을 타고 방문하면서 성공적으로 운영되었다. 당시 빙고홀은 잭폿을 바라보며 서로 겨루는 1700명이 넘는 방문객으로 바글바글했으며, 이들의 방문은 피쿼트족이 경제적 자급력을 갖추는 데 큰 도움이 되었다.

피쿼트족의 다음 순서는 카지노였다. 코네티컷주에서는 '라스베이거스 나이트'라는 사업의 일환으로 비영리 자선단체에서만 카지노 게임을 운영할 수 있도록 제한적으로 허용해주었던 상황이었기 때문에, 피쿼트족은 자신들도 카지노를 운영할 수 있도록 새로운 계약 조건을 협상했다. 말레이시아의 겐팅 하일랜드 카지노 리조트 소유주였던 말레이시아 백만장자 림고통과 일군의 전직 뉴저지 규제 관리자 및 카지노 경영진으로부터 재정 지원을 받은 피쿼트족은 1992년 2월 15일 폭스우즈 카지노를 개장했다.[10]

폭스우즈가 인디언 게임 규제법하에 개장한 첫 번째 카지노는 아니었다. 노스다코타의 플랜드로 산티 수족이 1990년 이미 카지노를 개장했다. 그러나 피쿼트족의 카지노가 더 많은 수익을 내는 카지노로 빠르게 성장했다. 뉴욕과 보스턴, 그리고 이 두 도시와 폭스우즈 사이에 있는 모든 곳에서 차로 이동하기에 접근성이 좋았던 폭스우즈는 이스트 코스트 지역에서 애틀랜틱시티의 첫 번째 경쟁 상대가 되었다. 게다가 폭스우즈에는 레드 도그, 파이가우 포커, 경마 방송 중계, 포커 게임 등 애틀랜틱시티에서는 볼 수 없었던 새로운 게임도 많았다. 이스트 코스트에서 처음으로 합법화된 45개 테이블을 갖춘 포커룸도 피쿼트족의 산물이었다. 법률에 따라 주말이면 새벽 4시부터 6시까지 문을 닫아야 했던 애틀랜틱시티 카지노와 달리, 폭스우즈는 따로 폐장 시간이 없었다(이후 5년 이내에 뉴저지주는 폭스우즈에서 운영되었던 모든 게임과 24시간 카지노 운영을 허용했다).

폭스우즈가 막 개장했을 당시에는 그렇게 많은 시설을 갖추고 있지는 않았다. 처음에 폭스우즈는 기념품점, 식당, 소규모 공연장 몇 개가 있을 뿐이었다. 그러나 폭스우즈는 수익률이 너무 높았기 때문에 얼마 지나지 않아 곧 시설을 확장했다. 1950년대부터 카지노 공연계의 거장으로 이름을 날렸던 프랭크 시나트라도 1993년 폭스 시어터라는 이름의 공연장을 개장했으며, 그가 있는 곳이라면 카지노를 좋아하는 사람들이 으레 모여들기 마련이었다. 프랭크의 폭스 시어터가 폭스우즈의 정통성을 확보하는 새로운 수단이 되었던 것도 사실이지만, 이미 카지노는 더욱 중요한 비장의 무기를 가지고 있었으니, 그것은 바로 슬롯머신이었다. 당시 코네티컷 자선단체에서 게임의 밤을 명목으로 카지노 게임을 제공했던 게임장에서도 슬롯머신은 없었기 때문에, 인디언 카지노도 슬롯머신 설치는 금지되었다. 이 사안에 관한 새로운 타협이 이루어지기를 바라며, 처음에는 카지노에 비디오 포커와 릴 슬롯이 무료 게임으로 설치되었지만, 이 기계들에는 돈을 넣을 수도 없었고, 당첨금도 없었다.

1992년, 인디언 부족은 코네티컷 주지사 로웰 위커와 새로운 합의안을 체결했다. 합의안은 슬롯머신을 허가하되 그 대가로 슬롯머신으로 발생한 수익의 25퍼센트나 1억 달러 중 더 많은 쪽을 지급한다는 내용이었다. 폭스우즈는 즉시 새로운 슬롯머신 기계를 설치했고 확장에 더욱 열을 올렸다. 1994년에 폭스우즈는 한 해 수익이 최소 8억 달러로 추산되는 4000대에 가까운 슬롯머신을 보유했다.[11] 폭스우즈는 당시 미국에서 가장 큰 카지노였다. 이후 이어진 확장으로 2004년에 슬롯머신은 7400대 이상, 게임테이블은 388대로 증가하여, 세계에서 가장 큰 카지노로 자리 잡았다. 호텔 객실은 약 1500실에 식당, 쇼핑몰, 컨벤션 시설까지 갖춘 폭스우즈는 코네티컷 산간벽지에 자리 잡은 스트립 스타일의 초대형 카지노 리조트로 거듭났다.

폭스우즈 사업은 너무 잘돼서 1996년 12마일 떨어진 언캐스빌에서 모히칸 선 카지노가 개장했음에도 수익률이 줄어들지 않았다. 한때 피쿼트족과 경쟁 관계에 있었던 모히칸족은 1994년 피쿼트족과 주 당국을 포함한 3자 간 협약 아래 카지노를 운영할 수 있게 되었다. 처음에는 남아프리카 게임업계 큰손 솔 커즈너의 선 인터내셔널의 관리 아래 있었던 모히칸 선도 지속적으로 발전하여 이후 폭스우즈만큼이나 대규모로 성공을 거두었다.

다른 주에서도 인디언 카지노와 관련해 유사한 사례가 이어졌다. 예컨대 캘리포니아는 골드러시 시대 이후 그야말로 도박자들의 도시였으며, 라스베이거스와 리노 방문자 중 많은 이가 이 캘리포니아 도박꾼들이었다. 캘리포니아 인디언 부족들은 주의 복권 사업 운영에서 전자기기가 사용되므로, 카바존 판결에 근거하여 그들도 카드룸이나 빙고장에 전자 도박 기계를 설치할 수 있어야 한다고 주장했다. 이에 결과적으로 1995년 즈음에 캘리포니아 20개의 부족에서 8000대의 슬롯머신이 운영되었다. 그중에 가장 큰 곳은 샌디에이고 카운티의 배러나 빅 톱 카지노로, 이 한 곳만 1000대의 슬롯머신을 보유하고 있었다.[12]

그럼에도 이러한 슬롯머신이 완벽하게 합법적이라고 보기 어려운 측면이 있었다. 슬롯머신은 카지노에 엄청난 돈을 벌어다줬지만, 대부분의 카지노는 더욱 확고한 법적 기반, 즉 테이블 게임과 슬롯머신을 운영할 수 있는 세 번째 등급 카지노 운영 협약을 맺기를 원했다. 캘리포니아 주지사 피트 윌슨이 샌디에이고 카운티의 미션 인디언 팔라 밴드와 한 차례 협정을 맺은 적이 있기는 했지만, 대부분 부족에서는 그것이 지나치게 제한적이라고 생각했고, 이에 1998년 주지사가 인디언 카지노를 허용하도록 강제하는 5번 법안 투표를 캘리포니아주 주민투표에 부쳤다. "인디언 정부 및 경제의 자립을 위한 법률Tribal Government and Economic Self-Sufficiency Act"이라고 이름 붙인 이 법안은 네바다주 상업적 카지노 이해집단의 반대에도 불구하고(이 투표를 위해 찬성과 반대 양측 모두에서 소비한 비용은 2억 달러가 넘었다) 손쉽게 주민투표에서 승리를 거두었다. 투표 결과는 더 말할 것도 없이 분명했지만, 윌슨 주지사는 5번 법안의 적법성을 문제 삼았고, 캘리포니아 대법원은 1999년 이 법안을 폐지했다. 그러나 한층 보강된 법안 1A를 놓고 2000년도에 다시 주민투표가 실시되었다. 이번에는 캘리포니아주의 인디언 카지노 허용이 불가피한 상황이라는 것, 이것이 인디언 카지노와 경영관리 계약을 맺음으로써 돈을 벌어들일 기회라는 것을 간파한 상업적 카지노 회사들이 이 법안의 통과를 적극 지지했다.[13]

윌슨보다 우호적이었던 새로운 주지사 그레이 데이비스는 일찍이 캘리포니아 인디언 부족들과 협상을 시작했다. 60개가 넘는 부족과의 합의에 이어 블랙잭과 슬롯머신을 갖춘 네바다주 스타일의 카지노가 캘리포니아에 생겨났다. 기존의 빙고장들도 슬롯머신을 추가로 설치하고 새롭게 카지노를 건축할 계획을 세웠다. 5년이 채 지나지 않아, 수십 곳의 보호 구역에서 근사하게 번쩍이는 새로운 카지노들을 찾아볼 수 있었다. 전형적인 캘리포니아 인디언 카지노는 30대에서 50대가량의 테이블 게임과 포커룸을 보유했고, 주에서 최대치로 허용한 2000대 정도의 슬롯머신이 있었다. 2003년 아널드 슈워제네거의 주지사 당선으로 정점을 찍은 캘리포니아주의 재정적·정치적 위기와 함께 인디언 정부에 가해진 규제와 재정적 구속은 수년간 정치적 논쟁거리가 되었다.

캘리포니아 주정부와 인디언 부족 간에 최종적으로 협의가 이뤄진 재정적·정치적 결과는 차치하더라도, 인디언 카지노들은 캘리포니아 도박의 판도를 바꾸어놓았다. 그동안 생중계 도박 산업으로서 오랫동안 독점적 지위를 누리고 있었던 카드룸과 경기류 도박은 거의 즉각적으로 그 변화를 실감했다. 갑작스럽게 집에서 가까운 곳에 카지노가 생긴 캘리포니아 주민들은 카지노 도박과 관련한 여러 기록적 수치를 보여주었다. 비록 이중에 피쿼트족의 폭스우즈에 필적할 만한 대규모 카지노는 없었지만, 슬롯머신만 비교해본다면 폭스우즈만큼 수익성이 좋았을지 모른다. 캘리포니아 외곽의

점들을 이어나갔던 이 카지노들은 캘리포니아인들이 여전히 도박을 사랑한다는 증거를 여실히 보여주었다.

선상 도박의 귀환

복권 사업의 번영, 인디언 카지노의 갑작스러운 등장, 애틀랜틱시티의 성공적 사례로 많은 주에서는 이제까지 도박을 금지하던 자신들의 전통을 재고하기 시작했다. 라스베이거스와 애틀랜틱시티에서 매해 경제적 기록을 경신하면서도 큰 사건 없이 운영되는 것을 보면서, 도박을 합법화하지 않는 것도 또 다른 위험을 부담하는 일처럼 여겨졌던 것이다. 그러나 여전히 많은 미국 시민은 카지노를 합법화하는 일에 일종의 죄책감을 지울 수 없었다. 라스베이거스나 애틀랜틱시티와 같이 애초에 거대 휴양지로 조성되거나 인디언 보호 구역처럼 동떨어진 곳이라면 모르겠지만, 열심히 일하고 신의 존재를 두려워하며 살아가는 사람들의 거주지 한복판에 카지노가 들어선다는 것은 부적절한 일처럼 보였다. 그러나 1980년대 후반부터 미국이 전반적으로 경제적 위기에 봉착했기에, 도박 합법화로 만들어낼 수 있는 수익은 떨쳐내기 어려운 유혹이었다. 이에 일부에서는 실제 카지노를 운영하지 않으면서도 카지노 도박을 합법화하는 방식이 이 문제를 해결해주리라 생각하게 되었다.

1989년, 아이오와는 선상 도박을 허용하면서 실제로 이러한 일을 가능하게 만들었다. 1980년대 말, 제조업 및 식품 가공 공장이 문을 닫으면서 경제 침체가 아이오와주 쿼드시티 지역을 잠식했다. 아이오와주 클린턴 출신 민주당 국회의원 아트 올리는 도박을 할 수 있는 선박 여행이라는 아이디어를 불현듯 떠올렸다. 마크 트웨인의 유산과 미시시피 선상 도박자들의 전설적 과거를 모호하게 인용하면서, 올리는 다른 몇몇 의원과 함께 선상 카지노를 밀어붙이기 시작했다. 이들은 선상 카지노가 이제 곧 사장될 위기에 처한 이 지역에 관광객을 유입시켜줄 것이라는 희망을 품었다.

아이오와 하원 의장 밥 아널드는 올리의 법안을 채택해 추진하기 시작했다. 1988년 가을, 전직 얼터 컴퍼니 사장이었던 버나드 골드스타인은 쿼드시티 기반 고철 금속 사업장에서 출발해 이후 곡물업, 바지선 사업, 부동산업으로 사업을 다각화했던 사람이었다. 그는 또 다른 사업을 하나 구상하고 있었는데, 슬롯머신과 테이블 게임을 갖춘 카지노 선박 여행, 해당 선박 이용객들을 위한 부둣가 호텔 및 엔터테인먼트 복합단지 건설이 그 사업의 골자였다. 로비 활동과 다양한 대중 연설을 통한 골드스타인의 노력은 1989년 8월, 아이오와 의회가 선상 게임 법안을 통과시키는 데 일조했다. 이 새로운 법률은 인접 카운티에서 허용한다는 조건 아래, 미시시피강, 미주리강, 그 외 다른 강에서 면허를 받은 선상 카지노 운영을 허가했다. 이로써 합법적 선상 도박의 현실화가 목전에 임박한 것이었다.[14]

이 법률은 선상 도박의 여러 의무 조항을 명시하고 있었다. 선상 도박은 반드시 사전에 일정이 계획된 선박에서만 실시할 수 있으며, 베팅 금액 상한선은 5달러였고, 한 번의 여정에서 손실 금액 상한선은 200달러였다. 선상 카지노 규모는 바닥 면적의 3분의 1로 제한되었다. 이러한 규제 아래서도 선상 카지노 지지자들은 아이오와로 한 해에 800만 명의 관광객이 유입될 것이라고 추정했다. 골드스타인은 에메랄드 레이디호와 다이아몬드 레이디호를 카지노 선박으로 특수 제작 주문했고, 합법적으로 선상 카지노를 운영할 수 있는 1991년 4월 1일이 되기만을 고대했다.

상황이 이렇게 되자 일리노이주에서도 특히 몰린과 록아일랜드를 중심으로 도박 사업에 뛰어들어야 한다는 목소리가 높아졌다. 이에 일리노이에서도 곧 선상 도박이 합법화되었고, 이 과정은 아이오와보다 훨씬 순탄했다. 아이오와 주민들은 첫 번째 카지노 선박이 운항을 시작하기도 전에 벌어진 이러한 흐름이 자신들에게 불리한 소식이라는 것을 단번에 알아차렸다. 골드스타인은 애초에 계획했던 것보다 카지노 선박 규모를 축소시켰고, 부둣가에 부수적인 시설을 마련한다는 계획은 접었다. 개발업자들은 일리노이주와 미주리주에서 유입될 것으로 기대했던 도박꾼들이 멀리까지 오지 않고 자신들의 거주지에서 훨씬 가깝고 규제가 덜한 일리노이 선박을 이용할 것이라는 생각에 불안해했다.

경쟁 상대의 방해 여부를 떠나, 선상 도박은 여전히 그것이 허용된 지역에 변화를 가져다줄 것이 분명했다. 1991년 4월 1일, 마크 트웨인을 꼭 닮은 듯한 남성과 후프 스커트를 입은 아름다운 여성이 다이아몬드 레이디에 승선하는 사람들을 반갑게 맞이했다. 버나드 골드스타인은 뱃머리 쪽으로 샴페인을 터뜨렸고, 아침 방송 「굿모닝 아메리카」의 생중계와 함께 다이아몬드 레이디는 공식적으로 출항했다. 쿼드시티 출신이었던 남성 배우 하워드 킬이 크랩스 테이블에서 처음으로 주사위를 던졌고(이때 주사위는 7이 나와서 그가 승리했다), 여성 배우 배나 화이트는 휠 오브 포춘 게임의 회전판을 처음으로 돌려주었다. 마호가니와 대리석, 크롬으로 장식된 다이아몬드 레이디는 사람들이 감각적으로 빅토리아 시대의 우아함을 느끼게 만들어주었다.[15]

1990년 1월 선상 도박에 관한 법률을 통과시킨 일리노이 역시 1991년에 첫 선상 도박을 개시했다. 알톤과 이스트 세인트루이스의 카지노로 세인트루이스의 도박자들이 유입되었고, 엘긴, 오로라, 졸리엣의 카지노 선박은 대부분 시카고 출신 도박자들이 이용했다. 초기 아이오와주 선박 중 몇몇은 주를 벗어나 법에 따른 제재가 덜한 곳으로 향하기도 했다.[16] 1994년,

아이오와주는 기존의 규제 정책 중 많은 부분을 완화시켰지만, 이미 규제로 인한 손실은 발생한 뒤였다. 1980년대까지 아이오와는 빙고, 복권, 경마, 선상 도박을 합법화했다. 그러나 일리노이라는 경쟁상대를 물리치지 못했기에 아이오와는 이전에 꿈꿨던 진정한 도박 휴양지를 건설하는 데에는 실패했다.

미시시피주는 아이오와주 같은 실수를 저지르지 않았다. 1990년, 미시시피주는 미시시피, 걸프 코스트, 그리고 사실상 주 내 어떤 수역에서라도 해당 지역의 재량에 따라 제한 없이 선상 카지노를 운영할 수 있도록 허용하면서, 미국에서 가장 자유주의적인 선상 도박에 관한 법률을 공포했다. 이때 선박은 반드시 크루즈가 아니어도 괜찮았고, 꼭 항해하지 않아도 상관없었다. 이곳에서 도박이 실시되자 아이오와로부터 몇몇 선박이 이동해왔지만, 결국 미시시피 '선상 카지노'가 호텔 및 엔터테인먼트 복합단지를 연결하는 바지선이 되었다.

운명의 장난처럼, 미시시피주에서 도박을 개시했던 배는 아이오와주에서 처음으로 선상 도박을 개시했던 동일한 선박이었다. 아이오와에서 점점 증가하는 손실에 좌절감을 느끼고 있었던 버나드 골드스타인은 다이아몬드 레이디와 에메랄드 레이디를 미시시피주 빌럭시의 커넷 포인트로 옮겼다. 빌럭시에서 열심히 사업을 준비하던 와중에, 골드스타인은 오래전에 버려진 캐프리스섬 연안의 도박 리조트가 남아 있다는 사실을 알게 되었다. 새롭게 시작하고 싶었던 그는 야자나무와 야광 도료를 이용해 선박을 개조하고, 두 선박과 그 선박들이 도킹된 바지선으로 이뤄진 그의 새로운 카지노 이름을 '아일 오브 캐프리Isle of Capri'로 바꾸었다. 두 선박 모두 1993년 8월 1일에 운항을 시작했다. 다른 선박들도 이를 뒤쫓아 운항을 개시했고, 미시시피 카지노는 얼마 지나지 않아 성공을 거두었다.

일리노이와 같은 몇몇 주에서는 애초부터 선상 카지노를 운영하기 위해서는 유람선이어야 한다고 요구했지만, 다른 주에서는 직접 항해하지 않더라도 이름이 '선박'이기만 하면 카지노 운영이 가능했다. 하라스의 첫 번째 선상 카지노는 1993년 일리노이주 졸리엣에서 개시했는데, 여기에서 서던 스타와 노던 스타는 하루에 세 시간씩 여섯 번 출항했다. (나중에 호리즌 빅스버그로 변경된) 하라스 빅스버그는 처음 시작되었을 당시부터 게임장이 물 위에 떠 있다는 점에서만 다를 뿐, 기존의 카지노 호텔 복합단지와 별로 다를 바 없었다.

주 전체에서 선상 도박이 합법화되었지만, 단 두 지역만이 카지노 밀집 지역이 되었다. 한 곳은 멤피스에 가까웠던 북부의 튜니커 카운티였고, 다른 곳은 남부 지역의 걸프 코스트(빌럭시, 걸프포트, 베이 세인트루이스)였다. 판잣집이나 다 쓰러져가는 단독 별채, 개방 하수로로 가득 찬 빈민가 슈거 디치로 유명했던 튜니커 카운티는 신흥 도시로서 유명해졌다. 1992년 10월 에는 스플래시 카지노 개장으로 카운티의 실업률이 절반가량 감소했다. 걸프 코스트에서도 형편없이 침체되어 있던 관광 산업에 카지노가 활기를 불어넣으며 유사한 기적을 선사했다.

이 카지노들은 처음에는 자가용을 이용하는 손님들을 대상으로 했고, 라스베이거스나 애틀랜틱시티 다운타운의 내륙 카지노와 크게 다르지 않았다. 이때 카지노 선박은 대규모였으며, 여러 층을 가지고 있는 경우가 많았다. 몇몇 선박에서는 정확히 언제 손님이 호텔 구역을 떠났는지 파악하기 어려울 정도였다. 스티브 윈이 보유했던 6억7500만 달러짜리 보 리바지는 1999년에 개장했는데, 이 선박은 너무나 넓고 안정화 시스템이 매우 정교해서 그 안에 있는 사람은 자신이 배 안에 있는지 땅 위에 있는지 차이를 모를 정도였다. 2005년 말 카타리나 허리케인의 여파로, 미시시피는 걸프 코스트의 선박 부지 근처에서 지상 카지노 운영을 허용했으며, 카지노는 지역 경제 활성화의 주요 수단으로 추앙받았다.[17]

다른 주들도 아이오와, 미시시피, 일리노이주를 뒤쫓았다. 루이지애나는 1991년 15척의 선상 카지노를 허용하면서 선상 도박을 허가한 네 번째 주가 되었다. 1년 뒤에는 뉴올리언스에서 내륙 카지노가 허용되었다. 뉴올리언스에서 미국 최초의 합법적 카지노를 유치했던 역사에도 불구하고, 루이지애나 카지노는 미시시피에서처럼 큰 성공을 거두지는 못했다. 아이오와처럼 루이지애나는 레이시노Racinos, 선상 카지노, 하라스 뉴올리언스 내륙 카지노, 술집과 화물차 휴게소에 설치된 비디오 오락기 등을 즐길 수 있는 이른바 원스톱 도박장이 되었다.

1998년에는 루이지애나에서 카지노와 관련한 커다란 스캔들이 터졌는데, 전직 주지사 에드윈 에드워즈가 직무상 부당 이득 취득과 불법 소득 혐의로 다른 여섯 명과 함께 기소되었던 사건이었다. 에드워즈는 심각하게 부정부패를 저지른 사람이었지만(그는 이미 스물두 건의 대배심 조사를 받고 있었다), 그는 자신이 "살아 있는 남자아이나 죽은 여자아이"[18]와 함께 발견되는 경우라면 모를까, 선거에서 지는 일은 없을 거라며 자신만만해했다. 그는 카지노 면허 신청자들을 대상으로 무려 300만 달러라는 금액을 갈취한 혐의를 받고 있었다. 미국의 프로미식축구팀 샌프란시스코 포티나이너스의 전직 대표 에디 드바톨로 역시 이 사건에 말려들었다. 추후 그의 진술에 따르면, 에드워즈가 자신의 영향력을 이용하여 드바톨로의 면허 신청을 방해하겠다고 협박했고, 이에 드바톨로는 에드워즈에게 40만 달러를 주었다고 이야기했다. 결국 에드워즈는 유죄 판결을 받았고, 루이지애나 카지노는 에드윈 에드워즈와 같은 장애 요인 없이 계속해서 운영될 수 있었다.[19]

한편 1992년에는 미주리주가, 1993년에는 인디애나주가 선상 카지노를 여섯 대 허용하면서 선상 도박의 시대에 합류했다. 미주리는 아이오와에서 이미 한 번 시도했던 (그리고 곧 폐기되었던) 손실 금액 제한 제도를 시도하기도 했다. 즉, 선박은 한 번에 두 시간 동안 항해할 수 있고, 그동안 손님이 게임으로 잃을 수 있는 금액은 최대 500달러까지만 허용되었다. 이용자들은 개인별 카드를 만들었고, 그 카드로 칩을 얼마나 구매하는지 또는 슬롯머신에서 얼마나 소비하는지 추적했다. 500달러가 모두 소진되면 이용자는 더 이상 게임할 수 없었다. 미주리주에서 선박 운항 시간제한은 곧 폐지되었고, 손님이 언제든지 원하는 대로 카지노를 오갈 수 있도록 허용되었지만, 500달러 금액 제한은 유지되었다.

선상 카지노의 흐름이 미국 중서부와 남부 중간 지역을 휩쓸고 지나가면서 다양한 카지노 체인이 나타나기 시작했고, 그중 일부는 다른 카지노들보다 오래 유지되었다. 그랜드 카지노는 파크 플레이스 엔터테인먼트에 인수되기 전에 미시시피주에서 세 곳의 카지노를 개장했고, 라스베이거스에 있는 밥 스투팩의 스트라토스피어에 투자했는데, 최종적으로는 하라스(오늘날 시저스 엔터테인먼트)에 귀속되었다. 아거시는 경기장 및 레이시노 운영 업체인 펜 내셔널에 매입되기 전까지 미국에서 다섯 번째로 큰 카지노업체로 성장했다. 캐프리섬은 플로리다 경기장, 그리고 이외에도 다섯 개 주에서 카지노를 개장하거나 매입했고, 바하마까지 사업을 확장하면서 국제적 기업이 되었다. 네바다주 잭폿이라는 이름의 도시에서 캑터스 피트 카지노로 시작했던 회사 아메리스타도 카지노를 일곱 개나 보유할 정도로 성장했다. 이외에도 수없이 많은 회사가 한두 개의 카지노를 소유했으며, 지역 시장은 소규모 카지노업체를 위한 일종의 시험장이 되었다.

카지노 합법화의 시대

첫 번째 선상 카지노가 시작되기도 전에, 사우스다코타는 제한 도박 Limited gambling이라는 색다른 모델을 실험적으로 실시했다. 사우스다코타는 1988년에 주민투표를 치렀고, 악명 높은 황량한 서부 마을이었던 데드우드에서 카지노를 합법화시켰다. 모든 도박이 전면적으로 허용된 것은 아니었고 블랙잭, 포커, 슬롯머신만 허가되었으며 베팅 상한액은 5달러였다. 사우스다코타는 라스베이거스 스트립을 재현하는 것보다는 역사 보존에 더 관심이 있었기에, 각 도박장은 슬롯머신을 30대까지 보유할 수 있도록 했다. 또한 시장 독점을 방지하기 위해 모든 도박장 면허는 주의 주민에게만 교부될 수 있도록 했으며, 한 사람이 운영할 수 있는 도박장은 최대 세 곳이었다.[20]

이렇게 해서 사우스다코타에서의 도박은 1989년 11월 1일에 시작되었다. 도박장 운영자들은 카지노 규모에 대한 법적 제한을 피해 가기 위해 하나의 건물 안에 여러 개의 카지노를 등록함으로써 하나의 대규모 카지노가 운영되는 것과 같이 만드는 기발한 방법들을 보여주었다. 예컨대 캐딜락 잭슨의 카지노는 170대의 슬롯머신과 아홉 대의 테이블 게임이 있었다. 이러한 카지노는 MGM 그랜드와 같은 규모는 절대 아니었지만, 분명 법의 의도에서 벗어나는 일임은 분명했다. 2000년도에는 베팅 상한액이 100달러로 올랐고, 이는 블랙잭 게임의 극적인 증가로 이어졌다. HBO에서 방영된 「데드우드」 시리즈가 인기를 끌면서, 이곳의 도박장에서 도박하면서 옛 서부의 분위기와 환경을 다시 느껴보려는 수많은 사람이 마을로 몰려들기도 했다.

콜로라도에서는 1991년, 역사적인 탄광 마을 크리플 크릭, 블랙호크, 센트럴시티에서 첫 도박장이 문을 열면서 도박이 시작되었다. 콜로라도에서는 슬롯머신, 포커, 블랙잭만 허용되었고, 역시 베팅 상한액은 5달러였다. 콜로라도주는 역사적 유산을 보존하면서도 카지노 개발을 통해 관광업을 촉진시키는 두 마리 토끼를 다 잡고 싶었기에, 도박장은 제1차 세계대전 이전의 건축양식 기준을 준수하도록 했다. 현재 블랙호크에는 몇몇 대규모 카지노가 있지만, 라스베이거스의 축소 버전으로밖에 보이지 않는다.

콜로라도의 위와 같은 규제는 독특한 도박장 단지를 발생시켰다. 크리플 크릭의 주요 간선도로 베넷 거리에 수십 개의 도박장이 들어섰는데, 이러한 도박장들은 오래된 향취를 느낄 수 있는 세기 전환기의 모습을 하고 있었다. 크리커스, 미드나잇 로즈, 브래스 애스, 버진 뮬과 같은 다채로운 이름들을 내걸고 줄지어 있는 도박장들을 지나가노라면, 그 옛날 콜로라도의 정신을 느낄 수 있었다. 몇몇 도박장에서는 이용자들에게 무료 팝콘이나 핫도그를 제공했는데, 이러한 음식들은 라스베이거스 스트립에서 제공하는 요리장 추천 요리와는 확연히 달랐지만, 베넷 거리에서는 그 분위기와 더욱 잘 어우러졌다. 크리플 크릭 카지노는 스트립이나 스트립을 따라한 여타 지역과는 완전히 다른 어떤 것을 제공했다. 이곳에서는 제대로 보존된 역사적 환경 안에 녹아든 소규모의 일상적이고 편안한 도박장을 만날 수 있었다.

콜로라도와 사우스다코타가 부분적인 이유로라도 과거를 보존하기 위해 도박을 받아들이기 시작했다면, 디트로이트는 미래로 뻗어 나가기 위해 카지노를 내세웠다. 디트로이트는 1970년부터 극심한 경제적 어려움 가운데 있었다. 산업 기반은 모두 약화되고 사업장은 문을 닫았으며 많은 인구가 유출되고 있었다. 디트로이트와 이웃해 있는 캐나다 온타리오주에서 1994년 디트로이트강을 사이에 두고 정부 소유의 카지노 윈저를 개장했을 때, 디트로이트는 또 다른 어려움에 직면했다. 지역 주민들이 겨우 벌어들인 소득을 캐나다 카지노에서 소비해버린 것이다. 미시간주 국회의원들은 디트로이트에 카지노 세 곳을 지어 국외로 나다니는 도박자들을 자신들의 영역 내에 붙잡고, 미래 관광 산업의 발전을 도모하기로 결론지었다.

디트로이트가 카지노 천국으로 변모하는 과정은 그리 어렵지 않았다. 기존 개발 계획에서는 관광 휴양지로 호숫가에 일련의 카지노 호텔을 기획했다. 시에서 땅을 매입하려고 (어설프게) 시도했지만, 주에서는 세 명의 입찰 업체를 선정했다. 이들은 지역 투자자들이 소유한 그릭타운 카지노, 라스베이거스 게임 거대 기업의 디트로이트 지사였던 MGM 그랜드, 만달레이 리조트 그룹이 부분 소유하고 있었던 모터시티 카지노였고, 이들은 '임시로' 카지노를 운영할 수 있었다. 2001년에 이 카지노들의 총수익은 10억 달러에 달했고, 기존의 개발 계획에 수정이 필요하다는 점이 분명해졌다. 이듬해 미시간주는 카지노가 호숫가라는 영역을 떠나 상설로 운영할 수 있도록 허용했다.

이 중에서 그릭타운에는 식당이 한 곳밖에 없었다. 온전히 미시간 주민들이 소유한 이 카지노는 손님들에게 지역의 요리를 제공하겠다고 꼭 집어 광고했다. 그릭타운의 이러한 행보는 카지노 리조트 내에서 모든 것을 다양하게 경험할 수 있는 라스베이거스 스트립이나 애틀랜틱시티 모델과는 대조되는 것이었다. MGM 그랜드 디트로이트는 구 인터널 레브뉴 서비스 건물에서 카지노를 개장했는데, 아마도 정부가 사용하던 건물을 가장 창의적으로 개조한 사례 중 하나일 것이다. 마지막으로 모터시티는 이에 뒤지지 않고 기존의 원더 브레드 공장을 확장 개조하여 자동차로부터 영감을 받아 그린 새로운 벽화로 장식한 카지노를 선보였다. 몇 년 지나지 않아 각 업체는 영속적으로 한 장소에서 운영될 수 있는 카지노를 개장했고, 디트로이트 게임 산업은 1년에 카지노 세수로 10억 달러가 넘는 돈을 벌어들였다.

디트로이트 카지노에서 제공하는 게임은 블랙잭, 크랩스, 바카라, 룰렛, 슬롯머신으로 다른 카지노들과 크게 다르지 않았고, 미국인의 삶에서 도박이 차지하는 중요한 위상을 보여주었다. 한때 정부 관리들은 도박장이 수치스러운 것이라고 주장했다. 그러나 나중에 일자리와 세수에 목말라했던 그들은 기존에 정부가 사용하던 건물이나 폐업한 공장을 카지노로 개조했다. 미국 사회에서 도박의 변화된 입지에 관한 수많은 연설이 나왔는데, 이중 디트로이트처럼 열성적이었던 곳도 잘 없을 것이다.[21]

디트로이트나 뉴올리언스와 같은 주요 도시에서 카지노가 성공적으로 운영되면서, 카지노에 대한 금기도 무너졌다. 펜실베이니아는 경기장, 슬롯머신 게임장, 리조트에서의 카지노 운영을 합법화했고, 피츠버그와 필라델피아도 여러 도박장을 허용했다. 뉴욕시티에서는 2011년 애퀴덕트 경기장에 리조트 월드가 문을 열었는데, 이곳은 미국에서 가장 큰 비디오게임 중심지가 되었다. 오하이오주는 주의 4분의 1에 해당하는 도시들(클리블랜드, 털리도, 콜럼버스, 신시내티)에서 2012년부터 도박이 시작되었고, 메인주와 메릴랜드에 이르는 이스트 코스트의 주들은 새로운 도박장 신설 및 기존 도박장 확장을 허용하는 단계적 절차를 밟고 있었다.

2012년에 절정에 이르는 듯 보였던 카지노 도박 확장의 움직임은 이미 한 세대 전부터 시작된 것이었고, 이러한 흐름은 미국의 도박 관련 정경을 확연히 변화시켰다. 미국 도박 문화를 창조했을 뿐 아니라 그 존재 자체로 도박을 정의했던 라스베이거스는 또다시 위기에 봉착하는 듯 보였지만, 결코 그대로 가만있지만은 않았다. 첫 번째 선상 도박이 시작되기도 전에, 라스베이거스의 유력 인사들은 벌써부터 반격을 준비하고 있었다.

15장

쇼 비즈니스 시대

라스베이거스의 분투

1990년대 영리한 카지노 운영자들과 그들이 고용했던 설계자들은 전 세계로부터 다양한 요소를 빌려와 라스베이거스 스트립을 성인들의 놀이터로 재창조해냈다. 라스베이거스에는 인위적으로 조성된 베네치아, 파리, 뉴욕의 정취에 주기적으로 화산이 폭발하는 이벤트와 해적들이 싸우는 중세에나 볼 수 있을 법한 중세시대 성 모양의 건물까지 줄지어 늘어섰다. 기존에 고속도로였던, 택시로 금방 이동할 수 있을 만한 3마일 정도 되는 이 거리에 전 세계적인 방문객이 유입될 것이라는 점은 분명했다. 그러나 이렇게 이국적인 환경은 도박 산업이라는 이면을 감추고 있었다. 이제 주사위를 굴리는 게임 테이블 위로 고성능 카메라들이 설치되고, 난수 발생기가 슬롯 잭폿을 결정했다. 게다가 전 세계 도박자들은 이제 인터넷으로까지 베팅할 수 있었다. 도박은 이제 최첨단 산업이자 자연스러운 현상처럼 보였지만, 시간이 갈수록 그 원칙은 더욱 치밀해졌다. 폼페이를 파멸로 몰아넣었던 불을 소재로 주기적인 불 쇼를 선사하며 고객들에게 재미있는 볼거리를 마련해주는 동시에, 카지노 경영진들은 도박이 가진 원초적 힘에 더욱 관심을 기울이고 있었다.

전자 게임의 시대가 도래하다

20세기 말 카지노 내부의 모습은 과거 톱밥이 날아다니고 게임 테이블에 침 뱉는 타구가 놓여 있던 시절과는 확연히 달랐다. 통로를 걸어 다니며 도박꾼들을 예의주시하던 감시자를 CCTV가 대체했고, 카지노 감시 체계는 더욱 정교해졌다. 한때 카지노 주변부에서 장난감과 같은 오락 기계로만 존재했던 슬롯머신은 이제 카지노의 주요 수입원으로 자리매김했다. 슬롯은 1981년 처음으로 테이블 게임보다 더 많은 돈을 벌어들였으며, 20년 후에는 네바다 게임 수익의 3분의 2를 차지했는데, 이는 다른 주보다 유독 높은 비중이었다.

1890년대, 손님이 릴을 움직이기 위해 직접 손잡이를 잡아당겨야 했던 릴 머신은 1960년대 하이브리드 전자 기계로 바뀌었다. 옛날 방식의 슬롯머신은 디스플레이 패널을 비추고 게임 진행을 더 부드럽게 만들기 위해 (그리고 속임수가 통하지 않게 만들기 위해) 전자 장치를 기존의 기계에 통합시켰지만, 그렇게 재미있게 느껴지지 않았다. 게임 속도는 너무 느리고, 당첨금액도 지나치게 낮았던 것이다. 그러나 전자기기의 발달로 슬롯머신의 새로운 시대가 열렸다. 슬롯 및 오락기기 제조업체였던 밸리 매뉴팩처링은 1963년 최초의 현대적인 슬롯머신으로 간주되는 머니 허니Money Honey를 출시했다.[1] 더 많은 당첨금을 지불할 수 있도록 만든 2500코인 호퍼(동전 방출기—옮긴이)와 기기의 내부 장치는 이후 더욱 개선될 슬롯머신의 시초가 되었다. 1960년대 말 밸리 매뉴팩처링은 파이브 코인 멀티플라이어—손님이 추가로 동전을 더 집어넣음으로써 더 높은 당첨금을 노릴 수 있는 기계—와 손님이 이길 수 있는 라인의 개수가 더 다양한 멀티라인 기계를 만들어냈다.

컴퓨터와 텔레비전 기술이 진화하면서 비디오 슬롯머신도 출현했다. 네바다 일렉트로닉스는 전자기기와 화면 영상이 조합된 게임 기계를 처음으로 생산했는데, 이것은 오토매틱 블랙잭이라는 이름의 블랙잭 게임이었다. 추후 전자기기 설계자 리처드 레이븐이라는 사람이 이 기계를 개선해서 딜러21이라는 이름으로 재출시했다. 그가 설립한 회사인 레이븐 일렉트로닉스는 릴 슬롯머신의 키노 기반 게임과 비디오 버전도 만들어냈다.[2] 처음부터 비디오 슬롯이 그렇게 잘 팔렸던 건 아니었다. 기존의 릴이 돌아가는 소리와 특유의 종소리에 익숙했던 사람들은 이 새롭게 등장한 기계에 미심쩍은 태도를 보였다. 그러나 슬롯머신 이용자들은 결국 최신식 기계에 대한 두려움을 극복하고 비디오 도박을 받아들였으며, 21세기 전환기에는 비디오 슬롯이 미국 게임기기 중 거의 절반을 차지하게 되었다.

비디오 포커 또한 가장 인기 있는 슬롯 게임 중 하나다. 1978년 밸리의 전직 유통업자 윌리엄 레드는 포춘 코인이라는 신생 비디오 슬롯 제조업체를 매입하게 된다. 레드는 그로부터 3년 뒤인 1981년 회사 이름을 인터내셔널 게임 테크놀로지International Game Technology(IGT)로 변경하고, 1982년에는 드로 포커라는 게임을 출시했다. 이 게임이 첫 비디오 포커게임은 아니었지만, 당시 가장 성공적이었던 게임으로 자리 잡았다. IGT는 레드의 지휘 아래 자신들의 포커 게임 기기와 더욱 정교한 마이크로프로세서 덕택에 가능해진 새로운 게임들을 이용했고, 덕분에 얼마 지나지 않아 밸리 매뉴팩처링을 대체하여 세계에서 제일가는 슬롯 제조업체로 거듭났다. 나아가 IGT는 1986년에 네바다 전역의 기계로부터 베팅 금액을 한곳에 모으는 혁신적인 슬롯머신 메가벅스Megabucks를 선보였다. 이후 몇몇 파생 상품이 뒤를 이었고, 메가벅스는 카지노 역사상 가장 재미있는 슬롯머신 게임으로 각인되었다. 현재까지 가장 큰 당첨금액은 3971만826.36달러였고, 당첨자는 라스베이거스 엑스캘리버 카지노에서 게임하던 스물다섯 살의 로스앤

미라지의 CEO 스티브 윈이 미라지 개장일(1989년 11월 2일) 밤 행사에서 당첨금이 적힌 판을 들어 올리고 있는 행운의 당첨자, 엘머 셔윈을 향해 웃어 보이고 있다. 메가벅스는 인터내셔널 게임 테크놀로지에서 개발한, 한 지역을 범위로 하는 프로그레시브 슬롯머신이었다. 이러한 방식은 슬롯머신이 주는 즉각적인 쾌감과, 인생역전의 거액을 거머쥘 수 있는 복권 당첨의 만족감을 모두 제공했다.

젤레스 출신의 소프트웨어 엔지니어였다. IGT의 지역 전체를 아우르는 이러한 당첨금 조합 방식은 인생 역전을 가져다주는 복권 당첨과 같이 즉각적인 만족감, 처음 슬롯머신이 제작되었을 당시에는 도저히 상상도 할 수 없을 만한 엄청난 자극을 가져다주었다. 2012년 즈음에는 IGT의 이와 같은 방식은 사실상 캘리포니아에서 뉴저지에 이르기까지 모든 주와 인디언 보호 구역 카지노에까지 확대되었다.

기술의 발전은 카지노에서 손님이 얼마나 많은 돈을 베팅하는지 정확히 그 금액을 추적하여 제공되는 무료 서비스나 '컴프'를 측정하는 데에도 도움을 주었다. 전통적인 카지노에서 컴프는 관리 및 감독 직책을 맡은 카지노 보스들이 손님들의 베팅 금액을 추정해서 적립해주는 방식이었다. 예를 들어, 만약 손님이 베팅을 좀 크게 한다 싶으면 (아니면 그럴 것 같다 싶으면) 카지노는 그들에게 무료 식음료, 오락거리, 교통편까지 제공해 그들이 잃었다고 생각되는 금액의 절반 정도는 보상해주는 식이었다. 카지노는 이제 이러한 과정을 표준화하기 시작했고, 기술을 이용해 컴프를 부여하는 방식을 개선했다. 이에 카지노에서 이용자에게 일종의 회원 카드를 발행하고, 그들이 슬롯머신에 넣는 금액을 정확히 추적하는 방식이 1980년대부터 시작되었으며, 1990년대에는 그러한 방식이 더 많이 사용되었다. 이로 인해 컴프를 적립해주는 작업은 카지노 관리자의 손을 떠나게 되었으며, 컴퓨터 프로그램이 그 자리를 대체했다. 2005년에는 카지노에서 라디오 주파수 식별 칩을 사용해 테이블 게임에서도 베팅되는 금액을 추적하는 방식을 실험하기 시작했다. 전통주의자들은 컴퓨터로 컴프를 적립하는 이러한 방식이 카지노가 인간미를 상실하는 또 다른 표식이라고 비난했지만, 카지노 입장에서는 인기도를 높이기 위해 채택한 하나의 적응 방식일 뿐이었다.

미라지의 등장

카지노 도박이 점점 더 일반화되면서 라스베이거스 스트립 경영진들은 1930년대 몬테카를로가 그랬던 것처럼 역사의 뒤안길로 사라지지 않기 위해 손님들에게 도박을 넘어선 뭔가를 제공해야 할 필요성을 느꼈다. 이러한 시대적 요청은 1940년대부터 이미 카지노 홍보 담당자들이 강력하게 부르짖어왔지만, 1990년대에 이르자 라스베이거스를 찾는 방문객들은 한층 더 어려운 변화를 요구했다. 이들은 이전에 라스베이거스를 찾던 사람들보다 한층 더 세련된 삶을 사는 사람들이었고, 오랫동안 라스베이거스에서 제공해왔던 '싸구려 음식'이나 저렴한 오락거리들을 비웃으며 더 고급스러운 무언가를 바라고 있었다. 살아남기 위한 변화는 불가피했다.

다운타운 골든 너깃의 소유주 스티븐 윈은 이러한 변화를 시작했다. 윈은 이미 1981년부터 라스베이거스 스트립에 대형 카지노 리조트를 건설하겠다고 발표한 바 있었다.[3] 비록 이 사업 계획은 실행되지 못했지만, 윈은 포기하지 않았다. 1987년 1월, 그는 애틀랜틱시티 골든 너깃을 밸리사에 매각하며, 시저스 팰리스 바로 옆에 있는 부지를 매입해서 봄베이라는 이름의 고급형 리조트를 건설하겠다는 계획을 다시 발표했다.

이 계획은 최종적으로 스트립의 새로운 시대를 열었던 리조트, 미라지 The Mirage 건설로 결론지어졌다.[4] 미라지는 커크 커코리언의 인터내셔널이 먼저 개척했던 초대형 복합 리조트와 시저스 팰리스가 보여주었던 몽환적이고 극적인 종류의 화려함을 하나의 리조트 안에 녹여냈다. 그러나 윈은 미라지를 통해 기존의 리조트들이 보여주었던 화려함을 답습하는 것이 아닌, 그 이상의 무언가를 보여주고 싶었다. 이전까지 스트립 리조트는 일단은 카지노를 우선으로 하고, 엔터테인먼트 리조트를 차순위로 생각했다. 이에 반해 미라지 리조트는 카지노가 부차적인 일반적 휴양지 명소를 조성하는 것을 1차 목표로 삼았다.

당시 다른 카지노들은 반짝반짝한 네온사인이나 차량 통행이 가능한 번지르르한 출입구가 손님들을 맞이했다. 미라지에는 1만 8000제곱미터 가량의 미국 남부 해안가 스타일의 인공 연못과 15분에 한 번씩 분출되는 인공 화산이 설치되었다. 내부에는 백호 서식지가 조성되었고, 이후 10년 이상 미라지 리조트의 자랑거리이자 라스베이거스를 대표하는 공연을 선보였던 지크프리트 앤드 로이의 동물들도 전시되었다. 미라지를 찾은 손님들은 리조트 입구와 카지노 사이에 열대우림과 같이 꾸며진 공간을 지나 체크인을 하러 로비로 향했다. 로비에는 혼을 쏙 빼놓을 만큼 흥분의 도가니로 가득 찬 카지노와는 대조적으로 약 7만 5000리터짜리 아쿠아리움에서 느긋하게 헤엄치며 돌아다니는 다양한 물고기도 실컷 구경할 수 있었다.

미라지 개장이 가까워질수록 비관론자들은 리조트에 대한 부정적 견해를 내놓았다. 그저 본전만 찾으려 해도 하루에 100만 달러씩은 벌어들여야 하는데, 그에 미치지 못하고 미라지는 분명히 실패할 것이고 큰 빚더미만 끌어안게 되리라는 이야기였다. 1989년 11월 22일 미라지가 개장했을 때, 10만 명의 손님이 이곳을 찾자 미라지에 대한 견해는 달라졌다. 이 숫자가 2배 넘게 증가하자, 리조트가 성공적이라는 점은 더욱 분명해졌다. 라스베이거스 스트립에서 오랫동안 가장 많은 수익을 냈던 시저스 팰리스는 미라지 운영 1년 차였던 1990년에 3억 달러의 수익을 냈다. 그러나 미라지가 4억 2000만 달러의 수익을 내면서, 시저스 팰리스는 왕좌에서 물러날 수밖에 없었다. 카지노가 간접비를 많이 사용할수록 더 많은 수익을 볼 것이라는 윈의 신념은 이로써 증명된 것이었다.[5]

이는 그야말로 시의적절한 승리였다. 윈은 미국 전역에 걸친 카지노 도박의 확장 과정에서 필수 불가결하게 요구되는 변화에 아주 완벽히 기발한 방식으로 적응한 사례를 직접 보여준 것이다. 당시 애틀랜틱시티에서 카지노 산업이 성공을 거두고 다른 주에서도 카지노 합법화 요구가 거세지는 와중에, 네바다주의 카지노 산업 독점은 영원히 존속될 수 없음이 분명해진 상황이었다. 조금이라도 앞을 내다볼 수 있는 사람이라면, 미국인들의 기계 게임에 관한 기호를 고려할 때 이들이 라스베이거스에 슬롯머신 게임을 하러 올 것이라는 점을 예측할 수 있었다.

그렇다면 뭐하러 라스베이거스까지 비행기를 타고 간단 말인가? 모든 조건이 같다면, 똑같은 게임을 집과 가까운 곳에서도 할 수 있는데, 항공 여행에 대한 집착이 있는 사람이 아니고서야 굳이 사람들이 라스베이거스까지 슬롯머신 게임을 하러 갈 이유가 없었다. 그러나 스티브 윈과 그 외 몇몇 인사는 정말 독특한 리조트 휴양지의 분위기를 즐기기 위해서라면 라스베이거스보다 두 배 먼 거리에 있어도 사람들이 비행기를 타고 올 것이라는 점을 간파했다. 이곳에서도 같은 도박을 하는 것이지만, 집 근처에서는 느낄 수 없는 방식으로 시간을 보낼 수 있었던 것이다.

윈은 미라지로 기대 이상의 성취를 달성하고, 이어서 1993년 기존의 계획보다 저예산 버전의 리조트 트레저 아일랜드를 개장했다. 모험을 주제로 한 리조트는 스트립을 마주한 리조트 전면에서 방문객을 상대로 제공했던 해적 전투 공연으로 유명했다. 5년 뒤, 윈은 미라지보다 더 대규모로 기획한 벨라조를 선보였다. 벨라조의 건설 비용은 16억 달러로 그때까지 존재했던 어떤 호텔이나 카지노보다 가장 많은 비용이 들었지만 어쨌거나 건설을 끝마쳤다. 화산 쇼의 명성은 이제 벨라조의 인공 호수에서 15분마다 한 번씩 펼쳐지는, 마치 무용수의 춤사위와 같은 아름다운 분수 쇼로 대체되었다.

벨라조 내부로 들어선 손님들은 예술가 데일 치훌리가 직접 유리 세공 기법으로 만든 2000개의 유리 꽃으로 장식된 로비 천장을 보면서 감탄하지 않을 수 없었다. 로비에서 카지노로 들어가는 동안 방문객들은 계절에 따라 새롭게 장식되는 식물 정원을 관람할 수 있었다. 벨라조는 당시 스트립에서 지배적이었던 것처럼 지나치게 동떨어진 주제로 내부를 장식하려고 하지 않았다. 그곳에는 베네치아의 곤돌라도, 파리식으로 차려입은 길거리 청소부도 없었다. 대신 카지노의 더욱 절제된 양식의 장식은 이탈리아 코모호에 있는 동명의 리조트 벨라조의 고풍스러움을 암시해주었다. 벨라조는 윈의 다운타운 골든 너깃, 로플린 골든 너깃, 미라지의 걸프 코스트 버전인 빌럭시의 보 리바주에 뒤이어, 스트립에서 갈채를 받아 마땅한 걸작

수익과 별로 관계없어 보이는 열대우림, 호랑이 서식지, 인공 화산 등을 조성하는 데 엄청난 경비를 들였던 미라지는 1989년 개장 이후 스트립 리조트의 새로운 세대에게 영감이 되었다.

이었다. 이들은 카지노 건축 디자인에서도 우월성을 보였지만, 윈의 제국에는 건축학적 세부 사항보다 더 큰 무언가가 있었다. 그것은 바로 점점 더 인간적인 면모가 사라져가는 카지노 산업계에서 윈이 보여주었던 독특한 카리스마적 리더십이었는데, 이 때문에 그의 직원들은 윈에게 유달리 충성심이 강했다.

다양한 카지노 리조트의 기능과 극적인 테마를 겸비한 고급 시설을 만드는 윈의 모델은 미라지 효과라고 불릴 만큼 가공할 만한 영향을 미쳤고, 1990년대 스트립이 새롭게 발전해나갈 청사진이 되었다. 몇 년 후, 영리한 카지노 경영진은 기존 패러다임을 전환시켰다. 이전에는 호텔을 방문한 사람들에게 무료로 물품을 제공했다면, 이번에는 질적인 측면을—그리고 비용 측면에서도—높이기 위해 노력했다. 또한 손님들이 기꺼이 돈을 내고 볼만한 놀거리를 만들어내기 시작했고, 리조트 규모 대비 도박장이 차지하는 부분은 줄었다(그랬음에도 여전히 카지노가 대규모였던 것은 사실이다).

객실의 중요성이 증대된 것도 당연한 수순이었지만, 미라지 효과가 필수 불가결하게 초래한 결과는 아니었다. 1950년대부터 라스베이거스의 많은 카지노는 고급을 지향하는 일종의 허세스러움을 지니고 있었다. 카지노 리조트는 이전보다 더 객실을 크게 만들고 업그레이드하기 시작했다. 예전에는 기숙사 침실 정도의 규모였다면, 이제는 더 커지고 장식도 고상한 풍으로 바뀌었다. 객실이 이전에는 도박하러 온 사람들이 그저 잠만 자는 장소였다면, 이제는 숙박 그 자체가 하나의 즐길거리가 되었으며, 컨벤션에 참석하기 위해 찾아온 사람들은 추가 금액을 내고서라도 더 좋은 방에서 머물고 싶어했다.

바뀐 것은 객실뿐만이 아니었다. 사람들은 더 좋은 침구와 디자이너의 섬세한 장식뿐 아니라 더 좋은 음식을 위해서도 지갑을 열었고, 이들 앞에는 유명 셰프들이 만든 요리가 놓이기 시작했다.

스트립 초창기에 카지노 식당은 특정 브랜드 없이 일반적인 메뉴와 서비스를 제공했다. 객실과 마찬가지로 이러한 추세도 1950년대부터 바뀌기 시작했다. 먼저 스타더스트가 당시 티키(폴리네시아 신화에 등장하는 창조신―옮긴이)의 유행에 편승해 만들었던 폴리네시아식 요리점 아쿠 아쿠를 운영하면서 스트립 식음료계 브랜드의 저변을 확대했다. 사막 한가운데서 생각해볼 수도 없는 바다 모험 소설인 『모비딕』의 이름을 딴 해산물 요리점도 생겼다. 다른 카지노들도 이러한 조류에 합세했으며, 자신들만의 해산물 요리점(예컨대 둔스의 '돔 오브 더 시'와 같은 곳)을 열거나 다른 이국적인 특정 민족의 요리점을 선보이기 시작했다.

1961년 당시 플러밍고의 체스터 심스는 스트립에 그야말로 제대로 된 식당이 생길 시기가 되었다고 판단했다. 당시 카지노를 운영하면서 그는 스트립의 첫 고급 레스토랑 캔들라이트 룸의 개점을 감독했던 경험이 있었다. 이 레스토랑에서는 당시에는 참신한 시도였던, 매일 보스턴에서 실어오는 신선한 메인산 랍스터 요리를 제공했다. 캔들라이트 룸은 커크 커코리언이 플러밍고를 매입한 뒤 대대적인 구조조정에 희생되어 1960년대 말 폐점됐지만, 그 영향력은 지속되었고, 곧 다른 카지노들도 일류 레스토랑이라는 블루오션에 발을 담그기 시작했다.

시간이 흘러 1990년대에 미라지 효과가 힘을 발휘하면서 카지노 식음료업계에 또 한 번의 새로운 조류가 밀어닥쳤다. 카지노는 두 노선으로 갈라졌다. 하나는 상류층을 대상으로 한 그들만의 식당 '브랜드'를 만들어 운영하는 것이었고, 다른 하나는 이미 지명도가 있는 유명 셰프들과 연계해 식당을 운영하는 것이었다.

유명 셰프들의 침투는 1992년 전설적인 셰프 볼프강 퍽이 시저스 팰리스의 포럼 숍에 캘리포니아 음식점 스파고 분점을 개업하면서 시작되었다. 퍽은 라스베이거스 레스토랑계의 대명사가 되었다. 그의 이름은 포럼 숍의 시누아, 베니션의 포스트리오, 만달레이 베이의 트라토리아 델 루포, MGM 그랜드의 볼프강 퍽 바 앤드 그릴, 팔라초의 컷에 이르기까지 수많은 레스토랑의 입구에 걸렸다.

그중에서도 스파고는 즉각적으로 인기를 얻었고, 그로부터 10년 이내 요식업계 저명인사들이 홍수처럼 라스베이거스로 밀려들었다. 에머럴 라가시, 보비 플레이, 알랭 뒤카스, 브래들리 오그던, 노부 마쓰히사, 마이클 미나, 토머스 켈러, 다니엘 블뤼어까지, 레스토랑을 넘어선 활동으로 유명했던 수많은 셰프가 스트립에서 식당을 개점했다.

2005년 MGM 그랜드는 '세기의 셰프' 조엘 로비숑이 은퇴 이후 미국에서 단 하나밖에 없는 그의 멋진 레스토랑을 개점하도록 설득하면서 큰 성과를 이뤄냈다. 그의 이름에 걸맞게 레스토랑에서는 여섯 가지 또는 열여섯 가지 코스의 테이스팅 메뉴를 제공했고, 미국에서 가장 좋은 레스토랑이라는 찬사를 아낌없이 받았다. 라스베이거스에서 이러한 식당이 명성을 떨친다는 점은 그리 멀지 않은 과거에 이곳에서 새우 칵테일이나 작은 뷔페 식당 정도만 존재했다는 것을 생각하면 꽤나 과감한 평가였다. 그러나 그 주장은 분명 일리가 있었다. 당시 세계 어디에서도 이만큼 고급스러운 음식점이 집중된 곳을 찾아보기 어려웠다.

다른 카지노도 초일류 요식업 시장에 너도나도 뛰어들었다. 2006년에는 프랑스 셰프 기 사부아가 처음으로 프랑스를 벗어나 자신의 이름을 건 레스토랑 기 사부아를 시저스 팰리스에서 개점했고, 새로운 카지노 계획에는 어떤 유명 셰프의 식당이 입점될 것인가의 문제가 리조트의 건축양식이나 카지노 게임 구성만큼 중요한 사안이 되었다.

엔터테인먼트 사업 비용이 증가하자, 대표 콘서트나 쇼 프로그램(태양의 서커스 하나만 해도 그 종류가 다섯 가지나 되었다)들도 자신들의 상품 가치와 가격을 덩달아 높이기 시작했다.

그들 사이에는 상당히 유사한 점들이 있기는 하지만, 카지노의 공연장은 25년이 넘는 기간 동안 상당히 진일보했다. 그 당시에도 지금처럼 카지노는 고정적으로 제작하는 쇼 프로그램과 유명 연예인의 공연을 위한 무대를 나누어서 사용했고, 좀더 소규모이면서 저가인 리조트는 유명인의 공연보다는 자체 제작에 집중했다. 예컨대 1981년 1월 스타더스트와 트로피카나는 공연계의 명작이었던 쇼 프로그램(리도 드 파리와 폴리베르제르)을 자체적으로 제공했고, 맥심은 '올드 타임 벌레스크', 아시엔다는 '아이스 판타지', 실버 슬리퍼는 '보이레스크' 공연을 선보였다. 이러한 공연은 모두 특정 유명인의 이름을 내건 공연은 아니었고, 오락적 가치에 치중한 연출된 공연이었다. 라스베이거스로 여행 간 사람이 특별히 플러밍고 힐턴의 래즐대즐 쇼나 트레저리(오늘날의 후터스)의 홀신 어라운드 쇼를 굳이 찾아서 보려고 하지 않을 수는 있지만, 최소한 카지노에서 도박하다가 쉬러 나온 손님들에게 잠깐의 볼거리를 제공했다.

연예계 인사들 공연의 폭은 매우 넓었다. 프런티어에서는 컨트리 가수 태미 와이넷과 로이 클라크의 공연이 동시에 열리기도 했고, 샌즈에서는 희극 배우 셔키 그린과 배우 겸 가수 수잰 서머스의 쇼를 볼 수 있었다. 많은 카지노에서 하룻밤에 두 가지 쇼를 제공했다. 사하라의 디너쇼에서는 배우 제리 루이스와 감미로운 목소리의 가수 잭 존스의 무대를 즐기거나, 각테일을 마시면서 희극 배우 플립 윌슨의 공연, 또는 빅 데이먼의 아름다운 노래를 음미했다. 이러한 연예인은 보통 기존의 유명 인사였다. 당시 힐턴에서 공연했던 리버라치와 같은 사람은 라스베이거스에서 이미 수십 년간 공연을 열어왔던 사람이었지만, 시저스 팰리스의 대표 배우였던 윌리 넬슨처럼 새롭게 유입된 인사들도 있었다.

1989년까지도 엔터테인먼트 구성은 전반적으로 다소 허술한 편이었다. 시저스 팰리스는 여전히 다른 카지노들에 비해 인기가 좋은 주류 인사들을 보유하고 있었다(1989년 3월에는 가수 앤 마거릿이 공연했다). 힐턴은 그 유명한 노래 「캔트 테이크 마이 아이즈 오프 유Can't take my eyes off you」의 원곡 가수 프랭키 밸리가, 포시즌스와 디저트 인에는 가수 레이 스티븐스와 컨트리 가수 루이스 맨드럴이 있었다. 그러나 사실상 다른 모든 카지노에서는 시사 풍자극을 기획했고, 그러한 쇼는 대부분 과거의 폴리 앤드 리도와 같은 공연보다는 간소화된 공연들이었다.

카지노 엔터테인먼트는 업계 안에서 돌고 돌았다. 일부 시사 풍자극이

스트립 카지노 이곳저곳에서 반복적으로 공연되었고, 정형화되었으며 서로를 본떠 기획된 쇼들에 그다지 새로울 것도 없었다. 이러한 와중에 다른 유명 인사를 흉내 내는 임퍼스너네이터들의 공연이 인기를 끌기도 했다. 임페리얼 팰리스에서 열렸던 '공연계 전설들'이나, 베이거스 월드에서 오후 4시에 열렸던 '시나트라를 회고하며' 또는 저녁 6시 공연인 '엘비스의 기억들'이 그러한 것들이었다. 이 공연들의 가격은 30달러를 넘지 않았으며, 대부분 그보다 가격이 낮았다(예컨대 베이거스 월드의 쇼 프로그램 티켓 가격은 5달러였다).

시간이 흘러 지크프리트 앤드 로이가 1990년 스티브 윈의 미라지에 등장했을 때, 그들은 비로소 진정한 마술 쇼를 보여주었다. 이들이 스트립 공연계의 가격을 껑충 뛰어오르게 만든 장본인이었다. 표 가격이 70달러가넘는 이들의 공연은 스트립에서 가장 비싼 공연이었다. 이들의 공연은 매우 성공적이어서 약 14년간 10억 달러 이상의 매출을 기록했으며, 게임 수익 증가에도 일조했다.

1996년 무렵이 되자 다른 카지노들에서도 훌륭한 공연 관람을 위해서라면 손님들이 더 많은 돈을 지불할 의사가 있다는 점을 절감했다. 그해 트레저 아일랜드의 미스테르 쇼(스트립에서 선보인 첫 번째 상설 서커스 쇼였다)와 MGM 그랜드의 EFX가 표 한 장에 50달러짜리 공연을 시작하면서 미라지 리조트 마법사들의 대열에 합류했으며, 다른 쇼들의 가격도 40달러선까지 올랐다.

또한 공연계의 세대 교체도 진행 중이었다. 패트 베네타, 배드 릴리전 등진정한 록 아티스트에 걸맞은 공연이 하드 록의 공연장 더 조인트에서 열리면서 라스베이거스 시대의 새로운 바람을 몰고 왔다. 한때 카지노에서 공연한다고 하면 가망 없는 한물간 연예인들의 행위로 간주되기도 했지만, 이제는 라스베이거스에서 공연한다는 사실이 그가 정말 '힙하다'는 새로운 표식이 되었다. 만달레이 베이에 하우스 오브 블루스도 새로운 연예계 인사들이 유입되는 데 기여했으며, MGM의 그랜드 가든 아레나도 당시 고가의 몸값을 자랑하던 다양한 배우들의 공연장이 되었다.

이러한 일련의 변화는 결국 좀더 고급화된 리조트에서 흥청망청 내지르는 도박으로 귀결되었다. 2007년까지만 해도 판돈이 높은 도박과 주머니가 두둑한 여행객들은 영원히 지속될 것처럼 보였다. 이후 3년 동안 (국가적 경기 침체로 인해—옮긴이) 그러한 비전이 크랩스 테이블에서 꾸는 꿈처럼 얼마나 허망한 것인지 잘 드러났다. 그러나 미라지 리조트가 환영받던 1990년을 살았던 사람에게는 당시의 그 화려함이 그들의 현재였다.

서커스를 버리고 새로운 시대로: 만달레이 베이의 탄생

미라지는 스트립의 고급화 열망에 불을 지폈다. 그러나 미라지 이후에 개장했던 엑스캘리버는 이러한 추세와 대조적이었다. 목재로 만든 샹들리에와 종이로 만든 용의 형상물로 장식된 이곳은 전형적인 일반 대중을 대상으로 한 카지노 호텔이었다. 중세 시대 성을 본떠 만든 이 4000객실짜리의 카지노 리조트는 미라지가 개장하기 전에 마지막으로 설계되었던 스트립 내 대규모 리조트였으며, 많은 면에서 미라지와는 정반대였다. 건축가 앨런 헤스가 "미니어처 골프 조형물의 조상"[6]이라고 불렀던 엑스캘리버의 건축 비용은 미라지의 절반에도 미치지 못했다. 엑스캘리버의 쇼핑몰 '쇼핑 코탸드'는 카니발 축제에서나 볼법한 놀거리와 싸구려 상점들이 줄지어 늘어서 있었다. 스타더스트, 트로피카나, 사하라, 리비에라와 같이 여전히 '값싼 객실과 저렴한 먹거리'를 기조로 확장하는 곳들도 있었지만, 이후 스트립에서의 개발은 윈의 비전에 더 가까웠다.

엑스캘리버를 건설했던 회사 서커스 서커스 엔터프라이즈도 엑스캘리버 이후 적극적으로 고급화를 받아들였다. 1970년대부터 저소비 가족 단위 고객을 표적으로 사업을 진척시켜왔던 베넷과 페닝턴은 서커스가 다음 사업으로 계획하고 있던 룩소르를 기점으로 확실한 변화의 필요성을 몸소 보여주었다. 새로운 부지는 '일류 리조트'로 설계되었고, 그 과정에서 몇 번의 시행착오가 있었지만, 글렌 셰이퍼의 지도력 아래 새로운 방향으로 나아갔다. 1984년, 서커스 서커스가 주식을 상장하고 얼마 지나지 않아, 홍보와 기업 재무 분야에 경력을 가지고 있었던 셰이퍼는 상무로 고용되어 카지노 개발 사업에 합류했다. 이후 그는 곧 서커스 서커스와 카지노 도박 관련 주식을 월가에서 거래하는 역할을 맡게 되었다. 엑스캘리버가 성공적으로 사업을 개시한 이후에 셰이퍼는 서커스 서커스의 사장이자 법정상속인이 되었지만, 1993년 초 회장이었던 베넷과 갈라서면서 회사를 떠나게 된다. 그러나 셰이퍼는 1995년 베넷이 축출당한 뒤 다시 돌아왔고, 이후 서커스 서커스는 셰이퍼가 한때 몸담았던 회사 골드 스트라이크 리조트를 인수했다. 셰이퍼가 다시 사장이 되면서 회사는 새 시대에 걸맞은 새로운 카지노, 만달레이 베이를 기획하기 시작했다.7 엑스캘리버보다는 미라지풍에 더 가까운 이 카지노는 1999년 개장했고, 그 결과도 매우 성공적이어서 서커스 서커스 엔터프라이즈는 만달레이 리조트 그룹으로 이름까지 바꿨다. 한때 저예산 숙박 시설과 커피숍 등을 지향했던 이 회사는 포시즌스의 호텔 안의 호텔Hotel-within-a-hotel(극도의 고급화 정책의 일환으로, 비밀스러운 사적 공간과 최고급 서비스를 원하는 소수의 고객을 대상으로 한 호텔 운영 방식이다. 호텔 안의 호텔은 기존의 호텔 부지를 사용하지만, 특별한 고객을 위한 별도의 공간을 만든다. 이곳에 투숙하는 손님은 별도로 체크인을 하고 직원 및 서비스 용품도 상이

하다―옮긴이)까지 보유한 고급 카지노 리조트의 깃발 아래, 라스베이거스 스트립의 변화 조류에 알맞게 적응했다.

한때 카지노가 위험하면서도 더럽고, 그나마 사정이 괜찮은 곳이라고 해봐야 조잡하지만 약간 편안한 환경을 제공하는 수준이었음을 떠올려보면, 이는 정말이지 크나큰 발전이 아닐 수 없다. 새롭게 진화한 카지노 환경에 적응한 이들은 셰이퍼와 그가 이끄는 서커스 서커스만은 아니었다. 그러나 어쨌든 미라지와 엑스캘리버의 개장은 또 한 번의 스트립 성장 시대의 막을 열었다. 1990년대 국제 기업의 성장이 정점을 찍고, 1990년대 후반에는 인터넷 기업 열풍이 불어닥치면서 주말에 수천 달러씩 도박으로 소비해버리는 젊은 신흥 부자들이 이 열기에 한몫했다. 그들을 유혹할 수 있는 제대로 된 놀거리만 제공된다면, 설령 주거지 주변에 카지노가 합법화된다고 하더라도 비행기를 타고 라스베이거스를 방문할 것이라는 점은 분명해졌다. 붐이 본격적으로 시작된 것이다.

크게, 더 크게

1990년대 초, 커크 커코리언은 세계에서 가장 큰 호텔을 두 번이나 설립했고, 메트로 골드윈 메이어 영화사를 여러 번 매입했다. 1969년, 그는 인터내셔널 리조트를 개장했다가 힐턴에게 매각했고, 1973년에는 MGM 그랜드를 설립했다가 1980년 화재로 촉발된 여러 소송을 겪고 나서 이를 1985년 밸리 매뉴팩처링에 매각했다. 이후에도 그는 1989년 트로피카나 건너편의 작은 카지노 호텔 머리너를 매입하기 전에 샌즈와 디저트 인을 사고팔았다. 그리고 1991년에는 5000실 이상의 객실과 초대형 카지노, 테마 파크까지 겸비한 더욱 거대한 두 번째 MGM을 설립하려는 작업이 시작되었다.

이 새로운 MGM 그랜드는 세계에서 가장 큰 호텔이라는 명성을 되찾았을 뿐만 아니라, 최초의 10억 달러짜리 리조트였다. 1993년 12월 두 번째 MGM 그랜드가 개장했을 때, 이 호텔은 그때까지 스트립에 존재했던 리조트들의 평균 규모보다 두 배는 더 컸다. 오즈의 마법사에 나오는 에메랄드 시티를 상기시키려고 의도했던 MGM 외부의 녹색 유리 장식은 그 두 가지 모두를 홍보하려고 고안해낸 것이었다(커코리언은 1939개의 클래식 영화를 소장한 MGM 무비 라이브러리도 보유하고 있었다). 그러나 이런 녹색 벽이나 노란 벽돌 길보다 세련된 도박 환경을 원했던 도박자들은 이런 인테리어를 그리 좋아하지 않았다. 돌이켜 생각해보면 (또 다른 MGM 프랜차이즈였던) 제임스 본드 테마가 더 어울렸을지도 모르겠다. 그러나 어쨌든 리조트는 성공적으로 운영되었고, '엔터테인먼트의 중심지'라는 이미지 전환을 꾀하며 MGM은 게임 산업의 선두주자를 위한 기반을 형성했다.

MGM 그랜드는 캘리포니아주 경계 지역인 프림에서 세 개의 카지노를 소유하고 있었던 프리마돈나 리조트와 협력하여 고섬 시티를 테마로 한 뉴욕 뉴욕 카지노를 설립했고, 이 시설은 1997년 서부 스트립에 동부 맨해튼의 정경을 그대로 담아냈다. MGM은 연이어 프리마돈나를 인수하고 더 큰 목표, 즉 미라지 리조트에 눈독을 들이기 시작했다. 일은 계속 진척되어 스티브 윈이 이사회장이었던 미라지 리조트 이사회는 결국 2000년 3월 MGM 그랜드 주식회사에서 제안한 64억짜리 거래안을 승인했다.[8] 이 거래로 인해 네바다, 디트로이트, 미시시피, 나아가 호주까지 포함해 총 카지노 리조트 열네 곳을 보유한 MGM 미라지가 탄생했다. 당시 이 거래를 두고 일각에서는 윈이 미라지 리조트 매각으로 생긴 4억 달러의 세후 수익으로 자신의 미술품 컬렉션을 추가하는 데 만족했을 것이라고 이야기하기도 했고,

다른 이들은 노후화된 디저트 인이 시장에 나와 있는 상황에서 이 업계 최고의 개발업자였던 그가 이에 관심을 가질 것이라고 주장하기도 했다.

실제로 윈은 디저트 인을 눈여겨보고 있었다. 그가 나중에 이야기한 바에 따르면, 라스베이거스의 가격 기준점이 되는 카지노들을 연달아 건설했던 그는 다소 지겨워졌고, 다음 사업을 추진하기 위해서 친숙한 경쟁자 커코리언의 제안에 응했다고 했다. 그다음 사업 계획이란 2005년에 개장해 또 한 번 스트립 카지노 설계의 한 획을 그었던 윈 라스베이거스 건축 계획이었다(커코리언과 윈은 미묘하게 닮았으면서도 다른 점이 있다. 커코리언은 세계에서 가장 큰 카지노를 세 번 지었던 반면, 윈은 세상에서 가장 비싼 카지노를 세 번 만들어냈다).

기업 인수 합병 전문가들은 이러한 통합이 미국 카지노 산업계를 새롭게 정의했다고 강조했다. 21세기 전환기에 이르자, 미국 게임업계는 라스베이거스를 기반으로 한 다섯 개의 대기업과 수많은 작은 경쟁자들로 구도가 잡혔다. MGM 미라지는 몬테카를로의 절반을 차지하고 스트립 리조트에서는 몬테카를로보다 더 많은 호텔 객실을 보유하면서, 전 세계에 걸쳐 여러 카지노를 운영하는 스트립의 다섯 회사 중 선도적 위치를 차지했다. 만달레이 리조트 그룹이 몬테카를로의 나머지 절반을 소유하고 있었으며, 스트립에서 네 곳의 카지노 리조트를 운영했고, 다른 곳에서도 지분을 보유하고 있었다. MGM 미라지는 2010년에 MGM 리조트 인터내셔널로 이름을 변경했다.

힐턴 호텔의 게임 부서와 밸리스 엔터테인먼트의 기업 분할 결과로 생겨난 파크 플레이스 엔터테인먼트는 전국적으로 더 큰 존재감이 있었다. 1999년 ITT International Telephone & Telegraph로부터 거의 제국을 이루었던 시저스를 인수한 뒤, 이들은 '포 코너즈'라고 불렸던 카지노 중 세 곳(플러밍고, 밸리스, 시저스 팰리스), 프랑스풍 리조트 파리와 라스베이거스 힐턴, 거기에 리오와 미시시피, 애틀랜틱시티를 포함해 다른 지역에 있는 또 다른 카지노 여러 곳을 소유하게 되었다. 이들은 곧 이름을 시저스 엔터테인먼트로 변경했다. 샘 보이드가 설립한 보이드 게이밍도 아들이 이어받은 후 계속 발전하여 라스베이거스 및 그 주변, 다른 주에서도 여러 카지노를 소유할 수 있었다(전설적인 스타더스트도 여기에 포함된다). 보이드 게이밍은 2003년, 스트립의 어느 카지노와 견주어도 뒤처지지 않을 10억 달러짜리 보가타 카지노를 애틀랜틱시티에 개장했다. 하라스 엔터테인먼트가 보유한 스트립 카지노는 딱 한 곳뿐이었지만, 주요 시장에 침투한 프랜차이즈와 고객 서비스, 정보기술 분야에 혁신적인 자원 투입으로 상당한 이득을 보았고, 결과적으로 국가적 수준의 유력 기업이 되었다.

2005년 또 다른 합병의 파도가 밀어닥치면서 카지노 소유권의 집중화는 더욱 심해졌다. 먼저 MGM 미라지는 만달레이 리조트 그룹을 79억 달러에 인수하면서 세계에서 가장 큰 카지노 회사가 되었다. 87세의 커크 커코리언이 스트립의 대부분을 점유한 회사를 통솔했으며, 유능한 경영팀의 노력 덕분에 미래 성장을 위한 태세 전환을 적절히 해낼 수 있었다. 그러나 MGM 미라지는 이내 하라스 엔터테인먼트에 자신의 왕위를 넘겨줄 수밖에 없었다. 필 사트의 지휘 아래, 빌 하라의 이름은 영속적인 도박 엔터테인먼트의 대명사로서 빛을 발했다. 하라스는 시저스 엔터테인먼트를 90억 달러에 가까운 돈을 들여 인수하면서 6년간 최고의 자리를 지켰다. 이 인수로 말미암아 회사의 직원만 무려 10만 명이 넘었으며, 연간 수익은 거의 90억 달러에 달했다. 약 60년 전만 해도 빌 하라는 대공황시절 리노에 빙고장을 설립하려고 고군분투하던 사람이었는데, 이제 그의 회사는 세계적인 카지노 제국의 최선두에 우뚝 섰다. 2010년에 회사는 시저스 엔터테인먼트 코퍼레이션으로 이름을 변경했다.

스트립 카지노 소유권의 집중화는 유례없는 건설 붐을 일으켰다. 1989년부터 1999년까지 라스베이거스 불러바드를 따라 열두 곳의 새로운 리조트가 문을 열었다. 여기에는 사하라 내 스트립의 전통적 경계선에서 몇 블록 떨어진 곳에 높은 전망대를 갖춘 스트래토스피어stratosphere('성층권'이라는 의미도 있으니 그 이름에 걸맞은 모습이다), 그리고 매캐런 국제공항 인근에 남부 해안가의 정취를 살려 지은 만달레이 베이도 포함된다. 신규 리조트들은 대중 관광시장 활성화 시대에 걸맞게 조성되었다. 객실 3000실, 테이블 게임 80대, 슬롯머신 2500대, 컨벤션 공간, 수많은 식당과 가게, 공연장까지 갖춘 리조트들은 총각 파티, 사업 영업 미팅, 제2의 신혼여행지가 될 뿐만 아니라 도박 파티를 할 수 있는 안성맞춤 공간이었다.

이러한 붐이 일어난 초기에 각종 매체에서는 위와 같은 '가족 친화적' 리조트들에 엄청난 관심을 보였다. 그랜드 MGM 어드벤처 테마파크, 서커스 서커스의 실내 어드벤처 돔, 해적을 테마로 한 트레저 아일랜드가 부각되면서, 일각에서는 라스베이거스가 가족 휴양지로서 올랜도를 곧 제칠 것이라고도 이야기했다. 그러나 인터넷 사업이 폭발적으로 성장하면서, 라스베이거스는 "어른들을 위한 디즈니랜드(이 문구는 너무 많이 회자되어서 이제는 진부한 표어가 되었다)"로 자신들을 홍보했고, 이러한 방식이 더욱 성공적이었다. 또한 더욱 세련된 놀거리, 특히 나이트클럽과 '울트라라운지' 클럽은 2002년 이후부터 리조트의 필수적 구성 요소가 되었다. 그중에서도 팜스나 하드 록과 같은 신규 리조트는 20대 고객의 입맛에 맞추고자 적극적으로 노력했다. 1960년대에서 1970년대 톰 존스와 같은 연예인들로 인해 당시 젊은이들이 유입됐다는 점을 상기해보면 이러한 변화는 매우 혁신적이었다.

클럽에서 실컷 놀고 나온 젊은이들이 한밤중에 카지노로 다시 들어가려고 기다리는 줄이 길게 이어졌지만, 이들이 만들어낸 밤 문화가 스트립의 전부는 결코 아니었다. 컨벤션에 참여하러 온 사람들도 라스베이거스 방문객 비중에서 점점 증가했고, 주말에 가족 단위로 방문하는 관광객도 늘었다. 연간 방문객이 4000만 명까지 증가하자 라스베이거스 카지노 경영진들은 도박이라는 관념에 들러붙어 그들을 괴롭혔던 낙인을 탈피함과 동시에 자신들이 이루어놓은 성과에 안도했다. 그들은 성공적으로 사시사철 언제나 누구든지 방문할 수 있는 휴양지로 라스베이거스를 만들어냈던 것이다. 이와 같은 도박의 최신식 정당성을 가장 두드러지게 보여주었던 카지노는, 역설적으로 유럽에서 가장 오래 전 도박의 중심지로 발전했던 베네치아의 이름을 딴 베니션이었다.

사막 위 물의 도시: 베니션 호텔

샌즈 카지노는 1952년 개장 당시부터 라스베이거스 카지노계의 하나의 랜드마크였다. 앞서 언급되었던 것과 같이, 샌즈는 1960년대부터 랫 팩의 집결지로 유명했다. 하지만 셸던 아델슨이 1989년 샌즈를 매입하던 시기부터 샌즈의 전성기는 서서히 저물기 시작했다.

아델슨은 다른 카지노 업계 대부들과는 다른 경력을 가지고 있었다. 스티브 윈은 사실상 성인기에 이미 사업에 몸담고 있었고, MGM 리조트의 최고경영자 짐 머렌은 월가에서 일하던 사람이었다. 시저스 엔터테인먼트의 개리 러브만은 전직 경영학 교수였다. 이에 반해 보스턴에서 택시 운전기사로 일하기까지 했던 아델슨은, 1970년대에야 이 업계에 발을 들여놓았다. 1979년, 그는 COMDEX 컴퓨터 무역 박람회를 개최했고, 이 행사는 급속도로 팽창하는 컴퓨터 산업계에서 최고의 위상을 차지하고 있었다. 10년

후, 진짜 돈을 벌기 위해서는 회의를 직접 개최하는 것이 아니라 대회를 주최하는 장소가 중요하다는 점을 간파한 아델슨은 샌즈를 매입하여 대규모 컨벤션 시설인 샌즈 엑스포 센터를 신설했다.

당시 그는 기존 부지에 호텔 타워를 추가하여 샌즈를 확장할 계획을 세우고 있었다. 대부분의 고전적인 스트립 카지노들(둔스, 트로피카나, 스타더스트, 플러밍고, 리비에라, 사하라 등)이 이미 그렇게 확장한 뒤였고, 그 행보를 따르는 것이 합리적인 전략으로 보였다.

그러나 그때 갑자기 스티브 윈이 미라지를 건설했고, 앞서 살펴본 것처럼 스트립 카지노들은 경쟁에서 살아남기 위해 새로운 객실을 추가하는 것 이외의 대책이 필요한 상황이 되었다. 그들에게 필요한 것은 테마였다. 아델슨은 샌즈를 대체하기 위한 계획으로 이탈리아 베네치아를 테마로 삼기로 결정했고, 1996년 샌즈를 폐장했다. 이듬해부터 샌즈가 폭파되고 남은 잔해 더미에서 호텔 베니션이 다시 솟아오르기 시작했고, 결국 1999년에 문을 열었다. 샌즈 엑스포 센터(그는 이 건물은 호텔 건물과 같이 폭파시키지 않고 남겨두었다)는 접근성이 좋은 데다 3000실의 스위트룸을 보유한 베니션은 당시 추세였던 고급스러움을 지향하면서 업무상 출장으로 이곳을 방문하는 사람들의 욕구를 충족시키고자 했다.

베니션에 컨벤션 사업을 접목한 것은 현명한 결정이었다. 아델슨은 전시회 사업이라면 속속들이 훤하게 알고 있던 사람이었고, 1995년에 그는 자신의 전시회 대행업체 인터페이스 그룹을 팔아버리고 베니션의 건설에 집중하기 시작했다. 라스베이거스는 이미 1950년대부터 사업적 목적으로 방문하는 이들을 받아들이고 있었는데, 죽자사자 달려드는 도박꾼들이나 따뜻한 햇볕의 기운을 따라 휴가를 즐기러 왔던 사람들이 떠난 평일에는 사업가들이 카지노를 채워주었기 때문이다. 회의 사업은 그 규모가 커지면서 점점 더 베이거스 카지노들의 필수 불가결한 일부분이 되었다. 이러한 와중에 아델슨의 베니션은 객실의 수준이나 엔터테인먼트, 식사보다는 여가 시간이 더 많은 소비를 할 준비가 되어 있는 이 사업가들의 성향을 토대로 설계되었던 것이다.

2003년, 베니션에는 베네치아 타워가 신설되었고, 2008년에는 그 옆에 팔라초 호텔까지 더 높고 더 고급스러운 외양으로 문을 열었다. 이 두 호텔은 객실만 도합 7000실이었으며, 아시아에서까지 그의 카지노 사업이 번창함에 따라(16장 참조) 아델슨은 어마어마한 부를 누릴 수 있었다. 2012년 포브스에 따르면 그는 세계에서 열네 번째로 부유한 사람이었으며, 결국 일확천금을 위해서는 카지노에서 도박하는 것보다 도박장을 소유하는 것이 더 쉬운 길임을 증명한 셈이었다.[9]

그러나 이러한 모든 사업 전시회나 가족 친화적 놀거리의 껍질을 한층 벗겨내면, 라스베이거스는 여전히 도박자들을 위한 천국이었다. 카지노는 그들의 언어로 '고래'라고 불리는 하이롤러들을 붙잡기 위해서 총력을 기울였다. 이를 위해 카지노는 매우 사치스러운 전용 스위트룸을 지었고, 엄청난 컴프 적립을 약속했으며, 그들이 원하는 것이라면 무엇이든 들어주었다. 1990년대 말 약 250명의 고래(2000만 달러 이상의 신용한도를 가진 사람들)가 카지노의 포획망에 걸려들었다. 허리에 두르는 가방을 덜렁거리며 패키지 투어로 라스베이거스에 방문한 사람들이 뷔페에서 줄을 서서 기다리는 와중에도 20달러를 날릴까봐 전전긍긍하는 동안, 카지노 경영진은 다음번 하이롤러가 언제쯤 다시 방문해줄 것인지 목이 빠지게 기다렸다. 카지노의 손익 결정은 그 주말에 하이롤러의 방문 여부에 달려 있다는 것을 알고 있었기 때문이다.[10]

라스베이거스 스트립에 카지노 리조트가 탄생한 뒤 약 70년의 세월은 경영진이 카지노 설계의 과학을 완성하기에 충분한 시간이었다. (때로 신비스러운 예술이라고도 하는) 이 카지노 설계의 과학은 바닥과 천장에서부터 시작한다. 카지노 바닥에 깔릴 카펫 하나도 신중하게 선택한다. 요란스러운 색깔은 일종의 흥분감을 표현한다. 알록달록한 카펫을 깔았다고 해도 도박하면서 바닥을 내려다보는 일은 드물기에 도박자들의 정신을 산만하게 만들 일은 없겠지만, 여러 색깔이 섞인 무늬는 카펫에 얼룩이 묻어도 잘 드러나지 않는다는 장점도 있다. 슬롯머신 의자의 푹신한 쿠션은 사람들이 기계 앞에 더 편안하게 앉아 있을 수 있게 한다. 낮은 천장과 희미한 불빛은 이들에게 친밀감이 느껴지도록 만들며, 더 길게 도박장에 머무르도록 한다. 동전이 떨어지는 소리, 승리감에 내지르는 소리, 흥분감에 도취한 대화 소리도 함께 작용한다. 몇몇 카지노에서는 아로마 요법도 사용하여 공기 중에 좋은 향기가 남아 있도록 함으로써 이용자들이 더욱 편안함을 느끼게 만든다.[11]

라스베이거스는 일종의 역설적인 존재가 되었다. 라스베이거스는 세계적으로 유명한 도박의 대명사가 되었지만, 더 이상 게임업계에서 선도적인 위치에 있지는 않다(16장의 마카오 관련 내용 참고). 시간이 갈수록 라스베이거스 카지노의 주 수입원은 도박이 아니게 되었다. 그보다는 고급스러운 숙박 시설, 식당, 공연 등으로 관광객들의 주머니를 털어내기 위해 경쟁하고 있다. 라스베이거스는 분명 미국인이나 그 외 많은 사람이 도박하기 위해 찾는 곳이기는 하지만, 방문객은 도박 이외의 많은 놀거리를 찾고 있기도 하다. 미라지 리조트가 개장한 이듬해부터 미국 전역에 엄청나게 카지노가 퍼져나간 것을 생각하면, 그러한 변화가 오히려 잘 된 것일지 모른다.

16장

올인

카지노 도박의 세계적 확산

20세기가 시작될 무렵만 해도 세계 어디에서나 존재감이 미약했던 합법 도박은 한 세기가 지나 21세기에 들어설 무렵에는 유례없이 왕성한 활기를 띠며 그 세력을 확장하고 있다. 아직 역사의 이 거대한 전환을 판단하기에는 다소 이른 감이 있지만, 유럽에서 1659년부터 1850년까지 도박이 성행했던 이래, 도박의 성장은 세계적으로 안정기에 진입한 것으로 보인다.

파친코의 나라 일본, 도박을 합법화할 것인가?

일본은 도박이라면 둘째가라면 서러울 열혈 도박꾼들의 나라다. 호비키라는 이름의 복권은 이미 14세기 초부터 인기를 끌었다.[1] 미국의 복권이나 빙고와 유사한, 그럼에도 '진짜 도박은 아닌' 것으로 간주되었던 이 흔한 형태의 도박은 세계에서 가장 인기 있고 독특한 파친코라는 기계 도박으로 발전되었다.

파친코의 뿌리는 1920년대의 '코린시언 게임Corinthian game'인데, 이는 일본으로 수입된 '코린토 게임' 스타일의 미국식 핀볼 게임이었다.[2] 이 게임은 원래 바닥에 눕혀놓고 하는 게임이었지만, 비좁은 섬에 정착하는 과정에서 오사카나 가나자와의 게임업자들이 게임판을 수직으로 세워서 하는 방식으로 변형했다. 쇠로 만든 작은 구슬을 튕기면 이 공은 여러 개의 핀과 구멍이 있는 미로를 향해 수직으로 튀어올랐고, 게임하는 사람은 보너스로 구슬을 더 받기 위해 이 공이 좋은 구멍으로 잘 들어가기를 바랐다. 이 게임은 쇠구슬이 굴러가는 소리 때문에 파치파치 또는 가찬코라고 불렸고, 1930년대부터 일본 전역에서 길거리 게임으로 유명해졌다.

제2차 세계대전 기간에 일본 정부는 파치파치 게임을 금지했지만, 이는 사람들의 반감만 증가시켰고, 도리어 게임의 인기가 더 올라갔다. 몇 차례에 걸쳐 방식이 개선되면서 이 게임은 (기존의 두 이름을 조합한) 파친코라는 이름을 갖게 되었고, 시간이 갈수록 더 다양한 층에서 사랑을 받았다. 나중에 '머신 건' 모델이 도입되면서 게임 방법은 더욱 쉬워졌다. 기존 방식은 사람이 손으로 직접 구슬을 넣어야 했지만 머신 건 모델은 손잡이를 당겨서 구슬을 빠른 속도로 쏠 수 있었다. 이제 이 게임을 처음 하는 사람도 1분에 100개까지 공을 쏘아 올릴 수 있게 되었다. 구슬은 상품으로 바꿀 수 있었고, 또 상품은 간접적인 방식으로 현금화될 수 있었기 때문에 여러모로 이 게임은 도박이나 마찬가지였으나 공식적으로는 도박이 아니었다. 이 게임의 법적 지위가 어떻든 그 인기는 정말 대단했다. 1953년에 일본 내에 거의 4만5000곳의 파친코장이 있었다.

정부가 변함없이 구슬을 쏘아 올리는 머신 건 버전을 금지하자, 파친코 산업계는 하락세로 접어들었고, 이 금지가 완화된 다음에야 다시 회복되었다. 1980년에 파친코와 슬롯머신의 요소를 결합한 '피버 모델Fever Model'이 도입되자 파친코는 다시 한번 르네상스를 맞이했다. 1990년대 서양식 슬롯머신을 살짝 바꾼 파치스로 게임이 파친코 게임장에서 하나둘씩 보이기 시작했고, 많은 영업자는 다양한 고객층을 확보하기 위해서 파친코장을 개조하기도 했다.[3]

오늘날 2000만의 일본 남성과 여성(미성년자의 파친코 게임은 법적으로 금지되어 있다)이 일상적으로 파친코 게임을 하는 것으로 추산되고 있다. 이 중에서 고수라고 하는 소위 전문 파친코 게이머들은 실제로 파친코 게임을 생계 수단으로 삼고 있다.[4] 이러한 현상은 이 게임이 기술과 운이 모두 필요한 게임이기에 가능하다. 게임장 운영자는 비非전자 파친코 게임기의 핀을 주기적으로 조정하여 배당금 수준을 조절하는데, 이 상습적 도박꾼들은 높은 상금을 주는 기계를 집요하게 알아내서 무자비하게 이득을 챙겨갔다. 전자 게임도 주기적으로 확률을 바꾸지만, 이들은 디지털 시대에도 어떻게 든 그 시스템을 알아내곤 한다.

비록 수백만의 일본인이 매일같이 돈을 바라는 마음으로 파친코 게임을 하지만, 원론적으로는 이 게임에서 이긴다고 해서 돈을 직접 주지는 않는다는 이유로 아직까지도 공식적으로 도박으로 인정되지 않는다. 파친코 게이머는 '구슬을 빌리는' 행위를 위해 따로 돈을 지불하기도 한다. 승자는 반짝이는 쇠 구슬을 몇 바구니나 얻어서 이것을 상품으로 바꾸는데 상품은 장아찌에서 소시지, 가전이나 작은 금덩이까지 다양하다. 이것을 현금화하기 위해 게이머는 바로 근처에 있는 상품교환소에 상품을 가지고 간다. 교환소들은 파친코장에서 직접 운영하는 것은 아니지만 파친코장과 긴밀한 협력 관계에 있다. 상품교환소의 작은 창구를 통해 상품을 현금으로 교환하면 이용자는 유유히 돈을 챙겨 떠나가고, 교환소는 다시 그 상품을 수수료를 받고 파친코장에 되판다.[5]

소비되는 금액만 기준으로 하면 파친코는 세계에서 가장 큰 도박 시장이다. 일본 전역 1만7000개소의 파친코장에서 500만 개의 기계가 돌아가고 있는데, 한해 구슬 대여 비용만 3000억 달러다. 이는 대략 카지노 600여 곳에서 50만 대의 슬롯머신이 운영되며, 전체 게임 수익이 약 1000억 달러에 달하는 미국의 수준을 훨씬 능가한다.[6]

거대 파친코 시장이 웅크리고 있기 때문에, 일본은 도박 합법화 가능성이 있는 지역으로 자주 언급된다. 아시아 카지노 사업이 2010년 초부터 떠오르기 시작하면서, 합법화에 대한 요구는 더욱 거세지고 있다.(일본에서는 2016년 복합리조트 추진법이 의회에서 통과되었고, 2018년에는 복합리조트 실시법안이 본회의에서 통과되었다 ─ 옮긴이) 마카오의 사례를 보면 일부에서 왜 그토록 카지노를 수익성 높은 사업으로 굳건하게 믿고 있는지 누구나 충분히 이해할 수 있다.

마카오, 포르투갈 식민지에서 초대형 도박 도시로

중국 본토의 공산당 정권은 복권은 허용하였으나, 공식적으로 도박을 금지하는 입장을 취하고 있다. 그러나 지난 10년간 펼쳐진 중국 도박의 생생한 이야기는 마카오를 그 무대로 하고 있다.

홍콩에서 서쪽으로 40마일 떨어진 곳에 위치한 마카오는 16세기 중반에서야 세계에 그 모습을 드러냈다. 별명이 '항해사'였던 헨리 왕자의 후원 아래 포르투갈은 바닷길로 전 세계를 탐험하는 일이라면 으뜸가는 국가가 되었다. 황금, 백단유, 비단, 향신료와 같은 아시아 물품 교역에 있어 지중해 연안 국가 독점체제를 깨뜨리고자, 용감무쌍한 포르투갈인은 아프리카 해안을 따라 남쪽으로 내려갔고, 희망봉을 돌아 마침내 인도로 향하는 항로를 발견해냈다. 그들의 무역로는 인도에서부터 동쪽의 중국과 일본까지 뻗어나갔다. 포르투갈 상인들은 1550년대 처음으로 광둥 지역 주장강 어귀 길다란 지협인 마카오에 정착했는데, 이곳을 인도 고아(당시 포르투갈의 아시아 무역 네트워크의 중심지였다)와 중국 및 일본 사이에 있는 하나의 중간역으로 삼기 위함이었다.[7]

그곳은 원래 최소 13세기부터 중국 어촌민이 정착해 살던 지역이었다. 명나라에서 처음에 주저하는 태도를 보였음에도, 포르투갈은 그곳에 주둔 기지를 세웠고, 매년 지대를 지불하는 동시에 주변 해역의 해적을 물리치는 일을 도우면서 신뢰를 얻었다. 마카오는 16세기부터 17세기까지 상업적이거나 복음주의적인 유럽인들이 아시아로 진출하기 위한 통로로 이용되면서 황금시대를 맞았다. 그러나 일본이 17세기 초부터 쇄국 정책 노선을 취하고, 영국이 주류 상업계 신흥 강자로 등장했다. 이에 따라 아편과 거의 노예나 다름없었던 '쿨리Coolie' 노동력 거래의 중심지로 더는 지속될 수 없었던 마카오는 서서히 저물어갔다. 1840년대 초부터 영국인이 정착한 홍콩이 인근 지역의 교역 중심지로서 마카오를 대체했다.

하향세에 접어들면서 마카오 당국은 과감한 선택을 했다. 그것은 바로 도박을 합법화하는 것이었다.[8] 마카오의 도박 합법화는 마카오의 정치적 지위가 변화하는 와중에 발생했다. 중국의 세력이 약해지는 가운데 대담해진 포르투갈은 1849년 지대 지불을 중단했으며 세관을 파괴해버렸는데, 본질적으로 이러한 처사는 해당 지역에 대한 소유권을 선언한 것이었다. 이후 1887년 조약으로 마카오는 공식적으로 포르투갈령이 되었다. 1851년부터 1863년까지 마카오 총독으로 재임했던 이시도로 프란시스코 기마랑이스 대령은 이 도시 국가의 경제를 북돋우기 위해 매춘과 도박을 포함한 여러 악덕 행위를 관리하고 이에 세금을 매기기 시작했다. 마카오는 최소 1830년대부터 불법 도박장 소유주들이 공무원들에게 뇌물을 공여해왔던 상황이었다. 기마랑이스는 공식적으로 도박장에 면허를 교부함으로써 이 돈을 공적 재원으로 돌렸다. 그의 이러한 전략은 곧장 성공을 거두었다. 도시를 점령한 포르투갈 관리들을 위한 세수는 순조롭게 중앙으로 흘러들어왔다.

마카오의 도박장에서는 판탄, 파이가우와 같은 중국 게임을 할 수 있었고 20세기 초부터 큐섹Cussec 또는 '빅/스몰Big or small'이나 식보Sic bo라 불렸던 중국 전통 게임도 도박장에 등장했다. 면허를 받은 도박장 영업주들은 하루에 세 번 추첨하는 복권도 운영했는데, 주로 빈곤층이나 노동자 계층 사람들이 복권을 사기 위해 몰려들었다.

판탄은 고대 홀짝 게임을 정교하게 만든 것이었다. 이 게임에서 딜러가 그릇 밑에 하얀 공깃돌을 여러 개 넣은 뒤, 그 공깃돌들을 네 덩어리로 갈라놓으면 마지막에 몇 개가 남아 있을지를 놓고 내기를 걸었다. 베팅은 한 개, 두 개, 세 개, 네 개(또는 0개) 중 하나를 선택해야 했고, 몇 가지를 조합해 베팅할 수도 있었다. 파이가우는 서른두 개의 팻말을 가지고 하는 게임이다. 참가자는 각각 네 개의 팻말을 가지고 자신의 패를 높은(강한) 쪽과 낮은(약한) 쪽으로 나눈다. 만약 참가자의 양쪽 숫자가 딜러의 양쪽 패보다 모두 높다면 참가자가 이긴 것이다. 반대로 딜러 패의 숫자가 높다면 딜러가 이긴 것이고, 하우스가 승리한 것이다. 만약 한쪽 숫자만 높다면 푸시Push, 즉 비긴 것으로 참가자는 자신이 건 돈을 다시 가져간다.

큐섹은 주사위로 노는 게임으로 중국 카지노 게임 중 일종의 변종이다. 컵이나 대접, 상자 안에 세 개의 주사위를 넣고 흔든 뒤, 참가자는 그 결과에 베팅한다. 즉, 주사위가 멈춘 뒤 위로 향한 숫자가 대(11~17)인지, 소(4~10)인지, 세 개가 같은 숫자인지를 두고 베팅하는 것이다. 일부 마카오 카지노에서는 물고기-새우-게 큐섹이라는 변형된 큐섹을 제공하는데, 이 변형된 게임에서는 주사위 각 면에 숫자 대신 물고기, 새우, 게, 동전, 조롱박, 수탉의 그림이 그려져 있다. 마카오의 허가된 판탄 게임장에서는 위 세 가지 게임만 할 수 있었고, 서양식 게임은 제공되지 않았다.[9]

합법 도박장에는 두 가지 종류가 있었다. 하나는 부자들만 이용하는 비밀 클럽으로, 그들끼리 사교적 게임도 할 수 있는 장소를 제공하는 곳이었고, 다른 하나는 극빈자들을 주요 대상으로 한 판탄 게임장이었다. 1860년대, 이러한 도박장 열여섯 곳은 정부에 꽤 짭짤한 세수를 가져다주었지만 딱 거기까지였고, 부유한 외부 여행객은 유입되지 않았다. 이러한 도박장에는 '노래하는 여성들'도 있었고—보통 매춘부를 이르는 완곡한 표현이었다—가끔은 값싼 싸구려 여관으로 쓰이기도 했다. 앞뒤 안 가리고 왁자지껄 어우러지기를 좋아하는 일부 손님에게는 이러한 시설이 만족스러웠을지 모르겠으나, 마카오가 국제적인 관광지가 되리라고 생각하기는 어려웠다. 이러한 도박장들 때문에 마카오는 매춘, 노예, 황금, 아편 밀수의 중심지로 이름을 날렸으며, 다른 어떤 항구보다 "바다 위의 쓰레기, 부랑자, 이들보다 더 부끄럼도 없는 아름다운 노예 여성"[10]이 많은 곳으로 회자했다. 어떤 사람들에게는 이러한 뉘앙스가 매력적으로 느껴졌을지는 모르겠지만, 몬테카를로를 찾는 손님들처럼 고상하고 명망 있는 사람들이 이러한 환경에 발을 들여놓기를 기대할 수는 없었다.

20세기 초부터는 마카오 도박이 침체기에 접어들었다. 마카오가 홍콩과 그 주변 지역에 복권을 판매하면서 한 해에도 수백만 달러씩 수익을 보기는 했지만(영국과 중국 당국은 얼마나 원통해 했던가), 1930년대 초까지 실시되었던 합법 도박장 운영 정책은 실질적으로 농업, 상업, 산업 발전이 전무했던 마카오 경제에 그다지 기여하지 못했다. 도박을 관광 경제의 중심으로 만들려면—그리고 그것이 아마도 남아 있는 유일한 방법이었을 것이다—마카오 통치자들은 기존의 상황을 깨끗이 정리할 수밖에 없었다.

저 멀리 미국 네바다주 의회에서 '도박 전면 합법화'를 두고 도박을 벌이고 있을 때, 마카오 정부는 합법 도박의 시스템을 전면적으로 정비하기 시작했다. 그들은 기존의 판탄 게임장을 깡그리 정리하고, 이곳을 좀더 세련된 카지노와 고급 호텔로 교체하면서 프롤레타리아적인 도박 천국으로 만들었다.[11] 포르투갈 정부는 이러한 조치를 통해 마카오가 중국 인근 지역이나 더 멀리 나아가 유럽의 스포츠 신사들까지 유인할 수 있다고 주장했다. 또한 기존에 신청만 하면 누구에게나 면허를 주었던 것과 달리, 정부는 가오케닝과 푸라오룽이 운영했던 타이싱Tai Xing이라는 단일 회사에 독점권을 주었다. 1937년부터 이 회사는 펠리시다디 거리와 오투브루 거리를 따라 카지노를 개장했다. 유럽인들도 혹할 만한 카지노 건설이 정부의 계획이었음에도, 이러한 카지노들에서는 전통적인 중국식 확률 게임만 제공했고, 그래서 기껏해야 이러한 동양 게임을 수용할 수 있었던 서양 손님들만 찾아올 뿐이었다.

센트럴 호텔에서 처음으로 카지노가 개장한 뒤 10년 동안 타이싱은 성공적으로 독점체제를 유지했고, 입찰 과정에서 잠재적 경쟁자들을 물리치기 위해 부단히 노력했다. 푸라오룽은 (다른 많은 중국인이 그렇듯이) 붉은색이 행운을 가져다주고, 흰색과 녹색이 불행과 관련된다고 믿었기 때문에, 모든 타이싱 직원에게 절대로 빨간색 복장을 하지 못하게 했고, 모든 카지노와 심지어 그 자신의 집까지 녹색이나 흰색으로 장식했다.[12] 어쨌거나 그의 손님들은 실제로 미신을 믿는다고 하더라도 그에 개의치 않고 타이싱 카지노에서 전통적인 중국 게임을 즐길 각오가 되어 있는 사람들이었다.

타이싱의 독점체제는 제2차 세계대전과 중국 혁명 이후에도 유지되었고, 이 두 가지 거대한 사건에 비교적 크게 영향을 받지도 않았다. 종전 이후에는 푸탁이암이 회사를 운영했다.[13] 마카오의 모든 도박과 복권은 그의 통제 아래 있었고, 그는 여기에서 벌어들인 돈으로 부동산(네 채의 아파트 건물)과 교통수단(그는 선박도 여러 채 보유하고 있었다)을 사들였다. 그는 또한 마카오-홍콩 페리도 소유하고 있었는데, 이 페리를 이용해 카지노로 손님을 실어 날랐다. 1949년 중화인민공화국에서 모든 도박을 완벽하게 금지하면서 마카오, 즉 타이싱 컴퍼니는 중국 손님까지 끌어들일 수 있는 독점의 기회를 가진 것이나 다름없었으나, 중국에서 국경 통제를 강화하면서 중국 고객 유입 기회는 사라졌다. 다만 영국에서도 영국령에서의 도박을 금지했기 때문에 홍콩에서의 관광객 유입은 기대해볼 만했다.

마카오 정부는 전후 시대에 적응해나가면서 식민지 경제 발전을 위한 최선책은 도박 관련 관광을 증진시키는 것밖에 없다고 결정했다. 포르투갈 식민 정부에서 반포한 법령 18267은 마카오를 '관광 및 게임 지역'으로 지정하고, 경제 성장의 원동력으로서의 도박을 강조했다. 정부는 1961년 입찰을 통해 다시 한번 독점체제를 구축했는데, 이때 독점권을 차지한 곳이 바로 "STDM Sociedade de Turismo e Diversoes de Macau: the Society for Tourism and Entertainment of Macau"이었다. 오늘날 유명한 부자인 스탠리 호가 휘잉둥, 예더리, 예한과 함께 세운 이 회사는 마카오 도박을 독점했을 뿐만 아니라 해당 지역 사회를 거의 지배하다시피 하면서 이 회사의 상무이사, 스탠리 호에게 엄청난 부와 권력을 가져다주었다.

그의 공식적 전기 내용에 따르면 그는 유복한 집안에서 태어났다. 1921년 11월 25일에 부유한 홍콩 가문(그의 종조부인 로버트 호텅 경은 조지 5세로부터 기사 작위를 받았고, 할아버지는 좋은 인맥을 가진 사업가였다)에서 태어난 호는 전형적인 부잣집 도련님으로 자라났으나, 경제적으로 어려워지면서 1934년 그의 아버지가 베트남으로 도망가버렸고, 다른 형제들과 함께 홀어머니 밑에 남겨졌다. 어린 스탠리는 갑자기 빈곤의 무게를 절감하기 시작했으며, 그 때부터 그의 인생은 아동문학가 허레이시어 앨저가 그려낸 것 같은, 빈곤에 맞서 헌신적으로 일하며 마침내 성공한 하나의 성공신화를 이루어낸다. 그는 공부에 매진해서 홍콩의 퀸스대학에서도 장학금을 받았고, 그곳에서 우수한 성적으로 졸업한 뒤 다시 홍콩대학에 입학했으나 제2차 세계대전으로 학업은 중단되고 말았다.

그는 일본이 홍콩을 점령하기 전 중립국인 마카오로 도망쳤고, 당시 수중에는 홍콩 달러로 10달러밖에 없었지만, 마음속에는 원대한 야망을 품고 있었다. 그는 중국과 일본, 포르투갈 사이의 중개업소였던 런총사 Companhia Leun Chong에 비서로 취직했다. 그가 나중에 이야기하기를 자신은 당시 "반 공무원"이나 다름없었으며, 마카오 정부가 절실히 필요로 했던 쌀, 설탕, 콩을 일본으로부터 들여왔다. 이미 영어와 중국어에 능통했던 그는 일본어와 포르투갈어까지 배웠고, 자신의 지식과 기술을 활용하여 회사의 공동경영자 자리까지 올라갔다. 전쟁이 끝나자 그는 선박, 재정, 교역 업무에 몰두했고, 1953년에 홍콩으로 돌아왔을 때는 젊은 나이에도 불구하고 백만장자가 되어 있었다.

마카오 행정부가 도박 독점권의 기회를 열어주었을 때, 스탠리 자신은 별로 도박을 좋아하지 않음에도 더 많은 돈을 벌기 위해 도박 사업에 뛰어들었다. 그는 도박자들의 신념과는 정반대되는 "성공은 운에 달린 것이 아니다"라는 격언을 입버릇처럼 이야기하던 사람이었고, "카지노의 제왕" 또는 "도박의 창조주"라는 별명에도 불구하고, 알려진 바에 따르면 그는 한 번도 도박을 해본 적이 없었다. 그럼에도 그는 과거 대학을 다닐 때나 런총사에서 일할 때 불태웠던 마찬가지의 열정으로 STDM 사업을 운영해나갔다.[14]

STDM은 에스토릴 호텔의 카지노와 이너 하버에 마카오 팰리스라는 다소 경박한 이름의 선상 카지노로 시작했다. 시간이 흘러 1975년이 되자, STDM은 카지노 캄 팩, 하이알라이 카지노, STDM을 대표하는 카지노 리스보아까지 총 세 개의 카지노를 운영할 정도로 사업을 확장했다. STDM은 도박 종류도 다양화해 그레이하운드 경주, 하이알라이(스쿼시와 비슷한

구기 경기로 1972년부터 1990년까지 운영), 경마, 즉석복권, 축구 경기 베팅까지 운영했다.[15]

마카오 경마 베팅의 역사는 수 세기 동안 이어졌다. 이미 17세기부터 포르투갈 식민주의자들은 말을 타고 긴 창으로 고리를 낚아채거나 모의 전투를 벌이는 등의 승마 기술을 마카오에 들여왔다. 19세기 초에는 중국 국경선 근처에 지어진 경기장에서 정기적으로 경기가 열렸다. 마카오 사회의 두 단면을 대표하는 포르투갈과 중국 관중들은 이곳에 모여 각자가 좋아하는 기수를 응원하며 열광적으로 베팅하곤 했다.[16]

1963년, STDM은 얏 위엔 캐니드롬 클럽에서 후원하고 마카오 캐니드롬에서 열렸던 그레이하운드 경견 경기를 인수했다. 아시아에서 유일한 그레이하운드 경주로서, 캐니드롬은 여전히 일주일에 나흘 동안 열여섯 번의 경기를 열고, 사람들은 경기를 보면서 온라인으로 베팅도 할 수 있다(2005년 기준). 또한 STDM은 1980년 속보경주를 위해 타이파섬에 건설되었으나 이후 경기를 제대로 운영하지 못했던 현대적인 대규모 경기장을 1989년 인수하여 이를 마카오 기수 클럽으로 바꾸고 순종마 경주를 위한 경기장으로 개조했다.[17]

1983년 새롭게 체결된 가맹점 영업권 계약에 따라, 카지노는 마카오 정부 세수의 주요 수입원이 되었다. STDM이 게임 산업을 운영하며 납부했던 세금은 공적 세수의 30퍼센트에서 이후에는 거의 3분의 2까지 차지하면서 1980년대 마카오 행정부 운영을 가능하게 했고, 1990년에는 스탠리 호가 운영하는 사업체에서 납입한 세금이 마카오 총 세수의 80퍼센트까지 차지했다.

당시 위와 같은 마카오 게임 산업이 당면한 한 가지 위기는 1999년 마카오의 중국 반환이었다. 공산국가였던 중국은 마카오의 카지노 운영을 억제할 수도 있었기 때문이다. 그러나 중국은 (1997년 중국으로 반환된) 홍콩과 (중국 당국에서 여전히 자신들의 영역으로 통합되기를 바라고 있는) 타이완에 눈독을 들이고 있었던 상황이었기에 이후 50년 동안 마카오 경제에 간섭하지 않을 것이라고 약속했다.

스탠리 호가 운영하는 여러 카지노는 동서양 도박을 혼합시킨 독특한 양식이었다. 그의 주력 사업체였던 카지노 리스보아는 수십 년 동안 1000여 개의 방을 보유할 정도로 지속적으로 확장했다. STDM이 1962년 서양식 게임을 도입했지만, 식보, 물고기-새우-게 큐섹, 파이가우, 파카피오(오리지널 키노), 판탄을 포함해 많은 아시아인이 선호하는 동양식 게임이 존속되었다. 특히 식보는 열렬한 추종자가 많았고, 위와 같은 동양 게임들이 남아 있긴 했지만 대부분 바카라로 돌아섰으며, 종국에는 바카라가 마카오에서 가장 인기 있는 종목이 되었다. 마카오에서는 블랙잭, 룰렛, 불 게임과 같은 다른 서양식 게임도 찾아볼 수 있으며, 스리카드 바카라, 스리카드 포커와 같은 신식 게임도 도입되었다. 미국 카지노를 대표할 만한 게임은 사실 크랩스 게임이지만 마카오에서는 찾아보기 어렵다.

리스보아에서는 주말 빙고 게임도 개최하고 메인 카지노 주변에는 슬롯머신이 여기저기 흩어져 있는데, 미국 게임업계의 이 혁신적인 기계가 아직까지는 마카오 도박자들의 마음을 진정으로 사로잡지는 못한 듯하다. 마카오에서 슬롯머신은 '호랑이'라고 불리는데, 이는 그 앞에 앉아서 게임하는 이용자들이 결국은 기계에 잡아먹힐 것이라는 비유적 표현이다. 마카오 카지노에서는—중국 업체든 서양 업체든—여전히 슬롯머신의 저변을 확대하려고 노력해오고 있다. 신규 카지노들은 최신식 슬롯머신을 갖추고 있으며, 슬롯머신만 운영하는 몇몇 게임장에는 스탠리 호의 아들 한 명이 회장으로 있는 멜코사의 머신을 보유하고 있다. 슬롯머신 중에는 굶주린 호랑

스탠리 호의 카지노 리스보아는 마카오 내에서 그가 이루어낸 도박 산업, 교통, 부동산에 이르는 거대한 제국의 중심지가 되었다.

이를 물리친 한 영웅에 관한 전설을 이용해 만든 것도 있다. 이 슬롯머신에서 이용자가 잭폿을 터트리면, 그는 영웅이 승리한 모습을 재연하는 비디오 영상을 감상할 수 있다.

중국 도박꾼들 사이에는 몇 가지 미신이 존재한다. 서양인들은 동양인들의 미신이 괴상하다고 여기지만 사실 서양인이 믿는 도박과 관련된 미신도 제멋대로인 데다 바보 같다는 점에서 크게 다를 바는 없다. 서양인들이 두려워하는 사다리 밑으로 지나가는 행위라든지, 검은 고양이, 숫자 13, 깨진 거울, 쓰러져서 내용물이 넘쳐흐르는 소금 통 같은 것들은 중국인들에게는 별로 감흥을 불러일으키지 못한다. 이러한 점을 보면 행운에 관해 모두가 보편적인 관념을 가지고 있는 것은 아니라는 점을 알 수 있다. 대신 마카오 카지노의 도박꾼들은 숫자 4를 불행의 숫자로 여기고, 숫자 8은 행운의 숫자로 여기기 때문에 8이라는 숫자에 매우 기뻐한다. 또한 카지노에 들어갈 때는 어떤 종류의 책자도 가지고 들어가지 않는데, 사람들은 책이라는 단어의 광둥어 발음이 불길하다고 생각하기 때문이다.

슬롯머신이 일정한 간격으로 늘어서 있고, 테이블 게임이 질서정연하게 배치된 미국식 카지노에 익숙한 사람이라면 리스보아나 다른 STDM 카지노를 접했을 때 상당히 혼란스럽다고 생각할 수 있다. 이곳에서는 도박자들이 테이블 주변에 몇 겹으로 모여 있고, 베팅 금액이 두세 겹으로 게임 테이블 위에 어지럽게 놓여 있으며, 구름 같은 담배 연기가 빽빽하게 공기를 메우고 있기 때문이다. 리스보아 카지노의 메인 플로어에서 들려오는 시끄럽게 웅성거리는 사람들의 소리는 차치하더라도 미국 방문객들은 카지노 내 사설 도박 클럽이라는 또 다른 카지노가 존재한다는 사실에 당황하기도 한다. 이 사설 도박 클럽은 카지노 시설의 일부를 정킷 사업자 및 특정 영업권자에게 빌려준 것인데, 이 공간에서는 다른 공간보다 비교적 사적으로 더 높은 금액으로 베팅할 수 있다. 보통 50만 파타카(6만5000달러)까지 베팅할 수 있는 이러한 전용 공간은 주로 바카라 게임을 즐기는 알짜배기 중국 도박꾼들을 유인하기에 안성맞춤이다. 이들이 열심히 게임을 해준 덕분에 STDM의 수익도 증가하고, 이어서 카지노 수입의 3분의 1을 세금으로 거둬들이는 마카오 행정부의 주머니 또한 넉넉히 채워질 수 있었다.

마카오가 중국에 반환될 당시 스탠리 호는 마카오의 거물이 되어 있었다. 마카오에서 그는 그저 영향력이 높은 정도가 아니라 권력 그 자체였다. 그의 리더십으로 STDM은 마카오에서 가장 큰 관광 산업이자 가장 많은 인구를 고용한 기업이 되었다. STDM은 게임 산업체뿐만 아니라 호텔, 마카오에서 가장 큰 백화점, 마카오 타워 컨벤션 앤드 엔터테인먼트 센터(세계에서 열 번째로 높은 타워로 2001년 개장했다), 터보제트 마카오-홍콩 페리

서비스, 마카오 국제공항, 그 외 다른 여러 사업까지 직접 운영하거나 투자했다. 또한 스탠리 호는 순탁홀딩스Shun Tak Holdings 그룹 최고경영자며, 수많은 조직 및 자선단체의 회원이다. 도박에는 취미가 없었던 스탠리 호는 마카오 카지노를 통해 벌어들인 돈을 더 많은 재산과 영향력, (그리고 비록 삼합회 조직폭력배들과 연관되어 있다는 소문이 돌기는 하지만) 존경심을 얻기 위해 사용했다.[18] 수년 동안, 중국 도박꾼들이 마카오로 여행 갈 때면 으레 "스탠리 삼촌 뵈러 간다"[19]고 이야기하곤 했다.

그러나 스탠리 호의 카지노 시장 지배는 마카오가 중국으로 반환되면서 함께 종식되었다. 그의 독점 영업권은 2001년부로 만기가 되었고, 마카오 행정 특별자치구는 새롭게 입찰을 진행하여 세 곳에 영업권을 부여했다. 그 세 곳은 STDM 자회사인 SJM Sociedade de Jogos de Macau, 라스베이거스 샌즈 주식회사(라스베이거스 스트립의 베니션 소유주들이었다)와 중국 기업 갤럭시의 합작 투자사, 그리고 스티브 윈의 윈 리조트 회사였다. 이러한 방식의 카지노 확장 결정은 마카오의 역사 및 정체성 보존과 신규 외부 사업가들의 유입으로 촉발된 새로운 아이디어나 도시 건축의 흐름 사이에 균형을 맞출 수 있었다.

라스베이거스 샌즈와 갤럭시는 입찰을 위해 협력했지만, 마카오 행정특별자치구 정부가 면허를 두 개로 나누어줌에 따라 곧 각자의 길을 걸었다. 다른 입찰자들에게는 이 점을 보상하기 위해 하위 허가권subconcession이라는 것을 판매할 수 있도록 해주었다. 이에 윈은 2006년 3월, 9억 달러에 PBL(오늘날 크라운 유한회사)과 로렌스 호의 멜코 인터내셔널 디벨롭먼트 사 협력사에 하위 허가권을 매각했다. 스탠리 호는 자신의 딸인 팬지 호와 MGM 미라지의 협력사였던 MGM 그랜드 파라다이스에 약 2억 달러에 달하는 금액으로 하위 허가권을 매각했다.

동시에 중국 정부가 국경 제한을 풀어주면서 새로운 관광객 인구가 마카오로 유입되기 시작했다. 중국 당국은 점차적으로 더 많은 도시에서 마카오 관광비자를 발행할 수 있도록 했고, 마카오의 연간 방문객 수는 거의 두 배인 1500만 명까지 뛰어올랐으며, 통행 자유가 증가할 것이라는 전망과 함께 카지노 산업 지지자들은 증가하는 방문객을 적절하게 맞아들이기 위한 인프라가 개선되길 기다리고 있었다.

이렇게 마카오로 유입된 대규모 신규 방문객들의 존재는 이 도시가 진정한 세계적인 관광도시로 발전할 것이라 기대하도록 만들었다. 2004년 5월 라스베이거스 샌즈가 샌즈 마카오를 처음으로 개장했다. 홍콩에서 출발한 대부분의 사람이 상륙하는 마카오 페리 터미널에서 아주 지척인 곳에 위치했다. 카지노 개장 날에는 역시 극적인 장면들이 연출되었다. 카지노 개장 첫날에는 카지노에서 공짜로 칩을 나누어줄 것이라는 근원을 알 수 없는 소문이 퍼지기 시작했고, 폭동에 가깝게 흥분한 사람들은 말 그대로 닫혀 있던 카지노 문을 부수고 들어가 게임을 하기 시작했다. 이후에도 사람들은 카지노에서 한결같이 광란의 도가니에 빠져들었고, 샌즈 마카오의 성공은 마카오에서 카지노를 운영한다는 것이 얼마나 수익성이 좋은 일인지 서구 카지노업체들에게 확인시켜주었다.

스티브 윈은 2006년 9월 윈 마카오를 개장했는데, 그 외관은 라스베이거스에서 큰 성공을 거두었던 그의 카지노와 동일했다. 2010년에는 리조트 확장이 있었고, 앙코르라고 불리는 이름의 카지노 리조트가 문을 열었다. MGM과 팬지는 2009년 MGM 그랜드 마카오를 개장했다. 멜코 크라운과 갤럭시도 새로운 카지노를 개장하면서 마카오 카지노 붐의 시대를 이끌었고, 이러한 마카오 내 카지노 공급은 그만큼 많은 수익과 연결되었다. 미국 기반의 카지노업체가 들어오기 전인 2002년에는 마카오에서 벌어들인 수익이 27억 달러였다. 2006년 샌즈와 윈이 카지노를 개장하자, 이 금액은 라스베이거스를 능가하는 70억 달러까지 올랐다. 2011년이 되자 마카오 카지노는 한 해에 네바다 전체 카지노 수익의 세 배에 달하는 335억 달러를 벌어들였다.

마카오 게임업계의 가장 큰 성장은 그 유명한 라스베이거스 스트립과 경쟁하기 위해 콜로안과 타이파섬 사이를 매립해서 만든 코타이 스트립에서 이루어지고 있다.[20] 2007년, 라스베이거스 샌즈는 코타이 구역에 테이블 게임만 800대, 슬롯머신 3400대를 보유한 엄청난 규모의 베니션 마카오를 개장했다. 반면 대부분의 스트립 카지노 리조트들은 나름대로 열심히 운영되고 있었음에도 테이블 게임이 100대, 슬롯머신 2000여 대 정도가 고작이었다. 라스베이거스 샌즈는 호텔 산업과 고급 쇼핑몰, 엔터테인먼트, 컨벤션 시설을 개발하기 위해 콘래드나 홀리데이 인, 셰러턴, 포시즌스와 같은 세계적인 호텔 브랜드와 협력관계를 맺었다. 이에 뒤질세라 멜코 크라운은 독특한 건축양식을 자랑하는 초대형 카지노 리조트 시티 오브 드림스를 개장했다. 이후 그랜드 하얏트와 하드 록 호텔이 크라운 타워스 호텔과 함께하면서 한 지붕 아래(네 개의 타워동이기는 했지만) 유명 브랜드들이 공존하게 되었다.

2013년 초를 기준으로 MGM 리조트와 윈 리조트는 자신들만의 코타이 사업을 발전시키는 초기 단계에 있다. 마카오는 현재 세계에서 제일가는 도박 관광 단지이며, 앞으로도 도박과 관련한 가장 흥미진진한 이야기들을 계속해서 만들어낼 것이다.

세계 각국의 카지노 산업 양상

마카오가 아시아에서 카지노로 성공을 거두기 전부터 카지노를 허용하는 몇몇 아시아 국가도 있었다. 이들 가운데는 자국민의 출입을 금지하는 조건을 둔 곳도 있었다. 한국에서 카지노의 시작은 1967년까지 거슬러 올라간다. 호텔에서 운영되는 카지노의 주 고객층은 일본과 타이완 방문객들이었다. '한국의 하와이'라고 묘사되는 제주도는 한국 사람들의 신혼여행지로도 개발되었는데, 외국인에겐 이 섬에 있는 여덟 곳의 카지노가 더욱 매력적이다.[21] 외국인의 카지노 방문 빈도는 1990년대 말 감소 추세를 보였으나, 한국 정부는 2000년 경제 위기의 여파가 남아 있던 시기에 내국인이 출입 가능한 유일한 카지노로 강원랜드를 개장했다.[22] 비록 고립된 지역에 위치하기는 하지만, 이 카지노 역시 성공적으로 운영되고 있다. 때로 사람들은 게임 테이블 자리를 잡기 위해 카지노 근처에서 졸면서 기다리기도 하며, 하루에 2000명이 넘는 한국인이 이 카지노에 출입한다.

1990년대에는 네팔, 캄보디아, 미얀마에서 카지노가 생겨났다. 필리핀에서도 카지노 산업이 매우 번성하고 있다. 필리핀 어뮤즈먼트 앤드 게이밍 코퍼레이션PAGCOR이 전국에 20여 개의 카지노를 개장하면서, 정부의 주요 세수를 이곳에서 거둬들이고 있다.[23] 세계에서 가장 고립된 지역인 북한도 1990년대 말 외국인만 출입할 수 있는 카지노를 평양에 설립했다. 이후 1999년에 북한 정부는 (주로 무기 거래나 위조 화폐 유통에 의지했던) 기존의 소득원을 보충하면서, 고립된 지역인 라진 경제특구에 엠퍼러 카지노를 개장했다. 이 카지노는 중국 공산주의자들의 구미에 맞춘 서비스를 제공하면서 대성공을 거두었지만, 이후 정부 관료들이 횡령한 돈을 가지고 카지노에 간다는 사실을 알게 된 중국 정부에서 라진 여행을 금지시켜버렸다.[24]

말레이시아의 카지노 독점체제는 탄스리 림고통이 만들어낸 제국이었다.

중국 푸젠성에서 태어난 림고통은 10대에 싱가포르로 이주했고, 이후 건설업에 종사하게 되었다. 그는 말레이시아에서 가장 영향력 있는 개발업자로 차츰차츰 자신의 입지를 굳혔다. 림고통은 1964년, 열대 기후에서 벗어날 수 있는 피서 휴양지로서 '구름 위로' 솟아오른 말레이시아 리조트를 구상했다. 그는 호텔 및 기타 필요 시설 건축과 쿠알라룸푸르에서 45마일 정도 떨어졌으며 해발 6000피트 고도에 위치하는 겐팅 하일랜드로 통하는 도로 건설 과정을 직접 감독했다. 이 사업은 1969년 말레이시아 툰쿠 압둘 라만 수상이 유일하게 겐팅에게 카지노 면허를 부여하면서 더욱 추진력을 얻게 되었다. 단, 외국의 무슬림이나 말레이시아인이지만 무슬림이 아닌 사람은 누구나 카지노에 출입할 수 있었지만, 말레이시아 무슬림은 카지노 도박이 금지되었다. 말레이시아인의 절반이 무슬림이기 때문에 많은 말레이시아인은 카지노에 출입할 수 없었지만, 말레이시아 및 싱가포르에 거주하는 열정적인 중국인이 카지노 시장의 주요 대상이었고, 림고통은 카지노 사업 독점으로 재미를 톡톡히 보았다.

이후 1970년대부터 1990년대 말까지, 림고통은 겐팅 하일랜드를 세계적으로도 인정받는 리조트로 발전시켰다. 총 여섯 개의 호텔(그중 세 곳은 5성급이었다)은 객실만 8000실이었다. 컨벤션 센터와 공연장, 식당까지 갖춘 이 카지노는 무슬림이 지배적인 이 나라에서 라스베이거스 스트립 카지노의 확대형을 "구름 위에(겐팅을 중국어로 번역한 의미)" 올려다놓은 것 같았다. 겐팅 카지노에는 블랙잭부터 카리브 스터드 포커에 이르기까지 다양한 서양식 게임을 제공했고, 아시아 사람들이 즐기는 식보(타이사이)와 파이가우 게임도 있었다. 카지노는 다섯 가지의 주제로 각각 다르게 장식된 구역을 가지고 있었고, 2004년 "마음만은 이팔청춘young at heart"이라는 주제로 꾸며진 스타월드 카지노에서는 손님들이 게임을 하면서 동시에 MTV를 보고 커피도 마실 수 있었다.

림의 뛰어난 지도력으로 겐팅 그룹은 말레이시아에서 선도적인 기업으로 자리잡았다. 겐팅은 세계 각지에서 카지노 개발 사업을 벌였으며, 카지노가 없는 단순 호텔 리조트 사업과 유람선 사업도 시작했다. 그뿐만 아니라 카지노 및 호텔 사업과 관련 없는 다른 분야에도 손을 뻗었다. 여기에는 발전소 사업, 제지 및 박스 제조업, 팜유 공장, 정보 통신 기술 관련 사업까지 포함되었다. 림고통이 폭스우즈 카지노에 투자한 덕분에 미국의 피쿼트 족은 1990년대 자신들만의 대형 카지노를 시작할 수 있었다. 겐팅은 또한 1976년에 영국의 카지노를 인수하기 시작했고, 그 숫자는 계속 증가하여 2012년까지 46개의 카지노를 인수했는데, 여기에는 맥심 앤드 민트 브랜드와 런던 도박업계에서 가장 오래된 곳 중 하나였던 크록퍼드도 포함되어 있었다. 림고통은 카지노 영업권을 획득하기 전부터도 이미 영향력 있는 말레이시아의 개발업자였지만, 카지노 사업에 뛰어들지 않았다면 그토록 어마어마한 부자가 되지는 못했을 것이다(순 자산만 20억 달러를 넘어서는 그의 이름은 포브스가 선정한 세계 자산가 목록에 꾸준히 등장했다). 그는 스탠리 호를 능가하는, 세계에서 가장 부유한 카지노 운영자였다. 2003년, 85세의 나이로 탄스리 림고통은 겐팅 그룹 회장직을 내려놓았고, 그 자리는 1976년부터 함께 회사를 운영해오고 있었던 그의 아들 탄스리 림콕타이가 물려받았다. 림고통은 카지노 도박이 일정 정도 금지된 특정 지역에서 운영하는 카지노 사업이 얼마나 매력적인지를 보여주는 산증인이라고 할 수 있다.[25]

2007년 림고통이 사망한 이후에도 겐팅 제국은 계속해서 번영의 길을 걸었다. 리조트 월드라는 번쩍이는 이름 아래(겐팅 하일랜드는 2010년 리조트 월드 겐팅으로 변경되었다), 겐팅은 국외 투자를 늘렸으며 2011년에는 뉴욕의 애퀴덕트 경마장에 비디오 게임장을 개장했고, 2012년 현재 그곳은 뉴욕의 유일한 카지노 도박장이다. 리조트 월드 싱가포르와 합병하면서 겐팅은 카지노 업계의 더욱 강력한 동력원이 되었다. 이러한 성과는 림고통이 1964년 하늘 위의 천국 같은 이미지로 처음 리조트를 구상했을 때는 도저히 상상할 수조차 없던 결과였다.

말레이시아는 도박을 부분적으로 금지했지만 중동과 북아프리카의 무슬림 국가에서는 거의 전면적으로 도박을 금지했다. 그러나 석유 자원으로 벼락부자가 된 이슬람 지도층이 몬테카를로, 라스베이거스, 애틀랜틱시티를 찾는 유명한 하이롤러라는 점이 알려지면서, 몇몇 이슬람 국가에서는 외국인만을 상대로 한 카지노를 실험적으로 개장했다. 우선 세계적인 도시 레바논의 베이루트 카지노 두 리반Beirut's Casino du Liban이 1959년 개장했다.26 지속되는 내전으로 인해 1975년 강제로 폐장되기 전까지 일정하게 수익을 내던 이 카지노는 1996년 재개장했다. 재개장 이후에는 외국인뿐만 아니라 공무원 및 군무원, 은행 및 상업적 시설의 회계원, 연 소득이 2만 달러 미만인 자를 제외한 레바논 사람도 출입이 허용되었다.

이집트는 수십 년 동안 소규모 카지노 산업을 장려해왔는데, 국가 세수를 발생시키고 외환을 벌어들이려는 것이 주목적이었다. 다만 이집트에서도 자국민 출입은 금지되었고, 여권을 가진 방문객이라면 누구든지 환영이었다. 이러한 작은 카지노들에서는 블랙잭, 바카라, 심지어 포커까지 제공되었고, 베팅할 때에는 주로 미국 달러를 사용했다. 간혹 매끈하게 차려입은 건장한 미국인이나 유럽인 관광객이 찾아오기도 하지만, 이집트 카지노를 가장 많이 찾는 고객층은 사우디아라비아 사람들이다.27 모로코와 튀니지에도 비슷한 카지노들이 존재하며, 터키는 1969년부터 카지노 허가와 금지를 반복하고 있는데, 2013년 기준으로 금지된 상태다.

이스라엘에서는 도박에 대한 교조주의적인 분명한 반대는 없었지만, 지상 기반Land-based 카지노를 발전시키는 데에는 실패했다. 그러나 홍해 에일라트 항구에서 카지노 크루즈는 운영되고 있다. 1998년에는 팔레스타인의 예리코에서 오아시스 카지노가 개장했다.[28] 이 카지노는 팔레스타인 당국의 부지 내에서 유일하면서도 가장 큰 민간 투자의 결과였다. 대단한 도박꾼이라고 알려진 이스라엘인을 대상으로 한 카지노를 허용했다. 경제 발전을 위해 자신들의 땅을 침략했던 이들에게 자주권을 이용해 도박을 제공했던 미국 원주민들의 방식을 팔레스타인 당국이 모방했던 것이다. 이후 정치적 혼란이 심각해지면서 카지노는 하마스 테러리스트와 이스라엘 군대로부터 집중 포격의 희생양이 되었으며 2000년에 폐장되었다. 카지노는 이후에도 "그러한 사태가 지속됨에 따라" 재개장하지 않았지만, 카지노를 운영했던 카지노 오스트리아는 정치적 상황만 안정되면 120대의 테이블 게임과 300대의 슬롯머신으로 언제든지 손님을 맞이할 준비를 할 것이라고 이야기하고 있다.

싱가포르의 도전

2000년대 마카오에서 카지노 산업이 폭발적으로 성장한 이후, 2010년대에는 또 다른 아시아 국가가 혜성과 같이 눈부시게 등장했다. 싱가포르는 말레이시아에 인접한 도시국가인데, 1965년 말레이시아로부터 독립해 선박 운송, 제조업, 기술산업에 초점을 맞추어 자신들만의 방식으로 경제 성장을 도모했다. 관광업도 싱가포르의 경제에 있어서 매우 중요한 부분을 차지한다. 관광이 큰 비중을 차지한다는 점은 마약 수입에서부터 껌 씹는 것까지 엄격한 법률을 적용하는 이 도시의 "일하라·휴식은 없다"는 이미지에는 다소 어울리지 않는 듯하다. 여하간 자신들의 관광지를 어필하기 위해 (그리고 어느 정도는 마카오와 리조트 월드 겐팅의 성공을 자신들이 재현하기 위해) 싱가포르는 2004년 카지노 입찰을 개시했다. 싱가포르는 즐길거리와 함께 카지노를 결합시켜 관광업을 더욱 촉진시키려고 했던 것이다.[29]

싱가포르가 이러한 결정을 하게 된 이유는, 그들이 부러움을 살 만한 경제적 성장을 이뤄냈음에도 세계적인 도시로 인정받기에는 핵심적인 무엇인가가 부족하다고 느꼈기 때문이라고 보는 것이 적절할 것이다. 리셴룽 총리는 싱가포르에서 카지노를 개장할 것이라고 발표하면서, 런던이나 파리, 뉴욕과 같은 도시를 성공하게 했던 어떤 "X 요인"을 포착해내길 바란다고 덧붙였다. 그리고 그들이 보기에 카지노가 바로 그 부족했던 요인이었다.

그러나 그들이 제시한 입찰의 기준들을 살펴보면, 싱가포르에서 운영될 카지노는 라스베이거스나 마카오와는 다른 종류의 카지노라는 것을 분명히 알 수 있다. 입찰 과정에서 도박은 의도적으로 감추어졌다. 이 프로젝트에서는 "카지노"나 "카지노 리조트"라는 단어조차 사용되지 않았으며, 새롭게 들어설 건물이 컨벤션 시설, 공연장, 쇼핑몰, 식당, 거기에 박물관까지 더해 종합적인 시설이라는 의미를 강조하며 "복합 리조트"라는 단어를 사용했다. 싱가포르에 설립될 이 시설은 라스베이거스 카지노 리조트와 유사했지만, (적어도 처음 보기에는) 도박이 주된 부분이 아니라 우연히 리조트에 부수적으로 추가된 것과 같은 느낌을 주었다.

총 열아홉 개의 회사가 이 입찰에 지원했다. 거기에는 미국 카지노 업계의 충실한 일꾼들인 윈 리조트, 라스베이거스 샌즈, MGM 미라지, 하라스 엔터테인먼트도 포함되었다. 입찰업체들은 두 구역에 복합 리조트를 짓겠다는 계획을 제출했다. 하나는 머리너만을 바라보고 있는 머리너 베이의 유흥가를 입지로 삼았고, 다른 하나는 둑길을 따라 싱가포르로 연결된 센토사섬에 짓겠다는 계획이었다. 2006년 5월 26일에 싱가포르 정부는 선정된 입찰업체를 발표했다. 그 업체는 바로 머리너 베이에 복합 리조트를 건설하겠다는 계획을 제출했던 라스베이거스 샌즈였다.[30] 여러 업체 중에서도 샌즈는 오랫동안 다양한 형태의 리조트를 건설하고 운영했던 경험이 있었기에 선정되었다. 예컨대 베니션만 해도 호텔과 더불어 널찍한 컨벤션 시설, 거기에 두 개의 구겐하임 박물관까지 운영하고 있었다. 샌즈가 보여주었던 계획이 바로 싱가포르 정부가 바라고 있던, 바카라 게임을 넘어서는, 즉 도박만 부각시키지 않는 종합적인 구상이었다. 종합적으로 샌즈는 총 36억 달러짜리 사업 계획을 제출했다. 계획대로 완공된다면 이 호텔은 객실 2500실에 100만 제곱피트짜리 쇼핑몰, 120만 제곱피트에 달하는 컨벤션 센터, 20만 제곱피트의 예술 및 과학박물관을 갖춘 건물이 될 터였다. 이 리조트는 라스베이거스의 베니션이나 당시 공사 중이었던 베니션 마카오와 같이 어떤 특정 주제를 가지고 장식된 리조트는 아니었다. 대신 이스라엘 출신 건축가 모셰 사프디(그는 예루살렘의 야드 바셈 홀로코스트 기념관, 로스앤젤레스의 스커볼 문화센터, 매사추세츠 세일럼의 피보디 에식스 박물관 등의 설계자로 유명했다)가 설계한 이 복합단지는 더욱 담대하고 상징적인 외관을 자랑했다. 리조트의 많은 시설을 내장하고 있는 커다란 세 개의 타워는 마치 하나의 카드 덱을 수직으로 세워놓은 것 같은 모양을 하고 있었고, 호텔 타워가 떠받들고 있는 긴 선박과 같이 생긴 공간에는 정원, 레스토랑, 나이트클럽, 그리고 아슬아슬한 한계선으로 허공과 구분된 수영장을 포함한 스카이파크가 들어섰다.

센토사 개발은 겐팅이 맡게 되었다. 겐팅은 리조트 월드 센토사를 건설했는데, 여기에는 하드 록 호텔과 마이클 그레이브스가 설계한 "예술을 사랑하는 사람들을 위한 호텔" 그리고 유니버설 스튜디오 테마파크가 포함되었다.

센토사는 2010년 1월 개장하면서 호텔을 처음으로 선보였고, 카지노 영업은 중국 설 연휴에 맞춰서 개시했다. 머리너 베이 샌즈는 본격적인 6월 개장을 앞두고 4월부터 이미 손님들을 받기 시작했다. 이 두 개의 리조트는 설계부터 사람들의 호평을 받았지만, 더욱 중요한 점은 엄청난 수입을 거뒀다는 것이다. 운영 1년 차인 2011년 머리너 베이 샌즈는 라스베이거스에서 샌즈가 운영하는 두 곳의 카지노 수익을 합친 것보다 다섯 배나 많은 24억 달러라는 수익을 달성했다. 싱가포르는 1년 만에 세계 게임업계 위계에서 다시 한번 라스베이거스를 때려눕히며 수익 면에서 세계에서 두 번째로 큰 게임 휴양지로 우뚝 섰다.[31]

싱가포르 정부 입장에서 더욱 중요했던 점은 카지노가 관광객 유입을 15퍼센트나 증가시켰으며, 카지노를 제외한 다른 영역에서도 사람들의 소비가 늘었다는 점이었다.[32] 싱가포르는 도박이라는 짐승을 길들여 발전을 도모하고, 자신들이 멋있게 조성해놓은 해안가로 많은 방문객이 유입되기를 바랐다. 그리고 카지노라는 묘수를 시도한 첫해부터 그러한 바람을 성공적으로 이뤘다.

아시아 남반구의 또 다른 열성 도박꾼들

싱가포르에서 거둔 이와 같은 성공은 그동안 아시아에서 얼마나 많은 사람이 도박에 대한 마음을 억누르고 있었는가를 새삼 보여주는 듯하지만, 사실 아시아는 이미 오랫동안 도박의 온상지였다. 그중에서도 호주는 절제라는 건 눈곱만큼도 모르는 도박꾼들의 나라로 유명하다. 호주에는 도박 종류도 많다. 먼저 포키라고 불리는 포커 머신은 20세기 초부터 호주 전역에 널리 확산되었다. 이 게임기는 미국식 비디오 포커 머신은 아니었다. 호주 사람들은 미국 슬롯머신을 "포커 머신"이라고 불렀는데, 슬롯머신 릴에서 보이는 그림이 포커 카드 문양이었던 기계가 많았기 때문이다(한편 영국인들은 "프루트 머신Fruit machine"이라고 불렀는데, 영국 기계는 대부분 과일 모양이 많았기 때문이었다). 1920년대부터 1930년대까지 포키는 클럽과 호텔에서 간헐적으로 찾아볼 수 있었는데, 이러한 행태가 합법일 때도 있었고 불법일 때도 있었다. 1956년 뉴사우스웨일스는 주에서 면허를 받아야 한다는 조건으로 클럽 내 포커 게임을 허용했다. 이 상서로운 결정을 시작으로 뉴사우스웨일스주에서 1980년 즈음에는 도박의 메카인 라스베이거스보다 두 배나 많은 포키 머신이 설치되었다. 1990년이 되자 태즈메이니아주를 제외한 모든 주에서 클럽 내 포키 게임 설치를 허가했고, 호주는 총 18만 5000대에 가까운 도박 기기를 보유하게 되었다.[33]

이러한 클럽은 런던 웨스트엔드처럼 어떤 귀족적인 고급스러움으로 치장한 곳은 아니었고, 19세기 호주에서 점잖은 신사들이 끼리끼리 모여 조용하게 휴식을 즐기던 장소의 분위기도 아니었다. 이 클럽은 비슷한 관심사를 가진 사람이라면 누구나 와서 시간을 보낼 수 있는 개방된 공간이었고, 볼링이나 골프 같은 스포츠도 즐길 수 있었다. 슬롯머신으로 벌어들인 수익 덕분에 클럽 회원들은 저렴한 가격으로 식사와 음료, 오락거리를 누릴 수 있었다. 또한 클럽은 다양한 지역사회 활동과 자선 사업을 후원했다. 20세기 말에는 특히 축구와 럭비를 중심으로 스포츠 베팅이 또 하나의 인기 있는 '민주적인' 도박으로 성장했다. 그러나 역시 호주에서는 포키의 인기를 따라올 것이 없었고, 2004년에도 포키가 호주의 도박 중 3분의 2를 차지했다.[34]

태즈메이니아주 호바트의 레스트 포인트 호텔 카지노는 1973년 호주의 첫 번째 합법 카지노로 개장했고, 호주에서 가장 큰 호텔이자 인기 있는 컨벤션 개최지로 우뚝 섰다. 1979년 임시 건물에 개장했던 MGM 그랜드 다윈이 호주의 두 번째 카지노였는데, 이곳은 2004년 뉴질랜드 기반 회사인 스카이 시티에 매각되었고, 이후 스카이 시티 다윈이 되었다. 곧이어 1980년대에는 여기저기에 수많은 카지노가 생겨나기 시작했다. 앨리스 스프링의 래시터스는 비교적 소규모 리조트였는데 노던테리토리 내에서도 상당히 외진 곳에 위치하고 있었다. 1990년대에는 애들레이드, 골드 코스트, 퍼스, 타운즈빌에서 카지노가 잇따라 생겨났으며, 캔버라, 브리스번, 멜버른, 시드니가 그 뒤를 이었다. 일반적으로 호주 카지노들은 라스베이거스 스트립에 있는 카지노의 약간 작은 버전으로, 휴양을 위해 찾아온 방문객들이 으레 기대할 수 있는 라운지, 식당, 전시실, 수영장, 그 외 모든 특수 시설을 갖추고 있었다.[35]

불같은 도박꾼들로 알려진 호주인들의 성정은 도박계 유명 인사들 목록에서도 잘 나타난다. 일례로 2005 월드 시리즈 포커 우승자는 호주 출신 프로 포커 플레이어 조지프 허셈이었다. 또, 조지프와 같이 월드 시리즈 포커에서 우승 팔찌를 받는 것도 쉬운 일은 아니지만, 대중매체 업계의 제왕이자 호주에서 제일 큰 도박꾼인 케리 패커에 대적할 만한 사람은 아마 없을 것이다. 호주 멀티미디어 연합체인 퍼블리싱 앤드 브로드캐스트 유한회사의 대주주였던 패커는 멜버른 크라운 카지노와 퍼스 버스우드 카지노 지분까지 보유한 보기 드문 거부였는데, 그는 카지노 소유주이자 그 자신이 그야말로 열성적인 도박꾼이었다. 세계적으로 악명 높은 하이롤러였던 패커는 도박판에서 일주일 만에 수백만 달러를 잃고 따기를 반복하기로 유명했다. 전하는 말에 따르면 그는 몇몇 라스베이거스 카지노에서 돈을 너무나 많이 따서 2년 만에 그 금액이 수천만 달러에 이르렀으며, 이에 라스베이거스 카지노에서 그의 게임 참여를 거부했다고 한다.[36] 그렇게 도박으로 돈을 많이 따서인지는 모르지만, 그가 사망했을 때 총 재산이 47억 달러로 집계되었다.

뉴질랜드 근처에서의 도박은 종종 호주(크라이스트처치, 오클랜드, 더니딘, 해밀턴, 퀸스타운)의 합법 카지노들과 중첩된다. 2000년대 다른 아시아 국가의 도박이 엄청난 붐을 이루면서 상대적으로 호주의 카지노들은 그 빛을 발하지 못하는 것처럼 보이지만, 이들의 꾸준한 성장은 호주에도 분명 도박에 대한 열망이 존재함을 증명하고 있다.

캐나다 카지노 산업의 발달

캐나다는 비교적 최근까지 도박을 제한하는 입장을 고수했다. 캐나다의 1892년 형법에서는 세 가지 경우를 제외하고 모든 도박을 불법으로 규정하고 있었다. 캐나다인에게 허용되었던 세 종류의 도박은 자선단체나 종교 기관에서 실시하는 복권raffles과 빙고 게임, 농산물 축제에서 일시적으로 열리는 카니발 확률 게임, 경기장에서의 베팅이었다. 자선단체에서 실시하는 도박성 게임이나 카니발 게임은 그 종류가 매우 다양했지만, 주사위를 사용하는 모든 도박은 반론의 여지없이 불법이라고 규정한 법률(1893년 제정, 1922년 개정)에 따라 어떤 종류의 게임이라도 주사위를 사용하는 것은 금지되어 있었다.

1969년, 캐나다 의회는 일부 주에서 복권 사업 및 슬롯머신을 운영할 수 있도록 형법을 개선했다. 또한 이 개정된 형법에 따르면 자선단체, 박람회, 사교 클럽도 면허를 받는다면 똑같이 복권 및 슬롯머신을 운영할 수 있었다(단, 슬롯머신의 경우 해당 주 정부에서도 슬롯을 보유하고 있는 경우에만 가능했다).

따라서 캐나다 카지노 소유주는 주 정부나 자선단체 둘 중의 하나다. 이러한 체제는 오랜 시간에 걸쳐 서서히 형성되었다. 먼저 1975년 앨버타 아동 여름 캠프는 나흘 동안 기금 모금을 위한 카지노 운영을 허가받았다. 이일시적인 카지노 운영이 큰 성공을 거두면서 수백 개의 다른 집단에서도 이 방식을 따라 하기 시작했고, 브리티시컬럼비아, 서스캐처원, 매니토바주가 앨버타주를 따라 자선단체들이 참여할 수 있는 영구 카지노 운영체제를 홍보하기 시작했다.[37]

겉으로 보기에 이러한 자선 카지노들은 사설 도박장과 거의 똑같았다. 실제로 직접 카지노를 보유한 민간 회사가 자선단체(이들은 테이블 게임을 운영하면서 정부에 내는 세금과 요금을 제한 알짜배기 수익을 취했다)에 카지노 시설을 빌려주기도 했다. 자선단체가 운영하는 카지노는 생뚱맞은 곳에 카지노를 개장하기도 했다. 예컨대 한때 세계에서 가장 큰 엔터테인먼트 및 쇼핑센터였던 웨스트 에드먼턴 몰 안에 자선단체 카지노인 팰리스 카지노가 운영되고 있다. 이 카지노에서는 라스베이거스에서 인기 있는 게임은 모두 찾아볼 수 있다. 1999년에는 주사위 사용까지 합법화되면서, 주사위를 사용하는 크랩스나 식보도 제공되고 있다.

동부 캐나다인들은 약간 다른 노선을 취했다. 그들의 입장은 만약 공익을 위해서 카지노 사업이 운영되어야 한다면 그 사업을 마땅히 운영해야 할 가장 큰 '자선단체'는 주 정부 자신이 아니겠느냐는 논리를 바탕으로 했다. 1993년, 세계에서 가장 큰 카지노 중 하나인 퀘벡의 몬트리올 카지노가 개장했고, 이곳은 즉각적으로 큰 성공을 거두었다. 이듬해 온타리오주에서 미국 디트로이트 시내로부터 강을 건너 겨우 1마일 정도 떨어진 곳에 카지노 윈저를 개장했다. 1995년에는 노바스코샤에 정부가 운영하는 카지노가 개장되면서, 이곳은 캐나다 동부 대서양 연안 지역에서 운영되는 유일한 카지노 운영 지구가 되었다. 주 정부가 이러한 카지노들의 소유주이기는 했지만, 여러 민간 업체(이중 일부는 미국 회사였다)에서 이 카지노들을 관리하면서 수익 일부를 가져가기도 했다. 수익성 좋은 카지노 윈저는 파크 플레이스 엔터테인먼트 계열사가 관리하다가, 2005년 이후에는 (나중에 시저스 엔터테인먼트로 변경된) 하라스 엔터테인먼트가 관리했다. 이러한 방식은 일부 캐나다 사람들의 심기를 불편하게 했다. 경제 민족주의자들은 카지노로 벌어들인 '공적 자금'이 남쪽 국경을 넘어 미국으로 흘러 들어간다는 사실에 가슴이 쓰렸던 것이다.

기본적으로 주 정부의 복권 위원회가 운영하는 슬롯머신인 비디오 로터리 터미널VLTs의 정부 소유에 관해서도 여전히 논란이 끊이지 않는다. 이 기기들은 1990년 대서양 지역에서 처음 등장했고, 이후 전국에 급속도로 퍼져나갔다. 사용법이 쉬운 데다 사람들의 일상생활에서 접근성이 좋았던 덕에(노바스코샤는 처음에 VLT를 주유소와 편의점에 설치할 수 있도록 허용했다) 문제성 도박을 우려했던 사람들로부터 비난의 표적이 되었다. 이 문제에 대해 비판적인 사람들은 주 정부가 도박의 폐해로부터 국민을 '보호'하면서 동시에 그것으로부터 높은 세수를 만들어내려는 욕망 가운데서 도대체 어떻게 균형을 맞추겠다는 것인지 의문을 제기한다. 슬롯머신을 정부가 실제로 직접 소유한 곳에서 이러한 진퇴양난의 사태가 더 극명하게 불거지긴 하지만, 다른 나라도 이러한 어려운 문제를 직면하고 있다. 많은 경우 정부의 관심사가 도박을 규제하거나 통제하는 입장에서 적극적으로 장려하는 추세로 돌아서고 있기 때문이다.[38]

남미 국가 카지노 산업의 발달

코스타리카부터 칠레에 이르는 남미 국가들은 관광업을 증진시키면서 동시에 외화 유입을 위해 다양한 규모의 카지노 산업을 장려해왔다. 보통 남미 국가는 정부와 민간 업체가 오락가락 번갈아가며 카지노 소유권을 가져갔다. (대규모 도박 산업체를 보유한) 파나마, 우루과이, 칠레, 아르헨티나는 수십 년 동안 합법 카지노를 운영해왔다. 1944년까지 아르헨티나의 모든 카지노는 민간 업체 소유였다. 그러나 같은 해 대통령령으로 모든 사설 카지노가 폐장되었고, 그중 일부만이 국유화되었다. 정부는 1893년부터 드로 게임을 운영해왔던 국립 복권 행정부에 카지노 운영 책임을 부여했다.

아르헨티나 정부는 1940년대와 1950년대에 새로운 카지노를 개장함과 동시에 기존의 오래된 카지노 재개장도 추진했다. 국립 카지노에 입장할 때는 지켜야 할 의복 규정이 있었고, 베팅액 상한선이 높았으며 슬롯머신은 없었다. 화려한 카지노 환경을 조성하기 위한 조치였지만, 현실적인 관점에서 수익이 제한되는 결과를 초래했다. 1960년대, 정부는 카지노 규제를 주 정부로 이관하고 각 주에서 개별적으로 카지노를 건설하도록 허용해주었다. 이렇게 생겨난 카지노들에서는 의복 규정을 폐기했으며, 낮은 단위 베팅을 허용했고 슬롯머신도 들여놓았다. 예상대로 이러한 새로운 카지노들은 지역 주민들로부터 인기를 끌게 되었고, 몇몇 국가 소유의 카지노는 폐장될 수밖에 없었다. 1980년대에는 카지노 산업의 민영화가 점점 더 지지를 얻게 되었고, 이후 1990년대 많은 카지노가 매각되었다. 2004년 아르헨티나에는 70개가 넘는 카지노가 존재했는데, 카지노 지지자들은 부에노스 아이레스에도 마침내 카지노가 개장한 것에 대해 희망을 품고 있었다.[39]

카리브에서는 다양한 형태의 카지노들이 짭짤한 돈벌이가 되는 관광업으로 한몫 하려는 목적을 가지고 반짝이는 해변 근처에 자리 잡았다. 이들이 모두 같은 수준의 성공을 이룬 것은 아니었다. 미국 연방국인 푸에르토리코는 1960년대 몇몇 호텔 안에서 소규모로 카지노를 운영했다. 카리브 힐턴, 셰러턴, 산후안 카지노가 그중에서 가장 규모가 크고 인기가 높았다. 파하르도의 외곽에 위치한 엘콩키스타도르는 가장 유명한 곳이었지만, 겨울철 4개월 동안은 도박꾼들로 가득 찼던 반면 비수기에는 한산했다. 다른 푸에르토리코 리조트들도 정부가 베팅 상한선을 낮추고 지역 주민의 입장을 금지하면서 유사한 문제를 겪고 있었다. 카지노 사업 수익이 더 높았던 다른 지역들도 있었다. 1960년대 처음으로 카지노를 허용했던 바하마는 처음에 리조트 인터내셔널을 유치했고, 다음에는 파라다이스 아일랜드에 애틀랜티스가 들어왔으며, 2005년에는 네 곳의 카지노가 개장했다. 아루바, 퀴라소, 더치 앤틸리스와 같은 섬나라에는 외국인 관광객을 대상으로 하는 소규모 카지노들이 존재한다. 이러한 카지노들은 암묵적으로 때로는 분명한 태도로 자국민의 입장은 금지하고 있다.[40]

이글거리는 태양의 땅, 남아프리카 도박 산업의 발달

남아프리카 원주민이 도박을 하는 것은 흔한 현상이었다. 그러나 17~18세기에 유럽 항해사, 군인, 이주민 유입의 첫 번째 물결이 이 지역에 밀어닥치면서, 이미 보어공화국에서 그랬던 것처럼 1889년 영국의 통제 아래 도박은 금지되었다. 도박 금지는 1910년 영국과 보어 정부가 남아프리카 연방으로 통합된 이후에도 지속되었다(단, 마권업은 예외적으로 허용되었다). 1933년 법령은 도박에 대한 처벌을 강화했으며, 6년 후 도박에 대한 금지는 핀볼 게임과 다른 기계 도박 장치까지 확대되었다. 이때에도 변동배당금제Pari-mutuel 도박을 운영하기 위한 필수 장치인 배당금 계산기Totalisator

만은 제외되었다. 다른 많은 국가에서 도박을 합법화하는 추세로 돌아서던 1960년대에도 남아프리카는 반대 입장을 고수했고, 1965년 포괄적인 도박법을 제정해 모든 종류의 복권, 스포츠 베팅, 확률 게임을 금지시켰다.[41]

도박을 철두철미하게 금지했음에도 남아프리카인은 여전히 도박을 원했다. 1976년 남아프리카에 생성되었던 '독립적인' 흑인 자치 구역(이러한 구역들은 분명 분리된 하나의 국가였지만 남아프리카 정부만 그렇게 인정해주었다)은 명목상 독립적인 네 국가(보푸타츠와나, 시스케이, 트란스케이, 벤다)에서 카지노 도박 합법화를 허용했다. 이중에서도 보푸타츠와나와 트란스케이는 라스베이거스 모델을 기반으로 카지노 리조트를 건설해 방문객들에게 도박과 유흥거리를 제공하면서 유명해졌다.

카지노 소유주 중에서도 으뜸가는 서던 선Southern Sun은 1977년 남아프리카 북부에 위치한 보푸타츠와나의 수도 음마바토에서 카지노 한 곳을 운영하면서 사업을 시작했다. 그곳의 최고경영자 솔 커즈너는 여행 소책자에 나와 있던 마이애미 호텔을 보고 영감을 받아 그 사진을 보관해놓았다가 이를 토대로 자금을 대출받아 1964년 더반 지역에 첫 번째 호텔을 건설한 사람이다. 그는 이후 남아프리카에서 가장 유명해진 선 시티를 음마바토에 개발했다. 선 시티는 1979년 요하네스버그에서 약 100마일 정도밖에 떨어지지 않은 보푸타츠와나의 한 구역에서 문을 열었다. 당시 선 시티에는 룰렛, 슬롯머신, 18홀 골프장, 디스코, 식당, 다소 수위가 낮은 포르노 극장, 반짝이는 금속으로 장식된 뷔페 식당, 다양한 국가 출신의 쇼걸 등 남아프리카에서는 찾아보기 어렵고 라스베이거스에서나 즐길 수 있었던 시설과 서비스를 갖추고 있었다. 카지노 수익의 절반은 보푸타츠와나 정부가 취했다. 호텔에서 숙박할 정도의 여력이 있는 흑인이 그렇게 많지 않았지만 많은 이가 이곳의 디스코장, 식당, 슬롯머신 게임을 즐겼으며 인도 및 중국계 남아프리카인이나 아프리카너, 영국인들까지 다양한 인종이 한곳에 뒤섞여 노는 장면이 연출되었다. 커즈너는 1981년 『뉴욕타임스』 인터뷰에서, 카지노를 운영하면서 휴가 기간에는 다 같이 어울릴 수 있다는 점을 알게 되었으며, 언젠가 남아프리카인들이 (카지노 내에서뿐만 아니라 ─ 옮긴이) 한 지붕 아래서도 같이 공존할 수 있지 않겠느냐는 희망을 재치 있게 표현하기도 했다.[42]

선 시티는 논란거리가 되었다. 국제적 휴양지로 선 시티를 만들고 싶었던 커즈너는 유명 연예인과 운동선수를 끌어들였다. 프랭크 시나트라는 1981년 7000석 규모의 선 시티 슈퍼볼 개막 기념으로 (알려진 바에 의하면) 160만 달러를 받고 9일 동안 밤 행사를 진행했고, 이외에도 선 시티에서는 복싱 경기도 자주 열렸다. 아파르트헤이트 반대론자들은 선 시티가 아파르트헤이트 시스템을 정당화하고 있다고 비판하며 여행객과 연예인들에게 선 시티에 대한 보이콧을 촉구하기도 했다.[43]

그러나 선 인터내셔널은 확장을 거듭했고 자국 내 10여 개 카지노와 여러 리조트 호텔을 보유하게 되었다. 커즈너는 1992년 선 시티에 3억 달러짜리 카지노 리조트 복합단지인 로스트 시티를 개장했고 이곳은 3층짜리 워터슬라이드와 대규모 파도 풀장, 인공 화산, 초대형 카지노를 갖추고 있었다. 이 리조트는 해당 지역 카지노들이 일종의 전환기에 들어간 와중에 개장했다. 당시 어떤 사안을 결정함에 있어 다수결의 원칙을 만들어내는 과정에 있었던 남아프리카에서 카지노 운영에 관한 운명적 결정이 선고될 날이 얼마 남지 않은 상황이었다. 새롭게 출범될 정부는 모든 카지노를 금지할 가능성도 있었고, 요하네스버그에 인접한 카지노만 살려둘 가능성도 있었다. 이 중 어떤 선택을 하더라도 남아프리카의 카지노 입장에서 좋은 결정은 아니었다. 게다가 경기 침체와 아파르트헤이트와 관련되어 있다는 낙인은 선 시티의 미래를 어둡게 만드는 것처럼 보였다.

오랫동안 자국 공무원들에게 뇌물을 수수한 혐의로 괴롭힘을 당했던 커즈너는 남아프리카에서 자신의 지분을 정리해버리고 런던으로 이주했다. 선 인터내셔널 사우스 아프리카는 자국 내에서 계속 카지노와 리조트를 운영했지만, 커즈너는 그의 선 인터내셔널 호텔을 바하마로 이전했다(나중에 커즈너 인터내셔널로 명칭이 변경되었다). 1994년 커즈너는 머브 그리핀이 1988년부터 소유하고 있었던 기존의 리조트 인터내셔널을 매입했다. 그는 파라다이스 아일랜드에 세계 첫 수륙 양용 리조트로 등록한 수중 카지노 호텔 애틀랜티스를 개장했으며, 이후 코네티컷의 모히칸 선 카지노에 자금을 지원했다. 1996년 선 인터내셔널은 한때 리조트 인터내셔널이자 애틀랜틱시티의 첫 카지노였던 머브 그리핀 리조트를 인수했다. 선 인터내셔널은 처음에는 애틀랜틱시티 애틀랜티스라는 5억 달러짜리 리조트 건설 계획을 발표했으나, 나중에는 그 규모를 축소했고, 이후 3억 달러의 손실을 본 뒤 2001년에 리조트를 매각했다.

솔 커즈너가 커즈너 인터내셔널을 2004년 아들 부치에게 완전히 넘겨주었을 즈음, 회사는 국제적인 카지노 호텔 동력원으로 전 세계 무대에 모습을 드러냈다. 그사이 남아프리카 카지노 도박 산업체는 혼돈기를 지나고 있었다. 남아프리카가 해체되기 이전부터 그들의 카지노는 남아프리카 전역에 걸쳐서 우후죽순처럼 생겨난 다수의 무면허 카지노와의 경쟁에 밀려 경영난을 겪고 있었다. 이들에 대한 억제 정책이 시행되기 전에는 거의 3000개에 가까운 무면허 카지노 시설이 운영되었으며, 어떤 곳에서는 800대에 가까운 슬롯머신을 보유하기도 했다.

1996년 남아프리카 신정부는 게임법National Gaming Act을 통과시켰고 국가에서는 복권 사업을 운영할 수 있었으며 카지노도 40개소까지 개장할 수 있는 규칙을 만들었다. 선 인터내셔널은 카지노의 절반가량을 국내 다른 카지노들에 강제로 빼앗겼지만, 여전히 남아프리카의 지배적인 카지노 운영업체로 남았다. 이후 남아프리카 카지노 사업에 대한 외국 기업의 투자가 이어졌다. 2001년에는 파크 플레이스 엔터테인먼트가 이전 월드 트레이드 센터 부지에 시저스 하우텡을 개장했다. 월드 트레이드 센터는 1992년 남아프리카의 첫 번째 복수정당 선거로 이어진 다당 간 협상이 이루어진 곳이라는 점에서, 새롭게 태어난 남아프리카의 도박장으로서 분명한 상징적 의미를 드러낸다.[44]

사하라 이남 아프리카 지역의 카지노들은 소규모인 데다 여기저기 흩어져 있었으며, 보통 외국인이 투숙하는 호텔에 위치해 있었다. 그중에서 1960년 가나의 수도 아크라에서 개장한 가나 카지노 아프리카Ghana's Casino Africa는 아프리카에서 문을 연 첫 번째 카지노였다. 남아프리카에서 카지노가 개발되기 이전에는 스와질란드와 레소토의 도박 리조트들이 남아프리카인들을 위한 카지노였다. 케냐에서는 관광객을 대상으로 한 아홉 개의 카지노(이곳에서 게임에 이겨 돈을 딴다고 해도 그 돈을 외환으로 바꿔주지는 않았다)와 경마 산업을 중심으로 비교적 규모가 큰 카지노 산업체를 개발했다. 석유 자원이 풍부한 나이지리아에도 카지노가 여러 곳에 존재했다. 이외 다른 지역에서는 카지노가 그렇게 일반적이지 않았다. 우간다, 베냉, 콩고와 같은 나라에는 카지노가 단 한 곳밖에 없었다. 대륙 전역에 걸쳐서 가장 인기가 많았던 도박의 종류는 복권과 경마였다. 다른 곳과 마찬가지로 이곳의 정부도 20세기의 저개발과 세수 부족의 문제에 직면하자 도박의 문을 열어주었다.

유럽의 도박 르네상스

유럽에서 카지노 산업은 20세기에 극적인 성장세를 보였다. 이러한 변화는 그동안 도박을 금지했던 국가가 결국은 이 사업이 그리 나쁜 것은 아니라는 것을 마침내 깨닫기 시작했기 때문이었다. 카지노의 부활은 프랑스에서 1907년 바카라를 합법화하면서 시작되었다. 정부가 룰렛과 트랑테카랑트 게임을 허가한 1933년 이후로 칸, 앙티브, 쥐앙레팽, 도빌, 니스는 엄청난 번영을 이뤘고, 슬롯머신은 1987년 이후에나 허용되었다. 관련 법 조항은 1988년에 수정되었으며 대도시에서 카지노 운영이 허용되자 프랑스 곳곳에 소규모 카지노들이 들어섰다. 2004년 전국 카지노 수는 180개가 넘었다. 프랑스 카지노는 많은 문화 행사를 후원했다. 칸 국제영화제를 후원했던 그룹 뤼시앵 바리에르Groupe Lucien Barrière도 프랑스 각지에서 여러 카지노를 운영하는 기업이었다.[45]

이러한 방식은 다른 분야에서도 흔히 통용되었다. 예컨대 유명한 몽트뢰 재즈 페스티벌도 1967년 몽트뢰 카지노(역시 그룹 뤼시앵 바리에르 소속이었다)에서 시작해 이후 국제적으로 유명한 음악 행사로 자리 잡았다. 프랑스 카지노는 미국 카지노보다 엄격한 규율을 고수했으며, 카지노 입장 시 정해진 옷차림을 갖춰야 했고 입장료도 내야 했다. '라스베이거스' 스타일의 느슨한 분위기를 선호했던 카지노들도 있었지만, 프랑스의 이러한 규칙을 따라 했던 타국의 카지노도 많았다. 프랑스는 10여 개의 대형 카지노가 카지노 산업의 주축을 이루고 있다. 대형 카지노들을 중심으로 크랩스나 포커와 같은 미국 게임도 진출했으나, 바카라, 블랙잭, 룰렛이 가장 인기 있는 게임이다. 불Boule 게임과 트랑테카랑트를 하는 곳도 종종 찾아볼 수 있었으며 몇몇 소규모 카지노는 불 게임과 슬롯머신만 운영하기도 했다. 프랑스 카지노는 세련됨을 유지하려고 노력해왔지만, 슬롯머신이 도입되면서 과거보다 좀더 개방적인 태도를 취했으며 대중을 상대로 홍보도 진행했다. 1900년대 말 프랑스 카지노 수익의 90퍼센트가 이 슬롯머신으로부터 나왔다. 하지만 프랑스에서는 여전히 턱시도를 입고 슈만드페르 게임을 하는 카지노 고객의 표상이 강력하게 남아 있다.

20세기 유럽에는 다양한 정치 체제가 존재했음에도 도박에 관해서는 동일하게 허용적 태도를 보였다. 파시스트, 사회주의자, 공산주의 정부까지 복권을 인가했고, 1933년 독일 국가사회주의당까지 바덴바덴에 카지노를 재개장했다.[46] 독일 총리 아돌프 히틀러도 카지노 개장을 허가했지만, 실질적으로 카지노를 임차하여 운영하도록 임명된 프랑스인 폴 살(기존 나치 당원들은 룰렛에 대해서 아무것도 모르는 사람들이었다)이 다른 금융업자들의 대리인이자 유대인 중 가장 영향력 있는 사람이었다는 사실을 알고는 이를 탐탁찮게 여기는 일부 나치 세력도 있었다. 바덴바덴에서의 도박은 1944년 8월까지 지속되었다. 제3제국의 붕괴가 거의 눈앞에 다가왔을 즈음에, 독일군이 점령한 오스트리아에서도 하나의 카지노가 운영되고 있었고, 폴란드에도 카지노가 하나 있었다.

독일에 주둔한 프랑스군 세력이 바덴바덴을 자신들의 본부로 삼았던 종전 직후에는, 지역 주민들은 가능한 한 이른 시일 내 카지노를 재개장하고자 노력했다―정치체제가 무엇이었든지 간에 (군주제, 독재, 민주주의든) 그들은 카지노가 번영을 위한 최상의 베팅이라는 것을 확신하고 있었다. 1948년에 라인란트팔츠주의 두 자치구인 바트뒤르크하임과 바트노이에나르에서 합법 도박장의 문이 열렸다. 20세기에 바덴 이외 지역에서 처음 있는 일이었다. 1950년 4월 1일에 바덴 주민들은 거의 한 세기 전 베나제가 건설했던 도박장이 재개장되었다는 사실에 기쁨을 표했다. 다른 독일 주들도 연방 정부가 허가하지 않았음에도 카지노에 면허를 교부하기 시작했다.

때로 도박장에 대한 세금이 80퍼센트가 넘어갔음에도(네바다 카지노의 경우 게임 수입의 6.75퍼센트였다) 카지노 산업은 계속 확장되었다. 동독과 서독이 1990년 통일되었을 때, 서독에는 서른다섯 개의 카지노가 있었다. 1992년 에는 불과 얼마 전까지 공산주의를 외쳤던 동독에도 여섯 개의 카지노가 생겨났다.[47]

한편 오스트리아에서는 1920년대부터 도박장은 특정인을 위한 소규모 전용 공간으로 운영되는 것이 일종의 규범이었는데, 1933년에 정부는 몇몇 리조트에 카지노 면허를 교부하는 법을 추진하기 시작했다. 독점적으로 카지노 운영권을 받았던 오스트리안 카지노 AG/락센부르크는 흥미롭게도, 캐나다인들이 지배적이었던 회사였다. 1938년 히틀러가 독일과 오스트리아를 합병했을 때 바덴바이빈의 카지노를 제외한 모든 카지노는 폐장되었다. 1944년에는 그나마 남아 있던 바덴바이빈의 카지노도 문을 닫았다. 그러나 종전 직후, 동맹군의 통제를 받는 오스트리아 서부에서 카지노가 곧 재개장했다. 1955년 소련이 동부에서 철수한 다음에는 그곳에서도 카지노가 개장했다. 이후 약 10년 동안 혼란기를 거치면서, 오스트리아 정부는 오스트리안 카지노 AG/락센부르크 독점권을 박탈하고 새롭게 카지노 오스트리아를 신설했는데, 이 집단은 오스트리아 여러 정부 기구와 여행사, 은행사, 공사가 공동으로 소유했다.

레오 발너의 지휘 아래 카지노 오스트리아는 자국 내에서 열두 개의 카지노를 운영하게 되었다. 정부가 오스트리아 내에서 그 이상의 카지노를 개장하는 것은 금지했기에, 카지노 오스트리아는 세계 무대로 눈을 돌렸다. 2005년 카지노 오스트리아는 이집트, 남아프리카, 아르헨티나, 그리스, 호주, 스위스 등 35개국에서 51개의 카지노를 운영—때로는 지분을 보유—했다. 카지노 오스트리아는 10여 대의 카지노 선박도 운영했다. 사방이 육지로 둘러싸인 유럽 국가에서 카지노 독점권을 가진 업체로, 어떤 선박이나 항해 관련 유산도 부재한 배경을 고려한다면 다소 역설적인 상황이 아닐 수 없다.[48]

유럽의 다른 곳에서도 제2차 세계대전 이후 제한적인 카지노 면허 교부 방식이 일종의 규범과 같이 자리 잡았다. 아일랜드부터 그리스까지 관광객과 방문객 모두를 상대로 하는 카지노 중 일부는 정부 소유로 운영되었고 나머지는 민간 기업이 운영했다. 그중에서도 가장 기이한 역사를 가진 나라가 벨기에다. (스파의 기원국인) 벨기에라는 작은 나라에서 카지노는 1902년까지 합법이었다. 그러나 (전하는 바에 따르면 아들의 도박 문제로 골치를 앓던) 수상이 모든 도박을 금지하도록 국회에 촉구하면서 벨기에의 모든 도박장은 문을 닫게 되었다.

그러나 한 가지 복잡한 문제가 생겼다. 약 10년 뒤 알베르 1세가 황족 귀빈들을 카지노에서 접대할 계획을 하고 있었는데, 도박이 불법이 됐다는 이야기를 듣게 된 것이었다. 하지만 왕이라서 좋다는 게 무엇이겠는가? 알베르 1세는 자신의 영향력을 이용해 법률 대리인과 검사들을 설득하여 "바람직한 사람들"이 이용할 수 있는 몇 개의 카지노를 허용하도록 만들었다. 이 카지노들은 1911년 개장했으며 비록 도박은 불법이었지만, 1952년까지 어떤 감독도 받지 않고 계속 운영했다. 그러나 그해 여전히 법 위에 존재하던 국왕의 법률 대리인들이 카지노 운영과 관련한 몇 가지 제한 규정을 마련했다. 카지노가 위치한 도시는 카지노를 비밀스러운 전용 클럽으로 만들어야 하며, 출입자의 신분을 확인하고 모든 도박자로부터 회원비를 받아야 한다는 것이었다. 이러한 조치로 인해서 21세 미만자, 법률가, 정부 관리 및 공직자, 군인을 포함한 3분의 1이 넘는 벨기에 국민이 도박으로부터 배제되었다. 어떤 종류의 외부적 광고나 홍보도 금지되었고, 카지노 수도 여

넓은 곳으로 제한되었다. 그다지 치밀하지 못했고 엄격하게 집행되지도 못했던 벨기에의 도박법은 1999년에 폐지되었다. 의회는 마침내 카지노가 합법이라고 선언했으며 구체제에서는 금지되어 있었던 카지노 내 슬롯머신 설치를 허용했다. 그러나 카지노 수는 여전히 제한되어 있었고 이러한 카지노들은 테이블 게임과 슬롯머신 몇 대가 운영되는, 비교적 규모가 작은 카지노들이다.[49]

영국은 1853년부터 거의 모든 합법 도박을 억제했다. 그러나 특히 경마를 중심으로 불법 도박은 여전히 지속되었다. 1960년에 의회는 마권업을 다시 합법화했으며 큰 성공으로 이어졌다. 이러한 조치는 의도치 않게 통제 불가능한 "사교 클럽"의 폭발적인 확산으로 이어졌는데, 실질적으로 클럽들은 도박을 위한 카지노들이었다. 클럽이 1200개가 넘어가면서 1968년에 의회는 법률을 개정했고 과감하게 카지노들의 세력을 축소했다. 이제부터 도박은 전용 클럽에서만 할 수 있었다. 클럽을 이용하고자 하는 사람은 입장을 신청하고 최소 48시간을 기다려야 했고, 이러한 방식은 즉흥적인 관광객들의 유입을 어렵게 만들었다. 또한—점점 더 가장 수익성이 좋은 게임으로 자리 잡아가고 있었던—슬롯머신 운영 대수도 카지노당 두 대로 제한되었다.

규제는 이것으로 끝이 아니었다. 광고뿐만 아니라 과도한 표지판도 금지되었으며, 운영 시간에도 제한이 생겼다. 각 클럽은 자신들의 운영 규칙을 어기는 사람은 영구적으로 출입을 제한시켜 엄격히 규율을 준수했다. 한 런던의 카지노에서는 주차 규정을 위반했다는 이유로 167명의 이용자 카드를 찢어버리기도 했다. 카지노로부터 세 블록 안에는 카지노 이용객의 주차를 금지한다는 것이 주변 지역 주민들과 합의한 자신들의 규율이었기 때문이다. 이러한 영국의 카지노들은 미국 라스베이거스나 리노의 자유분방

한 "라스트 프런티어"와 같은 곳과는 분위기가 완전히 딴판이었다.[50]

영국에서 카지노 도박은 굉장히 억압적인 환경에서 운영되었던 반면 경마나 스포츠 베팅은 얼마든지 자유롭게 즐길 수 있었다. 영국은 변동배당금제 방식을 가장 마지막까지 받아들이지 않았던 국가였기에 마권업자가 개입된 고정비율방식 베팅이 지배적이었다. 영국에서의 베팅은 몇몇 주요 베팅 체인점이 지배적인 입지를 차지했다. 여기에는 래드브룩스, 윌리엄 힐, 코럴 유로벳, 스탠리 레저가 있다. 1990년대 말 카지노는 마권업자를 따라잡기 시작했다. 1997년에 의회는 카지노에 대한 규제를 조금 완화시켜주었고, 더 많은 카지노에 슬롯머신 설치가 허용되었다.

2005년 의회가 포괄적 도박법을 통과시켰을 때 더 많은 변화가 찾아왔다. 신설된 도박위원회 당국의 지휘 아래 모든 상업적 도박—아케이드, 경주, 스포츠 베팅, 빙고, 카지노—에 규제를 가하면서, 이 법은 기존의 카지노 광고 관련 규제를 더욱 완화했으며, 제한된 숫자이기는 했지만 몇몇 대형 카지노 설립을 허용했다. 이렇게 해서 생겨난 첫 번째 카지노가 아스퍼스 웨스트필드 스트랫퍼드 시티로, 2011년 말 런던 동부의 한 쇼핑센터 안에서 문을 열었다. 40대의 룰렛과 블랙잭 테이블, 92대의 전자 게임기, 150석의 포커룸을 갖춘 아스퍼스는 라스베이거스 스트립이나 마카오 카지노에 비하면 어린아이와 같은 규모였지만 영국인들에게는 '슈퍼 카지노'였다. 그러나 포괄적 도박법 통과에 가장 강력한 영향을 미친 것은 온라인 및 모바일 도박의 출현이었다(이와 관련해서는 17장 참고).

유럽 동부로 시선을 옮겨보자. 동유럽에서 카지노는 많은 국가에서 자본주의로의 전환을 알리는 일종의 자본주의 대용물이었다. 전쟁이 끝나고 요시프 브로즈 티토가 대통령이었던 유고슬라비아는 다른 어떤 공산 국가보다 가장 큰 카지노를 건설했고, 유고슬라비아가 해체된 이후 기존에 그 지역에 있었던 카지노들, 특히 크로아티아와 슬로베니아에 있었던 카지노들은 꾸준히 성공적으로 운영되었다. 동유럽 전반에 걸쳐서 철의 장막이 무너짐에 따라 카지노 산업이 폭발적으로 발전하기 시작했다. 불가리아, 헝가리, 그 외 이전 유고슬라비아공화국이었던 국가들에서 많은 신설 카지노들을 찾아볼 수 있었지만, 그중에서도 폭발 직후의 버섯구름처럼 도박장이 급격하게 증가한 곳은 구소련 지역이었다. 그 규모가 작고 변방 지역에 위치하긴 했지만 2005년에 모스크바 한 곳에만 카지노가 60곳이 있었다. 각 카지노의 규모와 위치에도 불구하고 러시아 카지노들은 2004년 50억 달러의 수익을 냈는데, 뉴저지 애틀랜틱시티를 넘어서는 금액이었다.[51]

그러나 러시아 카지노들의 행운은 2009년에 끝나버렸다. 블라미디르 푸틴 총리가 러시아 내 모든 도박을 금지한다는 칙령을 지지하면서, 40만 명의 관련 업계 직원들이 하룻밤 사이에 직장을 잃게 되었다. 이 법에서 카지노 운영이 허용된 지역은 칼리닌그라드, 시베리아 남부 알타이 지방, 태평양 연안의 프리모르스키 크레이, 러시아 남부 아조프까지 네 곳이었다. 이듬해 이 멀리 떨어진 고립된 지역에 카지노가 생기기 시작했지만, 주요 법령의 개정과 함께 러시아 카지노가 이전과 같은 영광을 되찾는다는 것은 불가능함이 불 보듯 뻔했다.

유럽 전역에 카지노가 확산되면서 몬테카를로에서도 그들이 자랑했던 카지노의 고급스러움은 사라졌다. 몬테카를로 카지노들은 단지 그들의 역사적 맥락을 고려할 때만 독특할 뿐이었으며, 이전과 같이 최고의 확률을 노리거나 가장 높은 금액으로 베팅하는 콧대 높은 손님들은 찾아볼 수 없었다. 슬롯머신과 펀토 방코(미국의 바카라 게임), 크랩스, 더블제로 룰렛까지 갖춘 몬테카를로의 카지노 네 곳은 대중 시장의 시대에도 여전히 엘리트 손님들을 기다리고 있다. 몬테카를로라는 이름이 과거에 그들이 보유했던 우아함을 상기시킬지는 몰라도 이미 현대의 리조트는 과거의 이미지를 뛰어넘고 있다. 예컨대 몬테카를로에서 SBM이 보유한 네 곳의 호텔 객실 수를 다 합쳐도 라스베이거스의 몬테카를로 카지노 리조트 객실의 6분의 1도 채 되지 않는다. 몬테카를로를 본떠 만든 라스베이거스의 테마파크가 실제 몬테카를로보다 훨씬 규모가 큰 것이다.[52]

라스베이거스 스타일 카지노 리조트의 전 세계적인 확산은 20세기 말부터 21세기 초에 있었던 가장 중요한 발전 분야 중 하나다. 이러한 추세는 네바다를 기반으로 한 게임 업체들의 경제적인 영향력 증가와 지구적 도박 문화가 점점 더 균질화되어간다는 점을 보여준다. 한때 지역적이거나 국가를 경계로 한 특정 게임이 지배적이었다면 이제 카지노에서 수행되는 도박은 가면 갈수록 비슷한 양상을 보이고 있다. 그리고 도박의 세계화는 유물론적인 카드와 주사위가 (현재로서는 최후의 경계 지역인) 또 다른 장場으로 넘어가면서 더욱 심화될 것이다. 다음의 도박장은 바로 가상세계다.

17장

카지노 도박의 재편

도박의 디지털화와 라스베이거스의 진화

20세기가 거의 끝나갈 무렵 도박은 세계적으로 상승세였다. 유례없는 도박 합법화의 연속으로 인해 세계 곳곳에 카지노가 설립되었다. 아시아 대륙에서도 카지노 도박이 폭발적으로 확대되었다. 그러나 세계 카지노 도박의 중심지인 라스베이거스는 1990년대 말 상상해보지 못했던 또 한 번의 오르막과 내리막을 눈앞에 두고 있었다. 동시에 도박은 계속해서 진화를 거듭했다. 도박자들이 점점 더 온라인 도박장을 선호하면서, 도박장은 산 넘고 물 건너 '벽돌Brick'로 만든 건물에 들어가는 대신, 한 번의 '클릭Click'으로 들어갈 수 있는 가상 세계로 옮겨가기 시작했다.

디너쇼에서 나이트클럽으로: 라스베이거스의 새로운 밤 문화

1990년대 미국 전역에서 도박 사업이 번영하면서, 이 분야는 거대한 거시경제적 흐름도 거스를 수 있는 분야로 각광받았다. 카지노는 경기 침체에도 무적인 산업으로 몇 번이고 언급됐다. 사람들은 경기가 어려워지더라도 카지노 사업만큼은 여전히 수지를 맞추고 사람들에게 일자리를 제공하며 번창할 것이라고 여겼다. 엄밀히 말하면 그것은 사실이 아니었지만 그동안 엄청난 성장 가도를 달려왔기에 사람들이 카지노의 영원한 호황을 믿을 만한 근거는 충분했다.

하지만 2000년대에 들어서면서 미국 게임 산업은 강력한 펀치에 두들겨 맞은 권투선수처럼 휘청거렸다가 이제서야 약간씩 기세를 회복하고 있다. 당시 위기 중 하나는 2000년대 초 경기가 안정되어 가고 있던 시기에 덮친 9·11테러 이후 심화된 경제적 혼란으로 승승장구하던 라스베이거스와 애틀랜틱시티를 포함한 (유사)휴양지 시장은 침체기를 맞게 되었다. 또한 1990년대 국가 전반에 걸쳐 함께 성장해오던 여러 지역 시장도 함께 작별을 고하기 시작했다. 사람들은 이전처럼 굳이 시간과 돈을 지불하면서 먼 곳까지 도박하러 갈 마음이 없는 듯 보였다. 그렇지만 여전히 사람들의 마음 한구석에 한번 놀아보고 싶은 기분은 계속 남아 있었다.

네바다와 애틀랜틱시티 카지노들은 점점 더 자신들의 경쟁상대가 많아진다는 점에 직면했다. 네바다 카지노에게 가장 위협적인 존재는 태평양 서북 지역, 캘리포니아, 애리조나에 하나둘씩 생겨나 지금은 수많은 곳에 자리잡고 있는 인디언 카지노였다. 새롭게 카지노가 뿌리내린 지역의 주민들은 기존의 타호호, 리노, 메스키트, 로플린, 다운타운 라스베이거스와 같은 네바다주 지역 카지노의 주요 시장이었던 것이다. 2000년대 들어서 네바다의 이 지역들은 모두 침체기를 겪었다. 타호호의 남부 지역만 해도 게임 수익이 2011년을 기준으로 2000년도보다 40퍼센트나 감소했다. 또한 라스베이거스 스트립에 몇몇 대형 카지노가 추가로 개장했음에도 2011년 네바다의 전체 슬롯머신 대수도 2001년보다 14퍼센트나 감소했다.

스트립 카지노는 이러한 위기상황에서 블랙잭 게임의 더블다운 전략과 유사한 방식을 활용했다. 즉 1990년대 스트립의 대형 카지노 리조트 세수 구조를 획기적으로 변화시켰던 미라지 효과를 더욱 강화하는 방향으로 위기에 대응했다. 기존 고객층으로 현상 유지만 해서는 캘리포니아 및 다른 지역의 신생 카지노에 대적하기가 어렵다고 판단한 스트립 카지노들은 사업차 라스베이거스를 방문하는 직장인, 외국인 관광객, 값싼 기회를 잘 잡아서 재미 좀 보려고 하는 '땡처리 족Bargain-hunter'들, 심각한 도박꾼들로 구성된 새로운 고객층을 확보하고자 했다. 이러한 노력 끝에 2000년대 들어서 밤 문화를 즐기려는 젊은이들이 나이트클럽, 울트라라운지, 해변 클럽, 일반 술집을 가득 메우며 새로운 세대의 고객들이 스트립으로 모여들기 시작했다.

주 고객층이 20~30대의 젊은이들로 구성된 나이트클럽의 운영은 45세 정도면 젊은이로 인정해줬던 기존의 스트립 카지노 문화에 결별을 고하는 것이었다. 클럽에서 울리는 리듬에 맞춰 춤을 추고 칵테일을 홀짝대는 젊은이들은 판돈이 큰 바카라 게임을 하는 손님들에 비하면 주머니 사정이 넉넉하지는 않았지만, 나이트클럽에서 보틀 서비스를 제공하면서 이것이 카지노에 꽤 큰 수익을 가져다주었다. 보틀 서비스를 신청한 사람은 특별한 고객으로 선정되었는데, 한 병당 500달러짜리 술을 여러 병 구매하면 나이트클럽 공연 무대에 가장 가깝고 좋은 자리를 중심으로 그 사람만을 위한 테이블이 예약되었고, 클럽에 입장하기 위해 기다리는 사람들의 기다란 줄 따위는 가뿐히 무시하고 원할 때 언제든 곧바로 입장할 수 있었다. 나이트클럽 이용객이 증가함에 따라 형성된 클럽과 라운지 운영자들은 두 가지 목적을 다 달성할 수 있었다. 그들은 그 자체로 수익성이 높은 사업을 운영했을 뿐만 아니라, 효과적으로 그 손님들을 카지노로 유입시켰다. 젊은이들이 클럽에서 신나게 놀다가도 언젠가 시끄럽게 쿵쿵 울리는 음악 소리와 레드불, 그레이 구스 보드카, 끊임없이 빙글빙글 돌아가는 수많은 사람의 몸짓에 지칠 때가 올 것이다. 그러다 보면 그들은 스트립을 따라 다른 식으로 휴가를 보내는 데 점점 더 익숙해질 것이고, 때로는 도박을 하러 카지노에 들어가거나 고급스러운 식당에서 저녁을 먹기도 하며, 전혀 생뚱맞게 그들의

나이에는 어울리지 않는 배리 매닐로 공연을 보러 갈 수도 있는 것이다.[1]

이러한 새로운 추세는 전통적인 라스베이거스의 흐름을 전복시켰다. 미라지가 설립된 후 스트립의 고급화가 진행되면서 라스베이거스를 찾는 고객 연령층은 계속 높아졌다. 방문객 평균 연령은 1990년대 초 47세 내외였고, 2000년도에는 50세까지 증가하는 경향을 보였다. 그해 도시 방문객들의 절반 이상이 40세에서 65세인 사람들이었던 것이다. 이러한 경향이 라스베이거스에만 국한되었던 특이한 현상은 아니었다. 대부분 카지노에서는 당시 빈둥지 가구이면서, 동시에 약간의 소득을 유지하고 있어 무료한 시간을 약간이라도 재미있게 보내고 싶어하는 대규모 장년층 은퇴 인구가 주요 고객층이었다.[2]

라스베이거스 카지노 경영자들은 이 세대(1990년대 폭발적으로 증가한 베이비붐 세대)의 카지노 고객들이 매우 수익성이 좋은 집단이라는 점을 부정할 수는 없었지만, 어쩐지 한구석에 몰리는 듯한 느낌을 지울 수 없었다. 만약 이곳의 카지노를 찾은 젊은이들이 고리타분한 음악, 지루한 게임, 고루한 장식들을 본다면 뭐라고 생각할 것인가? 그들의 부모가 테드 루이스나 글렌 밀러에게 등을 돌리고 21세기 제퍼슨 에어플레인이나 롤링 스톤스로 선회하며 자신들의 부모 세대에게 반항했던 것과 같이, 오늘날의 젊은이들도 뭔가 새로운 것을 찾아 떠나지 않을까? 2010년대 카지노의 미래는 결국 손쓸 새도 없이 돌이킬 수 없는 암흑의 길로 들어선 것이 아닐까?

나이트클럽 사업에 적극적으로 뛰어든 것은 차세대 고객층을 유인하기 위해 카지노에서는 과감한 전략을 취한 것이었다. 스트립 카지노는 1940년대부터 라운지가 존재했다. 당시 라운지란 올인한 도박꾼들(또는 올인을 향해 달려가고 있는 도박꾼들의 배우자들)이 편안한 분위기 속에서 안정을 취하면서, 음료 한 잔 가격에 가벼운 코미디 쇼나 음악을 즐기는 장소였다. 라운지에는 으레 춤 공연을 위한 무대가 빠지지 않았다. 카지노 라운지는 그날의 주요 일정 전후로 한 번은 들렀다 가야 하는 장소였고, 주요 일정이란 도박 아니면 근사한 디너쇼였다.

1960년대 말 스트립 리조트(그리고 민트 다운타운)는 한밤중의 댄스 공연을 홍보하곤 했다. 이 공연의 음악은 보통 부드러우면서도 가볍게 낮은 곡조였으며 친밀감을 느낄 수 있는 분위기를 형성했다. 대부분 공연을 주도하는 것은 라이브 밴드였다.[3] 1970년대 중반이 되자 스트립 안팎의 카지노 바깥쪽으로 여러 디스코장과 나이트클럽이 개장했다. 자신들의 라운지에서 직접 댄스 공연을 선보이는 카지노도 생겨났다─예컨대 1972년 트로피카나는 자정부터 새벽 6시까지 티파니 라운지에서 열리는 '디스코텍 댄싱'이라는 행사를 홍보하기도 했다. 그러한 곳은 봉사료도, 입장하기 위해 기다리는 줄도 없는, 여전히 베이거스 밤 문화의 주변부적인 위상을 차지하고 있는 공간이었다.

1990년대에도 상황은 비슷했다. P. J. 보텀스, 브루어리, 샤크 클럽, 팔라듐과 같은 클럽들이 스트립 주변에서 하나둘씩 생겨났다. 1990년대 초 라스베이거스에는 예닐곱 개의 '디스코 클럽'이 존재했다. 그러한 클럽들은 카지노 밖에서 색다른 것을 즐기고 싶은 사람들에게 안성맞춤인 곳이었다.

1996년 클럽 유토피아가 개장하면서 스트립에 테크노와 하우스 뮤직의 바람이 불었다.[4] 이 새로운 유행의 확산을 지켜본 카지노 경영자들은 유명 디제이와 봉사료, 클럽에 입장하기 위해 기다리는 줄을 머릿속에 그려보며 제대로 된 나이트클럽의 운영 가능성을 구상하기 시작했다. 이미 한 해 전인 1995년 라스베이거스에서 처음으로 생긴 카지노 내 나이트클럽, 클럽 리오가 스트립 플러밍고 로드에서 서쪽으로 몇 블록 떨어진 리오의 코파카바나 라운지에서 개장하기도 했다.[5] 대니 갠스와 같은 대스타를 코파카바나로부터 갈라놓았던 클럽 리오는 몇 시간이 지나면 다시 댄스홀로 전환하는 전통적인 방식을 고수하기는 했지만, 새로운 수준의 카지노 나이트클럽의 가능성을 보여주었다.

1990년대 말에는 스트립에서 가장 큰 카지노 MGM 그랜드가 개장할 때부터 유지했던 기본 테마 '오즈의 마법사'를 버리고 새로운 '환락의 도시'라는 이미지를 만드는 데 열중하기 시작했다. 1997년 MGM 그랜드에서 문을 연 스튜디오 54는 그야말로 역사적인 한 획을 긋는 사건이었다. 나이트클럽 운영이라는 단일한 목적만으로 만든 모든 것을 갖춘 이 시설은 모두가 선망하는 유명한 동명의 뉴욕 디스코 클럽 계보를 잇는 것이었다. 이어서 1998년 룩소르의 라Ra, 1999년 하드 록의 베이비스가 문을 열면서 카지노 나이트클럽은 하나의 기본 설비와 같은 존재가 되었다. 이 첫 세대 나이트클럽 이후로 다른 클럽들이 줄줄이 이어졌는데 클럽의 수명은 약 5년에서 8년 정도로, 어떤 클럽들은 (2013년 기준으로―옮긴이) 벌써 세 번째 재탄생을 앞두고 있다.

최신식 나이트클럽의 폭발적인 증가는 스트립 호텔의 객실도 채울 뿐만 아니라 활기 넘치는 블랙잭 테이블을 원하는 카지노 경영진의 입장에서는 신이 보내준 선물이었다. 과거에는 신식이었던, 오랫동안 스트립에서 지켜왔던 여러 오락거리는 회의 참가자, 은퇴자, 해외여행객, 고령의 미국인들을 라스베이거스로 유인하는 데 성공적이긴 했지만, 20대 젊은이들의 마음을 끌어당기지는 못했다. 1996년 영화 「스윙어스Swingers」에서 빈스 본과 존 패브로가 "베가스, 베이비!"라고 외치며 라스베이거스로 운전해 달려갈 때, 이들은 의도적으로 시대에 반하는 장면을 연출한 것이었다―그들은 "스타더스트(다운타운의 프리몬트를 의미했다)"가 얼마나 "구식"인지 희롱했던 것이다. 1990년대 중후반, 라스베이거스는 분명 거대했지만, 청년들이 유혹을 느낄 만큼 멋있지는 않았다. 당시 라스베이거스의 매력 중 하나는 그곳이 복고적인 세련미를 풍긴다는 점이다. 「스윙어스」는 관계란 무엇인가에 관한 가장 현대적인 이야기를 다루면서, 동시에 한때 라스베이거스에서 전성기를 구가했던 랫 팩에 대한 경의도 표했던 것이다.

「스윙어스」에서 라스베이거스가 복고풍을 좇는 사람들을 위한 장소로 묘사되었는지도 모르지만, 구식 무용수들이 무대 뒤편으로 물러날수록 라스베이거스는 더욱 밝게 빛났다. 라스베이거스는 더욱 어린 연령층을 상대로 베이거스 브랜드를 새롭게 선보이기 위해 TV쇼를 이용했다. 2002년 MTV에서 방영된 「더 리얼 월드The Real World」는 당시 새롭게 개장한 팜스에서 촬영되었다. 이 쇼는 라스베이거스에서 앞뒤 가릴 것 없이 오늘만 즐기는 사람들의 무분별한 행동을 긍정적으로 그려냈고, 한물간 그 옛날 전설과 같은 존재들의 집합소가 아니라 현대의 인기 있는 파티가 벌어지는 곳으로 라스베이거스를 묘사하는 데 성공했다.

팜스는 우연히 운 좋게 그 쇼의 촬영장을 제공해준 것이지만 「더 리얼 월드」로 인해 집중된 이목을 훌륭하게 이용했다. 팜스(정확히는 하드 록 카지노)의 소유주였던 조지 말루프와 그 동료들은 해당 쇼의 방영을 도화선 삼아 라스베이거스의 엄청난 인구학적 전환을 일으켰다. 2000년 이래로 라스베이거스를 찾는 방문객의 나이는 어려졌고 더 높은 수준의 교육을 받은 사람들이었으며, 더 부유한 사람들도 있었다. 2000년도에 방문객 평균 연령은 50대가 훨씬 넘었는데 오늘날에는 49세가 조금 넘는다. 방문객의 38퍼센트가 고등학교 이하 학력이었던 데 비해 2011년에는 그 비율이 20퍼센트까지 떨어졌고, 3분의 1이 넘는 사람이 대학을 나왔다. 또한 연 수입 8만 달러 이상인 방문객이 2000년도에 25퍼센트였던 것에 반해, 2011년도에는 그 비율이 49퍼센트에 달했다.[6]

나이트클럽을 찾아오는 20~30대 젊은이들은 이곳이 그들만을 위한 공간과 분위기를 제공했기에 라스베이거스를 찾았다. 이들은 도박을 싫어하지는 않으면서도 그렇게 도박에 집착하지도 않는, 리얼리티 TV 쇼와 연예 전문 잡지에서 라스베이거스를 접하고 이곳에 오는 사람들이었다. 한때 카지노는 여러 사람에게 이런저런 공개적인 볼거리를 제공했던 때가 있었다. 번쩍거리는 외양을 뽐내며 일상으로부터의 도피처를 제공했던 과거의 모습보다는 슬롯머신 보관 창고를 닮은 카지노와 함께, 나이트클럽은 일부 사람들에게만 배타적인 공간을 제공하고 있다.

이 '배타적'이라는 단어야말로 현대 카지노 문화를 보여주는 적절한 표현이다. 과거 라스베이거스 카지노는 근본적으로 민주성을 기반으로 했기에 발전할 수 있었다. 원칙적으로 누구든지 원하는 사람은 카지노에 들어왔고, 유명인이나 부자 옆에 앉아서 부대끼며 테이블 게임을 즐길 수 있었다. 물론 현실은 그보다 더 복잡했다. 슬롯머신 앞에 앉아서 5센트짜리 동전이나 집어넣고 있는 사람보다는 힘 있고 권력 있는 사람들이 카지노에서 항상 더 좋은 대접을 받아왔던 것이 사실이다. 단적으로 이들이 받는 컴프만 해도 전자가 카페에서 커피를 사 먹는 정도라면, 후자는 스테이크 하우스에서 고기를 썰고 있지 않았겠는가? 그러나 때때로 이러한 엄격한 분리가 이루어졌다고 해도, 카지노는 어쨌든 최소한 표면적으로는 평등주의를 내세웠다. 쳐다보는 눈길을 개의치 않는다면 누구든지 바카라 게임장에 들어와서 한두 판 같이 해볼 수도 있었다.

21세기 라스베이거스의 클럽 문화는 이러한 기존의 지향점과 분명히 다르다. 그것은 배제의 원칙에 기반하고 있다. 윈호텔의 XS클럽에서 하룻밤을 마음껏 즐기는 사람은 밖에 줄을 서서 3시간을 기다리고도 클럽에 입장조차 하지 못하는 사람이 있다는 사실을 알기에 그 시간이 더욱 달콤했을 것이다. VIP 명단에 이름이 없는 사람들은 클럽 밖에서 입장을 학수고대하며 기다리는 것이다. 여차여차해서 클럽에 들어간다고 해도 그 안에 있는 모든 것을 누구나 똑같이 즐길 수 있는 것은 아니다. 몇 시간을 줄 서서 기다리고, 봉사료를 내고 나서야 공연 무대나 바에 접근할 기회를 얻은 사람들은 예술가들의 공연을 먼발치에서 바라보거나, 보틀 서비스를 받는 다른 손님들의 테이블(어떤 클럽에서는 고급스러운 박스형 좌석이다)을 구경할 수밖에 없다.

이전에 카지노는 손님들을 유인하기 위해 무료 칵테일을 나눠줬다. 지금은 나이트클럽에서 미친 듯이 높은 가격의 주류를 구매해야 겨우 자리를 내어준다. 다른 종류의 전환이 발생하면서 나이트클럽을 운영하지 않는 경영진들까지도 이전까지 고수하던 자신들의 사업 운영 원칙을 재고하게 했다. 만약 기존 도박자들에게 무료로 제공하던 것들에도 사람들이 수백 달러씩 지불할 의지가 있다면, 도박 산업의 여러 다른 측면에 대해서도 어떻게 운영할 것인지 다시 한번 생각해볼 만한 일인 것이다.

카지노 이용자 가운데 클럽 손님의 비중은 그리 크지 않지만, 이들은 매우 중요한 고객이다. 이들은 더 나이가 어리고, 때로는 카지노를 찾는 평균적 손님들보다 더 부유하기에, 이들의 기호가 차후 10년간 카지노 진화의 방향을 결정할지 모른다. 클럽 이용자들은 자신들만의 배타적 특권을 위해서 기꺼이 돈을 지불할 의사가 있고, 한밤중의 스타가 되고 싶어하는 사람들이다. 말하자면 미라지 효과의 페이스북 세대 버전인 것이다.

또한 2002년 초부터 다소 정체기에 처한 것처럼 보였던 라스베이거스 스트립(당시 수입과 방문객이 감소하면서, 많은 경영진이 새로운 사업 계획을 포기하거나 연기시켰다)은 2004년 다시 호황기를 맞이했다. 일찍이 1980년대 말부터 스티브 윈은 그 시작을 알리는 방아쇠를 당긴 셈이었다. 그는 이미 자신의 미라지 리조트 왕국을 커크 커코리언의 MGM 그랜드에 매각했고, 디저트 인을 매입했다. 다른 개발업자들이 경제가 다시 살아나기를 기다리고 있었던 반면, 윈은 전력을 다해 디저트 인 부지에 새로운 건설을 시작했다. 처음에는 르 레브(윈이 개인 소장하고 있던 피카소의 역작을 딴 이름이었다)로 불렸던 윈 라스베이거스는, 실제 벨라조를 능가했던 윈의 벨라조 호텔처럼 지역 내 최고급 호텔이 되었다. 스트립에 다시 한번 파도가 높이 치기 시작했을 때 개장한 윈 라스베이거스는 부유하고 더 흥청망청 돈을 뿌려대는 수많은 손님을 끌어들이는 크고 좋은 카지노의 미래를 보여주는 듯했다.

스트립 이곳저곳에서 경영진들은 기존의 오래된 카지노를 폭파해버리고 새로운 건물을 올리기 시작했다. 몇몇 곳은 호텔 건물만 지어 올렸다. 만달레이 베이, 베니션, 벨라조, 시저스 팰리스 모두 슬롯머신은 한 대도 늘리지 않았지만, 호텔 객실은 추가로 건설했다. 베니션 옆에는 팔라초 호텔이 개장했고, 윈은 윈 라스베이거스 근처에 언뜻 보면 비슷하게 생긴 앙코르 호텔을 건설했다. 더 과감한 선택을 한 이들도 있었다. 스트립에 새롭게 유입된 개발업자들은 코즈모폴리턴이나 퐁텐블로와 같이 콘도미니엄 요소를 지니고 있는 대형 호텔을 짓기 시작했다. MGM 미라지는, 건물 전면에 양옆으로 잔뜩 입을 찢으며 소리 없이 웃고 있는 광대 형상으로 스트립을 거닐던 아이들은 물론 어른들까지 놀라게 했던 자그마한 브로드웨이 카지노 호텔을 폭파하고 그 자리에 시티센터를 건설했다. 본래 레저와 주거를 혼합한 개념을 기반으로 계획되었던 시티센터는 몬테카를로와 벨라조 사이의 부지를 활용했고, 지금은 MGM 미라지가 만달레이 리조트 그룹을 인수함에 따라 단일 기업이 소유하고 있다.

미라지 호텔 이전의 흔적을 깡그리 지워버리고 스트립을 새롭게 재탄생시키겠다는 열망은 전염병처럼 퍼져나갔다. 보이드 게이밍은 스타더스트를 철거하고 호텔, 소매점, 컨벤션 센터가 포함된 에셜론 카지노 건설 사업에 착수했으며, 명망 높은 프런티어도 허물고 해당 부지엔 뉴욕 플라자 브랜드의 새로운 리조트가 들어서기로 결정되었다. MGM은 서커스 서커스 호텔 인접 지역에 또 하나의 '시티센터 노스' 건설 사업을 계획하고 있다.

그런데 2007년 말 거품이 가라앉았다. 국가적 경기 침체가 시작되면서 사업적 목적의 출장이 감소했고, 라스베이거스와 카지노의 성장 가능성은 다시 얼어붙었다. 네바다 게임 산업의 총 게임 수익은 더 이상 증가하지 않았고 사실상 2007년 사사분기부터 감소하기 시작했으며, 2010년 초까지 슬럼프가 지속되었고 그 이후에도 겨우 지탱하고 있다. 2008~2009년 스트립 방문율과 총 수익은 감소했다. 경기 침체 이전인 2005년에는 합리적이고 때로 보수적이라고 여겨졌던 건설 계획들이 갑작스럽게 근거도 없는 낙천적 계획으로 전락했다. 보이드는 2008년 여름, 에셜론 카지노 건설을 무기한 연장했고, 프런티어 부지 소유주는 처음에 플라자 라스베이거스 건설 계획을 연기했다가 나중에는 아예 취소해버렸다. 퐁텐블로는 결국 자금이 바닥나게 되어 칼 아이컨에게 인수되었으며, 몇 년째 미완공된 채로 노스 스트립에 남아 있다.7

다른 이들은 어쨌든 그저 계속 나아가는 수밖에 없었다. 2009년 말 MGM은 자신들의 역작 아리아 카지노 리조트의 문을 열면서 시티센터와 함께 시장에 뛰어들었다. 비록 개장 당시 결과는 미적지근했지만, 현재 이 카지노는 도시다운 가짜 허세나 가식을 부리지 않는 표준적인 스트립 리조트로서의 발판을 마련했다. 도이치 은행은 담보권 행사로 코즈모폴리턴을 인수했고 2010년 말 영업을 개시했다.

2013년 초를 기준으로, 라스베이거스는 경기 침체의 여파로부터 회복 중이다. 2년 연속으로 방문객과 수익이 증가했고, 스트립과 다운타운 르네상

자신의 이름을 딴 스티브 윈의 라스베이거스 리조트. 2005년 4월 28일 개장했다. 라스베이거스에 경기 침체의 여파가 밀어닥치기 전. 9·11테러 이후 스트립의 고급화 열망을 담은 건물의 전형을 보여준다.

스의 일환으로 소규모 수리 및 개선 작업이 동반되면서 조심스러운 낙관론이 등장하고 있다. 도박자들이 초기에 돈을 땄던 경험을 잊지 못하는 것처럼, 카지노 경영진들도 이제 조금만 더 기다리면 좋은 시절이 다시 돌아오리라 생각하고 있다.

온라인 도박의 확대

라스베이거스 카지노 산업의 등락이 극적으로 진행되었던 것과 같이 물질적 영역을 중심으로 한 카지노에서 온라인 카지노로의 이행은 새로운 밀레니엄 시대의 또 다른 거대한 전환의 이야기다. 이러한 전환은 단계적으로 발생했고, 디지털 상업과 소통 방식의 정교화 및 성장에 부응하는 변화였다.

1990년대 중반에 수백만의 사람들은 인터넷이라는 새로운 매체를 발견해냈다. 이 놀라운 의사소통 수단을 통해 사람들은 과학적 연구가 가속화되고, 사업의 진행 속도가 빠르게 증가하며 즉각적인 소통이 가능하다는 것을 직접 확인했다. 다른 한편으로 많은 이용자는 인터넷을 통해 포르노를 다운받고 온라인 채팅을 하고 도박의 수단으로 사용했다. 첫 번째 '도박' 웹사이트들이 1995년에 나타났으며 이 사이트들은 그저 가짜 게임들을 제공하는 '무료' 사이트였다.[8] 실질적인 가치가 없는 화폐로 게임하면서, 이용자들은 아무 생각 없이 프리셀 게임 화면을 연속해 클릭할 뿐이었다. 이것이 진정한 의미의 도박은 아니었지만, 당시 몇몇 사람은 곧 실제 온라인 도박이 도입되고 수익도 한 해 100억 달러가 넘어갈 것이라고 예측하기도 했다.

이와 같은 예상은 많은 도박장 운영자가 체감했던 내용이 옳았음을 증명했다. 즉 컴퓨터 도박의 용이성을 고려할 때, 온라인 게임 사이트 운영이 엄청나게 수익성이 높을 것이라는 점을 말이다. 1995년 말부터 1996년까지 이용자가 신용카드 또는 송금하는 방식을 통해 예치금을 마련하고, 그 돈으로 게임할 수 있는 사이트가 등장하기 시작했다. 도박장에 매년 면허를 교부하는 방식으로 벌어들이는 수백만 달러의 세수를 보호하기 위해 많은 정부에서는 인터넷 도박이 불법이라고 선언했다(미국의 경우 이 과정에서 1961년 마권업 금지 조항에 대한 해석을 이용했다). 그러나 또 다른 세수 확대와 사업 개발이라는 노골적인 명목으로 새로운 베팅 수단을 합법화한 곳도 존재했다.

작은 카리브 국가인 안티과가 이 일에 착수한 첫 번째 국가였다. 안티과는 이미 외국인 대상 카지노를 운영하고 있었고, 1990년대 중반에는 미국 마권업자(미국 본토로부터 수신자 부담 전화번호로 전화해 베팅하는 방식이었다)

가 사업을 운영할 수 있는 자유무역지대를 만들었다. 미국 운영업자들은 해당 도박에 대한 금지를 피하기 위해 면허료를 지불했고, 안티과의 법에 따르기로 동의했다. 어떤 면에서 안티과는 온라인 도박도 다른 도박 사업과 비슷하게 취급했다. 이 섬은 이미 선적 사업이나 금융업 등 조세를 피하고자 하는 연안 지역 사업체들을 위한 작은 피난처로 존재해왔다. 미국 라디오 방송이나 유명 스포츠 잡지를 통해 광고했던 이 안티과 베팅 사업은 완벽히 적법한 사업이었다.9

이 연안 지역 마권업 사업은 1995년부터 인터넷을 활용하기 시작했다. 즉 몇몇이 확률 및 기타 정보, 베팅하기 위한 수신자 부담 전화번호를 인터넷에 게시한 것이다. 미국에서도 일부 면허를 받은 도박 운영자들이 그와 유사한 방법을 취했다. 뉴욕의 경마 독점업체 캐피탈 OTBOff-track betting 는 1996년 '가상 합계 보드'에 확률을 게시하기 시작했다. 몇 년 후에도 이용자들은 여전히 유선상으로 베팅을 해야 했지만, 캐피탈 OTB는 인터넷을 활용해 베팅 정보를 게시할 뿐 아니라 경기도 중계했다. 1997년에는 아이다호의 인디언 커딜레인족이 디지털 복권 게임을 시작했다. 이들은 이 게임을 미국 인디언규제법에 의해 2등급 게임으로 허용했다고 주장했다. 위스콘신 검찰총장은 이에 반대했으며, 결국 법정 공방 끝에 이 사이트는 폐지되었다.10

온라인 상업이 더욱 정교해지고 소비자들이 인터넷을 통한 금융 정보 수신에 점점 익숙해지면서 안티과 스포츠북 사업은 자연스럽게 온라인 도박으로 완전히 이행했다. 1997년 초에 월드 스포츠 익스체인지는 이용자들이 사실상 "클릭 한 번으로 베팅할 수 있는" 풀서비스 인터넷 스포츠북 사업을 시행하면서 이 분야를 개척했다.11 안티과를 기반으로 한 월드 스포츠 익스체인지는 전 퍼시픽 증권거래소 거래원이었던 제이 코언과 스티브 실린저가 만든 회사였다. 수년 동안 실린저는 동료 거래원들이 스포츠의 '미래'를 스와프 거래하고, O. J. 심프슨 소송 및 다른 공적 사건 결과에 베팅할 수 있도록 만들어줌으로써 판돈을 관리해왔다. 코언은 실린저를 상대로 온라인 도박을 운영하자고 설득했다. 그들은 이 분야를 조사하면서 캐피털 OTB 모델을 이용한 안티과 기반 스포츠북 사업이 합법이며 잠재적으로 매우 수익성이 높은 사업이라고 결론지었다.[12]

곧이어 다른 이들도 이 길을 뒤쫓았다. 1998년 초 안티과에서 온전히 가동되었던 온라인 스포츠북 사업체만 해도 스무 개가 넘었다. 이들은 대부분 비슷한 외양으로, 웹페이지에는 최근 확률, 사이트 이용 규칙, 배당금 지급 방식, 스포츠 뉴스 및 문제성 도박자들을 위한 외부 사이트 링크 등이 게시되어 있었다. 어떤 사이트에서는 이용자들이 가상 화폐를 가지고 재미 삼아 베팅할 수 있는 서비스를 제공하기도 했고, 다른 곳에서는 더욱 적극적인 홍보 전략을 채택하여, 신규 회원이나 신규 회원을 소개해준 사람에게 보너스 현금을 제공하기도 했다. 스포츠 베팅 운영 방식은 길가의 한구석에서 영업하던 시절에 비하면 대단히 많이 변화했다. 그러나 한 세기 전 그렇게 도박장을 직접 운영하던 사업자들이 지금의 첨단 기술과 도박이 결합된 운영 형식을 접했다면, 그들도 아마 현대인처럼 익숙하게 그것을 활용했을 것이다.

스포츠북은 사실 인터넷에 매우 적합한 도박이다. 이것은 역사가 아주 오래된, 시간을 때우는 특정 방식의 한 매체이기 때문이다. 스포츠북 도박을 하면서 전보를 통해 베팅하든, 전화로 하든, 무선으로 하든 베팅 방식이 게임의 결과나 확률에 미치는 영향은 전혀 없다. 스포츠북 사업자가 즉각 승자에게 보상을 지급한다는 것만 확실하다면 베팅 수단은 크게 중요하지 않다(물론 스포츠북 사업자가 승자에게 돈을 얼마나 빨리 지불할 것인가는 또 다른 이야기긴 하다). 온라인 카지노는 사정이 달랐다. 참가자는 가상 게임에서 진짜 돈을 먼저 기본 판돈으로 낸다. 실제 딜러가 룰렛 휠을 돌리지도 않고 구슬을 떨어뜨리지도 않으며 승자를 호명하지도 않는다―게임 결과는 디지털로 생성된 임의의 숫자로 이용자의 승패를 결정하는 소프트웨어에 데이터로 입력될 뿐이다. 슬롯머신도 오랫동안 난수 발생기를 이용해왔지만, 온라인상에서 카지노 게임을 한다는 것은 여전히 커다란 신용의 문제가 걸려 있다. 애틀랜틱시티에서 슬롯머신은 뉴저지주가 그 공정성을 보증하는데, 만약 슬롯머신을 하던 사람이 뭔가 이상하다고 생각한다면 곧바로 관리자를 불러 조사를 해달라고 요청할 수 있다. 반면, 온라인 게임이 뭔가 사기인 것 같다는 느낌이 들어 불만을 느낀다 해도 그 이용자가 정부에게 어떠한 호소를 할 방법은 없다. 만약 소위 '먹튀' 영업자들이 이용자를 속이고 한순간에 사라져버린다면, 검증되지 않은 온라인 카지노는 심각한 신용 문제에 직면할 수밖에 없는 것이다.

수백만의 사람들은 자신이 신뢰할 만한 사이트를 찾아 나섰다. 1996년에는 약 15개의 사이트에서 실제 현금을 사용하는 게임을 제공했다. 1년 뒤 이러한 사이트는 200개가 넘었다. 1999년에 이르자 그 수치는 세 배가 넘는 650개까지 치솟았으며 2002년에는 1800개에 달했다. 사이트에는 스포츠북, 카지노, 복권, 경마가 포함되어 있었다.[13] 지상 기반 게임 영업자들은 이러한 현상에 처음에는 침묵으로 일관하다가 결국은 이에 반대하고 나섰다. 그러나 그들이 생각을 바꾸기까지 오랜 시간이 걸리지 않았다. 이제까지 쌓아올린 게임 및 정직성에 관한 자신들의 명성을 기반으로 스스로 이 분야의 리더가 될 수 있다고 생각하게 된 것이다. 정부 또한 온라인 도박장에서 벌어들일 수 있는 세수가 꾸준히 증가하는 것을 지켜보면서, 또 하나의 잠재적 황금송아지를 발견했음을 알아차렸다. 그러나 많은 국가에서 기술적 문제와 도덕적 보수주의로 인해 정부와 게임 업체가 곧바로 가상공간의 장으로 뛰어들지는 못했다.

몇몇 유럽 국가가 복권을 온라인 게임으로 도입하기 시작했고, 1999년 호주에서는 노던테리토리의 앨리스 스프링에 위치한 유일한 카지노 래시터스를 온라인 카지노로 만들면서 도박 역사에 한 획을 그었다. 호주 연방 정부는 각 주 및 테리토리의 의원들이 지상 기반 영업장을 온라인으로 확장하는 지침을 정할 수 있도록 허가해주었다. 몇몇 TABTotalisator Agency Board(지역의 합법 베팅숍 운영자 네트워크—옮긴이)가 온라인 사업을 시작했지만, 이듬해 호주 정부는 다시 신규 온라인 게임 사이트 운영을 중단시켰고 2001년에는 인터랙티브 게임법Interactive Gaming Act으로 호주인에게 가상으로 카드, 주사위, 슬롯 기반 게임을 제공하는 행위를 범죄로 규정했다 (단, 경마와 스포츠 베팅 사이트는 제외였다). 호주인들이 합법 베팅 사이트에서 소비하는 돈은 점점 증가했지만, 호주에서 규제하는 온라인 카지노에서의 베팅은 국가의 보호를 받을 수 없었다(그러나 외국인이 베팅하는 것은 상관없었다).[14]

미국 및 영국의 대규모 오프라인 카지노들은 온라인 사업을 신중히 탐색했다. 그들은 자신들의 지상 기반 카지노 면허에 위협적인 일을 하고 싶지 않았기에, 어떠한 처벌도 적용받지 않고 사이버 공간에만 존재하는 카리브 기반 사이트들처럼 마음대로 온라인 베팅을 받아들일 수 없었다. 1962년부터 카지노를 운영해왔던 영국의 아스피날은 2002년 온라인 카지노 운영을 실시했다. 라스베이거스의 스테이션 카지노로부터 소유권 절반에 해당하는 투자를 유치했던 미국의 커즈너 인터내셔널도 같은 해 온라인 카지노를 시작했다. 라스베이거스 거대 기업 MGM 미라지도 영국과 아일랜드 사이에 있는 맨섬을 기반으로 한 온라인 사이트를 개시했다.[15] 그러나 온라인 게임의 불안정한 법적 지위 때문에, MGM 미라지 온라인은 단 여섯 개 국가 국민에게만 베팅을 허용했다. 수익이 좋지 않았기에 이 사이트는 곧 폐쇄되었으며, 커즈너 인터내셔널도 마찬가지였다. 그러나 두 기업 모두 나중에 좀더 완화된 규제 환경이 조성된다면 유명 카지노들이 성공적으로 가상공간에 진입할 수 있으리라고 약속했다.[16]

안티과, 호주, 맨섬을 쫓아 재빠르게 온라인 베팅으로부터 세수를 최대화하려고 했던 국가들도 있다. 예컨대 2005년 3월, 필리핀 카지노 독점업체 PAGCOR는 세계 최초 인터넷 투계 도박 시스템인 텔사봉Telesabong 도입 계획을 발표했다. 텔사봉 시스템 이용자는 전국 1700개 투계장에서 벌어지는 경기에 온라인으로 베팅할 수 있었다. 이 시스템이 만들어지기 이전부터도 PAGCOR는 필리핀인들이 지정된 장소에서 인터넷으로 연결해 온라인으로 베팅할 수 있는 312개의 베팅 지점을 보유하고 있었다. 세계에서 가장 오래된 경기 중 하나가 21세기 새로운 장場으로 전이된 것이다.[17]

미국에서는 연방정부의 비타협적인 태도(클린턴 및 부시 정부의 법무부는 전신법Wire Act에 따라 모든 인터넷 게임이 불법이라고 주장했다)에도 불구하고, 몇몇 외국 정부 및 미국 일부 주에서도 온라인 도박을 완전히 금지하기보다는 이에 대한 규제 방안을 모색하기 시작했다. 2001년 4월에 네바다 의회는 578 법안을 통과시켰는데, 이 법은 주 내 온라인 게임 사업장 규제와 면허 교부(물론 연방 정부가 승인한다는 전제 아래)에 관한 이론적 틀을 만들어냈다. 그러나 합법화의 길은 아직도 멀어 보였다. 1998년 3월 법무부는 코스타리카부터 안티과에 이르기까지 온라인 스포츠북 사업자 14곳을 적발하여 전신법 위반으로 기소했다. 이중 세 곳은 미국에 있던 업체였으며 모두 당국에 투항했다. 이 업체들은 대부분 경범죄로 유죄를 선고받았다. 이때까지 외국에 남아 있던 업체들은 카리브에 있었는데 미국이 그들까지 강제로 인도할 수는 없었다. 그러나 그들이 미국 안으로 들어온다면 체포되어 재판에 넘겨질 처지였다.

일부는 국내로 돌아와 유죄를 선고받았고 그에 대한 책임을 지게 되었지만, 다른 업체들은 그대로 외국에 남기로 결정했으며, 엄밀히 말하면 미국 사법부로부터 범죄자로 인식되어 쫓기는 신세가 된 것이었다. 월드 스포츠 익스체인지의 다른 동료들은 그 선택을 유지했지만, 제이 코언은 뉴욕으로 돌아가 재판을 받고 결백을 증명하기로 했다. 그러나 코언은 2000년 유죄를 선고받았고 지겨운 법정 공방 끝에 라스베이거스 스트립으로부터 20마일 떨어진 연방 교도소 캠프 넬리스에 거의 2년 동안 수감되었다. "광기의 3월"이라고 이름 붙여진 이 기소(검사들이 기소장을 개봉한 달의 이름을 딴 것이었다)는 적어도 미국 내에서는 인터넷으로 베팅하는 것이 불법이라는 점을 상기시켜주는 하나의 사건이 되었다.[18]

안티과는 곧바로 미국 전신법 강제에 이의를 제기했다. 미국 정부가 온라인 지불을 위한 신용카드 사용을 불허한다는 위협을 가하는 동시에, 검사가 적법 사업을 운영했던 이들을 기소하면서 안티과 인터넷 베팅 산업은 타격을 받았다. 1999년에는 3000명의 안티과인을 고용한 119개의 영업장을 자랑했지만, 3년 뒤 이 숫자는 거의 6분의 1 수준으로 감소했다. 안티과는 이 손실이 미국의 '공격' 때문이라고 비난하면서, 서비스 무역에 관한 일반 협정GATS을 통해 이 문제에 관한 합의를 추진했다. 1995년부터 시작된 이 협정은 (미국과 안티과를 포함한) 모든 회원국에게 서로에 대한 동일한 접근성을 부여하고 있었다. 안티과는 미국이 "국가 간 게임 서비스"를 받아들여야 하는 의무를 주장했지만, 미국은 이것이 서비스 교역이라기보다는 범죄에 대한 법적 집행이라고 주장하며 이를 거부했다. 세계무역기구는 2004년 안티과의 손을 들어주며 이 갈등을 일단락 지었다. 미국은 이에 항소했지만 세계무역기구 패널은 기존의 결정을 유지했다. 그러나 미국 연방 정부가 도박에 대한 법을 집행하는 데 있어 세계무역기구가 행사하는 영향력이란 기껏해야 겉으로 의견을 제시하는 수준이었기 때문에 이 문제는 해결되었다고 보기 어려웠다.[19]

인터넷 영역으로의 확장이 자연스러워 보이는 스포츠 베팅 이외에 온라인 게임에서 가장 크게 확장된 분야는 미국의 고전 게임, 포커였다. 온라인 카지노 게임과 비슷한 신뢰의 문제가 개재되어 있었음에도(온라인 게임 이용자는 가상의 포커 카드가 정말로 정직하게 임의적으로 선택된 것인지 확인할 길이 없고, 다른 이용자와 게임을 한다고 하더라도 다른 이용자들이 결탁 관계가 아닌지, 또는 아예 한 사람이 여러 대로 로그인해서 게임하고 있는 것은 아닌지 알 수 없는 노릇이다), 온라인 포커는 신속하게 뉴밀레니엄에 접어들어 가장 인기 있는 게임으로 자리 잡았다.

구식 매체인 TV와 결합한 온라인 포커는 미국을 포함한 전 세계 국가에서 인기를 예측 불가능한 수준으로 끌어올렸다. 포커 게임 중계가 특히 2002년부터 극적으로 증가했다. 혁신적인 카메라 기술의 덕으로 참가자가 받은 전체 카드를 방청객이 미리 볼 수 있었던 이러한 프로그램들은 사람들이 거의 최면에 걸린 것처럼 그 과정에 빠져들게 했다. 곧이어 「월드 시리즈 오브 포커」(ESPN 방영), 「월드 포커 투어」 등 유명 인사들의 이름을 건 수많은 포커 쇼가 생겨났다.

새로운 포커 게임의 가시성은 많은 이용자를 온라인의 세계로 끌어들였다. 사람들은 익명화된 아무런 위협도 없는 편안한 온라인 환경에서 게임을 배울 수 있었다. 카지노 포커룸까지 직접 찾아가서 그곳에 터줏대감처럼 자리잡고 있는 포커 전문가들을 상대로 게임을 할 필요 없이, 또 집에서 게임을 한다고 하더라도 지인들과 경쟁할 필요도 없이, 온라인 게임장에서는 누군지도 모르는 상대와 게임을 하면서 자신감(그리고 기술)을 얻었고, 돈을 잃거나 딴다고 해서 어떤 부끄러운 감정도 느낄 필요가 없었다. 2003년, 그때까지 한 번도 라이브 포커 토너먼트 대회에 참가해본 적이 없었던 크리스 머니메이커라는 사람이 라스베이거스 월드 시리즈 포커 게임에서 우승하면서 온라인 포커의 인기는 하늘 높이 치솟았다. 그는 웹사이트 PokerStars.com에서 개최한 온라인 위성방송 토너먼트에서 40달러로 시작해, 마지막에 250만 달러로 승리하면서 자신의 입지를 굳혔다. 온라인 포커는 갑작스럽게 새로운 국면을 맞이했고, 크리스가 노련한 포커 전문가 샘 파르하를 상대로 올인하는 장면을 목격했던 수많은 이가 자신도 전문 포커 게이머가 되어 스스로의 운을 시험해보고 싶다는 꿈을 가지게 되었다. 이에 월드 시리즈 포커 참가자가 (그리고 덩달아 상금까지) 큰 폭으로 증가했고, 거대 카지노 기업 하라스가 비니언으로부터 이 토너먼트 경기를 사들이면서 이 경기는 연간 토너먼트 위성방송 시리즈의 중심이 되었으며, 여러 포커 경기를 후원했다.

하라스는 "묻지도 말하지도 말라"는 원칙을 고수했다. 즉, 토너먼트 참가자들이 본래 온라인 게임 이용자였는지 밝히는 것을 거부했다. 법무부 검사들이나 네바다주 규제 위반을 두려워했던 하라스 및 미국 카지노 회사들은 온라인 포커 분야를 다양한 국제적 사이트로 남겨놓았다. 온라인 사이트 이용자는 서로를 상대로 게임을 했고 사이트는 온라인 베팅장을 제공하는 대신 일종의 수수료Rake를 받았다. 이러한 방식은 카지노 포커룸 운영 방식과 동일한 것이었으며, 사실 약 10퍼센트의 도박장은 이미 1830년대부터 이러한 방식으로 운영했다.

노련한 홍보 전략으로 이 분야에서 지배적인 위상을 차지하게 된 한 회사도 있었다. 2001년 설립된 파티 게이밍은 국제 인터넷 경제의 모델이었다. 런던에 사무실을 둔 이 회사는 스페인 지브롤터에 본사가 있었는데(세금과 인터넷 게임을 규제하는 법률로부터 자유롭기 위해서였다), 직원은 또 인도에서 거주하며 일하는 사람들이었다. 이 회사의 주요 사업이었던 파티 포커는 2004년 세계 온라인 포커 시장의 절반 이상을 차지했다.[20] 게임에서 어떤 직접적인 위험도 감수하지 않으면서, 사이트 운영자들은 시간당 약 10만 달러의 돈을 벌어들였다. 한때 포커는 담배 가게 뒤편이나 우중충한 지하실에서나 할 수 있는 게임이었음을 상기해본다면 정말이지 엄청난 변화가 아닐 수 없다. 2004년 70억 달러가 넘는 수익을 냈다고 추정되는 온라인 포커는 명실상부한 국제적 인터넷 게임 시장의 일부가 되었다. 머나먼 과거에 동전 던지기나 뼈다귀를 굴리며 도박하던 시대부터 지금까지 크게 바뀌지 않은 것 하나, 그것은 바로 도박에 대한 유혹이 그만큼 강렬하다는 것이다.

마우스 클릭 한 번으로 도박할 수 있는 현실을 모든 사람이 달가워한 것은 아니었다. 그러나 세간의 이목을 집중시켰던 "광기의 3월" 기소도 결국 미국 온라인 도박의 증가 추세를 꺾을 수는 없었다. 미국의 도박꾼에게 게임 서비스를 제공하는 업체들은 단지 그들의 금융 정보가 미국에 노출되지 않게끔 조심할 뿐이었다. 온라인으로 베팅하는 사람들을 기소할 수도 없고 미국 내에서 업체에 고용된 사람들을 범죄 혐의로 기소할 수도 없는 상황에서, 연방정부가 할 수 있는 일은 지극히 제한적이었다.

나중에야 밝혀진 일이지만, 전신법은 법무부의 여러 무기 중 하나일 뿐이었다. 2006년 7월 연방 검사들은 영국에서 코스타리카로 가는 도중 텍사스에서 비행기 환승을 기다리던 벳온스포츠의 데이비드 캐러더스 CEO를 체포했다. 캐러더스와 그 외 10여 명의 관계자는 미국인을 상대로 한 베팅 허용과 관련하여 갈취 및 기타 혐의로 기소되었다. 이 회사는 영국의 상장기업이었으며, 캐러더스는 오랫동안 미국의 온라인 게임 합법화 및 규제 방안에 관해 주장해왔던 사람이었기 때문에 벳온스포츠 기소 사건은 눈 여겨볼 만하다. 결과적으로 캐러더스 및 여러 관계자(설립자 게리 캐플런도 있었다)는 징역형을 받게 되었다. 공교롭게도 캐러더스의 고국인 영국에서 온라인 카지노의 합법화를 얼마 앞둔 시기였다.

이것은 시작에 불과했다. 의회는 수년 동안 온라인 베팅을 구체적이고 명확하게 범죄화하는 입법을 고민하고 있었지만, 금지 찬성론자들은 자신들의 대의명분을 위한 지지 세력을 집결하는 데 어려움을 겪었다. 하지만 2006년 9월, SAFE Security and Accountability for Every 포트 법안에 덧붙여진 개정 조항이 온라인 게임사의 자금을 차단하면서 온라인 도박의 목을 조여오기 시작하자 상황이 바뀌었다. 불법 인터넷 게임 시행법Unlawful Internet Gaming Enforcement Act이라고 알려진 해당 개정 내용은 미국 도박자의 상호 온라인 자금 이체를 범죄화했다. 미국을 기반으로 한 금융 제공자들은 재빠르게 도박 사이트에 대한 지불을 중지했고, 몇몇 온라인 포커 사이트는 미국인들의 베팅을 중단시켰다.

얼마 지나지 않아 온라인 사이트 이용자들과 사이트 운영자들이 이 법을 피하기 위한 방법을 찾아내면서 이 법령도 완전히 효과적이지 못하다는 것이 드러났다. 온라인 도박에 대한 금지는 불안정해 보였고 많은 이는 미국에서 온라인 도박을 합법화하고 이것을 규제하면서 세금을 부과하는 양상으로 바뀌는 것은 시간문제라 생각했다(특히 2000년대 말, 국가 경제가 악화되면서 이에 대한 강경한 목소리는 더욱 커졌다). 지상 기반 미국 카지노 산업체들도—여기에는 시저스 엔터테인먼트, MGM 리조트 인터내셔널, 윈 리조트와 같은 거대 기업도 포함되어 있었다—온라인 도박을 합법화하자는 목소리를 내기 시작했지만, 2011년 4월 15일에 일련의 체포와 함께 온라인 포커는 거센 풍랑을 맞았다. 검찰의 주요 표적이었던 세 곳의 온라인 사이트 포커스타스PokerStars, 풀 틸트 포커Full Tilt Poker, 앱설루트 포커Absolute Poker에 계정을 가진 악명 높은 이용자들 사이에서 이날은 "블랙 프라이데이"로 불렸다. 법무부는 이 사이트의 운영자와 직원들을 금융사기, 자금 세탁, 불법 도박 위반 혐의로 기소했으며, 회사 및 대금 지급에 사용된 75개 이상의 금융 계좌를 막아버렸다.[21]

이들이 빠져나갈 구멍은 없었다. 재판부는 장부를 보며 풀 틸트의 '국제적 다단계 사기'[22]를 저지른 혐의를 적용했다. 장부상 언제든지 출금 가능한 예치금으로 가지고 있어야 할 3억9000만 달러를 이용자들에게 빚지고 있으면서, 실제로는 은행 계좌에 6900만 달러밖에 가지고 있지 않았던 것을 볼 때 이는 무리한 혐의가 아니었다. 현대의 온라인 포커 운영자들은 과거 남북 전쟁 이전 시대 남부의 미시시피강에서 물건을 쌓아놓고 사람들을 속여먹던 사기꾼들과 비슷한 수법을 쓰고 있었던 것이다.

그러나 여전히 2011년 말 미국의 온라인 도박 합법화는 합법화 여부보다는 그 시기를 언제로 할 것인가의 문제로 보였다. 네바다주는 "인터랙티브 도박" 규칙을 성문화했으며 온라인 포커 제공자들의 신청을 받기 시작했다. 온라인 포커룸은 네바다주 내에서만 이용 가능한 것이었지만, 만약 연방정부가 온라인 도박을 합법화한다면 네바다주는 엄청나게 유리한 위치를 차지하게 된다. 몇몇 카지노 운영자들과 장비 제조업체는 재빨리 면허를 신청했다. 12월 말 전신법과 관련한 재판부의 판결은 효과적으로 전국적인 온라인 도박 시대의 포문을 열었다. 전신법은 스포츠 베팅에만 적용되며 각 주에서 온라인 복권이나 다른 형태의 온라인 도박을 허가하고자 한다면 주 당국의 권리로 이를 결정할 수 있다고 발표한 것이다.

결과적으로 여러 주가 온라인의 영역으로 발을 들여놓기 시작했다.

2012년 3월, 일리노이가 온라인 복권을 판매한 첫 번째 주가 되었고 다른 주들도 허겁지겁 이를 뒤쫓았다.[23] 과거 복권과 카지노로부터 세수를 만들어냈던 것처럼 현금에 목마른 주 당국도 또다시 한몫 챙기기를 기대하는 것이다. 드디어 그들의 손안에 온라인 도박 합법이라는 패가 쥐어졌다.

2005년 5월 『도박의 역사』 초판을 마무리할 즈음, 나는 이야기 시작을 위한 틀을 쉽게 고를 수 있었다. 바로 몇 주 전에 있었던 윈 라스베이거스의 개장이 도박의 역사를 다시 한번 생각할 기회를 주었던 것이다. 마침 도박의 역사에 관한 책을 쓰고 있었으니 초판 원고를 서둘러 마무리하는 과정이었지만 생각할 시간은 충분했다. 완전히 신식이면서도 오랜 도박의 전통에서 벗어나지는 못했던 윈 리조트의 개장은 엄청나게 강력한 파급력을 발휘했다.

당시 상황을 기술한 몇 문단을 소개하면 아래와 같다.

2005년 4월 28일 새벽 12시 2분. 27억 달러짜리 윈 라스베이거스의 문이 열린다. 이제까지 개장한 카지노 중 가장 비싼 카지노인 데다, 자칭 이 분야 선지자인 스티브 윈의 역작이다. 본격적인 개장이 코앞으로 다가오고 있다. 그에게는 이 순간이 얼마나 중요한 시간인지 생각해볼 여유도 별로 없다. 윈 라스베이거스는 스티브 윈이 세 번째로 만들어낸, 세상에서 가장 비싼 카지노다. 2000년도 미라지 리조트를 MGM에 매각한 이후 크게 한 걸음을 떼며 다시 이 업계로 돌아왔음을 알리는 순간인 것이다. 드디어 문이 열리고 첫 번째 손님이 허둥지둥 카지노에 들어서자 카지노가 실질적으로 개장했다는 중압감 아래 수많은 기술적인 문제가 발생하지는 않을까 그는 마음을 졸인다. 자신이 세운 카지노에 실제로 손님들이 밀어닥치는 모습을 보면서 즐거움을 만끽할 기회는 그리 흔하지 않을 것이다. 그는 윈 라스베이거스가 스스로 자신의 저력을 증명하리라 믿으면서도, 사소한 문제들로 창피한 일을 겪지 않았으면 좋겠다는 바람을 가져본다.

카지노 개장을 여러 해 기다렸던 수천 명의 사람이 흥분에 도취된 채 입구를 지나 안쪽으로 쏟아져 들어온다. 카지노 개장일에는 슬롯머신 환급률이 100퍼센트라는 소문을 들었던 지역 사람들이 도박장을 가득 메웠다(안타깝게도 그 소문은 사실이 아니었다). 자선 행사에서 저녁 식사를 마치고 이제 막 도착한, 턱시도를 차려입은 VIP들도 느긋하게 새로운 카지노 분위기를 즐기고, 세계 각국에서 온 방문객들도 여기저기 사진을 찍어대거나 게임 테이블 앞으로 달려가기 바쁘다. 남들보다 조금 더 민감한 사람이라면 이 카지노야말로 7000년 도박 역사의 정점을 찍는 존재임을 알아차렸을 것이다.

윈이 가장 최근에 만들어낸 교묘한 환경적 장치는 거대한 인공 산이었는데, 그곳의 레이크 오브 드림스라는 인공 조형물은 카지노 안쪽을 향해 있어 리조트 손님의 시야에서만 그 멋진 경관을 볼 수 있었다. 샹들리에로 장식된 포트 코셔Porte cochere(차가 지나다닐 수 있는 건물 출입구─옮긴이) 아래에는 중국에서 수입한 구리로 만든 사자 두 마리가 버티고 서서 손님들을 맞이하고 있다. 뱅크 오브 차이나 앞에는 이 사자상과 완벽하게 짝을 이루는 또 다른 사자 두 마리가 앉아 있었다. 사자는 카지노 밖의 불운과 부정한 기운이 안으로 들어오지 못하도록 막아주는 존재였다. 카지노에서 이들의 존재는 도박의 과거(아시아에서 개발된 카드 게임 및 다른 수많은 게임, 그리고 그 지역의 용감무쌍한 도박꾼들)뿐 아니라 이 리조트의 현재를 상징한다. 저 멀리 동양으로부터 국제적인 하이롤러들이 이곳에 몰려들 것이기 때문이다.

문 안쪽에는 18세기 프랑스 양식에서 영감을 받아 만들었지만, 고전주의 시대를 떠오르게 하는 얕은 돋을새김 조각들이 도박을 위해 주사위나 뼈다귀를 던지는 고대 그리스·로마인의 모습을 보여주고 있다. 방문객들은 꽃으로 만든 형형색색의 원형 장식물이 달린 유리 천장의 아트리움에서 더 긴 시간 머무를지도 모른다. 이 실내 정원은 그 옛날 유명했던 독일 스파 리조트의 정원을 떠오르게 한다. 천장의 꽃무늬는 인접한 상점가까지 기다랗게 줄지어 이어진다. 카지노에 들어서면 고객들은 카지노 카펫 무늬를 닮은 매우 정교한 모자이크로 장식된 대리석 길을 따라 움직였다—이 전형적인 도박장의 화려한 특징조차 순수 예술의 한 형태로 존재했으며, 윌리엄 크록퍼드나 제이 사노와 같이 대단히 수려한 카지노를 운영했던 사람들도 이 카지노를 실제로 본다면 그 가치를 인정했을 것이다.

그리고 나는 윗글을 읽었던 독자와 함께 윈 라스베이거스를 구경하러 갔다. 스티브 윈과 그가 고용한 수석 설계자와의 대화 내용, 내가 직접 기술했던 역사적 내용을 떠올리며, 이미 오래전부터 시작돼 도박 역사에 한 획을 그은 그 건물을 직접 눈으로 감상했다.

당시에는 모든 것이 당연해 보였다. 어쨌든 라스베이거스는 세계의 도박 중심지였고, 윈 라스베이거스는 라스베이거스의 전형을 보여주는 시설이었다. 따뜻한 4월의 한밤중에 윈 라스베이거스의 문이 열리는 것을 보면서, 나는 솔직하게 도박세계의 한가운데 서 있었노라고 당당히 이야기할 수 있었다.

도박의 역사도 거침없이 순리대로 흘러가는 듯했다. 단순했던 게임은 점점 복잡한 게임이 되어갔고, 도박은 전반적으로 세계 어디에서나 수용되는 분위기였다. 비교적 강한 규제를 당하는 곳들도 있었지만, 도박은 의심할 여지 없이 승승장구하고 있었다. 겉으로 보기에 20세기는 도박의 금지에서 합법화로 넘어가는 하나의 전환기였다.

그러나 7년 뒤 그 생각에 의심을 품게 되었다. 내가 사는 곳은 더 이상 도박의 중심부가 아니었다. 2008년부터 마카오에 있는 30여 개의 카지노에서 전체 네바다주 카지노가 벌어들이는 것보다 더 많은 수익을 냈다. 2011년에는 마카오 수익이 335억 달러에 달했으며, 이는 네바다주 전체 수익의 세 배를 넘어서는 금액이었다. 단 두 개의 카지노를 보유한 싱가포르도 급부상하여 라스베이거스를 제치고 2위를 차지할 날이 얼마 남지 않아 보인다.

윈 라스베이거스가 개장했던 2005년 그날 밤 이후, 라스베이거스는 몇 가지 어려움을 묵묵히 견뎌내야만 했다. 아시아 도박이 우위를 차지하면서 찾아온 경기 침체는 아직까지 라스베이거스가 완전히 받아들이지 못한 이 도시 정체성의 위기를 촉발했다. 한때 과속방지턱에 부딪히는 것 같은 경험도 겪어냈지만—1980년대 초와 2001~2002년의 불황은 특히나 갑작스러웠다—지난 몇 년간처럼 라스베이거스가 쇠락해서 질질 끌려가는 모양새의 시기는 과거에도 없었다. 짓다 만 퐁텐블로 건설 현장은 그 자체로 도시의 새로운 불안감을 보여준다. 이 원대한 계획의 실패는, 라스베이거스의 행운은 절대 끝나지 않으리라는 생각이 거짓임을 드러낸다.

그리고 나의 고향 애틀랜틱시티는 이미 링에서 쫓겨났다. 유례없는 경쟁에 직면한 애틀랜틱시티의 카지노들은 2006년 이후 연간 게임 수익이 3분의 1 이상 감소했다. 생각해보면 내가 자란 애틀랜틱시티의 변화 과정이 내가 도박을 이해하고 도박에 관한 글을 쓰는 데 영향을 미친 부분이 있다. 더 많은 일자리, 기회, 미래를 위한다는 명목으로 오래되어 미관상 별로 보기 좋지 않더라도 장중한 자태를 뽐내던 호텔들을 다 부숴버렸던 바로 그 변화 말이다. 그러나 지금 카지노 도박이 애틀랜틱시티의 미래에 별로 도움이 되는 것 같지는 않다―그저 한 세대 정도 지속되었던 잠깐의 번영을 누렸을 뿐이다.

여전히 사람들은 계속해서 도박을 하고, 조만간 그만둘 것 같지도 않다. 그 모든 의심에도 나는 여전히 내가 기존에 썼던 마지막 문장이 유효하다고 믿는다. "인류가 위험을 무릅쓰고 무엇인가에 도전하는 한, 도박에 매료된 사람들은 어디서든 함께 존재할 것이다. 그리고 그들은 다음번에도 거금을 옭아맬 수 있기를 영원히 꿈꿀 것이다."

감사의 말

이 책은 나 혼자만의 노력으로 완성한 것이 아니며 많은 이의 도움을 받았다.

초판은 고섬 출판사의 브렌던 카힐의 요청으로 시작되었다. 그는 세계의 도박에 관한 포괄적인 역사가 집필 가능하다고, 내가 그 작업을 해낼 수 있을 것이라고 설득했다. 내가 집필을 시도하기까지, 편집 과정에서 나를 이끌어주는 데 있어 그의 공이 매우 컸다. 그와 패트릭 멀리건은 내용 수정과 추가, 그 외 다른 변경 사항들에 대해 훌륭한 조언을 해주었다.

내가 리드 도서관의 게임연구센터Center for Gaming Research 센터장으로 재직하고 있는 네바다대학 라스베이거스UNLV에서도 많은 도움을 받았다. 여기에는 스페셜 컬렉션 장서뿐 아니라 피터 미셸, 수 킴 청, 토비 머리, 캐시 워, 조니 케네디, 조이스 무어, 마이클 프레이저, 데이나 밀러, 그리고 상호대차 요청을 엄청나게 빠른 속도로 처리해준 원문 제공 서비스 담당 직원도 포함된다. 퍼트리샤 이안누치 도서관장님께도 감사의 말씀을 드리고 싶다. 네바다 주립 박물관의 데이비드 밀먼에게도 고마움을 전한다. 그는 전설적인 도박꾼 그리스인 닉 단돌로스의 현존하는 유일한 사진을 찾을 수 있도록 큰 도움을 주었다.

네바다대학 리노UNR에서도 도움을 받았다. 우선 도박과 상업적 게임 연구소Institute for the Study of Gambling and Commercial Gaming의 빌 이딩턴과 주디 코닐리어스, 리카도 시우 초빙교수에게 감사드린다. 이딩턴 박사는 그의 강의에서 이 책의 초반부 몇 장으로 강의해볼 기회를 주었고, 수년 동안 따뜻한 격려와 우정을 표해주었다. UNR의 스페셜 컬렉션 담당자, 특히 재클린 선드스트랜드는 매우 협조적이었으며, 러셀 T. 반하트의 저서를 이용할 수 있도록 도와주었다.

세계 각지의 많은 연구자도 자신의 생각과 때로는 문헌 정보를 제공해줌으로써 이 책에 기여했다. 지면을 통해 미주리과학기술대학의 래리 그래그, 마카오대학의 애니 챈, 제이슨 가오, 데이비스 퐁, 카먼 청, 마카오 투어리즘 앤드 커리어 센터Macau Tourism and Career Center의 레이먼드 챈과 클라우디아 멘데스 칸, 마카오 밀레니엄대학의 카이 청 폭, 제주관광대학의 양일용 전 교수, 리버 시티 그룹의 마크 발레스트라와 수 슈나이더, 시카고대학의 스티븐 M. 스티글러에게 감사의 말을 전한다.

도박 산업과 관련된 내용에서는 몇몇 분이 운영 현황에 관한 정보에 접근할 수 있도록 해주었고, 과거 정보를 추적하는 작업도 도와주었다. 이와 관련해 홍콩기수클럽의 닉 스펜서, 베니션·샌즈 마카오의 조지 타나시예비치와 리사 청, 윈 마카오의 그랜트 보위, 아일 오브 캐프리의 리치 웨스트폴, 폭스우즈의 브루스 맥도널드, 윈 리조트의 데니스 란다초, 로저 토머스, 스티브 윈, 일레인 윈에게 감사한다. 텍스 윗슨은 비니언스, 포커, 월드 시리즈 오브 포커에 관한 정보를 제공해주었다. 그 외에 크랜들 애딩턴, 시저스 엔터테인먼트의 데비 뭉크, MGM 리조트 인터내셔널의 이벳 모네와 앨런 펠드먼, 만도 루에다에게 감사드린다.

2판을 출간하면서 새로운 친구와 동료들에게 더 많은 도움을 받았다. 이번에도 UNLV 스페셜 컬렉션 소장 자료에서 내용을 추가했는데, 클레이티 화이트, 바버라 타바치, 톰 소머, 켈리 룩스가 작업을 도와주었고, 이들은 정말로 귀중한 사진 자료를 찾아내 제공해주었다. 산토 게이밍에서는 스티브 로젠과 토니 산토와 깊은 친분을 쌓게 되었는데, 이들은 산업 운영에 관한 엄청난 깊이의 지식을 기꺼이 나누어주었다. 글로벌 게이밍 비즈니스의 로저 그로스도 좋은 친구가 되어주었다. 또한 내가 과거에 카지노 커넥션을 위해 기술했던 애틀랜틱시티 역사에 관한 일련의 기사에서도 통찰력을 얻을 수 있었는데, 그 내용을 잘 압축한 덕분에 2판에서 애틀랜틱시티에 관한 장을 새롭게 추가할 수 있었다.

지난 2년 동안 나는 게임 및 호텔업 관련 잡지 『베이거스세븐』에 글을 기고해왔다. 이 잡지사의 직원들, 특히 그중에서도 필 하겐, 그레그 블레이크 밀러, 폴 시뒤코는 큰 친절을 베풀었으며, 책에서 '최근 역사'에 관한 내용을 서술하는 데 도움을 주었다.

인터넷이 아니었다면 결코 만날 수 없었을 열정적이고 흥미로운 수많은 사람과 나누었던 베이거스 관련 대화도 빼놓을 수 없다. 베이거스 인터넷 마피아라고 불리는 이 집단은 헌터 힐레가스와 척 몬스터로 시작해 다른 여러 사람을 포함하고 있는데, 나는 영광스럽게도 베이거스 갱 팟캐스트에서 이들을 만날 수 있었다. 또 팀과 미셸 드레슨도 파이브 헌디 바이 미드나이트 팟캐스트에서 이야기를 나누었으며, 파이브 헌디 공동체의 모든 이와 베이거스트리퍼스VegasTrippers도 여기에 포함된다. 매일 트위터 계정(@

unlvgaming)을 통해 만나는 수천 명의 사람도 새로운 관점에서의 이해와 생각들을 공유해주었다. 감사드린다.

나의 아내 수니는 때때로 어려웠던 편집 막바지 과정에서 명확한 사고와 힘의 원천이 되어주었다. 우리의 두 아이도 일상에서 기쁨과 영감을 주고 있다.

구체적으로 제작과 관련해 도움을 주신 분들께도 감사의 말씀을 전한다. 인디자인의 난관을 풀어가는 데 도움을 주었던 마이크 개빈과 토머스 스피크, 훌륭한 교열 작업을 해주었던 스베틀라나 밀러(또한 함께 노력해주었던 그레그 밀러), 색인 작업의 메그 대니얼에게 감사드린다. 척 몬스터는 멋진 표지를 만들어주었다. 그리고 나의 '베타 테스터' 역할을 맡아주었던 마이크 에이디, 스티브 그랜츠, 캐서린 잭슨, 스티브 킹, 베리 콴, 데릭 밀러는 원고의 수많은 실수를 고쳐주었고, 정말로 감사드리는 바다.

나의 에이전트인 라이터스 하우스의 수전 긴즈버그에게도 진심으로 감사한다. 그녀는 이 책의 판권이 내게 돌아올 수 있도록 노력해주었고, 이로 인해 나는 크게 한발 앞으로 나아가 진일보된 2판을 낼 수 있었다. 전 과정에 걸쳐서 그녀는 진정으로 귀한 조언과 적극적인 격려를 아끼지 않았으며, 내가 더 좋은 작가가 될 수 있도록 만들어주었다.

일련의 진귀한 이야기와 전설, 역사적 사실을 남겨준 수많은 열정가, 학자, 도박자에게도 감사해야 마땅하다. 나는 그들이 남겨놓은 유산을 면밀히 검토하여 이 책에 기록했다.

마지막으로 이 책을 읽고 있는 독자, 도박의 역사에 관해 조금이나마 전달해드리겠다는 나의 약속을 믿어주었던 바로 당신에게 감사드린다. 내가 이 책을 위해 연구하고 글을 써내려가면서 느꼈던 흥미진진함을 이 책을 읽는 당신도 느끼기를 간절히 바란다.

100여 년 전만 해도 한국에서는 도박을 하면 신체형을 받았다. 1900년대 초반에 발행된 신문 자료를 살펴보면 어느 동네에 사는 누가 무슨 도박을 하다 적발되어 몇 대를 맞았다느니 벌금 얼마를 물었다느니 하는 기사가 거의 매일 게재되었다. 도박자들은 도덕적 비난과 함께 노름꾼 괴수니, 야만이니 하는 단어로 낙인찍혔고 처벌의 대상이었다. 반反도박 정서나 도박에 대한 도덕주의적 비난이 한국에서만 유달리 강력했던 것은 아니다. 인간의 도박 행위에 대한 불편한 시선은 역사적으로 세계 곳곳에서 존재했다. 식민지 시기 미국에서 도박으로 나태하고 방종하게 시간을 보내는 식민지 주민들의 행위가 바람직하지 않다고 비난했듯이, 국가가 위기에 처한 상황에서 도박이나 하며 시간을 보내는 사람들은 공공연한 질타의 대상이 되었다.

그러나 현재 우리는 상업적 도박과 합법 도박의 시대에 살고 있다. 여전히 도박은 놀이와 노름의 경계선을 오가는 개인의 행위 영역에 속하지만, 오늘날 개인이 도박하는 사회적 구조와 맥락은 과거와 확연히 다르며, 도박의 환경은 극적으로 변화했다. 한국 사회에서는 식민지 시기부터 경마와 같은 '건전한' 오락으로서의 도박이 자리 잡기 시작했고, 해방 이후 국가적 차원의 도박은 사행 산업이라는 이름으로 본격적인 확대일로를 걷고 있다. 1949년, 기존의 조선마사회가 한국마사회로 명칭이 변경되었고, 1954년 뚝섬경마장 개장 이후(나중에 이는 현재의 과천경마장으로 이전했다) 1990년에는 제주경마장이, 2005년에는 부산·경남 경마공원이 개장했다. 1970년에 장외발매소 설치가 인가된 이후 전국의 장외발매소는 점차 증가해 2020년 기준 30개소에 달한다. 복권 역시 해방 이후 얼마 지나지 않은 1947년 런던 올림픽 참가 경비 마련을 목적으로 '올림픽후원권'이 처음으로 발행되었다. 이후 후생복표, 애국복권 등을 거쳐 1969년 한국주택은행이 발행한 주택복권이 처음 정기적으로 발행되기 시작했고 현재는 로또와 연금복권을 포함해 열 종류가 넘는 복권이 발행되고 있다. 코로나 사태 이전인 2019년 기준 연간 매출은 경마가 총 7조3572억 원, 복권이 4조7933억 원에 달한다.

경마나 복권에 비해 상대적으로 후발 주자에 속하는 카지노 또한 한국인들에게 더 이상 낯선 존재가 아니다. 한때 국내에서 카지노 출입은 외국인에게만 허락됐지만, 강원도 정선에 내국인이 출입 가능한 카지노가 생긴 지도 어느덧 20년이 넘었다. 코로나가 우리 사회를 강타하기 전에는 연간 수십만 명의 사람이 꾸준히 카지노를 방문했다. 여름과 겨울 휴가철이면 더위와 추위를 피해 휴양지를 방문한 방문객들이 이 지역으로 몰려든다. 낮에는 다른 놀거리를 즐기다가도 저녁이면 카지노에 입장하려는 어른들이 카지노 입구로 모인다. 휴가철이 절정에 달할 때는 카지노로 너무 많은 인원이 집중되어 입장이 제한되기도 하고, 그럴 때면 사람들은 로비에 걸린 전광판에 표시된 입장 인원수를 바라보며 자신의 차례가 오기를 기다린다. 웅성거리는 소리와 함께 로비를 가득 채운 사람들이 만들어내는 정경은 지켜보는 사람의 가슴속에서도 가벼운 전율이 느껴지도록 만든다. 그 떨림은 아마도 아직까지 본격적으로 끓어오르지 않은, 하지만 이제 곧 카지노에서 뭔가 색다른 경험을 하게 되리라는 절제된 기대와 열기, 흥분감이 뒤섞인 감정의 역동일 것이다.

미시적 관점에서 들여다보면 역사와 문화의 차이에서 오는 다른 점이 분명 존재한다. 한국과 카지노 문화가 다른 라스베이거스 주민의 눈에는 카지노에 들어가기 위해 입장권을 구매한다든지 출입 일수가 제한되어 있다든지 하는 우리의 카지노 문화가 다소 낯설게 보일 수 있다. 그러나 거시적 관점에서 봤을 때 한국의 카지노 역시 상업적 도박 및 합법 도박으로의 전환이라는 거대한 역사적 흐름에 속해 있다. 이 흐름 안에서 도박은 참가자들이 서로를 상대로 벌이는 소규모 사적 내기로부터 고정된 뱅크를 상대로 여러 사람이 베팅할 수 있는 대규모 전문 시설에서의 도박으로, 비난의 대상이 되는 비도덕적 인간의 행위로부터 홍보와 관리 대상이 되는 소비자의 여가 행위로, 불법적인 은밀한 공간에서의 사설 도박으로부터 국가가 관리하는 (때로는 직접 소유하고 운영하는) 공적 도박으로, 규제와 탄압의 대상으로부터 막대한 고용과 세수를 창출해내는 경제적 순기능을 가진 하나의 산업으로 거듭났다. 이처럼 우리가 현재 익숙하게 접하고 낯설지 않게 느끼는 도박의 담론이나 환경은 자연스럽게 주어지거나 갑작스럽게 발명된 것이 아니라, 수백 년의 시간을 거치며 발전 또는 진화된 역사적 산물이다.

저자는 이러한 도박사의 거대한 흐름을 특유의 재치와 노련함으로 유쾌하게 풀어낸다. 번역자로서 느낀 저자의 탁월성은 자신의 이야기를 그림 그리듯 생동감 있게 묘사한다는 점이다. 외국 소설을 읽다보면 때로 풍경이나 시대의 분위기를 자세히 묘사하는 방식의 글들이 있다. 어떤 때에는 저자가 아주 정성스럽게 자신이 전달하고자 하는 바를 묘사하더라도 우리 문화권과 다소 거리가 있는 시대나 상황의 정감을 포착해내기 어렵기도 하다. 데이비드 슈워츠가 그려내는 도박의 역사 또한 저 멀리 고대와 중세로부터 시작해 현대까지 이르는 유럽과 미국 중심의 이야기지만, 그의 이야기를 따라가다보면 이질적인 단절감보다는 어쩐지 익숙한 친밀감을 느낄 수 있다. 독일과 프랑스의 휴양지에서 느긋하게 시간을 보내며 도박에 몰입하는 귀족들, 프랑스 궁정과 영국 사교 클럽에서 이뤄졌던 특권층의 도박, 시스템 베팅을 연구하기 위해 몰두했던 도박자들과 역동하는 독립 국가 미국에서 서쪽으로 함께 진격해나갔던 도박사들, 도박 사업에 손을 뻗었던 조직폭력배들의 시대, 카지노 산업으로 전성기를 맞았던 라스베이거스와 애틀랜틱시티의 격동, 인디언 카지노의 발전과 지금 우리에게도 익숙한 윈, 하라, 트럼프와 같은 굵직굵직한 카지노 산업계 거물들의 일화까지. 장마다 이어지는 일련의 흥미로운 일화들 가운데, 저자는 상업적 도박과 공익을 위한 사업으로서의 도박의 등장, 도박의 합법화와 산업화, 도박 사업의 법인화에 따른 질적 변화와 온라인 도박의 발달에 따른 새로운 규제 및 쟁점 등 도박사에서 핵심적인 역사 지식과 주요 사건들을 건조하지 않게 녹여냈다. 요컨대 이 책은 도박으로 큰돈을 손에 쥐어보려는 도박자, 도박으로 얻는 이득을 목적으로 한 도박장 운영자, 국가와 지역, 민족의 생존을 위해 도박 사업을 유치하고자 했던 지도자 등 도박을 통해 각자의 욕망을 좇았던 수많은 사람이 시간과 공간을 달리하며 도박을 주제로 펼쳐낸 열일곱 장의 변주곡에 비유될 수 있다.

우리는 독자들이 이 책을 읽으며 도박과 관련된 크고 작은 여러 장의 그림을 각자의 머릿속에 그려낼 수 있기를 희망한다. 또한 시대와 장소에 따라 흥성했다 스러지기를 반복했던 도박의 변형태를 살펴보면서 한국과 비슷한 듯하면서도 다른, 동시에 다른 듯하면서도 유사한 개인과 사회의 단면들을 확인할 수 있기를 기대한다. 그리고 언젠가 한국의 카지노나 미국, 마카오, 싱가포르와 같은 곳에서 유명한 카지노에 들를 기회가 있다면 기억으로 저장된 그림들을 상기하며 그 거대한 공간이 딛고 있는 욕망의 역사, 그 아래서 살아 숨 쉬고 있는 방대한 시간의 힘을 직접 느낄 수 있기를 바란다.

2022년 1월
옮긴이 일동

프롤로그

1   미스틱 대학살과 그 결과에 관한 정보: Herbert Milton Sylvester, *Indian Wars of New England, Volume 1*, Cleveland: The Arthur H. Clark Company, 1910. Chapter 3, "The Pequod War"; William Hubbard, *A Narrative of the Troubles with the Indians from the first planting thereof in the year 1607 to this present year 1677···to which is added a Discourse about the warre with the Pequod*, Boston: John Foster, 1677, p.127; John Mason, *A Brief History of the Pequod War*, Boston: S. Kneeland and T. Green, 1736, pp.8-9; Steven T. Katz, "The Pequot War Reconsidered," In Alden T. Vaughan, *New England Encounters: Indians and EuroAmericansca. 1600-1850*, Boston: Northeastern University Press, 1999. pp.121-122.

2   피쿼트족의 재기: Kim Issac Eisler, *Revenge of the Pequots: How a Small Native American Tribe Created the World's Most Profitable Casino*, New York: Simon and Schuster, 2001, p.52, p.87.

3   통계 자료: American Gaming Association. "Gaming Revenue: Current Year Data," Accessed online, http://www.americangaming.org

1장 리도토 혁명: 상업적 형태의 카지노가 생겨나다

1   마카크원숭이의 도박: Allison N. McCoy and Michael L. Platt, "Risk-sensitive neurons in macaque posterior cingulate cortex," *Nature Neuroscience* 8, 2005, pp.1220-1227.

2   점보기: Florence N. David, *Games, Gods, and Gambling: The Origins and History of Probability and Statistical Ideas from the Earliest Times to the Newtonian Era*, New York:

Hafner Publishing Company, 1962. p.15; Clifford A Pickover, *Dreaming the Future: The Fantastic Story of Prediction*, Amherst, New York: Prometheus Books, 2001, particularly pp.133-137.

3 초기 발목뼈의 발견: Laszlo Bartosiewicz, "A Systematic Review of Astragalus Finds From Archaeological Sites," *Anteus* 24. 1997/1998, pp.37-44, p.594.

4 메소포타미아의 주사위 게임: R. C. Bell, *Board and Table Games from Many Civilizations*, London: Oxford University Press, 1960, p.23; James Christie, *An Inquiry into the Antient Greek Game Supposed to Have Been Invented by Palamedes, Antecedent to the Siege of Troy*, London: W. Bulmer and Co., 1801.

5 아시아의 도박 성향: John A. Price, "Gambling in Traditional Asia," *Anthropoloica* N.S. Vol 14, N. 2, 1972, pp.123-125.

6 중국 도박: J. M. Roberts, *A Short History of the World*, New York: Oxford University Press, 1997. p.69, p.74.

7 고대 귀뚜라미 싸움: Price, p.171.

8 현대 귀뚜라미 싸움: "HK Police Smash Illegal Insect-Fighting Ring," *Channel News Asia*, September 21, 2004.

9 화회 로터리: Stephen M. Stigler, "Casanova, 'Bonaparte' and the Loterie de France," p.7 (unpublished paper).

10 한서: Price, p.174.

11 중국식 도미노: Stewart Culin, *Korean games with notes on the corresponding games of China and Japan*, Philadelphia: University of Pennsylvania, 1895, pp.102-103, p.114.

12 기타 중국 게임들: Price, p.176.

13 다른 아시아 도박들: Price, p.169-170.

14 랜스커넷: David Parlett, *The Oxford Guide to Card Games*, Oxford: Oxford University Press, 1990, pp.76-77.

15 베네치아의 도박: Russell T. Barnhart, "Gambling with Giacomo Casanova and Lorenzo Da Ponte in Eighteenth Century Venice,The Ridotto: 1638-1774," In Russell T. Barnhart Papers, University of Nevada Reno Special Collections. Box 14. 2. Cited as Barnhart (Casanova); Jonathan Walker, "Gambling and Venetian Noblemen," *Past and Present* No. 162. February 1999, pp.32-33, p.77.

16 바셋: Parlett, p.77.

17 리도토: Barnhart(Casanova), pp.4-5, p.13, p.16; Maurice Rowdon, *The Fall of Venice*, London, 1970, p.45.

18 파로의 기원: Parlett, p.78.

19 리도토에 방문한 로렌초 다폰테: Barnhart(Casanova), p.9, pp.19-20.

20 리도토를 찾은 카사노바: Barnhart(Casanova), p.10, p.12.

21 리도토의 폐장: Andrieux, p.131, Barnhart(Casanova), p.20.

22 카시니의 확산: Barnhart(Casanova), p.4; Andrew Steinmetz, *The Gaming Table: Its Votaries and Victims, in All Times and Countries, Especially in England and in France*, Originally published 1870, Reprint published in Montclair, New Jersey: Patterson Smith, 1969, pp.70-72.

23 루이 13세 재임기의 프랑스 도박: Steinmetz, p.75, pp.84-85.

24 루이 16세, 마자랭, 그리고 도박: Steinmetz, pp.87-88; Nancy Mitford, *The Sun King*, New York: Penguin Books, 1994. pp.64-65.

25 프랑스 내 도박의 확산: Thomas Kavanagh, *Enlightenment and the Shadows of Chance: The Novel and the Culture of Gambling in Eighteenth-Century France*, Baltimore: the Johns Hopkins University Press, 1993, p.32; Steinmetz, p.88, p.99.

26 도박을 다루는 프랑스의 논리: Kavanagh, p.42, p.46.

27 프랑스의 게임들: Russell T. Barnhart, "The Invention of Roulette," New York: Russell T. Barnhart, 1987, p.11. Cited as Barnhart 1987; Thomas M. Kavanagh, "The Libertine's Bluff: Cards and Culture in Eighteenth-Century France," *Eighteenth-Century Studies*, V. 33, N. 4, p.509, Cited afterwards as Kavanagh, 2000.

28 프랑스의 지옥과 같은 도박장과 스파들: Steinmetz, pp.103-105.

29 프랑스, 도박의 합법화를 시도하다: Steinmetz, pp.105-107.

30 팔레 루아얄: Russell T. Barnhart, "Gambling in Revolutionary Paris-The Palais Royale: 1789-1838," New York: Russell T. Barnhart, 1990, pp.2-11. Cited as Barnhart 1990.

31 룰렛의 기원: Barnhart 1987, pp.5-8, pp.14-20.

32 나폴레옹의 도박 합법화: Barnhart, 1990, pp.12-16.

33 블랙잭: Parlett, pp.78-81.

34 프랑스 합법 도박의 지속: Steinmetz, p.108.

2장 치유를 원하는 사람들: 도박을 위해 온천을 찾다

1 16세기 스파의 출현: Russell T. Barnhart, *Gamblers of Yesteryear*, Las Vegas: GBC Press, 1983, pp.53-54.

2 초기 스파의 놀거리: Barnhart, pp.58-61.

3 초기 스파에서의 도박: Barnhart, p.79.

4 리도테의 개장: Barnhart, p.79-80.

5 스파에서의 경마: Barnhart, p.71.

6 카지노 간 긴장 관계를 해소한 벨브루크의 방법: Barnhart, pp.80-81.

7 영국 클럽: Barnhart, p.81.

8 리도테 화재: Barnhart, pp.79-80.

9 리도테의 스캔들: Barnhart, p.83.

10 트랑테카랑트: Barnhart, p.80; Parlett, p.78.

11 프랑스 혁명이 스파에 미친 영향: Barnhart, pp.88-90.

12 스파의 쇠락: Barnhart, pp.90-93.

13 Andrew Steinmetz, *The Gaming Table: Its Votaries and Victims, in All Times and Countries, Especially in England and in France*, Originally published 1870, Reprint published in Montclair, New Jersey: Patterson Smith, 1969, Vol. 1, pp.171-172.

14 스파를 우회하는 철도: Barnhart, pp.90-93.

15 바덴바덴의 초기: Klaus Fischer, *Faites Votre Jeu: History of the Casino Baden-Baden*, Baden-Baden: Hans Werner Kelch, 1975, p.7, p.22.

16 프롬나드 하우스의 개장: Barnhart, p.100.

17 다른 도박장들: Fischer, p.25.

18 요한 페터 헤벨의 바덴바덴 찬사: Fischer, p.16.

19 증가하는 바덴바덴의 인기: Fischer, p.17.

20 샤베르: Barnhart, p.100.

21 자크 베나제: Barnhart, p.100-101.

22 파리의 마지막 도박(1837): Barnhart, pp.101-102.

23 바덴바덴으로 이주한 베나제: Barnhart, p.114.

24 베나제, 바덴바덴에서 성공을 거두다: Fischer, p.44.

25 '큰아버지' 마르탱: Barnhart, pp.111-113.

26 아버지의 가업을 이은 에두아르 베나제의 성공: Barnhart, pp.115-116.

27 영국인의 바덴바덴 묘사: Steinmetz, pp.159-160.

28 레오니 르블랑: Steinmetz, pp.168-169.

29 Barnhart, p.108.

30 바덴바덴에 머물렀던 브람스: Barnhart, pp.106-108; Leon Botstein, ed., *The Compleat Brahms: A Guide to the Musical Works of Johannes Brahms*, New York: W. W. Norton and Company, 1999, p.144; Malcolm McDonald, *Brahms*, New York: Schirmer Books, 1990, p.132.

31 바덴바덴에서 머문 오펜바흐와 슈트라우스: Barnhart, pp.106-108.

32 도박 리조트 바덴바덴의 쇠퇴기: Fischer, pp.60-61.

33 키실레프 백작 부인: Fischer, pp.60-61.

34 바덴바덴에서의 니콜라이 고골: Barnhart, pp.104-105.

35 바덴바덴에서의 톨스토이: Barnhart, p.110.

36 투르게네프와 톨스토이: Ivan Turgenev, "Dying Plea to Tolstoy," In John Cournos, ed., *A Treasury of Classic Russian Literature*, New York: Capricorn Books, 1961, p.75.

37 도스토옙스키, 『노름꾼』을 출간하다: Count Corti, *The Wizard of Homburg and Monte Carlo*, London: Thornton Butterworth, Ltd., 1934, pp.210-211.

38 1867년 7월, 바덴바덴으로 이주한 도스토옙스키: Barnhart, p.121.

39 Fyodor Dostoyevsky, "Meeting with Turgenev," In John Cournos, ed., *A Treasury of Classic Russian Literature*, New York: Capricorn Books, 1961, p.48.

40 점점 더 절망의 구렁텅이로 빠져들어 간 도스토옙스키: Cournos, p.48.

41 도스토옙스키와 투르게네프의 긴장 관계: Barnhart, pp.121-122.

42 도스토옙스키와 투르게네프의 대립: Cournos, pp.49-50.

43 도박을 그만둔 도스토옙스키: Barnhart, p.124.

44 라인강 유역 스파 도박 리조트의 폐장: Fischer, p.22.

45 비스바덴의 성장: "One of Europe's Most Attractive Casinos," Informational brochure in Promotional and Publicity Material: Spielbank Casino, Wiesbaden, Germany. UNLV Special Collections.

46 1868년의 비스바덴: Steinmetz, pp.207-213.

47 Steinmetz, pp.213-215.

48 Steinmetz, pp.215-217.

49 블랑 형제의 초년: Corti, pp.17-26, pp.30-33.

50 블랑 형제와 협의를 시작한 루트비히: Corti, pp.38-41.

51 필리프와의 거래를 성사시킨 블랑 형제: Corti, pp.42-44.

52 카지노 착공식: Corti, pp.45-46.

53 방문객 유치를 위한 블랑 형제의 노력: Corti, p.45, p.47-49.

54 바트홈부르크에서 영속적 카지노 개장: Corti, p.50.

55 바트홈부르크 카지노 묘사: Barnhart, p.139; Steinmetz, p.180-181.

56 바트홈부르크 카지노에서 도박자가 자살한 사건과 이에 대한 딜러의 침착한 반응: Steinmetz, pp.188-189.

57 바트홈부르크 카지노의 고객 편의 시설: Barnhart, p.140.

58 조지 아우구스투스 살라의 바트홈부르크 묘사: Barnhart, pp.153-154.

59 Corti, pp.104-105.

60 바트홈부르크에서 발생한 사취와 이에 대한 블랑의 대응: Corti, pp.90-92.

61 카지노의 왕자가 바트홈부르크를 방문하다: Barnhart, pp.141-142; Corti, pp.93-99.

62 Charles Kingston, *The Romance of Monte Carlo*, London: John Lane, 1925, p.36.

63 블랑의 결혼과 번영: Corti, pp.100-102.

64 가르시아의 승리와 블랑의 대책: Corti, pp.113-114, pp.118-126.

65 독일 국민의회의 도박 금지법과 블랑의 묘책: Corti, pp.63-74.

66 도박 리조트에 대한 언론의 호도와 그에 대한 도스토옙스키의 의견: Dostoyevsky, p.27.

67 프로이센의 라인강 유역 통합과 도박의 종식: Corti, pp.200-201, pp.203-204.

68 독일의 도박이 막을 내리다: Corti, p.204, pp.248-249; Barnhart, p.168.

69 모나코로 눈을 돌린 블랑: Corti, p.249.

3장 어둠으로 가득 찬 밝은 곳: 프랑스 리비에라 지역의 도박

1 모나코의 초기 역사: Count Corti, *The Wizard of Homburg and Monte Carlo*, London: Thornton Butterworth, Ltd., 1934, pp.130-132, pp.137-138.

2 레노의 조사: Corti, p.139.

3 모나코에 대한 블랑의 의심: Corti, p.85, p.141.

4 랑글루아와 오베르의 '목욕 시설' 운영 시도: Corti, pp.142-149.

5 모나코에서 사업을 위해 노력했던 다발: Corti, pp.155-159.

6 발미 공작 사업의 실패: Corti, pp.159-168, p.179.

7 샤를 3세와 계약을 체결한 블랑: Corti, pp.177-180.

8 모나코에서 성공을 거둔 블랑: Corti, pp.182-187, pp.193-199, pp.218-219, pp.225-226; Charles Kingston, *The Romance of Monte Carlo*, London: John Lane, 1925, p.16.

9 블랑이 시행한 방문자용 카드 발행 시스템의 기원: Corti, pp.252-253.

10 모나코에 관한 『런던타임스』의 보도: "Monaco," *New York Times*, April 23, 1873, p.4.

11 프랑스 정부에 대한 블랑의 후원: Corti, p.259.

12 블랑의 사망: "Gambling at Monte Carlo," *New York Times*, September 17, 1877, p.2; Corti, p.266.

13 블랑이 사망할 당시의 모나코: Stanley Jackson, *Inside Monte Carlo*, New York: Stein and Day, 1975, p.45.

14 몬테카를로와 카지노 칩: Barnhart, p.181; Dale Seymour, *Antique Gambling Chips*, Revised Edition, Palo Alto, California: Past Pleasures, 1998, pp.7-14, pp.66-72, pp.109-120.

15 마리 블랑의 죽음: Jackson, pp.48-49.

16 카미유 블랑의 몬테카를로 개선: Jackson, p.49; Graves 1951, p.112.

17 몬테카를로의 딜러 학교: Graves, 1951, p.113.

18 카지노의 확장: Barnhart, pp.183-184.

19 몬테카를로에 대한 『뉴욕타임스』의 비판: "An Italian Gambling Hell," *New York Times*, April 7, 1878, p.2.

20 철강 산업 재벌가 자손의 불행: "An American at Monte Carlo," *New York Times*, December 18, 1882, p.3.

21 빅토리아 여왕과 몬테카를로를 좋아했던 에드워드 왕자: Barnhart, pp.185-186; Jackson, p.53.

22 행운의 찬송가: Adolphe Smith, *Monaco and Monte Carlo*, London: Grant Rirchards, Ltd., 1912, pp.449-455.

23 몬테카를로 미신: Smith, pp.456-662.

24 제1차 세계대전 기간과 그 이후의 몬테카를로: Smith, p.345, pp.440-444; Graves 1951, p.95, p.145.

25 마틴게일과 그랜드 마틴게일: Darwin Ortiz, *Darwin Ortiz on Casino Gambling: The Complete Guide to Playing and Winning*, New York: Lyle Stuart, 1992, p.73, pp.175-176.

26 라보셰르 시스템: Ortiz, pp.177-178.

27 달랑베르 시스템: Ortiz, pp.179-180.

28 인내 시스템: Ortiz, p.181.

29 가그난테 마체 시스템: Ortiz, p.182.

30 시스템에 관한 프랑수아 블랑의 태도: Graves 1951, p.61.

31 '뱅크 파산'의 의례: Graves 1951, p.90.

32 두 명의 파리 도박꾼: "Their System Didn't Work," *New York Times*, June 26, 1887, p.11.

33 재거의 시스템: Graves 1951, pp.76-77; Mordaunt Hall, "'Breaking the Bank' Costly to Tourists," *New York Times*, September 2, 1923. XX4.

34 찰스 데빌 웰스: Jackson, p.72; Graves 1951, pp.90-91.

35 로슬린 경 vs. 맥심 경: Russell T. Barnhart. *Gamblers of Yesteryear*, Las Vegas: GBC Press, 1983, pp.191-194; "Rosslyn Ahead in Gambling Test," *New York Times*, September 28, 1908, C1; "Rosslyn's Defeat Easy," *New York Times*, October 8, 1908, C1; For Maxim's book-length exposition of the falsity of systems, see Hiram S. Maxim, *Monte Carlo: Facts and Fallacies*, London: Grant Richards, 1904.

36 슈만드페르의 확산: Charles Graves. *None But the Rich: The Life and Times of the Greek Syndicate*, London: Cassell, 1963. pp.1-2.

37 프랑스 도박 클럽: Eugene Villiod, Russell Barnhart trans., *The Stealing Machine*, Las Vegas: Gambler's Book Club, 1906, p.24, p.27, p.31, p.35, p.46.

38 프랑스 카지노에 대한 세금: Charles Graves, *The Price of Pleasure*, London: Ivor, Nicholson, and Watson, Ltd., 1935, pp.1-2.

39 그리스 연합: Graves 1963, pp.11-21, p.29, p.40; Graves 1951, pp.27-28.

40 "Famed Gambler Dies in Switzerland at 68," *New York Times*, April 23, 1953, p.6.

41 도빌 카지노: Graves 1963, pp.56-57.

42 조그라포스의 사망과 그리스 연합의 존속: Graves 1963, pp.61-64, p.101, p.165.

43 카미유 블랑의 축출과 사망: Jackson, p.12, pp.123-124, pp.130-131; "Blanc, Who Grew Rich in Monaco, Dies at 81," *New York Times*, December 23, 1927, p.19.

44 르네 레옹의 몬테카를로 이력: Jackson, p.132, p.140.; Clair Price, "A Roulette Battle Resounds in Europe," *New York Times*, March 4, 1934, SM5.

45 산레모: Price, p.5.

46 프랑스의 룰렛 합법화: Price, p.19.

47 몬테카를로를 떠나는 레옹: Jackson, p.163.

48 1930년대 말과 1940년대 초의 몬테카를로: Graves 1935, pp.4-6.

49 전후 시기의 몬테카를로: Jackson, pp.183-184.

50 SBM의 주식을 매입 및 매각하고, 지분을 통제했던 아리스토틀 오나시스: Jackson, p.228, pp.244-246.

51 1970년대 몬테카를로: Jackson, p.252.

52 모나코 게임 세수: "A Promenade in Monte Carlo," *New York Times*, March 13, 1988, SMA24.

4장 영국 사람들의 한 방 베팅: 영국의 카지노, 1700~1914

1 배스의 초기: Russell T. Barnhart, *Gamblers of Yesteryear*, Las Vegas: GBC Press, 1983, pp.10-11; Willard Connely, *Beau Nash: Monarch of Bath and Tunbridge Wells*, London: Werner Laurie, 1955, pp.22-23.

2 보 내시의 초년: Barnhart, pp.7-8; Connely, p.24.

3 웹스터 대장: Connely, pp.22-23, p.27.

4 내시의 배스 재건: Connely, pp.28-34; Barnhart, pp.13-15; Trevor Fawcett, *Bath Entertain'd: Amusements, Recreations, & Gambling at the 18th Century Spa*, Bath: Ruton, 1998, pp.45-49, p.69.

5 의회의 도박 금지: Barnhart, p.31.

6 보 내시의 내리막길: Barnhart, pp.43-47.

7 배스의 쇠락: Barnhart, pp.49-50.

8 18세기 초 런던의 도박장: Ashton, pp.22-24, pp.58-59.

9 커피하우스: Nevill, pp.2-3; A. L. Humphreys, *Crockford's: or The Goddess of Chance in St. James's Street 1828-1844*, p.13, p.20.

10 도박 클럽의 성장: Nevill, pp.182-184, Ashton, p.90.

11 샌드위치 백작: Waddy, p.137.

12 몬터규 전기 작가인 N. A. M. 로저는 샌드위치의 기원에 관한 유명한 일화에 의문을 던진다. 그는 이 전설이 1765년 이 이야기를 다룬 여행서의 한 구절에서 시작되었다고 여긴다. 그러나 그에 따르면 당시 몬터규 백작은 장관으로 재직 중이었고, 책상 앞에 앉아 쉼 없이 일했던 시기였다. 로저는 샌드위치가 시작된 곳은 바로 그 책상이라고 이야기한다. 그러나 샌드위치가 게임 테이블에서 시작되었다고 주장하는 두 가지 출처도 존재한다. 에드워드 기번은 1762년, 일군의 신사가 코카트리에서 "약간의 차가운 고기, 또는 샌드위치"를 깨작거렸다고 적었다. 나아가 셰익스피어 타번에서 모임을 가졌던 도박 클럽인 비프스테이크 클럽도 샌드위치를 발명했다고 주장한다. Linda Stradley, "What's Cooking America: The History of Sandwiches," Accessed at: http://whatscookingamerica.net/History/SandwichHistory.htm; N. A. M. Rodger, *The Insatiable Earl: A Life of John Montagu, Fourth Earl of Sandwich, 1718-1792*, New York: W. W. Norton and Company, 1994, pp.76-79.

13 앨먹스의 규칙: Ashton, pp.90-91.

14 클럽에 대한 대중의 반발: Ashton, p.83.

15 심연의 지옥: Ashton, pp.133-136.

16 사기꾼Sharpers: Andrew Steinmetz, *The Gaming Table: Its Votaries and Victims, in All Times and Countries, Especially in England and in France*, Volume 2, Montclair, New Jersey: Patterson Smith, 1969, pp.193-194.

17 사기꾼들과 도박했던 체스터필드 경: Barnhart, pp.27-28.

18 채식주의자였던 사기꾼들: Steinmetz, p.32.

19 Steinmetz, p.32.

20 아처 여사와 버킹엄셔 여사: Ashton, pp.76-82.

21 경찰의 도박장 단속 증가: Steinmetz, pp.200-202.

22 사교적 도박의 만연은 지속되다: Ashton, p.83.

23 마카오 게임: Steinmetz, pp.185-186.

24 윌리엄 크록퍼드: Humphreys, pp.39-48; Nevill, pp.190-191.

25 크록퍼드 클럽 묘사: H. T. Waddy, *The Devonshire Club—And Crockford's*, London: Eveleigh, Nash, and Company, 1919, pp.120-136, p.147; Nevill, p.191; E. Beresford Chancellor, *Memorials of St. James's Street, Together with the Annals of Almack's*, New York: Brentano's, 1922, pp.164-166.

26 크록퍼드의 은퇴와 사망: Waddy, p.137, pp.143-144; Ashton, p.148.

27 Humphreys, p.13.

28 휘스트 게임의 진화: William Pole, *The Evolution of Whist: A Study of the Progressive Changes which the Game Has Passed Through from Its Origin to the Present Time*, London: Longmans, Green and Company, 1897, pp.10-19, p.26, pp.35-36; An Amateur, *Whist: Its History of Practice*, London: Bell and Wood, 1843, p.18, p.27, p.29.

29 호일과 그의 게임 규칙: Pole, pp.41-42, p.46, pp.48-49; Amateur, p.41; Parlett, pp.59-60.

30 초기 영국의 게임 지침서: David Parlett. *The Oxford Guide to Card Games*, Oxford: Oxford University Press, 1990, pp.55-58.

31 휘스트가 지성의 영역으로 편입되다: Pole, pp.73-83.

5장 도박의 신대륙: 미국 도박의 탄생

1 미국 원주민 게임: Stewart Culin. *Games of the North American Indians*, New York: Dover Publications, 1975, pp.346-349.

2 노퀼피와 노퀼피 사원: Kathryn Gabriel, *Gambler Way: Indian Gaming in Mythology, History, and Archeology in North America*, Boulder: Johnson Books, 1996, pp.88-89, pp.100-101.

3 청케: Gabriel, p.51.

4 미국 원주민 도박의 지속: Gabriel, pp.8-9.

5 몬테수마, 코르테스 그리고 도박: Gabriel, pp.129-131.

6 도박과 유령의 춤: Gabriel, pp.72-73.

7 식민지 시기 버지니아: Walter A. McDougall, *Freedom Just Around the Corner: A New American History 1585-1828*, New York: HarperCollins, 2004, pp.42-43, p.149.

8 초기 버지니아의 도박: T. H. Breen, "Horses and Gentlemen: The Cultural Significance of Gambling Among the Gentry of Virginia," *The William and Mary Quarterly*, 3rd Series, V. 34, N. 2.(April, 1977), p.239, p.248; Louis B. Wright and Marion Tinling, eds., *The Secret Diary of William Byrd of Westover, 1709-1712*, Richmond, Virginia: The Dietz Press, 1941, p.442.

9 청교도인들과 뉴잉글랜드의 도박: Emil Oberholzer, Jr., *Delinquent Saints: Disciplinary Action in the Early Congregational Churches of Massachusetts*, New York: Columbia University Press, 1956, p.230; Larry Gragg, "Gambling," In James Ciment, ed., *Colonial America: An Encyclopedia of Social, Political, Cultural, and Economic History*, New York: M. E. Sharp, 2006; Bruce C. Daniels, *Puritans at Play: Leisure and Recreation in Colonial New England*, New York: St. Martin's Press, 1995, p.144, p.152, p.158, pp.176-181.

10 펜의 특권과 아버지 펜의 도박: McDougall, pp.83-84.

11 만연했던 식민지 시기 도박: "Gambling(1600-1754)," *American Eras* vols 8 Gale Research,

1997-1998, Reproduced in History Resource Center, Farmington Hills, Michigan: Gale Group; Chafetz, p.16.

12 윌리엄 호 경의 도박 금지 칙령: General Sir William Howe's Orderly Book. Port Washington, New York: Kennikat Press, 1970, p.37.

13 영국군의 도박: Chafetz, p.30.

14 워싱턴 장군의 도박: Marvin Kitman, *The Making of the Prefident 1789*, New York: Harper and Row, 1989, pp.39-42.

15 워싱턴의 도박 금지 칙령: Chafetz, p.29.

16 황열병에 대한 내기: Chafetz, p.37.

17 변경 지역의 도박: Chafetz, pp.44-46.

18 헨리 클레이와 다니엘 웹스터의 도박: Chafetz, p.48.

19 앤드루 잭슨의 도박: Chafetz, p.45.

20 미국의 파로: Asbury, pp.7-9, p.15.

21 일라이자 스캐그와 전문 파로 딜러의 확산: Chafetz, pp.51-54.

22 워싱턴에서의 도박: Asbury, p.134; Chafetz, p.180.

23 존 애덤스의 백악관 당구대 스캔들: Edwin A. Miles "President Adams' Billiard Table," *The New England Quarterly*, V. 45, N(March 1972), p.31, pp.36-42.

24 밴뷰런부터 클리블랜드까지, 포커를 즐겼던 (헤이스를 제외한) 모든 대통령: Lillard, pp.17-18.

25 위선자의 전당: Asbury, pp.141-142, pp.144-146.

6장 새로운 땅으로: 황금을 좇아 서쪽으로 이동하는 사람들

1 토크빌Alexis de Tocqueville, 『아메리카의 민주주의 2』, 이용재 옮김, 2부 19장 '거의 모든 아메리카인이 제조업으로 기우는 이유', 아카넷, 2018 참고. Alexis de Toqueville, *Democracy in America. Book 2*, Chapter 19. Accessed at: http://www.marxists.org/reference/archive/detocqueville/democracy-america/ch31.htm.

2 루이지애나의 합법 도박: Asbury, pp.110-112.

3 존 데이비스의 도박장: Asbury, pp.114-115.

4 포커의 기원: David Parlett, "The History of Poker," Accessed at: http://www.pagat.com/vying/pokerhistory.html.

5 크랩스 게임의 진화: Barnhart, pp.23-24, pp.27-28; Asbury, pp.46-47; John Scarne, *Scarne on Dice, Eighth Revised Edition*, New York: Crown Publishers, 1980, pp.19-21.

6 조개 껍데기 게임과 분코: Asbury, pp.52-56.

7 남부의 강 유역의 도박: Chafetz, p.55.

8 빅스버그 자경단의 교수형: Asbury, pp.219-224; Chafetz, pp.56-57.

9 뉴올리언스에서 지속된 도박: Asbury, p.122.

10 증기선 규제: Kermit L. Hall, *The Magic Mirror: Law in American History*, New York: Oxford University Press, 1989, p.93.

11 선상 도박자들: Asbury, pp.201-202; Chafetz, p.74.

12 사기도박자들: Asbury, pp.204-205.

13 조지 데볼의 이력과 회고: Geroge Devol, *Forty Years a Gambler on the Mississippi*, Cincinatti: Devol and Haines, 1887, pp.129-130, p.148.

14 뉴올리언스의 벤저민 버틀러 장군: Devol, pp.119-120.

15 연방군의 도박: Bell Irvin Wiley, *The Life of Billy Yank: The Common Soldier of the Union*, Baton Rouge: Louisiana State University Press, 2001, pp.149-150, pp.250-251.

16 연합군의 도박: Bell Irvin Wiley, *The Life of Johnny Reb: The Common Soldier of the Confederacy*, Baton Rouge: Louisiana State University Press, 1996, pp.36-40.

17 적군과의 도박: Wiley, Johnny Reb, pp.318-319.

18 Devol, pp.117-118.

19 채금지로 향하는 여정 중의 도박: J. S. Holliday, *The World Rushed In: The California Gold Rush Experience*, New York: Touchstone, 1981, p.76, p.94, p.96, p.412.

20 금광 지대에서의 도박: Holliday, p.355, p.364.

21 Roger D. McGrath, *Gunfighters, Highwaymen, and Vigilantes: Violence on the Frontier*, Berkeley: University of California Press, 1984, pp.11-12.

22 전형적인 서부의 살롱: McGrath, p.111.

23 동물 싸움과 베팅: Rodman Wilson Paul and Elliott West, *Mining Frontiers of the Far West, 1848-1880*, Albuquerque: University of New Mexico Press, 2001, pp.214-215.

24 샌프란시스코의 도박장: Asbury, p.53, pp.312-315.

25 샌프란시스코 내 중국 도박: John Phillip Quinn, *Fools of Fortune, or, Gambling and Gamblers*, Chicago: G. L. Howe & Co., 1890, pp.449-500.

26 샌프란시스코 도박장의 수익: Asbury, p.317.

27 캘리포니아의 도박 금지: Roger Dunstan, History of Gambling in California, Sacramento: California State Library, 1997. Accessed at: http://www.library.ca.gov.

28 서부 도시들의 도박: Asbury, pp.328-333, p.335, p.341.

29 산타페와 캔자스의 도박: Asbury, p.340.

30 목장 마을의 도박: Chafetz, p.146.

31 Bret Harte. "The Outcasts of Poker Flat," In *9 Sketches*, West Virginia: West Virginia Pulp and Paper Company, 1967. p.36.

32 와일드 빌 히콕: Robert K. DeArment. *Knights of the Green Cloth: The Saga of the Frontier Gamblers*, Norman: University of Oklahoma Press, 1982, pp.333-336; Chafetz, p.156; Bill Kelly, *Gamblers of the Old West: Gambling Men and Women of the 1800s, How They Lived—How They Died*, Las Vegas: B & F Enterprises, 1995. pp.18-20.

33 닥 홀리데이: Kelly, pp.80-81, pp.84-85.

34 '박쥐' 매스터슨: Kelly, pp.113-118.

35 도냐 마리아 거트루디스 바르셀로(라 툴스): DeArment, pp.229-237.

36 벨 시돈스(러라인 몬테 버디): Kelly, pp.31-36.

37 엘리너 듀몬트: DeArment, pp.240-241, Chafetz, pp.172-175.

38 포커왕 앨리스: DeArment, pp.269-276.

7장 돈 많은 바보들: 도박의 도시화

1 초기 뉴욕의 도박: Herbert Asbury, *Sucker's Progress: An Informal History of Gambling in America from the Colonies to Canfield*, Montclair, NJ: Patterson Smith, 1969, pp.156-157.

2 울프 트랩: Asbury, pp.185-187, pp.272-274.

3   B급 도박장: Asbury, pp.176-177.

4   브레이스 룸: Asbury, pp.181-184.

5   Asbury, pp.175-176.

6   호러스 그릴리의 도박 손실 금액 추정: Asbury, p.162.

7   뉴욕의 일류 도박장: Asbury, pp.160-161.

8   뉴욕 도박 금지 연합회의 도박 통계: Asbury, p.163.

9   루번 파슨스: Asbury, pp.167-168.

10 헨리 콜턴: Henry Chafetz, *Play the Devil: A History of Gambling in the United States from 1492 to 1955*, New York: Bonanza Books, 1960, p.236.

11 패트릭 헌: Chafetz, pp.231-234.

12 뉴욕의 다른 도박장 운영자들: Chafetz, pp.233-239.

13 존 모리시의 초년: Asbury, pp.360-362.

14 모리시의 말년: Asbury, pp.367-388.

15 론도: Edmund Hoyle, *Hoyle's Games: Autograph Edition. Revised, Enlarged, and Brought up to Date*, New York: A. L. Burt Company, 1907, p.334.

16 키노: Hoyle, pp.247-248.

17 신시내티 도박: Chafetz, pp.209-210.

18 중서부 지역의 도박: Chafetz, p.205.

19 중서부 지역의 전문 도박사: Chafetz, p.206.

20 밀워키의 도박: Asbury, pp.264-266.

21 초기 시카고의 도박: Asbury, pp.286-291.

22 와트 캐머런: Asbury, p.291.

23 조지 트러셀: Asbury, p.293-295.

24 루이스 콘과 시카고 화재: Chafetz, p.417.

25 마이크 맥도널드: Asbury, pp.295-297.

26 John Philip Quinn, *Fools of Fortune*, Chicago: G. I. Howe and Company, 1890, p.402.

27 스토어: Asbury, pp.298-299.

28 맥도널드의 쇠락: Asbury, pp.300-305.

29 Edgar Allen Poe, "The Man of the Crowd," in *The Annotated Tales of Edgar Allen Poe*, New York: Doubleday and Company, 1981, p.189.

30 순례자들과 그들의 게임: Quinn, pp.284-891.

31 운명의 바퀴의 확률: Robert C. Hannum and Anthony N. Cabot, *Practical Casino Math*, Second Edition, Reno: Institute for the Study of Gambling and Commercial Gaming, 2005, p.117

32 정직한 존 켈리의 삶: Julien J. Prosauker, *Suckers All! The Life of Honest John Kelly as Told from His Diaries*, New York: The Macaulay Company, 1934, pp.23-53, pp.93-179, pp.182-199, pp.200-291, pp.317-318.

33 존 필립 퀸: John Philip Quinn, *Gambling and Gambling Devices*, Las Vegas: GBC Press (originally copyright John Philip Quinn, 1913), pp.27-28.

34 도박 장치들: Quinn 1913, p.136, pp.145-146.

35 펀치보드: Quinn 1913, pp.226-230.

8장 마피아와 슬롯머신: 조직폭력배 시대의 도박

1 새러토가의 초기: Jon Sterngass, *First Resorts: Pursuing Pleasure at Saratoga Springs, Newport, and Coney Island*, Baltimore: Johns Hopkins Press, 2001, p.150.

2 새러토가 경마장과 트래버스 스테이크: Sterngass, p.148.

3 새러토가 경마 베팅에서 모리시의 역할: Sterngass, p.149.

4 모리시의 클럽 하우스: Asbury, pp.383-384.

5 새러토가에서 성공을 거둔 모리시: Asbury, p.387.

6 조니 체임벌린, 롱브랜치, 몬머스 파크: Asbury, pp.393-396.

7 캔필드의 초년: Asbury, pp.419-427.

8 캔필드의 방식: Asbury, pp.420-421.

9 새러토가에서의 캔필드: Asbury, pp.439-440.

10 캔필드의 도박장 관리: Asbury, pp.444-445.

11 '백만 베팅' 게이츠: Asbury, pp.448-450.

12 캔필드의 사망과 그의 유산: Asbury, pp.466-468.

13 도박 기계: Quinn 1913, pp.188-197, p.219.

14 초기 슬롯머신: Marshall Fey, *Slot Machines: A Pictorial History of the First 100 Years, Fourth Edition*, Reno: Liberty Belle Books, 1994, pp.13-21.

15 카를 파이와 리버티 벨: Fey, pp.40-42, pp.53-54.

16 껌을 증정하는 슬롯머신: Fey, p.106.

17 프랭크 코스텔로의 슬롯 제국: Fey, pp.104-105.

18 Mark H. Haller, "The Changing Structure of American Gambling in the Twentieth Century," In Eric H. Monkkonen, ed., *Crime and Justice in American History, Volume 8: Prostitution, Drugs, and Organized Crime*, Part I. Munich: K. G. Saur, 1992, p.318.

19 뉴욕 도박 위원회: "This City's Crying Shame," *New York Times*, March 9, 1900, p.1.

20 시카고 도박 신디케이트: John Phillip Quinn, *Fools of Fortune, or, Gambling and Gamblers*, Chicago: G. L. Howe & Co., 1890, p.405.

21 미니애폴리스 도박 신디케이트: Asbury, p.270.

22 샌 버나디노: Noah Sarlat, ed., *America's Cities of Sin*, New York: Lion Books, 1950, pp.63-64.

23 버건 카운티 리조트: Noah Sarlat, ed., *Sintown USA*, New York: Lion Books, 1952, pp.123-127.

24 팜비치: Henry Chafetz, *Play the Devil: A History of Gambling in the United States from 1492 to 1955*, New York: Bonanza Books, 1960, pp.409-414.

25 빌럭시: Deanne Nuwer and Greg O'Brien, "Gambling: Mississippi's Oldest Pastime," In Denise Von Hermann, ed., *Resorting to Casinos: How the Mississippi Casino Resort Industry Was Made*, Jackson: University of Mississippi Press, 2005, pp.14-32.

26 핫스프링스, 아칸소: Hank Messick and Burt Goldblatt, *The Only Game in Town: An Illustrated History of Gambling*, New York: Thomas Y. Crowell Company, 1976, p.68, p.70.

27 뉴포트, 켄터키: David Wecker, "Before there was Vegas, there was Newport," *Cincinnati Post*, September 9, 2004.

28 Advertisement, *New York Times*, April 15, 1951, P 4XX.

29 쿠바 혁명과 카지노 폐장: "Batista and Regime Flee Cuba; Castro Moving to Take Power; Mobs Riot and Loot in Havana," *New York Times*, January 1, 1959; "Havana's Last Casino Closed," *New York Times*, September 30, 1961.

30 아구아칼리엔테 (멕시코) 카지노: Messick, pp.115-116.

31 몬트리올의 도박: Sarlat 1950, p.107.

9장 견딜 수 없는 유혹: 네바다, 미국 도박의 오아시스가 되다

1 John B. Reid and Ronald M. James, eds., *Uncovering Nevada's Past: A Primary Source History of the Silver State*, Reno: University of Nevada Press, 2004, p.66.

2 도박에 대한 초기 네바다의 관용과 금지: Barbara and Myrick Land, *A Short History of Reno*, Reno: University of Nevada Press, 1995, p.33; Eric Moody, *The Early Years of Gambling in Nevada, 1931-1945*, Reno: University of Nevada Doctoral dissertation, 1997, pp.10-11.

3 1869년 도박 합법화: Moody, pp.11-12.

4 1871년과 1875년의 도박법 개정: Moody, pp.14-15.

5 1877년, 1903년, 1905년의 도박법 개정: Moody, pp.16-19.

6 1909년 도박 금지: Moody, pp.20-21.

7 1909년 이후 허용된 도박: Moody, pp.22-31.

8 20세기 초 네바다주의 권투: Phillip J. Earl, *This is Nevada*, Reno: Nevada Historical Society, 1986, pp.178-179.

9 네바다 골드필드에서 한몫 크게 잡았던 텍스 리카드는 이후 권투 경기 기획자로 거듭났으며, 매디슨 스퀘어 가든의 설립자이자 뉴욕 레인저스의 첫 소유주였다.

10 매케이와 그레이엄: Moody, pp.180-181.

11 1920년대 도박 비범죄화의 실패: Moody, pp.32-34, pp.51-52.

12 합법 도박을 이용한 그레이엄과 매케이: Moody, p.174.

13 팬기니 게임: Murray M. Sheldon, *Pan(Panginguie): Rules of Play and How to Win*, Miami Beach: Pan Book Publishers, 1969, pp.15-16.

14 그레이엄과 매케이의 공판과 수감: Moody, p.184.

15 팰리스 클럽: Moody, pp.186-188.

16 1930년대 리노의 아프리카계 미국인 및 아시아인 카지노 사업자: Moody, pp.234-237.

17 빙고(탱고): Moody, p.188.

18 키노: Moody, pp.189-190.

19 해럴드 클럽: Land and Land, pp.87-91; Moody, p.191, p.193, p.195.

20 윌리엄 피스크 하라: Land and Land, pp.94-96; Moody, pp.215-217; Mando Rueda Oral History Interview.

21 리노의 다른 카지노들: Moody, pp.197-199, pp.204-206.

22 공공장소의 슬롯머신: Moody, pp.113-115.

23 리노의 한계선: Land and Land, pp.100-102.

24 캘네바: Moody, pp.272-274.

25 커머셜 호텔: Moody, p.280, p.420.

26 라스베이거스 도박장 면허: Las Vegas City Commission Minutes, pp.156-157, pp.162-163, p.183.

27 J. 켈 하우셀스: Moody, p.258.

28 초기 라스베이거스 도박계의 여성들: Thomas "Taj" Ainlay and Judy Dixon Gabaldon, *Las Vegas: The Fabulous First Century*, Charleston: Arcadia Publishing, 2003, pp.49-51; Moody, p.105, pp.126-127.

29 라스베이거스 키노: Moody, pp.129-131.

30 아프리카계 미국인들과 초기 라스베이거스 도박: Moody, p.269.

31 경마 도박의 합법화: Moody, p.293.

32 라스베이거스에서 도박장을 운영했던 과거의 범법자들: Moody, pp.263-265, pp.296-299.

10장 태양의 도시: 라스베이거스 스트립의 탄생

1 초기 카지노 리조트의 진화: David G. Schwartz, *Suburban Xanadu: The Casino Resort on the Las Vegas Strip and Beyond*, New York: Routledge, 2003, particularly chapter 2.

2 네바다 빌트모어: Moody, pp.389-390.

3 라스트 프런티어: William Moore, Oral History. Elizabeth Nelson Patrick, interviewer. Reno: University of Nevada Oral History Project, 1981. p.5, p.13.

4 빌리 윌커슨과 플러밍고: W. R. Wilkerson III, *The Man Who Invented Las Vegas*, Los Angeles: Ciro's Books, 2000, p.98, p.104, pp.110-111, pp.166-167, pp.225-226.

5 메이필드 로드 갱: Wallace Turner, *Gamblers' Money: The New Force in American Life*, Boston: Houghton Mifflin Company, 1965, p.288.

6 도박 신디케이트의 진화: Mark H. Haller, "The Changing Structure of American Gambling in the Twentieth Century," In Eric H. Monkkonen, ed., *Crime and Justice in American History. Volume 8: Prostitution, Drugs, and Organized Crime*, Part I. Munich: K. G. Saur, 1992, pp.315-316.

7 광업을 대신해 네바다 주요 세수를 만들어내기 시작한 상업적 도박: Moody, p.459.

8 게임세 징수에 관한 세금위원회의 역할: Moody, pp.446-448.

9 네바다 도박 통제 시스템: A. L. Higgenbotham, *Legalized Gambling in Nevada: Its History, Economics, and Control*, Carson City: Nevada Gaming Commission, 1971, p.11.

10 Robert Thomas King, *Fighting Back: A Life in the Struggle for Civil Rights. From oral history interviews with Dr. James B. McMillan; conducted by Gary E. Elliott; a narrative interpretation by R.T. King*, Reno: University of Nevada Oral History Program, 1977, p.98.

11 존 스칸의 어린 시절: John Scarne, *The Odds Against Me*, New York: Simon and Schuster, 1966, p.9.

12 제2차 세계대전 당시 스칸의 활동: John Desmond, "Help for G.I. Suckers," *New York Times*, October 10, 1943, SM14.

13 스칸의 말년: Joan Cook, "John Scarne, Gambling Expert," *New York Times*, July 9, 1985, B6.

14 니콜라오스 단돌로스: "Nick the Greek Arrested," *New York Times*, June 2, 1929, p.22; Gladwin Hill, "Why They Gamble: A Las Vegas Survey," *New York Times*, August 25, 1957, p.60; "Nick the Greek is Dead on Coast," *New York Times*, December 27, 1966, p.35.

15 에드워드 소프와 카드 카운팅: Edward O. Thorp, *Beat the Dealer: A Winning Strategy for the Game of Twenty-One*, New York: Blaisdell Publishing, 1962, p.5-6, pp.15-17, p.78.

16 켄 어스턴과 팀플레이: Ken Uston with Roger Rapoport, *The Big Player: How a Team of Blackjack Players Made a Million Dollars*, New York: Holt, Rhinehart, and Watson, 1977, pp.76-80.

17 MIT팀: Ben Mezrich, *Bringing Down the House: The Inside Story of Six M.I.T. Students Who Took Vegas for Millions*, New York: Free Press, 2002.

11장 하늘 끝까지: 라스베이거스의 폭발적 성장

1 제이 사노와 시저스 팰리스: Jack Sheehan, *Players: The Men Who Made Las Vegas*, Reno: University of Nevada Press, 1997, pp.92-95; George Stamos, Jr., "Caesars Palace," *Las Vegas Sun Magazine*, October 14, 1979, pp.92-96.

2 코끼리 태니어와 서커스 서커스 직원들: Joyce Marshall과의 인터뷰.

3 사노의 개인적 습관들: Sheehan, pp.97-98.

4 사노 이후의 서커스 서커스, 그리고 사노의 그란디시모 계획: Sheehan, pp.99-100.

5 라스베이거스에서의 하워드 휴스: Omar V. Garrison, *Howard Hughes in Las Vegas*, New York: Lyle Stuart, 1970, pp.47-50; "Mark on Nevada by Hughes Staggering," *Las Vegas Review-Journal*, April 6, 1976; Robert Maheu and Richard Hack, *Next to Hughes: Behind the Power and Tragic Downfall of Howard Hughes by his Closest Advisor*, New York: HarperCollins, 1992, pp.198-199; "Mark on Nevada by Hughes Staggering," Las Vegas Review-Journal, April 6, 1976.

6 Michael Drosnin, *Citizen Hughes*, New York: Holt, Rinehart, and Winston, 1985, p.107.

7 베니 비니언: A. D. Hopkins, "Benny Binion: He Who Has the Gold Makes the Rules," in Sheehan, *Players*, pp.55-56.

8 윌리엄 리버그스트롬: *Weekly Variety*, February 20, 1985.

9 비니언의 법적 문제: Hopkins, pp.54-60.

10 자신의 회고록에서 이 경기가 호스슈에서 열렸다고 적었지만, 사실 비니언은 1951년까지 호스슈 카지노를 개장하지 않았다. 실제 게임은 당시 비니언이 소유하고 있었던 웨스터너에서 개최되었거나, 모스가 연도를 잘못 기억했을 수도 있다.

11 A. Alvarez, *The Biggest Game in Town*, Boston: Houghton Mifflin, 1983, pp.17-24.

12 월드 시리즈 오브 포커의 기원: Crandell Addington, "The History of No-Limit Texas Hold'em," in Doyle Brunson, ed., *Super System 2: A Course in Power Poker*, New York: Cardoza Publishing, 2005, pp.78-80.

13 텍사스 홀덤의 기원: Crandell Addington과의 개인적 대화.

14 텍사스 홀덤: Oswald Jacoby, *Oswald Jacoby on Poker*, Garden City, New York: Dolphin Books, pp.73-77; Hopkins, pp.61-62.

15 스티브 윈과 골든 너깃: Mark Seal, "Steve Wynn! King of Wow!" In Sheehan, *Players*, pp.174-177.

16 재키 곤: Bill Moody with A. D. Hopkins, "Jackie Gaughan: Keeping the Faith on Fremont Street," In Sheehan, *Players*, pp.123-126, pp.129-131.

17 샘 보이드와 보이드 게이밍: Jack Sheehan, "Sam Boyd's Quiet Legacy," In Sheehan, *Players*, pp.104-118.

18 어니스트 프림: Land and Land, p.113.

19 델 E. 웹과 네바다 카지노의 법인 소유권: David G. Schwartz, *Suburban Xanadu: The Casino Resort on the Las Vegas Strip and Beyond*, New York: Routledge, 2003, pp.105-106.

20 법인게임사업법: Lionel Sawyer & Collins, Nevada Gaming Law, Las Vegas: Lionel Sawyer & Collins, 1991, pp.81-83.

21 알렉스 슈피와 플러밍고: Alex Shoofey, Oral History Interview, Las Vegas: University of Nevada Las Vegas Oral History Program, 2003, pp.35-38.

22 인터내셔널: 전면 광고. *Las Vegas Now*, July 1970; Schwartz, p.152.

12장 다시 한번 어른들을 위한 놀이터로: 동부의 카지노 중심지, 애틀랜틱시티

1 이넉 존슨의 악의 제국: Jonathan Van Meter, *The Last Good Time: Skinny D'Amato, the Notorious 500 Club, and the Rise and Fall of Atlantic City*, New York: Crown Publishers, 2003, p.40, p.50, pp.60-61.

2 이넉 존슨 이후 애틀랜틱시티: Van Meter, pp.109-110.

3 애틀랜틱시티에 카지노를 도입하기 위한 초기 노력들: Ed Davis, *Atlantic City Diary: A Century of Memories, 1880-1985*, McKee City, New Jersey: Atlantic Sunrise Publishing Company, 1980. p.113.; Van Meter, pp.230-231.

4 1974년 뉴저지 카지노 주민투표의 실패: John Alcamo, *Atlantic City: Behind the Tables*, Grand Rapids, Michigan: Gollehon, 1991, pp.12-13.

5 1976년 카지노 주민투표의 성공: Alcamo, pp.17-19.

6 주민투표 결과에 대한 반응: Donald Janson, "Election's Spin of a Wheel Elates the Faded Resort of Atlantic City," *New York Times*, November 4, 1976, p.43.

7 Alcamo, p.35.

8 리조트 인터내셔널의 역사: http://www.fundinguniverse.com/company-histories/Resorts-International-Inc-Company-History.html

9 뉴저지의 카지노 합법화에 대한 네바다주 관리 당국의 반응: Robert D. Faiss and Gregory R. Gemignani, "Nevada Gaming Statutes: Their Evolution and History," Occasional Paper Series 10, Las Vegas: Center for Gaming Research, University Libraries, University of Nevada, Las Vegas, 2011, p.5.

10 리조트 신청 수수료: Donald Janson, "Jersey Expects to Charge $550,000 to Investigate a Casino Applicant," *New York Times*, January 11, 1978, B21.

11 1600만 달러의 대출: Donald Janson, "A Casino Operator Obtains Financing," *New York Times*, January 12, 1978, B21.

12 임시 면허: Martin Waldron, "Byrne Working on Temporary Plan To Open First Casino By Summer," *New York Times*, March 3, 1978, B16.

13 예약된 객실: "First Atlantic City Casino Hotel Booked Solid Through Labor Day," *New York Times*, May 4, 1978, B23.

14 리조트 인터내셔널 면허 발부: Donald Janson, "Gambling Board Gives a Go-Ahead To Open first Atlantic City Casino," *New York Times*, May 16, 1978, p.73.

15 애틀랜틱시티의 첫 번째 베팅: Alcamo, p.40.

16 시저스 월드의 재산: Caesars World, Inc. Annual Report, 1973.

17 트레이모어 호텔 부지: Caesars World, Inc. Annual Report, 1974.

18 시저스의 자금 계획: David G. Schwartz. "Hail Caesars," *Casino Connection*, V.6 N.8, August 2009.

19 보드워크 리전시 개장 계획: Caesars World, Inc. Annual Report, 1979.

20 맬닉/코언의 연결고리: Donald Janson, "2nd Casino in Jersey Accepts Strictures," *New York Times*, June 3, 1979, p.45.

21 시저스 개장: David G. Schwartz, "Hail Caesars," *Casino Connection*, V.6 N.8, August 2009.

22 시저스를 떠난 펄먼 형제: Schwartz, "Hail Caesars"; David G. Schwartz, "Mothballing the Mob," *Vegas Seven*, July 27, 2011.

23 시저스 애틀랜틱시티의 성장: Schwartz, "Hail Caesars."

24 리조트 인터내셔널의 하루 수익: "2 Casinos Report Winnings for July," *New York Times*, August

7, 1979, D3.

25 말버러 블렌하임/밸리스 파크 플레이스: David G. Schwartz, "Castle in the Sand: The Marlborough-Blenheim and its place in Atlantic City history," *Casino Connection*, V.2 n.2, February 2005.

26 밸리의 개장과 성장: Schwartz, "Castle in the Sand."

27 뉴저지 카지노 규제 조항들: New Jersey Casino Control Commission, 1979 Annual Report, Trenton: Casino Control Commission, 1979, p.8.

28 라마다 인: David G. Schwartz, "Empire Builders," *Casino Connection*, V.6 N.12, December 2009.

29 트로피카나 사업 개시와 발전: Schwartz, "Empire Builders."

30 애틀랜틱시티 통계: New Jersey Casino Control Commission, 1984 Annual Report, Trenton: Casino Control Commission, 1984, p.17.

31 하라스 머리너 수익: Keith H. Hammonds, "Holiday Inns Scramble," *New York Times*, April 22, 1984, F6.

32 우대 금리: http://www.infoplease.com/ipa/A0908373.html

33 하라스 트럼프 플라자의 설립 과정: David G. Schwartz, "Plaza Suite: History of Trump Plaza," *Casino Connection*, V.7 N.2, February 2010.

34 면허 교부를 거부당한 힐턴: Donald Janson, "Hilton Rejected for License To Operate a Jersey Casino," *New York Times*, March 1, 1985, B2.

35 트럼프 제국의 성장: David G. Schwartz, "Plaza Suite: History of Trump Plaza," *Casino Connection*, V.7 N.2, February 2010.

36 애틀랜틱시티를 위한 계획들: "Atlantic City to be transformed by 2012," Associated Press via MSNBC.com, November 20, 2007.

13장 버거킹 혁명: 라스베이거스의 반격

1 National Gambling Impact Study Commission, Final Report, Washington DC: Government Printing Office, 1999, 3-1.

2 게임통제위원회 신설과 블랙북: David G. Schwartz, *Suburban Xanadu: The Casino Resort on the Las Vegas Strip and Beyond*, New York: Routledge, 2003. p.137.

3 조직 범죄단의 세대교체: Daniel Bell, "Crime as an American Way of Life," In Nikos Passas, ed., *Organized Crime*, Brookfield, VT: Dartmouth Publishing Company, 1995, pp.131-154.

4 네바다주 게임 수익 추이: http://gaming.unlv.edu/abstract/1967-71 percent20P91.jpg

5 카지노 건설 비용 증가: Schwartz, *Suburban Xanadu*, pp.152-154.

6 유죄를 선고받은 코언과 랜스버그: "Vegas Hotelman Pleads Guilty in Skimming," *Los Angeles Times*, February 1, 1973. p.26.

7 시저스 팰리스 급습: "U.S. Seized $1.5 Million in Las Vegas Raid," *Los Angeles Times*, December 15, 1970, p.3.

8 리조트 인터내셔널 수익: 1978 New Jersey Casino Control Commission Annual Report.

9 떠오르는 애틀랜틱시티: "Casinos in NJ Will Surpass LV," *Las Vegas Sun*, May 22, 1978, p.1; 1979, 1980, 1982, 1985 New Jersey Casino Control Commission Annual Reports.

10 1985년도 라스베이거스 스트립 수익: 1985 Nevada Gaming Abstract.

11 애틀랜틱시티를 두려워하는 라스베이거스: Kim Foltz with David T. Friendly, "The Bad Luck in Las

Vegas," *Newsweek*, November 14, 1983. p.94.; http://gaming.unlv.edu/abstract/ac_annual.html.

12 애틀랜틱시티에 관한 『라스베이거스 선』의 보도: "Jersey Voters Okay Casino Gambling," *Las Vegas Sun*, November 3, 1976. p.1.

13 라스베이거스의 불안: Penny Levin, "LV's Unruffled by NJ Casinos," *Las Vegas Sun*, November 4, 1976. p.1.

14 애틀랜틱시티에 대한 행크 그린스펀의 반응: Wade Cavanaugh, "Mob Will Fleece Jersey: Publisher," *Las Vegas Sun*, May 27, 1978. p.1.

15 블랙잭 비교: "Las Vegas' Blackjack Rules Easier on Bettor than NJ's," *Las Vegas Sun*, May 31, 1978. p.1.

16 A.D. Hopkins, "Vegans Don't Fear New Jersey," *Valley Times*, November 4, 1978, A2.

17 Thomas F. Cargill, "Is the Nevada Economy Recession Proof?" Paper No.79-4, Reno: Bureau of Business and Economic Research, 1979, p.2.

18 방문객 감소: "Historical Las Vegas Visitor Statistics," Las Vegas Visitors and Convention Authority, LVCVA.com.

19 악성 부채의 증가: Iver Peterson, "While Atlantic City Rolls On, Las Vegas Comes Up Losing," *New York Times*, October 21, 1984, E2.

20 라스베이거스에 대한 비관적 전망: "Vegas revival wears a blue collar," *Chicago Tribune*, December 5, 1985.

21 MGM 대화재: Jane Anne Morrison, "In Depth: MGM Grand Hotel Fire: 25 Years Later: Disaster Didn't Have to Be," *Las Vegas Review-Journal*, November 20, 2005.

22 Connie Paige, "Can Las Vegas Beat the Odds?" *The Boston Globe Magazine*, July 25, 1982, p.8.

23 경기 침체 영향 조사: "Nevada Hotel/Casino Industry Recession Impact Survey," Summer 1980, Laventhol and Horwath, p.3.

24 Al Martinez, "The New Las Vegas: A Bet on Burgers," *Los Angeles Times*, March 31, 1984.

25 리비에라에 도입된 버거킹: Al Martinez, "The New Las Vegas: A Bet on Burgers," *Los Angeles Times*, March 31, 1984.

26 버거킹에 대한 실버의 논리: Personal communication, Jeffery Silver, March 10, 2009.

27 Nicholas D. Kristof, "Strategy Part of Comeback," *New York Times*, November 28, p.195. D1.

28 편북의 발전: Bill Moody with A. D. Hopkins, "Jackie Gaughan: Keeping the Faith on Fremont Street," In Jack Sheehan, *The Players*, p.130.

29 Iver Peterson, "While Atlantic City Rolls On, Las Vegas Comes Up Losing," *New York Times*, October 21, 1984, E2.

30 Nicholas D. Kristof, "Strategy Part of Comeback," *New York Times*, November 28, p.195, D1.

31 Nevada Gaming Revenue Reports, 1983-7.

32 서커스 서커스의 변화: Circus Circus Enterprises Annual Report for the Year Ended January 31, 1984.

33 테이블 게임에서 슬롯으로의 전환: Nevada State Gaming Control Board Gaming Revenue Analysis, 1983-1989.

34 Kathy Rebello, "City of Glitter Rolls Dice for Middle Class," *USA Today*, January 15, 1986, p.1.

35 슬롯츠-어-펀과 실버 시티 매입: Circus Circus Enterprises Annual Report for the Year Ended January 31, 1989.

36 Nicholas D. Kristof, "Strategy Part of Comeback," *New York Times*, November 28, 195. D1.

37 하이롤러를 지양했던 서커스 서커스: Kathy Rebello, "City of Glitter Rolls Dice for Middle Class,"

USA Today, January 15, 1986, p.1.

38 서커스 서커스의 성장: Circus Circus Enterprises Annual Report for the Year Ended January 31, 1984; Circus Circus Enterprises Annual Report for the Year Ended January 31, 1989.

39 Kathy Rebello, "City of Glitter Rolls Dice for Middle Class," *USA Today*, January 15, 1986, p.1.

40 "Atlantic City in a stall as Las Vegas Expands," *USA Today*, April 5, 1985, 6B.

41 Kathy Rebello, "City of Glitter Rolls Dice for Middle Class," *USA Today*?, January 15, 1986, p.1.

42 객실 수의 증가: "Historical Las Vegas Visitor Statisics," Las Vegas Visitors and Convention Authority, LVCVA.com.

43 서커스 서커스 RV파크: Circus Circus Enterprises Annual Report for the Year Ended January 31, 1984.

14장 고삐 풀린 아메리칸드림: 공익을 위한 도박 합법화의 시대

1 1924년 인디언사무국의 부족 게임 인정: S. Rep No.99-493, p.3.

2 Jennings Parrott, "Bingo Name of the Game in Indian War," *Los Angeles Times*, July 14, 1981, OC2.

3 야키족의 고액 빙고: William E. Schmidt, "Bingo Boom Brings Tribes Profit and Conflict," *New York Times*, March 29, 1983, A1.

4 인디언 부족의 고액 빙고: "Cherokee Bingo Session Attracts Thousands," *New York Times*, July 3, 1983, p.14; "Big-Stakes Bingo Brings the Into Oklahoma by the Busload," *New York Times*, December 27, 1984, A1.

5 카바존 판결: U. S. Supreme Court, California v. Cabazon Band of Mission Indians, 480 U.S. 202(1987). Accessed online at http://caselaw.lp.findlaw.com.

6 레이건 정부의 인디언 게임 장려: S. Rep No.99-493, p.5.

7 의회의 인디언 게임에 관한 법률 제정: Senate Report 100-446, "Indian Gaming Regulatory Act," Cited in *The Indian Gaming Regulatory Act, Annotated*, Washington DC: Hobbs Straus, Dean, and Wilder, 1989. A-3. Hereafter cited as IGRA Annotated.

8 첫 번째 인디언 카지노: Howard Blum, "In Garage Casino, Sky Is a $5 Limit," *New York Times*, February 26, 1984, p.24.

9 마샨터킷 피쿼트족의 공식 승인과 게임 사업을 위한 노력: Kim Issac Eisler, *Revenge of the Pequots: How a Small Native American Tribe Created the World's Most Profitable Casino*, New York: Simon and Schuster, 2001, pp.51-60, pp.106-107; Richard D. Lyons, "Pequots Adding New Venture to Enterprises," *New York Times*, January 26, 1986, CN1; Dirk Johnson, "Tribe's Latest Enterprise: Bingo," *New York Times*, July 12, 1986, p.29.

10 폭스우즈의 개장: Mark H. Spevack, "A User's Guide to Foxwoods Casino," *New York Times*, June 21, 1992, CN10.

11 폭스우즈 통계: Peter Passells, "Foxwoods, a Casino Success Story," *New York Times*, August 8, 1994, D1.

12 인디언 부족의 도박 사업 확산: Nina Munk, "Two-Armed Bandits," *Forbes*, May 22, 1995, pp.151-154.

13 5번 법안과 캘리포니아 부족의 게임: David J. Valley with Diana Lindsay, *Jackpot Trail: Indian Gaming in Southern California*, San Diego: Sunbelt Publications, 2003, pp.26-27.

14 아이오와 선상 도박 합법화를 위한 노력: Bernard Goldstein with William Petre, *Navigating the Century: A Personal Account of Alter Company's First Hundred Years*, Chantilly, Virginia: The History Factory, 1998, pp.131-135.

15 아이오와 선상 도박의 시작: Goldstein, p.140.

16 미시시피로 이동한 아이오와의 도박 선박: Goldstein, pp.153-154.

17 선상 카지노의 성공: Ronald Smothers, "With Casino, the Poor See a Change in Luck," *New York Times*, December 22, 1992, A18.

18 http://www.cnn.com/2000/ALLPOLITICS/stories/05/10/edwards5_10.a.tm/; 이 스캔들에 대해 책 한 권 분량으로 자세히 다룬 것은 Tyler Bridges, *Bad Bet on the Bayou: The Rise of Gaming in Louisiana and the Fall of Governor Edwin Edwards*, New York: Farrar, Straus, and Giroux, 2001.

19 카지노 관련 부정 행위로 유죄를 선고받은 에드윈 에드워즈: George Loper, "Louisiana Politics: Is Edwin Edwards Running out of Luck?" January 2000, Accessed online at: http://www.loper.org.

20 사우스다코타 데드우드의 카지노: Geoffrey Perret, "The Town That Took a Chance," *American Heritage*, V.56 N.2(May 2005), p.54.

21 디트로이트 카지노: Evans, p.62.

15장 쇼 비즈니스 시대: 라스베이거스의 분투

1 밸리 매뉴팩처링: Robert N. Geddes, *Slot Machines on Parade*, Long Beach: The Mead Company, 1980, p.167, pp.190-191; Basil Nestor, "The 10 Most Influential People in the History of Slots."

2 레이븐 일렉트로닉스: Richard M. Bueschel, *Lemons, Cherries, and Bell-Fruit-Gum*, Denver: Royal Bell Books, 1995, pp.280-282.

3 스트립에 관한 스티브 윈의 첫 번째 계획: Robert Metz, "Marketplace," *New York Times*, February 3, 1981, D8.

4 1987년 미라지 건설 계획: "Golden Nugget's Leader Hailed for Sale Move," *New York Times*, January 20, 1987, D2.

5 미라지의 성공: Mark Seal, "Steve Wynn: King of Wow!" In Sheehan, *Players* 1, p.170; Anne Raver, "Fooling with Nature," *New York Times*, July 11, 1993, V5.

6 Alan Hess, *Viva Las Vegas: After Hours Architecture*, San Francisco: Chronicle Books, 1993, pp.105-107.

7 글렌 셰이퍼와 만달레이 리조트 그룹: Dave Berns, "The Ringmaster," *Las Vegas Review-Journal*, February 28, 1999.

8 스티브 윈의 미라지 리조트 매각: David Strow, "Casino Observers Speculate on Wynn's Future," *Las Vegas Sun*, March 7, 2000.

9 셸던 아델슨의 재력: http://www.forbes.com/profile/sheldon-adelson/

10 베가스를 방문하는 하이롤러들: Brett Pulley, "Casinos Paying Top Dollar to Coddle Elite Players," *New York Times*, January 12, 1998, A1.

11 카지노 설계: Bill Friedman, *Designing Casinos to Dominate the Competition: The Friedman International Standards of Casino Design*, Reno: Institute for the Study of Gambling and Commercial Gaming, 2000, p.89, p.136, pp.139-140.

1 호비키: Tsutomu Hayama, "Pachinko: The Lonely Casino," In Atsushi Ueda, ed., *The Electric Geisha: Exploring Japan's Popular Culture*, Tokyo: Kodansha International, 1994, pp.41-42.

2 코린시언 게임: Hayama, p.37; Elizabeth Kiritani, "Pachinko, Japan's National Pastime," In John A Lent, Ed., *Asian Popular Culture*, Boulder: Westview Press, 1995, p.203.

3 전후 시대와 오늘날의 파친코 인기: Hayama, pp.38-39.

4 전문 파친코 게이머: Kiritani, pp.206-208.

5 현금으로 바꾼 파친코 구슬: Eric Prideaux, "The Trickle-down effect: Pachinko is a national obsession—but who's winning?" *Japan Times*, April 7, 2002.

6 미국 게임 수익: http://www.americangaming.org/Industry/factsheets/statistics_detail.cfv?id=7

7 마카오에 정착한 포르투갈인: Geoffrey C. Gunn, *Encountering Macau: A Portuguese City-State on the Periphery of China, 1557-1999*, Boulder, Colorado: Westview Press, 1996, pp.8-9.

8 마카오 도박을 합법화하다: Gunn, pp.6-7, pp.88-89; A. Pinho, "Gambling in Macau," In R. D. Cremer, ed., *Macau: City of Commerce and Culture*, Hong Kong: UEA Press LTD, 1987, p.157.

9 마카오의 게임들: Pinho, pp.155-156; *Macau's Journey*, Macau: Sociedade de Jogos de Macau, S. A., 2004, unpaginated.

10 Jonathan Porter, *Macau: The Imaginary City: Culture and Society, 1557 to the Present*, Boulder, Colorado: Westview Press, 1996, p.94.

11 1930년대 마카오에서 카지노 개장하다: Gunn, pp.88-89.

12 푸라오룽: A. Pinho, p.157.

13 푸탁이암: Gunn, p.135; Pinho, p.135.

14 스탠리 호의 이력: Jason Zhicheng Gao, An Overview of Macau Gaming Industry, Lecture presentation. University of Macau, 2004; Stanley Ho, Beijing: Xinhua News Agency, 1999, p.62, pp.156-158; Gunn, p.124.

15 STDM: Pinho, p.158.

16 마카오 경마: Porter, p.147; *Macau's Journey*.

17 STDM의 번영: Pinho, p.162.

18 STDM의 사업 운영과 스탠리 호: *Macau's Journey*; Stanley Ho, pp.198-199.

19 Stanley Ho, pp.198-199.

20 코타이 스트립: Gilberto Lopes, "Gaming Rouses Macao," September 2004.

21 한국의 카지노들: Anthony N. Cabot, William N. Thompson, Andrew Totteham, and Carl Braunlich, eds., *International Casino Law* Second Edition, Reno: Institute for the Study of Gambling and Commercial Gaming, 1993, p.435.

22 한국에서 내국인을 위한 카지노를 개장하다: "Booming Locals Casino in Korea Selling Stock," *Las Vegas Sun*, October 25, 2001.

23 PAGCOR: Cabot, pp.529-531.

24 북한의 카지노: "Odds Against North Korean Casino as China Stops Flow of 'Dirty Cash,'" *Casino City Times*, http://www.casinocitytimes.com/news/article.cfm?contentId=148872

25 림고통과 겐팅 하일랜드: Lim Goh Tong, "My Dream," http://www.genting.com.my/en/mydream/mydream12.htm

26 베이루트의 카지노: Anthony N. Cabot, William N. Thompson, Andrew Totteham, and Carl

Braunlich, eds., *International Casino Law* Third Edition, Reno: Institute for the Study of Gambling and Commercial Gaming, 1999, pp.493-494.

27 이집트의 카지노: Cabot, p.493.

28 예리코 카지노: Edward B. Miller, "An Oasis or Just a Mirage: The Jericho Casino and the Israeli-Palestinian Peace Process," *Richmond Journal of Global Law and Business* 2, pp.33-60.

29 카지노에 관심을 가지게 된 싱가포르: Le-Min Lim, "Singapore Casinos Won't Cut Macau's Gaming Revenue, Analysts Say," *Bloomberg*, April 19, 2005, http://www.bloomberg.com/apps/news?pid=newsarchive&sid=aykIrK0ax.u4&refer=asia

30 라스베이거스 샌즈가 머리너 베이 입찰을 따내다: Linus Chua, "Las Vegas Sands Wins $3.2 Bln Singapore Casino Bid," *Bloomberg*, May 26, 2006. http://www.bloomberg.com/apps/news?pid=newsarchive&sid=aUJq83MND4uc&refer=asia

31 머리너 베이 샌즈 수익: Las Vegas Sands, Form 10-K. http://investor.lasvegassands.com/secfiling.cfm?filingID=950123-12-4305

32 싱가포르 관광에 도박이 미친 영향: Your Singapore, "Quarterly Tourism Focus 2011: July to September," Singapore Tourism Board, 2012.

33 호주의 초기 도박: Peter Charlton, *Two Flies Up a Wall: The Australian Passion for Gambling*, North Ryde, Australia: Methuen Haynes, 1987, pp.9-15, p.38; John O'Hara, *A Mug's Game: A History of Gaming and Betting in Australia*, New South Wales University Press, 1988. 10-11.

34 포키 머신: John O'Hara, *A Mug's Game: A History of Gaming and Betting in Australia*, New South Wales University Press, 1988, pp.198-200; Terri C. Walker, *The 2005 Casino and Gaming Market Research Handbook*, Atlanta: Terri C. Walker Consulting, 2005, pp.354-355.

35 호주의 카지노들: Walker, pp.352-354.

36 (알려진 바에 따르면) 라스베이거스 카지노에서 금지당한 케리 패커: "For Las Vegas Gamblers, Getting the Heave-Ho," *New York Times*, November 15, 1998, A1.

37 캐나다 도박: Suzanne Morton, *At Odds: Gambling and Canadians, 1919-1969*, Toronto: University of Toronto Press, 2003, pp.10-11; Cabot, pp.170-171.

38 캐나다의 비디오 로터리 터미널: National Council of Welfare. 6.

39 아르헨티나 카지노: Cabot, p.207; Cabot, pp.277-280; Walker, p.337.

40 푸에르토 리코의 카지노: Clement McQuade, ed., *Gambler's Digest*, Northfield, Illinois: DBI books, 1971, p.267.

41 남아프리카의 도박: Lotteries and Gambling Board, *Main Report on Gambling in the Republic of South Africa*, Pretoria: Lotteries and Gambling Board, 1995, pp.29-33.

42 솔 커즈너와 선 시티: Joseph Lelyveld, "Bringing a Bit of Vegas to South Africa's 'Homelands,'" *New York Times*, July 19, 1981, F7; Bill Keller, "Resort (Not Too African) For Rich Tourists," *New York Times*, December 3, 1992, A1.

43 선(커즈너) 인터내셔널: Larry Rohter, "Waterscape in the Bahamas," *New York Times*, May 28, 1995, A1; Seth Lubove, "Atlantis Rising," Forbes. November 11, 2004; Cabot, pp.495-498.

44 아파르트헤이트 이후 남아프리카 카지노: Cabot, pp.495-498; Walker, p.348.

45 20세기 유럽 카지노의 부활: Clair Price, "A Roulette Battle Resounds in Europe," *New York Times*, March 4, 1934. SM5; http://www.lucienbarriere.com/localized/en/portail/casinos/mythes_realites/index.asp?art_id=4121.

46 나치 집권 당시 재개장한 바덴바덴 카지노: Klaus Fischer, *Faites Votre Jeu: History of the Casino Baden-Baden*, Baden-Baden: Hans Werner Kelch, 1975, pp.80-83.

47 전후 독일의 카지노들: Cabot 2, pp.287-288.

48 카지노 오스트리아: Cabot 2, pp.253-254; Casinos Austria, Essentials. http://www.
casinosaustria.com/downloadDocument.aspx?id=131.

49 벨기에 카지노들: Cabot 2, pp.259-261; Walker, 361-362.

50 영국 카지노들: Cabot 2, pp.302-312.

51 모스크바의 카지노들: Peter Finn, "Gambling Proves a Tough Hand to Beat in Russia,"
Houston Chronicle, July 9, 2005.

52 몬테카를로의 근황: Richard Bos, "Monte Carlo on the Mend," *International Gaming and
Wagering Business*, March 1998. pp.22-28.

17장 카지노 도박의 재편: 도박의 디지털화와 라스베이거스의 진화

1 네바다 게임 산업계의 변화: "Nevada Gaming Footprint, 1963-2011," Las Vegas: Center for
Gaming Research, 2012. http://gaming.unlv.edu/reports/nv_gaming_footprint.pdf

2 라스베이거스의 방문객의 인구학적 특성 변화: Las Vegas Visitor Profile Study, LVCVA, 1995,
2000.

3 1960년대 말의 즐길거리: Sonnett's Guide to Las Vegas. Pub. City unknown, Robert Sonnett,
1969. p.27.

4 클럽 유토피아의 개장: Martin Stein, "Line Pass: Utopia is back," *Las Vegas Weekly*, February 9,
2006. URL: http://www.lasvegasweekly.com/2006/02/09/linepass.html

5 클럽 리오: Dave Renzi, "Impressionist Danny Gans jumps to the Rio," *Las Vegas Sun*, January
17, 1997. URL: http://www.lasvegassun.com/sunbin/stories/sun/1997/jan/17/505495165.html
?"clubpercent20rio"

6 라스베이거스의 인구통계학적 변화: Las Vegas Visitor Profile Study. LVCVA, 2000, 2005, 2011.

7 경기 침체가 라스베이거스에 미친 영향: David G. Schwartz, *Nevada Gaming: Charting the
Recession, 2007-2010*, Las Vegas: Center for Gaming Research, University Libraries,
University of Nevada Las Vegas, 2011. http://gaming.unlv.edu/reports/nv_revchanges.pdf

8 초기 인터넷 카지노: Joshua Quittner, "Betting on Virtual Vegas," *Time*, June 12, 1995, pp.63-64.

9 안티과 마권업: Brett Pulley, "With Technology, Island Bookies Skirt U.S. Law," *New York
Times*, January 31, 1998, A1.

10 초기 온라인 마권업: 제이 코언과의 개인 면담 내용, December 15, 2003, Federal Prison Camp
Nellis, Las Vegas, Nevada.

11 월드 스포츠 익스체인지: Jack Boulware, "Online Pirates of the Caribbean," *SF Weekly*,
December 15, 1999.

12 캐피탈 OTB: David Rohde, "Upstate OTB Wants to Put Horse Wagering on Internet," *New
York Times*, December 26, 1996, B4; David Kushner, "Racing's Brains: Handling the Bets at
Tracks and Elsewhere," *New York Times*, January 28, 1999, G5.

13 게임 사이트 통계: Sue Schnieder, "The Market—An Introduction," in Mark Balestra, ed., *Internet
Gambling Report* Sixth Edition, St. Charles, Missouri: The River City Group, 2003, p.56.

14 호주 인터넷 도박: Jamie Nettleton, "Australia," In Mark Balestra, ed., Internet Gambling
Report, Fifth Edition. St. Charles, Missouri: The River City Group, 2002, pp.431-443, p.449.

15 1998년도 온라인 도박: Brett Pulley, "With Technology, Island Bookies Skirt U.S. Law," *New

York Times, January 31, 1998, A1.

16 온라인 도박을 시도했던 사업자들: "Aspinalls Online to Outsource Casino Operations to Golden Palace," Rolling Good Times Online, April 3, 2002, Accessed at: http://www.rgtonline. com/Article.cfm?ArticleId=34558&CategoryName=News&SubCategoryName=Featured; Liz Bentsen, "Station Casinos Shelves Net Gambling Plans," *Las Vegas Sun,* August 26, 2002; Liz Bentsen, "Kerzner Drops Internet Gambling Operation," *Las Vegas Sun,* January 3, 2003; Liz Bentsen, "Kerzner Drops Internet Gambling Operation," *Las Vegas Sun,* January 3, 2003.

17 필리핀 온라인 베팅: "PAGCOR Okays Philweb's Online Cockfight Betting System," *The Philippine Star,* March 3, 2005. http://www.philwebinc.com/template. asp?target=news/2005/P_mar03_ism

18 광기의 3월: "Online Sports Books Charged," *Las Vegas Review-Journal,* March 5, 1998.

19 안티과 대 미국, WTO 소송 사건: World Trade Organization, United States—Measures Affecting the Cross-Border Supply of Gaming and Betting Services: Report of the Panel. WT/DS285/R10, November 2004, Accessed at: http://www.wto.org/english/tratop_e/dispu_e/285r_e.pdf. Cited hereafter as WTO, p.5; Liz Benston, "WTO 'Net Gambling Details Remain Secret," *Las Vegas Sun,* March 25, 2004; WTO, p.272.

20 파티 포커: Michael Friedman, "The Poker Party is Just Beginning," Poker News, July 15, 2005, http://www.pokernews.com/news/2005/07/poker-party-just-beginning.htm.

21 블랙 프라이데이 기소: David G. Schwartz, "In Poker and Business, Be Careful Who You Trust," *Las Vegas Business Press,* January 23, 2012. http://www.lvbusinesspress.com/articles/2012/01/23/opinion/columnists/schwartz/iq_50346189.txt

22 국제적 다단계 사기: "Feds call Full Tilt Poker global Ponzi scheme," CBS News, September 20, 2011. http://www.cbsnews.com/2100-201_162-20108950.html

23 일리노이 온라인 복권 판매: Illinois Lottery website, "History," http://www.illinoislottery.com/en-us/About_Illinois_Lottery/Lottery_History/history-2011-2019.html

도박의 역사

초판인쇄 2022년 1월 26일
초판발행 2022년 2월 4일

지은이 데이비드 슈워츠
옮긴이 홍혜미 김용근 이혁구
펴낸이 강성민
편집장 이은혜
마케팅 정민호 이숙재 김도윤 한민아 정진아 이가을 우상욱 박지영 정유선
브랜딩 함유지 김희숙 정승민
제작 강신은 김동욱 임현식

펴낸곳 (주)글항아리 | 출판등록 2009년 1월 19일 제406-2009-000002호

주소 10881 경기도 파주시 회동길 210
전자우편 bookpot@hanmail.net
전화번호 031-955-2696(마케팅) 031-955-1936(편집부)
팩스 031-955-2557

ISBN 978-89-6735-996-6 03900

www.geulhangari.com

슈워츠는 『도박의 역사』로 선도적인 도박 역사가로서의 입지를 굳혔다. 사회가 변화함에 따라 법률도 변화하므로, 이 책은 오늘날 합법 도박을 둘러싼 전투를 이해하기 위한 필수적 도구다. 읽는 재미는 덤이다. _넬슨 로즈, 『갬블링 앤 더 로』 저자

도박 자체가 흥미롭기 때문에 『도박의 역사』 역시 흥미로운 책이라 할 수 있다. 슈워츠는 도박이라는 인간 행위의 다채로운 역사를 수십 가닥의 줄로 엮어 하나의 포괄적인 태피스트리로 만들어낸다. 이로써 양으로부터 얻은 뼈를 던지는 메소포타미아인부터 벨라조에서 주사위를 던지는 휴양객을 잇는 하나의 거대한 그림을 만들어낸다. (…) 온라인으로든 카드룸에서든 포커를 즐기는 사람이라면, 당신은 인간 역사를 가로지르는 드라마에 참여하고 있는 것이다. _팀 피터스, 『카드 플레이어 매거진』

이 책은 중독자, 사기꾼, 조직폭력배, 기업을 포함한 광대하고 복잡한 세계에 눈을 뜨게 해준다. (…) 사실상 『도박의 역사』는 다른 어떤 책보다 도박에 관한 포괄적인 연대기를 제공한다. 이 책에서 얻을 수 있는 것은 확실하다. 석기시대의 뼈다귀에서부터 인터넷 사이버 도박 사이의 틈새를 유익하고, 재미있고, 이해하기 쉬운 방식으로 솜씨 좋게 연결한다. 두터운 분량에도 불구하고 산뜻한 느낌의 연구서처럼 읽을 수 있는 그런 유의 희귀함을 보여준다. _재럿 킨, 『라스베이거스 시티 라이프』

슈워츠는 선사시대부터 현재 라스베이거스에 이르기까지 세계적인 도박의 역사에 관해 연구의 지평을 넓힌다. (…) 가장 흥미로운 것은 17세기부터 19세기 유럽의 도박 대유행의 시대와 비슷하게 현재의 우리가 세계적인 도박의 시대에 들어섰다고 보는 점이다. 훌륭한 연구인 데다 가독성 높은 책이다. _엘리자베스 모리스, 『라이브러리 저널』